戎光祥研究叢書 8

南北朝・室町期一色氏の権力構造

河村昭一

Kawamura Syoichi

戎光祥出版

目次

序論　―本書の目的と視角―

一　はじめに

本書は、南北朝・室町期の有力守護大名のひとり、一色氏の権力構造を解明しようとするものである。一色氏は、最盛期の義貫の代には若狭・三河・丹後に尾張の智多・海東両郡を加えた三か国・二郡を分国・郡として有し、侍所頭人も詮範・義貫（初め義範）・教親が合わせて五期務めるなど、室町幕府において重要な一画を占めた足利一門守護である。にもかかわらず、三管領家や山名・赤松・京極氏ら幕閣を構成した他の有力守護に比して、一色氏に関する個別研究はきわめて乏しい(1)。本書では、この一色氏の基礎研究として、まず第Ⅰ部で分国・分郡支配機構を可能な限り復原した上で、第Ⅱ部でその在職者を中心とする主要被官の出自・性格を検討し、もって、一色氏の権力構造（被官構成）の特質に迫りたい。また、第Ⅲ部においては、分国でもっとも史料に恵まれた若狭を素材として、守護代小笠原氏、三方氏の動向を軸に一色氏の守護支配を検討し、畿内近国の守護支配における守護代の重要性を改めて確認してみたい。

二　畿内近国守護の権力構造研究の視角

守護の権力構造を考える際、地域差を考慮する必要があり、在京を原則とする畿内近国の守護と、在国を基本とする九州・東国の守護を一律に論じられないことはいうまでもない。近年、山田徹氏は、室町幕府の権力編成を、在京—非在京を基軸としてとらえ、守護以下武士の多くが在京しない遠国地域（九州、甲斐・伊豆を含む東国、奥羽）、室町殿御分国の周縁部に当たり、遠国的要素を持つ越後・佐渡・信濃・駿河・飛騨・伊予・安芸・周防・長門に伊賀・南伊勢・志摩・大和・紀伊を加えた諸国を中間地域、残りを近国地域とし、近国地域では、権門寺社・公家以下在京領主による所領支配が優位を占め、守護が在京するほか、在地領主の在京化が進展するという特徴を持つとした[2]。本書では、この在京—非在京というメルクマールを守護被官や分国内国人の性格分析についても適用して、近国地域の守護である一色氏の権力構造を考えてみたい。

守護権力を論じる際、被官の出自、出身地も古くから問題とされてきた。たとえば、南北朝期における各守護の被官形成の成果を示すものとしてしばしば利用されてきた「相国寺供養記」[3]の、管領細川頼元の郎党二三騎（二二氏）を分析した小川信氏は、半数を超える一二氏が四国の分国出身者で占められていたことを明らかにした[4]。今谷明氏は、供養の一〇年前に細川氏が守護職を得た摂津の国人が頼元の随兵に一人も見当たらないことに注目し、室町期になっても摂津の郡代・小守護代在職者の中に摂津国人はごく少数しか見当たらないことから、そこに「極端な国人不採用原則」を認め、在地性を脱却した官僚組織を持つという点で「兵農分離に至る過渡的産物」とし、同様の傾向が見られる河内における畠山氏と共に、室町期的守護の典型と位置づけた。そして、これとは対照的に、管国内の伝統的土豪・国人を有力内衆に任用している近江の六角氏や播磨の赤松氏の支配組織を鎌倉・南北朝期的領国組織とした。(5)

この今谷説に対して、川岡勉氏は次のように批判した。(6)室町期の細川氏家臣団の中核が四国衆であったのは、南北朝期に安定して守護職を保持し勢力を扶植してきたのが四国であったことの当然の帰結であるし、畠山氏も河内を世襲分国とするのは永徳二年（一三八二）以降のことであって、両氏とも、南北朝期末までに摂津・河内を安定的に確保するには至っていなかったからである。たとえば、南北朝期から室町期まで継続して周防・長門守護職にあった大内氏の内衆にはかなりの地元国人が加わっており、摂津における細川氏、河内における畠山氏を室町期的守護の典型とすることはできない。国人を分国経営に登用するかしないかは、結局のところ守護家と各分国との歴史的関係によるのであり、国人の在地性脱却の問題ではない。むしろ室町期守護権力の中核が庶流一族・譜代家臣層であったこと、南北朝期末までに被官化した家臣――それは将軍直属志向の強い地頭御家人層ではなく中小領主層――が守護権力の中枢を構成したという点こそが重要である、とした。

この川岡氏による今谷説批判で、ひとつだけ首肯しかねるところがある。川岡氏は細川氏の摂津支配、畠山氏の河内支配を室町期守護支配の典型ではないと断じるのに大内氏の事例を用いているが、大内氏は、山田徹氏のいう「中間地域」の守護であり、足利一門守護を代表する細川・畠山氏の畿内の分国支配を、室町期的守護の典型ではないと言い切るのがはたして正しいのだろうか。川岡氏も、畠山氏が河内出身者を分国経営に登用するようになるのは戦国期に入ってからとしており、河内経営が安定してきたはずの室町期になっても、支配の中心を担ったのは出羽出身の守護代遊佐氏を始めとする限られた氏族（多くは他国出身者）が権力中枢を占め、小守護代・郡代なども遊佐氏の被官となった河内以外の出身者が務めていたことを認めている。(7) この河内の例は、斯波氏分国において、筆頭被官甲斐氏が守護代を世襲した越前で小守護代（一時）や敦賀郡代（歴代）に一族を送り込み、遠江では在国守護代に被官（狩野・大谷）を就けて分国支配の中核を担わせ、在地国人の支配機構への登用がほとんど見られなかったのときわめて類似している。(8) 同じ管領家でも細川氏の主要被官の構成は少し違って、つとに小川氏が相国寺供養時の頼元随兵の分析で指摘したように、二二氏のうち、二騎を出している小笠原氏を除く二一氏がすべて一騎ずつしか出していないのは、一九氏で三〇騎出している畠山氏に比べて家臣団の構成が多彩で、特に傑出した近臣がいなかったことを示す。(9) 室町期（応仁以前）の細川京兆家世襲分国の守護代を見ると、摂津＝長塩・奈良・十河、丹波＝小笠原・細川一族・香西・内藤、讃岐＝香川・安富、土佐＝細川一族・新開、というように、確かに特定の家による世襲が早期には確立せず、かつ多彩な家が見られる。しかし、これら守護代家がいずれも在任国に本貫地を持たない点は、畠山氏や斯波氏と共通している。(10) 鎌倉期以来の本拠地がある国の守護になった佐々木・赤松・土岐氏らは別として、畿内近国守護の多くは、本来の自己の地盤を持たない未知のところに分国を与えられ、しかも戦乱の中で頻繁な守護職交替を経験しながら、南北朝期後半から室町初期にかけてようやく世襲分国が固まっていった。そうした事情を勘案すれば、川岡氏の指摘のように、室町期の守護家臣団の中核を担ったのは南北朝期までに被官化した者であったと思われるので、室町初期までは、分国内国人を新たに守護代以下の重職に起用することはしない方がむしろ自然なのではなかろうか。その限りにおいて、今谷氏の国人不採用説はある程度首肯できるのである。(11) しかし、分国内武士の被官化が次第に進展していくことは否定できず、特に、在国支配機構への登用が当然予想されるし、分国内国人といえども、在京性の強い家は、京都で被官化する機会に恵まれており、そうしたケースが守護の権力編成においてかなりの割合を占めたのではないかと推測される。この点は本書の重要なテーマの一つとしたい。

守護被官の性格をみる上で、本貫地の他に、将軍権力との距離も重要な指標である。川岡氏は、地頭御家人層は将軍に直属することを指向したので、南北朝期に守護が被官化した者たちは中小規模の領主が中心であったとしている(12)。しかし、たとえば相国寺供養時における細川頼元の随兵に、四国の分国出身者に加えて、幕府奉行人家出身とみられる安富・飯尾・松田氏がいたことはよく知られている(13)。また、南北朝期の斯波氏重臣二宮氏は本来将軍直属御家人と推定されるし(14)、一族が一時将軍近習となっていた朝倉氏(15)も、斯波義将が管領を務めた康暦～至徳期にはその使者を務めるほどの関係を築いていた(16)。これらの事例は、南北朝期における守護が被官として取り込んだ対象は、必ずしも将軍権力から遠い中小領主とは限らず、むしろ、将軍直属御家人やその一族も少なからず含まれていて、かつ重職に起用されていたことを示している。足利一門守護は幕政に深く関わるところから幕府奉行人らとの交流も生まれるし、幕府軍の部将としての軍事活動を通して、そこに参陣した地頭御家人クラスの武士との関係を築くこともあったに違いない。山田氏によれば、氏の提唱する「室町領主社会」の基本的枠組は、守護を含む将軍直臣の在京が安定的に見られるようになる貞治～永徳期に形成されたとしている(17)。これは将軍による権力編成を論じたものであるが、守護の被官化にも共通しているのではないかと思われる。つまり、この時期の京都は守護と在京武士が出会うチャンスに満ちた舞台であったのであり、室町期守護の重臣の中には、南北朝期に京都で被官化した在京武士が少なからず含まれていたことが想定できるのである。

将軍直属御家人やその一族から守護被官に転じた者がいた一方で、守護被官の中に将軍との関係を強めた者もいたと思われる。先にふれた斯波氏重臣甲斐氏が、すでに応永二年(一三九五)に将軍義満から所領(相続地)安堵を受けていて、[18]義持・義教の代には将軍の訪問が恒例化していたのはその典型である。[19]一色氏も幕政に参画する足利一門守護であり、その有力被官と将軍権力との接近が見られた可能性も考えられるので、この点も確認してみたい。

三　若狭における守護支配に関する研究史

若狭は一色氏にとって、九州から帰京して初めて守護職を得て以後、四代にわたって世襲した、いわば本国ともいえる国である。一色範光が若狭守護に任じられたのは、貞治五年(一三六六)のことであるが、周知のように、それ以前の守護は一七代もおり、[20]その平均在任期間は二年にも満たず、若狭における守護支配が本格的に展開するようになるのは一色氏からであるという点は、先学が一致して指摘してきたところである。今一点、網野善彦氏[21]によって明らかにされ、大方の共通理解となっているのは、鎌倉期に得宗権力の圧迫を受け、地頭職からも排除されていた国御家人の系譜を引く土着武士の多くが、南北朝期になっても守護権力とは距離を保ち、容易には被官に組み込まれず、応安三年(一三七〇)から翌年にかけて、守護軍に戦いを挑んだ応安の国人一揆で敗北を喫してから、ようやく一色氏による若狭支配が軌道に乗る、とするものである。

一色氏以前の若狭守護はいずれも短期間の在職のため研究対象となりにくかったが、それでも、在任期間が文和三年(一三五四)九月から康安元年(一三六一)十月までという、一色氏以前の守護の中で最長の七年を数える細川清氏（第十五代守護）については、奥富敬之・小川信・松浦義則三氏の研究がある。奥富氏は鎌倉幕府滅亡から一色氏による応安の一揆制圧までの若狭における「守護領国制成立過程」を略述する中で、特に細川清氏が在地国人の一部を被官化して「守護被官制」の第一歩をしるしたとしたが(22)、これは、貞治六年卯月日太良荘地頭代禅舜申状案（『若狭国太良荘史料集成』第四巻三三号）の「去年細川総州摂津国発向之時、当国寺社本所領代官等、属彼手令下向」とある「去年」を康安元年、「細川総州（斯波氏のもとの守護代細川義春）」を細川清氏とそれぞれ誤解した上での評価であって、論拠とはならない。奥富氏の所論にはこの他、清氏の次の守護石橋和義を斯波氏被官としたり、石橋のもとで太良荘に入部した「武田殿」を、室町期に一色氏のあと若狭守護となる武田氏とみなすような基本的事実の誤認が目に付き、説得性を欠く。小川氏は、守護領今富名内八か所に給人を付した事例(23)、及び、「去文和年中相州（細川清氏）為当国守護、国中寺社本所領悉以雖宛行于人給」（「東寺百合文書」し函三〇）という東寺の主張を根拠に、在地国人に対する広範な給地宛行を想定した(24)。これに対して松浦氏は、今富名以外の守護領で確認できる給人設定は御賀尾浦の菊池武資・小林為俊という一例しかなく、このうち小林が在地国人である点は注目すべきではあるものの国御家人の後裔ではない。結局、細川氏も土着国人に対する差別と圧迫の姿勢を堅持し、国人側も特定の守護と結びついて没落することを学んで不信と警戒の目を守護に向けていたと評価した(25)。細川氏側の姿勢に関する理解には若干の疑問もなくはないが(26)、おおむね首肯できる見解である。

細川氏の次の石橋和義とその次の斯波氏の支配については、松浦氏が軍事動員の面から検討を行っている(27)。氏は、石橋・斯波両氏が寺社本所領の荘官まで「一国之法」のもとに軍事動員したことに注目し、補任を通じてのみ成立する職の自立的秩序よりも、守護の軍事的国支配権を優先させようとするものと評価した。そして、斯波氏が太良荘地頭方に要求した「一騎役」を、次の一色氏が課していないのは、軍事動員の対象を国内の「職」一般に拡大することをせず、伝統的な主従制的・身分制的な編成を選択したことを示しており、その結果、一色氏時代の守護権力と荘園の間に、網野氏のいう「停滞」（換言すれば「安定」）がもたらされたとした。この石橋・斯波氏の軍事支配に対する評価には議論の余地がなくもないが[28]、一色氏時代の守護権力と荘園の間に、一種の安定が生まれたことは明らかである。本書は、守護権力と荘園の関わりを主題とするものではないので、深く立ち入ることをしないが[29]、一色氏時代の荘園と守護権力の関係に関しては、網野氏、松浦氏の理解にも通じ、太良荘も素材の一つとして伊藤俊一氏が提唱する「室町期荘園制論[30]」、すなわち、守護在京を伴う室町幕府―守護体制のもとで荘園制は一定の安定を見たという説を基本的に支持する立場に立ちたい[31]。

若狭の在地国人が見せた反守護行動として、観応・応安の二回の国人一揆が著名である。前者は観応の擾乱に際して、尊氏派の守護大高重成の下した守護代を、国御家人系の在地国人らが直義派に立って蜂起し、国外に追放したものであるが、松浦氏は、一揆構成員の言動に「下からの地域的支配体制形成の萌芽」が見られるものの、地域的にも遠敷郡の一部に限定され、百姓の支持も得ておらず、「土民の一揆」と結合して「国一揆」に発展する可能性は初めから閉ざされていたのであり、また、守護と対立することもなく、距離を保ったまま、荘園の中で機会をうかがっていた、と評した[32]。一方、幕命の伝達・執行が、幕府→両使という方式と守護・守護代を介した遵行システムが混在する段階から、次第に後者が主流となるところに守護の分国支配の進展を見ようとした外岡慎一郎氏は、若狭についても分析し、観応の一揆後、守護石橋和義による遵行が続いて見られること、応安の一揆に青氏ら国御家人系の在地武士の一部が守護方に参じていることから、荘官までも軍事動員の対象とした石橋のもとで在地国人の被官化（＝分断）が進展した、とした。[33]しかし、市川裕士氏が、のち奉公衆となる本郷氏は「幕命により軍事行動を展開する一方で、守護指揮下で従軍していた」とするように、[34]本来将軍直勤御家人として、単に守護の軍事指揮下で行動していたとみなすべき者も守護軍には含まれていたのであり、守護側の構成員から一色氏の在地国人被官化の進展を読み取るには、慎重でなければならない。

応安の一揆制圧後、本格化させたとされる一色氏の若狭支配に関する研究は、主として太良荘を素材とした荘園との関係に関しては網野氏以来、松浦氏、伊藤氏らによって重ねられてきたが、分国支配機構、被官構成などについてはあまり取り上げられることがなく、本書の基礎となったいくつかの拙論がある程度である。本書では、特に守護代小笠原氏、三方氏が一色氏の若狭支配においていかなる機能を果たしていたのかを具体的に明らかにしたい。

守護代の活動は、ともすれば守護権力のそれとして置換され、いわば無個性的に扱われがちであるが、特に在国して守護の分国経営を軍事的・政治的・財政的に支えていた南北朝期の守護代の権能には相当強いものがあり、その活動には一定の主体性（もちろんあくまで守護の代理としての枠内における）も認められるのではあるまいか。また、在京が常態化する室町期においては、京都での守護の政治活動を支える有力なブレーンとして存在感を増してきた守護代級重臣は、分国経営の責任者として、物理的に離れた在地の支配機構をできるだけ在京守護権力、というより守護代自らの忠実な執行機関たらしめるための工夫を施した。先に挙げた斯波氏筆頭被官甲斐氏、畠山氏重臣遊佐氏はその典型である。一色氏のもとの三方氏もこのタイプの守護代であったことを実証してみたい。

本書で出典として頻出する史料集、史料については、次の例示のように略記する。

『大日本史料』第六編之十三……『史料』六―一三
『群書類従』第四輯　補任部……『群書』四、補任部
『続群書類従』第二十九輯下　雑部……『続群書』二九下、雑部
『福井県史』資料編9、神宮寺文書三号……『福井』9、神宮寺文書三号
『愛知県史』資料編9、一六三〇号　醍醐寺文書一三函……『愛知』9、一六三〇（醍醐寺文書）
『宮津市史』史料編第一巻、中世別掲載史料三三五（西大寺文書）……『宮津』三三五（西大寺文書）
『若狭国太良荘史料集成』第五巻三五号……『太良』⑤三五
「東寺百合文書」ハ函一〇八号……「百合」ハ函一〇八
『教王護国寺文書』九五一号……『教護』九五一
「若狭国守護職次第[35]」……「守護職次第」
（『群書類従』第四輯補任部、大橋寛治氏旧蔵「若狭国守護職代々系図」）
「若狭国税所今富名領主代々次第」（『群書類従』第四輯補任部）……「今富次第」

『大日本古文書』家わけはその旨の注記を省略することがある。

註

（1）一色氏に関する著書としては、梅本正幸氏（丹後地方中世史研究会）のa『丹後守護一色氏代々控』（あまのはしだて出版、二〇一一年）とb『丹後一色氏の家臣団』（私家版、二〇一一年）が管見に入っているにすぎない。前者は系統的な研究書ではないが、

著者が長年にわたって収集した史料を適宜引用しながら、出自から説き起こし、一色氏歴代や一族について説明を加えた労作である。後者は、一色氏家臣団二〇氏について、関係史料を提示し簡単な解説を加えたもので、両書とも一色氏研究に当たってまず参照されるべきものである。両書とも、出版に関わった一色正人氏を通じて入手し得た。記して謝意を表したい。一色氏の歴史全体をコンパクトながら的確にまとめたものとして、c上村喜久子「一色氏」（今谷明・藤枝文忠編『室町幕府守護職家事典』上、新人物往来社、一九八八年）がある。現在のところ、一色氏の通史を見るのにもっとも信頼すべき文献といえる。

論文では、専論として、d高橋修「足利義持・義教期における一色氏の一考察―一色義貫・持信兄弟を中心として―」（『史学研究集録』八、一九八三年）、e同「応仁の乱前の一色氏に就いて―一色義直を中心として―」（小川信先生古希記念論集『日本中世政治社会の研究』続群書類従完成会、一九九一年）、f片岡秀樹「丹後一色義直の守護所」（『地方史研究』二二九、一九九一年）がある。dは永享十二年（一四四〇）に将軍義教が一色義貫を謀殺した背景の一つとして、永享の乱後、三河に没落、潜伏していたとされる一色持家（関東一色氏）との関係が疑われたことを指摘したものである。eは一色義直と将軍義政との親密な関係を論じている。いずれも、一色氏当主の動向を検討していて、被官構成など権力構造を問題としたものではない。

この他、南北朝～戦国期における一色氏を含む丹後守護と守護代以下の実名考証、及び守護の政治的動向を略述した、g今谷明「室町・戦国期の丹後守護と土豪」（京都府与謝郡加悦町教育委員会編『金屋比丘尼城遺跡発掘調査報告書』一九八〇年、のち同『守護領国支配機構の研究』法政大学出版局、一九八六年、に収録）がある。一色氏の三河支配に言及したものとしては、h新行紀一「十五世紀三河の守護と国人」（『年報中世史研究』四、一九七九年）、i湯原紀子「室町期における三河国支配構造」（『学習院史学』四一、二〇〇三年）があるが、守護代の比定等に一部問題が認められる（具体的には第Ⅰ部第二章第一節で後述）。

自治体史としては、hの成果を生かしたj『新編岡崎市史』中世2（一九八九年）第二章第二節一「一色氏から細川氏へ」（新行氏執筆）の他、一色氏の若狭支配を叙述したk『福井県史』通史編2（一九九四年）第二章第二節「守護支配の進展」・第三章第二節「一色・武田氏の領国支配」（ともに河村執筆）、丹後支配を詳述したl『宮津市史』通史編上巻（二〇〇二年）第八章第一節「丹後守護一色氏とその支配」・第二節「『丹後国惣田数帳』の世界」（以上、外岡慎一郎氏執筆）、第九章第一節「応仁・文明の乱と丹後」・第二節「争乱の丹後」（以上、伊藤俊一氏執筆）、一色教親・義直期の北伊勢支配と国人の実態を明らかにしたm『四日市市史』第一六巻（一九九五年）中世編第三章「室町幕府の成立と北伊勢の国人たち」（飯田良一氏執筆）などの自治体史もある。特にｌｍは堅実な実証に裏付けられた、すぐれた研究成果で示唆に富む。

さらに、守護・守護代・小守護代を整理した、ｎ『宮津市史』史料編第一巻（一九九六年）「守護・守護代一覧」（外岡氏作成）、ｏ『愛知県史』資料編９（二〇〇五年）「守護・守護代・守護又代一覧」（三河国は西島太郎氏、尾張国は水野智之氏作成）といった成果もある。これらの成果と私見との異同については、第Ⅰ部第二章第一・三・四節でふれる。

（２）山田徹ａ「南北朝期の守護在京」（『日本史研究』五三四、二〇〇七年）、ｂ「室町領主社会の形成と武家勢力」（『ヒストリア』二二三、二〇一〇年）、ｃ「室町時代の支配体制と列島諸地域」（『日本史研究』六三一、二〇一五年）。

（３）『群書類従』二四、釈家部。

（４）小川信「守護大名細川氏における内衆の成立」（『国史学』七七、一九六八年、のち同『足利一門守護発展史の研究』吉川弘文館、一九八〇年、に補訂改題の上収録。以下、本書については小川前掲書とのみ示す）。

（５）今谷明ａ「摂津に於ける細川氏の守護領国」（『兵庫史学』六八、一九七八年、のち註１ｇ著書に収録）、ｂ「後期室町幕府の権力構造―とくにその専制化について―」（日本史研究会史料研究部会編『中世日本の歴史像』創元社、一九七七年、のち今谷『室町幕府解体過程の研究』岩波書店、一九八五年、に改題の上収録）。

（６）川岡勉ａ「守護権力の変質と戦国期社会」（本多隆成編『戦国・織豊期の権力と社会』吉川弘文館、一九九九年、のち川岡『室町幕府と守護権力』吉川弘文館、二〇〇二年、に収録）、ｂ「守護権力の文書と家臣団編成」（平成十三～十四年度科学研究費補助金研究成果報告書『室町・戦国期畠山家・赤松家発給文書の帰納的研究』研究代表者矢田俊文、二〇〇三年）。

（７）川岡勉「河内国守護畠山氏における守護代と奉行人」（『愛媛大学教育学部紀要』第Ⅱ部人文・社会科学、三〇―一、一九九七年、のち前註ａ著書に収録）。

（８）拙稿ａ「畿内近国における大名領国制の形成―越前守護代甲斐氏の動向を中心に―」（『史学研究五十周年記念論叢　日本編』福武書店、一九八〇年）、ｂ「守護斯波氏の遠江国支配機構」（『兵庫教育大学研究紀要』二二、二〇〇二年）。

（９）註３に同じ。

(10)小川前掲書、今谷a註5a論文、b「室町・戦国期の丹波守護と土豪」(亀岡市教育委員会編『丹波笑路城発掘調査報告書』一九七八年、のち註1g著書に収録)、古野貢『中世後期細川氏の権力構造』(吉川弘文館、二〇〇八年)第一部第三章「細川氏権力と『前期幕府―守護体制』」。

(11)小谷利明氏は、畠山政長の近習に河内の国人丹下氏を見出して、畠山氏は国内武士を積極的に登用しなかったとする今谷氏の所説を批判しているが(同『畿内戦国期守護と地域社会』清文堂、二〇〇三年、第一部第三章「守護近習と奉行人」)、政長の活動期たる十五世紀後半にもなれば、畠山氏に限らず、守護による国内武士の被官化、登用は一定の進展を見せていたのであって、この丹下氏の例をもって今谷説を批判するのは適切でない。

(12)川岡註6a論文(著書二一二頁)。

(13)小川前掲書三五〇頁。

(14)拙稿「南北朝期における守護権力構造―斯波氏の被官構成―」(三)(『若越郷土研究』二三―四、一九七八年、のち木下聡編著『管領斯波氏』戎光祥出版、二〇一五年、に収録)。

(15)「御的日記」(『続群書類従』二三下、武家部)の貞治三年(一三六四)と翌四年の射手として見える朝倉弾正忠は、当時の朝倉氏当主高景の四男弼景に当たるとみられている(松原信之『越前朝倉氏の研究』三秀舎、二〇〇八年、一〇頁)。

(16)『空華日用工夫略集』康暦二年(一三八〇)三月十七日・同二十日・至徳三年(一三八六)三月十八日の各条。

(17)山田註2b論文。なお、山田氏は、守護の在京を将軍による強制と理解する従来の傾向を批判し、政治的・経済的・文化的な利点があって自ら在京を選んだのであって、守護が在京しているのではなく、在京する有力者が守護職を帯びる状況が鎌倉期より続いているととらえるべきである、としている(註2a論文四四頁)。

(18)応永二年八月十五日足利義満御判御教書(『大日本史料』七編之二、九六～九七頁、三宝院文書)。

(19)註14拙稿四節註35。

(20)佐藤進一氏が検出したのは一六代であるが(同『室町幕府守護制度の研究』上、東京大学出版会、一九六七年、二一一～二一三頁。大高重成の二度目と三度目の間の中断、つまり氏名不詳の一代を含む)、第十一代山名時氏の次に仁木義覚が在任したことを松浦義則氏が指摘した結果（「南北朝期の若狭太良荘と守護支配」『福井県史研究』四、一九八六年）、一色範光は第十八代若狭守護となる。

(21) 網野善彦ａ『中世荘園の様相』（塙書房、一九六六年、一九八八年改訂、のち『網野善彦著作集』第一巻、岩波書店、二〇〇八年、に収録。以下、本書中で同書の頁を示す場合はすべて著作集の頁を用いる）第二章第四節「南北朝の動乱」、第三章第一節「一色氏の支配」、ｂ『小浜市史』通史編上巻（一九九二年）、第二章第四節「南北朝の動乱」。

(22) 奥富敬之「若狭国守護領国制成立過程一考」（『民衆史研究』二、一九六四年）。

(23)『大日本史料』六編之一九、五五六頁、「紀氏系図裏文書」。

(24) 小川前掲書、第一編第三章第二節三「清氏・頼和の分国」。

(25) 松浦ａ註20論文、ｂ「南北朝期若狭太良荘と松田知基」（『福井大学教育学部紀要』第Ⅲ部社会科学四一、一九九一年）、ｃ「南北朝期の太良荘地頭方について」（『福井大学教育地域科学部紀要』第Ⅲ部社会科学六五、二〇〇九年）。

(26) 具体的には第Ⅲ部付論3第三節で述べるが、細川氏の側が在地国人を排除しようとしたのではなく、あくまで、国人側の姿勢の問題だと思われる。

(27) 特に註20論文。

(28) 具体的には第Ⅲ部付論3第三節で述べる。

(29) 一色氏の次の武田氏も含めた、若狭における守護の荘園支配については、註1拙稿ｋにおいて概略を記述しているので参照されたい。なお、松浦氏には註25の三論考に加えて、太良荘における守護役などを論じた、ａ「室町初期太良荘の代官支配について」（『福井県文書館研究紀要』八、二〇一一年）、ｂ「若狭太良荘における守護課役と算用状」（同一三、二〇一六年）がある。

(30) 伊藤俊一『室町期荘園制の研究』（塙書房、二〇一〇年）。

(31) 伊藤氏は、守護の在京について、将軍権力による統制策の一環とみなす通説に立っているが、この点については、守護自身が政治的、経済的、文化的面から主体的に在京していたことを強調する山田氏の理解（註２ａ論文）に従いたい。

(32) 松浦註20論文。

(33) 外岡慎一郎「一四～一五世紀における若狭国の守護と国人―両使の活動を中心として―」(『敦賀論叢』〈敦賀女子短期大学紀要〉五、一九九〇年、のち同『武家権力と使節遵行』同成社、二〇一五年、に収録)。
(34) 市川裕士「若狭本郷氏の動向と室町幕府・守護」(『若越郷土研究』五二―一、二〇〇七年)。
(35) 当該史料は、従来知られていた『群書類従』本の原本と目される大橋寛治氏旧蔵本の全文が、秋山哲雄氏によって翻刻されているので(「鎌倉期の若狭国守護と『若狭国守護職代々系図』」『遙かなる中世』一八、二〇〇〇年、のち同『北条氏権力と都市鎌倉』吉川弘文館、二〇〇六年、に収録)、引用に当たっては、これを用いることとする。但し、略称は同本にならって「代々系図」などとすると違和感を伴うので、『群書類従』本に従い「守護職次第」とする。

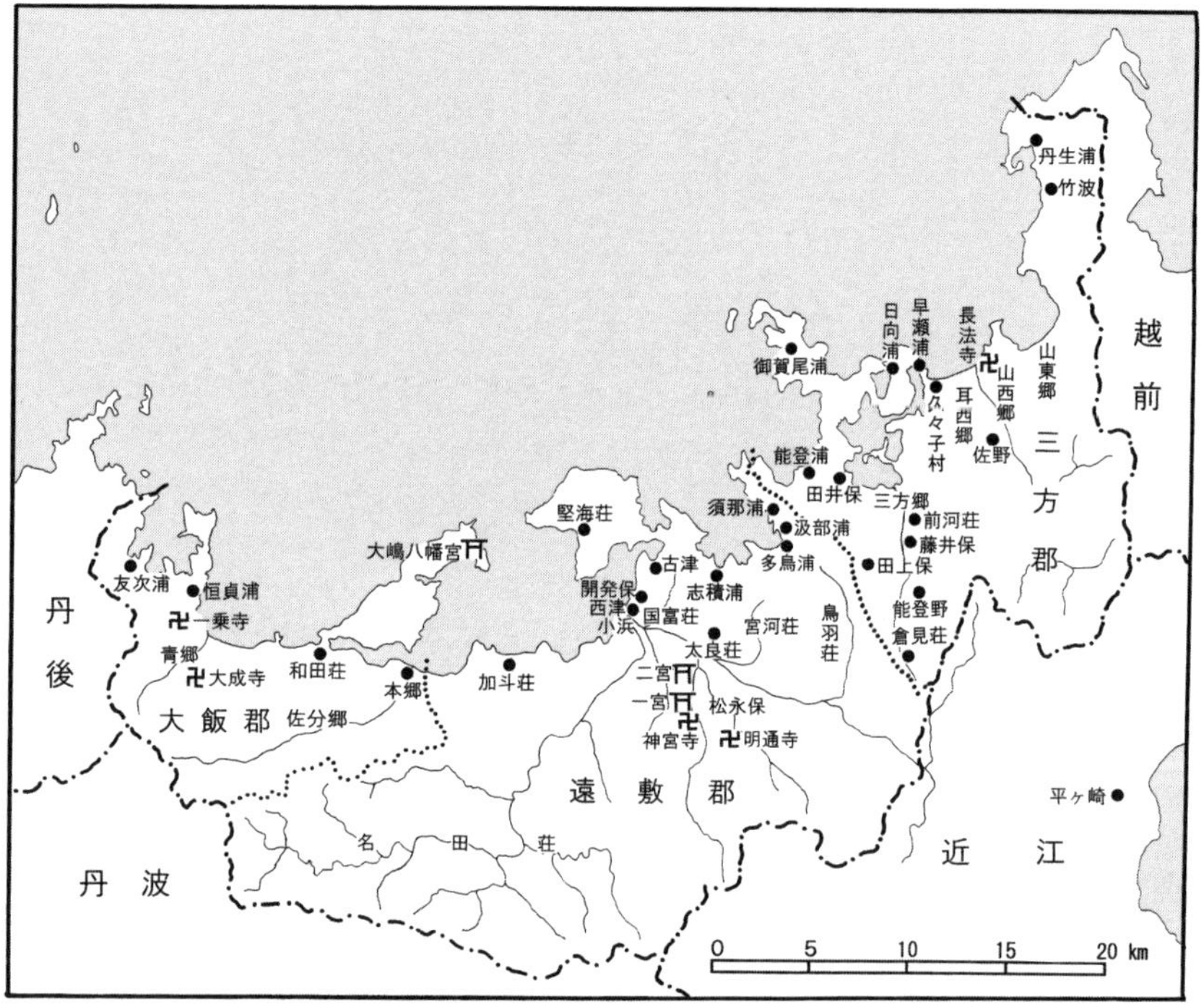
丹後
丹波
友次浦
恒貞浦
一乗寺
青郷
大成寺
和田荘
本郷
大飯郡
佐分郷
加斗荘
大嶋八幡宮
堅海荘
古津
開発保
西津
小浜
国富荘
志積浦
須那浦
汲部浦
多烏浦
宮河荘
鳥羽荘
太良荘
二宮
一宮
神宮寺
松永保
明通寺
遠敷郡
名田荘
能登浦
田井保
三方郷
前河荘
藤井保
田上保
能登野
倉見荘
御賀尾浦
日向浦
早瀬浦
長法寺
山東郷
山西郷
耳西郷
久々子村
佐野
三方郡
丹生浦
竹波
越前
近江
平ヶ崎
0
5
10
15
20 km

図1　若狭国要図

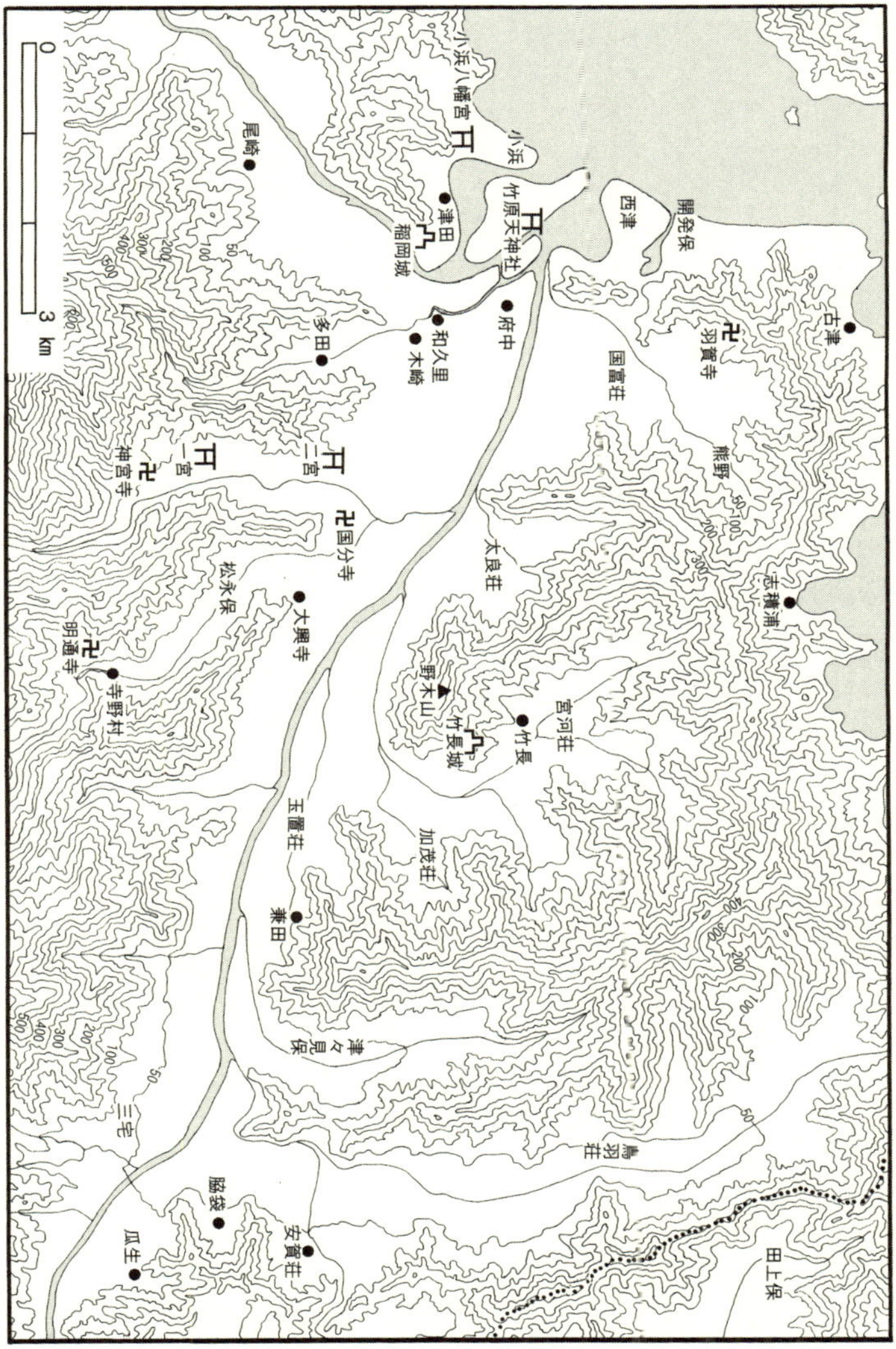

図2　若狭国遠敷郡要図

小浜とその周辺の地形は下仲隆浩・山村亜希氏の研究（第Ⅱ部第3章註184）を参照した。他に、286頁の図2－1も参照のこと。

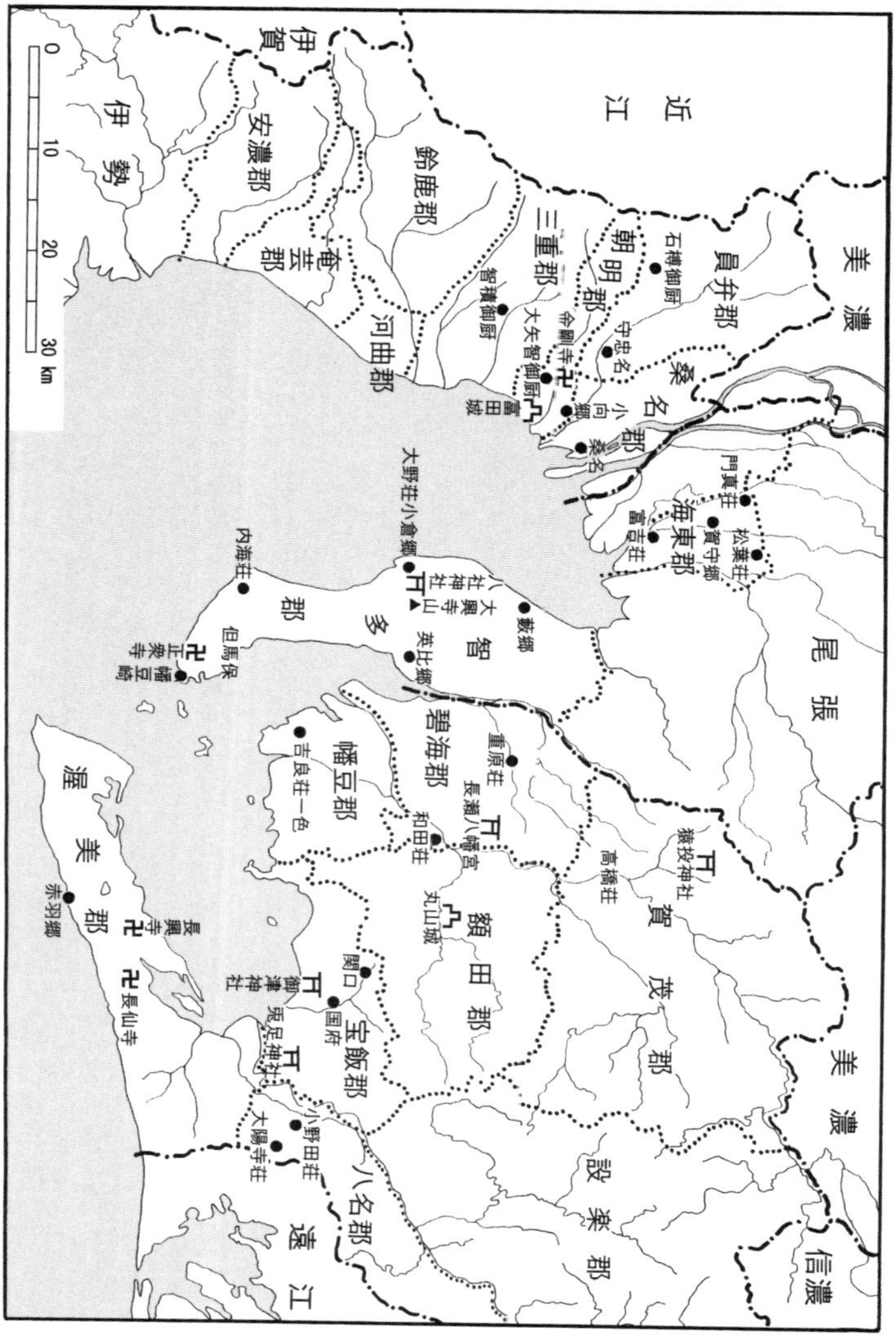

図３　三河国・伊勢国・尾張国海東郡・同国智多郡要図

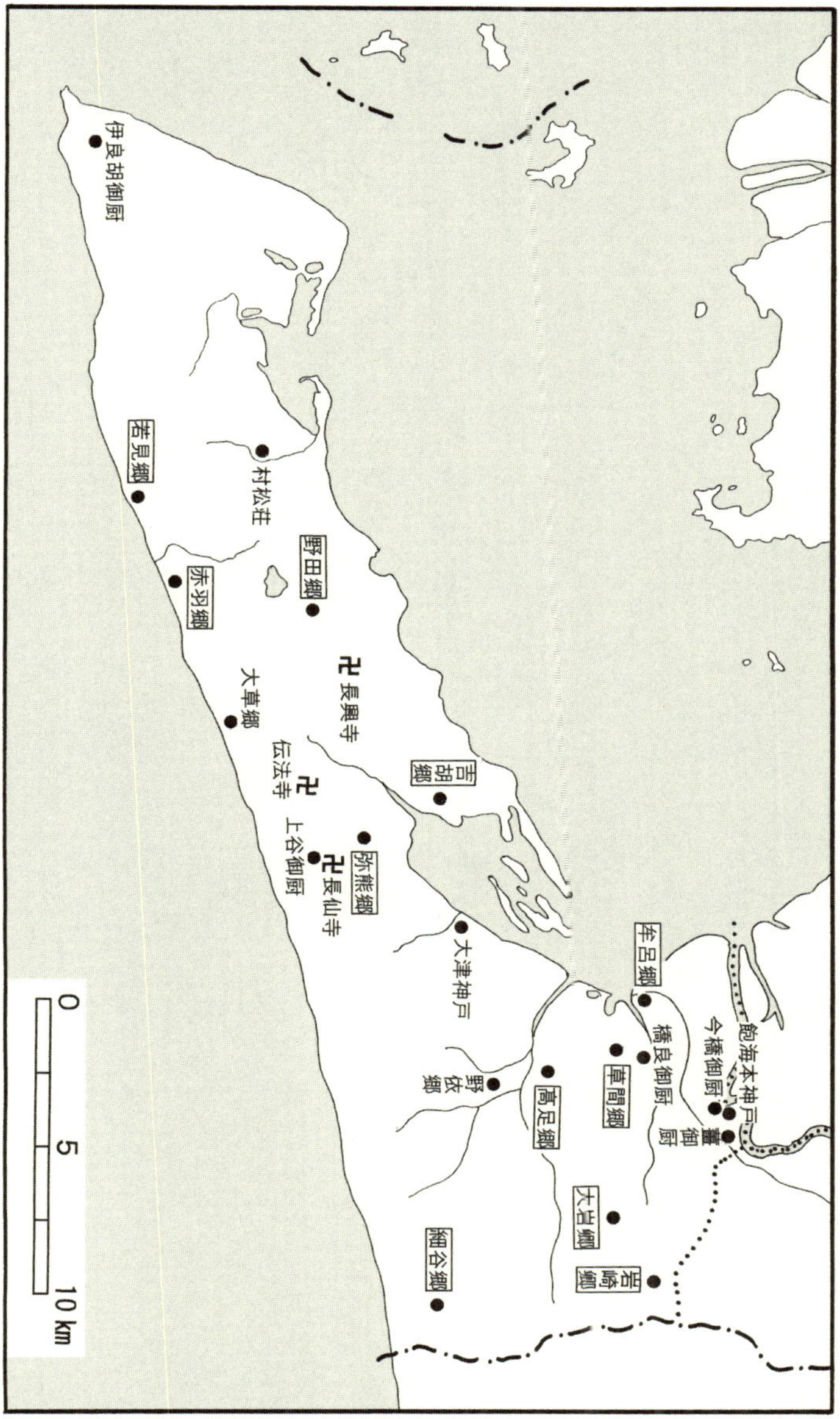

図4　三河国渥美郡要図

牟呂郷などは、建武3年4月2日結城宗広譲状に見える11か郷。なお第Ⅰ部序章補論註7・10参照。

海岸線等は『愛知県の地名』（平凡社、1981年）特別付録「輯製二十万分一図復刻版　愛知県全図」による。

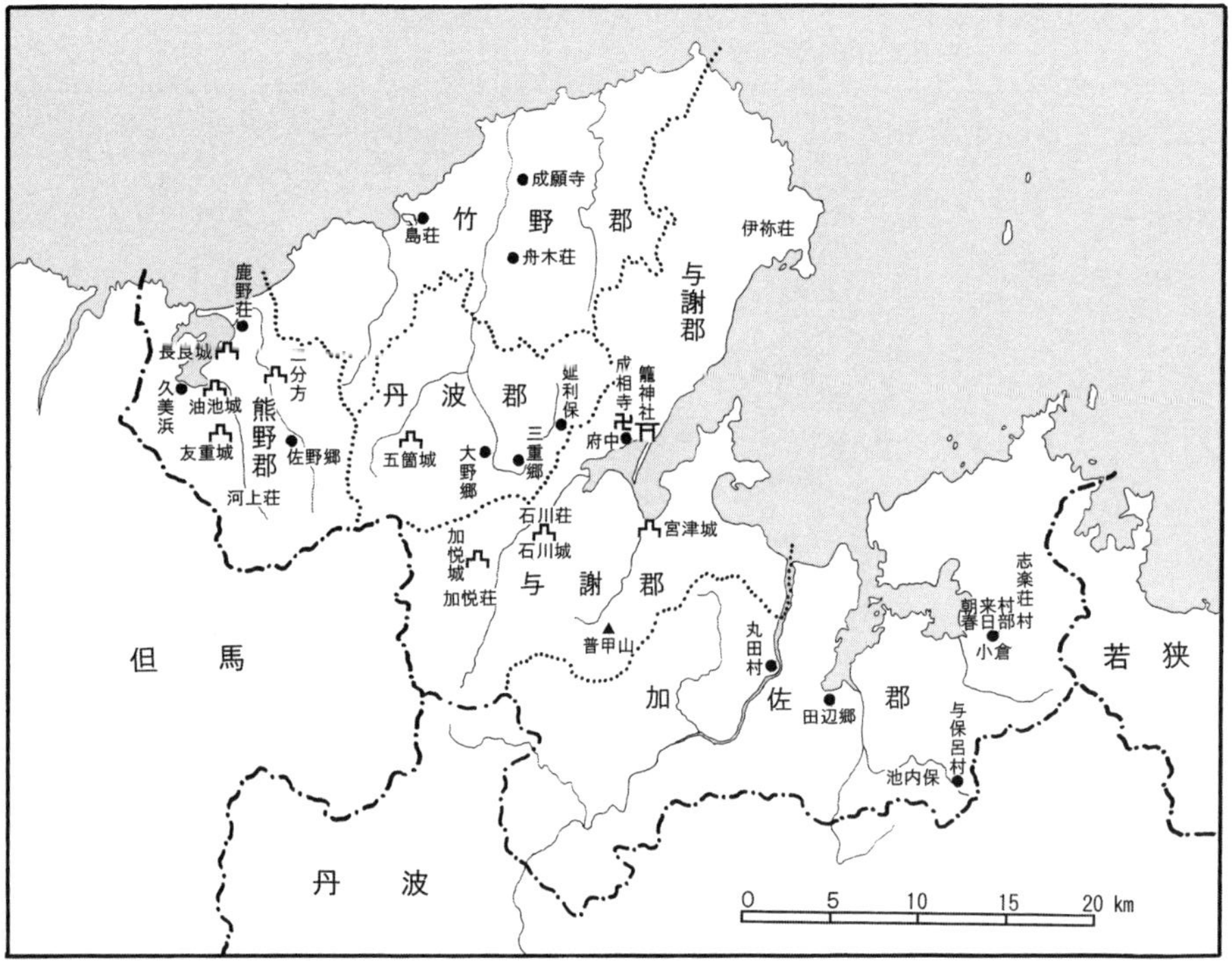
竹野郡
成願寺
島荘
舟木荘
与謝郡
伊祢荘
鹿野荘
長良城
一分方
久美浜
油池城
熊野郡
友重城
佐野郷
河上荘
丹波郡
五箇城
大野郷
三重郷
延利保
成相寺
籠神社
府中
石川荘
石川城
加悦城
加悦荘
宮津城
与謝郡
普甲山
丸田村
加佐郡
田辺郷
志楽荘
朝来村
春日部村
小倉
与保呂村
池内保
但馬
丹波
若狭
0
5
10
15
20 km

図5　丹後国要図

第Ⅰ部　一色氏の分国支配機構

序章　一色氏の分国・分郡における守護・「郡主」在職期間

はじめに

本章では第一章以下の検討の前提として、一色氏が各分国・分郡において守護・「郡主」（後述）として在職した期間を確認しておきたい。一色氏が南北朝・室町期において得た分国・分郡として、これまでに明らかにされてきたのは、鎮西管領時代の筑前・肥前[1]の他、若狭・三河・三河渥美郡・丹後・尾張二郡（智多・海東）・伊勢（半国）、及び侍所頭人の兼職として断続的に在職した山城（侍所頭人と山城守護職が必ずしも完全な兼帯でないことは羽下徳彦・今谷明両氏の研究に明らかである[2]）などがあり、これに最近、田中聡氏によって佐渡が加えられた[3]。

これらの一色氏の分国・郡における守護沿革については、すでに佐藤進一氏（南北朝期の各分国・郡[4]）、今谷明氏（丹後・尾張二郡・山城[5]）、新行紀一氏（三河[6]）、上村喜久子氏（全分国・郡[7]）らによって詳細な検討がなされている。さらに、丹後については今谷氏の他、百田昌夫氏の「丹後守護・守護代等の発給文書について[8]」と『宮津市史』史料編1[9]に、三河・三河渥美郡と尾張の二郡については『愛知県史』資料編9[10]に、それぞれ「守護」や「守護代」等の一覧表が収載されている。これら先学の成果に追加すべきことはほとんどないが、若干の私見を補足する余地のある若狭守護職と侍所頭人に関する一色氏の在職期間（補任・解任の事情を含む）、及び尾張智多・海東郡、三河渥美郡の獲得、喪失の事情について再検討しておきたい。

ところで近年、山田徹氏は、これまで「分郡守護」として摘出されてきた例のほとんどは厳密な意味での守護とはいえず、「最も『分郡守護』らしくみえる」尾張国智多郡・海東郡と摂津国有馬郡でさえ、尾張守護斯波氏、摂津守護細川氏による遵行例も見られるとして「分郡守護」概念の有用性に疑問を呈し、その濫用に警鐘を鳴らしている。[11]そして、敢えて使うならとして、当時の史料にも用例のある「郡主」を提案している。私はかつて安芸武田氏について、通説に従って山県・佐東・安南三郡の分郡守護と説明してきたが、[12]その安直さを改めて認識させられたので、本書では、尾張の智多・海東両郡、三河渥美郡における一色氏の地位を分郡守護と規定するのは控え、一色氏についての史料上の用例もある「郡主」[13]、もしくは郡知行者とし、守護代に当たる地位を「郡代」、小守護代相当を「小郡代」と表すこととする[14]（先学の研究成果を紹介する際は「」を付して分郡守護、分郡守護代等を用いる）。

永享十二年（一四四〇）五月、一色義貫が将軍義教のために謀殺されるが、義貫の甥教親が義貫遺跡のうち丹後と尾張智多郡を安堵された上、義貫と共に討たれた土岐持頼の跡職伊勢半国を給された。さらに教親の跡を継いだ義直（義貫の遺児）の代には三河渥美郡も得た。それらの分国・分郡は、西軍に属した応仁の乱で東幕府から一時没収されたあと、丹後と伊勢半国を回復するが、伊勢では文明十六年（一四八四）に義春（義直の嫡子）が没して以後活動が確認できなくなり、結局、戦国期まで分国として継承できたのは丹後のみとなる。本書では、この戦国期の一色氏については必要に応じて言及するにとどめ、文明期までの一色氏とその分国・分郡を主たる検討の対象にすることとしたい。

第一節　若狭

貞治五年（一三六六）八月、越前・若狭守護斯波高経（守護正員は子の義種[15]）が失脚したあとをうけて、一色範光が若狭守護に任じられた。若狭では、周知のように南北朝の動乱開始直後から頻繁な守護交替が見られ、斯波義種は実に一七代目に当たり、それまでの一代当たりの平均在職期間は一年一〇か月にしかならない。こうした状況に終止符を打ったのが一色範光で、以後四代、七六年にわたり一色氏の世襲分国として重要な位置を占めるにいたるのである。

一色範光の若狭守護就任時期について、「守護職次第」は「一色修理大夫入道信伝貞治五年八月ヨリ給之」とて斯波氏没落直後の貞治五年八月とするものの、佐藤氏が指摘したように、この記述がただちには信じ難いことは、『後愚昧記』貞治五年八月十八日条の「摂州若州寺社本所領等事、守護未補之間、下遣京都奉行人、各一同沙汰付云々」という記事が示している。このとき若狭に派遣された「京都奉行人」は白井行胤・斎藤五郎右衛門尉の二人で、九月十七日から同月二十六日にかけて、四通の連署打渡状が伝存しており[16]、右の記事を裏付けている。また、木崎弾正忠の太良荘押領を訴えた、貞治五年九月の東寺雑掌頼憲申状（『太良』④一〇）に「今度伺守護未補之隙」とあるのも補強材料となろう。この「守護未補」状態にある若狭は、幕府直轄下に置かれたと理解されている[17]。

一色範光の守護補任は翌十月に入ってからのようで、「吉田家日次記」十月十六日条の「今日謁今川伊予守、若狭国一色修理権大夫治定之間、為申彼口入也、即出状了」という記事[18]がそのことを示唆している。『大日本史料』は

「守護職次第」を主史料として範光の守護補任を八月是月条に置き、「吉田家日次記」の記事を「参考」扱いにしているが（六―二三、四一三頁）、逆にすべきである。なお、範光の最初の在職徴証は同年十月二十四日である。[19]

このあと、若狭守護職は範光→詮範→満範→義範（のち義貫）と四代にわたり一色氏によって世襲される。この四人の没年月日はいずれも明証があり、範光が嘉慶二年（一三八八）正月二十五日（六十四歳）、[20]詮範が応永十三年（一四〇六）六月七日（六十歳）、[21]満範が同十六年正月六日（四十二歳）、[22]義範が永享十二年（一四四〇）五月十五日（四十一歳）[23]である。

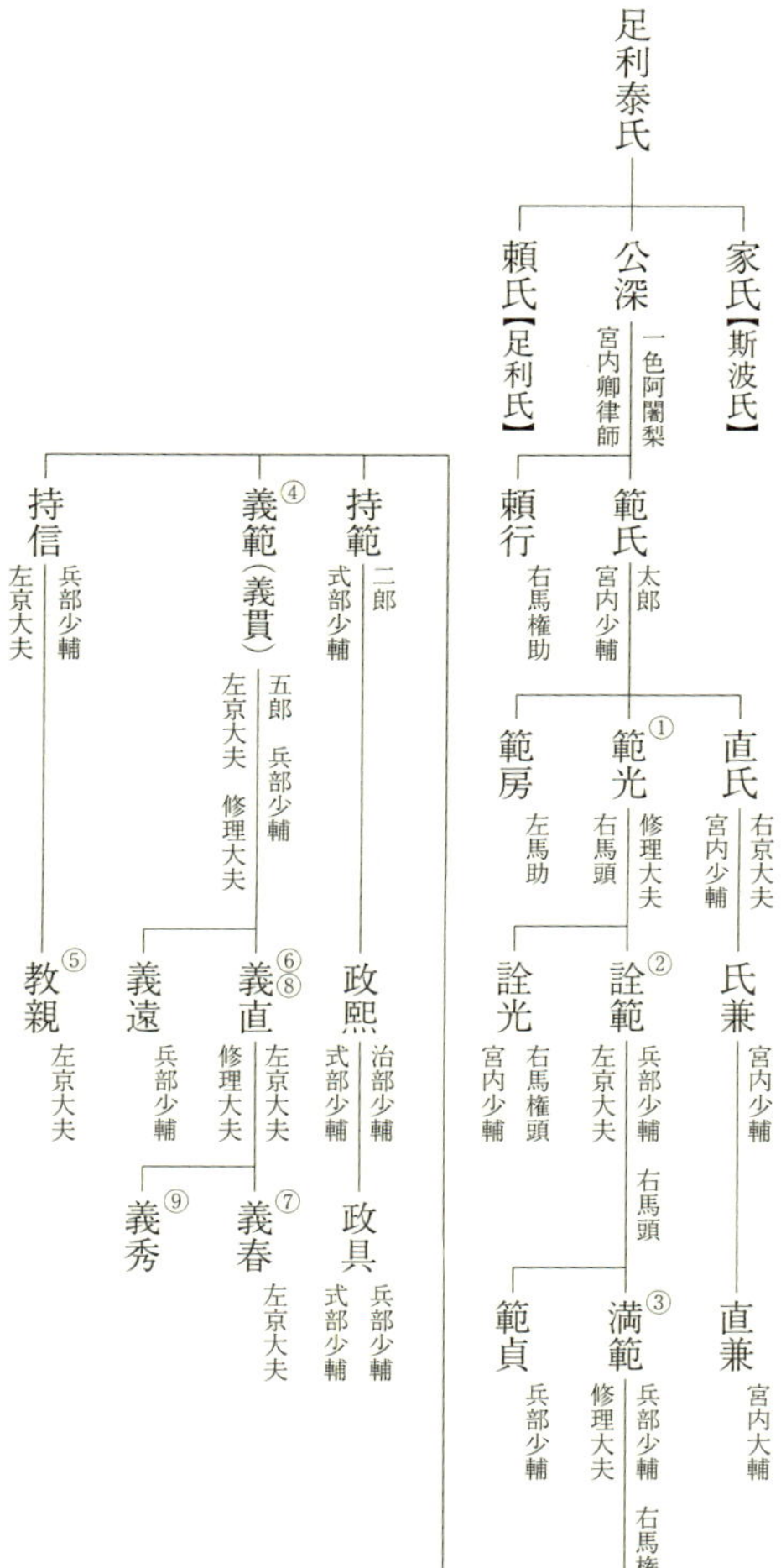

図１　一色氏略系図　①〜⑨は家督の次第

ところで、詮範のとき一時別人に代わり、その後すぐ詮範が復帰することがあった。

【史料A】（『太良』④二七四）

いそき〳〵此御沙汰あるへく候、たゝいまの時分候ハてハ、しやうたいあるましく候、又当国の守護職ハうまのかミとのへまいりて候しかとも、又大殿へ御かゐし候間、おかさわらとのへ御申あるへく候、（後略）

追申上候、

『若狭国太良荘史料集成』は、この文書を年欠三月三十日太良荘公文弁祐書状（『太良』④二七三）の追而書とみなし、年紀を応永十一年（一三〇四）としている[24]。この判断には異論がないが、文中の「うまのかミ」を一色満範、「大殿」を満範の父詮範とする人物比定のうち、前者については疑問が残る。確かに右馬頭が一色満範の官途であることは事実であるが、満範の右馬頭は応永六年七月まで確認されるもの[25]、同八年四月に出家して修理大夫入道道範を名乗るようになる[26]。つまり、満範の官途は応永八年四月以前に右馬頭から修理大夫に変わっていたことになり、出家以後名乗りは死没まで変わることがなかった[27]。一方、満範出家の直後に当たる応永八年五月十三日、将軍義満の日吉社参籠に際して、「一色典厩」なる人物が山名時熙・六角満高・畠山左馬助らと共に供奉を務めているので[28]、応永十一年当時、右馬頭を称する、満範ではない一色氏がいた可能性は高い。史料Aの三年以上も前に右馬頭から修理大夫に変わっていた満範の官途に関する情報を、弁祐に守護職の交替を伝えた人物が知らなかったとは考えにくい。つまり、史料Aの「うまのかミ」は満範ではなく、義満の日吉社参籠の供奉を務めた「一色典厩」その人とみなすのが自然である。右馬頭から守護職を「御かゐ」されたという「大殿」は、嘉慶二年（一三八八）から若狭守護に在職している一色詮範に違いないので、右馬頭はその近親者であろう。そこで、詮範の周辺に右馬頭を官途にする人物を系図上に求めると、詮範の弟右馬権頭詮光がいる（『尊卑分脈』。『寛政重修諸家譜』は右馬頭）。『尊卑分脈』は他に宮内少輔の官途も伝えていて、応永八～十一年に右馬頭を名乗っていたかどうか不安も残るが、兄弟という詮範との関係を重視すれば、守護職をやりとりする相手としての条件は満たしているといえよう。系図上では詮範の近親者で詮光以外に右馬頭を官途に持つ者は見当たらないが、詮範の次男で、明徳三年（一三九二）の相国寺供養の際、兄満範と共に、それぞれ六騎の一色氏被官を従えて随兵を務めたことのある兵部少輔範貞[29]も、詮範との関係、政治的地位からみれば資格は十分ある。しかし、彼が応永十一年に右馬頭を称していた可能性はほとんどないので[30]、候補から除外すべきである。結局、史料Aの右馬頭は、断定はできないものの、今のところ一色詮光とみなすのが穏当であろう。詮範は応永十年十二月二十五日の若狭守護在職徴証[31]があるので、そのあと翌年三月までのわずか三か月の間に詮範→右馬頭→詮範という交替が繰り返されたことになる。この時期に守護職の家産化がそれほど進行していたとは思えないので、詮範から右馬頭への譲渡はともかく、譲渡後まもなくの詮範への守護職返付には、幕政の実権を握る義満の強い意向、もしくは社会的必然性があったのかもしれない。

それにしても、詮範はなぜ守護職を譲るのに嫡子満範以外の近親者を指名したのか、そして、そのあと程なく詮範に返されたのはなぜか、さらには、二人の間でやりとりされたのは若狭だけなのか、それともすでに獲得していた三河と尾張智多郡・海東郡まで含むのか（丹波守護は当初から満範）、といったいくつもの疑問が生じるのであるが、いずれも明確な解答は困難で謎である。ただ、詮範から右馬頭への守護職譲渡の背景には、この二年後に詮範が没して満範が継嗣したあとまもなく、詮範のもとで守護代を世襲した小笠原氏が失脚するという、一色家の内紛がすでにこの時期から芽生えていたのではないかとの想定は可能である（この点第Ⅲ部第一章で後述）。なお、時期的に近接しているということのみで、詮範の守護職をめぐる複雑な動きとの関係を想定する余地のある出来事として、応永十年十月から翌々年十月の間と推定される詮範の侍所頭人就任[32]と応永十一年四月頃の義満の若狭遊覧計画[33]を挙げることができるが、いずれも短期間の守護職の移動を十分説明できるものとはいえず、その背景は不明といわざるを得ない。

第二節　尾張国智多郡・海東郡・三河国渥美郡

1　尾張国智多郡・海東郡の拝領

尾張国智多郡が、明徳二年（一三九一）五月以前に尾張守護の管轄から分離されて、三河守護の一色詮範の管轄に付されていたことは、佐藤進一氏が次の幕府御教書によって指摘している[34]。

【史料B[35]】

尾張国熱田社座主領同国智多郡内英比郷事、早任去七日安堵　院宣、一円可被沙汰付理性院僧正雑掌之状、依仰執達如件、

明徳二年五月十二日　　右京大夫判

一色左京大夫殿

右の文書中の「同国智多郡内英比郷」の代わりに「同国大脇郷以下陸ヶ所」とあるだけで、あとは日付も含めて全く同文の幕府御教書[36]が当時の尾張守護土岐満貞宛に出されていること、このときの安堵対象たる七か所の熱田社領注

文[37]の英比郷に「為智多郡之内間、被成一色御教書畢」との注記があることから、佐藤氏は一色詮範を「分郡守護」と位置づけた。智多郡の分割の時期、契機について佐藤氏は不明とするが、今谷明・山田徹両氏の指摘するように、康応元年（一三八九）から翌明徳元年閏三月に及ぶ幕府による土岐康行討伐に伴う措置に違いない[38]。智多郡の分割が海東郡と同時だとすれば、海東郡富吉荘内小家郷の遵行を命じた明徳元年五月二十八日付幕府御教書[39]が尾張一国守護土岐満貞宛に下されているので、分郡分割が少なくとも康行討伐の直後でないことは間違いないが、一色氏の智多郡拝領が、康応元年十一月に尾張、翌明徳元年に美濃へと連年にわたって出兵した[40]ことに対する恩賞であったことは間違いない。

尾張の分郡分割は、幕府が外様守護土岐氏の勢力拡大を抑止するため、海東郡に山名（後述）、智多郡に一色という一門守護を「郡主」として配し、土岐氏の分国に楔を打ち込んだものと評価できる。すでに一〇年前に守護職を獲得している三河に隣接する智多郡を入手した一色氏は、三河湾を含む伊勢海東半を支配下に収めたことになり、山名に比べ、一色氏が手にした成果ははるかに大きなものであったといえる。

一色氏は尾張智多郡拝領から四年ほどのちに同国海東郡をも獲得する。佐藤氏が、海東郡が尾張守護の管轄から分離されたことを示す徴証として紹介したのは、明徳五年（一三九四）「東寺廿一口方評定引付」（「百合」ち函一）二月二十二日条の次の記事である。

【史料C】

一、大成庄事、近年一向無沙汰、而当時勘解由左衛門（結城満藤）海東郡（山名闕所）拝領之間、御教書事、奉行飯尾ニ申談之処、彼方事、
御教書率爾申沙汰不可叶、先〇直内々可申談由申之間、経年了、

（中略）

凡此大成庄海東海西事、不分明〇大略為海西歟之由而、於海西者、今河金吾（仲秋）拝領之、是又無左右難事行歟、於海東者、一色殿又拝領了、御教書等当時更以不成之間、一向無沙汰、珎事丶丶

佐藤氏はこの記事から、①海東郡が尾張守護の管轄から分離されて山名某→結城満藤→一色詮範と継承されたこと、②山名から結城への交替が明徳の乱に起因するとすれば、山名の更迭が明徳二年十二月、結城の就任は翌年正月と推定されること、③結城の在職はこれ以降どこまで続くかわからないものの、一色の拝領は今河仲秋の尾張守護在任期であろうから、仲秋の解任される応永五年（「応永五年以前」の意であろう）であること、の三点を指摘した(42)。

上村喜久子氏はこの佐藤説をおおむね認めた上で、海東郡の分割時期について、同じ海東郡に属する富田荘・門真荘に関する遵行命令が、少なくとも嘉慶二年（一三八八）五月二十五日付幕府御教書(43)まで、尾張守護（土岐頼康ついで同満貞）に宛てられていることから、少なくともそれ以後のこととした上で、海東郡一帯に土岐一族の勢力が根強いことからして、土岐支配体制の崩壊する満貞以後の代と推断した。

上村氏の最大の功績は、佐藤氏が見落としていた二代の守護の在職を明らかにしたことで、一色詮範の海東郡拝領時期の問題にも直接かかわってくる。氏は、佐藤説の③を前提としながらも、今川仲秋の尾張守護在任は、佐藤氏がいうように応永五年（一三九八）まで続くのではなく、その下限は応永四年四月であり(44)、同年九月から翌五年閏四月にかけて今河法珍なる者が在職し(45)、さらに、応永五年十一月には畠山基国の在職が確認され(46)、佐藤氏が今河仲秋に続くとされた斯波義重の補任は応永七年(47)のことであるとしたのである。さらに上村氏は、海東・智多両郡内の所領が「一色殿御領」と注記される応永四年十二月五日尾張国初任検注料足未進注文(48)は前年十月三宝院満済に認められた初

任検注[49]の結果を示すものであるから、「応永三年末から四年の段階には」海東郡が一色氏の分郡に組み込まれたと推定している。しかし、この上限は次の文書によって今少し上げることができる。

【史料D】（「百合」オ函八七）

相国寺山門造営［　　］不除分国付尾州智□(多)海東両郡［　　］寺社領幷人給国［　　］均五ヶ年之間、借［　　］一土貢宛
彼要脚［　　］致其沙汰状如件、

応永元年十月十九日［

一色左京大夫殿

これによって、応永元年十月以前に、海東郡が智多郡と共に一色氏の「分国」に加えられていたことが確認される。これに加え、前代の結城満藤の在職をうかがわせる次の文書によって、交替時期をさらに狭めることができる。

【史料E—ⓐ[50]】

（結城越後守）
御書之趣、畏拝見仕候了、
抑上様入御事、来十一日御治定候、目出度存候、兼又海東松葉庄御年貢事、自当年者、参百貫分可致沙汰由、
可有御披露候、恐々謹言、

------------（飯尾為種裏花押）------------

（応永元）
八月三日　　満藤　判

政所殿

【史料E—ⓑ[51]】

厳旨《広橋儀同三司》恐悦候、彼条々九日披露仕候畢、

（一か条略）

一、海《尾張国海東松葉庄》事、結か状分雖無子細候、土奉行時者、百五十沙汰来ハんニハ、結か時の例に任て三百沙汰進候へと難被

仰時宜候、

（一か条略）

此等子細雖可参申入之由相存候、（中略）御仰之旨、乍憚大概申入候、可参拝候也、恐々謹言、

五月十二日《応永廿一》　　兼宣　状

政所殿

史料E―ⓐは、結城満藤が、海東郡松葉荘の年貢三〇〇貫文を久我家に納付することを申し出たものであって、海東郡知行の明証とは必ずしもいい難い[52]。しかし、史料E―ⓑによれば、松葉荘は、結城（「結」）の他に「土」が「奉行」していた時もあったという。この「土」は観応二年（一三五一）以来、南北朝末期まで父子二代が尾張守護を務めた土岐氏のことであろうから、その土岐氏のあと結城が松葉荘の年貢徴収に関わったのは、海東郡を分郡としていたが故と理解してよかろう。以上から、一色詮範の海東郡拝領は、応永元年の八月（史料E―ⓐ）から十月（史料D）の間という、きわめて限られた時期に特定することができるのである。この時期に、結城満藤が海東郡を失った契機は、少なくとも懲罰的措置ではなさそうである。なぜなら、満藤はこの年の二月から六月の間に山城守護となっており[53]、少なくともこの応永元年に幕府から糾弾されるような失策を犯した形跡はない。したがって、この交替は、一色詮範に対する恩賞給付としての意味があったとみなすべきである。そこで想起されるのは、この年（応永元年）

七月、幕府が大和の小夫宗清を討伐した際、一色詮範が、赤松義則・畠山基国と共に参戦している事実である。[54]結城満藤にとって、山城守護という、尾張の分郡よりはるかに顕職というべき地位についたばかりであり、海東郡が一色氏に与えられることにはさほどの抵抗感はなかったと思われる。ともあれ、一色氏にとって海東郡が分郡に加わったことは、この数年前に入手していた智多郡を経由して分国三河に至る伊勢海の海上路が支配下に入ったことになり、その意義ははなはだ大きいものであった。この海東郡も智多郡も、該地域の海上路掌握を企図した一色氏の方から幕府に要望して獲得したものと推察される。

尾張二郡のうち、智多郡は義貫謀殺時まで一色氏分郡として持続したが、海東郡の方は、永享四年以前に失った。すなわち、永享四年（一四三二）十月以前、中条判官が将軍義教の勘気を蒙って三河国高橋荘三十六郷を闕所とされた上、海東郡をも没収されて前管領斯波義淳に宛行われている。[55]義淳は当時尾張守護でもあったから、海東郡はここに至って分郡が解消されたことになるが、これ以前に一色氏の手を離れて中条判官（太田政弘氏によれば満平[56]）が海東郡を領していたことになる。一色氏の海東郡支配を示す下限は応永三十四年十二月であるから、[57]一色氏から中条氏への交替時期は、正長元年（一四二八）から永享四年までの五年間に限定される。この期間で一色氏が海東郡を失う（もしくは中条氏が獲得する）のにふさわしい要因を探索すると、管見の範囲では、永享二年七月に一色義貫が引き起こした、将軍義教右大将拝賀式大名一騎打不参事件がさし当たり想起される。これは、義貫が康暦元年（一三七九）の義満のときの例にならって祖父詮範と同じ先陣での供奉を主張したが、容れられなかったため、当日（七月二十五日）は所労を口実に出仕しなかったというもので、義教は「違背上意」と激怒して「切諫」を命じ、義貫も一戦して切腹する覚悟まで示したが、満済や畠山満家・山名時熙らの説得で義教は「一色事先可被閣諸事」との裁定を下したのである。[58] 義貫は翌三年二月十七日に、恒例の将軍訪問を自邸に受けているし、[59] その後の政治活動も変わりなく続けているところから、この一騎打一件が一色氏の政治的地位に決定的影響を及ぼしてはいないことがうかがえる。また、満済も八月十一日の「落居」以後、この一件に関して何も記録していないが、義教の義貫に対する宥免といっても、あくまで切諌の回避であって、何の処分も行われなかったとみるのはかえって不自然であり、海東郡の没収程度はあったと考えることもできるのではあるまいか。

2　義貫謀殺後の尾張国智多郡

智多郡の検討の前に、一色義貫謀殺のわずか半年後に、次の文書によって、海東郡も一色氏の分郡とされたとみる向きもあるので、まずこの点から検討しておきたい。

【史料F[60]】

尾張国海東郡穂保郷内光明寺住持職幷寺領等事、任去廿一日御判之旨、悉可被沙汰付当住持之由候也、仍執達如件、

永享十二
十二月廿五日　　長近（花押）
　　　　　　　　建昌（花押）

角田彦右衛門尉殿

この文書について、大日本古文書『醍醐寺文書』（二〇〇五号）と『愛知県史』資料編9はいずれも「尾張国海東郡

守護一色教親奉行人連署奉書」と命名していて、一色教親を海東郡の守護とみなしている。発給人のうち建昌は嘉吉二年（一四四二）四月、一色教親のもとで尾張国智多郡但馬保五郷国衙代官職を請け負った被官の一人であり、[61]長近も永享十年十二月の三河国猿投神社に対する教親の同国高橋荘神郷寄進に伴い、同社領段銭免除の奉書を大河原氏行との連署で発給している伊賀長近のことであろうから、[62]史料Fは一色教親奉行人連署奉書には違いないが、教親の地位を海東郡守護とするのは疑問が残る。

まず海東郡は、先にみたように、永享四年以前（おそらく同二年）に一色義貫から没収されて尾張守護斯波氏の管轄に組み入れられていた。にもかかわらず、それを義貫謀殺を機に管領家斯波氏の分国から割いて一色教親に還付するだけの積極的・合理的理由はないし、智多郡が武田氏に給されたことを伝える『師郷記』（永享十二年六月二十九日条）も海東郡のことは全く触れていない。しかも、海東郡と一色氏の関係を示す史料はこのあと皆無である上、五年後の文安二年（一四四五）には富吉荘、[63]同四年には海東賀守郷という海東郡内の所領に関わる遵行命令が、斯波千代徳（義健）に下されているので、[64]海東郡は義貫謀殺以前に中条氏から没収されて以来、一貫して尾張守護斯波氏の管轄下に置かれていたとみる方が自然であろう。一色氏はかつて海東郡の郡主であったことから、史料Fは山田氏が指摘している、「領主であっても、それが幕府の有力者だった場合などに、諸命令を幕府から直接受けることがあった」[65]ケースとして理解すればよいのではあるまいか。穂保郷が一色教親の所領だったことを示す確証はないけれども、たとえば、永享四年に中条氏から没収され吉良義尚と一色持信に宛行われた三河国高橋荘のうちの持信分は、持信の子息教親にも継承されていたり、[66]寛正元年（一四六〇）ころの智多郡内海荘が一色義直の弟で将軍近習の義遠の所領と推測されるように、[67]一色氏宗家の分国・分郡内に一族が所領を持つことはごく自然なことであろうから、かつての一色氏分郡海東郡内の穂保郷が教親、あるいは将軍義教の寵臣として知られていた父持信の代に義教から宛行われた所領であったとみることは可能である。かかる所領は守護領や郡主故に領していた所領でない限り、守護職、郡知行権を失っても、そのまま領有し、かつ遵行命令も守護を介さずに下されていたと考えられる。

さて、智多郡が若狭とともに、義貫を討った武田信栄に与えられたことは、『師郷記』永享十二年六月二十九日条の「若狭新守護武田治部少輔（信栄）入国云々（中略）武田チタノ郡拝領之云々」という記事によって確認される。ところが、信栄はその一か月後の七月二十三日、若狭で死去してしまう(68)。家督を嗣いだ弟の信賢がそのまま若狭と智多郡を継承したとみるのが自然であるが、翌嘉吉元年（一四四一）閏九月までに、智多郡における武田氏の地位が失われていた可能性をうかがわせる文書がある。

【史料G(69)】

尾張国英比郷事、早任綸旨、可被沙汰付伏見殿南御方雑掌のよし《（ママ）》所被仰下候、仍執達如件、

嘉吉元年閏九月卅日　　右京大夫花押

千代徳殿

智多郡英比郷の沙汰付を命じる幕府御教書が、武田氏ではなく、尾張一国守護の斯波千代徳（のちの義健）に下されており、これまでに智多郡の分郡が解消されたように見える。山田徹氏はこれを、「最も『分郡守護』らしくみえる」三郡（摂津有馬郡・尾張智多郡・同海東郡―河村註）でさえ、それらのいずれにも見られる、当該国守護による遵行の事例として挙げていて、郡知行者が幕府の遵行命令を優先的に受けるといっても絶対ではないとしているが(70)、どのような理由で例外的に一国守護の遵行権が「分郡」に及ぶのか、明確な説明はない。

史料Gの場合の智多郡主として、山田氏は一色教親を想定しているように見受けられる。のちにみるように、智多郡は嘉吉三年三月までに確かに一色教親の分郡になるのであるが、すでに史料Gの段階でなっていたとなると、これまでに武田信賢から智多郡が没収されたことになる（分郡が解消されて斯波氏の管轄に組み込まれていたとしても同じ）。しかし、拝領後一年余の間に、分郡没収に値する瑕疵を武田氏に見出すことは困難であり、武田氏がまだ智多郡を領していた可能性も探ってみる必要がある。

武田信賢は、嘉吉の変のあと、嘉吉元年八月下旬から九月上旬にかけて赤松満祐討伐のため播磨に出陣し、(71)閏九月二十一日までに帰京するも、(72)同じころ若狭で一色氏牢人の蜂起があり、守護代を追い出すほどであったので、(73)若狭に下向し、安芸の吉川氏や近江の朽木氏らの参陣を得て十一月までかかって鎮圧している。(74)つまり、史料Gは、武田氏が尾張智多郡で実効性のある遵行をできる状況ではおよそなかった中での発給だったのである。したがって、当時の智多郡主が仮に武田信賢だったとすれば、史料Gの宛先が斯波氏にされるだけの十分な条件はあったといえる。だからといって、そのことが逆に、当時の智多郡主が武田氏だったことの確証になるわけではなく、すでに一色教親に替わっていたことを否定するものではないが、その場合、遵行命令が斯波氏に下される事由の説明は、右述の武田氏が郡主のケースに比べれば困難は大きい。結局、決め手はないけれども、武田氏を当時の郡主とみなした方が、史料Gをより理解しやすいということにすぎない。

さて、いずれにしても、智多郡は一色氏に還付されることになる。教親の智多郡主たる地位が確認されるのは、『看聞日記』の次に掲げる一連の記事にあるように嘉吉三年である。

【史料H―ⓐ】（嘉吉三年三月二十六日条）

藪卿（郷）・英比卿天役又被懸之間、守護《一色》ニ令申、免除之折紙出之、先度大方殿ニ被申て、守護ニ厳密被仰、向後可止天役之由折紙出之了、而又懸之条、乱吹之至不可説也、

【史料H―ⓑ】（同年七月五日条）

抑英比卿段銭免除事、守護ニ可被仰之由、大方殿へ南御方以御乳人被申、自公方被懸之間、難被仰之由奉、重御乳人参、さりとてハと申、さらは可被仰之由奉、無御等閑御返事也、

【史料H―ⓒ】（同年十一月九日条）

抑藪卿守護使乱入、号有罪科人為違乱、一色守護、此子細仰之間、進折紙

貞成親王（史料Gで智多郡英比郷を安堵されている南御方＝敷政門院の夫）が、藪郷・英比郷に対する段銭を懸けたり、「守護使」を乱入させて検断権を行使したりしている一色（教親）を「守護」と呼んでいて、ここに一色教親が智多郡を分郡として還付されたことが明確になる。そして、その時期は、嘉吉二年四月、三宝院領智多郡但馬保五郷国衙代官職を一色教親の被官浄堅・建昌が請負い、教親がこれを保証しているので[75]、遅くともこれ以前とみてよい。

先に推定したように、嘉吉元年閏九月当時、まだ武田氏が智多郡主だったとすれば、そのあと一色氏に替えられた時期と理由が問われることになるが（すでに教親になっていたとしてもその時期・理由は同様に問われる）、これまた明証は全くないので、確定は無理である。敢えて一つの仮説を示せば、嘉吉の変の直後、管領細川持之が「武家被突鼻人々、皆管領免許[76]」という方針を表明し、実際関東出兵を拒否して義教から家督を追われていた畠山持国が、嘉吉元年八月に復権している例があるので[77]、一色教親が義教の勘気を受けて失脚したわけではなく、逆に新当主に据えられた御恩を蒙っているとはいうものの、義教のために犠牲になった一色氏の当主という立場で、旧分郡の復活を歎願す

ることは、それほど不自然でもなかろう。北伊勢守護職を入手した一色氏にとって、対岸の智多郡を奪還することは、伊勢湾奥の海上路を掌握する上で重要な課題であったに違いなく、一色氏の方から要求したものと思われる。但し、右に述べたその経緯は、なんの裏付けもない仮説にすぎないことはいうまでもない。

史料H以降、一色氏の智多郡主たる地位を裏付ける史料は、英比郷・藪郷の諸役免除を一色千徳（義直）に命じた宝徳四年（一四五二）七月十三日付幕府御教書しかないが[78]、応仁二年（一四六八）、幕府料郡とされて伊勢貞宗に預け置かれるまで[79]、一色教親（宝徳三年没）、ついで司義直の分郡として維持されたとみてよかろう。

3　三河国渥美郡

一色氏が義貫謀殺によって守護職を失った三河で、渥美郡を分郡として獲得していたことが、次の史料によって知られている。

【史料I】[80]

一、奉公仁躰（奉行飯尾美濃守貞元法名常恩）対守護人其咎出来時、可致注進事、（寛正四 卯廿七）

在国之輩、重科出来者、速為守護注申子細、可随御成敗、万一以私之儀、不事問於致計沙汰者、縦雖為道理、

可被処厳科焉、

於参州渥美郡、疋田三左（于時二番衆）与一色左京兆（于時当郡知行）被官人黒田、喧嘩之時、被定之、

これは、守護に対して咎を犯した在国奉公衆を守護が私的に処断することを禁じた寛正四年（一四六三）成立の幕府法であるが、その立法の契機となったのが、三河渥美郡を「知行」している一色左京兆（義直）の被官黒田某と二

番衆に属する在国奉公衆疋田三郎左衛門の喧嘩であった。すなわち、幕府法の世界では、渥美郡を「知行」している一色氏が守護に置換し得る地位と認識されていたことを明瞭に示している。ただ、山田氏が強調するように、当時の社会的認識にしたがって貞成親王が尾張国智多郡「守護」と記している一色氏について（史料H―ⓐⓒ）、幕府が「当郡守護」ではなく、「当郡知行」と注記していることの意味はやはり重い。実態や意識に制度が追いついていないというべきであろうか。

一色氏の渥美郡知行を示す上限としては、次の『蔭凉軒日録』の記事が知られている。

【史料J―ⓐ】（長禄四年八月十七日条）

鹿苑院領三川国赤羽祢郷有破損船、自郡代方打入濫妨狼籍、剰放火攻所（在カ）之由、自院被嘆申旨披露之、即可改郡小代官還奪取之賊物止已後綺之旨、於一色方被仰出、且可被成御奉書之由有命、

【史料J―ⓑ】（同年九月二日条）

当院領三河赤羽荘一色殿郡代緩怠之事、以同安重披露之、以伊勢守被仰付于一色殿也、

【史料J―ⓒ】（同年九月二十九日条）

当院赤羽成敗之事、一色方以伊勢守重可被仰付之由披露之、以案内有御成也、

【史料J―ⓓ】（同年閏九月一日条）

当院領三河国赤羽祢破損（船脱カ）之事、可違乱（止脱カ）之由、一色殿折紙被出之、乃以伊勢兵庫見召于殿中而賜之、

右の一連の記事によれば（他に九月十四日・同月晦日条があるも割愛）、鹿苑院領渥美郡赤羽郷における難破船に対して、一色義直が置いた「郡代」（直接的にはⓐにいう「郡小代官」＝小郡代）が「濫妨狼籍」を働いたとして係争になっ

ている。このように、郡代―小郡代という行政機構をおいて渥美郡を「知行」していた一色氏の実態が、三年後の前掲史料Ⅰにおいて、幕府から守護に準じる存在として認識されていたのである。

一色氏がいついかなる事情で渥美郡の知行権を得たのか、確証は全くないが、延文五年（一三六〇）から少なくとも応永五年（一三九八）まで京極氏によって世襲された渥美郡地頭職がその前身であることが指摘されている（渥美郡地頭職と一色氏の同郡知行の関係については本章のあとの補論で後述）。渥美郡地頭職は応永九年までに京極氏の手を離れたと推定されるが[81]、その後の行方は全くわからない。ただ、永享期（期間不明）に納入された外宮役夫工米の国別注文[82]において、二六か国と尾張国智多郡の納入額がそれぞれ記されているものの、そこに渥美郡は見えないところから、三河国のなかに一括されていると思われるので、少なくとも永享期の渥美郡が智多郡のような分郡扱いをされていなかったと想定することは許されよう。したがって、一色氏が渥美郡の知行権を得たのは、三河守護職を失った永享十二年以降とみるのが妥当であろう。

新行紀一氏は、義貫の死後家督を嗣いだ教親が、丹後・伊勢半国守護職とともに与えられたと推定している[83]。しかし、尾張智多郡が若狭と共に武田信栄に宛行われた事実は明証（『師郷記』永享十二年六月二十九日条）があるのに、渥美郡に関して皆無というのは、消極的ながら否定材料にはなる。そして、次に述べるように、三河の回復をねらって積極的に動いていたのは義貫の遺臣たちであったので、渥美郡の知行権を得たのは、時期は別にして、教親ではなく義直の方とみるべきである。

義貫謀殺から二年半を経た嘉吉二年十一月、義貫遺臣延永らは「愁訴」をしたが容れられなかったため、北野社に閉籠したり、一色教親の宿所を襲う構えを見せたという[84]。この「愁訴」の目的は、今谷明氏の推測の通り[85]、主家の再興とみられ、教親側の反対にあって不許可になったのであろう。義貫には四人の遺児がいたが、このうち十三歳と十二歳の二人は教親に預けられて後日西国に流され、残る二人のうち一人は政所執事伊勢貞国に預けられ、一人は逐電したという[86]。これらのうち、伊勢に預けられた二人のうちの一人がのちの義直（幼名千徳丸）で、当時五歳以下ではないかと推測される[87]。延永らはこの千徳丸を擁して一色家嫡流の再興を目指していたのである。この運動はその後も続けられ、翌嘉吉三年春には将軍義勝の生母日野重子の口入を得て認められたものの、沙汰は延引されたまま数か月が経った[88]。その理由は判然としないが、あるいは、細川氏（勝元の後見人細川持賢と三河守護細川持常）が抵抗していたのかもしれない。しかし、七月になると将軍義勝が発病し、同月十七日、邪気ありとして召された験者が一色義貫の死霊を指摘した[89]。同月二十一日に義勝が没したあとも、義貫のほか足利持氏や赤松満祐の怨霊も公然と語られ[90]、山名や京極の家に一色が姿を現して消えた、といった怪異まで風聞にのぼった[91]。験者の注進との前後関係は不明ながら、延永らは改めて再興を訴えていたようで[92]、その結果に関する明証はないが、細川氏の政敵管領畠山持国のもとで義貫流の再興が公認されたとみることにさほど無理はなかろう。その際、延永氏らは三河一国守護職の還補を要請したと思われるが、妥協の産物として、渥美郡一郡のみの知行権が一色義貫の遺児千徳丸に認められたのではあるまいか。

一色氏の渥美郡知行は、守護細川持常にしてみれば、たとえ一郡にせよ分国の割譲を意味する。持常にとって反幕行為や政治的瑕疵がない中で、容易には受諾できなかったと思われるが、将軍の死にからめて、義貫を武田信栄と共に討って三河の守護となった細川持常が、その一部を義貫遺児に割譲することを求められれば受認せざるを得なかったと思われる[93]。長禄三年（一四五九）の「丹後国惣田数帳[94]」によると、細川持常の後嗣成之は、加佐郡田辺郷の一九九町五反余を含む合計二三四町余（三か所）の所領を有していた。この数値は、守護領を除く個人の所領としては第一位に当たる。丹後でこれ程の規模の所領を三河守護家が領しているのは、三河国渥美郡の割譲に同意した細川持常に対して、等価とはいえないまでも、幕府が一定の代償として与えたからではなかろうか。当時の管領は細川氏の政敵畠山持国であり、細川京兆家当主持之は前年没し、十四歳の勝元が叔父持賢の後見を仰いでいる状態であって、畠山氏が細川氏に対して政治的優位に立っていた時期といえる。また、義勝の死後まもなく、持国は政所執事伊勢貞国の嫡子貞親を「室町殿御父」に指名している。(95) 歴代の例にもとづく措置とはいえ、ここには持国と伊勢氏との関係がうかがえる。義貫の遺児千徳丸〔義直〕が伊勢貞国に預けられていたらしいことを想起すれば、一色家再興と渥美郡の割譲は、細川氏を牽制せんとする畠山氏が、千徳丸を手中にしている伊勢氏と連携して進めた政略だったといえよう。

文安元年〔一四四四〕閏六月、氏家某ら故義貫の被官二、三人が三河守護細川持常によって討たれるという事件があった。(96) 氏家氏はかつての三河守護代だったことからすれば〔第二章第一節〕、あるいは氏家氏は渥美郡代の地位にあり、細川氏との間でなんらかの確執があったのかもしれない。そうではなく、このときは、まだ一色氏による渥美郡知行が実現しておらず、氏家らが討たれたのも、そのための運動をしていたことによる、との解釈もあり得なくはない。しかし、仮に然りとせば、この文安元年閏六月以降、長禄四年八月〔史料Jで一色氏の渥美郡知行が確認される上限〕までの間に渥美郡の割譲がなされなければならないが、この期間内で、細川氏が分国割譲を甘受せざるを得なくなるのに、「義貫の怨霊による将軍の夭折」を超える事由が生まれたとは考えにくいので、やはり、一色氏による渥美郡知行は将軍義勝の没後、それほど時間を経ないうちに、管領畠山持国のもとで実現していたと考えたい。

それでは、一色氏の渥美郡知行の下限はいつまで下げられるだろうか。応仁の乱における幕府の分裂に伴い、西軍に属した一色義直は、西幕府からは渥美郡はもとより三河一国の守護職を認められ、東幕府からはすべての所職を没収されたであろうが、義直は実力で三河を奪還せんと、文明二年（一四七〇）四月、かつての分郡尾張智多郡に弟の義遠らを下し、同郡大野で「勢そろへ」を行っている。(97)その後の一色勢の具体的な動向はわからないが、義直は文明六年、山名政豊・細川政元の和睦を受けて義政に宥免を請うた結果、子息義春の謁見を許され、(98)丹後守護職を還付されているので、このとき渥美郡も還付されたのではないかと思われる。(99)しかし、三河守護職は依然として細川氏が堅持していたので、一色氏は三河の奪還を目指して実力行使を開始する。すなわち、文明八年から三河で細川方と本格的な戦闘となり、同年九月には守護代東条近江守（武田常信カ）(100)が切腹したとの情報が京都に届いている。そして、翌年にはおそらく一色義直の従兄弟で義政近習の一色政煕の斡旋で、一色義直に武田（東条）常信の後嗣修理亮某討伐の御判が出たため、修理亮は大和に没落してしまう。(101)これに反発した三河守護細川成之は幕府出仕を拒否して抗議したため、文明十年二月、将軍義政は一色義直に「彼国（三河）之儀」は「一向無存知」との「罰文」を出させて解決を図った。この三河回復の宿願を放棄する「罰文」によって、一色氏の三河に対する支配権は名実ともに失われることになったとみてよかろう。(102)

応仁の乱から一色氏の「罰文」提出までの間、渥美郡の知行権がどのように位置づけられていたのか必ずしも明らかでないが、実態としては応仁以前と同様に維持されていたと思われる。文明四年正月に、左衛門太夫某が渥美郡伝法寺に田畠を寄進した際の寄進状に「但於末代之子孫親類ニ悪人出来、着欲心有違乱煩申者、郡使・郡代・時御代官・郷主之年老招而此寄進状、堅可有御沙汰也(103)」とあって、郡が行政単位として機能していたことをうかがわせている。一色氏のあとをうけて渥美郡の行政権を継承した戸田宗光は、次のように述べている。

【史料K(104)】

三州渥美郡野田保之内大窪郷長興寺新寄進状事

右、愿彼寺之由来、建治年中為後　宇多院御願、代々一色殿様之御領知、届文正之于今迄無相違処、去応仁之乱以来及既滅亡、剰住持退転之処、当于時郡司藤原弾正左衛門尉宗光倩案之、此儘捨置者全寺領成人給、彼寺河（可）末代断絶事悲哉、成自願主、尋善知識、住持定置申、彼寺奉会下再興者也、就中　一色七郎殿様於当郡へ（ママ）御逝去、御戒名宝幢勝公大禅定門、彼御位牌奉此寺安置、折節隣郷加治之内売名田在之、（中略）依テ寄進状如件、

于時明応参甲寅歳三月七日　藤原左衛門尉宗光（花押影）

この文書は、写であることを考慮しても、字句の不自然さは覆い難いが、一定の史実を反映する史料として扱うことは許されよう。これによれば、宗光の寄進は、応仁の乱以来退転の危機にあった長興寺を再興するためで、ここに、おそらく宗光との戦闘によって渥美郡で没した一色七郎の位牌を安置するとしている。この宗光の行為は、自らが一色氏に代わる渥美郡の統治者たることを郡内に改めて確認、周知させるためのものであり、「郡司」と自称しているのは、そのまま以前の一色氏の政治的地位を的確に表現している。つまり、史料J—ⓐⓑにおける「郡代」に相当するものであり、史料J当時も一色七郎が在職していた可能性が高い。なお、この一色七郎については、同時代に御部屋衆に列した将軍近習の一色政煕（義直の従兄弟）と通称が一致するが、その政治的立場からみて、在国して渥美郡「郡代」を務めることは考えにくいので、別の近親であろう。[105]

第三節　侍所頭人

侍所頭人については、山城守護とともに今谷氏が驚異的な史料の博捜に基づき、まことに精緻な沿革考証をしていて後学の参入を許さないものがあるが、一色氏の侍所頭人在職に関しては、きわめて微細ながら、追加・変更を要する点が二件存する。

まず、一色詮範の在職期間の上限を一年ほど遡らせることができるのではないかと思われる。羽下徳彦氏が応永十二年十月の侍所頭人を「一色」としている根拠は、次の応永十三年（一四〇五）「東寺廿一口供僧方評定引付」（『百合』天地一八）閏六月九日条の記事である。

【史料Ｌ】

彼男、去年十月ヽヽ、針小路猪熊在家者、刃傷之間、自当座逐電了、仍自侍所一色、彼男雖可召出、逐電之上者、不可叶之由、返答了、爰侍所相替此間赤松之間、彼男、自田舎召上、召仕之由、衆中申案内之間、披露之処（後略）

今谷氏はこれをうけて、一色氏は当主・若狭守護が侍所を兼帯するのが通例だとして、実名は不明ながら詮範と推定した。[106]詮範は応永十三年六月七日に没しているので（註21）、「此間赤松（義則）」に交替したとする右の記事は、詮範の死没に伴う頭人の交替を伝えていることになり、今谷氏の推定の正しさを裏付けている。羽下・今谷両氏は、詮範の侍所頭人在職徴証を史料Ｌ以外に挙げていないが、応永十一年分太良荘地頭方年貢等算用状（『太良』④二九一）

の「守護方出分」に「是ハ依当方へ侍所之参、武田殿上洛之時、十月二日」という記事（領家方年貢算用状〈『太良④二九〇〉もほぼ同文）は、一色詮範の侍所在職を示唆するものと思われる。すなわち、文意は、「侍所」が「当方」を訪れるので「武田殿」（若狭小守護代武田長盛）が十月二日に上洛した（時の礼銭）、としか解しようがなく、「当方」の解釈がやや難解ながら、[107]武田の上洛が侍所頭人の「当方」訪問に伴うものであったという一点に注目すれば、当時の侍所頭人が武田の主人たる一色詮範であることを示すものとみなすことは許されよう。したがって、詮範の侍所頭人の在職期の上限は応永十一年十月まで一年遡らせることができる。前代の京極高光の在職が応永十年十月に確認されるので、詮範の頭人就任はそれ以後の一年間の範囲となる。

今谷氏は、羽下氏の研究（註2論文）以来、応永二十一年夏から同二十三年夏に至る二年間が侍所頭人不明期とされてきたのを埋めるものとして、次の文書を挙げて、一色義範の在職上限を該文書の日付まで引き上げた。

【史料M[108]】

石清水八幡宮大山崎神人等申当宮四月三日神事日使頭役事、就油商売令差定成吉入道子息之処難渋云々、何様事哉、及神事違乱之上者、厳密可致其沙汰之旨可被相触、若又有子細者、可被注申之由、所被仰下也、仍執達如件、

応永廿一年八月九日　　沙弥（細川満元）（花押）

一色兵部少輔殿

今谷氏は、この時期の山城守護は高師英（祥全）の在職が確認されるから、右に名宛人として見える一色兵部少輔（義範）の地位は、侍所頭人以外考えられないとした。また、『大日本史料』もこの文書の綱文を、

幕府、侍所頭人一色義範ヲシテ、油商賣人成吉入道ノ子某ニ、石清水八幡宮四月三日神事日使頭役ノ勤仕ヲ督促

セシム

とする。[109]今谷氏が先の結論を出すに当たっては、石清水八幡宮が山城守護でなく侍所の管轄に入るという「一見奇異な事実」（今谷氏）を、摂津多田社にも侍所の文書が出された例があるように、幕府と特殊な関係にある神社には侍所が関与し得たものとして理解した。[110]しかし、この解釈には従えない。結論からいえば、この史料Ｍにおける一色義範の立場は、山城守護でも侍所頭人でもなく、丹後守護とみなさなければならない。

多田社に侍所が関わったという点について、今谷氏は具体例を挙げていないが、別の論稿[111]で、多田院を含む摂津川辺郡北部を京極氏が分郡守護として支配していたことを明らかにしていることを前提としているなら、氏の立場は侍所頭人在任期以外は分郡守護であって侍所頭人ではないのであるから、多田社の事例を援用して、史料Ｍを侍所頭人在職の傍証とすることはできない。[112]また、石清水八幡宮に侍所が関わった例として今谷氏が挙げる徴証は、ともに山城守護としての関与と解釈される。まず氏は、応永二十六年八月、幕府奉行人から石清水八幡宮警固を命じられている三方山城入道（常忻）の立場を侍所所司代とみなしているが、[113]侍所所司代はこの年四月までに氏家範長に替わっているから（第三章第三節で後述）、三方の地位は山城守護代とすべきである。今谷氏は別のところで、洛中以外で侍所が管轄し得た場所一二か所を列記する中に石清水八幡宮を挙げるが、そこでは「石清水社検断（応永三十一年・満済）」とする。[114]これは、おそらく『満済准后日記』同年十月十四日条の記事に拠るものと思われるが、この一件は、確かに侍所勢が石清水八幡宮神人を逮捕したというものであるものの、その場所は飯尾加賀守（清藤）の宿所であり、洛中であった可能性が高い。したがって、侍所の管轄が洛中に限定されるものでないことは否定できないとしても、今谷氏が示した事例に限っていうならば、少なくとも石清水八幡宮は侍所の管轄から外れていたことは明白であり、史料Mの名宛人を侍所頭人とみる必要性は除去されたことになる。

そこで注目されるのは、神事頭役未進を働いている成吉入道子息なる人物である。成吉氏については第Ⅱ部第三章第四節9で詳述するが、丹後国丹波郡成吉保（比定地未詳）を名字の地とする、丹後有数の国人である。この成吉氏が石清水八幡宮に日使頭役を勤仕していたことは、「日頭年中度々令勤仕分」との端裏書をもつ注文[115]に、「同（応永）廿二年四月廿三日丹後国ナリヨシ」と見えることから確認できる。

以上から史料Mは、油商売に関わっていた丹後の有力国人成吉氏が石清水八幡宮への神事役を難渋して大山崎神人から訴えられた結果、幕府がその督促を丹後守護一色義範に命じたものに他ならないことが明らかになった[116]。したがって、一色義範の侍所頭人在職徴証は、従来通り、この二年後の応永二十三年五月を上限としなければならない。

図2は、先学の研究成果に、本章での検討で得られた若干の知見を加えて、一色氏の全分国・分郡における守護・「郡主」の在職、及び侍所頭人在職をまとめたものである。

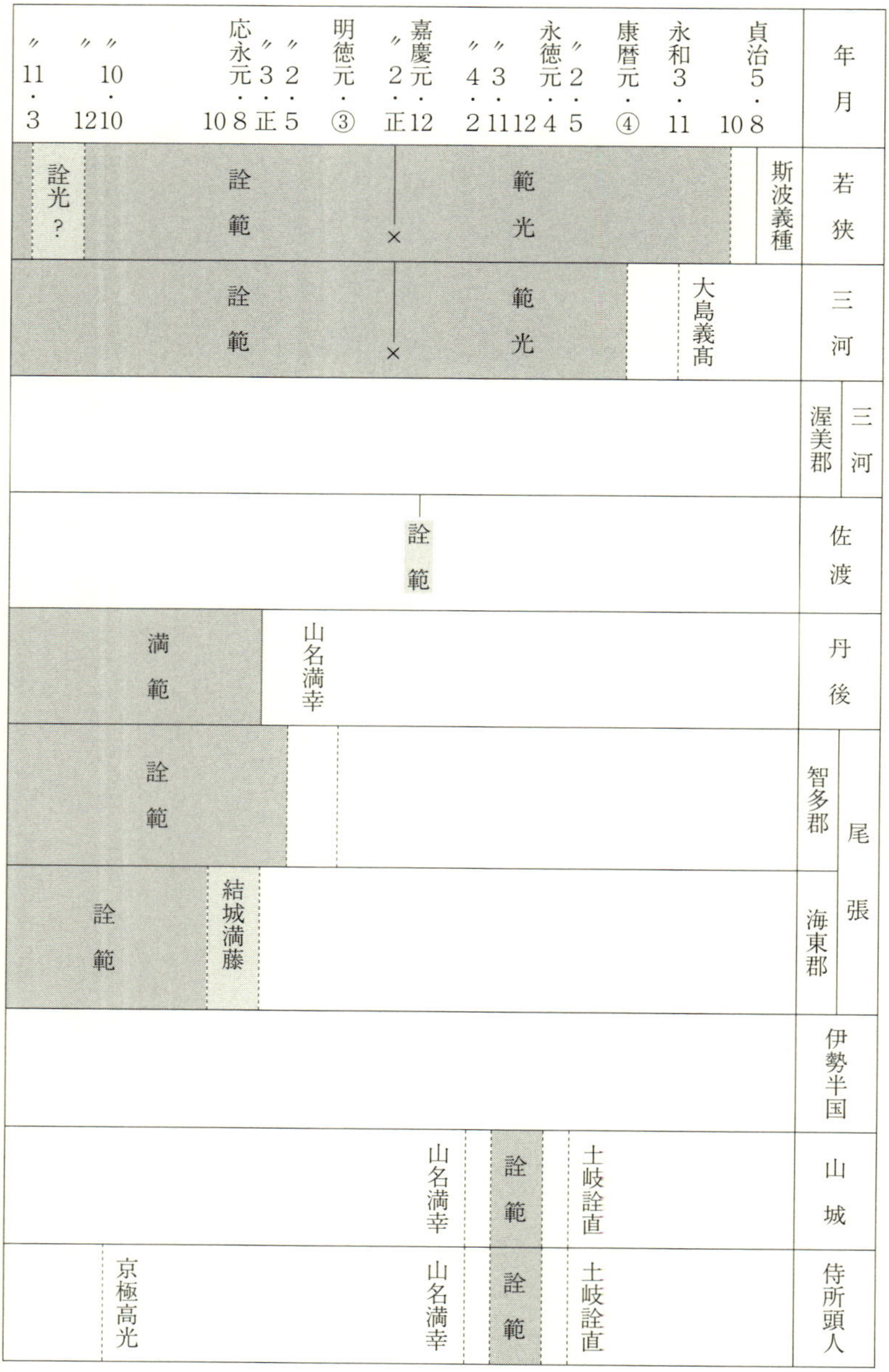

図2　一色氏の守護・「郡主」在職

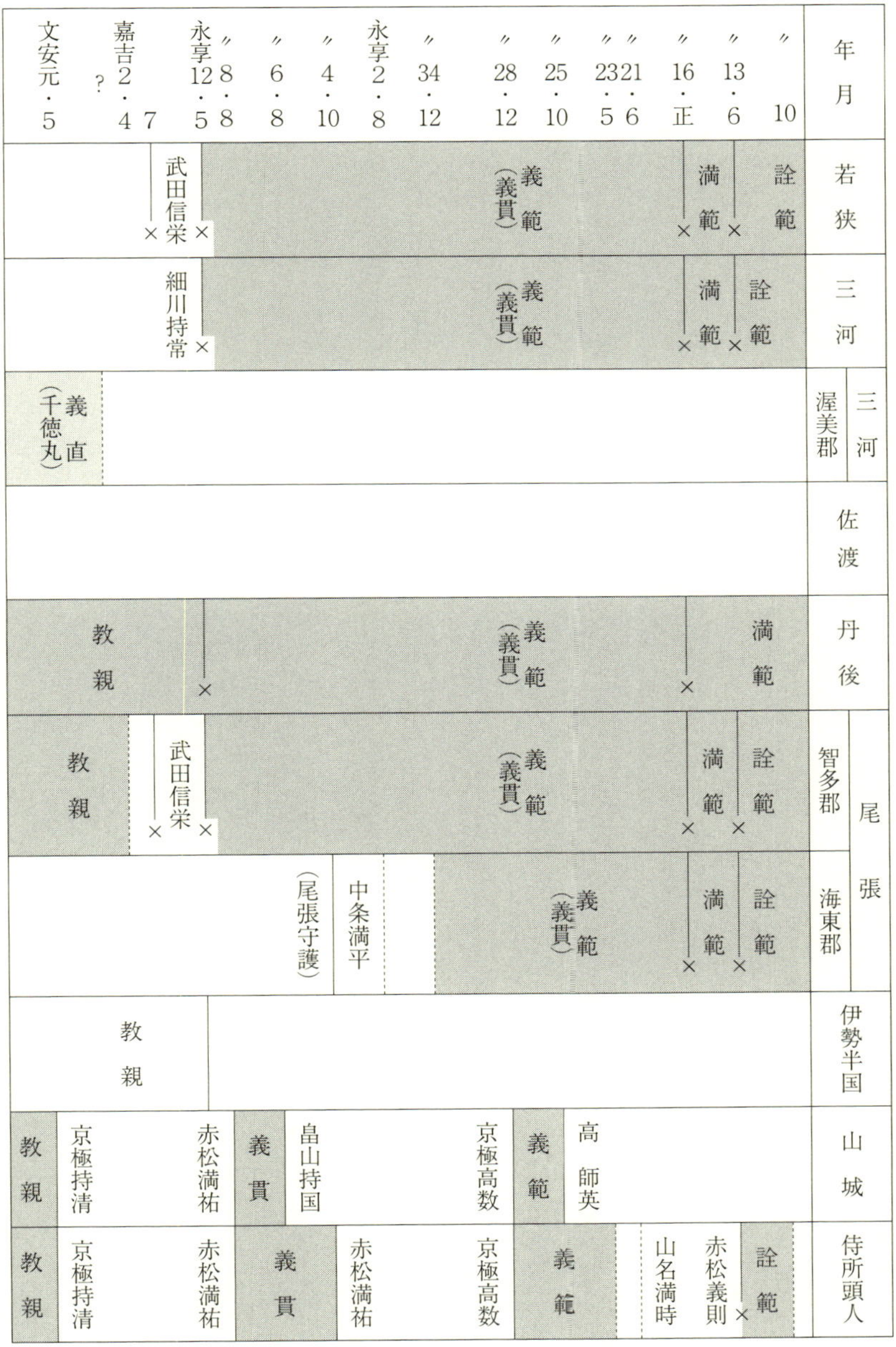
年月
〃10
〃13・6
〃16・正
〃21・6
〃23・5
〃25・10
〃28・12
〃34・12
永享2・8
〃4・10
〃6・8
〃8・8
永享12・5
7
嘉吉2・4
?
文安元・5
若狭
三河
三河 渥美郡
佐渡
丹後
尾張 智多郡
尾張 海東郡
伊勢半国
山城
侍所頭人
詮範
満範
義範（義貫）
武田信栄
細川持常
義直（千徳丸）
教親
中条満平
（尾張守護）
高師英
京極高数
畠山持国
赤松満祐
京極持清
義貫
赤松義則
山名満時

年月	宝徳元・8	宝徳3・11	寛正元・8	応仁元・5	〃2・2	文明元・4	〃6・⑤	〃9・5	〃10・2	〃11・8	〃16・9	明応2・正
若狭												
三河												
三河　渥美郡	義直		義直				義春					
佐渡												
丹後	教親×	義直				武田信賢	義春				義直×	（丹後下向）
尾張　知多郡	教親×	義直				（幕府料郡）						
尾張　海東郡												
伊勢半国	教親×	義直						義春		義春×		
山城		畠山持国										
侍所頭人		京極持清										

註（1）義直のあとも義秀・義有・義清らの丹後守護在職が確認されているが割愛した。また、関東一色氏の持家が応永三十三～三十四年ころ相模守護に在職したり、義直・義春が伊勢守護との兼任として志摩守護に在職したりしているが、これらも割愛した。
（2）年月の欄の④③⑤は閏月。×は死没。

（3）実線は明白な交替時期、点線は在職徴証の上限または下限。濃い網掛け部分は在職の確実な期間、薄い部分は在職の可能性がある期間。
（4）本文で言及した他は、本文註1～6の各先学の成果に拠っている。
（5）上記（2）（3）は、本書中の同種の図すべてに共通している。

註

（1）山口隼正氏は筑前・肥前に加えて、肥後（～貞和四年十月―文和二年十月～）、日向（観応三年九月―文和二年十月～）の守護在職を指摘している（同『南北朝期九州守護の研究』文献出版、一九八九年、第一五七頁）。さらに三村喜久子氏は、貞和三年の一色直氏の筑後守護在職を想定している（今谷明・藤枝文忠編『室町幕府守護職家事典』上、新人物往来社、一九八八年、「一色氏」の項）。このように南北朝期の九州各国守護の在職、とりわけ一色氏のそれに関する理解に少なからざる差を生んでいる根源には、いうまでもなく当該期の鎮西管領と各国守護を文書の上で峻別することの困難性がある。ここはひとまず、守護在職徴証の認定にもっとも慎重な態度で、筑前・肥前についてのみ認定している佐藤進一氏の説に従っておく（同『室町幕府守護制度の研究』下、東京大学出版会、一九八八年）。
（2）羽下徳彦「室町幕府侍所頭人付山城守護　補任沿革考証稿」（『東洋大学紀要』文学部篇一六、一九六二年）、今谷明「増訂室町幕府侍所頭人並山城守護付所司代・守護代・郡代補任沿革考証稿」（『京都市史編纂通信』七〇・七二・七四、一九七五年、のち同『守護領国支配機構の研究』法政大学出版会、一九八六年、に収録）。
（3）田中聡「南北朝・室町期における佐渡守護と本間氏」（『新潟史学』六六、二〇一一年）。
（4）佐藤進一a『室町幕府守護制度の研究』上（東京大学出版会、一九六七年）、b註1著書。
（5）今谷明a「守護領国制下に於ける国郡支配について」（『千葉史学』創刊号、一九八二年、のち同『室町幕府解体過程の研究』岩波書店、一九八五年、に収録）、b註2論文、c「室町・戦国期の丹後守護と土豪」（京都府与謝郡加悦町教育委員会編『金屋比丘尼城遺跡発掘調査報告書』一九八〇年、のち註2著書に収録）。

(6) 新行紀一a「一五世紀三河の守護と国人」(『年報中世史研究』四、一九七九年)、b「一色氏から細川氏へ」(『新編岡崎市史』中世2、第二章第二節一、一九八九年)。

(7) 上村喜久子a「国人の存在形態―尾張国荒尾氏の場合―」(『史学雑誌』七四―七、一九六五年、のち同『尾張の荘園・国衙領と熱田社』岩田書院、二〇一二年、に一部改稿の上収録)、b「尾張における守護支配」(『清洲町史』一九六九年)、c「一色氏」(註1)。

(8) 『丹後郷土資料館報』四(一九八三年)。

(9) 『宮津市史』史料編1、「丹後守護・守護代一覧」(外岡慎一郎氏作成)。

(10) 『愛知』9、巻末「守護・守護代・守護又代一覧」(尾張国は水野智之氏、三河国は西島太郎氏の作成)。各職の在職徴証をすべてリストアップした労作であるが、特に守護代・守護又代の認定に疑問を覚える部分を含んでいる(第二章第一節参照)。

(11) 山田徹a「南北朝期の守護論をめぐって」(中世後期研究会編『室町・戦国期研究を読みなおす』思文閣出版、二〇〇七年)、b「『分郡守護』論再考」(『年報中世史研究』三八、二〇一三年)。

(12) 拙著『郷土資料　安芸武田氏』(広島市祇園公民館、一九八四年)。二〇一〇年に同書を補訂復刻した際、巻末に「田島由紀美・川岡勉両氏の分郡成立史論に関するコメント」という付論を載せた(『安芸武田氏』戎光祥出版、二〇一〇年)。田島・川岡両氏は武田氏の分郡支配権を鎌倉期以来独自に築いてきた領主制に基礎づけられているとしていたからであるが、武田氏の権限を鎌倉期の郡地頭制に裏付けられた国衙領支配権を基礎とした郡単位の知行権で、一国守護権と一般領主権の中間に位置する上級領主権と規定された川岡氏の所論(「中世後期の分郡知行制の一考察」『愛媛大学教育学部研究紀要』第Ⅱ部、二〇、一九八八年)に対して、佐東郡と安南郡については説明がつくとしても、応永十三年(一四〇六)～同十九年に武田氏の分郡に組み込まれた山県郡は幕府の政策の面から理解せざるを得ない、というコメントをしておいた。しかし、肝心の支配権そのものの質を守護権の分割なのか否かの検証を怠っていたので、川岡説に対するまともな批判になっていなかったことを認めざるを得ない。山田氏の「分郡守護」論批判(前註論文)に学んで、本書では、一色氏の尾張二郡(寛正期の三河渥美郡を含めれば三郡)に対する権限を守護権と断定することは差し控えることとするが、幕府が郡の知行者を守護とさほど区別せず認識していたことは、山田氏も指摘する、追加法二六六条（後掲史料Ⅰ）で明らかである。

(13) 永正七年在京衆交名（『益田家文書』二六三号）に、一色千松丸の注記として「尾張千多郡主五郎子、親父時御供衆」とある。一色五郎について、大日本古文書『益田家文書』は「（義有カ）」の傍注を付す。義有は永正七年二月の義尹御内書の宛所に一色左京大夫と表記されているので（『史料』九―二、三五七頁、「御内書案」）、一色五郎は義有の跡を嗣いだ義清の可能性もあるが、いずれにせよ、一色氏が智多郡を現実に支配し得ていない戦国期にあっても、かつて同郡の「郡主」であったと認識されていたことは重要であろう。

(14) 本章第二節後掲史料J―ⓐ参照。

(15) 佐藤註(4)著書二一八・二一九頁。

(16) ①九月十七日付……名田荘内田村等（『大徳寺文書』一五四号）
②九月二十一日付……同荘内上村（『福井』2、宮内庁書陵部所蔵土御門家文書六号）
③九月二十四日付……前河荘（『福井』2、盧山寺文書一二号）
④九月二十六日付……太良荘（『太良』④八）
なお、白井行胤・斎藤五郎右衛門尉については、外岡慎一郎「一四～一五世紀における若狭国の守護と国人―両使の活動を中心として―」（『敦賀論叢』五、一九九〇年、のち同『武家権力と使節遵行』同成社、二〇一五年、に収録）、山家浩樹「太良荘に賦課された室町幕府地頭御家人役」（東寺文書研究会編『東寺文書にみる中世社会』東京堂出版、一九九九年）など参照。

(17) 外岡氏は「守護職次第」の記事に信を置いて、八月に新守護は一色範光と決まったものの、幕府奉行人（両使）連署打渡状の見られる九月は「事実上の守護空位期」と理解しているが（前註論文一一三頁）、本文所引『後愚昧記』の記事や頼憲申状の「守護未補」の文言、さらには本文後掲「吉田家日次記」の「治定」の表現を重視すれば、「事実上の空位期」というより、一色範光の補任が決定するのは十月になってからで、それまでは形式の上においても守護は在職しなかった、つまり、『新版角川日本史辞典』（角川書店、一九九六年）付録「室町幕府諸職表」の若狭守護の項で斯波義種と一色範光の間を「幕府直轄」としているように、一時的に幕府の直轄下におかれたと理解すべきであろう。なお、山家前註論文参照。

(18)『史料』六―二七、四一三頁。
(19)太良荘における木崎弾正忠の乱妨停止を下達した、一色修理権大夫（範光）宛室町幕府引付頭人奉書（『太良』④一四）。
(20)『兼宣公記』同日条。『尊卑分脈』も同日とするが、二十四日説の「常楽記」（『群書』二九、雑部）、二十六日とする「東寺王代記」（『続群書』二九下、雑部）などの異伝もある。なお、『尊卑分脈』の伝える享年によれば、生年は正中二年（一三二五）となる。
(21)没年月日は「東寺王代記」（前註）、「守護職次第」「今富次第」。上村氏は詮範の生年を不詳とするが（註7c「一色氏」）、詮範の二七日仏事の際の「一色左京兆長慶寺殿大勇将公大禅門二七日拈香」（『史料』七―一一、三五～三六頁、「龍涎集」）に「蹉哉六十甲子能事云畢《(了ヵ)》」とある六十歳を享年とみてよかろうから、生年は貞和三年（一三四七）であろう。
(22)「守護職次第」「今富次第」『系図纂要』所収「一色系図」。享年は「東海璚華集」所収「慈光院殿古天大居士像賛」（『史料』七―一一、三一四～三一五頁）による。生年は応安元年（一三六八）となる。
(23)『師郷記』『斎藤基恒日記』ほか（『後鑑』同日条に収載）。生年は「守護職次第」の次の記事から応永七年と判明する。

一色道範同《(応永)》十六年正月六日御早世、
一、同御子息五郎義範道範子
　　　御年十歳

(24)論拠は『太良』④二七二・二七四の編者按文に説明がある。
(25)応永六年七月二十日丹後守護代遠藤遠江守宛右馬頭（一色満範）遵行状（『宮津』五〇九〈尊経閣古文書纂〉）。
(26)「守護職次第」に「同子息修理大夫満範応永八年卯月ニ御出家在之御法名道範」とあり、「吉田家日次記」応永八年四月五日条（『史料』七―四、九七〇頁）に「一色修理大夫入道々範」と見える。
(27)死の一六日前に当たる応永十五年十二月二十日付室町将軍家御教書（『愛知』9、九三〇〈総持尼寺文書〉）の宛所に「一色修理大夫入道殿」とある。
(28)『康富記』応永八年五月十三日条。

(29)「相国寺供養記」(『群書』二四、釈家部)。

(30)「守護職次第」によると、応永十二年八月十六日、若狭一二宮で流鏑馬が催された際、「(守護一色詮範の)御次男少輔殿御下着ニテ被取行畢」とあり、範貞の官途がこの時点でも兵部少輔であったことが確認される。

(31) 若狭守護代小笠原三河入道(明鎮＝長春)宛一色詮範遵行状(『福井』2、東京大学所蔵土御門文書一号)。

(32) 今谷註2論文の表1「侍所頭人」(著書二三頁)。たとえば、詮範の侍所頭人内定の時期が応永十一年正月～三月と仮定した場合、すでに守護職を右馬頭に譲渡していたとすれば、侍所頭人として職務を遂行する上で若狭守護在職が必要と考えた詮範が義満に還付を歎願した、といったケースが机上では想定できるが、あまり現実的とはいえないし、侍所頭人就任時期も特定できないので、右の仮説は説得的とはいえない。

(33) 応永十一年分の太良荘領家方年貢等算用状(『太良』④二九〇)の「守護方出分」に、「当国へ御所御成ニ仍三州下向之時、四月十九日」と見える(地頭方算用状〈『太良』④二九一〉もほぼ同文)。これは、義満(「御所」)が若狭に下向することになったので、おそらくその準備などのため、在京する若狭守護代小笠原三河入道明鎮(長春)が下国した際に太良荘が礼銭(合計一貫文)を支出したことを伝えているとみることができる。義満の若狭下向は、丹後国天橋立久世戸参詣とのセットで行われた遊覧旅行で、明徳四年、応永二年、同十四年の三回については「今富次第」が詳細に伝えているのに(応永九年の義満愛妾西御所の遊覧も伝える)、応永十一年については記事がない。しかも、義満はこの年四月九日から十五日まで高野山に参詣しているのを始め、同十九日には毎月恒例の泰山府君祭を行い(『兼宣公記』同月十九日条)、二十七日から五月七日までは明船の入港した兵庫に遊ぶなど(『史料』七―六、六九七頁、「南都真言院伝法灌頂記」)、多忙な毎日を送っていて、若狭遊覧に出かける余裕はなかったように思われる。しかも、五月十九日の泰山府君祭には一色氏(詮範であろう)が「御代官」として関わっていることなどから(『兼宣公記』同日条)、かつてのように一色氏が義満を案内して若狭に下向することは結局なかった可能性が高い。しかし、小笠原長春の下向目的が在地で「当国へ御所御成」と明言されていることを重視して、少なくとも四月下旬段階には計画がなされたとみなしたい(明船来航で中止になったのかもしれない)。ただ、そうだとしても遊覧旅行の接待のために、詮範が若狭守護職を手放したり取り戻したりするほどの必然性は考えにくい。

（34）佐藤註4a著書八五頁。
（35）『愛知』9、五八九―七（醍醐寺文書）。
（36）同右、五八九―六（醍醐寺文書）。
（37）同右、五八九―一（醍醐寺文書）。
（38）今谷明「一四―一五世紀の日本」（『岩波講座日本通史』9、岩波書店、一九九四年、のち同『室町時代政治史論』塙書房、二〇〇〇年、に収録）二七～二八頁、山田註11b論文、註68。なお、今谷氏が二七頁図4中で、一色氏の智多郡支配の始期を「1391～」とて明徳二年とするのは、在職上限徴証（史料B）の年代にすぎないのを始期とみなしている。
（39）『愛知』9、五八二（尊経閣文庫所蔵「将軍代々文書」）。
（40）明徳元年十二月日付康応元年分太良荘地頭方年貢等算用状（『太良』④一九八）に「五百文　尾州兵粮米去年十一月二日出候」とあり、明徳元年分太良荘地頭方年貢等算用状（『太良』④一九九）にも「壱貫六百六十六文　濃州兵粮、守護方出」と見える。ちなみに、康応元年に尾張に参陣した六角満高は、明徳元年四月に勲功の賞として尾張国内の土岐高山遠江守跡を宛行われている（『愛知』9、五七一・五七八・五七九）。
（41）「凡」以下は追記と解し「於海西者今河金吾拝領」の部分は今河が分郡として独立した海西郡を拝領したことを意味するのでなく、海西郡が尾張守護今河の管轄下にあることを表現しているとした。上村氏もこの佐藤氏の解釈に賛意を表している（註7a著書四四七～四四八頁）。しかし、今谷氏は註5a論文で次のようにしている（著書二三二頁の表）。すなわち、山名某の更迭、結城満藤の補任の時期についてはいずれも佐藤説を踏襲しながら、一色詮範の在職を史料Aの日付の前後とし（「～明徳5・2～」と表記）、かつ、海西郡も海東郡と並ぶ分郡として、山名某の在職を示している。しかし、「当時勘解由左衛門尉海東郡拝領」の文言がある以上、明徳五年二月時点での結城の海東郡主在職は動かし難く、したがって「凡」以下の部分を追記とみなす佐藤説を是とすべきであり、また、海西郡は分郡として分割されたことはないという点も佐藤氏に従いたい。なお、『愛知』9の巻末「守護・守護代・守護又代一覧」では、海西郡も分郡とみなしている。今谷氏は『日本史総覧』Ⅱ（新人物往来社、一九八四年）の「分郡守護一覧」（尾張は今谷氏の分担）でも一色詮範の海東郡守護在職期を明徳五年二月前後とし、註38論文では、明徳五年二月を一色詮範の在職の始期と修正しているが（著書二七頁の図4）、海西郡は依然として分郡としている（二八頁）。
(42) 註4a著書八六～八七頁。
(43)『愛知』9、五三七（円覚寺文書）。
(44) 応永四年四月十一日今河仲秋書下（『愛知』9、七〇六〈大徳寺文書〉）。
(45)（応永四年カ）九月三日今河法珍書状（『愛知』9、七一六〈大徳寺文書〉）、応永五年閏四月二十八日今河讃岐入道（法珍）宛足利義満御判御教書（同、七二八〈醍醐寺文書〉）。
(46) 応永五年十一月十六日畠山基国書下（『愛知』9、七四一〈長母寺文書〉）。
(47) 斯波義重の尾張守護在職徴証でもっとも古いのは、応永七年六月十一日斯波義重書下（『愛知』9、七八二〈大徳寺文書〉）。
(48)『愛知』9、七二二（醍醐寺文書）。
(49) 応永三年十月十五日足利義満御判御教書（『愛知』9、六九八〈醍醐寺文書〉）。
(50)『愛知』9、六五〇―一二（久我家文書）。
(51) 同右、六五〇―一四（久我家文書）。
(52) 史料E―ⓐは遵行系統に属する文書ではないので、これのみでは守護在職徴証とはならない。『愛知』9、巻末「守護・守護代・小守護代一覧」でも、在任の徴証とはしていない。
(53) 今谷註2論文（著書三五頁）。
(54)『史料』七―一、五九一～六〇〇頁に関係史料が収載されている。
(55)『看聞日記』永享四年十月十一日条。
(56) 太田政弘「中条氏」（今谷明・藤枝文忠編『室町幕府守護職家事典』下、新人物往来社、一九八八年）。
(57) 応永三十四年十二月二十六日三方山城入道（常忻）宛一色義範遵行状（海東郡国衙初任検注の沙汰付）と、これを三方対馬守に下達した同日付三方常忻（範忠）遵行状（『愛知』9、一二八二・一二八三〈ともに醍醐寺文書〉）。
(58)『満済准后日記』永享二年六月十七日・七月十一日・同十二日・同十九日・同二十日・同二十三日・同二十五日・八月六日・同七

日・同十日・同十一日条。
(59) 同右、永享三年二月十七日条。
(60) 『愛知』9、一六三〇（醍醐寺文書）。
(61) 同右、一六八四〜一六八六（いずれも醍醐寺文書）。
(62) 同右、一五七五〜一五七七（いずれも猿投神社文書）。
(63) 同右、一七七二（尊経閣文庫所蔵「将軍代々文書」）。
(64) 同右、一八一四（天竜寺重書目録）。
(65) 山田註11b論文二七九頁。
(66) 一色教親が、永享十年十二月、猿投社に寄進している三河国高橋荘内神郷は（註62）、同四年に父持信が中条氏からの闕所として義教から拝領した所領を譲渡されていたものであろう。
(67) 寛正元年九月、相国寺大智院領内海荘の廻船を一色兵部少輔（義遠）の被官人が違乱する事件があり、同年十一月には、義遠の方から幕府の裁決を求めている（『蔭凉軒日録』長禄四年九月二十八日・十一月二十四日条）。『愛知県史』資料編9は綱文（二〇九一号）で一色義遠を智多郡守護とし、高橋修氏は郡代としている（「応仁の乱前の一色氏に就いて—一色義直を中心として—」『日本中世政治社会の研究』続群書類従完成会、一九九一年）。しかし、この義遠の立場はあくまで将軍御供衆であり（後註97）、その地位を利して、あるいは兄義直が郡主であることに関わって、義遠が内海荘の代官職などを入手したとみるべきである。ちなみに、寛正五年には、将軍申次の畠山刑部少輔（「永享以来御番帳」『群書』二九、雑部）が内海荘（代官職カ）を競望し、将軍義政から却下されているところからすれば（『蔭凉軒日録』寛正五年十月二十四日条）、義遠も義政から宛行われたのであろう。
(68) 『師郷記』永享十二年七月二十三日条に「翌日注進到来云々」として、「若狭守護武田於国死去、下向之後、則病気［　　］邪気等有之、被下御医師［　　］、又被下験者山門、邪気之様希代事云々、下向之時、先於小浜富有地下人誅之了、希代所行云々」という伝聞記事を記している。異常行動の末の死没であったことが知られるが、そのことを理由に智多郡が没収されたとも考えにくく、若狭とともに弟の信賢が継承したとみるのが穏当なところであろう。

(69)『愛知』9、一六六六（塩尻巻四三）。
(70) 山田註11b論文二八八頁。
(71) 嘉吉元年八月二十四・二十六日の播磨蟹坂（和坂）合戦、九月初めの人丸塚合戦における吉川経信の戦功は、武田信賢から幕府に注進されていて（『吉川家文書』三九・四〇号）、武田氏が吉川氏ら安芸分郡の国人を率いて播磨に参陣していることが知られる。
(72)「東寺執行日記」嘉吉元年閏九月二十一日条に「播州御勢悉上落《ママ》」、『建内記』同月二十二日条に「播州追手軍勢細川讃岐守已下陣開、今日帰京云々」とある。但し、武田勢の正確な帰京期日は不明。
(73)「東宝記」奥書（『後鑑』嘉吉元年九月十日条所載）は、九月十日の赤松満祐討伐と山門の訴訟による六角氏の没落を伝える記事に続けて「三川国　若狭国二一揆追出守護代」とする。この奥書の冒頭に「嘉吉元年閏九月五日令一校訖」とあるので、右の記事は少なくともそれ以前のこととなる。三河の土一揆は他に徴する史料がなく、詳細は明らかにできないが、若狭では一色氏牢人の蜂起を指していると思われる。守護代を追放したという点は確証を得られないが、前年、守護になった武田信栄と共に守護代が若狭に下ったことは十分考えられる。閏九月上旬という、赤松征討軍が帰京するかしないうちに、若狭で一色牢人が蜂起して守護代を放逐したらしいことは認めてよかろう。
(74) 吉川氏が参戦した大飯郡佐分郷の合戦が十月二十二日（『吉川家文書』二七〇号）、小浜が陥落したのが十一月十二日で（同文書四二号、吉川家譜）、朽木氏は三方郡に出陣するなど（『福井』2、内閣文庫所蔵朽木古文書七号）、若狭全郡にわたる大規模、かつ二か月にも及ぶ鎮圧戦だったことが知られる。
(75)『愛知』9、一六八四～一六八七（いずれも醍醐寺文書）。
(76)『看聞日記』嘉吉元年六月二十六日条。
(77)『建内記』嘉吉元年八月三日条。
(78)『愛知』9、一九一七（塩尻巻四三）。なお、長禄三年（一四五九）に三宝院領智多郡但馬保五郷国衙銭を給人が未進したため直務とすることに同意する旨を三宝院側に伝えた、一色教親奉行人連署奉書（『愛知』9、二〇六一〈醍醐寺文書〉）は、厳密には教親の但馬保代官職所有の徴証ではあるが、これも教親の智多郡主たるを証するものとみなして大過はなかろう。

(79)応仁二年二月二十四日足利義政袖判御教書（『愛知』9、二二六五〈蜷川家古文書〉）。
(80)『中世法制史料集』第二巻、追加法二六六条（『愛知』9、一一三七）。
(81)応永九年十月二日足利義満御判御教書案（『愛知』9、八一八〈佐々木文書〉）で、京極高光が諸公事・臨時課役・段銭以下を免除され守護使不入が認められている知行分は、康暦元年に渥美郡とともに沙汰付けられていた碧海郡下和田郷（『愛知』9、三五二〈佐々木文書〉）のみで渥美郡は見えない。これは、すでに渥美郡地頭職が京極氏の手を離れたことを示しているとみられる。
(82)『蜷川家文書』二七号（『愛知』9、一五八〇）。同注文の三か条目の讃岐国の右肩に「自永享三至同十年」とあるが、これがそのあとのすべての国にかかるかどうかは判断できない。
(83)新行註6a論文。
(84)『康富記』嘉吉二年十一月二十八日条。
(85)今谷註5c論文。
(86)『師郷記』永享十二年五月十六日条。
(87)『師郷記』は、教親に預けられた二人とは別の二人の年齢を、共に二十四歳としているが（前註）、一色義直は継嗣の翌年（宝徳四年＝一四五二）七月になっても「一色千徳」という幼名を名乗っており（『愛知』9、一九一七〈塩尻〉）、元服するのは享徳二年（一四五三）七月までの間である（『宮津』九四〈長福寺文書〉）。仮に宝徳四年に一般的な元服年齢十五歳とすると、永享十二年は三歳となる。義直は、教親の死没で急遽家督を嗣ぐことになったとはいえ、教親の死から半年以上も元服していないのは、まだ十五歳にも達していなかった可能性もあるので、父義貫謀殺時の義直は、三歳以下だった可能性すらある。なお、伊藤俊一氏は義貫誅殺時の遺児のうち教親に預けられた二人をのちの義直・義遠兄弟と推定し、家督相続時の義直を二十代前半の青年としている（『宮津市史』通史編上巻、第九章第一節「応仁・文明の乱と丹後」六五七頁）。
(88)『建内記』嘉吉三年七月十七日条。
(89)同右、同日条。
(90)『建内記』嘉吉三年七月二十一日条、『看聞日記』同年七月十八日条。

(91)『看聞日記』嘉吉三年八月七日条。

(92)『建内記』嘉吉三年七月十七日条で、一色家再興の沙汰が延引になっていることを記したあと「仍又奉詫哉」とあるので（傍点河村）、延永らは再度申請したものと思われる。

(93)高橋修氏は、将軍義政の親政を支えた伊勢貞親が政所執事に就任する寛正元年前後から、一色義直、及び庶子の義遠・政熙と義政の関係が顕著に現れるのは、義政が一色氏の守護としての実力を拡大させ、もって「自己の将軍権力の維持発展を図る一環とした」もので、細川氏分国三河の渥美郡と、細川氏に近い武田氏の分国若狭で小浜の支配権を一色義直に与えたのも、そうした意図にもとづくものと理解している（註67論文）。高橋氏は明言していないが、文脈上、一色義直が渥美郡知行権を得たのは、寛正元年前後とみているように読み取れる。氏は伊勢貞親の政所執事就任年たる寛正元年を重視しているが、百瀬今朝雄氏によれば、それ以前の執事二階堂忠行の代も実権は伊勢氏が握っていたとされ、義政による親政の確立時期についても長禄元年を指摘し（「応仁・文明の乱」『岩波講座　日本歴史』7、岩波書店、一九七六年）、近年では同二年が重視されていて（榎原雅治「一揆の時代」『日本の時代史　11　一揆の時代』吉川弘文館、二〇〇三年）、寛正元年を将軍親政確立過程においてそれほど絶対的なエポックとみる必要もないように思われる。それに、たとえ将軍親政のもとであろうと、細川勝元の管領在職期において細川一族の分国の一部割譲を断行する以上、相当説得的な名分が求められたはずであるが、寛正元年前後にそうした事情を見出すことはできないばかりか、細川氏だけは義政の守護家に対する圧迫策から除外されていたとされている（百瀬前掲論文）。以上から、一色氏の三河国渥美郡獲得は、将軍親政を進める義政の細川氏抑制策の中で理解するのではなく、将軍義勝の死が義貫の死霊と結びつけられたことを奇貨とする畠山持国の策略とみなしたい。ちなみに、持国は、嘉吉二年八月に前管領細川持之が没すると、細川氏の支援する富樫泰高の加賀守護職を奪い、兄教家の子息亀童丸に替えたことから両派の抗争が激化したことは周知のところであるが（『看聞日記』嘉吉三年正月二十六日条、『建内記』嘉吉三年正月三十日条など）、これはまだ細川氏の分国が紛争の直接の対象にはなっていないため実現した人事であった。これに対して、一色嫡流家の再興は細川氏の分国三河が直接の対象となるので、嘉吉三年正月に日野重子の口入で一旦認められても、細川氏の抵抗が強くなかなか実行に移されなかったのではなかろうか。

(94)①『改定史籍集覧』二七、②『丹後史料叢書』三、③『舞鶴市史』史料編、④『宮津市史』史料編第一巻にそれぞれ収められるが、本書では④を用いる（『宮津』五五六〈成相寺所蔵〉）。

(95)『康富記』嘉吉三年八月三十日条。

(96)同右、文安元年閏六月十日条。

(97)八社神社（知多市）の棟札銘（『愛知』10、二一六九）に、「（前略）文明弐年庚寅十二月四日ニ棟上申候、其比一色兵部少殿御下向有候処、三川州為打取大野にて勢そろへ、十月廿三日ニ打渡候」とあり、「知多郡正衆寺覚」（同、五〈千賀良吉氏所蔵文書〉）にも、「文明二庚寅年四月　一色五郎殿知多郡大野へ打入、一色少輔殿ハ幡豆崎へ下向、五郎殿ハ終ニ大興寺山ニテ切腹」と見える。これらにより、知多郡に出兵したのは、応仁以前は将軍御供衆であった一色兵部少輔義遠・同五郎政氏（「長禄二年以来申次記」『群書』二二、武家部）らであったことが知られる（義遠は文正元年三月まで確認できる〈『斎藤親基日記』同月十七日条〉）。将軍義政の近習であった一色氏一族が、応仁の乱を機に、宗家への帰属を優先させた事例として注目される。

(98)『親長卿記』文明六年五月七日条。

(99)『大乗院寺社雑事記』同年閏五月十五日条には「丹後国事被返付一色」とあって、丹後のみ返付されたかのように見えるが、これは武田・細川両氏の被官が丹後の明け渡しに抵抗して問題化していたことを主題とする記事であるためであって、三河渥美郡も同時に還付されたとみるのが自然である。

(100)「雅久宿祢記」文明八年九月十二日条（『愛知』10、九〇）に「参川儀以外也、東条近江守斬腹之注進在之者、自讃州（細川成之）可押寄一色左京大夫（義直）館之儀必定了、東条修理亮、彼一身可罷向云々」とある。『愛知県史』資料編10や『大日本史料』（八―九、七八・七五二頁）、末柄豊氏（「細川氏の同族連合体制の解体と畿内領国化」石井進編『中世の法と政治』吉川弘文館、一九九二年）などは、いずれもこの東条近江守の実名を国氏とする。これは、おそらく「宗長手記」の「当国（遠江）事、応仁年中、細川讃州、参河国守護代東条近江守国氏等、牟楯につきて合力の事」（『愛知』10、八三）という記事を根拠にしていると思われるが、疑問である。応仁の乱当時の三河守護代は、宝徳二年（一四五〇）八月から寛正六年（一四六五）七月まで在職徴証が確認できる武田近江守常信と断定できる（『愛知』9、一八七三・一八七四〈ともに猪熊文書〉、二一九九〈財賀寺文書〉）。しかも、この常信は、文安五年（一四四八）の賀茂社領三河国小野田荘代官職請文に「東条修理亮常信」と署名していて（同、一八二四〈馬場義一氏所蔵文書〉）、東条姓も名乗ること、官途は修理亮→近江守と変遷することが知られ、先の「雅久宿祢記」からうかがえる、近江守の後嗣が修理亮（おそらく常信の嫡子）らしいという関係とも適合する。以上から、「応仁別記」にその活動が伝えられる東条近江守（同、二二六一）、文明八年に三河での切腹が伝えられた東条近江守は、いずれも武田常信のこととみなさざるを得ない。新行氏は、東条近江守を国氏とした上で、これを東条吉良氏の一族とする説を否定し、阿波に渡った武田氏の庶流としているが（『新編岡崎市史』2、第2章第3節「応仁・文明の乱と西三河」四二二頁）、阿波武田氏は、阿波守護を世襲した細川氏のもとで、応永四年に彦次郎入道、同七年に近江入道、同十八年に修理亮が、いずれも佐々木氏と共に阿波守護代に在職していて（小川前掲書三〇九～三一〇頁）、その官途から、三河守護代武田氏と同家で、武田氏嫡流としなければならない。文明十五年にも、阿波守護細川政之の使者として東条近江守が知られる（『親元日記』同年六月二十七日条）。応仁の乱当時の東条近江守を国氏とする「宗長手記」の記事は、乱から半世紀も経った大永二年（一五二二）に、しかも隣国遠江で聴取して得た情報であり、先に示した同時代史料から得られる結論を覆すだけの力はない（東条吉良氏と混同した可能性があるが、同氏に国氏の実名はいまのところ見出し得ていない）。なお、武田姓が見られるのは守護細川氏本人の発給する遵行状・書下に限られており、自身や細川氏以外の他者は東条姓を使用することが多かったものと思われるが、その理由についてはわからない。守護被官が二つの姓で呼ばれていた例として、山名氏重臣の垣屋氏が土屋氏とも称されていたことが知られているが（第三章註52参照）、一色氏被官でも、室町初期の若狭小守護代武田長盛は、守護代小笠原氏発給文書上でのみ蓬沢姓が用いられた可能性がある（第一章第二節で後述）。

(101)『大乗院寺社雑事記』文明九年九月二十四日条に「三川国守護代東条没落、今日付傳《転》害、男女三百人計、荷物数十荷云々、讃州被官人也、一色「　」院合力故也、於于今者讃州失面目条勿論也、申出御判打取云々、西方之一色也、御奉書・御判以外事云々、東方一色申沙汰歟」とある。『愛知県史』資料編10は、右の「三河国守護代東条」に「(常信カ)」の傍注を施すが（一一〇号）、常信の嫡子修理亮某であろう（前註参照）。また、「西方之一色」（一色義直）に東条討伐の御判を斡旋した「東方一色」とは、応仁の乱以前から以後にかけて一貫して将軍義政に近仕した奉公衆一色政熙（後註105）ではなかろうか。

(102)『親元日記』文明十年二月二十七日条。

(103)『愛知』10、三一（「田原近郷聞書」）。

(104) 同右、四九五（長興寺文書）。

(105) 各種番帳には数名の一色氏が見えるが、「文安年中御番帳」（『群書』二九、雑部）の五番にのみ一色七郎が見える。この七郎は、長禄四年四月に越前野田本郷、同年九月に越中宮川荘、寛正元年に近江比良荘をそれぞれ将軍義政から宛行われている一色七郎政熙に当たると思われる（一色家古文書）。政熙は御部屋衆として将軍義政に近仕し、文明十一年閏九月には申次衆に列している（「長禄二年以来申次記」『群書』二二、武家部）。この間、『蔭凉軒日録』には、寛正二年から同六年まで「一色七郎殿」の名で九回登場し（寛正二年三月二十八日・四月二日・十一月二十六日・同四年七月十五日・同月二十六日・同五年三月十七日・六月四日・同六年六月二十六日・十一月二十五日の各条）、義政の命を取り次いだり、訴訟当事者の一方の窓口になったり、猿楽桟敷における季瓊真蘂の席に関する義政の決定を真蘂に内々に伝えたり、義政の西芳寺御成に同行したりするなど、政熙のまさに将軍近習としての活動が知られる。かかる政熙が、渥美郡代として三河に下向し、応仁の乱以降、戸田宗光と戦って現地で没した一色七郎と同一人物とは考えにくい。長禄四年に渥美郡赤羽郷で寄船に対して狼藉を働いたとして訴えられた郡代のことを、一色七郎政熙と旧知の間柄にある季瓊真蘂が単に「郡代」としか記していないのも（史料J—ⓐⓑ）、この郡代が政熙ではなかったことを示唆しているといえる。なお、一色政熙については、高橋註67論文参照。

(106) 今谷註2著書二八頁註61。

(107) 算用状の執筆者は、在地の山伏といわれる代官朝禅（網野善彦『中世荘園の様相』塙書房、一九六六年、のち『網野善彦著作集』第一巻、岩波書店、に収録、著作集二五五～二五六頁）であるから、文脈上「当方」は太良荘とみなすのが自然であるが、そうすると、武田の上洛は、一色詮範を若狭に迎えるために上洛した、ということになる。そのケースもあり得なくはないが、この年、一色氏が東寺を訪れていることを示唆する記事が、東寺領丹波国大山荘の応永十一年分年貢算用状（「百合」に函七〇）に見える。すなわち、同算用状の「仕足」分の中に「百三十文　御奉行一色殿御出大粮」とあり、「御奉行」の肩書が不自然ながら、当該算用状の執筆者は東寺公文快舜であり、姓のみで表記している「一色殿」は一色詮範とみなすのが自然である。したがって、太良荘の算用状の「当方」も、東寺のことをかく表記した可能性が高い。

(108) 『大山崎町史』史料編、離宮八幡宮文書八六号。

(109)『史料』七―二〇、二八七頁。
(110)今谷註2著書二九頁註76。
(111)今谷明「摂津に於ける細川氏の守護領国」(『兵庫史学』六八、一九七八年、のち註2著書に収録)。
(112)星野重治氏は京極氏について、今谷氏のいう摂津国川辺郡北部の分郡守護ではなく、御料所多田院の知行権を認められた給主と規定している(「南北朝期における摂津国多田院と佐々木京極氏」『上智史學』四八、二〇〇三年)。また、山田氏も独自の論拠を加えて改めて星野説を支持している(註11b論文)。
(113)今谷註2著書二九頁註79。なお、典拠史料は「百合」を函九六。
(114)今谷註2著書六六～六七頁。
(115)『蜷川家文書』二七八号。
(116)史料Mと全く同種の文書は離宮八幡宮文書中に他にもある。たとえば、「尾州自記往阿子」の四月三日日使頭役無沙汰につきその督促を命じた、明徳五年二月十九日幕府御教書(『大山崎町史』史料編、離宮八幡宮文書六一号)は、当時の尾張守護今河仲秋に宛てられている。

補論　三河国渥美郡地頭職と一色氏分郡

一　渥美郡地頭職の内実

川岡勉氏は、佐藤進一氏[1]、今谷明氏[2]らによって多数の事例が検出されてきた、いわゆる「分郡守護」には、守護権の分割とはいえない、むしろ鎌倉期の郡地頭職の伝統を継承する郡知行権の所有者とみるべき例が少なからずあることを、伊予・安芸を例に指摘した[3]。さらに山田徹氏は、川岡氏の指摘した、郡地頭職に由来する郡知行権の存在にも目を向けながら、厳密な基準で守護権の分割を認定して分郡守護を抽出することは困難として、分郡守護概念の有用性に否定的な見解を示している[4]。南北朝期以降の郡地頭職の名辞は多くはないが、一色氏の分郡の一つ三河国渥美郡につながる渥美郡地頭職はその数少ない一例として、入間田宣夫氏[5]、山田氏も取り上げている。以下、この三河国渥美郡地頭職と一色氏分郡との関係について、簡単にみておきたい。

渥美郡地頭職関係文書は、表1にまとめた一一例がすべてである。「地頭職」と表示されているのは№1だけであるが、山田氏も指摘しているように、他の一般所領と同様、地頭職の語は省略されているだけで、所職内容が変わったわけではなく、佐々木導誉（№1）以下、京極高秀、同高詮と三代にわたって世襲されたのはすべて渥美郡地頭職とみなしてよい。なお、京極氏の渥美郡地頭職は、応永九年（一四〇二）までに失われた可能性が高い（序章註81参照）。

さて、No.1からは、この時点で足利義詮が渥美郡地頭職を持っていたことはわかるが、鎌倉期以来の所領ではなさそうである。[6] 新行紀一氏は、建武三年（一三三六）に結城宗広が後醍醐天皇から替地として得た渥美郡内九か郷[7]が渥

表1　三河国渥美郡地頭職関係文書

No.	文書日付	文書名	宛所	所領表記	内容	出典
1	延文5・8・9	足利義詮袖判下文案	佐々木佐渡大夫判官	渥美郡（除今度治定別給等）地頭職	勲功の賞として宛行	一五一六
2	〃　10・6	執事細川清氏施行状案	新田大嶋兵庫頭	渥美郡（除今度治定別給等）	No.1の遵行	一五一七
3	康暦元・8・21	管領斯波義将施行状案	一色修理大夫入道	渥美郡（野依郷除之）	京極高秀代に沙汰付	三五二
4	〃　10・13	管領斯波義将施行状案	一色修理大夫入道	渥美郡	No.3の施行「未事行」につき、重ねて命ず	三五三
5	応永3・5・28	足利義満袖判御教書案		渥美郡	京極高詮に返付	六九〇
6	〃　6・1	管領斯波義将施行状案	一色修理大夫入道	渥美郡	No.5の遵行	六九一
7	〃　7・4	足利義満袖判御教書案		渥美郡（除守護人知行分）	守護使不入之地とする	六九四
8	応永5・11・21	足利義満袖判御教書案		渥美郡内所々悉（除今橋御厨）	守護の違乱停止	七四二
9	〃　11・22	管領畠山基国施行状案	真下加賀入道	渥美郡内所々（在所注文相副）	No.8を受け京極高詮代への沙汰付	七四三
10	〃　11・23	管領畠山基国施行状案	中条大夫判官	渥美郡内所々（在所注文相副）	No.8を受け京極高詮代への沙汰付	七四四
11	〃　12・13	中条詮秀代・真下加賀入道連署打渡状案		渥美郡内所々（在所如御注文）	No.9・10を受け京極高詮代への打渡	七四五

註：出典の欄の数字は、『愛知県史』資料編8（No.1・2）、同9（No.3〜11）の史料番号。

美郡地頭職の源流と推定しているが[8]、この九か郷を含む一一か郷[9]が、少なくとも応永四年（一三九七）まで結城氏に代々相続されていっており、延文五年（一三六〇）から少なくとも応永初年まで京極氏が世襲していった渥美郡地頭職とは、明らかに別の所領とみるべきである[10]。鎌倉期の渥美郡地頭職については不明というほかない。

石母田正氏は郡地頭職について、郡司の私領主化の過程で郡を知行の客体として成立するが、荘郷地頭のような単純な私領主的・荘官的機能ではなく、郡司の統治権を継承し郡家の収納組織を掌握していた、として一国地頭職と荘郷地頭職の中間的存在と位置づけた[11]。これを受けて入間田宣夫氏は、全国的に事例を博捜・検討し、石母田氏の提示した郡地頭職の基本的性格を確認した。そこで氏は、①郡地頭職から村・郷地頭職が分化して一族間で相続されていっても、惣領のもとには郡全体にわたる権益が郡地頭職として残る、②郡地頭職から分化した村・郷地頭職と荘郷地頭職は原則として併存しない、③郡地頭職が設置されない場合は郡司職が温存され、その下に荘郷地頭職が存在するという形態をとる、などの点を指摘し、三河国額田郡地頭足利氏が郡政所・郡公文所を掌握し、郡内の地頭代職・郷司職等の補任を行っていたことを明らかにしている。ただ、氏も強調しているように、中世的郡の実体・内部構成が十分明らかになっているとはいい難く、特に郡地頭職から分化した村・郷地頭と荘郷地頭は併存しないとするが、郡地頭が置かれた郡にも荘園が皆無ではなく、いわゆる荘郷地頭の存在も当然想定される。渥美郡でも、鎌倉初期において少なくとも飽海本神戸・新神戸・大津神戸・伊良胡御厨・薑御厨・橋良御厨などの伊勢神宮領に地頭が置かれていたことが知られていて（伊良胡御厨は惣追捕使）、これらの地頭職は正治元年（一一九九）、将軍頼家によって停止されたり神宮に寄進されたりしているが[12]、渥美郡は三河で伊勢神宮領のもっとも濃密な地域であり[13]、地頭がいた他の神宮領や別の領主の荘園も存在したはずである。もし、渥美郡地頭職が鎌倉期からあったとすれば、郡内の荘園やその地頭に対して、いかなる権限を行使し得たのかが問われることになるが、必ずしも明らかでなく、まして南北朝・室町期の郡地頭職と郡内所領・荘郷地頭との関係は見えにくい。

一般に、郡地頭の権限の直接及ぶ範囲は国衙領に限られるのではないかと思われるが、表1でただ一か所ながら、№8に「渥美郡内所々悉」という表現があるのが注目される。そこで例外とされているのは今橋御厨だけであるから、郡地頭は、国衙領のみならず一般荘園も含めた郡内の全所領を対象とする所職であるとする観念が表出されているように思われる。しかし、現実には、それ以前にも「今度治定別給等」（№1）や野依郷（№3）、「守護人知行分」（№7）は除かれてきたし、さらには、少なくとも建武三年から応永四年までの所有が確認される結城氏領渥美郡内一一か郷（国衙領カ）も、結城氏の所職は地頭職とみられるので（註10）、郡地頭京極氏の権限は及ばなかったのではあるまいか。このように、郡内で除外すべき所領が少なくない中での打渡であったが故に、幕府両使に「在所注文」が渡されたのである（№9～11）。このように、郡地頭職の支配の客体が、「在所注文」に載せられた、郡内の限られた所領であったことはまず確認する必要がある。したがって、これがたとえ守護使不入地（№7）になったとしても、郡内には守護権の及ぶ所領は少なくなかったのである。

二　渥美郡内の遵行

この点は、京極氏の渥美郡地頭職保有が確実な期間（延文五年～応永五年）における、郡内の遵行関係文書をまと

表2　渥美郡における遵行関係文書（延文五年〜応永五年）

No.	文書日付	文書名	宛所	内容	出典
1	貞治5・5・24	幕府引付頭人奉書	新田左衛門佐	村松荘地頭代に同荘年貢納入の返付を触れしむ	一〇八
2	〃　8・6	左衛門尉奉書	長仙寺別当	「弥熊上谷領家職」を安堵	一一四
3	〃　12・14	幕府引付頭人奉書	新田左衛門佐	村松荘地頭代に同荘年貢の納入を重ねて命ぜしむ	一二二
4	応安3・7・8	幕府引付頭人奉書	新田左衛門佐入道	村松荘領家年貢未進の催促を触れしむ	一八九
5	永和3・4・29	沙弥理連・左衛門尉基繁連署打渡状写		伊良胡御厨を伊勢神宮雑掌に沙汰し付けしむ	三〇一
6	〃　9・12	執事細川頼之奉書写	新田兵庫頭	伊良胡御厨における五箇入道の押妨を止めしむ	三〇六
7	〃　11・10	足利義満御内書写	新田兵庫頭	某の伊良胡御厨に立帰り違乱するを止めしむ	三一三
8	康暦元・12・26	国氏奉書		「弥熊上谷領家職」を長仙寺に安堵	三五五

註：出典の欄の数字は『愛知県史』資料編9の史料番号。

めた表2によって確認することができる。文書は八点あるが、内容的には①青蓮院領村松荘地頭代の抑留した年貢の返付（No.1・3・4）、②長仙寺への「弥熊上谷領家職」の安堵（No.2・8）、③伊勢神宮領伊良胡御厨の沙汰付と五箇入道の違乱停止（No.5〜7）、の三件にまとめることができる。このうち①と③については、いずれも幕府から守護新田（大嶋）義高、及び同兵庫頭（義世カ）[14]に下達されている。[15]これは、青蓮院や伊勢神宮が幕府に提訴したからではあるが、そもそも村松荘や伊良胡御厨などの荘園に渥美郡地頭京極氏の権限が及ばないからでもあったといえよう。

②に関する発給者の左衛門尉と国氏は、他に所見史料がなく素性は不明である。安堵対象の「弥熊上谷」は、「弥熊郷上谷」と「弥熊御厨・上谷御園」の二通りの読み方ができるが、長仙寺の所在地の称たる「弥熊郷上谷」と解するのが適切ではなかろうか。当時の弥熊郷は結城氏領一一か郷の一つであり、かつ結城氏の所職は地頭職とみられるので（註10）、郷内の寺地の安堵者は、郡地頭京極氏よりも結城氏の方がふさわしいと思われる。[16][17][18][19]

確定し難い右の②を除いても、結局、渥美郡地頭といっても、直接的支配の及ぶ空間は、おそらく国衙領を中心とする所領（それもすべてではない）と、個別に得た特定の所領があるとすればそれも加えた地域に限られていたことが確認できたのであるが、それはある意味至極当然なことである。問題は、郡地頭が郡内の個別所領に対して、段銭以下課役の徴収や検断、軍勢催促といった守護に準じるような権限を行使し得たのか、という点であるが、それについては関係史料が全くないため、確認することができない。ただ、幕府（将軍）が郡地頭職を宛行・安堵・打渡をする際、一方で「郡内所々悉」といいつつ、現実には「在所注文」に従って実行されている点に注目すれば、郡内の行政権というのはあくまで観念の枠に留まっていて、郡地頭職の及ぶ領域は国衙領を中心とする特定の所領に限定されていたように思われる。

三　渥美郡主一色氏の権限

京極氏の渥美郡地頭職が、寛正期に幕府から守護に準じた存在として認識されていた一色義直の郡知行権とどのような関係にあるか、が問われなければならないが、一色氏が郡知行者として権限を行使した徴証はきわめて限られている。その一つが序章第二節3で述べた、長禄四年（一四六〇）八月の渥美郡赤羽郷における難破船一件である。このとき「郡代方」が「濫妨狼籍」を働き、「剰放火攻所（在カ）」したとして同郷領主鹿苑院らが一色氏を訴えた結果、幕府は「郡小代官」の改替と奪った荷物の返還を命じた。この幕命はなかなか実行されず、一色義直が「可違乱（止脱カ）」との折紙を出したのは閏九月になってからであった（序章史料J―ⓓ）。この難破船（寄船）に対する一色側の対応は、本来守護権を法的根拠にするものであったと思われる。一色氏が三河守護にあった応永三十年（一四二三）ころ、実相院領渥美郡神戸郷でやはり寄船が発生した際、一色側は「中分」を主張したため、実相院は同郷が守護使不入の地であることを論拠に一色氏に抗議している[20]。これは、守護使不入地でなければ、寄船で得られる収益は、当該地の領主と守護の間で「中分」とする慣例が成立していたことを物語っている。応永初期まで京極氏が保持していた渥美郡地頭職が応永三十年ころにどうなっていたかは不明であるが、ときの三河守護一色氏が渥美郡での寄船中分の権利を主張したことを前提にすれば、長禄四年の赤羽郷における寄船に対する渥美郡「郡主」一色氏の行為（実行者は「郡小代官」）は、守護権の発動ととらえることができよう。このほか、寛正五年に、伊勢神宮領細谷御厨・弥熊御厨・飽海神戸に対して役夫工米を、文正元年には弥熊御厨・長仙寺御厨に内裏段銭をそれぞれ賦課しているのも[21]、渥美郡主一色氏の可能性が小さくない。

四　むすび

きわめて限られた事例で確定的なことはいえないが、南北朝・室町初期の京極氏の渥美郡地頭職は、郡全体に対する所職と認識されていたとしても、それはあくまで観念的な、いわば鎌倉期の残滓という状態だったのが、一色氏が三河守護職を失った永享十二年（一四四〇）以降（おそらく嘉吉三年七月の将軍義勝の死没後それほど年月を経ない時期）に認められたと考えられる渥美郡知行権は、守護権に近いものに変質していたと思われる。その背景としては、山田氏が指摘しているように[22]、尾張国智多郡を知行する一色氏や、郡知行者とは異質の京極・六角両氏が「守護」と意識された事情に通じるもので、この時期が段銭賦課の恒常化、軍事動員の頻繁化の中で、守護の権限が及ばない分郡において、その知行者に守護機能を果たすことが求められていったのであろう。つまり、鎌倉期の郡地頭職が、ストレートに室町期の郡知行権に継承されたというよりも、形骸化していた郡地頭職の郡全体に対する権限が、室町期の幕府―守護体制の進化によって郡知行権として復活したといった方がより適切ではなかろうか。

註

（1）佐藤進一ａ『室町幕府守護制度の研究』上（東京大学出版会、一九六七年）、ｂ同、下（東京大学出版会、一九八八年）。

（2）今谷明「守護領国制下に於ける国郡支配について」（『千葉史学』創刊号、一九八二年、のち同『室町幕府解体過程の研究』岩波書店、一九八五年、に収録）。
（3）川岡勉「中世後期の分郡知行制に関する一考察：伊予及び安芸の事例を中心として」（『愛媛大学教育学部紀要』第Ⅲ部人文・社会科学、二〇、一九八八年）。
（4）山田徹a「南北朝期の守護論をめぐって」（中世後期研究会編『室町・戦国期研究を読みなおす』思文閣出版、二〇〇七年）、b「『分郡守護』論再考」（『年報中世史研究』三八、二〇一三年）。
（5）入間田宣夫「郡地頭職研究序説」（豊田武教授還暦記念会編『日本古代・中世史の地方的展開』吉川弘文館、一九七三年）。
（6）鎌倉期の足利氏領を示す「足利氏所領奉行人注文」（『愛知』8、六〇七〈倉持文書〉）に、三河国額田郡・設楽郡は見えるが、渥美郡は、郡内の荘郷を含めてもない。
（7）建武三年二月六日後醍醐天皇綸旨案（『愛知』8、一〇〇〇〈結城家文書〉）によると、渥美郡内野田・高足・細谷・大岩・若見・赤羽・弥熊・吉胡・岩崎の九か郷が与えられている（序論末尾図4参照）。
（8）新行紀一「三河国」（網野善彦他編『講座日本荘園史』5、吉川弘文館、一九九〇年）三三一頁。
（9）後醍醐天皇から九か郷を与えられた二か月後の、延元元年（建武三年）四月二日結城宗広譲状（『愛知』8、一〇一二〈結城家文書〉）に見える渥美郡内の所領は、先の九か郷に牟呂・草間両郷を加えた一一か郷となっている。
（10）応安二年六月十九日結城顕朝譲状写・応永四年十月二十一日結城満朝譲状写（『愛知』9、一七一・七一九〈ともに白河證古文書〉）。建武三年二月に後醍醐天皇から得たのは九か郷であったが、二か月後の四月に結城宗広が認めた譲状には牟呂・草間の二か郷が増えている（註7）。この増えた二か郷は宗広がある時期入手した得宗領であったので（『愛知』8、一〇一三〈結城家文書〉）、一一か郷の所職はすべて地頭職とみてよかろう。
（11）石母田正「鎌倉幕府一国地頭職の成立」（石母田正・佐藤進一編『中世の法と国家』東京大学出版会、一九六〇年）。
（12）『吾妻鏡』建久十年（正治元年）三月二十三日・五月十六日条。
（13）国立歴史民俗博物館編『日本荘園資料』（吉川弘文館、一九九八年）によれば、三河国の伊勢神宮領とされる四四か所のうち、渥美郡に比定されているのは二七か所に及び（同名の御厨と御園は一つと算定）、郡別で国内最高を示す。

(14)『愛知県史』資料編9は№6・7の宛人新田兵庫頭に「〈大島義高〉」と傍注を付すが、義高は延文五年（一三六〇）（表1№2）から貞治四年（一三六五）（『愛知』9、六五〈春日大社文書〉）の間に官途が兵庫頭から左衛門佐に変わっているし、応安三年（一三七〇）までに入道しているのであるから（表2№4）、永和三年（一三七七）の兵庫頭が義高ではあり得ない。『尊卑分脈』では義高の子息義世の官途として左兵衛尉しか示さないが、義高とその父はいずれも兵庫頭を称しているので、№6・7の新田兵庫頭は義世の可能性が高い。

(15)№1・3・4・6・7は問題ないが、№5の発給人のみ、素性が明確でない。ただ、左衛門尉基繁は康暦二年（一三八〇）に筑前五郎左衛門尉を称している幕府奉行人斎藤基繁（「百合」ヤ函三五）の可能性がある（但しその花押と№5の花押影とは未照合）。もう一方の沙弥理連については管見に入っていないが、右肩にもと貼紙とみられる和田とあるのを信じれば、諸種室町幕府奉行人表に和田氏が三人見えるし（但し沙弥理連はいない）、「文安番帳」と「長享番帳」（ともに『群書』二九、雑部）にそれぞれ和田中務丞・同与九郎が見えることから、沙弥理連は三河国碧海郡和田荘を名字の地とする幕府直勤御家人ではなかろうか。さらにこの文書は№6・7とともに「将軍代々文書」と題する文書集（尊経閣文庫所蔵）に収録されていることとも合わせて、幕府両使連署打渡状とみなしてよいと思われる。

(16)天文二十四年十一月三日今川義元判物（『愛知』10、一九八一〈長仙寺文書〉）の冒頭に「参河国渥美郡弥熊郷上谷長仙寺領事」とあり、長仙寺の南三〇〇メートル付近には神ヶ谷（田原市六連町神ヶ谷）の遺名もあるので、表2№2・8の「弥熊上谷」は「弥熊郷内の上谷」の謂で、長仙寺所在地を指しているとみなすことができる。

(17)「神鳳鈔」（『愛知』8、一五〇八）には上谷御園、弥熊園と見えるが、寛正五年五月二十九日伊勢内宮一禰宜荒木田氏経書状写（『愛知』9、二一五七〈氏経卿引付〉）には弥熊御厨とある。なお、文正元年八月八日伊勢内宮庁宣（同、二二三四〈氏経卿引付〉）には「弥熊郷長仙寺御厨」とあるので、このころには長仙寺は伊勢神宮領になっていたことが知られるとともに、伊勢神宮側からみても、長仙寺の所在地は弥熊御厨ではなく弥熊郷内と認識されていたことがわかり、表2の「弥熊」も弥熊郷の可能性が高いと思われる。

(18)『愛知県史』は後者を採り「弥熊・上谷」とする。

(19) 領家職は本来の意味ではなく、寺院周辺の広義の境内と認識される地域を除地としてかく表現したのではあるまいか。

(20) 『醍醐寺文書別集』六九・七〇号（『愛知』9、一〇一七〈『満済准后日記』応永三十一年正月八日・九日条紙背文書〉）。なお、第Ⅲ部第二章第一節参照。

(21) 『愛知』9、二二五六・二二五七・二二六二・二三二三（いずれも氏経卿引付）。

(22) 山田註4b論文。

第一章　若狭の支配機構

第一節　守護代

1　小笠原長房

若狭の守護代・小守護代については、周知のように「若狭国守護職次第」（「守護職次第」）・「若狭国税所今富名領主代々次第」（「今富次第」）が沿革を伝えている。「守護職次第」の一色範光・詮範の項にはそれぞれ次のように記す。

【史料A―ⓐ】（一色信伝〈範光〉の項）

一、一色修理大夫入道信伝 貞治五年八月ヨリ給之、両使伊藤入道・遠山入道下向、

代官小笠原源蔵人大夫長房 後号三河守　（中略）

信伝御逝去之後、三河守出家、法名道鎮後改浄鎮ト、又代官武田右京亮重信、三河守出家時、同右京亮出家、法名浄源 応永三正廿五死去、子息左近将監長盛任又代守護代、

【史料A―ⓑ】（一色詮範の項）

一、同御子息左京大夫詮範 後御法名信将

代官同人、又代官同人　浄鎮死去応永四年九月十七日之後、子息蔵人大夫長春応永八年卯月ニ出家、号三河入道明鎮、

表1　小笠原長房（浄鎮）関係文書

No.	日付	文書名	宛所	内容	備考（端裏書・書止・署名等）	出典
1	（貞治6）7・20	守護一色範光書状案	小笠原源蔵人大夫	名田荘の守護使入部停止	【端】守護遣代官之許状案　貞治六七十三【止】謹言	大徳寺三九〇
2	（〃6）7・14	守護一色範光書状	小笠原源蔵人大夫	同右（守護使の召進）	【止】謹言	〃一五九
3	［　］5・12	守護一色範光書状案	小笠原源蔵人大夫	太良荘の役夫工米催促停止	【端】□下案　【止】謹言	三五
4	応安3・9・4	守護代小笠原長房奉書	多良保地頭方政所	御所節供料足の催促	【止】仍執達如件【署】散位	六八
5	〃4・閏3・7	守護代小笠原長房奉書	多良保地頭方政所	閏月御所贄殿方料足の催促	【止】仍執達如件【署】散位	七二
6	〃6・10・29	守護代小笠原長房奉書	太良保地頭方政所	閏10月分御所台所方料足の催促	【止】仍執達如件【署】散位	九一
7	？5・22	小笠原長房巻数返事	明通寺衆徒中	祈祷巻数一枝の礼	【止】恐惶謹言【署】散位長房	明通寺四三
8	永徳2・6・1	守護代小笠原長房奉書	太良保地頭方	八幡宮放生会・上下宮流鏑馬役の催促	【止】依仰執達如件【署】三河守	一五五
9	［　］12・2	守護代小笠原長房奉書	［　］保本所方	御所椀飯料足の催促	【止】依仰執達如件【署】三河守	一四五
10	明徳4・11・15	一色満範書状案	小笠原参川入道	名田荘上村反銭免除の依頼	【止】恐々謹言	若杉家三
11	〃5・6・1	守護代小笠原浄鎮書下案	太良保政所	八幡宮放生会・上下宮流鏑馬役の催促	【止】之状如件【署】沙弥	二〇九
12	応永4・2・23	守護一色詮範奉行人連署奉書	小笠原三河入道	太良荘の役夫工米催促停止	【端】若狭守護施行【止】仍執達如件	二一七

13	〃	守護代小笠原「浄祐」遵行状案	蓬沢左近将監	№12の遵行（奉書如此）	【端】若狭守護代小笠原三河入道書下案【止】謹言【署】浄祐	二二八
14	〃4・4・20	守護代小笠原浄鎮奉書案	蓬沢左近将監	名田荘上村の人夫役・十分一役催促停止	【端】名田庄内上村夫役十分一免除守護状【止】由被仰出候也、恐々謹言【署】丶丶	若杉家五

註
（1）小笠原長房が発給人、もしくは宛人として見えるもので、若狭にかかわるものに限った。
（2）文書名は、統一のため出典のそれを採らなかったものもある。また、№13の発給人については本文註3参照。
（3）備考の欄の略号は、【端】―端裏書・端見返書、【止】―書止、【署】―署名。なお、端裏書は部分引用にとどめたものもある。
（4）出典の欄の№1・2は『大徳寺文書』（大日本古文書家わけ）、№7に『福井県史』資料編9の、№10・14は同2の、それぞれの文書番号。その他はすべて『若狭国太良荘史料集成』第四巻の文書番号。

これらによれば、小笠原長房は貞治五年（一三六六）の一色範光（信伝）の守護就任と同時に若狭守護代となり、応永四年（一三九七）九月十七日に没するまで、範光・詮範の二代に仕え、この間名乗りは源蔵人大夫→三河守→（出家）→道鎮→浄鎮と変わったことになる。「今富次第」の所伝もこれと全く同じである。

表1は、小笠原長房が発給人もしくは宛人となっている文書で、若狭に関わるものをまとめたものである。この表の一四点のうち、厳密な意味での長房の守護代在職徴証と呼べるものは№12〜14ぐらいであろうが[1]、№7を除く残りについても、彼の守護代在職を裏付けるものとみなして大過あるまい。したがって、「守護職次第」「今富次第」の記事は、名乗りの変遷も含め、きわめて正確に事実を伝えているとみてよかろう。ただ、法名については、「守護職次第」のいう道鎮・浄鎮が見えず（№11は「沙弥」、№14は「丶丶」）、代わりに浄祐とされている。その浄祐の名を唯一伝える№13と「守護職次第」「今富次第」のいずれかの誤伝ということになるが、これは前者の誤りである。すなわ

ち、幕末まで小浜八幡神社にあった梵鐘には応永四年六月十一日付の銘があって、その末尾に「大願主三河刺史浄鎮」と見え[2]、同じ年のNo.13にいう浄祐ではなかったことが確認される[3]。

2　小笠原長春

小笠原長房の死後は、子の長春が若狭守護代を継いだ。「守護職次第」「今富次第」はそれぞれ次のように記す（いずれも抄出）。

【史料B—ⓐ】（「守護職次第」一色満範の項）

代官同人、又代官同人、雖然三河入道明鎮、同子息三郎共ニ同十四《(応永)》年十月一日京都於一色道範御屋形被召禁、丹後国石河ト云所ニ被籠者畢、依之舎弟安芸守、同一族并若党以下数十人、於三河国同十五年十二月廿六日ニ討死畢、同十六年三月ニ明鎮父子石河城ニテ被切腹畢、此併小浜八幡宮上ノ山ニテ鹿ヲカラセラレシ御祟トソ、大方風聞アリシ事也、

【史料B—ⓑ】（「今富次第」）

応永四年九月十七日小笠原浄鎮死去之後、子息蔵人大夫長春、後に応永八年卯月に出家、号三河入道明錬、

これらに前掲史料A—ⓑを合わせれば、長春の官途は蔵人大夫から三河守に変わったこと（時期は不明）、応永八年四月に出家して明鎮、もしくは明錬と称したこと、襲封後九年にして突然子息と共に失脚したことなどが知られる（長春の失脚の背景については第Ⅲ部第一章第五節でふれる）。以上の情報がおおむね正確であることは、小笠原長春関係文書を整理した表2によって裏付けられる。ただ、法名については、明鎮（史料A—ⓑ・B—ⓐ）・明錬（史料B—ⓑ）・明棟（表2No.4・6・7・9）の三説あって一致しないが、先の長房のケースから推して、すべて「東寺百合文

表2　小笠原長春（明鎮）関係文書

No.	日付	文書名	宛所	内容	備考（端裏書・書止・署名等）	出典
1	応永6・6・26	守護代小笠原長春書状案	藤田修理亮入道	名田荘上村反銭の催促停止	【止】恐々謹言【署】長春	若杉家六
2	〃7・8・22	守護一色詮範遵行状	小笠原蔵人大夫	耳西郷半分地頭職の沙汰付	【止】任去六月廿五日…之旨…之状如件	天龍寺二二
3	?11・14	守護代小笠原長春書状	蓬沢左近将監	本郷国衙職安堵の旨を報じ祝意を表す	【止】恐々謹言【署】長春	本郷六九
4	（〃8）・12・7	守護代小笠原「明棟」書状案	蓬沢若狭入道	太良荘の夫役催促停止	【端】守護普請免状案応永八十二七【止】恐々謹言【署】小笠原明棟	二六二
5	〃10・5・20	幕府奉行人連署奉書案	小笠原三川入道	太良荘の外宮役夫工米国催促一時停止	【止】之由候也、恐々謹言	二六六―一
6	〃5・27	守護代小笠原「明棟」書状案	阿曽沼大蔵左衛門入道・蓬沢若狭入道	同右（来月10日まで催促猶予）	【止】恐々謹言【署】明棟	二六六―二
7	（〃）6・17	〃	阿曽沼大蔵左衛門入道（No.6と同じ）・蓬沢若狭入道	同右（今月末まで催促猶予）	【止】恐々謹言【署】明棟	二六七―二―①
8	（〃）6・29	幕府奉行人連署奉書案	小笠原三河入道	同右（来月京済につき国催促停止）	【止】之由候也、恐々謹言	二六七―四
9	（〃）6・30	守護代小笠原「明棟」書状案	阿曽沼大蔵入道 蓬沢若狭入道	同右（京済につき国催促停止）	【止】恐々謹言【署】明棟	二六七―五
10	〃12・25	守護一色詮範遵行状	小笠原三河入道	名田荘上村における南宗緒の押妨停止	【止】任今月廿三日御教書之旨…之状如	東京大学土御門一

註（1）No.4・6・7・9の発給人は、正しくは「明鎮」もしくは「明錬」（おそらく前者）だと思われる（本文参照）。
（2）出典の欄のNo.1～3・10は『福井県史』資料編2、他は『若狭太良荘史料集成』第四巻のそれぞれの文書番号。
（3）その他はすべて表1と同じ。

書」の案文で占められる表2の明棟をまず疑うべきであろう。そして、明鎮と明錬とでは、前者は父長房の法名浄鎮に通じるのに対して、後者は字体の上で明棟に通じるものの、他に明証がない以上いずれとも判じ難いが、法名にも通字の風があることを重視して、一応明鎮と推定しておきたい。

3　三方範忠

【史料C―ⓐ】（「守護職次第」一色満範の項）

同（応永）十三年十二月十八日ヨリ三方弾正左衛門尉範忠被補守護代、又代官長法寺民部丞納、

【史料C―ⓑ】（「守護職次第」一色義範の項）

守護代同人（応永十六年）同年正月六日出家、法名常忻　又代官民部丞出家、法名道圭、

右の記事によって、小笠原長春の失脚後二か月程して三方範忠が補任されたこと、一色満範の死没に伴い出家して常忻と称したことが知られる。「守護職次第」や「今富次第」には「三方山城入道」の表記が見え、官途が弾正左衛門尉から山城守に遷ったことまで示しているが、記事は応永三十年前後で終わっており、一色氏守護在任期末期に当たる正長・永享年間の守護代を伝えていない。範忠就任以降の若狭守護代関係文書を整理した後掲表3によれば、永享七年（一四三五）八月（No.13）から同九年十月（No.17）の間に、範忠から次の三方若狭守忠治へ交替したことになるが、永享七年十二月にも範忠の活動が確認されるので、[4] 忠治の襲封は同八年以降であろう。

4　三方忠治

三方忠治の若狭守護代在職の下限に関する確証はないが、永享十二年五月十五日、一色義貫（義範）が将軍義教の命を受けた武田信栄・細川持常によって大和の陣中で謀殺された際、「三方若狭守并同弾正両人」が「散々相戦討死」しており(5)、この若狭守が忠治のことであろうから、この時まで守護代に在職していたとみて大過あるまい。

ところで、大和で一色義貫が討たれた翌日、京都の一色義貫邸を接収しようとする一色教親勢に抵抗して討死した義貫被官のうちの「三方山城入道」(6)が範忠（常忻）だとすれば、範忠も一色義貫謀殺時まで存命していたのであり、範忠から忠治への交替は範忠の死没に伴うものではないことになる。また、忠治は範忠の子ではなく、弟であった可能性が高い。すなわち、『満済准后日記』永享四年正月二十八日条に「一色内三方入道来、折紙三千疋随身、今度弟若狭守御免、祝着事等申為云々」とある。忠治以外に若狭守を名乗る三方氏として、応永二十六年と永享元年に所見のある範次なる者がいるが、彼は範忠の三男と伝えるから(7)、右の『満済准后日記』に見える「弟若狭守」は、表3№17・18の忠治のこととみてよかろう。しからば、範忠は、死没によらず、かつ子がいたにもかかわらず(8)、その子ではなく弟に守護代職（家督）を譲渡したことになり、この継承は尋常とはいえない。その事情は判然としないが、大胆な憶測が許されるならば、将軍義教の介入を想定することもできる。前引『満済准后日記』の記事によれば、三方忠治と思われる「若狭守」が、おそらく満済の仲介で義教から赦免されている。将軍の勘気を蒙るということは、将軍と直接的関係を有していたということでもあるから、忠治の守護代就任に、修復された義教との関係が少なからず与かった、とみる余地も否定できないのである(9)。

表3　三方範忠（常忻）・忠治関係文書

No.	日付	文書名	宛所	内容	備考（端裏書・書止・署名等）	出典
1	応永14・10・20	幕府奉行人治部光智奉書案	三方弾正左衛門尉	太良荘の内宮役夫工米催促停止	【端】役夫工米書下案文	④三一三
2	（〃17）8・9	幕府奉行人連署奉書案	守護代	太良荘の外宮役夫工米催促停止	【端】役夫工米書下案文【奥】正文三方ニ在之	④三三六
3	〃18・10・17	守護代三方常忻遵行状	羽賀寺供僧中	税所今富竹原天満宮寄進地の安堵	【止】之由候所也、仍執達如件【署】沙弥	羽賀寺　一一
4	10・26	守護一色義範奉行人連署奉書案	三方山城入道	太良荘の一二宮造営反銭催促停止	【止】之由候所也、仍執達如件	④三四四
5	閏10・3	守護代三方常忻遵行状案	長法寺民部入道	No.4の遵行（任去月廿六日奉書之旨）	【止】仍状如件【署】沙弥【奥】表書云長法寺民部入道殿沙弥常忻	⑤五二―一一
6	〃21・10・19	伝奏広橋兼宣奉書案	三方	国富荘の壬生周枝への返付	【止】謹言	壬生三三〇―二
7	12・15	守護代三方常忻書状	御奉行所	即位反銭につき、太良荘の公田数を確認	【端】守護代状【止】恐惶謹言【署】沙弥常忻上	④三七四
8	〃33・6・21	幕府奉行人連署奉書	守護代	本郷の内宮役夫工米催促停止		本郷　八五
9	7・10	幕府奉行人連署奉書	守護代	太良荘の内宮役夫工米催促停止		⑤四六
10	永享2・9・5	守護一色義貫遵行状	三方山城入道	耳西郷半分地頭職の臨川寺雑掌への沙汰付	【止】任御判幷御施行等之旨……之状如件	天龍寺　二九

11	閏11・10	幕府奉行人連署奉書	守護代	太良荘の外宮役夫工米催促停止		⑤九七
12	〃6・9・14	守護一色義貫遵行状	三方山城入道	太良荘反銭課役の使者入部停止	【止】任御判幷御施行等之旨……之状如件	⑤一二八
13	〃7・8・25	守護一色義貫遵行状	三方山城入道	安賀荘の正実将運代への沙汰付	【止】任今月十一日御判幷御施行之旨……之状如件	佐藤行信氏所蔵三
14	11・24	幕府奉行人連署奉書案	守護代	太良荘の多田院造営料反銭催促停止		⑤一四〇
15	〃9・7・22	幕府奉行人連署奉書案	守護代	太良荘の和州発向陣夫催促停止		⑤一四九
16	9・23	幕府奉行人連署奉書	守護代	宮河荘領家職の兵粮反銭催促停止		上賀茂　四
17	10・21	守護一色義貫遵行状	三方若狭守	国富荘の半済停止、官長者雑掌への沙汰付	【止】任御判幷御施行之旨……之状如件	壬生　五九
18	10・23	守護代三方忠治遵行状案	松山三郎左衛門入道	No.17の遵行（任今月廿一日御遵行之旨）	【止】之状如件【署】三方□狭忠治	壬生　三三六

註（1）三方範忠（常忻）・忠治が発給人、もしくは宛人として見えるもの、および守護代宛のもので、若狭に関わるものに限った。
（2）文書名は、統一のため出典のそれを採らなかったものもある。
（3）出典の欄のNo.3は『福井県史』資料編9、No.8・10・13・16は同2、No.6・17・18は『壬生家文書』（図書寮叢刊）、No.1・2・4・7は『若狭国太良荘史料集成』第四巻、No.5・9・11・12・14・15は同第五巻のそれぞれの文書番号。

第二節　在国機構

1　小守護代

守護代の下位にあって在地で管国経営に当たる代官について、「守護職次第」は「又代官」の呼称を用いているが（史料A・B・C）、正長二年（一四二九）と思われる二月二十二日太良荘本所半済地頭領家百姓等申状（『太良』⑤七六）の「小守護代今月十一日松山と申仁下り候」という記述に従い、以下では「小守護代」の呼称に統一することとする。

①武田重信

「守護職次第」は一色範光の守護職就任を伝える記事において、使節伊藤入道・遠山入道の下向と、代官小笠原長房の就任のみ記して、小守護代についてはふれず、範光の死去に際して小笠原長房が出家したとの記事に続けて初めて武田重信の小守護代在任に言及しているが（史料A—ⓐ）、これは、重信が当初一色氏の在国支配機構に加わっていなかったことを意味するものではない。

一色氏の守護就任の翌貞治六年（一三六六）に、太良荘に入部して礼銭を受け取っている者として「当守護殿奉行」と「右京助殿」がいる（『太良』④四六）。後者が史料A—ⓐにいう又代官武田右京亮重信であろうから、彼は当初から一色氏のもとでなんらかの公的地位を得ていたことが確認できるとともに、その地位は在国奉行とは区別されていたことが知られる。とすれば、それは小守護代というべきかもしれないが、重信は「にしつの奉行」と呼ばれることもあり(10)（西津荘は守護所所在地）、事実、在国奉行と変わりない連署状を発することもあって（『太良』④九〇など）、重信の地位を単純に小守護代ととらえることが躊躇される。この点については、第Ⅲ部第一章第一節2で詳述するが、結論のみ示しておけば、彼の立場はいわば筆頭在国奉行と呼ぶのがもっともふさわしいと思われる。

②武田長盛

武田重信は応永三年（一三九六）正月二十五日没し、子息左近将監長盛（のち若狭守、法名寿恩）が嗣いだ（史料A―ⓐ）。この長盛も奉行との関係において父重信時代と基本的に変わりなかったことは、第Ⅲ部第一章第二節で後述する。

ところで、小守護代は通常、幕府→守護→守護代→小守護代という遵行系統上に位置づけられ、守護代の受命者として文書上に現れるが、守護代小笠原長房と同長春の関係文書をまとめた前節表1・2のどこにも武田氏の名は見えない。特に、表1№13は小笠原長房（浄鎮）が太良荘の役夫工米催促停止を命じた同日付の守護一色氏在京奉行人連署奉書を奉じて発給した遵行状であり、当然宛所は武田左近将監でなければならないところ、蓬沢左近将監となっている。この名は他にも表1№14と表2№3にあり、表2№4の応永八年十二月には蓬沢若狭入道となり、同十年には阿曽沼氏との二人で宛所となっている（№6・7・9）。この現象をどう解釈したらよいだろうか。

まず考えられるのは、蓬沢は武田の別姓ではないかということである。蓬沢を武田と置き換えるだけでほとんどの説明がつくからである。「守護職次第」の伝える左近将監→若狭守→（出家）→寿恩という長盛の名乗りの変遷は、表1・2上の蓬沢のそれと一致する。問題はそれぞれの変化の時期であるが、「守護職次第」一色詮範の項には次のようにある。

【史料D】

（前略―史料A―ⓑより続く）同年月（応永八年四月）武田将監任シテ若狭守、軈出家ス、法名寿恩、

これによって、武田長盛は小笠原長春の出家した同八年四月から若狭守を称し、その後間を置かず出家したことが知られ、蓬沢が長春の出家前に当たる表2№3までは左近将監を名乗り、№4の応永八年十二月以降すべて若狭入道となっていることと見事に一致する。

次に問われなければならないのは、蓬沢姓と武田姓の関係である。そもそも蓬沢の地名は珍しく、地名辞典の索引で検索しても、山梨県甲府市と富山県上市町にしか見当たらない[11]。このうち後者は近世以降の村名らしいが[12]、前者については中世の所見史料がある。それは、貞治三年（一三六四）二月十五日一蓮寺寺領目録[13]で、貞和二年（一三四六）に武田信武が一条郷内蓬沢の田地一町七反を、観応二年（一三五一）に小笠原近江入道の妻専阿が蓬沢の地五反を、それぞれ一条道場一蓮寺に寄進している。甲斐国一条郷は、武田氏庶家一条氏の名字の地であり、事実、右の目録全一九筆中一一筆ある一条郷の寄進地のうち五筆は一条氏一族によるものであるが、蓬沢の地を寄進している武田氏惣領信武を始め武田姓の寄進地も五筆あり、一条郷が一条氏の一円支配地であったわけではない。蓬沢のもう一人の寄進者専阿も、武田氏から小笠原氏に嫁してきた可能性もある（武田氏系図に専阿の名はないが、武田・小笠原両氏間の婚姻関係は少なからず認められる）。したがって、蓬沢には一条氏以外の武田一族が所領を有していた可能性は否定できず、その一流が甲斐を出て、最終的に若狭に入り、室町期の長盛の代に蓬沢氏を称した、という想定が可能となる。

仮に右の想定が認められるとしても、長盛は武田から蓬沢に改姓したわけではない。たとえば、応永四年（一三九七）から同十一年に至る太良荘年貢算用状[14]の礼銭関係記事には「武田殿京上」「武田殿上洛」とあり、蓬沢の名は一切見えない。つまり、蓬沢という姓は守護代小笠原氏発給文書上でのみ使用されたのであって、在地では一貫して武田姓が使われていたことになるが、なぜこのような姓の使い分けがなされたのかは、不明という他ない[15]。

「守護職次第」は、武田長盛の小守護代在職の終期を伝えないが、応永十三年十二月十八日の三方範忠の守護代就任に続けて、長法寺民部丞納の「又代官」補任を記しており、守護代小笠原氏の失脚に伴って、武田氏の小守護代職も改替されたことがわかる。このことは、小笠原・武田両氏の関係の深さを物語っているといえる。

③長法寺納

武田長盛の失脚をうけてあとを襲ったのは長法寺納である。納は、応永十六年正月六日の守護一色満範の死に際して、三方範忠と共に出家し、道圭と名乗ったという（「守護職次第」）。「守護職次第」の記事は応永二十九年で終わるため、長法寺の小守護代在職の下限がわからないが、次代の松山三郎左衛門入道（表3№18）は、本節冒頭に引用した（正長二年）二月二十二日太良荘本所半済地頭領家百姓等申状（『太良』⑤七六）に「小守護代今月十一日松山と申仁下り候」とあるので、長法寺は正長元年まで在職したものと思われる[16]。

武田氏は守護代小笠原氏の発給する文書において、蓬沢姓で呼ばれる上、複数の宛人の一人として扱われることがあったが、長法寺氏と次の松山氏は、例こそ一例ずつしかないが（前掲表3№5・18）、単独で宛てられていて、在国奉行との差が曖昧だった武田時代との差異が認められる。この点は、長法寺氏更迭の背景とともに第Ⅲ部第二章第二節3で詳述する。

④松山常栄

松山三郎左衛門入道の法名は永享六年（一四三四）九月二十六日太良荘本所政所宛松山常栄書状（『太良』⑤一三二）によって判明する。[17]また、太良荘から松山氏への礼銭贈与が永享十二年まで続いているので（『太良』⑤二〇三・二〇四）、一色義貫が謀殺されるまで小守護代に在職したものと思われる。この松山氏の動向についても、第Ⅲ部第二章第二節4で検討する。

2　在国奉行

「守護職次第」の一色信伝（範光）の項に「貞治五年八月より給之、両使伊藤入道・遠山入道下向」（史料A―ⓐ）とあり、一色範光の守護就任（八月ではなく十月。序章第一節参照）と同時に、おそらく守護代小笠原長房を補佐するための要員として「両使」が下向したことがうかがえるが、この伊藤・遠山はその後在国奉行に在職した形跡はなく、文字通り、臨時的、短期的に派遣された使節にすぎなかったと思われる。[18]恒常的組織としての在国奉行の存在は、貞治六年分の太良荘地頭方年貢算用状（『太良』④四六）の除分に、同年四月十五日に支出された「当守護殿奉行酒代」が計上されていることから確認できるので、守護代小笠原らの下国した貞治五年から編成されていたとみてよかろう。具体的な名前が初めて知られるのは、応安四年（一三七一）の次の文書である。

【史料E】（『太良』④七四）

納　兵粮銭事、

合伍貫文者

右、為太良保地頭・領家分、所納如件、

応安二年五月七日　　□村（花押）

重家（花押）

ここに発給人として見える二人が、貞治六年四月に太良荘に入部して酒代を受け取った「当守護殿奉行」かどうかは断定できない。なぜなら、二年後の応安六年十月二日付で、築地料足（幕府に納入する公役）五貫文の請取状を太良荘に発給しているのは、「守護職次第」が又代官とする武田重信と某経信の二人であり（『太良』④九〇）、在国奉行の構成が必ずしも固定していなかったらしいからである。このあとの守護役や幕府からの公役の催徴に関わる文書に複数、もしくは単独で登場する人物を、後掲表4にまとめておいた。

ところで、小守護代武田氏とペアを組んで活動する者に津田浄玖なる人物がいる。

【史料F】（『太良』④二四二）

たらのしやう

御要却　若狭国反銭事

太良庄　田数十七丁二反百九十歩一反別百文充定

右今月廿日以前可有其沙汰、若於無沙汰之在所者、責譴之使可遂入部之状如件、

応永五年六月十三日　――（花押）

――（花押）

【史料G[19]】

松永庄之内田数三町之事、国免而自往古公田之内之諸役等無沙汰処、近年彼寺社田に募公田しはい候之間、任大田文旨、地下支配止候て閣申候了、若於于後々、彼下地地頭百姓等天役等被懸候者、ひか事たるへく候、乃免挙状如件、

応永十二
八月三　　　　門真殿
　　　　　　　浄玖（花押）
　　　　　　　御賀本殿
　　　　　　　寿恩（花押）

椆寺々僧御中

（奥裏書）
「上使段銭諸役等免状御折紙」

史料Gの発給人寿恩には「御賀本殿」の注記がついているが、寿恩は武田長盛の法名であるから（史料D）、間違いなく小守護代武田長盛のことである（御賀本氏とする事情は不明）。その長盛の花押は史料Fの日下の花押に酷似し、浄玖のそれはFの奥の花押とほぼ一致する[20]。浄玖の注記「門真殿」もよくわからないが、彼の姓は津田とみてよい。応永七年十二月、遠敷郡汲部・多烏両浦の百姓らが年貢公事徴収のあり方について「奉行所」に訴えた一二か条の言上状[21]の第四条に、「御さかなめされ候ハん時ハ、津田殿にても武田殿にても、一方よりおほせ候ハて両方より御使入候て、ろんしめされ候事」とある。ここには、両浦から魚を徴収する際には、「津田殿」もしくは「武田殿」のいずれかが使を入れることになっていた、つまりは百姓からみて両人は同様の立場にあったことが示されていて、これが史料F・Gにおける発給人二人の関係に重ねることができるので、右の津田殿が史料Gの浄玖に当たるとみてよい。

この津田浄玖が奉行の中でも特別な地位にあったらしいことは、第Ⅲ部第一章第二節で述べる。

ところで、右の津田浄玖と同じように、小守護代武田長盛と並んで活動していたようにみえる人物として、藤田修理亮入道と阿曽沼大蔵左衛門入道（前掲表2No.1・6・7・9）がいるが、この二人は、結論からいえば、在国奉行というよりも、京都から派遣される段銭徴収使のような立場の者ではないかと推察される。

【史料H】（前掲表2No.1）

（端裏書）「　　殿応永六　々　廿六」

名田庄内上村土御門二位殿御知行分段銭事、御祈祷料所事候間、諸御公事被閣候、先立将監方へも申下候、相構々々可有催促停止候、諸事重可申候、恐々謹言、

応永六
六月廿六日　　長春 判

藤田修理亮入道殿

【史料I】（前掲表2No.6）

東寺領若州太良庄役夫工米事、於公方御糺明之子細候、但来月十日以前可有停止催促候、十日過候者可被致催促候、猶々十日以前事者、努々不可有催促候、返々不可有御無沙汰候也、恐々謹言、

応永十
五月廿七日　　明棟 在判

阿曽沼大蔵左衛門入道殿
蓬沢若狭入道殿

右の二通は、小笠原長春（入道明棟〈明鎮〉）が、書状形式で段銭催促停止（史料Iは猶予）を改めて確認している、

という点で共通している。したがって、宛所の三人は段銭徴収に関わる立場にあることになり、しかも並んで宛てられている史料Ｉのうちの蓬沢が、先に推測したように小守護代武田長盛のことだとすれば、もう一方の阿曽沼は、あたかも前掲史料Ｆ・Ｇにおける津田浄玖に当たる在国奉行と認定すべきではないかと思えてくる。しかし、阿曽沼は津田に相当する立場ではなく、段銭徴収に際して京都から派遣される使節とみなした方が合理的ではないかと思われる。その理由として、まず第一に、在国奉行とみられる津田氏に加え、あとでふれる包枝・勢馬氏はいずれも若狭に名字の地を持つ在地武士であるのに対して（第Ⅱ部第三章第五節２・３で後述）、阿曽沼氏と若狭の接点は見出せないことが挙げられる。また、史料Ｈによれば、藤田が、阿曽沼と同様、蓬沢左近将監（文中の「将監方」＝小守護代武田長盛）と共に段銭徴収に関わっていながら、小笠原の催促停止命令を単独で受けているのが注目される。ここで小笠原が時間差をおいて蓬沢と藤田に下達しているのは、二人の立場が完全に同じではないことを示唆している。そして、この藤田もまた、阿曽沼と同じく若狭との関わりが見当たらないばかりか、鎌倉期からの在京人ではないかと思わせるふしもある（第Ⅱ部第三章第四節５で後述）。以上から、藤田と阿曽沼については、在国奉行ではなく、在京性の強い被官で、臨時に使節として分国に派遣され、在地で小守護代武田と共同で段銭徴収に当たることを任務としていたと考えておきたい。

小守護代が長法寺氏に替わった応永十三年十二月以降、「奉行」の名辞が見える史料は多くはなく、長法寺氏時代は三例しかない。そのうちの一つが次の文書である。

【史料Ｊ】（『太良』④三五四）

（端裏書）「　」けとり　奉行二人」

請取　大嘗会段銭事
　合壱貫七百文者　　太良庄本所
右、且所請取之状如件、
　応永十九
　　七月廿四日　　　　——（花押）
　　　　　　　　　　　——（花押）

端裏書に見える「奉行二人」は在国奉行とみなしてよかろうから、小守護代長法寺氏の代の在国奉行が、段銭徴収に関わっていたことが知られる。この他の「奉行」の所見は、応永二十七年太良荘国下行銭注文（『太良』⑤二二）の地頭方の項の「同（宝幢寺供養之時）長法寺奉行両人」というものである。この下行銭（礼銭）のことを、同年の地頭方年貢算用状（『太良』⑤二二）では「同長法寺若党出之」と記しているので「長法寺奉行両人」とは長法寺氏の若党であったことが知られる。そして、この「奉行両人」と先の段銭請取状（史料J）を発給している「奉行二人」は、ともに太良荘側からの呼称であることから、同一人である可能性が高く、この奉行は勢馬・兼田（金田）両氏ではないかと思われる。この二人は、応永二十三年から四年間、太良荘から合わせて一貫文の礼銭を毎年受け取っているが（『太良』④三九五・三九六・三九九・四〇〇・四〇五・四〇六、『太良』⑤一一・一二）、同三十一・三十二年には「長法寺礼時」に礼銭を贈与されている（『太良』⑤四一・四二・四四・四五）。これは、勢馬・兼田両氏が、長法寺氏ときわめて密接な関係を持ちながらその下に属していたことを示唆している。また、二人のうち勢馬氏は、応永二十一年守護方入目注文（『太良』④三七六・三七七）に「西津勢間」と見えるところから、彼が西津荘に置かれた守護所の吏僚であることをうかがわせ、兼田氏と共に在国奉行であった可能性を裏付けている。

太良荘年貢算用状における勢馬・兼田両氏の名は応永三十二年（『太良』⑤四五）を最後に消えるが、同三十四年

（『太良』⑤六四）に「守護代礼時両奉行方」と見える「両奉行方」も勢馬・兼田両氏のことと思われるので（詳しくは第Ⅲ部第二章第二節で後述）、小守護代長法寺時代の最後（正長元年〈一四二八〉）まで在職したものと思われる。

長法寺氏の次の小守護代松山氏のもとの在国奉行としては、包枝・中村両氏の名が知られる。すなわち、永享元年（一四二九）以降の太良荘年貢算用状において「包枝方・中村方」への礼銭六〇〇文が毎年計上され、同五年以降の表記は「両奉行方」となる。また、永享元年には「同時（三方下向時）奉行包枝方」（『太良』⑤九五・九六）、同十一・十二年には「守護代松山方礼時奉行中村一」（『太良』⑤一九五・一九六・二〇〇・二〇一）といった礼銭記事も見えるので、この二人は一色義貫謀殺まで奉行の地位にあったとみられる。なお、長法寺氏時代の兼田氏の名字の地と思われる玉置荘兼田は兼枝とも書いたと伝えられるところから[22]、右の包枝氏と兼田氏は同家とみてよかろう。

以上、名前を検出した者以外に、姓のわからない者、花押しかわからない者で在国奉行と推定される者も含めてまとめたのが、表4である。なお、これら在国奉行の出自は第Ⅱ部第三章第五節で、守護代・小守護代らとの政治的関係については、第Ⅲ部第一・二章で改めて検討する。

3　今富名代官・又代官

周知のように、若狭国には国衙税所領として別名今富名があり、鎌倉後・末期には、税所職（今富名領主職）を兼帯した得宗の支配下にあった。建武新政期に一時守護と今富名領主は分離したものの、建武三年（一三三六）以降再び税所職は守護の兼務となった。そのため、以後の歴代若狭守護は、守護領の中核を占めることになる今富名に代官・又代官両職をおいて支配させた。その場合「守護職次第」「今富次第」によると、守護代・守護又代がそれぞれ

表４　若狭の在国奉行（武田重信・長盛＝蓬沢左近将監は小守護代）

No.	奉行人／年月	某知村	某重家	某	某経信	某小四郎	（武田重信）	（武田長盛）	（蓬沢左近将監）	津田浄玖	勢馬某	兼田（包枝）某	中村某	出典
1	応安4. 5	○	○											『太良』④ 74
2	〃 6. 10				○		○							〃 90
3	康暦2. 12						○							〃 140－4
4	永徳元 2					○								〃 140－2·3
5	5						○							〃 148－7·8
6	6						○							〃 148－6
7	6			○										〃 140－1
8	7						○							〃 148－5
	～						～							
9	至徳2. 12						○							〃 170－1
10	嘉慶元 10						○			○				〃 176
11	応永4. 2								○					〃 228
12	4								○					若杉家 5
13	〃 5. 6							○		○				『太良』④ 242
14	〃 8. 8									○				天龍寺 23
15	12								○					『太良』④ 262
16	〃 10. 5								○					〃 266－2
17	6								○					〃 267－2·5
18	〃 11. 5									○				秦 105
19	〃 12. 8							○		○				明通寺 45
20	〃 19. 7										○	○		『太良』④ 354
21	〃 21										○			〃 376·377
22	〃 23										○	○		〃 395
	～										～	～		
23	〃 26										○	○		『太良』⑤ 11
24	〃 31										○	○		〃 42
25	〃 32										○	○		〃 45
26	永享元											○	○	〃 95·96
	～											～	～	
27	〃 12											○	○	〃 200·201

註（1）若狭の在国奉行と思われる者の在職徴証を示したもので、在国奉行の詳細については、第Ⅲ部第一章第二節・第二章第三節参照。蓬沢左近将監は小守護代武田長盛の可能性がある（本文参照）。

（2）～はその間に省略した複数の徴証があることを意味する。

（3）出典の欄のNo.12・14は『福井県史』資料編２、No.19は同９、No.18は『小浜市史』諸家文書編三、のそれぞれ文書番号。

今富名代官・同又代官を兼ねることが少なくなかったようである。ところが、斯波義種の守護在任中に当たる貞治三年（一三六六）三月、税所職（今富名領主職）のみが、山名時氏に宛行われることになり、ここに今富名が守護の支配から除かれることとなった。この守護・税所両職の分離状態は一色氏時代に入っても継続し、山名氏が討たれた翌年の明徳三年（一三九二）、ようやく税所職が守護一色詮範に与えられた（以上の経緯については、若狭守護による国衙機構掌握の過程を検討する第Ⅲ部第一章第四節2、及び付論2で改めてふれる）。

一色氏時代の今富名代官、又代官は、「今富次第」によれば、当初代官を守護代小笠原長房と同長春が、又代官を小守護代武田重信と同長盛がそれぞれ兼務、世襲したが、応永六年（一三九九）六月二十五日、「里方名散田幷寺社人給まで逃散」によって共に改替され、石河《いしこ》八郎左衛門尉長貞（応永八年任佐渡守、出家、法名正寿）、片山四郎左衛門尉行光（応永十三年六月七日出家、法名光蓮）がそれぞれ代官、又代官に任じられた。この交替は、確かに「今富次第」の伝えるように、「地下より」の「訴替」によるものであったろうが、石川氏（史料表記で石河と石川が混在するので、以下本書ではすべて石川に統一する）が丹後出身の一色氏被官と思われるところから、一色家中における小笠原氏と丹後国人との権力闘争の色彩も看取し得るように思われる（この点第Ⅲ部第一章第五節2で後述する）。応永二十年正月、代官職が石川長貞から子の勘解由左衛門尉長祐に譲られて、世襲化の兆候が見られたが、翌年守護代の三方範忠に替えられ（又代官も小守護代長法寺納に交替）、ここに今富名支配が再び守護代・小守護代に委ねられることとなる。これは、守護代三方氏の一色氏家中における権勢確立の過程として理解できる（以上の点は第Ⅲ部第二章第一節でもふれる）。

このあとの今富名又代官の変遷について、「今富次第」に次のような記事がある。

【史料K】

同《（応永）》廿八年七月四日小浜問丸共依訴訟、被替長法寺方畢、仍同御代官三方山城入道殿舎弟修理《（亮脱カ）》殿、同七月十日御入政所《（部脱カ）》屋刀禰兵衛太郎許御渡有之、随而修理亮殿十一月十五日被替候て、関東向とて三河まで、其まゝ、税所今富代官職被替了、（中略）同卅年修理亮殿被替後、税所今富御代官三方殿より加計《（斗）》公文伊崎中務丞十二月上旬入部有之、

これによれば、まず応永二十八年七月に、小浜問丸の訴訟によって長法寺の又代官職が改替されたあと、まもなく代官三方山城入道（範忠）の弟修理亮が政所屋に入部したが、応永三十年、一色義貫が御旗奉行を務めた鎌倉公方足利持氏討伐に加わり三河まで出陣したところで同年十一月に改替され[23]、そのあと又代官職は代官三方範忠から加斗荘公文伊崎中務[24]が補任されて入部した。

「今富次第」は右掲記事で終わっており、かつ文書上でもこのあとの今富名代官・又代官に関する徴証が管見に入っていないため、以後の在職者について明らかにすることはできないが、若狭における三方氏の抜群の影響力を考えれば、大きな変化が生じたとは思えない。

4　郡使

今谷明氏は守護の分国支配において郡のもつ意義を積極的に評価し、郡奉行・郡代・郡使などの事例を精力的に発掘する中で、一色義貫を含む歴代山城守護が、守護代の下に郡務担当機関として「郡使」「郡奉行」を置いていたことを明らかにし、一色氏らの分国でも郡務担当者が設置されていたとの想定を示した[25]。氏の想定通り、確かに若狭に

も「郡使」の名を見出すことができる。すなわち、応永二十一年（一四一四）の太良荘守護方入目注文（『太良』④三七六・三七七）に、礼銭の贈与先として「郡使」が見えるのを始め、永享元年（一四二九）～同十二年の太良荘年貢算用状の除分には、毎年郡使が礼銭の贈与先として登場する。しかし、この郡使は、少なくとも一色氏の山城守護時代に見られた郡使、すなわち、「守護代三方并郡使」「会尺之由治定了三方□三百疋郡師方百疋[26]」などと見えるような、守護代の直下に位置づけられ、ときには郡奉行とも呼ばれるような存在（第三章第二節2参照）ではない。そのことは、毎年太良荘から支出される年始礼としての礼銭額が、守護方（実は小守護代が受領）一貫文、「両奉行」（在国奉行）六〇〇文に対して、「中間郡使マテ」が三〇〇文であったことから明白である。つまり、若狭の郡使は在国奉行はもとより、中間すらも下まわる地位にあった、在国支配機構の最末端に属する使節と思われる[27]。これは、今谷氏が明らかにした丹波多紀郡の郡使[28]、すなわち、郡奉行の配下に属して末端の打渡業務に当たる郡使に近いもので、山城のように郡奉行（郡代）と混用されるような存在ではない。

それでは、若狭に山城の郡奉行（郡代）のような郡務担当者は存在したのであろうか。この点は、残念ながら明徴がないので、積極的な肯定も否定もできないのであるが、少なくとも管見の限り一色氏守護在職期の若狭において、「郡奉行」「郡代」の名を史料上に見ることはできない。また、豊富な関係史料に恵まれている太良荘が、毎年礼銭を届ける守護方の者として、在国守護代（三方範次〈第Ⅲ部第二章第二節で後述〉）・小守護代・在国奉行・中間・郡使の名は見えても、小守護代のもとで遠敷郡の郡務を担当していることをうかがわせるような者は見当たらない。さらに、国富荘（遠敷郡）で永享九年、半済停止の幕命を無視して年貢・段銭を強奪したのは小守護代松山常栄であった[29]。これらは、少なくとも遠敷郡における守護支配機構は、小守護代、もしくはそのもとの在国奉行までで一応完結するも

年　月	守　護	守護代	小守護代	今富名代官	同又代官
貞治５（1366）10					
	範　光	小笠原長房	武田　重信	（山名氏支配期）	
嘉慶２（1388）正	×				
明徳３（1392）正				小笠原長房	武田　重信
応永３（1396）正			×		×
〃４（1397）９	詮　範	×		×	武田　長盛
				小笠原長春	
〃６（1399）６		小笠原長春	武田　長盛		
８					
〃13（1406）６	×				
10					
12	満　範			石河　長貞	片山　行光
〃16（1409）正	×				
〃20（1413）正				石河　長祐	
〃21（1414）２					
					長法寺　納
	義　範	三方　範忠	長法寺　納	三方　範忠	
〃28（1421）７					三方修理亮
〃30（1423）11	（義貫）				
12					
永享元（1429）２					伊崎中務丞（下限不明）
〃７（1435）12			松山　常宗		
〃９（1437）10		三方　忠治		三方　忠治	
〃12（1440）５	×				

図１　若狭の支配機構（在国奉行は表４参照）

のであって、そこに遠敷郡奉行（郡代）の存在を想定することは無理ではあるまいか。以上から、今谷氏の指摘にもかかわらず、少なくとも若狭においては、郡務担当者はいなかったと考えておきたい。

以上検討した若狭の支配機構在職者を、図1にまとめておく。

註

（1）No.12の前に、同年二月十二日付で同内容の神宮方頭人加判奉書が守護宛に出されているので（『太良』④二一六）、No.12・13は幕府→守護→守護代→小守護代という遵行系統上に位置づけられる。

（2）『小浜市史』金石文編四六頁。同書解説によれば、この梵鐘は明治維新前後に大砲鋳造に供されて現存しないが、「諸国寺社鐘銘金石録」に銘文が収録されている。なお、『若狭郡県志』の「八幡宮」の項にも「同《（応永）》四年六月小笠原三河守入道浄鎮懸晃鐘於社頭」とある（『小浜市史』第一巻、史料編四六一頁）。

（3）表1No.13は、文書とはいえ案文であり、しかも「東寺百合文書」の案文の中には、他にも正文（もしくは案文）の署名部分を正確に判読しないまま作成されたとおぼしきものがまま見られる。太良荘関係に限っても、たとえば文安二年（一四四五）頃から享徳三年（一四五四）頃にかけて若狭守護武田信賢の奉行を務めた粟屋右京亮（のち越中守）の実名を記す一一点の案文（一部のみ示せばハ函二六七・二七六・四〇九など）を見ると、書体は一致せず、中には読めないまま模写したと思われるものさえある。したがって、No.13の「浄祐」にも磐石の信頼はおけないのであり、小浜八幡宮梵鐘銘と一致する「守護職次第」「今富次第」の正確さが改めて確認できる。なお、この両書の成立事情、信憑性の高さについては、『群書解題』五、三二〇～三二二頁（田沼睦氏執筆）参照。

（4）『看聞日記』永享七年十二月二十四日条によれば、足利義教の訪問を翌日に控えた伏見宮貞成親王のもとに「美物」を届けた人物の一人に「三方山城入道」の名が見える。

（5）『師郷記』永享十二年五月十五日条。

（6）「東寺執行日記」永享十二年五月十六日条（『後鑑』同日条所載）。

（7）応永二十六年四月八日の若狭一・二宮造営棟札（『小浜市史』社寺文書編、若狭彦神社文書一四号①②）に「山城守沙弥常忻三方奉行若狭守範次」と見え、また、『若狭守護代記』（若狭史学会、一九七三年）には「永享元年酉、今年守護代三男若狭守範次当国大飯郡大島ノ八幡宮幷長福寺ヲ造営シ、寺領山林を寄附ス」とある。

（8）大和で三方若狭守（忠治）と共に戦死した「同弾正」（註5）は、範忠の最初の官途（弾正左衛門尉）と同じであることから、範忠の嫡子であった蓋然性が高い。

（9）今谷明氏は、守護代の更迭に幕府は原則として介入せず守護のみが人事権をもっていたとしながらも、永享三年の丹波守護代交替に幕府が介入した例を紹介している（同『守護領国支配機構の研究』法政大学出版会、一九八六年、三一四・四七四頁）、義政の代の長禄三年（一四五九）八月、越前・遠江守護代甲斐常治が没した際、「越前以下守護代事」が「御判」によって甲斐八郎の子息に安堵された例や（『大乗院寺社雑事記』同年同月十三日条）、寛正二年（一四六一）十月、朝倉氏を越前守護代にすることが義政から話題とされた例などがある（同書、同年同月十七日条）。したがって、三方忠治の守護代補任に義政の意向が働いたとみるのも、それほど荒唐なことではない。

（10）永和三年八月三日武田重信書状（『太良』④一一八）の端裏書に「にしつの奉行状」と見える。

（11）『総索引』（日本歴史地名大系49、平凡社、二〇〇五年）、『日本地名総覧』（角川日本地名大辞典　別巻Ⅱ、角川書店、一九九〇年）。

（12）『富山県の地名』（平凡社、一九九四年）によると、蓬沢村は、信濃国松代の落武者早月次郎右衛門が住み着いて村の草分けになったといい（二三五頁）、ここが中世武士の名字の地になったとは考え難い。

（13）『史料』六―二六、五六六～五七一頁、一蓮寺文書。

（14）応永四年―『太良』④二五五、同五年―同二五六、同九年―同二八三、同十年―同二八四、同十一年―同二九〇・二九一。

（15）蓬沢の姓の使用が始まる時期が、ちょうど守護代小笠原氏の在京するようになる時期（第Ⅲ部第一章第五節参照）に重なることから、たとえば、それまでもっぱら若狭で活動していた小笠原氏が京都に常住するようになると、将軍を頂点とする武家社会の権威、秩序をそれまでに増して強く意識するようになり、小笠原氏自身にとって広い意味での本宗家に当たる甲斐武田氏と同じ姓を発給文書の宛所に記すことを憚って、重信・長盛父子の故地である甲斐国蓬沢をもって仮の姓とした、という仮説も立てられなくもないが、もとよりなんら根拠はなく、説得的な説明はできない。ただ、三河守護細川氏のもとの守護代武田常信が東条姓を名乗ったり（序章註100参照）、山名氏重臣垣屋氏が土屋姓でも呼ばれていたりするので（第三章註53参照）、蓬沢左近将監を武田長盛とみなすことも、あながち荒唐無稽とはいえまい。

(16) 太良荘年貢算用状の下行分（礼銭）に見える「長法寺方」は正長元年分（『太良』⑤七一・七二）までで、翌永享元年分（同九五・九六）には「松山方礼」となっている。

(17)「百合」イ函七六の発給人を、京都府立総合資料館編『東寺百合文書目録』は「乗栄」と読み、『若狭国太良荘史料集成』第五巻は「常幾」とするが（一三二号）、「常栄」と読んでおく。

(18) 両使二人のうち遠山入道は、応安六年に名田荘での活動が確認されるものの、彼の「濫妨」を停止せしめた一色修理大夫（範光）宛幕府御教書には「被官人遠山入道」とのみ記され、肩書きは見えない（『大徳寺文書』一五六号）。その後「吉田家日次記」応永九年十一月六日条（『史料』七―五、八八九頁）には、「入夜石川入道一色家人来、（中略）遠山入道相伴了」と見えて、在京が確認される。伊藤氏の方は、後述するように、山城小守護代・侍所小所司代に登用されており（第三章第二節2・第三節2）、遠山氏同様、室町期には在京を常態としていたことが知られる。

(19)『福井』9、明通寺文書四五号。

(20) 史料Fの花押は『若狭太良荘史料集成』第四巻の、史料Gの花押は『小浜市史』社寺文書編の、各巻末花押一覧を参照した。

(21)『小浜市史』諸家文書編三、中世文書（秦文書）一〇四号。

(22)『角川日本地名大辞典』18福井県（角川書店、一九八九年）、「兼田」の項（三四四頁）。

(23) 一色義貫が足利持氏討伐軍の御旗奉行に任じられたことは『看聞日記』応永三十年八月十一日条に見える。また、同書同月二十日条には「京方軍勢若干被討、此由注進到来、以外御驚云々、（中略）美作へハ守護代三方入道馳下云々」とあるが、関東に向かうのに美作を通るはずはないので、三方勢は三河に出陣したとみてよかろう。なお、史料Kで修理亮が改替された十一月十五日が応永二十八年であるかのように読み取れるが、後半で改めて「同卅年修理亮殿被替」としているように、修理亮が改替されたのは応永三十年とみてよう。

(24)『群書』所収「今富次第」は、おそらくくずし字が同じであることから「斗」を「計」と誤読したため、「三方殿より加計、公文伊崎中務丞」と読点をつけ、文意がとれなくなっているが、伊崎氏が加斗莊公文職を有していたことは、伊崎氏の子孫の家に伝わる系図によって知られる（但し系図でも「加計庄」とする）。この点は、第Ⅱ部第三章第二節11で述べる。

(25)今谷明a『室町幕府解体過程の研究』（岩波書店、一九八五年）二三八頁、b註9著書四六頁註30。このうちbでは、「一色氏の分国では郡担当遵行者を『郡使』と称していたことが知られる」としている。

(26)応永二十八年「学衆方評定引付」（「百合」ラ函二二）九月晦日条。

(27)永享元年～同十二年の太良荘年貢算用状のすべてにおいて、「守護方明春礼」と「同時両奉行」及び「同時中間（方）郡使」にそれぞれ一貫文、五〇〇文、三〇〇文の礼銭が計上されている（地頭方三分一、領家方三分二の分担）。なお、これに先立つ応永三十二～三十四年の年貢算用状では三〇〇文の贈り先を「中間」としながら（『太良』⑤四五・五六・六四）、永享期になって「中間郡使」とて中間と郡使を並記し、かつ多くの場合「中間（方）郡使マテ」のように、「マテ」を付加することが多くなる。この「マテ」の解釈に参考になると思われるのは、永享六年分の地頭方年貢算用状（『太良』⑤一三九）の次の記事である。

壱貫文　三方在国之時礼参貫文内〃〃〃
又守護代マテ

これは「中間郡使」以外で唯一の「マテ」例であるが、意味するところは、三方（範忠）への礼銭一貫文を又守護代（松山常栄）の所「まで」届けた、ということであろう。応永三十二年分の地頭方年貢算用状（『太良』⑤四五）の、

伍百文（朱書）「先々三百文ナリ此分不審」　守護代若狭方礼但殿原中

というのも同じく、守護代三方若狭守（範次カ）への礼銭五〇〇文を殿原に渡した、との解釈が自然である（他にも応永二十六年分地頭方年貢算用状〈『太良』⑤一二〉に「三方〃下向礼時長法寺出之」とある）。これらの例は、礼銭を贈る際、本来の相手より下位の者に渡すという、ある意味一般的な作法に基づくものといえよう。この原則を「中間郡使マテ」に適用すれば、郡使は中間より

下位ということになる。なお、応永末年頃と推定される十一月日、「御百姓中より」の名で作成された太良荘地頭方・領家両方年貢等注文（『太良』⑤五九）に、中間への三〇〇文を「こうりつかい、正月モテナシ」としているのは、直接礼銭を渡すのが郡使《こおりつかい》であったことを示していると考えられる。

(28) 今谷註25ａ著書二三七〜二三八頁。

(29) 『壬生家文書』（図書寮叢刊）五四・五九・二七三・三三六〜三三九号。

第二章　若狭以外の分国支配機構

第一節　三河

すでに佐藤進一氏によって、永徳三年（一三八三）十二月当時の三河守護代が一色詮範、又守護代が小笠原但馬権守であり、但馬権守の実名は長身であることが、次の史料から明らかにされている(1)。

【史料A―ⓐ】(2)

飯尾大和入道々勝申三河国塚嶋地頭職事、任去月七日施行之旨、可被沙汰付道勝代之状如件、

永徳三年十二月九日　　沙弥（一色範光）判

右馬頭殿（一色詮範）

【史料A―ⓑ】(3)

飯尾大和入道々勝申三河国塚嶋地頭職事、任去月七日施行并今月九日遵行等之旨、可被沙汰付道勝代之状如件、

永徳三年十二月十九日　　右馬頭（一色詮範）判

小笠原但馬権守殿

【史料B】(4)

京兆尹源公〈一色左京兆諱詮範〉光烈雅望赫々、為邦家之雄藩、以康暦二年始拝本州刺史、乃遣但州太守長身〈小笠原但馬太守乃京兆外家也〉以為副使、待以汝南之孟博瀛縮弛張、克尽匪躬之節、官有異続、民無隠疾、応永癸亥長身即世、主器将作少府幸長以蔭襲任、

史料A—ⓐⓑで一色詮範の三河国守護代、小笠原但馬権守の小守護代たる地位が確認され、後者の実名が長身であることが史料Bから判明する。なお佐藤氏は、史料Bが詮範の守護就任年とする康暦二年を守護代就任年と解すれば、範光、詮範の守護就任年（範光は康暦元年〈一三七九〉以前、詮範は嘉慶二年〈一三八八〉）と矛盾しないことを指摘した。この康暦二年という年代を信じれば、一色氏は三河守護職を拝領してしばらくは守護代を置かなかったことになる。また、子息を守護代に据える例は、少なくとも一色氏においてはこれが唯一の例であり、そこにはなんらかの背景があったとみなければならない。確証は全くないが、一二、三年前に守護職を得た若狭では、三河が一色氏分国に加わった頃もまだ、守護代小笠原長房が在国して分国経営に当たっていた（この点については第Ⅲ部第一章で詳述する）ことが影響した可能性も否定できない。つまり、南北朝後期の守護代はまだ在国が常態とされた段階であったが故に、複数の分国を持った守護にとって、守護代の兼帯は想定されなかったのではなかろうか。さらに、当時の一色範光にとって、守護代に任じるに足る信頼すべき股肱の臣が小笠原長房をおいて他にいなかったため、やむを得ず子息詮範を在京のまま形式的な守護代とし、長房の同族（おそらく弟）[5]とみられる小笠原長身を実質的守護代として下国させたのではあるまいか。守護職補任と守護代・小守護代補任の間にタイムラグが生じたのは、右のような、一色氏にとって異例の人事を行う必要があったからかもしれない。

一色範光は嘉慶二年（一三八八）正月に没して詮範が家督を継ぐので[6]、守護代職は当然詮範から他の被官に替わっ

たと思われるが、新行紀一氏が想定した如く、[7]このあとは小笠原長房→同長春→氏家氏と継承されたとみてよかろう。但し、小守護代は史料Bにある通り、小笠原長身がそのまま応永「癸亥」年に没するまで在職し、長男将作少府（修理亮）幸長がそのあとを襲った。[8]癸亥は応永年中にないので特定はできないものの、史料Bは応永二十年（一四一三）八月十五日に没した仲方円伊の詩文集「懶室漫稿」であるから、少なくともこれ以前には違いなく、小笠原氏が失脚する応永十三年以前とみてよかろう。[9]この年十月、小笠原長春父子が失脚して丹後石川城に幽閉された際、長春の弟安芸守は一族や若党らと共に三河で蜂起し、同十五年十二月に討死したと伝えられるが（「守護職次第」）、この所伝は、小笠原氏が長春の時まで若狭以上に三河において勢力を扶植していたことを示唆するものであり、それは、小守護代として二代にわたって在国していた小笠原長身・幸長父子の活動の所産とみるべきであろう。

若狭では、小笠原氏のあと三方氏が守護代を継承したが、三河は氏家氏が起用された。『愛知県史』資料編9の巻末「守護・守護代・守護又代一覧」では、小笠原氏のあとの守護代として、①応永十四年四月の氏家近江入道、②同二十二年八月の延永範信・明俊（延永氏と推定）、③同二十四年十一月の源範久（氏家氏と推定）、④同三十年八月の氏家某、⑤永享三年（一四三一）十二月の氏家範長、⑥同十一年四月の延永益幸、⑦同十二年五月の氏家範長の七代を示している〈新行氏〈註7論文〉は①、湯原紀子氏は①②⑥も守護代としている）。[10]しかし、これでは三〇年余りの間に、氏家氏→延永氏→氏家氏→延永氏→氏家氏という、頻繁かつ不自然な交替を繰り返し、特に氏家範長は一度失職したあとまた復職したことになり、その説明は困難である。結論を先に示せば、②③⑥は守護代の徴証とはいえず、確証と呼べるのは④（「参河守護代氏家今日下向云々」）、[11]⑤（「守護人代氏家越前守」）、[12]⑦（「一色家人氏家越前守代参川守護」）[13]の三例であり、他に①は確証とはいえないものの、氏家近江入道の守護代在職を強く示唆するものといえるので、小笠原氏のあとの三河守護代は氏家氏が近江入道、越前守範長と二代にわたって在職したとみなして大過なかろう。

ところで、先学が氏家近江入道を守護代と認定する根拠としているのは、次の文書である。

【史料C】(14)

正文者在广方被付下也、广永十四五三御力者二人虎法師得光法師

参河国々衙職事、三宝院殿可有御知行候、可被存知其旨候也、謹言、

卯月廿六日　　道範在判

氏家近江入道殿

これは、応永十四年、三河国衙職が将軍義満から三宝院満済に寄進された際、守護一色道範（満範）が氏家近江入道にその旨を通知した書状であって、遵行系統に属するものではなく、宛人の守護代在職明証とまではいえないが、この書状の正文が在庁に届けられているところから、氏家近江入道は三河国衙職を統括する立場にあったのではないかと思われる。そうであれば、近江入道が在国していたか、それとも在京していたかは判断し難いものの、いずれにしても、将軍による国衙職寄進を守護から直接通告されている点から、その地位は守護代とみなすのが自然であろう。

この近江入道は、一五年前の明徳三年（一三九二）、相国寺供養に際して後陣二番随兵を務めた一色満範・満貞兄弟のうち、兄満範の随兵に加わっている氏家近江守範守その人であろう(15)。このとき氏家氏は他に、三郎詮守が範貞の供奉をしているが、一色家嫡子満範に供奉している範守の方が氏家氏嫡流と推測される。そのあと三河守護代職を嗣いだと思われる氏家範長の官途は越前守であり、範守の直系ではないことを示唆するが、そのことが、近江入道（範守）の守護代在職を否定するものではなかろう。

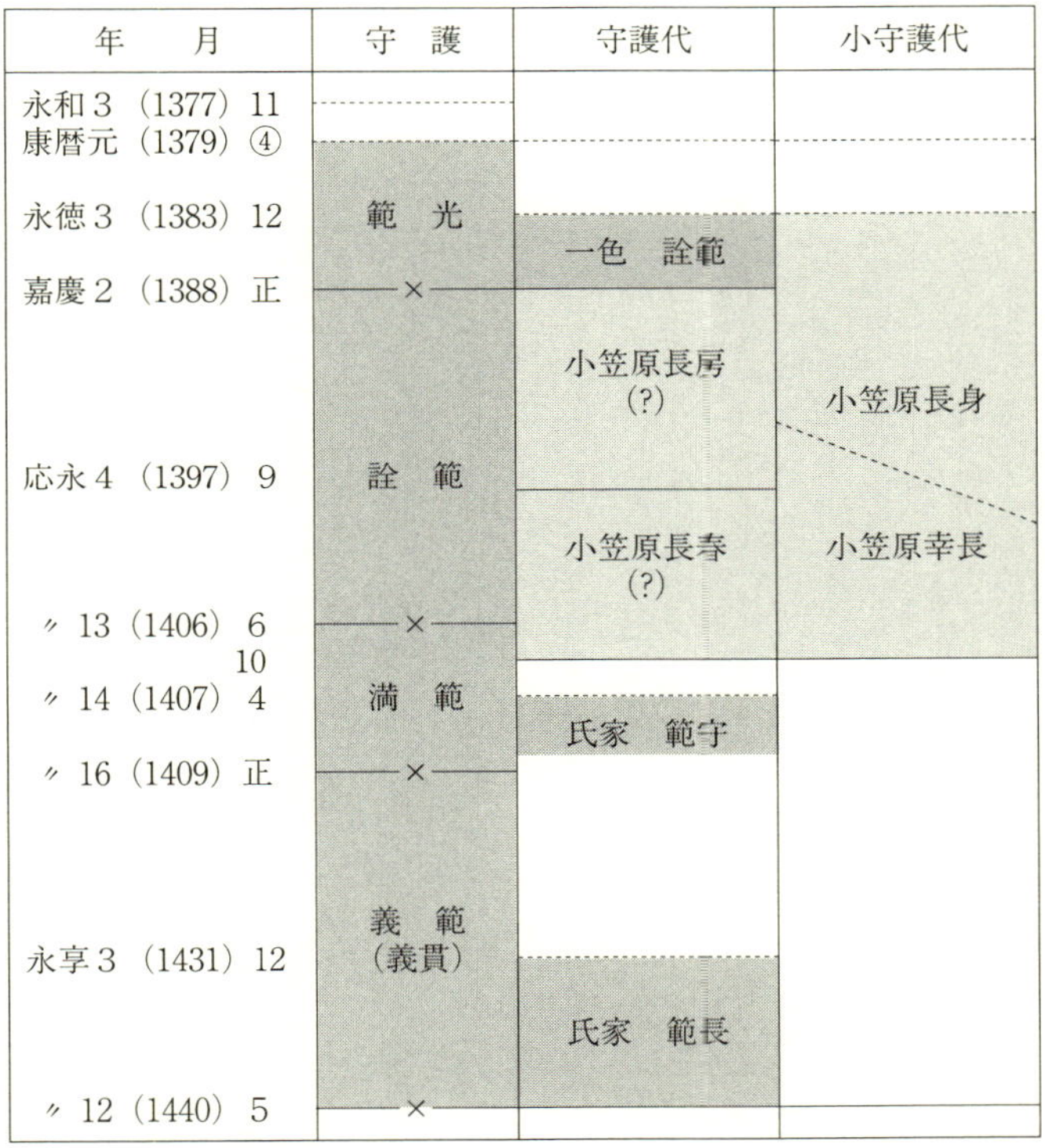

図1　三河の支配機構

先学が挙げる守護代在職徴証のうち、残る②③⑥はいずれも神社の棟札における所見で[16]、すべて一色義範を大檀那とし、そのあとに名前を記してその招福除災を祈願しているところから、一見守護代在職を示唆しているようにも見えるが、「守護代」の表記はないので確証とはなし得ない。③は氏家氏とすれば、あるいは④と同一人である可能性はあるが、②⑥の延永氏は、守護代の変遷を不自然にするので、たとえば、③の範久も含め、棟札の所見は、棟札を伝える神社（③は菟足神社、②⑥は御津神社）、もしくはそれを含む所領の給主として名前が出ているのであって、守護代ではないとみなすことも可能である。③の範久は、棟札上で同じ位置に当たる②⑥の延永と同様、在京の一色氏重臣の可能性が高く、しかも必ずしも氏家氏とみなす必然性はない。以上から、小笠原氏のあとの三河守護代は、範守―範長の氏家氏二代が在職したと考えたい。なお、範長は応永二十六年四月から九月にかけて侍所所司代としての徴証があるように（第三章第三節1）、室町期の三河守護代は在京を原則としていたのであり、当然在国支配機構が存在していたはずであるが、史料的に明らかにすることはできない。

なお、『愛知県史』資料編9の巻末「守護・守護代・守護又代一覧」では、応永十五年十二月に延永光智・壱岐寿久が三河守護又代として挙げられている（尾張智多郡の表に入れられているのは単純ミスであろう）。しかし、その典拠として挙げられている文書は、二人が醍醐寺三宝院領三河国衙職を請け負った際の請文と三宝院の契約状であり、彼らの立場は国衙職請負代官にすぎない。また、両文書の日付が同じであるところから、二人が在京している[17]ことは明白であり、彼らが在国する守護又代ではあり得ない。図1は三河の支配機構をまとめたものである。

第二節　佐渡

佐渡が一色氏の分国に数えられるようになったのはごく近年のことで、田中聡氏[18]が次の文書を紹介してからである。

【史料D[19]】

本間太郎左衛門尉泰直申佐渡国賀茂郡内梅津保・浦河浦渋谷平三跡事、任去月晦日重絶（ママ）行之旨、退本主等押妨、沙汰付下地於泰直代、可被執進請取之状、如件、

嘉慶元年十二月二日　　右馬頭（花押）

小笠原備中守殿

発給人右馬頭は田中氏の考証の通り一色詮範であるが、この嘉慶元年（一三八七）当時の一色氏当主は若狭・三河両国守護職にある範光であり、子息の詮範は三河の守護代であった（前節）。したがって、史料Dの詮範も守護代の可能性も否定できないが、次の二つの理由で守護とみなしてよいと思われる。まず、詮範はすでに永徳元年（一三八一）～同三年に侍所頭人を務めた実績があり（序章図2）、守護正員に就いても決して不自然ではない。また、名宛人の小笠原備中守は、応永元年（一三九四）六月当時の在京守護代と推定される小笠原備中守（第三章第一節1）と同一人物であろうから、史料Dは佐渡守護正員の詮範から在京守護代小笠原備中守に下された遵行状とみなしてよい。なお、第三章でふれるように、備中守は、特定の分国の守護代というよりも、京都における一色氏の代官というべきであろう。

佐渡に関わる一色氏関係文書はこれ以外になく、在国機構は全く不明である。

第三節　尾張国智多郡・海東郡・三河国渥美郡

1　尾張国智多郡・海東郡

尾張国智多・海東両郡は南北朝末期に相次いで一色氏の分郡となった。支配機構に関する史料はきわめて限られているが、一色氏の智多郡管轄を指摘した佐藤進一氏によって、次の文書が紹介されている。

【史料E】[20]

尾張国熱田社座主領同国智多郡内英比郷座主分領事、御施行如此、案文遣之、任今月十二日御施行之旨、可沙汰
（付脱）下地於理性院僧正雑掌之状如件、
明徳二年五月十三日　左京大夫（一色詮範）判
小笠原三河入道殿

一色氏の智多郡拝領（＝土岐氏分国の割譲）は、その時期に関する明証はないけれども、先にみたように、一色氏が参戦した土岐氏討伐のあと、明徳元年五月以降のことと思われる（序章第二節1）。したがって、史料Eの年代から推して、智多郡代は当初から若狭守護代でもあった小笠原長房（浄鎮）が兼務していたことがうかがえる。

智多郡のあと数年にして分郡となった海東郡代も同様に小笠原長房が兼帯した可能性が高い。すなわち、応永二年（一三九五）三月二十六日、同郡内福永保に関する施行状を幕府から得た三条実冬が、これを「遣一色代官小笠原許」していて、小笠原長房の海東郡代の在職が推測できる[21]。

応永十三年の小笠原氏の失脚のあと、若狭では三方氏がその地位を継承したが、三河では氏家氏が守護代に任じられている。その三河に近い尾張の両郡だけに、郡代には氏家氏の補任も想定されるが、両郡とも郡代の存在を示す史料がほとんど見られず、次の史料が唯一の関係史料である。

【史料F—ⓐ】[22]

（封紙ウハ書）「三方山城入道殿　義範」

尾張国初任検註事、任去八月廿四日御判幷施行之旨、相触海東郡、可被沙汰付三宝院門跡雑掌之状如件、

応永卅四年十二月廿六日　（一色義範）（花押）

三方山城入道殿

【史料F—ⓑ[23]】

海東郡国衙検注事、任今月廿六日御遵行之旨、可被沙汰付三宝院御門跡雑掌之状如件、

（応永卅四）十二月廿六日　常忻（花押）

三方対馬守殿

右の史料で、三方山城入道常忻（範忠）の海東郡代在職、三方対馬守の小郡代在職を確認できるのであるが、小笠原氏の失脚から二〇年も後の史料であり、はたして当初から三方氏が任命されたかどうかは、必ずしも自明のことではできない。なぜなら、もう一方の分郡、智多郡には郡代が置かれていなかったことが、次の史料で知られるからである。

【史料F—ⓒ[24]】

（封紙ウハ書）
「倉江加賀入道殿
御賀本新左衛門尉殿　義範」

尾張国初任検註事、任去八月廿四日御判幷施行之旨、相触智多郡、可被沙汰付三宝院門跡雑掌之状如件、

応永卅四年十二月廿六日　（一色義範）（花押）

御賀本新左衛門尉殿

倉江加賀入道殿

これは史料F—ⓐと全く同文言、同日付で、対象が智多郡になっているだけであるから、同じ尾張の分郡にもかかわらず、智多郡では海東郡と異なり、守護一色義範が御賀本・倉江両人に直接下す体制をとっていたことが知られる。この名宛人にはもう一点、次の所見史料がある。

【史料G】(25)

円覚寺正続院造営材木事、当国桑名より海上を被下候、上様より鹿薗寺をもて被仰出候、仍郡内船事、運賃有限事ニ候へハ、奉行僧申談、可被申付候、たとい旅舟なとにても候へ、漕賃可有下行候之上者、堅可被申付候、不可有無沙汰之儀候、謹言、

五月八日　　義範（花押）

御賀本新左衛門大（ママ）郎殿

倉江加賀入道殿

これは、鎌倉円覚寺塔頭正続院の造営材木が、長良川河口の伊勢国桑名から海上輸送されることを将軍義持から通知された一色義範が、輸送のための船を智多郡内から調達するよう指示したもので、その内容からみて御賀本・倉江の両人は在地にいると判断される。この文書は書状形式ではあるが、史料F—ⓒと同列の遵行系統に属するものであるから、名宛人の両人は守護の命を在地で執行する公職にあるといえる。史料Gの年代は『愛知県史』資料編9が傍注を付すように応永三十一年が有力視されているが、同二十二年の可能性もある(26)。もし後者だとすれば史料F—ⓒの一二年前に当たり、智多郡では郡代を通さず、守護から直接在地の二人に下達するという体制が決して一時的なもの

ではなく、ある程度恒常的なシステムとして機能していたことになる（前者としても少なくとも三年の時間差がある）。このように、一色氏分国には他に例のない、守護代に当たる職階を置かない支配体制が、いつ、いかなる理由で智多郡に導入されたのか、有力な手がかりは見出せない。また、守護の命を直接国元で受ける御賀本・倉江両人の地位も難解である。在地で複数で守護の命を執行する吏僚は一般には在国奉行とすべきであろうが、ここは、とりあえず、史料F―ⓑの名宛人海東郡小郡代三方対馬守に相当する地位とみなし、智多郡小郡代としておく。ちなみに、あとで述べるように、小守護代複数制は丹後や文明期の伊勢でも見られる。

一色義貫謀殺後も知多郡は一色教親に安堵されて、応仁二年（一四六八）に幕府料郡になるまで一色氏の分郡として継続した（序章第二節2）。この間の一色氏の支配機構をうかがう史料は皆無のため、詳細は知り得ないが、寛正期の三河渥美郡に郡代、小郡代が置かれていたので（本節2）、知多郡も同様の組織が見られた可能性は高い。

ところで、『愛知県史』資料編9の巻末「守護・守護代・守護又代一覧」では、智多郡の「守護又代」として、①応永四年（一三九七）九月・十二月の武田五郎、②同十四年三月の延永光智・遠藤範綱が、「在任カ」とて断定を避けながらも挙げられている。しかし、これらはいずれも在国支配機構を構成する守護又代（小郡代）ではあり得ない。まず①の典拠とされているのは、「守護職次第」の「又代官同人武田」なる記事と、尾張国衙領の坂田（所在郡不詳）に関する「武田五郎方知行」という注記であり[27]、共に尾張智多郡「守護又代」（小郡代）の在職徴証とはなし得ない。また、②の両人は醍醐寺三宝院領智多郡但馬保の請負代官であって[28]、これまた「守護又代」（小郡代）とはいえない。ちなみに、遠藤範綱は、この頃の丹後守護代遠藤遠江入道本立の嫡子とみられ、一方の延永光智も、のち丹後守護代になる延永益信の父と目され（本章第四節1で後述）、共に在京していたと考えられる。図2は、尾張智多・海東両郡

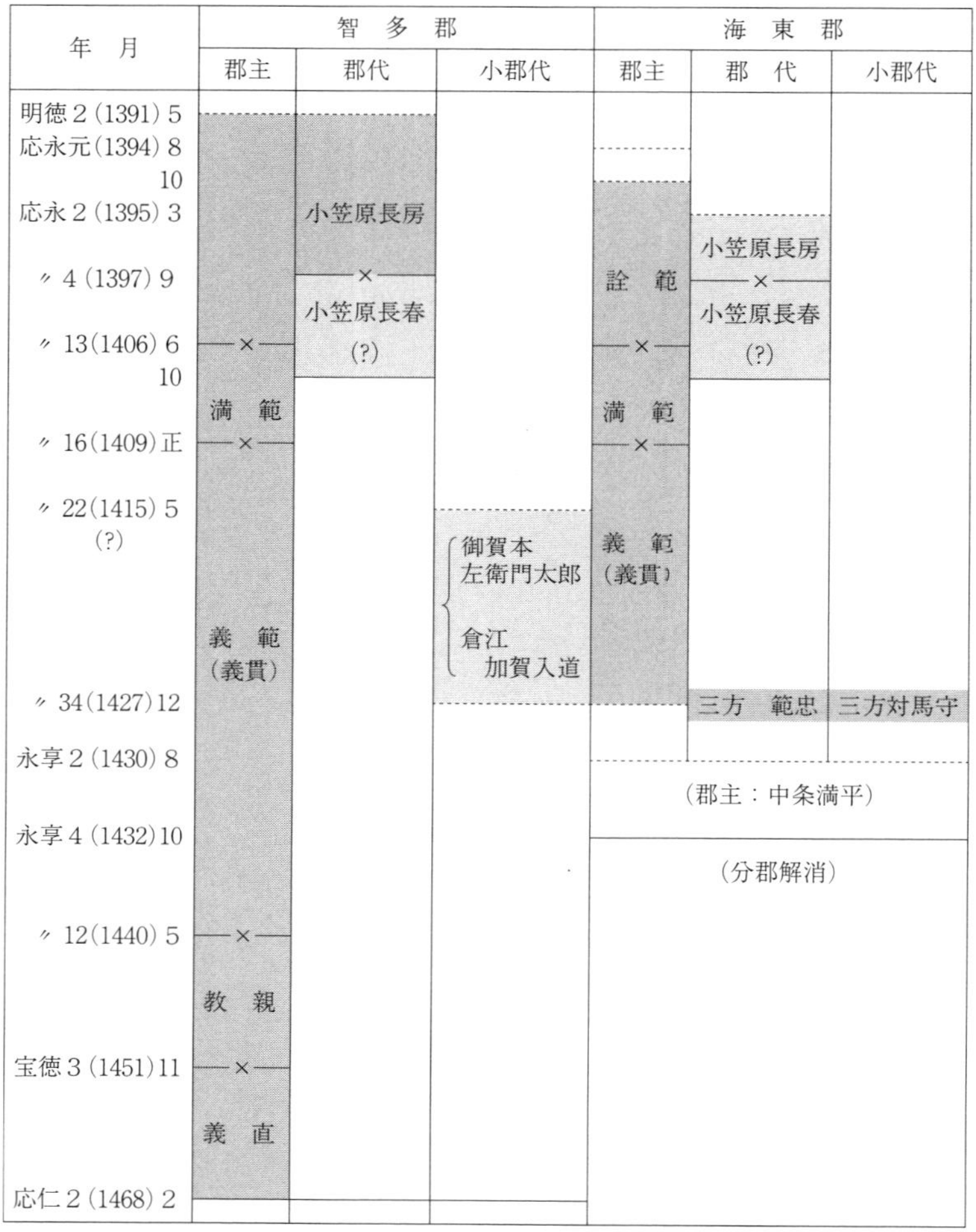

図２　尾張国知多郡・海東郡の支配機構

の支配機構をまとめたものである。

２　三河国渥美郡

三河国渥美郡は、序章第二節３で推測したように、将軍義勝が早世した嘉吉三年七月からさほど経ないうちに、義貫の遺児千徳丸（義直）に義貫流一色氏の再興が認められて、その分郡になったと考えられるが、支配組織に関する史料は乏しく、次の『蔭凉軒日録』長禄四年八月十七日条の記事が唯一といってよい（序章第二節史料J―ⓐ）。

【史料H】

鹿苑院領三川国赤羽祢郷有破損船、自郡代方打入濫妨狼籍、剰放火攻《在カ》所之由、自院被嘆申旨披露之、即可改郡小代官還奪取之賊物止已後綺之旨、於一色方被仰出、且可被成御奉書之由有命、

これによって、一色氏は渥美郡に郡代とそのもとに「郡小代官」（小郡代）を置いていたことが知られる。この場合、改易が命じられているのは、難破船に対して直接「濫妨狼籍」を働いたとみられる小郡代であるので、郡代は在京しているようにも見えるが、以下に述べる理由で、在国していた可能性が高いと思われる。まず、この郡代は一色七郎なる人物である蓋然性が高い。すなわち、序章第二節2で述べたように、応仁の乱後、一色氏のあとを受けて渥美郡を支配下におき、「郡司」と自称していた戸田宗光が、渥美郡で没した一色七郎の位牌を安置するため、明応三年（一四九四）、応仁の乱後衰微していた長興寺を再興しており、この一色七郎が、史料Hの郡代に当たるのではないかと思われる。その一色七郎が仮に在京していたとすれば、当時の京都には、御部屋衆として将軍義政に近仕していた一色七郎政熙（義直の従兄弟）がおり（序章註105参照）、二人の一色七郎が共存することになる。下層被官ではなく、一族内で将軍近習と守護重臣が通称を同じくしたまま共存するというのは、やはり想定し難いのではあるまいか。したがって、渥美郡代一色七郎は、在国していて在地でかく称していた一色氏一族ではないかと推察される。[30] なお、一色七郎は文明十三年四月一日、渥美郡大草で没したと伝える。[31]

史料Hに見える「郡小代官」に当たると思われるのが、次の文書の宛人桑原某である。

【史料I】[32]

年　月	郡　主	郡　代	小郡代
嘉吉３（1443）７			
文安元（1444）⑥	千徳丸（義直）		
寛正元（1460）８	義直	一色七郎？	
〃４（1463）４			
〃５（1464）５		一色七郎？	桑原某
応仁元（1467）５			
文明６（1474）⑤	義春	一色七郎	
文明10（1478）２			

図３　三河国渥美郡の支配機構

三河国細谷御厨者、為厳重神領、毎年口入上分米幷四ヶ神役之外者、不致他役沙汰之処、役夫工米を被懸候之条、神慮難測候、就其式日神役闕如候者、天下御祈祷可退転候之条、無勿体候、任先例被止御催促候者、可目出候、且又可為御神忠候哉、恐々謹言、

（寛正五年）五月十五日　　氏経判

桑原殿　　内宮一禰宜——

これは伊勢内宮一禰宜荒木田氏経が、内宮領渥美郡細谷御厨に対する役夫工米の催促を停止するよう桑原某に求めた書状で、桑原が役夫工米徴収の実務に当たる立場にあることは明白である。渥美郡の段銭徴収権をもっていたのが三河守護細川氏かそれとも郡主一色氏かで、桑原の地位が決定されるが、細川成之のもとの守護代、小守護代は、それぞれ武田近江守常信、同山城守であったと思われるので[33]、右の桑原は細川氏の被官ではなく、渥美郡代一色七郎のもとの小郡代とみなければならない。したがって、渥美郡における段銭徴収権も分郡主一色氏にあったことになる。

第四節　丹後

1　守護代

丹後については、すでに今谷明氏が守護の沿革のみならず、守護代以下の支配機構まで含めて、綿密な考証を加えており、(34) ほとんど再考の余地がないので、氏の示した成果に若干の徴証を追加して丹後における一色氏の支配機構の復原を試みたい。

今谷氏は丹後守護職に関して、一色満範一〇点、同義範（義貫）九点、同教親二点、同義直四点の他、守護代遵行状など関連文書一一点を含めて、合計三六点の徴証を収集、紹介している。この中の丹後に関係のない一点（第三章第三節史料O）を除く三五点から守護代に関わるもの一六点を抽出し、それに今谷氏の紹介からもれた五点を加えて、表1に守護代関係文書を整理した（このうちNo.10については守護代の徴証とはいえない可能性があることは後述）。

No.2の左近将監は、文書内容からみてNo.3～5の遠藤左近将監と同一人物とみなしてよい。また、No.8の遠藤遠江入道本立の花押とNo.4の花押が、形こそ若干異なるものの運筆はほぼ一致するので、(35) No.3・5～7の宛人、No.2・4・8の発給人はすべて同一人物で、左近将監→遠江守→遠江入道（本立）と名乗りが変遷したとみてよい。(36)

一色義範の代になると、守護代は遠藤本立の嫡子と目される範綱には継承されず、伊賀入道了喜の在職が次の史料によって確認される。

【史料J―ⓐ】（表1No.9）

（端裏書）「守護方御遵行案」

表1　丹後守護代関係文書（応仁以前）

No.	日付	文書名	宛所	内容	出典
1	明徳3・2・13	守護一色満範遵行状	守護代（遠藤左近将監）	足利義満から石清水社への成久等の寄進施行	一四八
2	4・25	（遠藤カ）左近将監遵行状案	□部（屋部カ）	国衙領池内保正税京済につき難渋あらば究済せしむ	※1
3	（応永3）6・5	守護一色満範書状	遠藤左近将監	長福寺領河上本荘領家職半済内五分一の返付打渡	一〇二
4	6・9	守護代遠藤左近将監遵行状	横溝次郎左衛門尉	5・8付長福寺長老宛満範書下〈No.3と同内容〉の遵行	九八
5	9・14	守護一色満範書状案	遠藤左近将監	西大寺領志楽荘の一円返付沙汰付	三二八
6	〃6・7・20	守護一色満範遵行状	遠藤遠江守	成相寺別当職以下・寺領等の地蔵院への沙汰付	五〇九
7	〃13・3・21	守護一色道範（満範）書下案	遠藤遠江入道（本立）	西大寺領志楽荘内春日部村の半済打渡	三二九
8	3・29	守護代遠藤本立書状	座主侍者	No.7の旨の通知	三三一
9	〃19・10・14	守護一色義範遵行状案	伊賀入道	東寺造営要脚丹後国棟別徴収を国中に触れしむ	三八六
10	〃21・⑦・22	又守護代多久道昌遵行状案	机岡弾正入道	西大寺領志楽荘内春日部村の即位段銭の国催促停止	三三五
11	〃25・11・19	守護一色義範遵行状	三方山城入道（常忻）	西大寺領志楽荘内朝来村の半済停止	※2
12	〃29・10・26	守護一色義範遵行状	延永土佐守（益信）	島荘号位田領家方一円の沙汰付	※3
13	永享3・8・15	守護一色義貫（義範）遵行状	延永土佐守（益信）	小野寺栄秀知行分倉橋郷地頭職守護不入につき国催促停止	四一七
14	8・16	守護代延永益信遵行状	野々山勘解由左衛門尉	No.13の遵行	四一八
15	10・10	幕府奉行人連署奉書	守護代（延永益信）	賀悦荘内近重名の海老名了元への沙汰付（詞書に此相論事、就訴陳、召調守護代延永注進」とある）	四八六
16	〃8・4・8	守護一色義貫遵行状	延永修理進（益幸）	小野寺栄秀知行分倉橋郷地頭職の諸公事・臨時課役・段銭免除	四二二
17	4・10	守護代延永益幸遵行状	柘植出雲入道 野々山美作入道	No.16の遵行	四二三
18	⑤・19	山城・丹後守護一色義貫遵行状	延永修理進（益幸）	長福寺・同寺塔頭領梅津荘散在田畠敷地・丹後国河上荘段銭以下臨時課役の免除	九二
19	〃12・8・22	守護一色教親遵行状	堅海若狭入道	No.16に同じ	四二四
20	寛正3・6・23	守護一色義直遵行状	延永左京亮（直信）	小野寺家道知行分倉橋郷地頭職の段銭以下臨時課役免除	四二七
21	7・10	守護代延永直信遵行状	井谷八郎左衛門尉 国富修理亮	No.20の遵行	四二八

注（1）日付の欄の⑦⑤は閏月。
（2）出典の欄の数字は『宮津市史』史料編第一巻、中世別掲載史料の文書番号で、※1は八坂神社文書（『史料』七―一、一〇五～一〇六頁）、※2は醍醐寺文書（東京大学史料編纂所架蔵影写本）、※3は下郷伝平氏所蔵文書（同影写本）。

丹後国棟別壱疋事、任去九月十一日御教書之旨、為東寺造営要脚、可致其沙汰之由、可相触国中之状如件、

応永十九年十月十四日　（一色義範）判

伊賀入道殿

【史料J—ⓑ】（「百合」て函九—一二六）

此分且可納之、

同日　浄称（花押）

当寺納所

送進　東寺修理料丹後国棟別銭事

合弐拾貫文者、

右所送進之状如件、

応永廿年十月七日　一色兵部少輔代 沙弥了喜（花押）

右のⓑで丹後国棟別銭を送進している了喜[37]こそ、ⓐで義範から「国中」に触れて徴収するよう命じられている伊賀入道に他ならず、彼を丹後守護代と認定しても差し支えなかろう。ちなみに、丹後と同じときに棟別徴収を命じられた越中でも、守護畠山満家は守護代遊佐河内入道長護に遵行状を宛てている[38]。この頃、壱岐・石川両氏と共に一色氏在京奉行を構成していた伊賀太郎左衛門入道がおり（第三章第一節史料E）、その一族[39]から抜擢されたことになるが、その地位は長くは継続せず、まもなく三方範忠に替わる。しかも、範忠の在職が確認される前に、次のような遵行関係史料が現れる。

【史料K―ⓐ】[40]

（折紙端書）「御奉書案」

西大寺領丹後国志楽庄内春日部村御即位段銭事、為三代御起請地上者、可被止催促之由候也、仍執達如件、

（応永廿一）閏七月十四日　（斉藤加賀守）基喜　在判

（飯尾美濃）常廉　在判

守護代

【史料K―ⓑ】（表1No.10）

（折紙端書）「又守護代遣国之折紙案」

西大寺領丹後国志楽庄内春日部村御即位段銭事、為三代御起請地上者、任今月十四日御奉書旨、可被止国催促状如件、

閏七月廿二日　（又守護代多久之入道）道昌　判

（如本）杌岡弾正入道殿

右の両文書を虚心に見れば、ⓑの多久入道道昌がⓐの宛所たる丹後守護代に当たるとみられるが、案文作成時の追筆と思われる道昌の注記に「又守護代」とある点も見逃せない。さらに、折紙端書には「遣国之折紙案」ともあり、多久道昌が在京していたことは動かない。一般に又守護代は、在京する守護代の職務を在地で代行する者をこそかく呼ぶのであって、在京の守護又代はきわめて異例である。この注記は西大寺側の人物がどこからか得た情報をもとに書いたはずであって、「守護代」の誤記ではないと思われる[41]。これらを前提に、無理なく史料K―ⓑを解釈するとす

れば、多久は文字通り守護代の代官で、なんらかの理由で守護代が京都にいないか、たとえいたとしても職務が遂行できない状況にあったことなどが想定される。つまり、当時の丹後守護代は、仮に一時的にせよ、きわめて存在感が薄かったといえるのではあるまいか。そのことは、遠藤氏のあとの守護代が安定的に継続しなかったことと無関係ではないように思われる。

伊賀入道の守護代在職徴証の六年後には三方範忠の在職が確認される（表1No.11）。この範忠は当時すでに若狭守護代にあったほか、後に述べるように侍所所司代を兼務し、まもなく山城守護代にも就任するという（第三章第二節1・第三節1）、当時一色家中最大の権勢を誇っていたが、その彼の在職も一〇年と続かず（最大で表1No.9からNo.12までの一〇年）、まもなく延永益信が就任し、ようやくその後の同氏による世襲体制が整うのである。守護代が遠藤氏から延永氏に遷る間の一〇数年間は、一色家中における権力闘争が展開していた時期に当たり（第Ⅲ部第二章第一節で後述）、丹後守護代の不安定性もそうした政治状況の反映ではなかろうか。

前節でふれたように、応永十四年に尾張国智多郡但馬保の請負代官を務めている遠藤左近将監範綱と延永土佐入道光智のうち、遠藤範綱は丹後守護代遠藤遠江入道本立の嫡子とみられるが、延永光智の方はその官途からみて延永土佐守益信の父とみなしてよかろう。遠藤氏のあと固定しなかった丹後守護代が結局延永氏に落ち着いたのも、あるいはこのような、遠藤氏との深い因縁が関係していたのかもしれない。延永土佐守益信と次代の同修理進益幸は、官途は一致しないが、光智の出家前の名乗りが修理亮光信であった可能性があるので(42)、父子とみてもさほど無理はなかろう。なお、益信から益幸への継嗣時期は、永享四年五月から翌五年四月の間と推定される(43)。

以上のような経緯からすれば、丹後に守護代として本格的に関わったのは遠藤氏と延永氏であって、その間に在職した伊賀、三方の両氏（この他に在職者がいた可能性も否定できない）はいわば中継ぎ的な存在だったのかもしれない。

一色教親の代になって直後に、他に全く所見のない堅海若狭入道が守護代として現れるが、おそらくこれは一時的な措置であって、そのあと遅くとも文安四年（一四四七）までには羽太豊前守信家が就任したと推測される。それは、この年から二年間教親が侍所頭人に在職したとき、頭人にとってもっとも信頼すべき近臣が務める所司代に羽太信家が起用されているからである（第三章第三節1参照）。教親のあとは、宗家の義直に家督が戻ったため、丹後の守護代も、義貫期の延永氏が復帰する。これは、教親が一色氏庶流に属し宗家被官との関係が希薄だったのに対して、宗家には、延永氏ら一色家の旧重臣が結集する環境が整っていたのであろう。[44]延永氏はそのまま戦国期までその権勢を維持したが、文亀三年（一五〇三）に始まる石川氏との抗争に敗れて、その後塵を拝することになる。[45]

2　小守護代

表1には守護代遵行状が五点（No.2・4・14・17・21）、及び「又守護代」遵行状が一点（No.10）ある。今谷氏はこれらの名宛人の地位を、「付表　丹後守護・守護代表」において、No.10の机岡のみ加佐郡奉行、その他を小守護代と分類している[46]（No.2・4は今谷氏の紹介にない）。今谷氏のこの分類は、氏がそれまで精力的に進めていた山城・河内・和泉・丹波などの守護支配機構の復原研究のうち、特に山城・丹波の事例を参考にしているように思われる。両国の支配機構は、基本的にほぼ同じ構造と思われるが、考証結果を整理された表の構成は、山城が守護―守護代―郡代・奉行人とするのに対して、丹波は守護―守護代―小守護代―郡奉行・郡代・守護使となっている。しかし、丹波の小守護代の欄を見ると、郡単位の担当地域があり、かつ、たとえば多紀郡担当小守護代とされる産田式部丞は「君

代（郡代）」と呼ばれ[47]、天田郡担当の小守護代とされる堀孫次郎は「天田郡奉行[48]」とされ、さらには守護代内藤元貞書下[49]が「丹波六郡郡奉行中」に宛てられているといった諸例に照らせば、丹波では「小守護代」を措定する必要はなく、遵行系統は守護—守護代—郡奉行（郡代とも）とすればよいのであって、氏が丹波の守護表で「小守護代」の下に設けている「郡奉行・郡代・守護使」の欄の名称は再考を要する。[50]ともあれ、山城と丹波では確かに郡単位の行政機構が存在していた。問題は、はたして、一色氏支配下の丹後でも同様のシステムが採用されていたかどうかであるが、中世史料が極端に乏しい当国の事情から、実証はきわめて困難である。ただ、丹後でも今谷氏が山城・丹波で明らかにしたような、守護代のもとに郡単位の管轄地域をもつ郡奉行（郡代）が置かれていたとすれば、加佐郡倉橋郷に係る表1No.17・21のように、守護代が複数の宛人に遵行状を下達する例はあり得ない。なお、今谷氏が、「又守護代」多久道昌遵行状を宛てられているNo.10の机岡を唯一郡奉行と認定したのは、丹波において小守護代の受命者は郡奉行とする原則を適用したのであろうが、先に述べたように、多久は在京の守護又代であって、丹波の小守護代（実質は郡代）と同列にはみなせないので、この認定には従えない。

それでは、表1の守護代遵行状・「又守護代」遵行状の名宛人（No.2の□部は除く）たる、①横溝次郎左衛門尉（No.4）、②机岡弾正入道（No.10）、③野々山勘解由左衛門尉（No.14）、④柘植出雲入道・野々山美作入道（No.17）、⑤井谷八郎左衛門尉・国富修理亮（No.21）の地位はどのように理解すればよいであろうか。守護代からの受命者は、一般に小守護代とされるが、まれに下地打渡の際の遵行使節や段銭徴収使の場合もあり得る。一色氏分国でも、若狭守護代小笠原長春が段銭徴収使とみられる藤田修理亮入道や阿曽沼大蔵入道・蓬沢若狭入道（小守護代武田寿恩＝長盛と同一人カ）らに段銭催促の停止や猶予を指示している例がある（但し遵行状ではなくすべて書状。第一章第一節表2No.1・

6・7・9)。しかし、結論からいえば、①〜⑤のすべてを小守護代とみなすのが妥当と考える(51)。まず、遵行使節や段銭徴収使は二人で務めるのが原則であるので、①〜③はその可能性が低い(52)。また④⑤も、二人の組み合わせにはなっているが、ともに小野寺氏の知行する倉橋郷地頭職の諸役免除・守護使不入を再確認した将軍御判御教書・幕府御教書・守護遵行状を受けて出された守護代遵行状の名宛人であって、係争地の沙汰付に関わるものや、特定の段銭賦課に対応するものではないので(53)、京都から派遣される遵行使や段銭徴収使とは考えにくい。しからば、応永期から永享三年(一四三一)までは小守護代一人体制だったのが、同八年までに二人体制に移行したことになる。二人体制になると、在地では「奉行人」と呼んでいたらしく、永享十二年五月、丹後一宮籠神社の神主重能が認めた置文(54)に、「守護所奉行人」が同社の「葵之神事」に介入してきたので「京都へ可有注進之由種々申上」げたとある。若狭であれば、第一章でみたように「守護所奉行人」は在国奉行を意味することになるが、丹後では当時、柘植・野々山両人が守護代延永益幸から受命する体制にあったので、二人の小守護代をかく呼んだものと理解できる。

丹後守護代延永益幸が同益信から丹後守護代を継いだのが永享四〜五年(前項)、侍所所司代に就任したのが同四年十月であることからみて(第三章第三節1)、この小守護代二人体制の創出を、あらたに筆頭被官の座に就いた延永益幸の主導によるものとみなすことはそれほど無理ではなかろう。さらに、同じ一色氏分国で、若狭と異なる支配機構を構築できるところに、守護代の主体性を読みとることも可能であろう。

3　郡使

文書類には見えないものの今谷氏が精力的に検出している郡使が、一色氏時代の丹後にも存在したことは確かである。すなわち、長禄三年（一四五九）の「丹後国惣田数帳[55]」によると、「郡使給」が与謝郡豊富保に四反、丹波郡三重郷に一町の合計一町四反設けられていた。ちなみに同帳によると、与謝郡には、他郡には全く見られない鍛冶・中行事・庁次・清目といった、国衙在庁関係者とみられる者の給免田があり、同郡が国衙所在郡たることを如実に物語っている。その中にあって郡使給が、この与謝郡よりもむしろ丹波郡の方により多く設定されているのは、鍛冶給以下の在庁系の給免田とは同一視できないことを示唆しているようであり、今谷氏が強調する通り、守護の支配機構の一員とみられる。ただ、全部で五つある丹後の郡のうち他の三郡に郡使給が全く見られないことは、郡使をその字義のみから単純に郡務担当者（山城では郡奉行を郡使ということもあった[56]）と解釈することをためらわせるのに十分である。さらには、一色氏にとって本国ともいうべき若狭で見られた郡使は、郡務担当者ではなく、守護所の中間以下に位置づけられる者と推定されることは、第一章第二節4で述べたところである。以上から、丹後の郡使は、郡奉行（郡代）とも呼ばれることのある山城のそれとは区別すべきであり、むしろ、若狭の郡使のように、在国支配機構に属する最末端の吏僚とみなすのが穏当であって、一色氏が丹後に郡単位の行政機構を設けていた徴証とはできないと考えておきたい。図3は、本節での検討結果をまとめたものである。

第五節　伊勢

表2は、一色氏が伊勢半国守護にあった期間における遵行関係文書のみをまとめたものである。№1の石川安繁は

年　月	守　護	守護代	小守護代
明徳3（1392）正			
4			
応永3（1396）6			横溝次郎左衛門尉
	満　範	遠藤左近将監（遠江守）（入道本立）	
〃 13（1406）3			
〃 16（1409）正	×		
〃 19（1412）10		伊賀入道了喜	
〃 21（1414）⑦			机岡弾正入道
〃 25（1418）7		三方　範忠	
〃 29（1422）10	義　範（義貫）		
		延永　益信	
永享3（1431）8			野々山勘解由左衛門尉
4（1432）5			
〃 5（1433）4			柘植出雲入道
〃 8（1436）4		延永　益幸	野々山美作入道
〃 12（1440）5	×		
8		堅海若狭入道	
	教　親	（羽太信家？）	
宝徳3（1451）11	×		
	義　直		
寛正3（1362）6		延永　直信	井谷八郎左衛門尉
7			国富修理亮
応仁元（1467）5			
	（武田氏）		
文明6（1474）5			
	義　春		
〃 16（1484）9	×		
	義　直		

図3　丹後の支配機構

そのあとの石川佐渡入道道悟と同一人物とみるのが一見自然のように思えるが、長禄三年（一四五九）にも在京奉行として「安繁」の名で連署奉書に署名しているので（第三章第一節表1№6）、宝徳元年（一四四九）にすでに佐渡入道を称している道悟とは別人であることは明白である。№1の制札案の端裏書に「伊勢国金剛寺守護一色五郎代石川制札」とあるので、安繁は伊勢守護代と呼ばざるをえないが、彼は在京していて、教親の伊勢守護就任に伴い、とり

表2　伊勢守護代・小守護代関係文書（遵行関係文書のみ）

№.	日付	文書名	宛所	内容	出典
1	永享12・8・17	守護代石川安繁制札案	金剛寺	寺領における殺生、甲乙人の竹木切取等三か条の禁制	三宝院文書
2	宝徳元・10・5	守護一色教親遵行状	石河佐渡入道	幕府御教書に任せて野代荘領家職への使者入部を停止	実相院文書
3	享徳3・6・24	一色氏奉行人連署奉書	石河佐渡入道	長沼郷百姓逃散に関わり久米守忠名への使者入部を停止	永源寺文書
4	康正2・8・18	守護一色義直遵行状	石河佐渡入道	御判御教書に任せて智積御厨を中御門宗綱に沙汰付	三宝院文書
5	長禄2・5・27	一色氏奉行人連署奉書	石河佐渡入道	久米守忠名内公文跡を永源寺に沙汰付	永源寺文書
6	7・4	石河道悟遵行状	大屋知四郎左衛門入道	№5の遵行	永源寺文書
7	〃4・5・26	石河道悟書下		久米郷守忠名内新畠をめぐる相論の裁決、沙汰付	永源寺文書
8	寛正6・7・7	守護一色義直遵行状	石河佐渡入道	御施行に任せて小向郷内山本兄弟等跡を伊勢与一代に沙汰付	親元日記
9	文正元・11・3	守護一色義直遵行状	石河佐渡入道	御判御教書に任せて石榑御厨を久我家雑掌に沙汰付	久我家文書

註：出典は№8を除き、いずれも東京大学史料編纂所架蔵影写本。

あえずその守護代に就いたと推測され（根拠は第三章第一節1で後述）、下国して守護代として伊勢経営の実際に従事したのは、石川道悟の方であった。道悟は、かつて若狭今富名代官や在京奉行を務めた石川佐渡守長貞（「今富次第」、第三章史料E）の系譜を引く石川氏嫡流に属する人物で、本来一色氏本宗家の被官であったと思われる。教親が継嗣直後、一旦自己の被官石川安繁を伊勢守護代に任じたものの、結局本宗家被官の佐渡入道道悟を下向させて経営を委ねたところに、教親被官の層の薄さと、義貫謀殺で大きな打撃を受けたとはいえ、残された一色氏本宗家被官の存在感の大きさが示されている。

道悟が在国していたことは、道悟自身が在地の相論を自ら裁決して書下を発給していることでもうかがえるが（No.7）、次の文書で確認できる。

【史料L】(57)

就桑名盛丸船事、預御札候、則奉行仁相尋候之処、於上分米者、不及是非之沙汰候、殊可被渡他船事をも不可叶之由、申旨承候、更々不存知子細、一向船主掠申候哉、如此儀能々被究候ハて、以庁宣承候、無御心元候、恐々謹言、

（寛正四年）極月廿三日　　道悟　判

一禰宜殿　御返報　　石河佐渡入道

冒頭の「御札」に当たる同年十二月十九日付内宮庁宣(58)によれば、神宮への上分米を積んだ桑名船が抑留されたため、上分米一一〇石を他船に積み替えようとしたものの「不可叶」との「御成敗」によって果たせていない、と訴えている。抗議を受けた道悟が「奉行」に照会しており、在国していることが確認できる。

ところで、内宮一禰宜荒木田氏経は、庁宣とは別に、同様の内容の副状を同日付で「大屋知佐渡入道殿」宛に出している。[59]官途は道悟のそれと混同しているが、氏経の意識としては、道悟ではなく、表2№5・6の遵行系統上で小守護代に位置づけられる大屋知（大矢知）四郎左衛門入道に宛てたとみなすべきであろう。とすれば、史料Lにいう「奉行」は大矢知を指すのではなく、港で警固料徴収に当たる吏僚のことと考えられる。

守護代は応仁の乱まで一貫して道悟が在職したが、「応仁記」によれば、応仁の乱開始当時、道悟は子息蔵人親貞と共に「為守護」て伊勢に在国していて、侵攻してきた元伊勢守護家世保土岐氏の政康を撃退したが、上洛の命に応じて京都市街戦に参陣し、応仁元年十月三日の相国寺蓮池合戦で、細川成之被官で三河守護代の東条近江守（武田常信）によって首をとられたという。[60]

応仁以降は守護代、小守護代に関わる遵行関係文書が管見に入っていないが、伊勢内宮の「内宮引付」に一禰宜荒木田氏経と一色氏のもとの守護代、小守護代との往復書簡がかなり収録されているので、それらによって守護代・小守護代について知ることができる。

幕府は文明十一年（一四七九）八月、北畠政郷の北伊勢守護職を没収して一色義春に還付したが、[61]実際には、翌十二年四月、石川道悟の後嗣とみられる石川修理進直清が守護代として下向したことが、次の文書によって知られる。

【史料M―ⓐ】[62]

当国御成敗事、目出度令存候、仍為御祈祷千度御祓大麻一合令進之候、猶々於御祈祷者、可致丹誠候、恐々謹言、

（文明十二年）卯月廿二日　　氏経　判

石河修理進殿

【史料M―ⓑ】(63)

就入国之儀預御状候、特千度御祓大麻一合送給候、祝着無極候、弥御祈念奉憑候、諸事期後信、恐々謹言、

（文明十二年）卯月廿五日　　　　直清　判

内宮一禰宜殿　御返報

守護代石川直清の名は、このあと文明十四年八月十四日付石河修理進宛内外両宮禰宜連署書状(64)まで見られるので、一色義春が没し(65)、伊勢支配の実態が見られなくなる文明十六年九月まで守護代に在職したとみてよかろう。

ところで、石川直清が下向した文明十二年の六月一日、荒木田氏経が直清に書状を送り、先代守護北畠の設置した新関によって神宮への神餞米を運送する廻船が警固料を徴収されることについて善処を求めた際、同日付で同じ内容の書状を「大屋知殿」宛に送っている(66)。そして、これに対する六月五日付の返書を氏経に送っている大矢知宗左衛門尉吉忠(67)は、大屋知四郎左衛門入道（表2№6）の後任の小守護代であろう。その後、文明十三年八月には、外宮一禰宜度会朝敦宛石河直清書状(68)（塔志警固に関する一色氏奉書発給の通知）と同日付で度会朝敦に副状(69)を発している大矢知正房なる者も同様の地位にあったとみられる。となると、小守護代としては、大屋知四郎左衛門入道（表2№6）、大矢知宗左衛門尉吉忠、大矢知正房の三代が想定されることになるが、遵行系統に位置づけられる四郎左衛門入道はともかく、吉忠と正房は、伊勢神宮が権益の保障を求める際、守護代石川直清への披露を依頼するのではなく、石川宛のと同じ内容の書状を直接宛てられていて、また、神宮側への回答も吉忠、正房は石川とは別にそれぞれ個別に行っている。文明十四年五月二十日外宮一禰宜度会朝敦書状(70)に「小守護方より書状到来候」なる表現があるので、かれらの職名は小守護代とせざるを得ないが、通例の小守護代のようにもっぱら守護代の下部機関として活動するという

よりも、守護代と対等に近い関係にあって、自由に意見も言い得る、老臣的存在だったのではあるまいか。しかも、大矢知吉忠と同正房の所見史料は一年しか離れていない上、名前からみて父子ではない、つまり世襲による交替ではなさそうだし、文明十四年二月、神宮が新警固停止を求めて北伊勢に使節を派遣する際、祓い・土産の贈り先として挙げている六人に含まれる大矢知藤二郎・宗左衛門は、[71]飯田良一氏の指摘するように、[72]それぞれ大矢知正房と同吉忠のことと思われるので、吉忠と正房の二人の大矢知氏は同時期に守護代石川氏の近臣の地位にあったとみるべきであろう。つまり、応仁以前の大矢知四郎左衛門入道のときはわからないが、文明期には、複数の大矢知氏が守護代石川氏を老臣的立場の小守護代として支える、という体制をとるようになったのかもしれない。

ところで、大矢知氏については、もう一点、次のような所見文書がある。

【史料N】[73]

員弁郡境新関共之事、可為如先々、若又兎角違乱之子細候者、面々四本衆当国可申合候、仍如件、

七月十六日　大矢知兵庫安忠（花押）

江州四本衆々中

これは、近江今堀の四本商人に対して、大矢知安忠が、おそらく朝明郡内の員弁郡境に設置された新関の通行を、旧来の関同様に保障したものである。稲本紀昭氏は、[74]①文明期の小守護代に大矢知吉忠がいること（前述）、②「当国可申合」の文言が安忠の公的立場を示唆すること、③戦国期の四本商人は、伊勢への通行のため員弁郡役、朝明郡役を負担していたこと、[75]④員弁郡代と思われる梅戸加賀守の一族で梅戸氏惣領と目される梅戸貞実が、員弁郡・朝明郡内の新関通行を四本衆に保障していること、[76]などから、商人の通行権の保障・規制は郡単位で行われていたのであ

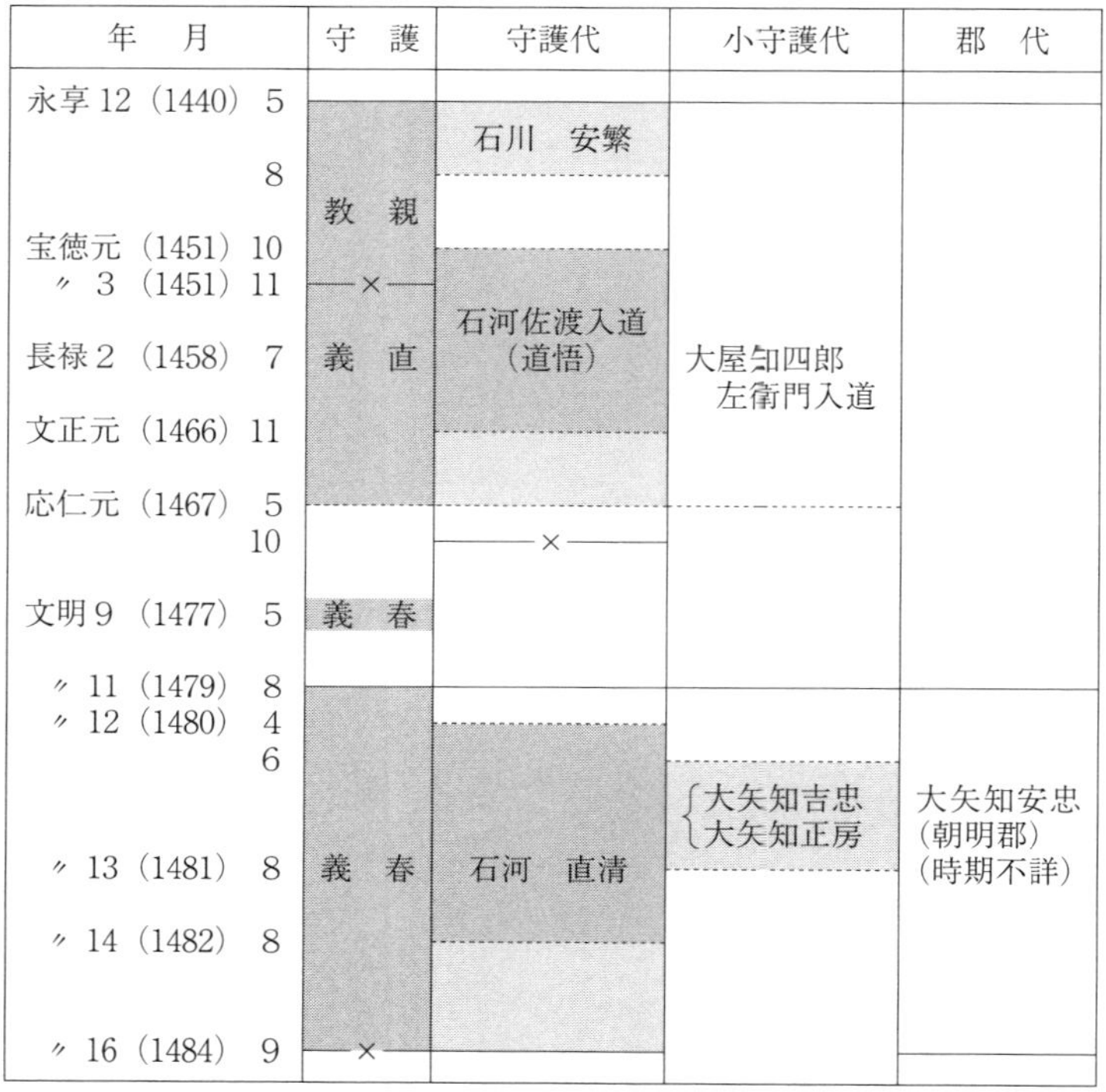

図4　伊勢半国の支配機構　　注：石川安繁は在京していた可能性が高い。

り、大矢知安忠は「朝明郡の郡代とも呼べる地位」にあったと推測している。梅戸貞実の立場の解釈には異説もあるし(77)、史料Nの書下形式でありながら無年号という点に若干の不審を感じなくもないが④の梅戸貞実の（書状形式）、安忠の立場についての稲本氏の指摘はおおむね首肯し得る。ただ、郡代といっても、守護→守護代→小守護代→郡代といった一般的な遵行系統上に位置づけられるような存在ではなく、おそらく、小守護代を介さずに守護代石川氏と直接的な指揮命令関係にあり、かつ、史料Nのような書下を発給し得る地位にあったのではあるまいか。かかる、いわば特殊な郡代のあり方は、先にみた文明期の小守護代大矢知氏が老臣的立場にあったらしいのと通底する特徴である。この、いわば大矢知一族のきわめて高い政治的地位は、応仁の乱による一〇年以上の中断を経て伊勢守護代に復帰した石川氏にとって、乱以前から小守護代としてパートナーを組んでいた在地国人大矢知氏（大矢知氏の出自については第Ⅱ部第三章第二節9で後述）の協力は、以前にまして伊勢経営の成否を左右するほどの重要性を帯びたことによるものと推察される。したがって、史料Nの年代も、文明期のものと考えた方が自然である。なお、朝明郡に郡代が置かれていたとすれば、他の郡にもいたはずであるが、全く徴証は得られない。但し、一色氏の守護権が形式的に及ぶ北伊勢八郡のうち、実効支配が見られたのは、守護所所在地と推定される三重郡に員弁・朝明両郡を加えた三郡にすぎないといわれており(78)、他の郡代といっても、員弁郡ぐらいしかいなかった可能性も否定できない。図4は、本節の検討結果を示したものである。

註

（1）佐藤進一『室町幕府守護制度の研究』上（東京大学出版会、一九六七年）九二～九三頁。
（2）『愛知』9、四四三（尊経閣文庫所蔵文書）。
（3）同右、四四四（尊経閣文庫所蔵文書）。
（4）「三州大岩寺千手観音象記」（『愛知』9、一〇三一〈「嬾室漫稿」〉）。
（5）史料Bに長身が応永癸亥年に没したとあるが、該当する年はない。しかし、「嬾室漫稿」の作者仲方円伊の没年は応永二十年なので、これ以前には違いない。一方の小笠原長房の没年は応永四年なので（「守護職次第」）、少なくとも世代的には同じとみてよかろう。長房の若狭守護代という地位に照らせば、長房が兄で長身が弟とみるのが自然であろう。
（6）『兼宣公記』嘉慶二年正月二十六日条、「常楽記」（『群書』二九、雑部）同年同月二十四日条など。

（7）『新編岡崎市史』中世2、第二章第二節一「一色氏から細川氏へ」（新行氏執筆）三一一〜三一五頁。なお、新行氏はかつて小笠原長房→同長春→石川氏との変遷を想定し（「一五世紀三河の守護と国人」『年報中世史研究』四、一九七九年）、右掲『新編岡崎市史』でも石川氏を「守護代的地位」にあったとするが（三一五頁）、この点は同意し兼ねる。

（8）『愛知県史』資料編9は、史料Bの「主器将作少府幸長」に「修理大夫、一色満範」の傍注を付すが、誤りである。主器は長男の意であり、修理大夫の唐名は将作大尹である。そもそも、相国寺供養の際の一色満貞（詮範の次男）の随兵として小笠原修理亮幸長の名が知られており（『群書』二四、釈家部「相国寺供養記」）、彼を指していることは明白である。

（9）応永十三年以前の応永期で癸もしくは亥の年は二年（乙亥）と十年（癸未）しかないので、このいずれかである可能性はある。

（10）湯原紀子「室町期における三河国の支配構造―守護と国衙の関係を中心に―」（『学習院史学』四一、二〇〇三年）。氏はこの中で、「三河の守護・守護代以下の正確な復元はすでに行われている」とするが、一色氏統治時代に限れば、まだ検討の余地があることは、以下に述べる通りである。

（11）『康富記』応永三十年八月二十三日条。「下向」の文言から、当時氏家氏は在京していたことが知られる。

（12）「御前落居記録」（『室町幕府引付史料集成』上巻）48項（永享三年十二月二十七日）。

（13）『師郷記』永享十二年五月二十二日条。

（14）『愛知』9、九〇四―二（醍醐寺文書）。

（15）「相国寺供養記」（註8）。

（16）応永二十二年八月十八日御津神社棟札（『愛知』9、一〇五六）、応永四年十一月三日菟足神社棟札（同、一〇八一）、永享十一年四月十四日御津神社棟札（同、一五九二）。

（17）応永十五年十二月七日延永光智・壱岐寿久連署請文、同日付醍醐寺三宝院契約状（『愛知』9、九二七・九二八〈いずれも醍醐寺文書〉）。

（18）田中聡「南北朝・室町期における佐渡守護と本間氏」（『新潟史学』六六、二〇一一年）。

（19）千葉県館山市立博物館所蔵坂本武雄氏旧蔵文書。前註田中論文に紹介されているが、引用に当たっては『南北朝遺文』関東編、四三七九号を用いた。
(20)『愛知』9、五八九―五（醍醐寺文書）。
(21)同右、六六五（実冬公記）。この場合、三条家から施行状を届けた「一色代官小笠原」は、長房ではなく、佐渡や若狭に関する遵行において在京守護代の立場にいる小笠原備中守（第Ⅰ部第二章第二節・第三章第一節1）の可能性も否定はできないが、その場合も、若狭のケースと同様、いわば「守護代正員」は長房とみなしてよかろう。
(22)同右、一二八二（醍醐寺文書）。
(23)同右、一二八三（醍醐寺文書）。
(24)同右、一二八一（醍醐寺文書）。
(25)同右、一一九九（円覚寺文書）。
(26)史料Gの年代比定の前提として、一色義範が判始を行ったのが応永十九年六月（「守護職次第」等）、改名後の「義貫」の初見が永享二年二月十七日（『建内記』）であるから、応永二十年から永享元年の範囲に限定される。まず手がかりとなるのは文書内容に示されている、円覚寺正続院の造営材木が桑名から鎌倉に送られようとしている事実であるが、これについては関係史料として、①応永三十一年七月二日正続院使統勝材木請取状案、②同年同月六日正続院使統勝勧進銭請取状案（『相州古文書』七七八・七七九号、円覚寺文書）があり、特に②には「桑名政就船賃事礼銭」「桑名下向時路銭」などと見えるので、史料Gの年代として応永三十一年はきわめて有力な候補となる。事実、『相州古文書』も『神奈川県史』（資料編3古代・中世3上、五七一三号）も「応永三十一年カ」とする。しかし、そうすると「当国桑名」の部分の解釈が困難になる。つまり、かかる表現が成立するためには、一色義範が伊勢国守護に在職しているか、さもなくば伊勢に滞在していたかのいずれかでなければならない（義範の思い違いの可能性は想定しなくてよかろう）。しかし、伊勢国守護は、この応永三十一年五月四日に土岐持頼が「逐電」（『満済准后日記』同日条）してから、同三十三年六月に畠山満家が補任されるまで「此間守護人不被置也」という空位期だったのであり（同書、同月十七日・二十六日条）、一色義範が応永三十一年五月に伊勢守護として「当国桑名」と表現することはあり得ないことになる（『神奈川県史』は史料Gを「伊勢国守護一色義範書状」と命名している）。しからば、このとき義範が伊勢に居た可能性はあるだろうか。

応永三十一年における一色義範の動静で史料上判明しているのは、六月二十五日に他の五人の守護大名と共に石清水八幡宮の警固に下向したこと（『看聞日記』同日条）、十月二十日に宿所に将軍義持の来訪をうけたこと（「花営三代記」同日条）の二件しかないが、在京を原則とする畿内近国の守護が伊勢まで下向するにはよほどの理由がなければならず、この年の五月上旬に義範が伊勢に居た可能性はきわめて低いといわなければならない。たとえば、応永二十九年と翌三十年の将軍義持の伊勢参宮に当たって、管領以下諸大名がこぞって供奉した例があるが、いずれも最初の宿泊地近江国水口までであるし（「花営三代記」応永二十九年九月十八日・同三十年十一月十九日条）、なにより、応永十六年から同三十三年までの間の延べ二三回に及ぶ義持の伊勢参宮の時期は、九月（八回）と三月（六回）が多く、四月と五月は一回もない。以上から、一色義範が義持の伊勢参宮に伴って伊勢に下向したことはなかったとみてよい。となると、一色義範が五月に伊勢に居た機会としては、北畠満雅討伐の大将に任じられて伊勢に出陣した応永二十二年が浮上してくる。義範はこの年四月七日に出京し、八月十八日帰京していて（『満済准后日記』各日条）、この間五月二十八日付で三方範忠とともに陣中から東寺に巻数・蝋燭の礼状を送っているので（「百合」ツ函二一四、ほ函八八）、間違いなく五月上旬は伊勢にいた。しかし、この年、円覚寺正続院造営の材木輸送があったかどうかが問題である。そもそも円覚寺の焼失については、応永十四年十一月六日と同二十八年十一月十二日の徴証があるので（『史料綜覧』各年月日条）、応永二十二年の材木輸送もあり得なくはない。なお、応永二十九年十月、美濃守護土岐氏奉行人と思われる祐具・宗恵が美濃国河上関々奉行人に宛てて、正続院造営材木筏一〇〇乗の勘過を下達しているし（『相州古文書』七七四号、円覚寺文書）、同三十年にも、尾張守護代織田常竹が、洪水で同国犬山に流れ着いた正続院材木の返還を在国奉行に命じているので（同、七七六号、円覚寺文書）、正続院造営材木を伊勢湾から運び出す作業が少なくとも応永三十一年以前から行われていたことは確認できる。

以上、史料Gの年代に関する検討で明らかになったことは、応永三十一年と推定する通説は、正続院造営材木の件からは比較的蓋然性が高いものの、この年に一色義範が桑名を「当国」と表現することはほとんど考えにくく、この点を重視すれば応永二十二年とする方が説明がつきやすいということである。これでは、応永十四年の円覚寺火災から年月が経ちすぎているきらいもあるが、一応有力な候補としておきたい。

(27) 応永四年十二月五日尾張国在庁等注進状（『愛知』9、七二二〈醍醐寺文書〉）。

(28) 応永十四年三月十一日延永光智・遠藤範綱連署請文、同日付醍醐寺三宝院僧賢円・良快連署契約状案（『愛知』9、八九六・八九九〈ともに醍醐寺文書〉）。

(29) 明応三年三月七日戸田宗光寄進状写（『愛知』10、四九五〈長興寺文書〉）。

(30) 但し、『系図纂要』所収「一色氏系図」で七郎の通称を伝えるのは、政熙の系統に限られ（『尊卑分脈』は官途のみ）、系図上で特定することはできない。

(31) 天保八年（一八三七）没の三河田原藩の儒学者萱生玄順が編集した「田原城主考附録」が引く「長興寺記録」に次のようにある。

文明十三年辛丑四月朔日
長興寺殿沄憧（幢）勝公大禅定門
一色七郎殿

『田原町史』上巻によると、一色七郎の墓と称する五輪塔は昭和四十年に大久保の長興寺に移すまで大草の宝幢寺跡にあったというし（四六七～四六八頁）、一色七郎の位牌を戸田宗光が長興寺に安置したことは、明応三年の宗光寄進状に明記されているので（序章史料K）、一色七郎の死没については、期日、場所も含めておおむね信じてもよいのではなかろうか。

(32) 『愛知』9、二一五六（氏経卿引付）。なお、桑原は細谷御厨の役夫工米催促は中止したものの、弥熊御厨に賦課したため、荒木田氏経が再び桑原にその停止を求めた、同年五月二十九日付の書状もある（同、二一五七〈氏経卿引付〉）。

(33) 宝徳二年八月二十二日武田近江守宛三河守護細川成之遵行状と、これを受けた同月二十七日武田山城守宛（武田）常信遵行状（『愛知』9、一八七三・一八七四〈ともに猪熊文書〉）。武田常信の守護代在職は寛正六年七月まで確認できるので（同、二一九九〈財賀寺文書〉）、史料I当時の小守護代も武田山城守のままであった可能性が高く、仮に交替があったとしても、武田氏以外の桑原氏に遷ることは考えにくい。武田常信については序章註100参照。

(34) 今谷明「室町・戦国期の丹後守護と土豪」（京都府与謝郡加悦町教育委員会編『金屋比丘尼城跡遺跡発掘調査報告書』一九八〇年、のち同『守護領国支配機構の研究』法政大学出版会、一九八六年、に収録。以下では同書を単に今谷前掲書と記す）、今谷氏が示した守護等在職徴証に一三例を加えて、改めて整理したのが百田昌夫氏の「丹後守護・守護代等の発給文書について」（『丹後郷土資料館報』四、一九八三年）であるが、その後今谷氏は著書に収録する際、百田氏の成果を含めているようであるから、右の今谷氏の著書をもって、丹後の守護支配機構に関する研究の到達点とみなしてよかろう。

(35) №８の花押は百田前註論文所収写真（第15図）、№４の花押は石井進編『長福寺文書の研究』巻末花押一覧の272により、それぞれ確認した。

(36) 外岡慎一郎氏は、№３・４・５の遠藤左近将監を№６・７・８の遠藤遠江守（入道本立）とは別人物とし、応永十四年三月に延永光智と共に尾張国智多郡但馬保の請負代官となった遠藤左近将監範綱（『愛知』９、八九六〈醍醐寺文書〉）と同一人物としているが（『宮津市史』通史編上巻、第八章第一節三「守護一色氏と丹後国人衆」）、前註で述べたように左近将監某と本立は花押から同一人物とみられ、また、範綱の花押（『愛知』９、巻末花押一覧62）と本立の花押は形も運筆も一致しないので別人である。なにより、応永十三年に法名本立を名乗っているのに、翌年範綱を名乗るはずがない。範綱は、官途からみて本立の嫡子であろう。

(37) 『大日本史料』は解読を保留して、花押と共に凸版で印刷しているが（第七編之十七、三九頁）、京都府立総合資料館「東寺百合文書web」上で写真を閲覧すれば、同資料館が当該文書に「丹後国守護一色義範代沙弥了喜東寺修理料棟別銭送進状」と命名している通り「了喜」と読める。

(38) 応永十九年十月八日越中守護畠山満家遵行状（『史料』七―一七、三五頁、「百合」ウ函七六）。

(39) 伊賀太郎左衛門の花押（「百合」つ函二―七）と史料Ｊ―ⓑの了喜のそれとは形も運筆も異なるので、両人は別人としなければならない。

(40) 『宮津』三三四（西大寺文書）。

(41) 『宮津市史』史料編第一巻は文書名を「丹後守護代多久道昌遵行状案」とする。

(42) 明徳三年（一三九二）の相国寺供養に臨む将軍義満の随兵として参加した一色満範とその弟範貞のうち、範貞を供奉した六人の一人に延永修理亮光信がいる（「相国寺供養記」『群書』二四、釈家部）。この光信と一五年後の応永十四年に法名として現れる光智を同一人物とみることはさほど無理ではなかろう。

(43) 永享四年五月、延永土佐守（益信）は山城国草内郷飯岡を幕府から預けられているので（永享四年五月二十五日室町幕府奉行人連署奉書（『室町幕府引付史料集成』上巻、御前落居奉書、77項））、この時点までは当主の地位にあったとみられるが、『看聞日記』永享五年四月十五日条に「巳刻所司代信永子息参」と見える。この場合、父信永（延永益信）は存命とも解されるが、たとえそうだとしても、その子息が所司代に在職しているということは、これ次前に家督の交替があったとみなしてよかろう。

(44) 嘉吉二年（一四四二）、延永某（直信ヵ）が「大訴」（主家の再興）が認められないため、北野社に籠もったり、一色教親の屋敷を襲撃しようとしたのは（『康富記』同年十一月二十八日条）、延永氏が義貫謀殺後も教親の被官とならずに一色宗家との緊密な関係を維持していたことをうかがわせている（序章第三節3参照）。

(45) 戦国期における丹後の政治状況については、『宮津市史』通史編上巻、第九章第一節「応仁・文明の乱と丹後」、第二節「争乱の丹後」（ともに伊藤俊一氏執筆）に詳しい。

(46) 今谷前掲書三六九〜三七一頁。

(47) （長禄元年）十二月十四日大山荘代官岡弘経書状（「百合」に函二一三）。

(48) 『康富記』文安六年五月十五日条。

(49) 今谷前掲書三二七頁に、守護代内藤元貞の在職徴証（六）として、寛正二年七月二十五日某（元貞）書下（安国寺勧進家別銭の催促）丹波六郡郡奉行中宛（安国寺文書）が紹介されている。

(50) 今谷氏の所論において小守護代と郡奉行の混同がまま見られ、理解を困難にしている。たとえば、表1№14の野々山を「小守護代（または郡奉行）」としたり（三五九頁。付表では小守護代に分類）、№21の井谷・国富を本文では郡奉行としながら（三六二頁）、付表では小守護代としている。さらに、伊藤将監入道を本文では熊野郡奉行としながら（三六〇頁）、付表では小守護代とするなど、本文での説明と付表との齟齬が見られる。こうした混乱は、小守護代、郡奉行の判定の困難さを図らずも示しているといえる。なお、伊藤将監入道は、丹後とは関係のない、侍所小所司代・山城小守護代である（第三章第二節2・第三節2参照）。

(51) 『宮津市史』通史編上巻、図71（五八九頁。外岡慎一郎氏作成）では①〜⑤のすべてを遵行使としているが、以下の本文で述べる理由で小守護代とみなしたい。なお、同図に伊藤将監入道を入れているが、山城小守護代であって丹後には関係ない（前註）。

(52) 一色氏分国において、段銭徴収に関する守護代の指示を単独で受けている例がないわけではない。すなわち、若狭守護代小笠原浄鎮（長房）から蓬沢左近将監宛の二例（第一章表1№13・14）と小笠原長春から藤田修理亮入道宛（第一章表2№1・=史料Ⅰ）の計三例ある。このうち蓬沢左近将監は小守護代武田長盛のことと推測されるが（第一章第二節1）、藤田は段銭徴収のために派遣された使節とみられるので（第一章第二節2）、一見この藤田と丹後の②机岡を同じ立場とみなすことができそうである。しかし、藤田への小笠原の指示は、「先立将監（蓬沢=武田長盛）方へも申下」したので、改めて藤田にも段銭催促停止を書状によって指示するというものであって、若狭における段銭徴収関係の上意下達の原則は、あくまで守護代から小守護代単独、もしくは小守護代・徴収使の二人宛に下されることになっていたといえる。これに対して、史料K—ⓑからは宛人机岡以外に担当者の存在がうかがえないし、端書の「遣国之折紙案」の文言は、机岡が徴収使として京都から下向したというよりも、若狭の武田氏と同じように小守護代として在国していることを示唆しているように思われる。

(53) ③④⑤の「起点」となる将軍御判御教書の日付は、それぞれ永享三年五月二十二日、同七年十二月十七日、寛正三年三月三十日で、いずれも守護代遵行状の三か月以上前に出されている（『宮津』四一六・四二〇・四二五〈いずれも久我家文書〉）。小野寺氏がこれらの将軍御判御教書を申請した契機がたとえ特定の守護役や段銭賦課にあったとしても（段銭は永享七年に多田院造営段銭・日吉段銭、寛正三年に高倉御所造作段銭が賦課されたことは確認される〈「百合」た函六五・を函一三五・フ函一三七〉）、御判御教書の内容そのものは、諸役免除・守護使不入という既得権益の安堵であるところから、守護代からの受命者③④⑤が、京都から臨時に派遣される守護使や段銭徴収使に当たるとは考えがたい。

(54) 『宮津』三七（籠神社文書）。

(55) 同右、五五六（成相寺所蔵）。

(56) 今谷氏は、畠山持国の山城守護在職期の馬伏忠吉が「郡使」とも「紀伊郡奉行」とも称されている事実を指摘している（前掲書四九頁註64）。

(57) 『三重県史』資料編中世1（上）、「氏経卿記」一八六号（以下「氏経卿記」一八六の如く略記）。

(58) 「氏経卿記」一八四。

(59) 同右、一八五。

(60)「応仁記」(『群書』二〇、合戦部)巻二「蓮池合戦附政長武勇事」。
(61)『大乗院寺社雑事記』文明十一年八月二日・同月十七日条。なお、幕府はこれ以前、文明九年にも伊勢国司北畠政郷に北伊勢守護職を与えながら、一転して一色義春に替えたため、政郷が義春の派遣した代官を攻めてこれを破るとともに、幕府の定見のなさに怒り、東軍から西軍に転じたことがあった(『大乗院寺社雑事記』文明九年五月六日・七月八日条)。
(62)『三重県史』資料編中世1(上)、「内宮引付」九四号(以下「内宮引付」九四の如く略記)。この時期の北伊勢の政治状況については、『四日市市史』第一六巻、中世編第三章第四節「応仁の乱と北伊勢」(飯田良一氏執筆)に詳しい。
(63)「内宮引付」九五。
(64)同右、二四四。
(65)一色義春の死没に関しては、『史料』八―一六、三八七～三八八頁所載の各史料参照。
(66)「内宮引付」九六・九七。
(67)同右、九九。
(68)同右、一七三。
(69)同右、一七四。
(70)同右、二二六。
(71)同右、二一〇。
(72)『四日市市史』第一六巻、中世編第三章第二節「北伊勢の国人領主」四八七頁。
(73)『八日市市史』第五巻、今堀日吉神社文書二七〇号。
(74)『四日市市史』第一六巻、中世編第四章第二節「海・陸の交通と交易」五七八～五八〇頁。
(75)(永禄元年)十一月十七日得珍保内商人申状案(『八日市市史』第五巻、今堀日吉神社文書二〇九号)。
(76)年欠七月二十六日梅戸貞実書状(同右、二七三号)。
(77)飯田良一氏は、梅戸貞実は惣領梅戸加賀守の三男で、北伊勢の関所になんらかの権利を持っていた幕府政所執事伊勢貞宗の被官になっていた関係から、四本商人に員弁・朝明郡の関所通行を保障したと解している（註72前掲書四八三～四八四頁）。

（78）一色氏の北伊勢支配については、『四日市市史』第一六巻、中世編第三章第一節「室町幕府体制の確立と北伊勢」（飯田良一氏執筆）に詳しい。

第三章　在京支配機構

第一節　在京守護代・在京奉行

1　在京守護代

一色氏のもとの初代若狭守護代小笠原長房が、基本的には在国しながら分国経営に当たっていた様相は、第Ⅲ部第一章第一節で詳述するが、長房の任期中に在京守護代が置かれていた可能性をうかがわせる史料がある。次に掲げる明徳五年（一三九四）「東寺廿一口方評定引付」（「百合」ち函一）七月二十八日条所引の二通の文書がそれである。

【史料A―ⓐ】寺務状案
此間不通鬱念候ヽヽヽ
抑執行屋敷事、不思寄、先日若州守護代小笠原氏如此口入候、迷惑候、（中略）恐々謹言、
六月廿六日　　宗助
寶厳院僧都御房

【史料A―ⓑ】小笠原状案
東寺執行歎申坊敷事、就帯御判御教書、可歎申入公方之由被申候、可然之様得御意候者、殊畏入候之由、可有御

披露候、恐々謹言、

六月九日　　　備前〔中〕守〃、、判

謹上　大貳僧都御房

これらは、東寺執行（厳瑜）が勘落された屋敷地の返付を求めていることに関するもので、書状ⓑによって口入している小笠原備中守を、東寺寺務宗助はⓐで「若州守護代」と呼んでいる。当時の若狭守護代は小笠原三河入道浄鎮（長房）であるから（第一章第一節1）、この備中守は長房ではあり得ない。可能性としては①宗助の誤解、②備中守の詐称などもあり得なくはないが、若狭に寺領太良荘をもつ東寺と若狭守護代小笠原長房との関係を勘案すれば、①②ともに考えにくい。ⓐⓑの両書状がともに信を置けるものとすれば、小笠原備中守は在京守護代とみなすほかない。

在京守護代の存在が認められるとすれば、次の文書はその奉書とみなすことも可能となる。

【史料B[1]】

内裏長日御祈料所若狭国名田庄之内上村、為三代御起請之地、殊于他也、御即位大嘗会段銭事、可被免除候由被仰下候、仍執達如件、

永徳三癸未〔亥〕

十月十五日　　　長方

両奉行御中

南北朝期の若狭において、段銭催促停止を一色氏が下達した遵行系統に属する文書としては、年欠五月十二日小笠原源蔵人大夫（長房）宛一色範光書状（『太良』④三五）がある程度で、他に地頭御家人役・守護役まで含めても、

「太良保地頭方政所」などに宛てた小笠原長房奉書はあるものの（『太良』④六八・七二・一四五・一五五など）、奉行に宛てたものは見当たらず、史料Bの発給人の地位の理解を困難にしている。応永四年（一三九七）になると、小守護代武田長盛と思われる蓬沢左近将監宛の小笠原浄鎮（長房）奉書が現れ（第一章第一節表1№13・14）、以後長房の子長春の代にかけて同種の守護代奉書（形式は書状）が多数見られるようになり（同表2）、守護代→在国奉行という下達系統の成立が確認される。しかし、これはこの時期の守護代が在京するようになることと相応するものと思われるので、守護代小笠原長房がまだ在国を常態としていた可能性が高い時期の史料Bの解釈にそのままでは適用できない。そこで、前掲史料Aから少なくとも明徳五年（応永元年）には在京守護代が存在していたと推測されることを勘案して、史料Bの発給人長方も在京守護代と推定したい。この宛所が小笠原長房でなく奉行となっているのは、長房の地位が発給人長方よりも上位にあるためで、実質的には、史料Bは在京守護代が一色氏（あるいは幕府）の命を在国守護代小笠原長房に執達した奉書とみなすべきであろう。なお、「長」は小笠原氏の通字であるから、長方は史料Aの小笠原備中守その人である蓋然性が高い。

右に挙げた小笠原備中守は、前章第二節で述べたように、佐渡の在京守護代としても現れる。東寺寺務宗助は彼のことを「若州守護代」と呼んでいるけれども（史料A—ⓐ）、むしろ特定の分国の守護代というよりも、一色氏分国全体にかかわる在京守護代と理解した方が実態に近いのではあるまいか。但し、一色氏家中における序列としては、あくまで若狭在国守護代小笠原長房が首位であって、在京守護代とはいえ、備中守は小笠原氏の庶族とみられる。ただ、当時は守護代小笠原が在国していたから、在京機構の中ではこの在京守護代が首位に当たり、一色氏の意志決定にも、次に述べる在京奉行人と共に少なからず関与したと思われる。なお、小笠原備中守が同長房と同じく、かつて将軍近習であったらしいことは、第Ⅱ部第一章第三節で述べる。

右にみた小笠原備中守と同列に扱うことはできないが、在京守護代と呼ばざるを得ない例として、襲封直後の一色教親のもとで見られた伊勢守護代石川安繁がいる（第二章第五節表2№1）。教親が伊勢半国守護職を得てから二か月後に伊勢金剛寺に下した安繁の禁制で、端裏書に「守護一色五郎石川制札」とあって、安繁の地位の守護代たることは動かない。しかし、この安繁は長禄三年（一四五九）には一色義直のもとの在京奉行として現れ（次項表1№6）、その頃は同族の石川佐渡入道道悟が守護代として伊勢に在国している（第二章第五節）。そして、石川安繁の制札の前日の日付で、同じ金剛寺に一色教親から、寺領の段銭以下臨時課役免除の書下が発給されている(2)。これは、永享十二年六月に伊勢半国守護に就任した一色教親に代替わりの寺領安堵と禁制を申請した金剛寺に対して、安堵状は守護が、禁制は守護代が、それぞれ発給したものと思われ、一日違いの日付が安繁の在京を示唆している。安繁はそのまま在京して奉行になっているのであるから、彼が伊勢守護代として起用されたのは、教親の守護就任直後の一時的措置ではなかったか。

2　在京奉行

一色範光が若狭守護職を得て間もない貞治五年（一三六六）十二月に、次のような守護借物請取状がある。

【史料C】（『太良』④二二）

若州太良庄借物事、自東寺雑掌方、弐拾貫文□請□之状如件、

貞治五年十二月十八日　　　　□（花押）

直秀（花押）

この種の守護役請取状の発給人は、通常は在国奉行とみなされる。第一章第二節表4にまとめた諸例がそれであり、右の二人も一見在国奉行のように思われる。とりわけ、奥に署判の直秀は翌貞治六年四月、一色氏が闕所とした太良荘預所職に任じられ、応安元年（一三六八）には同荘半済給人になって「放入数多人勢於庄家」れて、「致濫妨狼籍」したとして東寺から訴えられている渡辺弁法眼直秀その人であり（『太良』④三三・四〇―一・五三・五四など）[3]、しかも、渡辺氏は国御家人倉見氏の系譜を引く若狭土着国人とみられている（第Ⅱ部第三章第三節1）。これらから旧稿では、史料Cの発給人を在国奉行と理解し、守護代小笠原長房の主導で、比較的短期のうちに、在国武士を含めた支配機構が編成されたと評価した。[4]しかし、史料Cは若狭ではなく、京都の一色氏のもとで発せられた請取状であり、したがって、発給人を在国奉行とみなすことはできない。

史料Cに見える太良荘借物とは、この年十一月十五日、守護代小笠原が太良荘に対して「当庄年貢内三分之一可沙汰進之旨」を通達したものである（『太良』④一八）。在地にいる預所源俊[5]からこのことを知らされた東寺は、「守護申三分一借銭事、於地下不可致沙汰」と指示するとともに、二〇貫文を送進するよう命じた（『太良』④二三）。しかし、源俊は十二月六日付の書状で、「地下ニハ無料足」としてこれを拒否し、「殊更三分一之事、京都之御秘計公私目出度候」とて、東寺の方で京都の一色氏と交渉するよう要請した（『太良』④二〇）。これを受けて東寺が在京の一色氏に二〇貫文を支払った際の請取状が史料Cである。太良荘に「若州」が冠せられているのも、この文書が京都で作成されたことを裏付けている。

以上から、史料Cの発給人二人の地位は在京奉行とせざるを得ない。但し、少なくとも渡辺直秀は、右述のごとく、若狭国御家人の系譜を引き、元弘三年（一三三三）十二月に太良荘に乱入した渡野辺中務丞の舎弟弁房（「百合」ゐ函一八―四）その人、もしくは子孫とみられている。(6) 土着性の強い武士であり、在京吏僚にはもっともふさわしくない。しかも直秀は、貞治六年四月までに太良荘預所職を一色氏から宛行われ、実際同荘に「下向」しているところから、(7) 日下署判の某も含めたこの二人がその後も在京奉行として活動していたとは考え難く、短期的、もしくは臨時的在職であったとみられる。

貞治六年五月、若狭国三方郡日井保に入使が入部して役夫工米未進が譴責された際、同保領家大炊頭中原師茂は祭主大中臣忠直に訴え、これを停止すべき旨の造宮使宛下知状の発給を実現するとともに、守護一色氏に対しても問答を加えたが、その時一色側で交渉に当たったのは、「守護方奉行小江房」なる者であった。(8) 彼は、同年四月、田井保公文職が守護代から闕所にされた問題に関しても、七月二十六日、中原家の使者から一色宿所で目安を受理し、一色範光下知状の発給を斡旋している。(9) このように一色氏は、若狭守護就任当初から、京都に他家との交渉窓口としての奉行を置いていたことが知られる。なお、一色氏が三河や丹後など分国を増やしていくと、この在京奉行は若狭の支配機構と呼ぶのは正しくなく、一色家の在京組織というべきである。

明徳元年（一三九〇）頃には長田弾正蔵人の在京奉行在職がうかがえる。すなわち、京上夫減免を訴えた同年五月日太良荘地頭方百姓等申状（『太良』④一九四）の中に、「寺家之御代官と申なから上方御奉行にて御座候永田殿」と見えるのは、八年前の永徳二年（一三八二）三月、太良荘領家方所務職に補任された東福寺善一から実際の所務を申し付けられた「年来知音之仁」たる長田弾正蔵人のことであろう（『太良』④一五三）。

小江房や長田の在京奉行在職期には、若狭守護代小笠原氏が在国しているので、一色氏の意志決定において、前項でみた在京守護代とともに、この在京奉行も一定の機能を果たしたと思われるが、具体的な関わりは知り得ない。また、奉行といいながら、小江房や長田らの奉書は伝存せず、遵行系統上に位置づけられていたかどうかも不明である。一色氏分国において奉行人連署奉書が現れるのは、応永四年（一三九七）になってからである。

【史料D】（『太良』④二二七）

（端裏書）「太良庄役夫工米若狭守護施行　応永四二廿三」

東寺領若狭国太良庄外宮役夫工米事、先々免除之上者、可停止催促之由、今月十二日御奉書如此、然者可閣国催促之旨所候也、仍執達如件、

応永四

二月廿三日　利□（花押）

宗嗣（花押）

小笠原三河入道殿

端裏書に「守護施行」とあるので、この文書は守護一色氏在京奉行人連署奉書ということになる。名宛人守護代小笠原三河入道（浄鎮、長房）が当時在京していたにもかかわらず[10]、幕命を長房に下達するのに、守護遵行状ではなく奉行人奉書を用いているのは、この文書が「一色左京大夫（詮範）」宛の幕府御教書ではなく、「守護」宛幕府奉行人連署奉書（文中の「今月十二日御奉書」＝『太良』④二二六）に対応して発給したものであるからである[11]。幕命の下達ではなく、守護一色氏自身の命令を下す際は守護代宛守護書下を用いており、少なくとも一色詮範の代までは、在京奉行人連署奉書の機能は限定的だったとみてよい[12]。また、史料Dの署判者二人も他に全く所見がなく、このメンバー

に組織としての継続性がどれだけ見られるかは疑問がもたれるところである。

そのような中で、一時的に在京奉行の政治的地位が高まる時期がある。

【史料E】（『太良』④三四三）

東寺領若狭国太良庄一二宮造営段銭事、任今月十一日御教書之旨、可被止催促之由所候也、仍執達如件、

応永十八年十月廿六日　　沙弥（花押）

沙弥（花押）

沙弥（花押）

三方山城入道殿

この文書には案文（『太良』④三四四）があって、三人の署判者にそれぞれ壱岐左近将監・伊賀太郎左衛門・石川佐渡守の注記がある。このうち壱岐は応永十五年、延永土佐入道光智と共に三河国国衙目代職を請け負った壱岐左近将監入道寿久と花押が一致するので(13)、同一人であることが知られる。また石川佐渡守は、当時今富名代官職にあった石川長貞（「今富次第」）その人であることは、同年十月十七日今富名内竹原天満宮供僧職田を羽賀寺に返付する旨の遵行状(14)の発給人沙弥の花押と史料E最奥のそれが一致することから確認できる。

史料Eは、守護一色五郎（のちの義範・義貫）宛幕府御教書（『太良』④三四二）を受けて出されたものであり、本来なら守護代宛守護遵行状が発給されるところであるが、当時十二歳の一色五郎はこの年六月十三日、兄次郎と和睦したばかりで(15)、まだ判始も済んでいなかったために(16)、在京奉行人連署奉書の史料Eが出されたのである。つまり当時の一色家は、応永十六年正月の一色満範の死没以後長く続いた内紛がようやく終息し、しかも幼主を戴いているという、

きわめて政治的に不安定な状況にあったのであり、したがって史料Eは、単なる奉行人奉書ではなく、実質的な守護遵行状に相当するものであって、先の史料Dと同列にみるべきではない。

この三奉行人体制がいつ頃から始まったかについては確証を得られないが、メンバーの一人石川長貞は、遅くとも応永十一年には「守護殿御内石河と申奉行」と呼ばれているので[17]、守護詮範の存生期から見られ、当主の実質的空白期を経て幼主推戴期まで一貫して機能していたのであって、もっぱら一色家の内紛の所産とみなすのは正しくない。ただ、一色家の内紛とその後の幼主五郎による家督継承が、結果的に在京奉行の政治的地位を押し上げたことは間違いない。しかし、こうした体制がその後も継続したようには思えない。すなわち、このあとの在京奉行人奉書は、応永二十七年に、太良荘の一宮段銭の免除を命じた、高井将良・伊□忠為連署奉書案（『太良』⑤一六）があるのみで、しかも、これは小守護代長法寺納に宛てた、実質的には三方範忠の命令を伝えたものであり、守護代三方氏の権勢の確立の中で、在京奉行の地位は相対的に低下していったとみられる（これらの点は第Ⅲ部第二章第一節で後述）。

ところで、在京奉行に近似した地位の存在をうかがわせる史料がある。

【史料F[18]】

本郷美作守知行分本郷内宮役夫工米事、可為京済由奉書如此、国催促可有停止候之由、可申旨候、恐々謹言、

八月四日　　貞徳奉（花押影）

河崎肥前守殿

長田因幡入道殿

年欠であるが、本文にいう「奉書」が、本郷美作守持泰の訴えで大飯郡本郷の内宮役夫工米の京済を認め、国催促

を停止すべき旨を「守護代」宛に下達した応永三十三年六月二十一日幕府奉行人連署奉書[19]を指しているとすれば、年代は同年となる[20]。また発給人は手がかりはないものの、幕府奉行人連署奉書が守護代宛である以上、守護代側の人物とみるべきである。貞徳が署名にわざわざ「奉」の下附を付しているのは、本来の差出人であるべき守護代三方範忠がなんらかの事情で発給できないために、代わって範忠の近臣がこの文書を作成したことを示唆しているのではあるまいか。次に宛人の立場が問題となるが、内容からすれば在国機構の一員、つまり小守護代や在国奉行がふさわしいが、これまでの検討で明らかなように、二人がこのいずれにも該当する余地はない。しかも、長田・河崎両氏は当時在京していたと思われる。まず長田氏は、先にふれたように、すでに明徳元年（一三九〇）当時「上方御奉行」であった。一方の河崎氏は、若狭に名字の地を持ち、南北朝期に在地での活動が確認されるが（第Ⅱ部第三章第三節6参照）、史料Ｆの二年後に「一色左京大夫（義範）内者河崎ト云者」が山城国醍醐で喧嘩に巻き込まれ地下人に殺されていて[21]、室町期には京都で活動していたことが知られる。二人が在京していたとすれば、その地位は在京奉行とするのがもっとも自然であるが、幕命を守護代（の従者）→在京奉行という系統で下達する事例は、少なくとも一色氏分国では見当たらないので、それも少なからず躊躇を覚える。たとえば、第一章第二節2で挙げた藤田修理亮入道や阿曽沼大蔵左衛門入道のように、臨時に段銭徴収使などの役務を与えられて活動する、在京被官群の一員、とでもみなしておくのが穏当かもしれない[22]。

この他に、在京奉行的地位にあったとおぼしき者に、大屋掃部がいる。年欠（応永三十一年カ）十一月二十日増詮書状[23]によると、三宝院領三河神戸郷の寄船につき三方範忠が中分を主張するため、不入の地たるをもってこれを阻止すべく「昨日守護方申遣」したところ、「大屋掃部と［　　］如此愍懃」の態度であったといい、大屋掃部が三宝院側から守護一色氏への嘆願の窓口になっていることがうかがえる。かかる大屋の立場は在京奉行的なものといえよう。この大屋は、応永二十五年九月、三方七郎右衛門と共に侍所両使として活動する「大野《ヤ》」と同一人の蓋然性が高い（本章第三節2で後述）[24]。

永享十二年（一四四〇）、義貫が謀殺されたあとの一色教親、義直、義春の三代の時期にも、在京奉行人連署奉書が残されている。表1はそれらをまとめたものである。

表1の奉行人で姓が文書上に明記されているのは大河原氏行・伊賀長近・石川安繁の三人のみであるが[25]、他に範徳が小倉氏、直兼が武部氏たる明証があり[26]、また範綱は小倉氏、家有は伊賀氏との推定が可能である[27]。小倉・武部両氏を除く三氏はいずれも義貫以前の一色宗家の被官として所見のある家であり（詳しくは第Ⅱ部第三章第三節で後述）、守護の在京被官にしばしば見られるように、一族の中から守護の宗家、庶家の被官として分属していたものである。しかし、永享十二年の義貫謀殺と、それに伴う教親被官と義貫被官の壮絶な戦闘を経て教親への家督相続がなされたため[28]、一色氏家臣団は分裂を余儀なくされ、特に敗れた宗家被官が大きな打撃を蒙ったことは容易に想像される[29]。宝徳三年（一四五一）に三十三歳で没した教親に嗣子がなく、元服前の義貫の遺児千徳[30]（のちの義直）に家督が戻ったあとも、教親期の奉行伊賀長近や、教親の偏諱を受けたとおぼしき親信が義直の奉行として見えるのは、宗家被官が弱体化していたことをも物語っている。

さて、表1の義直・義春期を通覧すると、在京奉行人はすべての一色氏分国に関わるのではなく、担当国が決められていたふしが見受けられる。たとえば、伊賀長近は尾張智多郡に関わるのに対して（№6）、同じ伊賀氏と推定される家有は丹後に関わり（№7）、小倉氏も範徳は伊勢に、範綱は丹後と、それぞれ別の国に関わっているごとくで

表1　教親・義直・義春期の在京奉行人連署奉書

No.	一色氏	文書日付	発給者	宛所	発命者	内容	書止	出典
1	教親	(年月日欠)	大河原氏行 伊賀長近	石川河内入道	一色氏	永享10年12月23日教親が三河国猿投社に寄進した高橋荘の段銭免除を確認	候由也（ママ）	『愛知』9一五七六（猿投神社文書）
2	教親	(年月日欠)	大河原氏行 伊賀長近	石川河内入道	一色氏	教親の猿投社への小所寄進につき、宿老一人の参詣を命ず	由候也	『愛知』9一五七七（猿投神社文書）
3	教親	永享12・12・25	伊賀長近 建昌	角田彦右衛門尉	将軍	尾張国海東郡穂保郷内光明寺住持職・寺領を、同月21日御判に任せて沙汰し付けしむ	仍執達如件	『愛知』9一六三〇（猿投神社文書）
4	義直	享徳3・6・24	(小倉)範徳 親信	石河佐渡入道	一色氏	永源寺領伊勢国久米守忠名に入部する富田氏の使者の綺を停止	仍執達如件	永源寺文書
5	義直	長禄2・5・27	(小倉)範徳 助正	石河佐渡入道	将軍	永源寺領伊勢国久米守忠名内公文職を沙汰し付けしむ	仍執達如件	永源寺文書
6	義直	〃 3・10・15	道英・長近 (石川)安繁	兵部卿法眼	一色氏	尾張国智多郡但馬保五郷国衙銭を給人未進につき、三宝院の直務を了承	由候也、恐惶謹言	『愛知』9二〇六一（醍醐寺文書）
7	義直	(年欠) 2・4	(小倉)範綱 (伊賀)家有	長福寺納所	一色氏	丹後国川上荘名主百姓等の、年貢・段銭・諸公事等無沙汰につき、なお難渋せば成敗することを約す	可申旨候、恐々謹言	『宮津』八八（長福寺文書）
8	義春	文明13・6・14	(武部)直兼 (小倉)範徳	山田長官	一色氏	伊勢国塔志の廻舟の警固役拒否を退け、山田の権利を確認	仍執達如件	「内宮引付」一七二

註：出典の欄のNo.4・5は東京大学史料編纂所架蔵影写本、No.8は『三重県史』資料編中世1（上）、「内宮引付」一七二号。

ある（№４・５・７・８）。しかし、奉書発給者の組み合わせは、小倉範徳の連署相手が一定しないように（№４・５・８）、サンプルの少ないことを考慮しても、固定されていない観は否めない。また、奉行人連署奉書の使用原則も明確ではない。たとえば、№５は義政御判御教書と一色義直宛幕府御教書を受けて守護代石川に下され、さらに石川は小守護代大矢知に下達しているのであるが（第二章第五節表２№５・６）、寛正三年（一四六二）、丹後国倉橋郷地頭職の守護使入部停止を命じる義政御判御教書と一色義直宛幕府御教書が出された際は、義直は奉行人奉書は使わず、守護遵行状を守護代延永直信に下し、延永がそれを小守護代両人に下達している。[31]すなわち、将軍御判御教書、幕府御教書の旨を守護代に下達する文書形式として、奉行人連署奉書と守護遵行状が混在しており、固定していないのである。ただ、守護の意志・裁許の下達における奉行人連署奉書と守護書下の使用は区別していたらしい。たとえば、教親が家督継承まもない永享十二年八月、小野寺栄秀から丹後国倉橋郷地頭職の諸役免除・守護使不入の確認を求められた際は、奉行人がいたにもかかわらず、守護代とみられる堅海若狭入道に書下を下しているし、[32]義直も、享徳二年（一四五三）七月、丹後国河上荘の諸役免除・守護使不入を長福寺に保証した際、自らの書下を同寺住持宛に下している。[33]これらはいずれも、永続的権益の保証にかかわる内容をもつために、奉行人奉書ではなく、守護書下が選択されたとみてよい。

ところで、義直期の在京奉行が単独で訴訟処理に当たっていたらしい事例が確認される。それは、№７で無年号の書状形式で範綱との連署奉書を出している、伊賀氏と推定される家有で、寛正二年、「由候也」などの奉書文言は一切含まず「状如件」の書止を持つ書下を、丹後国志楽荘代官河嶋安秀に下している。[34]その中で家有は、同荘一宮祝職造営田を相続していた垣内権守を堂舎大破を理由に解任し、修理田（造営田）は代官・別当・座衆の共同経営とするよう指示するとともに、垣内の支証の破棄を宣告している。二年後に垣内が還補を訴えた際、現地に派遣された上使の面前で再びそれが却下されたことを、河嶋が別当・祝・座衆に通知した下知状の中で、先の家有の決定を「京都御成敗」と呼んでいる[35]。これは、あるいは、家有と志楽荘代官河嶋との個人的な関係があって訴訟処理が家有のもとに持ち込まれたもので[36]、家有は在京奉行として臨んだのではない可能性が高いが、それにしても、在地では家有の決定は「京都御成敗」としての法的根拠になり得たのであり、当該期在京奉行の政治的地位の高さを物語っているといえよう。

図1は本節での検討結果をまとめたものである。在京守護代は南北朝末期の小笠原備中守と永享十二年の石川安繁以外に徴証がない。前者は守護代の在京が常態化するまで、後者は教親の伊勢守護就任直後の、それぞれ一時的な措置であったと思われる。在京奉行については、義貫期までは満範期から義範の幼少期にかけての三奉行人体制が組織としての機能を発揮し、一色氏の意志決定にも大きく預かったと推測されるが、この時期を除けば、主家の意を奉じる連署奉書を恒常的に発給するような奉行組織は存在しなかったといってよい。特に教直期以後は丹後・伊勢・尾張智多郡をそれぞれ担当する体制のもと、連署奉書も比較的多く見られるようになる。戦国期の丹後で、奉行人家のうちの小倉・伊賀両氏に石川氏を加えた三氏が「国の御奉行」として勢威を誇ったところに、義直期の在京奉行の地位の高さが投影されているといえよう。

年　　月	一色氏	守護代	在京奉行
貞治5（1366）10			
12	範光		某・渡辺直秀
〃 6（1367）5			小江房
7			
永徳3（1383）10			
嘉慶2（1388）正	詮範	小笠原備中守 （長方カ） （若狭・佐渡）	
明徳元（1390）5			長田弾正忠
〃 5（1394）6			
応永4（1397）2			某・宗嗣
〃 6（1399）6			（藤田修理亮入道）
〃 10（1403）6			（阿曽沼大蔵入道）
〃 11（1404）9			伊賀太郎左衛門 壱岐左近将監入道寿久 石河佐渡守長貞
〃 13（1406）6	満範		
〃 16（1409）正			
〃 18（1411）10	義範 （義貫）		
〃 27（1420）10			高井将良・伊□忠為
〃 31（1424）11			（大屋掃部）
〃 33（1426）8			（河崎肥前守） （長田因幡入道）
永享12（1440）5			
8		石川安繁 （伊勢）	
12	教親		伊賀長近 建昌
宝徳3（1451）11			
享徳3（1454）6			小倉範徳・親信　（伊勢）
長禄2（1458）5	義直		小倉範徳・助正　（伊勢）
〃 3（1459）10			道英 伊賀長近（智多郡） 石河安繁
（年欠）2			小倉範綱 伊賀家有　（丹後）
文明6（1474）⑤			武部直兼 小倉範徳　（伊勢）
〃 13（1481）6	義春		
〃 16（1484）9	義直		

図1　在京支配機構　在京奉行の欄の（　）は在京奉行的地位の者

第二節　山城の諸職

1　守護代

一色氏で山城守護に在職したのは、序章図2にあるように、詮範、義貫（義範）、教親の三人である。このうち侍所頭人として兼務した詮範のときは、この頃の各守護（侍所頭人）と同じく、守護代が遵行系統上に現れず、守護遵行状が直接使節に下されているので（たとえば後掲史料M）、存在すら疑われるのであるが、守護代を兼務する侍所所司代は原則として常時置かれたとされているので[37]、徴証が得られないだけと理解しておきたい。

今谷明氏の明らかにした守護代は、義範の代の氏家範長・三方範忠、義貫の代の延永益幸である。このうち氏家範長は守護代とは認め難く、侍所所司代とすべきである。氏の示す徴証は次の文書である。

【史料G[38]】

北野社神人等申西京酒麹事、任御下知御施行之旨、洛中辺土室一円可為西京所業之旨、堅可相触之状如件、

応永廿六年九月廿八日　（一色義範）（花押）

氏家越前守殿

氏はこれから、氏家越前守の侍所所司代たることを指摘したあと、当時一色義範が山城守護を兼帯していることを根拠に、氏家は山城守護代を兼ねていたと推定されたのである[39]。しかし、山城守護・侍所頭人兼担下の守護代と所司

代が同一人であることは必ずしも自明ではないのであって、当時の山城守護代は所司代氏家ではなく、三方範忠（常忻）であった明徴がある。すなわち、応永二十五年（一四一八）十月、一色義範が山城守護を兼ねることになった際、淀に入部し美豆に城郭を構えた三方山城入道常忻（範忠）は、当初から「当国守護代三方山城入道」とされているのであり、(40) 氏家範長の侍所所司代としての明証（史料G・後掲史料N）のある翌応永二十六年四月〜九月の期間にも、やはり守護代は三方であった。(41) したがって、今谷氏が三方範忠の侍所所司代在職の徴証とした（前掲書二九頁註78）、応永二十六年八月の三方山城入道宛幕府奉行人奉書案（「百合」を函九六）も、守護代在職を証するものであって、こ

表2　一色義範（義貫）のもとの山城守護代関係文書

No.	日付	文書名	宛所	内容	出典
1	応永25・12・20	守護一色義範遵行状	三方山城入道	（山城散在仁和寺領の遵行）	仁和寺文書※
2	〃26・2・23	守護代三方常忻打渡状		No.1の遵行	〃※
3	8・□	室町幕府奉行人奉書案	三方山城入道	山城国御家人・所々沙汰人らをして石清水八幡宮放生会を警固せしむ	「百合」を函九六
4	〃26・11・22	守護一色満範遵行状	三方山城入道	久世郡久世郷の三宝院雑掌への打渡	醍醐寺文書九四
5	永享7・8・3	守護代延永益幸遵行状	伊藤将監入道	乙訓郡久我家領久我本庄・大薮等の諸公事催促停止	『宮津』四一九
6	12・2	守護代延永益幸遵行状	伊藤将監入道	（乙訓郡菱河荘の遵行）	近衛家文書※

註：出典はNo.4が『醍醐寺文書』（大日本古文書　家わけ）、No.1・2・6の3例（※）は今谷明『守護領国支配機構の研究』（法政大学出版会、一九八六年）による。

の期の山城守護代は一貫して三方範忠であったとしなければならない。

表2は、今谷氏の示した一色氏のもとの山城守護代徴証のうち、文書に限って改めて整理したものである。今谷氏は、一色義範以前の結城満藤や以後の畠山持国（第二次）の山城守護時代に、国内を郡単位に分割して複数の守護代（結城は少なくとも四人、畠山は上三郡・下五郡の二人）を置く体制をとったことを明らかにしたが、表2によれば、一色氏は少なくとも判明する限り、三方範忠ついで延永益幸とて、一貫して守護代は一人しか置かなかったようである。このように、同じ山城の支配機構でも、頻繁に交替する守護の個性は一定程度認められるのであり、安易に他の守護の例を援用することは、慎まなければなるまい。

2　小守護代（「郡奉行」）

今谷氏は、山城においては守護代の下に位置する行政吏僚は初め郡奉行とか郡使などと称され、やがて郡代と呼ばれるようになっていくことを明らかにし(42)、他の諸国の例も合わせて、郡単位の行政機構の広範な存在を指摘している。「郡々奉行」「紀伊郡奉行」などの表記は、明らかに郡務担当者の存在を裏付けるもので、そのこと自体は否定し得ない事実として認めなければならない。ただ、これまで繰り返し述べてきたように、一色氏は若狭や丹後において郡単位の行政機構を設けていた形跡が管見の限り見当たらないし、山城においても、守護代は結城満藤や畠山持国のときとは異なり、一人しか置いていない。したがって、一色氏の山城守護在職期に「郡奉行」「郡師（郡使）」の史料所見（後述）があるからといって、それらを字義通りに解して、他の守護のもとにおける郡奉行・郡使と無前提に同一視するのでなく、改めて虚心に検討してみる必要があるのではなかろうか。

今谷氏が山城守護一色氏のもとの郡代として指摘しているのは、机岡大炊助入道禅賢（紀伊郡）、机岡福俊（乙訓郡）、伊藤将監入道（紀伊・乙訓・葛野郡）の三人で、それぞれの典拠史料は次のとおりである。

【史料H―ⓐ】（「百合」ヒ函六七―三）

東寺領山城国殖松東庄巷所事、任去十一月七日御教書幷十二月廿七日御遵行之旨、可渡沙汰付於寺家雑掌所之状如件、

応永廿六
十二月晦日　沙弥（花押）［三方山城入道常忻 山城国守護代］

机岡大炊助入道殿

【史料H―ⓑ】（「百合」を函六七―四）

東寺領山城国殖松東庄巷所事、御教書幷ニ任今月晦日御渡之旨、於寺家雑掌可申渡之状如件、

応永廿六
十二月晦日　沙弥禅賢（花押）［机岡大炊助入道］

友岡次郎殿

【史料I】（「百合」を函九八―二）

下久世下司・公文両人八幡番事、さいそく申へからす候、心へ所候也、

応永廿六
十二月卅日　福俊《つきおか》 判

衛門五郎入道

四郎三郎

【史料J】(43)（表3№8）

久我殿御領内久我本庄・同大藪等事、為守護不入上ハ、諸公事以下催促可被停止候也、謹言、

永享七

八月三日　　益幸（花押）

伊藤将監入道殿

まず、史料H—ⓐの貼紙で三方常忻（範忠）に付けられた「山城国守護代」なる割注にもかかわらず、ここでの遵行対象地たる殖松東荘寺所は、山城守護の管轄地ではなく侍所のそれであることは、今谷氏自身が指摘している(44)。つまり、史料H—ⓐⓑは、机岡大炊助入道禅賢の山城国紀伊郡代在職を証するものではなく、侍所所司代三方常忻のもとの小所司代であったことを示しているとみなければならない。

史料Ⅰの遵行対象地下久世荘は守護管轄地であるが、この発給者「つきおか（机岡であろう）福俊」を、史料Hの小所司代机岡禅賢と同格とみなすことも、少なからず躊躇を覚える（今谷氏は二人とも郡代とする）。それは、史料H—ⓑと史料Ⅰでは内容・形式共に明らかに軽重が認められるからである。すなわち、史料H—ⓑは幕府御教書（「百合」ヒ函六七—一）、侍所頭人遵行状（「百合」ヒ函六七—二）、侍所所司代遵行状（史料H—ⓐ）を受けて下地の沙汰付を命じる、いわば正統の遵行系統に位置づけられているのに対して、史料Ⅰは守護役（八幡番役）の催徴を在地で直接担う最末端の使節両人に宛てた、書状形式の連絡文書にすぎず、両文書を同列に扱うのは適当ではない。したがって、史料H—ⓑ・Ⅰ両文書の発給人、及び名宛人が同姓とはいえ、政治的立場に差があるとみるべきである。つまり、史料H—ⓑの机岡禅賢を郡代と同格の小所司代とするならば、史料Ⅰの机岡福俊はそれ以下、たとえば、今谷氏が小郡代とする史料H—ⓑの名宛人友岡次郎と同等の地位で、守護役徴収のための使節とみなすのが穏当ではあるまいか。

机岡禅賢と同福俊が今谷氏のいうように共に郡代と認定できれば、一色氏が郡単位の行政機構をしいていたことの明証になるのであるが、右にみたように、いずれも郡代とみなすのは困難であり、さらに別の検証が必要となる。この点を、史料Jの伊藤将監入道の例から検討してみたい。

【史料K】（応永二十八年「東寺学衆方評定引付」〈「百合」ラ函一二〉九月晦日条）

一、当国守護代三方幷郡使方一［　］拝師庄内真幡里内廿四坪三段下地［　］被付守護代方□被［　］会
尺之由治定了三方方三百疋／郡師方百疋

【史料L】（永享七年「鎮守八幡宮供僧評定引付」〈「百合」ワ函五〇〉六月十二日条）

一、鴨造営材木之引人夫、上下庄入配各十人苻事、以諸役先々免除之旨、郡奉行方以雑掌可申遣云々、一肴一献随身、
伊藤一結申次若党三百文可用之由治定了、

まず史料Lに見える「郡奉行方」は、文脈上伊藤を指すとみられるから、史料Jの伊藤将監入道が東寺から「郡奉行」と呼ばれていたことが確認できる。そして、その礼銭の額（一結）は、史料Kにおける「郡師（郡使）方」のそれ（一〇〇疋）に一致し、守護代三方と同時に東寺から礼銭を贈られているところから、この郡使は守護支配機構における地位が史料Lの伊藤と同格であることを示唆している。つまり、郡使と郡奉行は確かに呼称が異なるだけの同じ職（前章註50参照）で、のちの郡代とも同じ職とみてよく、伊藤は少なくとも久我本荘（史料J）・久世荘（史料L）のある乙訓郡で守護権の代執行に当たっていたことは否定できず、その限りにおいて、彼を乙訓郡代と呼ぶことは間違いではない。今谷氏が伊藤を乙訓・紀伊・葛野の三郡の郡代とした考証そのものは認め難いが[45]、他に複数の郡代職を兼帯する例をいくつか紹介しており、伊藤が他の郡代職を兼帯していた可能性も否定できない。山城の全郡につい

て史料が十分得られるわけではないので、もとより限界はあるが、極論すれば、伊藤が一国全体の郡代であった、換言すれば小守護代と呼ぶべき職だった可能性も想定してみる必要があるのではなかろうか。すでに述べたように、残存史料が豊富で、一色氏がもっとも早くから守護として経営していた若狭において、郡を単位とした支配機構の存在が確認できないことが想起されるからである。確かに伊藤が郡奉行とか郡使と呼ばれているのは事実であるが、たとえば、それは東寺など荘園領主側が、過去の山城守護が採ってきた、郡単位の行政機構にもとづく職名をそのまま使用っているだけで、必ずしも当該時期の守護のもとにおける実態を表現していない可能性も否定できないのである。

今谷氏は、山城に小守護代が設置された明確な形跡はないとする[46]。この所論の前提には、小守護代というのは在京する守護代に代わって国元の守護所に常駐し、その代行を務めるのが本来的機能だという理解があり、山城では必然的に小守護代の存在理由がない、というわけである。しかし、この論理では侍所所司代の下に小所司代とか又所司代と呼ばれる所職が存在する事実を説明することはできない[47]。それに、氏自身が紹介しているように、永享十二年「鎮守八幡宮供僧評定引付」(「百合」ワ函五六)九月二十七日条に「小守護代斎藤丹後方」とあり、山城に小守護代はなかったとする今谷氏の見解は成り立たない。氏は右の記事に関して、斎藤は翌年六月に「所司代斎藤丹後」とされている[48]ところから、小守護代ではなく守護代と推定しているが[49]、在地の荘官、百姓らが「小守護代」を「守護代」と呼ぶ例は珍しくなくても[50]、逆に守護代に敢えて「小」を冠する過ちを犯すとは考えにくい。事実、右の斎藤は守護代ではなく表記通り小守護代とみなすべきであることは、別の面から実証できる。

今谷氏は当該期の侍所頭人兼山城守護山名持豊のもとの所司代として右の斎藤丹後と某熈祐を、守護代として斎藤丹後と土屋越前守をそれぞれ挙げているが、各人の在職期間については明確にしていない。氏の紹介した徴証は、①

永享十二年九月二日垣屋熈続（今谷氏は熈祐と読んでいる）書状案（東寺散所課役免除、「百合」し函一二六―一二）、②同年「鎮守八幡宮供僧評定引付」（「百合」ワ函五六）九月二十七日条（「小守護代斎藤丹後方」）、③同年九月二十九日斎藤丹後入道良承書状（「百合」京函九七―一）、④嘉吉元年六月九日土屋越前守宛山城守護山名持豊遵行状[51]、⑤嘉吉元年「宝荘厳院方評定引付」（「百合」た函七一）六月二十一日条（「所司代斎藤丹後」）の五点である。氏は①の発給人を「熈祐」と誤読はしたが、④の名宛人土屋越前守と同一人であると推定した点は正しい。すなわち、天陰竜沢が土屋豊春に贈った「寿容賛」[52]に「人称垣屋自号土屋」と見えるように、土屋は垣屋の別称とみてよく[53]、垣屋越前守は嘉吉の乱後の播磨に新守護となった山名持豊が置いた三人の守護代の一人、垣屋熈続[54]のことである。今谷氏の所説のように、②の「小守護代」を「守護代」と解釈すれば、永享十二年九月には所司代が垣屋越前守熈祐、守護代が斎藤丹後であったのが、翌年九月には相互に入れ替わって、垣屋熈祐が守護代、斎藤丹後が所司代になったことになり、不自然な感は否めない。そこで、②の「小守護代」は表記通りに、⑤の「所司代」は「小所司代」とそれぞれ解すれば、当該期の守護代兼所司代が垣屋越前守熈続、小守護代兼小所司代が斎藤丹後となり、この方がはるかに自然である。ちなみに、斎藤丹後入道（良承）は、垣屋越前守熈続の「内者」であり、「申次」を務めているのであるから[55]、両者の間には主従関係という明確な家格差がある。したがって、斎藤丹後は守護代兼所司代垣屋（土屋）熈続のもとで、小守護代・小所司代を務めたと解するのが、もっとも自然であり、②に示される「小守護代」という東寺の認識も、この場合は正しいといわざるを得ない。以上から、山名持豊のもとでは山城に小守護代が置かれ、小所司代を兼務していたと結論づけたい。

ここで、一色氏のもとで乙訓郡の「郡奉行」と呼ばれた史料Lの伊藤将監入道の問題に立ち返ると、次節で述べるように、彼は山名持豊のもとの斎藤丹後と同様、小所司代の地位にあった。この例から類推して、伊藤も小所司代と小守護代を兼務していた可能性も想定できるのではあるまいか。斎藤を「小守護代」と記した東寺が、一方で伊藤をなぜ「郡奉行」と呼んだのか、という当然の疑問を完全に解消することはできないが、東寺は同じ人物を「郡使」と呼んだり「郡奉行」と記したりするように、守護側の人物の地位を必ずしも正確、厳密に記録していたわけではなく、したがって絶対視する必要はないので、ひとまず、伊藤が小守護代であったとする仮説を提示しておきたい。また、先にみたように、史料H—ⓐⓑの机岡禅賢が侍所小所司代と認定できれば、伊藤と同様、山城一国を管轄する小守護代を兼務していたとみなすことができるかもしれないのである。

山城の守護支配機構は、守護交替が頻繁になされたことに加え、侍所頭人との兼務期があり、さらには、たとえば相楽郡・綴喜郡の史料がほとんど得られないといった史料の偏在もあって、精密な復原はかなりの困難を伴うのであるが、おしなべて同じ組織が存在し、機能していたとする前提に立つのではなく、そこには各守護の個性もある程度あったのではないか、という視点をもつことも重要ではなかろうか。本節では、敢えて一色氏は郡代という郡務担当者はおかずに、守護—守護代—小守護代という、いわば単線型の支配系統をとっていた可能性を提示しておきたい(56)。

3　守護使

南北朝期の侍所頭人山城守護兼帯期においては、守護代が遵行系統上に現れず、守護遵行状が直接使節に下されることが知られているが、一色氏の在任期においても、次のように確認することができる。

【史料M】（「百合」せ函武家御教書并達五四）

東寺雑掌頼勝申山城国拝師庄内恵田兎田事、任今月十八日御教書之旨、多伊良左近将監相共莅彼所、可被沙汰付下地於頼勝之状如件、

永徳三年九月二十七日　　右馬頭（一色詮範）（花押）

丸山兵庫允殿

ここで遵行に当たっている丸山兵庫允と多伊良左近将監の実名は、両名連署の打渡状(57)によって、それぞれ高泰、宗能であることが判明し、今谷氏はこの二人を守護奉行人とする（侍所頭人の表ではのちにふれる多伊良政朝・野瀬宗祐と合わせた四人を所司奉行人とする）(58)。幕府奉行人が打渡両使に起用される例もなくはないが（たとえば序章註16）、両名で打渡の実務に当たる者の呼称としては、奉行人よりも使節とする方が自然であろう。なお、前掲史料Ⅰの発給人机岡福俊も、守護役を徴収する任務を負った守護使のような地位にあったとみなすことができよう。

第三節　侍所の諸職

1　所司代

今谷明氏は、一色氏の侍所頭人在職期の所司代として、一色義範期の①氏家範長と②三方範忠、一色義貫（義範）期の③延永益幸、一色教親期の④羽太信家の、計四人を提示している。このうち、①②の二人については、共に山城守護代を兼ねていたと理解しているようであるが(59)、氏家が守護代でなかったことは前節で述べた通りであるとしても、

二人の所司代としての在職期間も必ずしも明確にはしていない。そこで、①②を中心に、改めて一色氏のもとの侍所所司代の在職期間を確定しておきたい。

一色氏が最初に侍所頭人になった一色詮範のもとでは、遵行系統上に所司代は現れず、後述する両使が直接頭人の遵行命令を執行する体制をとっていた。詮範の二度目の在職期は史料が乏しく所司代の徴証を欠くが、守護代級の重臣が就く職であることから、小笠原長春（若狭）・氏家越前守（三河）・遠藤遠江守（丹後）のうちのいずれかとみるのが穏当であり、中でも当時一色家中最高の権勢を誇っていたと思われる小笠原長春の可能性が高いと思われる。

一色義範のもとでは、結論を先に示せば、三方範忠→氏家範長→三方範忠と推移したと考えたい。義範は応永二十一年六月（前代山名満時の在職下限）から同二十三年五月の間に侍所頭人に就任するが、所司代に関する明証は、義範が山城守護を兼ねることになった同二十五年十月にならないと現れない。すなわち、所司代の名を伝える最初の史料は、「当国少々闕所等、所司代三方入道拝領云々、是山城国民共緩怠之間、被退治之料歟」という『康富記』応永二十五年十月十八日条の記事である。当時の三方範忠の威勢（第Ⅲ部第二章第一節参照）からみて、義範の頭人就任と同時に所司代に任じられたとみて大過あるまい。彼は以後山城守護代も兼担することとなるが、所司代の地位は翌二十六年四月までに氏家範長に遷る。

【史料N[60]】

紙端陰面ニ云
一色殿侍所、广永廿六己卯四晦、所司代氏家越前守渡状、則〔一字虫損〕取之

（中略—端裏書二項目）

五条坊門東洞院殺害人家事承候、向後不可成引懸之事候、敬神事候間承候通、不可有子細候、恐々謹言、

卯月晦日　　　　　　　範長判
　御返事　　　　　氏家越前守

時期的にみて、三方範忠が山城守護代を兼務することになってからそれほど時間が経っていないので、氏家範長の所司代就任は、三方の山城守護代兼務解消を目的とするものであった可能性が高い。右の文書に続いて前掲史料Ｇがあるので、応永二十六年四月〜九月の氏家範長の所司代在職は動かない。ただ、所司代の職務が全面的には三方から氏家に移管しなかったのではないかと思われる。すなわち、応永二十四年閏五月に伏見荘即成院で発生した強盗事件(61)の訴訟処理は、当初から所司代三方の手でなされていたが(62)、氏家の所司代としての明証がある期間に属する同二十六年五月にも、三方が関わっていたことが確認されるのである(63)。数年来担当してきた、かつ管領畠山氏の介入するすぐれて政治的な案件（第Ⅲ部第二章第一節で後述）であるが故の特例とみる余地もないではないが、氏家が同年のうちには所司代を離任することを勘案すれば、あるいは、三方範忠の山城守護代・所司代兼務による職務過重を回避する目的で、たとえば訴訟処理権は三方の手に留保したまま、下地打渡等の遵行のみを氏家が担当するといった、変則的かつ臨時的な所司代であったことも想定し得る。果たして、氏家範長の在任は長くは続かず、前節で掲げた史料Ｈ－ⓐにあるように、応永二十六年十二月には三方が還補されているので、氏家の所司代在任は最大でも九か月にしかならず、彼が「本格的な」所司代でなかったことを裏付けている。

一色義貫（義範）の二度目の侍所頭人補任は永享四年十月であるが、翌五年四月には「所司代信永子息」と見えるから(64)、当初から延永氏の所司代在職を想定してもよかろう。延永氏の益信から益幸への継嗣は永享四年五月から翌五年四月までの間であったらしいので（第二章註43）、所司代には襲封間もない益幸が当初から就任したか、さもなくば益信が就任して程なく益幸に家督と所司代を同時に譲ったものと思われる。益幸の最後の所司代在職徴証が次の文書である。

【史料O】[65]

梅津長福寺同塔頭領当庄散在田畠敷地等段銭以下臨時課役事、任御遵行旨、可被停止使者入部之状如件、

永享八年後五月廿一日　　　益幸（花押）

伊藤将監入道殿

今谷氏はこの文書を、丹後守護代延永益幸が熊野郡奉行伊藤将監入道に下達した遵行状と解釈している。[66] 氏が伊藤を熊野郡奉行と認定したのは、この文書に先立つ同月十九日付延永益幸宛一色義貫遵行状が、[67]「当庄散在田畠敷地」に加えて丹後国河上荘（熊野郡）を遵行対象としていたためと思われるが、史料Oでは河上荘が除かれているのであるから、ここでの延永の立場は丹後守護代ではなく、梅津荘（「当庄」）を管轄する侍所[68]の所司代としなければならない（したがって伊藤の立場も丹後国熊野郡奉行ではなく、次項で述べるように小所司代である）。一色義貫の侍所頭人・山城守護離任がこの三か月後の八月とされているので、[69] 延永はそれまで所司代に在職していたとみてよい。

一色教親の頭人在任期（文安四年五月～宝徳元年八月）には、羽下・今谷両氏によって文安四年（一四四七）十二月から宝徳元年（一四四九）八月まで合計五例の徴証が紹介されている羽太信家が、[70] この期間を通して所司代に在職していたとみなしてよかろう。

2　小所司代・侍所両使

羽下・今谷両氏によって発掘された多数の事例によれば、侍所の遵行系統において、所司代の下位には両使・小所司代・雑色・小舎人などと称される吏僚がいた。今谷氏は侍所の諸職を整理した表で、「奉行人・小所司代・雑色」の欄を設けてこれらの在職者を記しているが、羽下氏によれば、侍所における指揮命令系統としては、頭人―所司代と奉行人―小舎人・雑色という二系列があり、後者の系列は頭人の政治的地位、活動とかかわりなく、侍所機構を機能せしめる、半ば独立性を有しており、頭人とはなんら主従制的関係をもたない幕府吏僚であったという。[71] したがって、頭人一色氏の権力構造を探ろうとする本書の目的からすれば、奉行人・小舎人・雑色は検討の対象から除外してよいと思われるので、[72] 以下では小所司代と侍所両使に限って検討する。

前節の史料Hにより、所司代三方範忠のもとの小所司代として机岡禅賢を認定したが、前掲史料Oの名宛人伊藤将監入道も、この時期の小所司代とみてよい。今谷氏はこの伊藤を紀伊・乙訓・葛野郡代ともしているが、同時に侍所諸職表では何の注記もつけず「奉行人・小所司代・雑色」の欄に分類、記入している。彼の地位は、権門から「郡奉行」と呼ばれているとしても、実態としては小守護代といった方が適切であろうことは前述したが、侍所の吏員としても、呼称としても所見のある「小所司代」「又所司代」（註47参照）と呼ぶのがふさわしいのではあるまいか。先に述べたように、一色義貫の山城守護・侍所頭人兼職期には、守護代は一人で郡奉行もあるいは一人（すなわち小守護代）である可能性があるので、それに対応して、侍所においても頭人―所司代―小所司代という単線型の支配系統として統一されていたと想定することも、あながち無理ではなかろう。

一色氏の侍所頭人在任期における侍所両使に関する史料は限られていて、管見の限り文書としては次のものが唯一のものである。

【史料P】（「百合」ヒ函六七―六）

東寺領植松庄内五段半田地事、号右京職下司職散在田内岡松殿御代官佑被致申、雖令遵行、為寺領傍示内之条、御教書分明之間、任被仰下之旨、所渡返于寺家雑掌之状如件、

永徳元年九月廿七日

侍所一色右馬助殿両使
多伊良将監
政朝　判
野瀬兵庫
宗祐　判

今谷氏は、前節でふれたように、右の多伊良政朝・野勢宗祐と史料Mの守護使多伊良宗能・丸山高泰を含めて所司奉行人（註では宗能・高泰は守護奉行人とする）としているが、右の二人は注記（但し応永二十六年当時のもの(73)）の通り侍所両使と呼ぶ方が適切ではなかろうか。

一色義範の代の侍所両使としては、応永二十五年に所司代三方範忠の使者として伏見荘で活動している大野《おおや》某・三方七郎右衛門が知られるのみである(74)。このうち大野某は、本章第一節2で在国奉行的地位にあったと推定した大屋掃部と同一人物の可能性があるが、羽下氏が明らかにした南北朝期の侍所奉行人の一人、大野兵庫允の系譜を引くのではあるまいか(75)。そうだとすれば、かつての侍所奉行（の一族）が頭人の被官に組み込まれたということであり、幕政に関わる有力守護が幕府吏僚（の一族）を被官化していく事例のひとつといえよう。大屋・三方らが、かつての多伊良・野勢らのように連署打渡状を発していたかどうかはわからない。この他、史料H―ⓑで小所司代机岡禅賢遵行状で打渡を命じられている友岡次郎も、両名でなく単独の活動ながら、大野らと同様の立場であった可能性が考えられ

年月	山城				侍所			
	守護	守護代	小守護代	守護使	頭人	所司代	小所司代	両使
永徳 元.4	詮範				詮範			
9								多伊良政朝・野勢宗祐
〃 3.9				多伊良宗能・丸山高泰				
応永 12.10					詮範	小笠原長春（?）		
〃 13.6								
〃 23.5					義範	三方範忠		
〃 25.9								大野某・三方七郎右衛門
10	義範（義貫）	三方範忠	机岡禅賢	机岡福俊			机岡禅賢	友岡次郎
〃 26.4						氏家範長		
9								
12						三方範忠		
〃 27.4								
〃 28.12								
永享 4.10								
〃 5.4					義貫	延永益幸		
〃 6.8	義貫							
〃 7.8		延永益幸	伊藤将監入道					
12								
〃 8.⑤							伊藤将監入道	
8								
文安 4.5	教親	羽太信家		三郎（郡使）	教親			
9								
12						羽太信家		
宝徳 元.8								

図2　山城支配機構・侍所機構

る。

図2は前節と本節の検討結果をまとめたものである。

註

(1)『福井』2、宮内庁書陵部所蔵土御門家文書七号。

(2)三宝院文書(東京大学史料編纂所架蔵影写本)

「(端裏書)伊勢国金剛寺守護　一色五郎　安堵案　永享十二八十六」

伊勢国朝明郡山村金剛寺同寺領散在田畠等事、所令免除段銭已下臨時非分課役也、可有存其旨之状如件、

永享十二年八月十六日　　　教親

当寺衆徒御中

(3)太良荘預所として、同荘本所方夫役について「背先例不可成煩候」と東寺に誓った応安三年八月九日付直秀書状(「東寺文書」楽甲九)の花押と史料Cの直秀のそれは、形状に若干の相違があるものの運筆は一致し、同一人とみてよい。

(4)拙稿「若狭守護一色氏の在国支配機構—小守護代と在国奉行を中心に—」(『兵庫教育大学研究紀要』一三、一九九三年)。

(5)源俊について、網野善彦氏が矢野荘の海老名甲斐入道の代官源俊のことと解したのに対して(同『中世荘園の様相』塙書房、一九七六年、のち『網野善彦著作集』第一巻、岩波書店、二〇〇八年、に収録、二〇三頁)、松浦義則氏は、丹生の侍従房と呼ばれる在地の人であることを実証している(「南北朝期の太良荘地頭方について」『福井大学教育地域科学部紀要』第Ⅲ部社会科学六五、二〇〇九年、註32)。

(6)松浦義則「南北朝期の若狭太良荘と守護支配」(『福井県史研究』四、一九八六年)註25。

(7)貞治六年分の太良荘地頭方年貢算用状(『太良』④四六)の除分に、「渡部下向時入了」とする二二五文が見える。「下向」の表記は、渡辺直秀がそれまで京都にいたことを示唆している。

（8）『師守記』貞治六年五月十二日・十三日・二十二日・二十三日条。
（9）同右、貞治六年七月二十六日条。
（10）小笠原長房は史料Dの旨を、同じ日付の奉書（『太良』④二三八）で、小守護代武田長盛と思われる蓬沢左近将監に宛てて下達していることから、在京していることが確認できる。
（11）若狭国耳西郷の臨川寺雑掌への沙汰付を命じた応永七年八月二十一日付幕府御教書は「一色左京大夫入道（詮範）」に宛てられ、それを受けて同年同月二十二日付小笠原蔵人大夫（長春）宛一色信将（詮範）遵行状が出されているし（『福井』2、天龍寺文書二一・二二号）、若狭国名田荘上村に対する南宗緒の押妨停止を命じた応永十年十二月二十三日付幕府御教書も「一色左京大夫入道」に宛てられ、それを受けて同月二十五日付小笠原三河入道（明鎮＝長春）宛一色信将遵行状が出されている（『福井』2、三浦周行氏所蔵文書一号・東京大学所蔵土御門文書一号）。このように、一色氏における幕命の遵行系統は、守護一色氏宛幕府御教書→守護代宛守護遵行状→小守護代宛守護代遵行状というのが通例であって、在京奉行人奉書は幕府奉行人連署奉書を受ける場合に限って発給されるものであったと思われる。
（12）たとえば、一色詮範は、西大寺領丹後国志楽荘春日部村半済を寺家雑掌に沙汰し付くべき旨を命じる書下を、同国守護代遠藤遠江入道（本立）宛に下している（『宮津』三二九〈西大寺文書〉）。
（13）応永十五年十二月七日延永光智・壱岐寿久連署請文、同日付醍醐寺三宝院契約状案（『愛知』9、九二七・九二八〈ともに醍醐寺文書〉）。花押は『愛知県史』資料編9の巻末「花押一覧」65参照。
（14）『福井』9、羽賀寺文書一二号。花押は『小浜市史』社寺文書編、「巻末花押一覧」239参照。
（15）「守護職次第」に「同（応永十八年）六月十三日一色次郎殿五郎殿御兄弟和睦在之」とあり、『系図纂要』所収「一色氏系図」も二郎持範・五郎義貫兄弟の和睦の期日を応永十八年六月十三日とするが、「今富次第」は、応永十九年六月十三日としている。「守護職次第」「今富次第」はともにその記事は正確な場合が多く、決め手もないので、和睦の年次についていずれかに断定することはできないが、史料Eの最奥に一色次郎の後援者と目される石川長貞（第Ⅲ部第二章第一節・終章第三節2で後述）が署名していることから、この応永十八年十月には和睦がなっていた蓋然性が高いかもしれない。

(16)「守護職次第」によれば、義範の判始は翌応永十九年六月二十九日であった。
(17)年欠九月十五日太良荘公文弁祐申状（『太良』④二七五）に「いまほとかの恒枝之保を守護殿御内石河と申奉行之代官をもちて候」と見える。これは恒枝保との係争に関するもので、この文書の年代について網野善彦氏は応永十三年と推定しているが（註5著書二五二・二五四頁）、応永十一年であることは、『若狭国太良荘史料集成』第四巻が正しく指摘している（二四八頁）。
(18)『福井』2、東京大学史料編纂所所蔵本郷文書八九号。
(19)同文書八五号。
(20)山名暢氏は、この文書を守護奉書とし、年代を永享年間、名宛人を「在国守護代とも考えられる地位」としているが（『福井県史』通史編2、第三章第三節四「若狭の土豪」五四四頁）、疑問である。
(21)『満済准后日記』応永三十五年二月十一日条。
(22)拙稿「南北朝期の若狭国人三方氏について」（『若越郷土研究』三四―六、一九八九年）では、この二人の地位を守護使もしくは在国奉行と推定したが、かく訂正する。
(23)『愛知』9、一〇一七（満済准后日記紙背文書）。第Ⅲ部第二章史料B。
(24)『看聞日記』応永二十五年九月十五日条。
(25)石川安繁は、表1№6の文書では実名のみであるが、第二章第五節表2№1の端裏書に「石川」と明記されている。
(26)一色氏やその被官と和歌を通じて親交のあった正広の家集「松下集」（『新編国歌大観』第八巻）によると、文明十四年十一～十二月ころ、正広が逆修のため北野慈観院で写経をした際、たまたま来合わせた一色氏被官らの前で戯れ歌（九六八番）を詠んだところ、「小倉筑後守範徳」に笑われたという。直兼については、丹後国船木荘に関する三条公躬家の幕府への提訴に関わる「政所賦銘引付」の文明十六年十月十日条の記事（『室町幕府引付史料集成』上巻、317項）に「守護被官武部右京進直兼」と見える。
(27)範徳が小倉氏と確定できれば、範徳・範綱の「範」を小倉氏の通字とみなすことができる。「範」は本来、範光―詮範―満範―義範と続く一色氏の通字であったが、義範は応永三十四年（一四二七）十二月（『愛知』9、一二八二〈醍醐寺文書〉）から永享二年（一四三〇）二月（『建内記』同月十七日条）の間に義貫と改名しており、これ以後、一色氏が偏諱で被官に「範」字を与えることはなかったであろうから、年代的に見て範徳・範綱は一色氏の偏諱を受けていない可能性が高い。家有については、「若狭国志」（『小浜市史』史料編第一巻）が、巻五の「守護」の項で武田国信の事績を「蝸角集」を引用して叙述する中に「（文明六年四月の細川・山名両氏の和睦のあと）但州者山名宗全所領故、其部将伊賀家有輯集三千余兵、秋七月発但州、密取便路向丹後国」とある。山名氏被官と誤解しているものの、伊賀家有の名を伝えており、表1の家有は伊賀氏とみなしてよい。ちなみに、文明十六年に、河嶋安秀との連署で丹後国志楽荘代官職請文（『宮津』三四〇〈西大寺文書〉）を出している「伊賀次郎代有康」の「有」は家有の偏諱であり、家有は伊賀次郎（左衛門尉）の実名とみることができる。

(28) 永享十二年五月十六日、京都の一色邸を接収しようとする教親勢に対して、留守の義貫被官が激しく抵抗し、義貫側に二七人、教親側に八人の戦死者（自害一人を含む）が出た（「東寺執行日記」同日条）。なお、第Ⅰ部第三章第五節表2参照。

(29) 嘉吉二年十一月、義貫遺臣の延永某（直信カ）らが、おそらく主家の再興を愁訴したが、認められないため、北野社内に閉籠するとか、教親宿所に押し寄せるといった風聞があって北野辺と教親宿所のある室町殿辺が騒然となったことがあるのは（『康富記』同月二十八日条）、義貫誅殺から二年経っても、義貫遺臣と教親の関係がまだ修復されていないことを物語っている。

(30) 宝徳四年七月十三日幕府御教書（『愛知』9、一九一七〈塩尻〉）の宛所に「一色千徳殿」とあって、継嗣の八か月後になってもまだ幼名を名乗っていることが知られるが、一年後の享徳二年七月五日の長福寺住持宛の書下（『宮津』九四〈長福寺文書〉）では義直と署名していて、これまでに元服していることが確認される。なお、『系図纂要』所収一色氏系図は義直の生年を永享三年としているが、これでは継嗣時の年齢が二十一歳となってしまうので信用できない（没年月も文明十六年九月という子息義春のそれを誤って記している）。

(31) 『宮津』四二五～四二八（いずれも久我家文書）。

(32) 同右、四二四（久我家文書）。『宮津市史』はこれを丹後守護一色教親遵行状と命名している。それは、「任永享七年十二月十七日御判幷御施行之旨」の文言によるのであろうが、この御判御教書と幕府御教書にもとづく守護遵行状はすでに永享八年四月八日付で一色義貫から発給されているので（『宮津』四二二）、教親が直接受けるべき将軍の御判はないことになり、いわば先代の遵行状と全く同文で認めた代替わりの安堵状であり、実質的には書下というべきであろう。ちなみに書止は「●犹如件」である。

(33) 同右、九四（長福寺文書）。
(34) 同右、二二三（阿良須神社文書）。
(35) 同右、二二六（阿良須神社文書）。
(36) 文明十六年、河嶋安秀と伊賀次郎代官有康が共同で志楽荘代官職を請負っているのは（『宮津』三四〇〈西大寺文書〉）、河嶋・伊賀両氏の緊密な関係を前提にするものであろう。ちなみに、永正期には伊賀又次郎直達が代官を務めている（同、三四三・三四六・三四九〈いずれも西大寺文書〉）。
(37) 羽下徳彦「室町幕府侍所考―その一　初期の構成―」（『白山史学』一〇、一九六四年）。
(38) 『北野天満宮史料　古文書』九号。
(39) 今谷明『守護領国支配機構の研究』（法政大学出版局、一九八六年。以下、本書は単に今谷前掲書とする）二九頁註77。
(40) 『看聞日記』応永二十五年十一月一日条。今谷氏はこの記事を「当国所司代三方山城入道」と誤って引用している（前掲書二九頁註78）。
(41) 同右、応永二十六年四月十四日条に「当国守護代三方入道有書状」、同年八月十一日条に「三方山城入道以状申、放生会為警固、伏見御領沙汰人侍等属当国守護手可罷出之由申」とあるのは、いずれも三方の山城守護代在職を明示している。
(42) 今谷前掲書四二頁註18、四六頁註25、四九頁註64・66。
(43) 國學院大學久我家文書編纂委員会編『久我家文書』一八三号。
(44) 今谷前掲書二七頁註55。氏は京極浄高が山城守護にあった応永六年十一月、植松荘を対象とする遵行状が侍所頭人赤松性松から発せられていることをもって、同荘が侍所の管轄に属することを実証している。
(45) 今谷氏が伊藤の郡代在職徴証として挙げているのは、表2№5（久我本庄）、№6（菱河荘）、史料L（久世荘）であるが（前掲書四七頁註45・46）、いずれの遵行対象地も乙訓郡に属し、紀伊郡、葛野郡に当たる徴証は見当たらない。あるいは、伊藤将監入道が延永益幸から宛てられている永享八年閏五月二十一日付遵行状（後掲史料O）が葛野郡梅津荘を対象地にしていることを根拠としているのかとも憶測するが、今谷氏自身、梅津荘は守護ではなく侍所頭人の管轄地であるとし、この事例は延永益幸の侍所所司代、伊藤の侍所吏員の徴証として掲出しているのであって（前掲書二八頁註67、三〇頁註86・89。表では伊藤を「奉行人・小所司代・雑色」の欄に置きつつ職名の明示は避けている）、郡代の在職徴証とはなし得ない。

(46) 今谷前掲書四七四頁。

(47) 「小所司代」は、永享十一年「東寺廿一口方評定引付」（「百合」ち函一）三月二十六日条に「小所司代勘解由左衛門」、「又所司代」は『康富記』応永八年五月九日条に「侍所所司代、又所司代長松奉行也」とある。いずれも今谷氏の指摘による（前掲書二七頁註56、三〇頁註94）。

(48) 嘉吉元年「宝荘厳院方評定引付」（「百合」た函七一）六月二十一日条。

(49) 今谷前掲書四八頁註52。

(50) たとえば、若狭の太良荘や矢代浦では小守護代の武田長盛を「守護代」と呼び、次代の松山三郎左衛門も同じく「守護代」としている（第Ⅲ部第一章註30、第二章註44）。これは、在地の人間にとって、在京していて目に見えない守護代の代官として直接守護権力を行使する小守護代を守護代と認識するのは自然なことであり、そうした環境の中から、小守護代が守護代と呼ばれ、表記されたのであろう。

(51) 『東福寺文書』四一二号―三。

(52) 「黙雲稿」（『五山文学新集』五）。

(53) 播磨国広峰社公用の沙汰付に関する、文安元年六月二十一日守護山名持豊遵行状（『兵庫県史』史料編中世八、八坂神社文書二五六号）の宛所が「土屋越前守」、これを受けて同月二十三日に出された熈続遵行状（同文書二五七号）の端書に「垣屋方打渡状正文」とあり、「寿容賛」の記述の正しいことが確認できる。

(54) 『建内記』嘉吉元年十月二十八日条に「播磨国守護（山名右衛門佐持豊）定守護代（犬橋・垣屋太田垣三人）」とある。

(55) 同右、文安元年四月二十八日条に「齋藤丹後入道（垣屋内者也）」とある他、同様の記事多数あり。

(56) ただ、いうまでもなく、この推定は山城における郡単位の行政機構の存在そのものを否定するものではなく、その存在は今谷氏が紹介した事例に多くの明証がある。

(57) 今谷氏が前掲書二六頁註36において紹介している、永徳三年十月一日宗能・高泰連署打渡状（阿波国文庫『東寺文書』二一）。

(58) 今谷前掲書二二頁の表中で四人まとめて所司奉行人としながらも、その註36において宗能・高泰連署打渡状の遵行対象地拝師荘が守護管轄区域なるが故に、本来は守護奉行人として扱うべき旨を断っている。

(59) 但し、明言されているのは氏家範長のみである（今谷前掲書二九頁註77）。

(60) 『八坂神社記録』四、「祇園社記」続録三。

(61) 『看聞日記』応永二十四年閏五月二十七日条。以後、同二十六年四月十六日条まで多数の関係記事あり。この事件については、笠松宏至「中央の儀」（『月刊百科』二〇二、一九七九年、のち同『法と言葉の中世史』平凡社、一九八四年、に収録）、横井清『看聞御記「王者」と「衆庶」のはざまにて』（そしえて、一九七九年）二九一～二九四頁参照。

(62) 伏見宮貞成親王が問題の処理を侍所に持ち込んだ当初から、侍所側の交渉窓口は常に所司代三方で、一献料を贈って協力を依頼した相手に三方も入っていた（『看聞日記』応永二十四年六月十六日・同十七日・同二十七日・八月二十六日条など）。

(63) 『看聞日記』応永二十六年四月二十六日条に「抑三方入道、三位・禅啓可来之由頻申之間、今日禅啓先罷向、所詮三木訴訟条々内、三位・禅啓罪科事、（中略）於三ヶ条者、不可申訴訟云々、（中略）非上意、只畠山相語、三方申之間不可説也」とあり、依然として三方がこの事件の訴訟に関わっていることが確認できる。

(64) 『看聞日記』永享五年四月十五日条。

(65) 『長福寺文書の研究』八四八号。

(66) 今谷前掲書三六〇頁（但し三七〇頁の表では伊藤が小守護代に分類されている）。同時に、侍所頭人・所司代の考証でもこの文書を用いて、一色義貫の頭人在職の徴証とするとともに、伊藤将監入道を「奉行人・小所司代・雑色」に分類しながら、その職名は明示していない。

(67) 『長福寺文書の研究』八四六号。

(68) 梅津荘に関する応永十六年十一月二十七日京極高光遵行状（『長福寺文書の研究』七四六号）は、当時の山城守護が高師英（祥全）であることに照らして、梅津荘の侍所所管たるを明示しているし、寛正三年（一四六二）同荘内長福寺の検断が侍所によって執行されていることも、今谷氏が指摘している通りであり（『蔭涼軒日録』同年八月十七日条）、この間に属する永享八年当時の梅津荘も一応侍所の管轄下にあったとみて大過あるまい。

(69) 今谷前掲書四七頁註44・47。

(70) ①文安四年十二月三日羽太信家打渡状（『建内記』同年同月四日条）、②文明九年十二月十六日五条八丁町重書案文目録（『八坂神社記録』四、「祇園社記」続録五所収）の挙げる文安五年四月十六日付の「右京大夫殿御教書」「教親之状」「信家折紙」「御雑色渡折紙」、③『康富記』文安五年七月二十九日条の「晩伴高大史向所司代許一色被官人羽太」、④同書、同年八月十八日条の「侍所被官人羽太《ハブト》、、」、⑤（文安六年）六月二十六日羽太豊前守信家書状（「百合」ケ函二五五）、⑥『斎藤基恒日記』宝徳元年八月二十九日条の「一色左京大夫教親寺所上表所司代羽太」。

(71) 羽下註37論文。

(72) 今谷氏は、一色教親のもとで、文安五年四月十九日打渡状（『八坂神社文書』二〇六五号）を発している「御雑色」衛門五郎満長を紹介しているが（前掲書三二頁註102）、一色氏の被官とみる必要はなかろう。

(73) 史料Pには裏花押があり、「寺家奉行松田豊前守直頼封裏」の貼紙が付けられている。この文書は六通を一紙にまとめた連券の一つで、六通の中の応永二十六年十一月六日松田直頼奉書（「百合」ヒ函六七―五）によれば、殖松荘内巷所を東寺に付けることとしたので、使者を退け収納した年貢は寺家に返すよう右京職代官馬屋原某に命じている。これらから、史料Pは応永二十六年に東寺が訴訟に当たって支証として幕府に提出したものと判断され、署名部分に付された注記は、提出時のものとみられる。

(74) 『看聞日記』応永二十五年九月十五日条。

(75) 羽下註37論文。

第Ⅱ部　一色氏主要被官の出自・性格

第一章　小笠原長房の出自

第一節　伴野長房と小笠原長房

本章では、一色氏が九州以外では初めて守護職を得た若狭の初代守護代に起用された小笠原蔵人大夫長房の出自を考察するが、若狭守護代になる前の長房を、将軍近習としての所見のある小笠原源蔵人ではないかとの仮説を設定し、将軍近習としての小笠原源蔵人の動向を追うことによって、彼が長房その人である可能性を探ってみたい。

まず、「守護職次第」の小笠原長房に関する記事を示す（いずれも抄出）。

【史料A―ⓐ】（一色信伝〈範光〉の項）

一、一色修理大夫入道信伝 貞治五年八月ヨリ給之、両使伊藤入道・遠山入道下向、

　　小笠原源蔵人大夫長房後号三河守（中略）信伝御逝去之後、小笠原三河守出家、法名道鎮後改浄鎮ト

【史料A―ⓑ】（一色詮範の項）

一、同御子息左京大夫詮範後御法名信将

　　代官同人、又代官同人　浄鎮死去之後、応永四年九月十七日子息蔵人大夫長春応永八年卯月ニ出家、号三河入道明鎮、

右に伝える小笠原長房の官途・法名・在職期間・没年などは、いずれも一次史料と矛盾することがなく、きわめて信

頼度の高いものであることは第Ⅰ部第一章第一節1で指摘した。

さて、『大日本史料』は長房の死没にかけて、「守護職次第」「今富次第」と共に、『尊卑分脈』と『諸家系図纂』所収「本州三河国幡豆郡小笠原系図」(1)（以下「幡豆小笠原系図」と略記）を関係史料として掲げている。(2) 後論に関わる分も含めて両系図を次に示す（いずれも抄出）。

【史料B】（『尊卑分脈』清和源氏伴野）

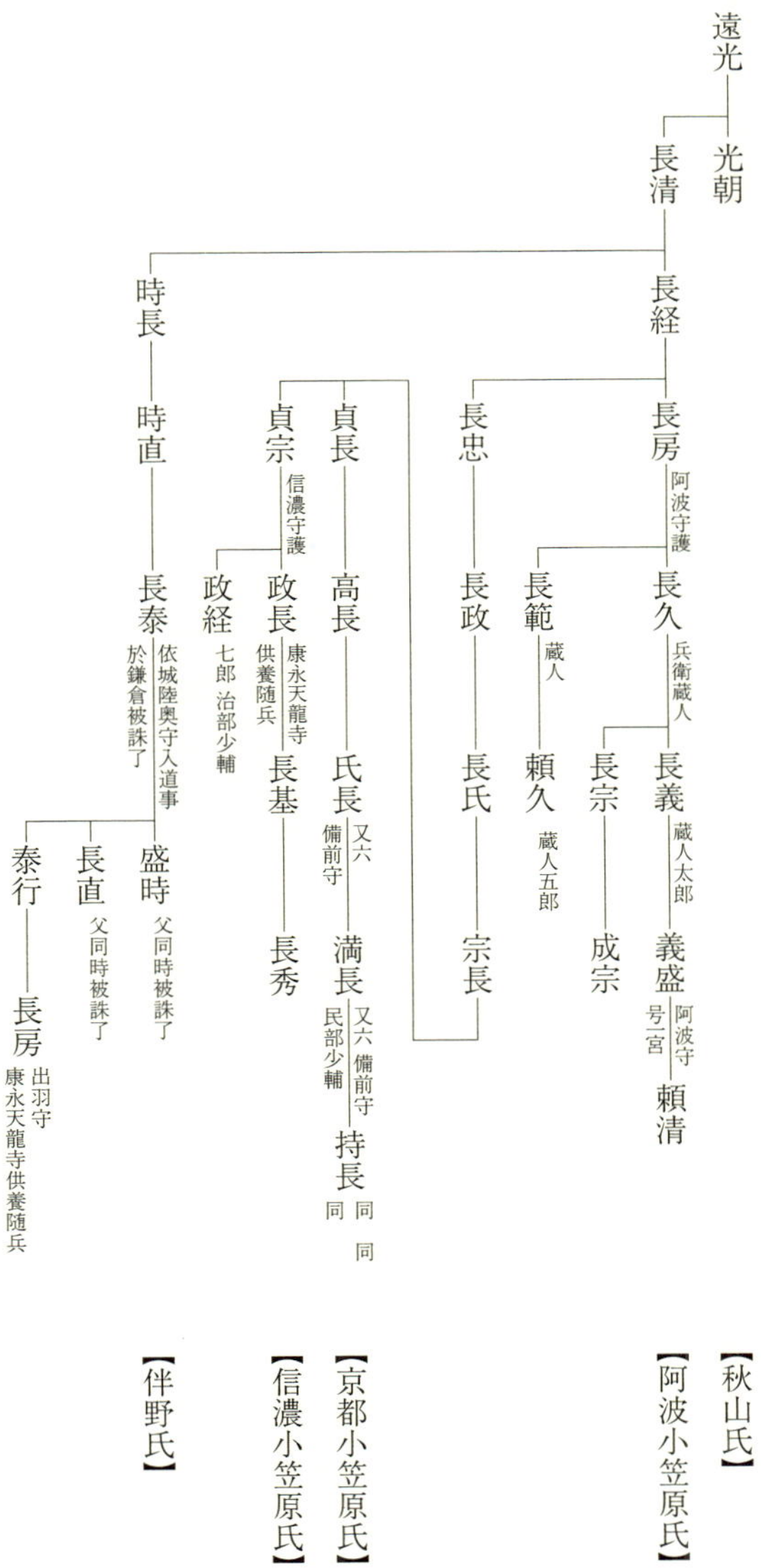

【史料C】（「幡豆小笠原系図」）

時長――時直――長泰――盛時（泰盛ト共誅）――泰房（城入道合戦敗北之時、所領三州太陽寺庄没落、始而住三州、三州小笠原祖）――泰行――長房（出羽守、応永四年九月十七日死、法名浄鎮）

長房の子：
長春（蔵人大夫、応永八年四月出家、号三河入道明鎮）
長頼（小三郎、応永十六年三月、於丹後国石河城、長春共討死）

長頼の子：
直次（右近、天文九年四月廿二日討死）
直正
長正（安芸守、応永十二年十二月廿六日於三河国幡豆、一門等討死）――吉春――某

某の子：
吉次（忠吉公之家長被付、犬山城三万石、後笠間四万石拝領高次）
高次

『大日本史料』の編者は、史料Cの伝える長房の没年月日・法名が「守護職次第」のそれと一致すること、及び泰行―長房の父子関係が、史料B・Cに共通して見られることから、若狭守護代小笠原長房と伴野長房を同一人と判断したものと推察される。しかし、この比定は誤りである。すなわち、史料Bも注記するように伴野長房は康永四年（一三四五）八月二十九日の天龍寺供養に際して足利尊氏・直義の随兵に列しているが、同供養に関する諸史料[3]のいずれにも、伴野長房とは別に小笠原源蔵人の名が見える。たとえば、結城文書の「天龍寺供養日記」は次のようになっている。

【史料D】

先陣

山名伊豆前司時氏 帯甲冑、後騎三百余騎、各帯甲冑、召具守護分国輩等云々、

随兵

武田伊豆前司信武　　小笠原兵庫助政長

（一〇人略）

帯劔

左　　右

武田伊豆四郎　　小笠原七郎政経

（一人略）　　（一人略）

小笠原十郎次郎政光　　小笠原又三郎宗光

（四人略）

（八人略）　　小笠原太郎次郎行嗣

（三人略）

小笠原源蔵人　　秋山新蔵人

（四人略）　　（四人略）

帯劔輩在兄弟御車前歩行　　（中略）

御兄弟御車

（中略）

随兵

（七人略）

伴野出羽前司長房

（後略）

右の記事によって、伴野長房とは別人の小笠原源蔵人の存在が確認される。しからば、伴野長房がのち本姓の小笠原氏を名乗り、官途も出羽守（史料Dは出羽前司）から蔵人に変わったと考えるよりも、史料Dの小笠原源蔵人その人を若狭守護代となる長房とみなす方がはるかに自然ではなかろうか。

第二節　「幡豆小笠原系図」と三河小笠原氏

若狭守護代小笠原長房が、史料Bの伴野長房ではないにしても、史料Cは少なくとも長房の没年月日・法名、その子長春の官途・出家時期・法名が「守護職次第」「今富次第」の所伝と一致するから、[4]一見信頼してよいようにも思える。もし史料Cが信頼に足るとすれば、若狭守護代小笠原氏は、小笠原氏の分流、伴野氏に出自を有することになるが、はたしてどうであろうか。以下ではまず、この系図の信憑性から探ってみたい。

史料Cの長頼・長正の記事は、「守護職次第」の伝える長春父子失脚事件[5]に関わるものと思われるので、この事件に関する「守護職次第」の所伝と史料Cの記事との異同を表1にまとめてみた。これによれば、両者が完全に一致するのはc・dのみで、他にeのうちの三河、fのうちの月日が共通するが、残りは異なる。史料Cの矛盾点はこれに

表１　小笠原長春父子失脚事件に関する「守護職次第」と「幡豆小笠原系図」の記事の異同

	事　項	「守護職次第」	「幡豆小笠原氏系図」
a	長春の子の通称・実名	三郎（実名記載ナシ）	小三郎長頼
b	長春父子の死没形態	切腹	討死
c	長春父子の死没年月	応永16年３月	応永16年３月
d	長春父子の死没場所	丹後国石河城	丹後国石河城
e	小笠原氏一族蜂起の場所	三河国	三河国幡豆
f	小笠原氏一族討死の期日	応永15年12月26日	応永12年12月26日
g	安芸守の長春との続柄	弟	孫

留まらない。

まず、長正の兄とする直次の没年を長正より一三五年も後の天文九年（一五四〇）としたり、前略部分では長房（時長の兄とするが史料Bでは甥）の子に、慶長十二年（一六〇七）切腹したという吉久以下近世の人物を配したりしている。さらにこの系図の欠陥、というより作為性を露呈しているのは、盛時―泰房―泰行―長房の部分であって、ここに系図作成者が、伴野長房と小笠原長房を混同するという、『大日本史料』と同じ過ちを犯したことがかいま見えるのである。すなわち、長房を泰行の子としている点、官途を敢えて出羽守としている点は、明らかに天龍寺供養随兵の伴野長房を意識している。また、盛時―泰房の部分は、三河小笠原氏は伴野盛時の子を始祖とするという所伝[6]を前提にしたもので、これらを無造作に合成した結果、史料Bでは兄弟になっている盛時・泰行が祖父―孫の関係になってしまったのである。

以上の検討から、この「幡豆小笠原系図」は、史実を反映する部分よりも、むしろ矛盾点、作為性の方が目立つ、きわめて粗雑な系図といわざるを得ない。ただし、最後に記す吉次は、注記の通り犬山・笠間藩主になったことは事実であるし[7]、『系図綜覧』所収「小笠原系図幡豆」[8]によると、この吉次につながる小笠原氏は、遅くとも戦国期には三河幡豆郡一帯に蟠据し、永禄七年（一五六四）に松平（徳川）家康の幕下に入ったという。また、長春失脚に関する所伝も細部では誤りながらもある程度史実を反映していて、この幡豆小笠原氏が、応永十五年三河で蜂起した長春一族の後裔である可能性は小さくないと思われる。しかし、長房以前の部分まで史料Cの主張を認めるには、あまりに問題点が多すぎる。新行紀一氏は、この系図を大筋で認めて、小笠原氏は甲斐源氏小笠原氏の一流が霜月騒動で三河に没落し、そのまま土着して幡豆小笠原氏となり、その子孫が若狭・三河守護代になったとしているが[9]、今少し慎重な検討が必要である。

「幡豆小笠原系図」の長房と伴野氏を結ぶ部分が仮に信頼性に欠けるとしても、そのことから、ただちに長房が三河出身である可能性が否定されるわけではない。応永十三年（一四〇六）に小笠原長春が失脚したあと、同十五年、長春の一族・若党が三河で蜂起したのは（「守護職次第」）、少なくとも室町期の小笠原氏の本拠が三河にあったことを裏付けているし、小笠原長房が応安六年（一三七三）から永徳二年（一三八二）の間に、散位から三河守に名乗りを変えているのは（第Ⅰ部第一章表1№6・8）、長房の本貫が三河にあったことを示唆しているといえなくもない。そこで、伴野氏以外の小笠原氏と三河の関係について検討しておく必要がある。

『続群書類従』巻一二四の「小笠原系図」[10]によると、小笠原氏始祖長清の曾孫長政の三男長直に「号勅使河原、受譲住参州之所領」という注記がある。この所領は、「幡豆小笠原系図」が伴野泰房の没落先として伝える伴野氏領の太陽寺荘ではないとみるべきであろう。伴野氏が小笠原氏から分流したのは長直の三代前のことであるし、長直の長兄長氏は、『尊卑分脈』の注記に「伴野出羽守（長泰）被誅之後小笠原捻領職管領」とあって、霜月騒動の際失脚した伴野長泰に代わって小笠原一族の惣領になったことを考えれば、泰房がその惣領家の所領に没落していくことは考えにくいからであり、三河には伴野氏領とは別に、小笠原（勅使河原）長直が移住した所領があったとみるべきであ

ろう。(11)

鎌倉期の三河にあった太陽寺荘以外の小笠原氏領として唯一知られているのが、関口である。今川了俊が「難太平記」(12)の中で家系について語る部分において、曾祖父国氏の次男経氏は「母方小笠原にて、其方よりゆづり得たる也」としていて、国氏の妻が小笠原氏で関口を領していたことを伝えている。この今川氏流関口氏は、室町期に奉公衆となる家であるが、その名字の地関口は、通説の通り現豊川市長沢町（中世の宝飯郡）に比定してよかろう。(13)関口が伴野氏領だったとすれば、伴野姓が社会的に広く通用していた了俊の時代に、「母方小笠原にて」とはしないであろう。したがって、関口がかつて三河に移住した小笠原（勅使河原）長直の所領の一つかどうかは別にして、鎌倉後期の三河に太陽寺荘（八名郡）を領した伴野氏以外に、宝飯郡に所領を持つ小笠原氏が居住していたことは間違いなかろう。

以上から、若狭・三河守護代小笠原長房が三河小笠原氏出身である蓋然性は否定できないことになった。しかし、三河以上に長房の出身地としての可能性をもつ国がある。その点は、第四節で考察することとし、その前に史料Dに現れた将軍近習としての小笠原源蔵人について、今少し検討しておきたい。

第三節　将軍近習小笠原源蔵人

佐藤進一氏は、平時将軍に近侍する近習や儀式記録に見える将軍供奉の随兵こそ将軍親衛軍の中核をなすもので、将軍との間には人格的信頼と忠誠に裏付けられた支配服従関係が成立していた、としている。(14)ここでは近習と随兵の区別の有無が必ずしも明確でないが、福田豊彦・佐藤堅一両氏によれば、将軍の供奉などにおける随兵と帯刀は鎌倉期以来区別されており、室町期には前者は守護家武士団をもって構成されるのに対して、後者は近習が務めるものとされている。[15]このような将軍供奉のあり方は、明徳三年の相国寺供養の時には明確に見られるが、康永四年の天龍寺供養の時は、たとえば前掲史料Dに見える随兵の小笠原政長と帯劔の小笠原政経は兄弟であって（史料B参照）、この時期の二人の間で将軍との関係においてどれほどの差異があったかは疑問なしとしない。しかし、全体的にみれば、随兵には守護本人やその嫡子が見られるのに対して、[16]帯劔には、守護家庶族はいるものの、少なくとも守護自身やその嫡子は見当たらない。[17]したがって、将軍との間に「人格的信頼と忠誠」に裏付けられた主従関係をより強く結んでいたのは、帯劔の方であったと思われ、その意味で、帯劔に列していた小笠原源蔵人を近習と呼ぶことは許されよう。

ところで、将軍近習としての小笠原源蔵人の活動を示すものとして「御的日記」[18]がある。同書は、原則として毎年正月に将軍御所的場で行われる的始の際の射手の名とその成績を記録したもので、元弘四年（一三三四）から寛正三年（一四六二）まで記されている。「御的日記」に見える射手は、幕府開創前の元弘四年と建武二年（一三三五）を除けば、[19]おおむね将軍近習に属する者が多くを占めたらしいが、[20]ここには源蔵人を含む小笠原氏の名が数多く見出されるので、これらを南北朝期に限って抽出したのが表2である。これによると、源蔵人（太字）は建武四年に初めて見え、以後康永四年（二回）・貞和二年・同六年の計五回所見がある。このうち初めの二回は実名が長顕とされていて、源蔵人を後の若狭守護代小笠原長房とみなそうとする本論にとって、きわめて不都合のようにも見えるが、康永四年二月以降の三回（場合によっては二回目以降の四回）は長顕とは別人の可能性が高く、これを長房とみる余地が出てくる。その根拠が、次に掲げる『師守記』康永三年五月十七日条である。

表２「御的日記」に見える小笠原氏（南北朝期）

年　月　日	名前（官途・通称）		
元弘 4(1334)正. 29	信濃守貞宗		
建武 2(1335)正. 7	（なし）		
〃 4(1337)正. 22	六郎	**源蔵人長顕**	
	太郎行嗣	又七	
康永 3(1344)正. 29	太郎次郎	又七	
〃 4(1345)正. 15	六郎	**源蔵人長顕**	
2. 27	六郎	**源蔵人**	
貞和 2(1346)正. 9	**源蔵人**	又六	十郎
〃 5(1349) 8. 12	（なし）		
〃 6(1350)正. 14	六郎	又六	**源蔵人**
文和 2(1353)正. 24	（なし）		
〃 3(1354)正. 14	民部少輔		
〃 4(1355)12. 20	山城守	民部少輔	
〃 5(1356) 2. 13	民部少輔貞高		
延文 2(1357) 2. 13	山城守	民部少輔	
〃 3(1358) 3. 20	山城守	民部少輔	
〃 4(1359) 2. 17	民部少輔		
貞治 2(1363)正. 14	備前守		
〃 3(1364)正. 14	備前守		
〃 4(1365) 2. 17	（なし）		
〃 5(1366)正. 17	（なし）		
〃 6(1367)正. 25	（なし）		
〃 7(1368) 2. 16	備前守		
応安 2(1369)正. 28	備前守	太郎次郎	孫四郎
〃 3(1370)正. 28	備前守	余一	
	孫四郎		
〃 4(1371)正. 28	備前守	孫四郎	
〃 5(1372)正. 28	備前守		
〃 6(1373)正. 25	備前守		
〃 7(1374) 4. 15	備中守		
〃 8(1375) 2. 30	余一		
永和 2(1376) 2. 21	備前守		
〃 3(1377) 2. 30	備前守		
（以後は嘉吉２年まで小笠原氏の名ナシ）			

【史料E—ⓐ】

松明 秋山新蔵人 帯大刀十人

中納言 兼朝 香箱持立

（前略）

殿

播磨 御香箱持立 玄賀

同 小笠原新蔵人　同十人

【史料E―ⓑ】（ⓐのあとに続く）

熊野御参詣供奉人　康永三年五月十七日

浄衣着

（八人略）

松明 秋山新蔵人 光政　　松明 小笠原新蔵人 今度補

（三人略）

（後略―帯太刀二〇人・供奉人二七人等）

これは足利直義が新熊野社に参詣した折の供奉人を示すもので、ここで小笠原新蔵人は、直義（「殿」）の輿の左脇で松明を捧げ持つ役を務めている。この場合「帯太刀」でなく、「浄衣着」とされているが、翌年の天龍寺供養の時と同じく将軍近習としての勤仕とみなしてよかろう。ここで注目すべきは「新蔵人」「今度補」の部分である。史料Eはⓐもそのあとに続くⓑも、共に『師守記』の地の文ではなく、ⓐの冒頭（前略部分）に「以或仁本書留之」とあるように、のちに入手した資料を書き留めた部分と思われるから、いずれも伝聞記事ではなく然るべき記録の転写であって、その信憑性はきわめて高いといえる。とすれば、小笠原源蔵人はこの康永三年に初めて蔵人に任官したのであって、少なくともすでに建武四年に源蔵人を称している長顕ではないことになり、これを長房とみなすことも可能となるのである。「御的日記」が康永四年正月にも源蔵人の実名を長顕としているのが、この想定に不都合であるが、後世の編纂物という弱点を持つ「御的日記」[21]の記事が、一族の中の二人が同時に同じ官途を名乗ることの不自然さ[22]を払拭するだけの力はないのではあるまいか。「御的日記」康永四年正月の射手一〇人のうち、実名を記すのは長顕の他に曽我六郎左衛門尉師助と秋山新蔵人光政がいるが、曽我は康永三年、秋山は長顕と同じ建武四年にそれぞれ実名の記載があり、残りの七人はない。これは、実名まで記録しようとした康永四年の記録者が、前年に長顕以外の小笠原氏が蔵人に任官した事実を見逃し、以前の記事を参照しながら機械的に記した結果とみなすことはできないだろうか。この仮説が正しければ、表2の康永四年、貞和二年、同六年の小笠原源蔵人は長顕ではないことになり、これを長房に充てる余地が生まれることになる。

第四節　観応の擾乱と小笠原源蔵人

小笠原源蔵人は「御的日記」から貞和六年（観応元年、一三五〇）を最後に消えるが、翌観応二年になると彼の動静を伝える、いくつかの文書が現れる。

【史料F】[23]

仁和寺真光院御門跡領阿波国牛牧庄雑掌定舜申当庄事、訴状副具書如此、新開新兵衛尉致乱妨云々、太不可然、

所詮一宮彦次郎相共退彼輩、今月中沙汰居雑掌於庄家、任先例可被全所務、若不叙用者、為処罪科、載起請之詞
可被注申、使節緩怠者、可有殊沙汰之状、依仰執達如件、
観応二年四月十一日　左衛門佐《（石橋和義）》（花押）
小笠原源蔵人殿

【史料G—ⓐ[24]】

三浦和田三郎左衛門尉茂助代俊賢申阿波国勝浦山地頭職事、申「　　」如此、小笠原源蔵人致濫妨「　　」、
所詮□□□□郎相共、今月中沙汰付地頭茂助代、可執□□□□之状、且以起請之詞可被注申之状、依仰執達如件、
観応二年七月四日　播磨守《（桃井直常）》（花押）
□笠原源蔵人太郎殿

【史料G—ⓑ[25]】

三浦和田□□□□門尉茂助代俊賢申阿波国勝浦山地□職事、申状副具書□此、小笠原源蔵人致濫妨云々、太不可然、
所詮小笠原源蔵人太郎相□、今月中沙汰付下地於茂助代、可執進請取状、且以起請之詞、可被注□□状、依仰執
達如件、
観応二年七月四日　播磨守《（桃井直常）》（花押）
河村小四郎殿

まず史料Fは、小笠原源蔵人と一宮彦次郎に、阿波牛牧荘における新開新兵衛尉の違乱を停止するよう命じた室町幕府引付頭人奉書で、小笠原・一宮は遵行両使ということになる。幕命を直接奉じて遵行に当たる両使は、当該国の

有力国人が任じられるのが通例で、時として幕府奉行人や奉公衆に列する国人も任じられたとされる[26]。阿波小笠原氏の分流に一宮氏がいるので（前掲史料Bにおいて成宗に「号一宮」の注記がある）、小笠原源蔵人も含めて両使の二人は共に阿波小笠原氏の出身で、同国に地盤をもつ国人との想定が可能である。そのことを裏付けるのが史料G―ⓐⓑで、四月に幕命を奉じて阿波に下った小笠原源蔵人は、間もなく三浦和田茂助の持つ勝浦山地頭職を違乱した当事者として訴えられている。彼のこのような行動は、もともと阿波においてなんらかの地盤を有していたことをうかがわせており、彼が阿波小笠原氏の一員であった可能性が浮上してくる。阿波小笠原氏の嫡流は一貫して南朝方であったものの、北朝方細川頼春のもとで軍事活動する者もいたので[27]、源蔵人を阿波小笠原氏出身とみなすことができないわけではない。小川信氏は、源蔵人を阿波小笠原氏の出身で細川頼春の被官としているが、むしろ阿波出身の将軍直勤御家人として両使一方に起用されたとみるべきである[28]。なお、史料G―ⓐⓑで両使一方に起用されている小笠原源蔵人太郎は、その名乗りからみて源蔵人の長男ではないかと思われ（註22）、父の「濫妨」停止命令を子息が受けるという珍しい例であるが、父子共に阿波になんらかの関わりがあったことを示唆しているともいえよう。

若狭守護代小笠原長房が右にみた源蔵人とすると（この点の検討は次節で行う）、阿波出身の可能性が高いことになるが、第二節でふれた、三河出身の可能性との比較が必要となる。長房を積極的に三河出身とするのは「幡豆小笠原系図」だけであり、同系図が信頼性に欠けることはすでに述べた。他に長房が三河守を名乗ったこと、及び小笠原長春失脚後に一族が三河で蜂起したことが、三河出身説の論拠となり得るが、この二つも史料F・Gから導き出される阿波出身説を覆すほどの説得力はない。まず官途名に関しては、仮に阿波出身だとすると阿波守を選択するのが自然であろうが、たとえば、阿波小笠原氏の中に阿波守を称する者がいたため[29]、これを避けて、おそらく一色範光の三河守護職拝領、もしくはその嫡子詮範の侍所頭人就任を機に三河守の官途を得た、という想定も可能である。(30)また、応永十五年（一四〇八）の長春一族の蜂起については、一色範光が三河守護職を得てから三〇年程経っており、その間、長房の弟とみられる小笠原長身とその子幸長が、二代にわたって小守護代として在国し、実質的に分国経営に当たっていたのであり（第Ⅰ部第二章第一節）、地盤を構築する時間として不十分とはいえないだろう。また、本章第二節でふれた、鎌倉期に三河に移住していた小笠原氏がまだ健在だとしたら、それとの交流や合流も考えられなくもない。以上から、若狭守護代小笠原長房を将軍近習源蔵人と同一人と仮定した場合、その本貫は三河よりは阿波の可能性が高いと考える。

さて、史料F・Gが発せられた観応二年四月・七月は、観応の擾乱において、短期間ながら直義が幕政を主導していた時期に当たる。(31)前年まで将軍（尊氏）近習として的始に参加していた小笠原源蔵人が、直義主導下の幕府から両使に起用されたということは、彼はこれまでに直義派に転じたことを意味する。そして、その転派の契機は、この年正月、京都における合戦で尊氏が敗北し、播磨に没落したことにあると思われる。前年十一月の直義挙兵を受けて、直冬討伐に出陣していた尊氏が備前から帰京し、正月十五日から京都で直義軍と戦ったが、翌十六日小笠原政長・山名時氏ら多くの尊氏党の離反によって大敗し、丹波を経て播磨に没落した。(32)近習として尊氏に仕えてきた小笠原源蔵人にとって、尊氏の京都出奔に加え、一族の惣領ともいうべき小笠原政長の寝返りは深刻な動揺を与えたに違いない。史料Fは、当時の源蔵人は、敗走する尊氏には従わず、これを機に尊氏との関係を一旦解消したのではあるまいか。阿波国守護細川頼春(33)が尊氏党であったために、阿波出身で直義派に転じていた小笠原源蔵人が両使一方に指名されたのではなかろうか。

観応二年七月になると尊氏・直義の対立が再び激化して、八月一日、ついに直義が越前を目指して京都を出奔するが、このとき直義に随従した公家・武士の中に、源蔵人を含め小笠原氏は一人も含まれておらず[34]、一族こぞって尊氏党に復したものと思われる。しかし、前述したように、このあとの「御的日記」に源蔵人の名は登場せず、彼が将軍近習に返り咲くことはなかったことを示唆している。

その後の小笠原一族の動静は、次の史料にかいま見ることができる。

【史料H[35]】

佐藤蔵人元清申軍忠事、

右去年観応二六月廿九日・七月三日両度、於信濃国府郡野辺宮原、対于諏方信濃守代祢津孫次郎、致散々太刀打、（中略）同（十月）廿八日於遠江国引間宿、対于貴良殿代富長、致合戦忠折（マヽ）、次於佐江（夜）中山馳向、上杉率千騎勢押上之処、散々合戦追散敵追懸上杉若党力石兵庫助打取了、新屋孫十郎令見知了、次追懸敵一騎切落、小笠原蔵人令見知了、御尋候者、不可有其隠候、同十二月十日諏方信濃守以下凶徒等、率数千騎勢寄来之間、於信濃国小懸郡夜山中尾、対于祢律（マヽ）小次郎、致散々太刀打追退敵、々一騎切落、小笠原又六令見知了、（中略）

観応三年正月日

承了　兵庫守（マヽ）　在判

ここには、観応二年（一三五一）六月から同年十二月にかけて、尊氏党の佐藤元清が信濃、遠江などで直義党と戦った合戦が挙げられているが、このうち十一月五日の遠江国佐夜中山における直義党上杉憲顕勢との合戦の証人に小笠原蔵人の名が挙げられている。「兵庫守」と注記する証判の主について、「小笠原政長ヵ」とする『大日本史料』の比定には疑問が残るものの、[37]大局的には、史料Hの伝える一連の合戦は、この頃尊氏からしばしば「早相催一族并分国軍勢」して直義党討伐に当たるよう命じられていた、[38]信濃小笠原氏の惣領政長の軍事指揮によるものとみて大過ない。すなわち、小笠原源蔵人はもはや将軍近習の立場ではなく、いわば汎小笠原一族の一員として参戦しているのである。ちなみに、史料Hに小笠原又六が源蔵人と同じく証人として見えるのを始め、六月二十九日の信濃野辺宮原合戦における尊氏党の中に、小笠原為経・同十郎次郎・同五郎太郎ら小笠原一族の名が多く見える。[39]これらのうち又六は「御的日記」（前掲表2）に、十郎次郎（政光）は天龍寺供養の帯劔（史料D）にそれぞれ所見があって、いずれも源蔵人と同様、かつては尊氏の近習であったと思われる。さらに、小笠原源蔵人や同又六と同じ道を歩んだと思われる人物に秋山新蔵人がいる。秋山氏は小笠原一族であり（史料B）、新蔵人は直義の新熊野社参詣、尊氏の天龍寺供養の両度の供奉で、小笠原源蔵人と全く同じ立場で参加している将軍近習であるが（史料E・D）、「御的日記」でも源蔵人と同じく建武四年から登場しながら観応元年を最後に消えている。そのことと符合するように、この秋山は、尊氏が直義と一旦和解して兵庫から京都に帰ろうとした観応二年二月当時、間違いなく直義陣営にいた。[40]このように、小笠原氏、秋山氏らが観応元年正月（「御的日記」）から翌年二月（秋山新蔵人）・四月（小笠原源蔵人）までの間に将軍近習から直義党に転身したとすれば、その契機は、先に推測したように観応二年正月の尊氏の京都落ちがもっともふさわしいのである。観応の擾乱が尊氏近習に与えた衝撃の大きさは、「御的日記」において観応元年以前と文和年間の両方に登場するのが海老名彦三郎ただ一人という事実が雄弁に物語っている。[41]観応の擾乱に際して一旦亀裂が入った、「人格的信頼と忠誠」に裏付けられるべき将軍と近習の間の主従関係は、容易には修復されなかったのである。

先に小笠原源蔵人は阿波小笠原氏出身の可能性が高いこと、しかし、たとえそうであったとしても、比較的早い時期に活動の拠点を京都に移していたことを推測しておいたが、京都での源蔵人は、将軍近習としての立場を固めていきながらも、幕府方の有力部将として活躍する信濃小笠原氏との接触の機会も少なくなかったと思われる。そうした京都での活動の中で、阿波小笠原氏よりもむしろ信濃小笠原氏への帰属意識が強まっていったことは十分考えられよう。そうであったとすれば、尊氏敗走の際の小笠原政長の尊氏方離反は、源蔵人の去就を決定づける契機として十分ではなかったか。

第五節　小笠原源蔵人と若狭守護代小笠原長房

最後に、これまで検討してきた小笠原源蔵人が若狭守護代小笠原長房と結びつくかどうか、その可能性を探るとともに、源蔵人が長房とすれば、彼はいつ頃一色範光との関係をもったのかについても、検討しておきたい。

観応二年十一月（史料H）以降の小笠原源蔵人の動静を直接うかがうことのできる史料は、今のところ管見にふれていない。そこで、まず彼と同様の道を歩んだと思われる同族の小笠原又六の例から類推する方法をとりたい。又六は前述したように、蔵人と同じく観応元年を最後に「御的日記」から消えるとともに、翌年小笠原政長の軍事指揮下で信濃において直義党と戦っているが（史料H）、『尊卑分脈』（史料B）によると、氏長以下の歴代が又六を称しているから、この系統、すなわち京都小笠原氏（奉公衆）に属する可能性が高い。又六の実名については、必ずしも史料Bに見える氏長、もしくはその子満長と断じることはできないけれども[42]、かつて将軍近習にあって観応の擾乱を機に信濃小笠原氏の軍事指揮下に入った又六の系統が、のち奉公衆になっていった点は認めてよかろう。すなわち、又六は、たとえば信濃小笠原氏に従って信濃などに土着するのでなく、活動の拠点は京都から移さなかったことを意味する。以上が又六の選択した道だったとすれば、彼ときわめてよく似た行動をとったとみられる小笠原源蔵人もまた、近習にこそ復帰しなかったものの、京都からは離れなかったのではあるまいか。

ところで、第Ⅰ部第三章第一節1で指摘したように、南北朝末・室町初期の若狭・佐渡在京守護代として、小笠原備中守（実名は長方カ）なる者がいた。この備中守は、前掲表2の応安七年に見える備中守と同一人とみられる(43)。とすれば、彼はかつて将軍近習の立場にあったことになり、そのことは備中守と同族の小笠原長房も本来の根拠地が京都にあったことを示唆している。かくして、小笠原長房の出自を将軍近習ではないかという本章の冒頭に設けた仮説に、ようやく近付いたことになる。

史料初見が康永三年（一三四四）の将軍近習小笠原新蔵人（史料E）と、応永四年（一三九七）に死去した若狭国守護代小笠原源蔵人太夫（三河入道浄鎮）を同一人物とみなすには、年代的にかなり厳しいものがあることは事実である。しかし、初見史料が初めて蔵人に任官した年であることから十代後半と仮定すれば、享年は七十歳前後となり、全くあり得ない条件ではないと思われるので、一応、観応の擾乱を機に将軍近習の地位を離れた小笠原源蔵人長房が、貞治五年（一三六六）、一色範光のもとで若狭守護代となった小笠原長房その人であると推定しておきたい。

それでは、長房はいつ頃一色範光と関係を持ったのであろうか。第Ⅰ部第二章第一節でふれたように、永徳三年（一三八三）当時の三河国小守護代であった小笠原但馬守長身が一色詮範の「外家」（母の実家）とされており(44)、詮範の母、つまり範光の妻は小笠原氏出身であったことが知られる。長身は長房と同世代で、おそらく弟と思われるので、長房・長身と範光とは義兄弟ということになる。[45] 詮範の生年は貞和三年（一三四七）と推定されるので（第Ⅰ部序章註21）、正中二年（一三二五）生まれの範光は、二十三歳までに長房の姉妹を妻に迎えたことになる。なお、当時範光の父範氏は、建武三年（一三三六）以来、鎮西管領として九州を転戦していて京都にいなかったので、範光と小笠原氏の婚姻は、範光自身や在京していた兄直氏らの意志にもとづくものかもしれない。一方の小笠原氏は長房・長身兄弟の父（表2に見える源蔵人長顕の可能性もある）[46] が、鎮西管領家との婚姻を積極的に進めたのであろう。一色直氏が貞和二年八月、鎮西管領に任じられて九州に下ると、[47] 範光も九州に下向するが、その時期は、長子詮範の誕生が貞和三年と考えられるので、兄と同時ではなく、すこしあとだったのではあるまいか。[48]

観応二年（一三五一）三月、鎮西管領一色直氏は肥前の武士松浦鮎河六郎次郎の恩賞を推挙するため、闕所注文を京都に送進し「可被経御沙汰候乎」と依頼した相手は、表2に四回（いずれも小笠原源蔵人と同時）登場する小笠原六郎である。[49] つまり、直氏・範光兄弟は、九州下向以前から小笠原長房・同六郎らと親密な関係にあり、九州下向後もそれが維持されていたことを知ることができる。ただし、一色氏との関係を生じたときの小笠原氏の立場はあくまで尊氏近習であって、一色氏の被官になったわけではもちろんない。ところが、直氏・範光兄弟が九州から帰京してきた延文三年（一三五八）前後（一色氏の帰京については終章第一節で後述）には、長房らは一旦近習を離れて直義党に転じたあと尊氏党に復していたものの、近習の地位は失っていた。かかるタイミングで、長房にとって義兄弟に当たる一色範光が帰京してきたのである。貧弱な直臣団しかなかったことが推測される一色氏と、将軍近習の地位を失っていた長房が主従関係を取り結ぶ環境・条件は十分整っていたといえよう。範光にとって初めての分国若狭の守護代にふさわしい人物は、この小笠原長房をおいて他にいなかったのである。

なお、明徳三年の相国寺供養の際、一色満範の随兵で最も重職の掻副役を務めた小笠原三河三郎満房[50]は、将軍義満から偏諱を受けていたと思われるが、彼は長房の三男（長春の弟）の可能性が高い[51]。とすれば、そのことは小笠原長房が将軍近習出身であることを示唆するとともに、彼が一色氏筆頭被官として初代若狭守護代となって以後も、一族の中に将軍権力との関係を解消せず維持していた者がいたことをうかがわせている。

註

（1）『諸家系図纂』所収「幡豆小笠原系図」は『系図綜覧』所収のものと同本と思われるので、以下『系図綜覧』所収本に拠る。
（2）『史料』七―二、八八二頁。
（3）同右、六―九、二三六～二三六頁にまとめて収載する。これらのうち、随兵のメンバーを列記するのは、①『園太暦』、②『師守記』、③「天龍寺供養日記」（結城文書）、④「天龍寺供養記録」、⑤『太平記』の五点で、④のみ実名を注記する（ただし全員ではない）。
（4）長春について、「守護職次第」は史料Aとして引いたように蔵人大夫→三河守→（出家）→三河入道明鎮とし、「今富次第」は「応永四年九月十七日小笠原浄鎮死去之後、子息蔵人大夫長春、後に応永八年卯月に出家、号三河入道明錬」とする。
（5）この事件は、応永十三年十月一日、長春父子が京都一色邸で拘禁され、丹後石川城に幽閉された末、同十六年三月切腹したというものである。この事件の背景については、第Ⅲ部第一章第五節で憶測を加えておいた。
（6）「小笠原三家系図」（『群書』五下、系図部）の「三河小笠原系図」によると、史料B・Cにも見えるように、安達泰盛（城入道）の乱に際して伴野盛時らが討たれたが、その子泰房が三河大陽寺荘に没落して三河小笠原氏の始祖となったとする。ただし、同系図の記載は泰房で終わっている。
（7）『日本史総覧』Ⅳ（新人物往来社、一九八四年）「各藩変遷表」「改易大名表」によれば、小笠原吉次は、慶長五年十一月に尾張清洲藩主に封じられた松平忠吉（徳川家康の四男）の付家老として尾張犬山藩主となったが、忠吉の死後、下総佐倉、ついで常陸笠間へと転封され、慶長十四年に改易されたという（二四七・二一三・二〇六・三三一〜三三二頁）。

(8) 本文に史料Cとして掲げたものの前書ともいうべきものと思われ、詞書と永禄期の文書六点からなり、系図部分はない（史料Cと一体のものかもしれない）。

(9)『新編岡崎市史』中世2（一九八九年）第二章第二節一「一色氏から細川氏へ」三一三〜三一四頁。

(10)『続群書』五下、系図部。

(11)「小笠原系図」では、長直の祖父長忠と父長政に「参州之管領」という注記がある。このように信濃小笠原氏の惣領に見られる「某国之管領」とある注記は、信濃以外の某国にある所領の管理権のことではないかと思われる。もしこの推定が当たっているとすれば、少なくとも長忠の代には三河に所領を得ていたことになる。

(12)『群書』二一、雑部。

(13)「文安年中御番帳」（『群書』二九、雑部）の一番詰衆に今川関口刑部大輔の名が見える。関口氏の本拠地を『姓氏家系大辞典』は三河国宝飯郡関口邑とし（「関口氏」1項）、福田豊彦氏も同様に理解している（「室町幕府奉公衆の研究」〈『武蔵女子短大紀要』三、一九七一年、のち同『室町幕府と国人一揆』吉川弘文館、二〇一三年、に収録〉付表）。管見の限り、三河には少なくとも村名としての「関口」は見当たらず（福田氏は初出論文では「関口村」としていたが、著書では「関口」と訂正している）、また、南北朝・室町期の一次史料に関口氏の所見がないので不安がないではないが、豊川市長沢町字「関口」にある登屋ヶ根城（『新編豊川市史』第一巻六八三頁）が関口氏の居城と伝えるので、一帯がかつて「関口」と呼ばれ、関口氏の名字の地であったとみても、さして問題はなかろう。

(14) 佐藤進一「室町幕府論」（『岩波講座　日本歴史』中世3、一九六七年）。

(15) 福田豊彦・佐藤堅一「室町幕府将軍権力に関する一考察—将軍近習を中心として」（『日本歴史』二二八・二二九、一九六七年）。

(16) たとえば、先陣の随兵に甲斐・安芸の守護武田信武や信濃守護小笠原貞宗の嫡子政長が見える。

(17) 帯劔三二人の中でのち守護となる者は佐々木佐渡五郎左衛門尉高秀（飛騨・出雲守護）ただ一人である（佐藤進一a『室町幕府

守護制度の研究』上、東京大学出版会、一九六七年、一八四～一八五頁、b『室町幕府守護制度の研究』下、一九八八年、五四～五五頁)。
(18)『続群書』二三下、武家部。
(19) この両年の射手二四人の中には、のち守護となる者が五人(仁木頼章・細川頼春・大高重成・小笠原貞宗・仁木義長)含まれていて、以後の射手の構成とはやや様相を異にしている。
(20) たとえば、南北朝期に登場する五七氏のうち、室町期の奉公衆と姓を同じくする家が三四氏もある。また、康永三年と翌年(二回実施)の射手一七人(実数)を、天龍寺供養(康永四年)の際の随兵・帯劔の中に求めると、小笠原源蔵人を含む六人が帯劔に、一人(武田甲斐守盛信)が随兵にそれぞれ見え、残りの一〇人のうち五人は帯劔の中に同姓の者がいる。数値的には必ずしも高い相関度とはいえないが、的始の射手が近習から選ばれる傾向にあったことは認めてよかろう。
(21)「御的日記」は応仁以後、京都小笠原氏の手によって編集されたとみられ(『群書解題』三、甲田利氏執筆)、その意味では、小笠原氏関係記事は信頼度が高いとみられなくもないが、後世の編纂物には違いなく、同時代記録たる『師守記』の信頼度には及ばない。
(22) 後掲史料G―ⓐには小笠原源蔵人が本文中に、小笠原源蔵人太郎が宛所にそれぞれ記されていて、同姓で官途を同じくする者が併存した例とみられかねない。しかし、小笠原源蔵人太郎の蔵人は本人の官途ではなく父のそれとみるべきである。なぜなら、たとえば、北条義時(相模守・右京権大夫・陸奥守)の長男泰時が相模太郎、次男朝時が陸奥次郎、三男重時が陸奥三郎と称されたように、通称の前にある官途名は、任官前の子息に付けられた父の官途名であることが多いからである。したがって、一族の中で同時に同じ官途を名乗る人物がいないのが原則であったといえる。
(23)『史料』六―一四、九五四～五頁、仁和寺文書。
(24)『新潟県史』資料編四、一七八九号(山形大学所蔵中条家文書)。
(25) 同右、二三三四号(高橋六之助氏所蔵文書)。
(26) 外岡慎一郎a「鎌倉末～南北朝期の備後・安芸―幕府・守護・両使―」(『年報中世史研究』五、一九九〇年)、b「一四～一五世

紀における若狭国の守護と国人—両使の活動を中心として—」(『敦賀論叢〈敦賀女子短期大学紀要〉』五、一九九〇年)。ａｂともに外岡『武家権力と使節遵行』同成社、二〇一五年、に収録。

(27)『太平記』によれば、建武三年(一三三六)六月、東坂本に馳せ参じた宮方の中に「阿波・淡路ヨリ阿間・志知・小笠原人々」がおり(巻一七「山門牒送南都事」)、以後、頼清を惣領とする阿波小笠原氏は南朝方として活躍した(小川信『足利一門守護発展史の研究』吉川弘文館、一九八〇年、九五頁註7参照。以下、本書については小川前掲書とのみ示す)。しかし、康永元年(一三四二)五月、伊予千丈ヶ原で南軍と戦った頼春勢の中にも「小笠原ノ一族」がおり(『太平記』巻二二「義助朝臣病死事付鞆軍事」)、阿波小笠原氏の庶流の中に北朝方に属した者もいたことは確かである。

(28)小川氏は前註で引いた伊予千丈ヶ原合戦にかかる『太平記』の記事と、史料Fを結んで小笠原源蔵人を頼春の被官としているが(前掲書三四三頁)、少なくとも史料Fにおける両使は守護被官としての立場ではない。そもそも直義主導下にあった当時の幕府が、尊氏党たる細川頼春(小川前掲書六二〜六三頁、八五頁)の被官を両使に起用することは考え難い。なお、小笠原源蔵人と共に両使として見える一宮彦次郎については、文和元年十二月二十二日足利義詮袖判下文(『史料』六—一七、三二七頁、安宅文書)に「阿波国萱嶋地頭職跡一宮六郎次郎成光跡」と見え、史料Bの成宗とも合わせて「成」を通字とする一宮氏が阿波に所職を有していたことが確認されるが、もちろん成光は南朝方であるから、史料Fの彦次郎と直接的関係はない。

(29)『尊卑分脈』の史料Bの範囲で阿波守の注記を持つ阿波小笠原氏は、長房・義盛しかいないが、「小笠原三家系図」(註6)では長久の兄長種を記し、その系統のうち長種・長宣(長種の四代あと)・長隆(長宣の孫)を阿波守とする。このうち、小笠原長房が三河守を名乗る頃の人物としては長宣あたりが候補となろう。なお、長房が最初に名乗った蔵人は比較的広く見られる官途であるが、阿波小笠原氏だけでも四人見られ(史料B)、長房をこの家の一員とみなす余地は十分ある。

(30)長房が三河守を名乗るのは応安六年(一三七三)から永徳二年(一三八二)の間であるが、一色範光の三河守護職就任は永和三年(一三七七)から康暦元年(一三七九)の間、一色詮範の侍所頭人就任が康暦二年から永徳元年(一三八一)の間であるから(第Ⅰ部序章図2)、どちらも時期の上では長房の任官の契機となり得る。

(31)直義が政務辞退を申し出るのが七月十九日(『史料』六—一五、一三三頁、「観応二年日次記」同日条)、京都を脱出するのが八月一日であった（『園太暦』同日条）。
（32）『史料』六―一四、観応二年正月十五日条（四二一～四三七頁）、同月十六日条（四三九～四四七頁）。小笠原政長の直義方への寝返りは、『園太暦』観応二年正月十六日条の「今夜又有火、小笠原遠江守政長館也、自身又走南方焼宅」なる記事で確認できる。
（33）佐藤進一氏は、史料F・Gの存在から当該時期の守護不在が疑われるとしながらも、同年九月五日細川頼春書下（『史料』六―一五、二五七頁、安宅文書）をもって頼春の在職を認めている（註17b著書一九六頁）。
（34）「観応二年日次記」七月三十日条（『史料』六―一五、一五七～一五八頁）。
（35）『史料』六―一五、九四～九五頁、佐藤文書。
（36）史料Hにはこの合戦の期日を記さないが、「鶴岡社務記録」は十一月五日とする（『史料』六―一五、五六七頁）。
（37）正平六（観応二）年十二月二十三日足利義詮袖判下文（『史料』六―一五、七〇五頁、勝山小笠原文書）の宛所は「小笠原遠江守政長」とあり、翌年正月十九日付で尊氏は信濃春近領を小笠原遠江守（政長）に、同領闕所分を小笠原兵庫頭にそれぞれ安堵していることから（『史料』六―一六、四四頁、同文書）、少なくとも軍忠状の日付（観応三年正月）当時の小笠原兵庫頭は政長とは別人である（『信濃史料叢書』は政長の子長基とする）。ただし、政長は系図には兵庫頭の官途を載せていて、軍忠状の案文作成者が証判の主を政長と認識していた可能性までは否定できない。
（38）観応二年八月十日、及び同年十月五日小笠原遠江守宛足利尊氏御判御教書（『史料』六―一五、一八八・四七五頁、勝山小笠原文書）。
（39）正平七年正月日武田文元軍忠状（『史料』六―一五、九三～四頁、浅草文庫本「古文書」）。
（40）「観応二年日次記」二月二十六日条（『史料』六―一四、八一五頁）によると、高師直兄弟がこの日兵庫を発った尊氏の供奉をしようとしたところ、直義は尊氏と師直兄弟の間を三里隔てさせ、結局途中で謀殺したのであるが、このとき、出家の身の師直兄弟が供奉するのは「見苦候」といって、これを制する使者を務めたのが秋山新蔵人であった。
（41）海老名彦三郎は康永三・同四（二回）・貞和二・同五の各年と文和二年に見える。なお、小笠原氏でも、表2の又六と民部少輔は、後述するように同一人か、少なくとも同系の一族で、又六は一旦将軍近習を離れたと考えられるように、将軍近習のすべてが観応の擾乱でその地位を失ったままになったわけではもちろんなく、あとで復帰した者もいたであろうし、海老名彦三郎の他に、将軍近習であり続けた者がいたであろうことはいうまでもない。表2の康永三年とその二五年後の応安二年に見える小笠原太郎次郎も復帰したケースかもしれない（ただし父子の可能性はある）。

(42) 「御的日記」は文和三年から登場する小笠原民部少輔の実名を、『尊卑分脈』（史料B）には見えない貞高とする（文和五年）。史料Bの京都小笠原氏歴代において、又六・民部少輔・備前守を同一人の通称・官途としている点のみを前提とすると、表2の又六・民部少輔・備前守は、いずれも貞高のこととなる。氏長の父高長は、別本『尊卑分脈』や「小笠原三家系図」（註6）には長高とするから、あるいは「御的日記」がこれを貞高と誤記したとも考えられるが、今この点を確認する方法はない。なお、「文安年中御番帳」「永享以来御番帳」（ともに『群書』二九、雑部）には、備前入道・民部少輔・刑部少輔・山城入道の四人が見えるので、少なくとも室町期の奉公衆小笠原氏は四家あったことになり、これを南北朝期にまで遡及し得るとすれば、表2の民部少輔と備前守を同一人とする必然性もなくなり、たとえば、又六＝備前守＝氏長（もしくは満長）、民部少輔＝貞長（史料Bに見えない家とする）という想定も考えられる。以上のように又六の実名を確定することは困難であるけれども、又六と表2の民部少輔、または備前守が同系統の家に属すること、及びその家が京都小笠原氏に連なるという点は認めてよいのではなかろうか。

(43) 表2では備前守が多数見られるのに対して、備中守は一度だけであるところから、備前守の誤記であって備中守は存在しないのではないかとの疑念も起こってくるが、第Ⅰ部第三章第一節史料A―ⓑで発給人の「備前守」の「前」を消して「中」と訂正しているところから、「御的日記」も史料A―ⓑも、備前守（のちの奉公衆）とは別人物の備中守を正しく伝えているものと考えたい。

(44) 「三州大岩寺千手観音象記」（『愛知』9、一〇三二〈「懶室漫稿」〉）に、「但州太守長身」の割注として「小笠原但馬太守乃京兆（一色詮範）外家也」とある（第Ⅰ部第二章史料B）。

(45) 二人の没年は長房が応永四年（「守護職次第」）、長身が応永二十年以前（前註史料）で同世代とみてよい。政治的地位も長房が若狭守護代、長身が三河小守護代（実質的には守護代）で、兄弟にふさわしいといえる。また、範光は正中二年（一三二五）生まれなので（第Ⅰ部序章註20）、康永三年（一三四四）に初任官した長房とは同世代となる。したがって、範光に嫁した小笠原氏は、世代的にみて長房・長身の姉妹とするのが妥当であろう。

(46) 長顕も長房も系図には見えないが、官途は通常世襲されることが多いので、同じ官途を名乗り、共に尊氏近習として的始の射手を務める長顕と長房とみられるあとの源蔵人が父子関係にあるとみなすのはそれほど不自然ではなかろう。
(47) 貞和二年八月十一日足利尊氏御教書案（『南北朝遺文』九州編、二二二七）。なお、川添昭二「鎮西管領一色範氏・直氏」（『森貞次郎博士古希記念古文化論集』下、一九八二年）参照。
(48) 直氏は鎮西管領就任後、さほど時間をおかず京都を発ったとみるのが自然であるが、範光の九州における活動は、「筑後大将」として同国に発向した貞和四年八月まで確認できない（『南北朝遺文』九州編、二五八八・七〇五一）。
(49)『南北朝遺文』九州編、三〇三五。但し直氏が小笠原六郎に闕所注文を送った観応二年三月には、小笠原源蔵人や秋山新蔵人らは、尊氏近習から直義党に転向しており、同じ近習仲間の小笠原六郎も行動を共にしていたことは十分考えられる（表2でも貞和六年を最後に消える）。しかし、小笠原源蔵人らがこの年正月の尊氏の敗走を機に近習を離れたとすれば、その情報を九州の直氏がどこまで正確に知り得たかは疑問で、仮に六郎が直義党に転じていたとしても、直氏はそのことを知らないまま知己の六郎に闕所注文を託した可能性は十分ある。
(50)「相国寺供養記」（『群書』二四、釈家部）。
(51) 小笠原満房の三河三郎のように、通称の前にある官途名は任官前の子息に付けられた父の官途名であることが多い（註22）。明徳三年当時の小笠原氏は、長房が三河守（もしくは三河入道）を名乗り、その子長春は蔵人大夫と称していたと思われるので（第Ⅰ部第一章第一節表1・2）、満房は長房の三男、長春の弟ということになろう。

第二章　南北朝期の三方氏

第一節　南北朝初・中期の若狭氏

本章では、前章で検討した小笠原氏二代に続いて若狭守護代となった三方氏が、まだ一色氏被官としての徴証を見せない南北朝期の動向を探り、同氏が一色氏被官になる前の性格について若干の考察を加える。

室町期の若狭守護代三方氏は、鎌倉幕府のもとで初代若狭守護となった若狭忠季の系譜を引くとされている。[1] 鎌倉・南北朝初期の若狭氏の系譜は、網野氏によって、図1のように示されている。[2] 鎌倉期の若狭氏は、忠季のとき比企氏の乱に連座して一時所領を没収されたり、忠時のときには守護職を北条氏に奪われるなどしながらも、忠清の代まではまだ決定的な打撃は受けていなかったが、正安四年（一三〇二）、忠清の所領一四か所すべてが得宗領とされ、それまで国内最大の勢力を誇っていた若狭氏の威勢は一気に失墜し、唯一、又太郎（網野氏は忠兼の兄と推定）が、三方郡三方郷・犬丸名と遠敷郡栗田保を保持するのみの状態で鎌倉幕府の滅亡を迎えた。[3] この又太郎が有していた三方郷こそ、室町期の守護代三方氏の名字の地とみられるが、又太郎から、三方氏としては最初に守護代となる三方範忠に至る系譜は必ずしも明らかで

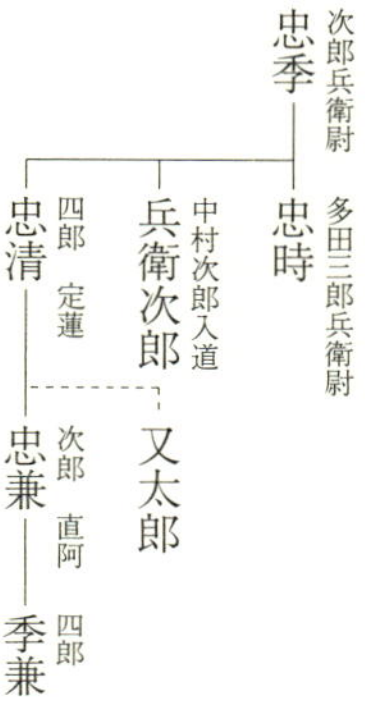

図1　鎌倉期若狭氏系図

ない。

元弘三年（一三三三）十一月、若狭国太良荘で本郷貞泰と共に建武政権の両使を務めた藤原貞清が三方氏を名乗っていたことが知られているが、この貞清は少なくとも若狭氏ではなく、室町期の三方氏につながる氏族ではないと考えられる(4)。

「守護職次第」によれば、建武政権崩壊直後の建武三年（一三三六）七月二十五日、足利方の若狭守護斯波時家が小浜に入部したのに対して、八月二十八日から宮方の一軍大将左門少将殿、又国司代若狭又太郎、守護代式部六郎」らが三方郡方面から攻め込み小浜を奪取したという。すなわち、若狭又太郎は宮方の「又国司代」の地位にあったことが知られる。若狭ではこのあと九月四日に斯波家兼（時家）が小浜を奪還して足利方が優勢に立ち（「守護職次第」）、同年十月、新田義貞らが越前金ケ崎城に籠城すると、若狭の武士の多くは但馬勢と共に今河頼貞に率いられて金ケ崎城攻撃に加わったものと思われる(5)。

金ケ崎城が翌建武四年三月に落城した後、若狭又太郎の跡職は本郷貞泰に勲功の賞として宛行われたことが、次の文書によって知られる。

【史料A(6)】

（足利尊氏）（花押影）

下　美作左近将監貞泰

可令早領知若狭国三方郷・同保地頭職若狭又太郎跡事、

右以人、為勲功之賞所宛行也者、守先例可致沙汰之状如件、

建武四年八月廿一日

右に見える三方保は、文永二年（一二六五）の「若狭国惣田数帳案」（「百合」ユ函一二）には見えないもので、その成立事情は不明であるが、このあとも本郷氏に伝領されていく。(7) 若狭では、建武三年の混乱以後、暦応～貞和年間（一三三八～一三四九）を通じて目立った戦闘は記録されていない。この間、太良荘では暦応二年（一三三九）二月に前年分の年貢算用状が作成されて収取体制の立て直しが図られたし、(8) 明通寺では建武五年（一三三八）、守護斯波家兼から「越前国凶徒対治祈祷」を命じられるなど、(9) 若狭における軍事情勢は、足利方が宮方を圧倒していたとみられる。このことは、若狭又太郎の所職の闕所化とその本郷貞泰への給付は、単なる名目的なものではなく、この時点での又太郎の没落を意味するものと思われる。しかし、この三年後若狭氏は復活する。

【史料B】(10)

若狭国三方保・郷両所地頭職事、本主若狭又太郎入道子息弥太郎光忠軍忠之間、当郷等各半分所返付光忠也、彼替追可有沙汰、可存知其旨之状如件、

暦応三年七月十二日　（足利直義）（花押影）

（本郷貞泰）美作左近将監殿

これによれば、又太郎の子息光忠が足利方に属して、父の旧領の半分を還付されたことが知られる。光忠がいつから父と袂を分かったのかはわからないが、父祖伝来の所領の回復のため宮方から離反したに違いない。なお、このとき還付された三方保・三方郷各半分は、たとえば相博などによって三方保を本郷氏が、三方郷を若狭氏がそれぞれ一円領有するように整理したらしく、貞和二年（一三四六）と観応二年の本郷貞泰譲状には三方保地頭職のみが見え、

三方郷地頭職を含んでいない。(11)

若狭光忠の足利方帰属の一方で、依然として宮方に留まった若狭一族もいた。

【史料C】（「百合」フ函二三）

（前略）

一、当庄地頭職者、為得宗闕所御寄附寺家候歟、得宗以前者稲庭権守所領云々、彼稲庭権守後類若狭二郎と中候者先年為宮方きらら坂にて討死了、然間於宮方者無双軍忠者候、何様一統の御代候者、濫妨候へしと存候之処、去弘（興）国年中ニ七箇所安堵仕候随一にて候之由承候、爰如去年正平六九月廿八綸旨者、不可有相違候歟、雖然彼若狭二郎当国国司一族候、随而扶持之由承及候、三宅之入道無謂押領之上者、先彼禅門名字にて御訴候、制札綸旨を御申候て、小野僧正之御房御書を国司方へ被遣候者能候ぬと存候、但国司一族にても候へ縁者にても候へ、御宛文たに給候者、入立候ましく候へとも、為問答之用意申候、恐惶敬白、

（正平七年）閏二月廿五日　　小槻国治（花押）

――

これは、東寺から太良荘代官職請文の提出を求められた小槻（脇袋）国治が、上洛の途中、南北両朝の和義が破綻したとの情報を得て国元に引き返し、当面の善後策について東寺に提案しているものである。この中で国治は、若狭二郎なる人物について、稲庭権守（時定）の後裔と誤解しつつも、(12)「当国国司一族」であり、宮方における「無双軍忠者」として活動していて、興国年中（一三四〇～一三四五）に太良荘以下七か所の所領を安堵されていたが、「先年」きらら坂で討死したという。(13) 若狭二郎に対する南朝からの所領安堵がどれほど実効性があるものであったかは疑

問であるが、一族の若狭光忠が足利方に転じたあとも、二郎は南朝方に留まり、一定の軍事力を行使していたことは認めなければならない。

ところで、右の脇袋国治書状において若狭二郎が「当国国司一族」とされている点は、若狭氏の性格に関わることとして注目される。松浦義則氏は[14]、建武政権下の若狭国司であった伊賀兼光と文観が密接な関係にあったとする網野善彦氏の所説[15]と、脇袋国治が文観（文中の「小野僧正之御房」）の若狭国司宛「御書」を要求していることを関連させて、若狭氏は伊賀兼光の「一族」であったとした。正平七年（一三五二）当時の若狭国司が伊賀兼光自身であったかどうかは疑問なしとしないが、国治が文観（当時の東寺長者）の若狭国司宛「御書」が「問答之用意」として有用と考えたのは、かつての若狭国司伊賀兼光と文観との密接な関係を前提に、文観の若狭国司に対する影響力に期待しての提案であることは間違いない[16]。国治は若狭二郎を国司の「一族」といっているが、若狭氏が鎌倉期の初代守護島津忠季の後裔であることは疑いないので、文字通りの同族ということではなく、たとえば伊賀氏との間で婚姻関係を結んでいたのをかく表現しているのかもしれない。かつて若狭国司伊賀兼光のもとで若狭又太郎が「又国司代」を務めていたのも、そうした「一族」関係にもとづくものとすれば、鎌倉末期の若狭氏が、失墜した勢威回復のため、六波羅探題引付頭人としての伊賀兼光に接近して婚姻関係を結んだことが想定される。

さて、右にみた若狭二郎について、網野氏は又太郎の甥（弟と推定する忠兼の子息）、季兼と推定している[17]。太良荘地頭職を主張しているので、鎌倉幕府滅亡直後から、父忠兼（入道直阿）と共に太良荘地頭職の回復をねらって「悪党」行為を重ねていた季兼の可能性も否定できないが、彼の通称は四郎であるので[18]、この比定には疑問も残る。むしろ、光忠に弟二郎がいて、彼が忠兼・季兼父子の没落を受けて太良荘などの本主権を主張した可能性も考えられる。

ともあれ、光忠が早くに父又太郎から離れて足利方に帰降したにもかかわらず、二郎のように宮方の立場を堅持して活動する若狭一族の存在が、光忠もしくはその子をして、足利方帰属の姿勢をアピールするため、伝統ある若狭姓を捨て三方姓を名乗るようにさせた、という想定も不可能ではなかろう。

第二節　南北朝末期の三方氏

三方氏の史料上の初見は、いわゆる応安の国人一揆に関する「守護職次第」の記事で、守護方の構成員として「三方」とのみ見える（応安の国人一揆の詳細については第Ⅲ部第一章第三節で後述）。この三方氏は、年代的にみて光忠の子息と思われる。周知のように、鎌倉期に関東御家人や得宗権力の圧迫をうけてきた若狭の土着武士（国御家人）たちは、南北朝期において観応二年（一三五一）と、応安二年（一三六九）～四年の二度にわたって一揆を形成し、守護と戦った[19]。観応の一揆は観応の擾乱に伴うもので、直義党の若狭守護山名時氏が改替されたあとの新守護大高重成が派遣した守護代大崎を、国人らが国外に放逐したというものである。この一揆のあと、文和二年（一三五三）、南朝方から守護に任じられた山名時氏が若狭に送り込んできた代官を本郷氏ら幕府方国人が攻め、これを追放した。この両度の戦闘に、三方（若狭）氏がどう関わったかは全く史料を欠き不明であるが、おそらく、本郷氏と同じく、一貫して尊氏方、幕府方として一揆軍（観応の一揆）・山名方代官（文和の戦闘）と戦ったと思われる。本郷氏は若狭氏と同様、鎌倉期以来若狭（大飯郡本郷）に地頭職を得ていた関東御家人で、いわゆる在京人として六波羅探題のもとで活動していた。[20]幕府滅亡後も、建武政権や室町幕府のもとで両使を務め、やがて奉公衆になっていく氏族である。

前節で述べたように、若狭光忠と本郷貞泰が、三方保・三方郷を折半して将軍から宛行われたこともあるなど（史料B）、その立場はきわめて近似したものであった。ただ、幕府との関係においては、本郷氏の方がその軍事力をはるかに高く評価されていた。それは、守護が設置される前や不在期など、守護の軍事力が期待できないという限定的条件下であるにせよ、尊氏が本郷氏に対して、しばしば「相催国中地頭御家人」などという文言を含む軍勢催促状を発していることからもうかがえる。[21]外岡氏が本郷氏を「影の守護」と評するのも一面首肯できるのであるが、[22]市川裕士氏が正しく指摘しているように、本郷氏といえども、正統な守護が健在であれば、基本的には守護の指揮のもとで軍事活動を行い、軍忠状に守護の証判を求め、恩賞の推挙まで依頼しているのである。[23]応安の一揆における具体的な活動を伝える史料が本郷文書に全く含まれないのが若干気にかかるのであるが、守護方の中の佐分・青両氏は、本郷氏と同じく一揆以前から幕府の両使を務めているし、[24]このうち佐分氏は尊氏の近習としての活動も見られ、[25]のち奉公衆となる家である。[26]三方氏も、これら本郷・佐分・青氏らと同様、あくまで将軍直属御家人として、守護一色氏の軍事指揮の下で行動したものとみられる。そうした三方氏のこの時期の性格を、より明確に伝えるのが次の三点の文書である。

【史料D—ⓐ】（『太良』④一八五）

東寺領若狭国太良庄地頭職神宝段銭事、可被停止催促之由候也、仍執達如件、

康応元
九月十日　　治部さ衛門入道
　　　　　　禅〃在判

矢野長門
　倫幸在判
飯尾掃部亮（允）殿
三方兵庫助殿

【史料D―ⓑ】（『太良』④一八七）

内宮神宝段銭内若狭国多良保事、為一円東寺領上者、可被停止催促之旨、先度落居了、而重催促之由令申云々、
所詮急速可被停止譴責之由候也、恐々謹言、
「康永元」（応）
十二月五日　沙弥禅蘊（治部左衛門入道）（花押）
長門守倫幸（矢野）（花押）
飯尾掃部允殿
三方山城守殿
謹上

【史料D―ⓒ】（『太良』④一八九―二）

東寺領若狭国太良庄神宝段銭事、去九月十日御免之御書下〇（於京都）既〇（於□□）付段銭奉行一方御使飯尾掃部允之処、於国及
譴責之条、濫吹之至候、重預厳密御書下、可助庄家無正躰候（全寺用之失墜候、）、恐惶謹言、
（康応元年）
十二月三日　頼勝
御奉行所

これらの伝えるところは、太良荘に懸けられた神宝段銭の免除が幕府から承認されて、両使飯尾掃部允・三方兵庫助に宛てた九月十日付の幕府奉行人連署奉書（史料Ｄ―ⓐ）が一方の飯尾に下されたが、国元ではそれを無視して催促が行われたため、十二月になって東寺の愁訴で改めて同じ奉行人による連署奉書（史料Ｄ―ⓑ）が飯尾・三方に下されて催促停止が命じられた、というものである。これらから、まず、三方兵庫助が飯尾掃部允と共に両使に起用されたことが確認できるが、①史料Ｄ―ⓒで九月の奉行人奉書が両使一方の飯尾にのみ届けられたとも解される記述がなされているのはなぜか、②史料Ｄ―ⓐの名宛人三方兵庫助が史料Ｄ―ⓑで三方山城守に変わったのはなぜか、という二つの疑問が発生する。まず②については、両者は別人ではないかと思われる。三か月の間に官途が変わったという可能性もゼロではないが、のち若狭守護代となって一色氏家中で絶大な権勢を誇る範忠は、当初弾正左衛門尉を称していて、そのあと山城守となっており（第Ⅰ部第一章表３№１・４）、兵庫助→山城守というケースは考えにくいからである。もしこの推定が是となれば、史料Ｄ―ⓐの兵庫助は三方氏の庶家で、史料Ｄ―ⓑの山城守が惣領ということになろう。それでは、なぜ三か月の間に宛人が変わったのであろうか。この問題を、疑問点①と合わせて考えてみると、次のような想定が可能となる。すなわち、三方兵庫助は在国していたために、奉行人奉書が両使一方の飯尾にのみ届けられ、飯尾は若狭に下向して兵庫助と合流し、二人で段銭徴収を実施したが、免除奉書を無視して太良荘にまで譴責したため、これを聞いた東寺が幕府に再度催促停止を申請して認められた結果、命令の徹底を期して、今度は在京している三方氏惣領の山城守に宛所を変えて奉行人奉書が発給されたのではなかろうか。

段銭徴収に当たる両使の一方が在国国人というケースはそれほど多くはないと思われるが、応安五年の丹波国畑荘における日吉社神輿造替諸国段銭に関する、次の『後愚昧記』同年十月十日条の記事が参考になる。

【史料E】

　自畑庄飛脚到来、経世入道進状、当国段銭事、両使一方松田某 当国住人 一方久下新左衛門尉已充催所々、当庄分同先付切府（割符）了、

　これによれば、段銭徴収を命じられた両使は松田某と久下新左衛門尉で、久下の方が「当国（丹波）住人」とされている。久下氏は丹波有数の国人であり、[27]室町期には奉公衆に列し、「文安年中御番帳」[28]によれば、四番の「在国衆」に久下三郎左衛門の名が見える。つまり、右の久下新左衛門尉（重元）[29]も、当時在国していたとみてよい。一方の松田氏は、周知の如く幕府奉行人を輩出している家で幕府吏僚には違いなかろうから、この場合の段銭収納使としての両使は、当該国の在国国人―それも将軍直属御家人―と幕府奉行人（もしくはその一族）が組み合わされて編成された例といえよう。これを先の史料D―ⓐと照合すれば、三方兵庫助が久下新左衛門尉に、飯尾掃部允が松田某にそれぞれ対応するので、三方兵庫助が当時在国していたとみなすことは十分可能である。

　以上、甚だ強引な推論ではあるが、南北朝末期の三方氏は、惣領が在京し、庶子がおそらく若狭国三方郷に在国していて、幕府からは段銭徴収の使節に任じられることもあった、将軍直属御家人であったと考えられる。つまり、この段階の三方氏は、まだ守護一色氏との主従関係を取り結んではいなかったのである。そのことは、史料D―ⓐⓑから二年後の明徳二年（一三九一）の明徳の乱における一色詮範・満範父子の活躍を詳述する「明徳記」[30]に、若狭守護代小笠原長房を始め、大河原長門守・河崎肥前守・同帯刀の名が見えるのに、三方氏の名がないことに示されている。また、翌明徳三年八月二十八日の相国寺供養の際の一色満範・範貞兄弟の随兵、計一二騎の中にも、やはり三方氏は含まれていない[31]。この随兵は、当時の各家の当主自身ではないにせよ、多くが一色氏の主要被官に連なる氏族とみなしてよいが、この段階でここに三方氏の名が見えないのは当然だったのである。

むすび

史料がきわめて断片的であるため、南北朝期の三方氏の姿は、ほとんど明瞭にはし得ず、およそ以下のような輪郭めいたものしか見えなかった。三方氏は鎌倉前期の若狭守護若狭氏の流れをくむ名族であったが、得宗権力の抑圧によって多くの所領を奪われ、鎌倉最末期には若狭又太郎が三方郷など三か所を保有するのみとなっていた。南北朝の動乱開始直後、宮方に属した若狭又太郎は三方郷・三方保を足利尊氏から没収されたが、まもなくその子光忠が幕府方に転じて旧領の半分を還付され、三方氏としての発展の足場を確保した。若狭光忠、もしくはその子と同世代の一族、若狭二郎が、宮方として観応の擾乱頃まで活発に活動していたために、光忠、もしくはその子は、旗幟を鮮明にするためであろうか、伝統ある若狭姓を捨て、当時本拠となっていた三方郷にちなんで三方姓を称するようになった。

以後、観応、応安の二度の国人一揆に際しては、本郷氏と同様、一貫して幕府方、尊氏方として参戦したと思われるが、守護との関係においてではなく、あくまで将軍直属御家人としての行動であり、南北朝末期には、段銭徴収の両使に起用されることもあった。その頃の三方氏は惣領が在京し、庶子が在国していた可能性がある。応安の一揆以降、一色氏が若狭支配を軌道に乗せ、国内武士の中から河崎氏のように重臣に列せられていく者も出る中で、三方氏はまだその枠に絡め取られず、幕府権力に連なったまま室町期を迎えるのである。

註

（1）網野善彦『中世荘園の様相』（塙書房、初版一九六六年、改訂版一九八八年、のち『網野善彦著作集』第一巻〈岩波書店、二〇〇八年〉に収録。以下、網野前掲書とするのはすべて本書を指し、頁数は著作集で示す）二三八頁、佐藤進一『増補鎌倉幕府守護制度の研究』（東京大学出版会、一九七一年）、外岡慎一郎「一四～一五世紀における若狭国の守護と国人―両使の活動を中心として―」（『敦賀論叢』〈敦賀女子短期大学紀要〉五、一九九〇年、のち同『武家権力と使節遵行』同成社　二〇一五年、に収録）など。なお、近年、熊谷隆之氏は「守護職次第」の冒頭部分が若狭忠季の守護在任の確証たり得ないことを指摘しつつも、忠季の初代守護補任自体は認めている（「鎌倉期若狭国守護の再検討」『日本史研究』五八六、二〇一一年）。

（2）網野前掲書一九頁。なお、網野氏作成の系図では季兼の通称が次郎とされているが、諸種史料で季兼が四郎を称していたことは明白であるので修正した（註18参照）。

（3）鎌倉期の若狭氏の動向については、網野前掲書第一章、『福井県史』通史編2、第一章第二節～第五節（網野氏執筆）など参照。

（4）元弘三年九月、後醍醐天皇によって旧得宗領太良荘地頭職が東寺に寄進され、同年十一月に打渡のため両使が派遣されたが、同職還補の望みを絶たれた元地頭若狭忠兼（入道直阿）が子息季兼を入部させ、実力で打渡を阻止した。その状況を請文で注進した両使が源（本郷）貞泰と藤原貞清であった（「百合」ヱ函四一―四・五）。そして、その年の太良荘地頭方年貢銭からの「所済分」として、「目代方」「守護方」と並んで「本郷使」「三方使」への礼銭が一貫文ずつ計上されている（『教護』三一五、同年十二月二十五日太良荘地頭方年貢銭送進状）。これらを総合すると、藤原貞清が太良荘側から三方氏と認識されていたか、もしくは自称していたことになる。この三方を、若狭国三方郷に由来する姓とみなすことはごく自然であろう。しかし、三方郷地頭職は鎌倉最末期において若狭又太郎が有していたとみられており、しかも若狭氏は本姓を惟宗としているので、貞清を若狭氏とみなすことはできない。そこで、試みに『尊卑分脈』で藤姓の貞清を検索してみると三人いるが、うち二人は南家祖武智麿五男巨勢麿五男真作の子孫に当たる公家で建武政府の両使にはふさわしくない。残る一人が二階堂（隠岐）貞清で、年代的には適合する。しかも、貞清から系譜的には遠く離れるものの、同じ隠岐流二階堂氏で、貞清と同世代の貞藤（道蘊）・雅藤（道要）兄弟、及び貞藤の子兼藤（道儀）と甥の成藤の計四人が、元弘三年、及び建武三年の雑訴決断所結番交名のいずれか、もしくは両方に名を連ねている（『国史大辞典』〈吉川弘文館〉「雑訴決断所」の項の表〈森茂暁氏執筆〉)。ちなみに、隠岐流二階堂氏は、寛喜元年（一二二九）、若狭忠時が罪を得て没収された一六か所のうちの一つ倉見荘を与えられていて（『福井県史』通史編2、七八・一三七頁）、若狭と無縁の家ではない。しかし、若狭又太郎が建武政権下で「又国司代」の地位にあったとする「守護職次第」の記事が事実なら、貞清が両使として若狭に下向した元弘三年十一月段階で、若狭又太郎の三方郷地頭職が闕所とされる理由はなく、貞清が三方氏を名乗る根拠はないことになる。ただ、文永二年（一二六五）の「若狭国惣田数帳案」（「百合」ユ函一二）には見えず、南北朝期に入って登場する三方保地頭職という所職があり、少なくとも建武四年には若狭又太郎が所持していた（本章史料A）。貞清が三方氏を名乗る根拠としてわずかに可能性として考えられるのは、この三方保が鎌倉最末期に成立してその地頭職を貞清が得ていた、というものであるが、三方保が仮にそのようにして成立したとしても、貞清が姓として名乗るほどの所領とも思えず、結局、これ以上藤原貞清の素性に迫ることは困難で、彼がなぜ三方姓を名乗ったか、その根拠は依然として謎のまま残る。

(5)『太平記』巻一七「金崎城攻事　野中八郎事」に、「今河駿河守八但馬・若狭ノ勢七百餘騎ヲ率シテ小浜ヨリ向ハル」とある。なお、「若狭国鎮守一二宮社務代々系図」（『福井』9、若狭彦神社文書二号）で、十三代光景の娘（元応二年没）が和田重員との間にもうけた長子親員が「於敦賀金崎死了」とされているのは、『太平記』の記事をある程度裏付けている。

(6)『福井』2、東京大学史料編纂所所蔵本郷文書一四号。以下、本郷文書については、『福井』2の文書番号のみ示す。

(7)貞和二年七月十七日本郷貞泰譲状、観応二年七月十日本郷貞泰譲状、同年同月二十二日本郷家泰譲状（本郷文書一七・二六・二七号）のいずれにも三方保地頭職が見える。但し、三方郷地頭職はいずれにも見えない。

(8)網野前掲書一六五～一六九頁。

(9)『福井』9、明通寺文書二一号。

(10)本郷文書一五号。

(11)註7に同じ。なお、三方保地頭職も観応二年七月二十二日本郷家泰譲状（本郷文書二七号）を最後に本郷文書から見えなくなる。したがって、室町期には三方郷が三方氏の本拠として同氏の一円支配に帰したものと推察される。なお、鎌倉末期に若狭又太郎の領有していた栗田保・犬丸名の帰属は全く不明である。

(12)『大日本史料』は「後類」の「後」に「従ヵ」の傍注を施して、「従類」の誤記と解釈しているが（六―一七、五〇四頁）、後類は後裔といった程度の用語と解せばよかろう。

(13)史料Cにいう雲母（きらら）坂の戦いの年代（「先年」）を特定することは困難である。文中で若狭次郎が興国年中に南朝から七か所の安堵を受けているとされているのでそれ以降には違いないが、史料的に確認できるのは、史料Cの前年に当たる観応二年正月十三日、北陸の直義党を率いて比叡山に至った桃井直常が、雲母坂を下って松崎籔を放火した行動が、さし当たり候補として見出せる（『史料』六―一四、四一五～四一六頁）。しかし、前年のことを「先年」とは表現しないだろうし、文中の他の箇所には「去年」の語も見えるので、若狭二郎の戦死した雲母坂の戦いは、興国年中から観応元年までの数年間のうちとするほかない。なお、網野氏は雲母坂の戦いを、足利直義が山門を攻め、千種忠顕が討死した建武三年六月のことと理解しているようであるが（『小浜市史』通史編上巻、四五四頁）、同じ『小浜市史』通史編の別の箇所では、雲母坂での討死に触れずに若狭二郎の興国年中の所領安堵について述べている（同書、四八五頁）。なお、観応二年正月二十日前後に、若狭では直義党（南朝方）として国人が蜂起しているが（付論3第一節）、若狭二郎の戦死が観応二年正月だったとしても、彼の行動は他の若狭国人との連携にもとづくものではなかったと思われる。

(14)松浦義則「南北朝期の若狭太良荘と守護支配」（『福井県史研究』四、一九八六年）。

(15)網野善彦『異形の王権』（平凡社、一九八六年）第三部。

(16)松浦氏は、国治が東寺に文観の国司宛「御書」の調達を要請しているのは、「若狭氏の要求をしりぞけるため」としているが（註14論文五頁）、若狭二郎は「先年」すでに討死しているので、右の「若狭氏」は二郎の一族ということになる。網野氏も、国治は「若狭一族の動きも警戒」したとして、二郎が討死したあとも、その一族の存在を想定しているようである（前掲書一七九頁）。なお、網野氏が二郎を若狭直阿の子季兼とみなし（次註）、二郎が戦死した雲母坂の戦いを建武三年としている点は疑問である（註13・18参照）。国治が「制札綸旨」と文観の若狭国司宛「御書」を要求したのは、あくまで自分の太良荘代官職補任が無事実現するためであったとみられる。つまり、国治の太良荘代官職就任がスムースに実行される上で桎梏になりかねないこととして、かつて「国司一族」の若狭二郎が太良荘地頭職を南朝から安堵されていたこと、及び、前年末から太良荘を押領している三宅入道が国治の「縁者」だといわれることを想定し、前者に対しては、文観の、伊賀兼光との関係に由来する若狭国司に対する強い影響力を頼んで「御書」を出してもらい、後者については、とりあえず三宅の名字を前面に出してその押領を訴えて「制札綸旨」を入手する、という戦略を描いていたのではあるまいか。
(17) 網野前掲書一九頁系図、一〇五頁など。
(18) 元弘三年十一月の太良荘悪党人等交名抄（「百合」ヱ函四一―六）に「同（直阿）子息四郎季兼」とあるのを始め、季兼の所見史料はすべて四郎とする。
(19) これらの一揆の概要については、網野氏を始めとする先学の研究成果をふまえて、『福井県史』通史編2、第二章第二節四「観応の擾乱と国一揆」と五「若狭応安国一揆」にまとめておいた。なお、前者において、文和二年（一三五三）に南朝方の守護山名時氏の下した守護代を国人らが追放した際、土着武士らは反山名方として参戦したとしたが、彼らは山名方として幕府方の本郷氏らと戦った可能性が高い、と訂正したい。付論3註37参照。
(20) 本郷氏に関する専論として、大原陵路「若狭本郷氏について」（『福井県史研究』一、一九八四年）、市川裕士「若狭本郷氏の動向と室町幕府・守護」（『若越郷土研究』五二―一、二〇〇七年）があり、『福井県史』通史編2中世、第三章第三節一「国人層の活動」（大原氏執筆）に要を得た概説がある（五一六～五一九頁）。
(21) 外岡註1論文の註35に四例紹介されている。
(22) 外岡註1論文。
(23) 市川註20論文。氏が例示した中で、観応三年、正平の一統が破れた際の、若狭及び京都・近江などでの軍事行動がもっともわかりやすい。すなわち、義詮から本郷貞泰への軍勢催促状（本郷文書三七号）に「相催国中地頭御家人幷一族同心輩」とあるものの、若狭における貞泰の軍忠は、守護斯波家兼が若狭に派遣した子息斯波直持から義詮に注進され（同三八号）、貞泰の軍忠状（同四一号）への証判も斯波家兼が据えた上、家兼は幕府へ貞泰への恩賞まで推挙している（同四二号）。ここには、将軍直属御家人の、この段階における軍事活動のあり方の定型が示されている。
(24) 佐分氏は明徳元年に越前入道が、翌二年に平五郎が、いずれも本郷詮泰と共に賀茂造替若狭国段銭徴収両使に起用されており

（本郷文書六六・六七号）、青氏は貞和三年に孫四郎入道盛喜が出浦親直と共に名田荘の打渡の遵行使節に任じられている（『福井』2、真珠庵文書二三号）。なお、外岡註1論文参照。

(25) 康永元年の天龍寺綱引・棜引に臨む足利尊氏・直義の供奉人に佐分左近蔵人の名が見え（『史料』六―七、四二八～四三八頁、「天龍寺造営記録」同年十二月五日条）、同四年の天龍寺供養でも、尊氏・直義を供奉した「諸大夫」に佐分左近大夫が列していた（『園太暦』同年八月二十九日条）。なお、この佐分氏が鎌倉期の国御家人佐分氏とはまったく別家であり、高棟流桓武平氏に出自をもち、北条重時を介して御家人となり、若狭守護代、六波羅評定衆として重用された家であることは、森幸夫氏が明らかにしている（「御家人佐分氏について」『金澤文庫研究』二九三、一九九四年）。

(26) 「文安年中御番帳」「永享以来御番帳」（ともに『群書』二九、雑部）の各一番に佐分彦六郎、「常徳院御動座当時在陣衆着到」（同）一番に佐分右京亮・同彦六郎の名がある。

(27) 『太平記』には、元弘三年四月、丹波篠村八幡で討幕を決意した足利高氏のもとに最初に馳せ参じた「当国ノ住人」久下時重を始めとして、丹波国人としての久下一族（長重・五郎）の活躍を伝える（巻三・九・一四・一六・三二等）。なお、久下氏については『兵庫県史』第二巻七七九～七八一頁、第三巻二三一～二三五頁など参照。

(28) 『群書』二九、雑部。

(29) 『兵庫県史』史料編中世三所収の久下文書には、南北朝期に新左衛門尉の通称をもつ者は見当らないが、明徳二年八月十日足利義満御判御教書（久下文書一七号）に見える久下長門守重元について、永正九年五月二十六日久下政光遺言状案（同文書五六号）に載せる系図に、「長門守　新左衛門　三郎」の注記が施されている。政光はおそらく所蔵文書を参照しながら系図を作成したと思われるので、これらの通称、官途は信じるに足ると判断され、史料Eの久下新左衛門尉は長門守任官前の重元と推察される。

(30) 『群書』二〇、合戦部。

(31) 「相国寺供養記」（『群書』二四、釈家部）。

第三章　その他の主要被官の出自・性格

本章では、一色氏分国における小笠原・三方両氏以外の守護代家、及び小守護代、在京・在国奉行、使節などの顕職に就いた被官のうち、出自・性格をある程度探ることができる氏族を取り上げて、検討を加える。

第一節　守護代家

1　遠藤氏

遠藤氏は、太田亮氏『姓氏家系大辞典』が三五項目も立てるほど各地に広く分布する氏族であるが、一色氏のもとで丹後の初代守護代を務めた遠藤左近将監（遠江入道本立）の出自に関しては、ほとんど手がかりがなく、結論からいえば、特定は困難である。ただ、一色氏が丹後守護職を得た明徳三年（一三九二）までに、一色氏と厚い信頼関係を築いていなければならないので、丹後の在地武士でないことは間違いない。となると、①鎌倉期以来の根本被官、②鎮西管領時代に関係が生じて一色氏の帰京に随従してきた九州出身の武士、③一色直氏・範光が九州に下向する前もしくは一色一族が帰京したあと京都で被官化した在京武士、④それまでに分国となっていた若狭・三河の国人、のいずれかということになるが、若狭の初代守護代小笠原長房の例から類推すれば、可能性としては③が比較的高いと思われる。但し、仮にそうだとしても、丹後出身武士であることまでは否定できない。あとで述べるように、丹後石川荘を名字の地とすると思われる石川氏が、明徳三年のうちに一色氏との関係を形成していた例もあるからである。そこで、以下では、丹後に所領を持ちながら在京していた遠藤氏がいて、京都で一色氏との被官関係をもったという仮説の蓋然性を検討しておきたい。

応永元年（一三九四）から同九年にかけて山城守護を務めた結城満藤のもとに数名いた守護代の一人に遠藤某、守護代の下位に当たる郡奉行人に遠藤丹後入道なる人物がいたとされること[1]から、少なくとも南北朝末期に在京する結城氏被官遠藤氏がいたことは間違いない。そして、丹後入道の官途は丹後との所縁を想起させるが、主家結城満藤は丹後の国人と推定されているので[2]、両者の主従関係が同じ丹後武士というところから生じたと想定することは許されよう。この他、文安五年（一四四八）当時、播磨守護山名持豊の在京奉行人連署奉書（「百合」ヰ函九〇）を発給している渡辺左衛門尉泰と遠藤左衛門尉国兼の名が知られるが、山名氏は貞治三年（一三六四）から明徳の乱で失脚するまで三〇年近くも丹後の守護に在任していたので（観応二年以前にも時氏が数年在職[3]）、その時期に丹後国人としての遠藤氏が山名氏被官になった可能性も考えられる。そして、遠藤国兼が渡辺氏と共に奉行人を務めている点は、この遠藤氏が渡辺党遠藤氏に出自を有するのではないかと推測させる。「遠藤系図」[4]によれば、寛元三年（一二四五）の在京が確認される為俊[5]以後の子女に六波羅探題の関係者が少なくないが、直接六波羅との関係は注記にないものの、為俊四男の時綱とその子息貞綱・盛綱など「綱」字を名乗る者がおり[6]、これらと、初代丹後守護代遠藤遠江入道本立の嫡子とおぼしき遠藤範綱[7]が、実名の上でつながらなくもない。これ以上臆測を重ねることは許されないので、以上の事実をもとにひとつの仮説を提示するとすれば、鎌倉末には在京していた渡辺党遠藤氏のうち、丹後に所領を得た一流がいて、その中から①山名氏の丹後守護時代に被官となった者、②同じ丹後国人で足利義満の寵愛を受けて出世した結城（古山）満藤の被官になった者の他、③直氏・範光兄弟が九州に下る前、もしくは九州から帰京してから一色氏の被官になった者がおり、このうち③が一色氏の丹後守護就任を機に守護代に抜擢された、というケースを想定してみたい。もとより、確証はなにひとつなく、仮に丹後出身としても所領の所在も定めがたいので[8]、あくまで仮説の域を出ないことはいうまでもない。

遠藤氏は遠江入道本立が初代丹後守護代を務めたあと、同職が子と思われる範綱に継承されることはなかったが、範綱は応永十四年（一四〇七）、のちに丹後守護代を世襲することになる延永氏と共に、尾張智多郡但馬保の代官職を請負っているように（註7）、在京近臣の地位は保持している。永享十二年（一四四〇）の一色義貫謀殺に伴う京都一色邸接収時の戦闘で戦死した遠藤遠江入道（本章第六節表2）と、「丹後国惣田数帳」の遠藤将監（註8）も直系の後裔であろう。また、天文七年（一五三八）の「丹後国御檀家帳[9]」（以下「檀家帳」と略記）には遠藤氏の名は見えないが、近世成立の「一色軍記[10]」や「田辺旧記」所載「永禄元亀天正頃一色家諸将地侍居城図[11]」には、中郡小西村の奥吉原城の城主として遠藤左次（治）右衛門の名が見え、「遠藤は吉原越前守の家臣なり」とされているので、あるいは、丹後で中世末まで名跡をつないだ一流があったのかもしれない。

2　氏家氏

氏家氏は、明徳三年（一三九二）八月の相国寺供養随兵に、氏家近江守範守・同三郎詮守の二人を出していて[12]、南北朝末期までには一色氏の重臣になっていたことが知られるが、第Ⅰ部第二章第一節で明らかにしたように、三河守護代に就任するのはこのうちの範守で、おそらく小笠原氏失脚後の応永十三年（一四〇六）のことと思われる。

氏家氏は、一般に下野国氏家郷を本貫とする宇都宮氏庶流が有力な家とされているが、この家の氏家道誠（俗名重定）が南北朝期初頭の陸奥において、斯波家長・兼頼父子の代官的立場で活躍したことが確認されるものの、[13]室町期に守護代級の守護被官として管見に入っているのは三河守護代の氏家氏ぐらいであり、その素性は全くわからない。

三河と同じく小笠原氏の失脚後に守護代が交替した若狭で、同国出身の三方氏が起用されたことから類推して、氏家氏の本拠を三河と想定することも一理あるが、確証はない。ただ、氏家氏嫡流の本拠が、丹後以外にあったらしいことをうかがわせる史料はある。それは丹後の「惣田数帳」で、氏家遠江の所領が四か所、合計四三町七反余であるのに対して、氏家越前守のが一か所、四町八反半しかない。応永二十六年の侍所所司代、永享期の三河守護代は氏家越前守範長であったから（第Ⅰ部第二章第一節1・第三章第三節1）、長禄三年当時の氏家氏嫡流も越前守の方であろうが、丹後では庶流と思われる遠江の所領の一割余しかなかったことになる。これは、嫡流の本拠が丹後以外にあったことを示唆するとすれば、それは三河とみなすのが自然であろう。

ただ、たとえば、応永十五年十二月七日、三宝院に対して三河国衙職を京着二五〇貫文で請負い目代職となったのは、壱岐左近将監入道寿久と延永土佐入道光智（のちの丹後守護代延永益信の父）という、氏家氏以外の在京一色氏直臣であったように、[14]三河国衙領の利権が氏家氏の独占するところではなく、在京守護勢力の関与が大きかった。また、応永二十二年と永享十一年に一色義範（義貫）が国府近くの（したがって守護所の近くでもあったと推定し得る）御津神社（序論末尾図3参照）を修造した際の棟札には延永範信（前者）、延永益幸（後者）の名が確認されるところから、[15]三河における氏家氏は、第Ⅲ部第二章で検討する若狭における三方氏のように、他の守護代級重臣の関与を排除する程の権勢を確立するまでには至らなかったとみられる。

なお、「一色軍記」が丹後国熊野郡一分城主氏家大和守を「一色家代々の一族」とするのは、史料の性格からそのまま信じるわけにはいかないが、信頼性の高い「檀家帳」も、熊野郡友重城主「氏家殿」について「一宮（一色の誤写）殿御一家」としているので、戦国期の丹後氏家氏が一色氏と婚姻関係を結んでいたことは想定できる。

3　延永氏

長禄三年の「惣田数帳」における延永左京亮（直信）の所領が、守護一色氏を除く個人としては、細川成之（三河・阿波守護）に次いで多い二〇一町余にも上り、その半分あまりの一〇八町余が加佐郡倉橋郷で占められているところから、一見ここが延永氏の本拠かとも見まがうが、同郷の地頭は南北朝期以来小野寺氏であり(16)（「惣田数帳」でも「地頭」の注記を付けられている）、延永の所職は、おそらく守護代という政治的地位にもとづいて入手した領家職であって（「惣田数帳」では「領家」と注記）、ここを延永氏の本貫地とみることはできない。豊前国京都郡に香春社領延永村があり(17)、その数キロメートル南に、鎮西管領時代の一色範氏が実質的に支配し得た唯一の鎮西料所といわれる天雨田荘(18)があることから、ここの出身である可能性も否定はできないが、他になんの傍証もなく、その出自はやはり不明というほかない。

延永氏は相国寺供養時の一色氏随兵に修理亮光信が列していて（註12）、南北朝期から一色氏と関係を築いていたことは知られるが、顕職につくのは、応永二十年代末の丹後守護代が最初である。ただ、前項でふれたように、同二十二年、一色義範が三河御津神社を修造した際の棟札に「延永範信」の名を残していて、丹後守護代になる前から、重臣の地位に上っていたことは確認できる。

　永享期になると、それまでの三方氏に代わって一色家中筆頭被官の地位を得て、山城守護代・侍所所司代などを兼担した（第Ⅰ部第三章第二節1・第三節1）。その間の事情をうかがう証跡はなく詳細は不明であるが、次の文書は延永氏の性格の一端を示しているように思われる。

【史料A】(19)

　壱万部御経料所山城国草内郷飯岡事、被預置訖、早於年実（貢）者厳密可被執進之由候也、仍執達如件、

　　（永享四）五月廿五日　　貞連

　　　　　　　　　　　　　為種

　　　延永土佐守殿

　この文書と同日付で同内容の正実坊宛幕府奉行人連署奉書(20)と合わせ考えれば、名宛人延永土佐守（益信）は、幕府公方御倉正実坊の管轄下にある幕府御料所で一万部御経料所たる山城草内郷飯岡の所務職を将軍義教から預け置かれたことが知られる。ここに至った経過はわからないけれども、当時の延永はまだ侍所所司代ではなく（一色義貫の頭人就任はこの年十月〈第Ⅰ部序章図2参照〉）、丹後守護代を務めていた、一色氏の一被官にすぎない。この延永氏が義教から直接御料所所務職を預け置かれているのは、延永氏が将軍義教との直接的コネクションを築いていたからに違いない。『建内記』文安四年（一四四七）十一月八日条の次の記事は、そのことを裏付ける可能性がある。

【史料B】

（前略）已被成（今度）綸旨之上者、可止寺社訴訟之由可有　勅定事歟、延永・水主等雖無故、為　普広院殿御意被仰

付代官職、何況為長者任其時例進神用、至下地者可有知行条、強訴訟無謂哉、（下略）

これは、摂関家から春日社に寄進された山城国祝園荘をめぐる春日社・興福寺と関白氏長者一条兼良の相論に関わるもので、南都伝奏万里小路時房が伝え聞いた兼良の主張の一部である。この相論は、兼良が一二〇石の上分進納は続けるが下地進止権は氏長者にありとして畠山氏被官隅田某を代官職に任じたのを、春日社側が「新儀之御沙汰」「言語道断次第」として幕府に訴えたもので[21]、史料Bの兼良の主張の趣旨には一部不分明な点もあるが、「かつて（摂関家や祝園荘と）なんの所縁もない延永や水主らが代官職になったこともあるが、それは将軍義教（普広院）の口入で補任したものであって関白家の意向によるものではないし、なにより（今は）氏長者としてその時と同じだけの祖用米を納入しているのだから下地進止権は当方にあり、春日社・興福寺の訴訟には謂われがない」といったような大意ではないかと思われる。ここにいう「延永・水主」の延永を一色氏被官の延永氏と断定する確証はないが、史料Aと関連させれば、その可能性は小さくはなく、延永氏と義教の浅からぬ関係が想定できるのである。

ところで、正長元年（一四二八）八月十二日、延永は一色義貫の弟持信に「召具」されて満済を訪れ、銭を贈っているように[22]、持信と特別な関係を結んでいたことが推測される。当時持信は、周知のように将軍義教の偏愛を受ける寵臣であったことを想起すれば[23]、延永は、あるいは持信を介して将軍権力に接近していったのかもしれない。延永氏が、守護代級の守護被官でありながら、将軍権力との間に緊密な関係を結んでいたとすると、第Ⅲ部第二章で後述する三方範忠と共通することになり、さらには、有力守護の重臣層にある程度敷衍し得る特質といえるかもしれない[24]。

一色家中における延永氏の高い地位は一色義貫謀殺後も維持され、丹後において圧倒的な所領を有していたことは先にふれたとおりであるが、戦国期に至り一色氏の権威が衰退すると、文亀三年（一五〇三）以降、石川氏との間で

丹後の実質的覇権を競って敗れ、その後塵を拝することとなる。(25)

4　石川氏

石川《いしこ》氏は明徳三年（一三九二）の相国寺供養随兵の一員であり（註12）、室町期には在京奉行や若狭今富名代官、伊勢守護代などの重職を務めた、一色氏有数の直臣といって差し支えない（第Ⅰ部第一章第二節3・第二章第五節・第三章第一節2）。この石川氏について新行紀一氏は、「三河出身の国人領主で一色家臣となったものとも考えられる」との推測を示しているが、(26)次の文書にあるように、南北朝初期には丹後での活動が知られるので、丹後国与謝郡石川荘を名字の地とする国人とみるのが自然であろう。

【史料C(27)】

（端裏押紙略）

（端裏書）
「石河孫三郎入道請文　暦応四　四　四」

日置弥次郎久季申丹後国友枝保事、去月四日御奉書謹下賜候事（畢カ：河村注）、当保為御家人領久季相伝知行之条、無子細候、若偽申候者、可罷蒙
八幡大菩薩御罰候、恐惶謹言、
　暦応四年四月三日　　沙弥覚道請文（裏花押）

これは、石川孫三郎入道覚道が、幕府から日置久季の丹後国友枝保知行の真偽について照会されたことを伝えるものであり、丹後に所領を持つ御家人であったことを明示している。相国寺供養は、丹後が一色氏の分国になってから

わずか数か月後の明徳三年八月のことであり、随兵に列した石川氏を含む丹後国人（可能性としては他に佐野氏と岩田氏がいる）が、いかにして選抜されたのか、興味が持たれるところである。通常は、国人の実力と守護との関係の程度が随兵の選抜基準とされたであろうが、当時の一色氏にとって、丹後国人に関する情報が十分でなく、被官化していた国人も限られていたと思われるからである。その際、一色氏にとって比較的身近にいて被官化する機会に恵まれていたと思われるのは、在京していた丹後国人である。史料Cの石川覚道も、丹後に所領を持っていたが故に、幕府から日置氏の知行についての証言を求められたのではあるが、京都にも活動の拠点を持つ、在京人的性格を有していた可能性がある。

その根拠の一つとして、このとき石川と全く同じ照会を幕府から受けていたのが、松田右近入道明覚、摂津四郎左衛門尉盛衡の二人であった点[28]を挙げることができる。松田氏は周知の通り、六波羅・室町幕府奉行人（奉公衆松田氏は本章第四節で後述する通り備前を本拠とする別家）であり、摂津氏も鎌倉幕府評定衆、室町幕府引付頭人、地方頭人、神宮方頭人などを務めていて、共に吏僚系御家人として著名な家である。摂津盛衡は系図上に確認できないが[29]、応仁二年（一四六八）、摂津之親が、御料郡とされていた丹後国与謝郡を足利義政から預けられているのは[30]、もともと摂津氏は丹後になんらかの所縁があったからかもしれない（但し「惣田数帳」に摂津氏の名はない）。また松田右近入道明覚は、「丹後松田氏系図」[31]における右近将監貞頼（別名頼済）のことで、松田掃部允頼済の名で正中二年（一三二五）から元徳二年（一三三〇）まで六波羅奉行人としての徴証があり[32]、康永三年（一三四〇）の幕府引付方五番に見える松田右近入道[33]と同一人物であろう（松田氏については本章第四節8で詳述する）。石川覚道が、日置氏の知行に関する証人として、松田・摂津と共に指名されたのは、両氏と共通の性格、すなわち丹後に所領を持ち、かつ在京を基本とする幕府（将軍）直属御家人だったからではなかろうか。

覚道は幕府からの奉書を「謹下賜候」と言っているので、受け取ったとき丹後に在国していたのは間違いないとしても、請文の四月三日という日付と、端裏書にある、幕府側が受領して確認した日とおぼしき四月四日との差は一日しかないところから、覚道が請文を作成したのは、京都もしくはその近くだったのではないかと思われる。文書の日付は必ずしも作成日を正確に反映するとは限らないが、この場合、日付を遅らせる理由は考えられないので、作成日をそのまま表しているとみてよい。松田の請文の日付（三月十日）は幕府御教書（三月四日）の六日後、摂津の元に御教書が着いたのは御教書の日付の一二日後（「同〈三月〉十六日到来」）であったことから知られる、当時の丹後・京都間の通信事情に照らして、一日という時間差は、石川覚道が丹後を離れて京都、もしくはその近くにいたことを示唆している。つまり、石川は京都から丹後に下向することはあっても、常時在国する武士ではなかったといえるのではあるまいか。さほど有力な傍証とはならないが、元弘三年（一三三三）五月、近江番場宿で討死、自害した六波羅祗候人に石川九郎道幹とその子息亦次郎通近がいるので[34]、丹後石川氏が在京人的性格を有していた可能性は否定できないと思われる。

石川氏は一色氏本宗家以外に、将軍義教の寵臣として権勢を誇った一色持信（義貫の弟）・教親父子に仕える被官もいて、教親のもとで「奉行」と称されていた石川河内入道は[35]、永享十二年、一色義貫謀殺に伴い京都の一色屋形を接収しようとして義貫被官らと戦い、討死しているし[36]、教親が新補された伊勢半国の初代守護代に起用された石川安繁もいる（第Ⅰ部第二章第五節）。また、安繁のあと伊勢守護代となり下国した石川佐渡入道道悟は、官途からみて、かつて若狭今富名代官や在京奉行を務めた石川佐渡守長貞の直系であり、本宗家被官の石川氏も命脈を保ったことが知られる。同時代の「惣田数帳」に見える石川氏は、丹波郡米富保と倉富保に合わせて約一四町を領する石川中務（安繁ヵ）しかいないところから、佐渡入道道悟は伊勢に移住したと推定される。道悟が応仁の乱で討死した(37)あとは、道悟の子息と思われる石川修理進直清が伊勢守護代を継いでいるが（第Ⅰ部第二章第五節）、一色義春が没する文明十六年以降は、一色氏の伊勢支配が確認されなくなるとともに、伊勢での石川氏の消息も絶える。しかし、おそらく直清は丹後に帰還し、やがてその子と推測される勘解由左衛門尉直経が守護代延永春信と丹後の実質的覇権を争って勝利し、その後、小倉、伊賀両氏とで丹後を三分する政治勢力を誇った(38)。

5　堅海氏

堅海《かつみ》氏は、一色教親が家督を継いだ直後の永享十二年（一四四〇）八月、若狭入道が丹後の守護代として見えるが(39)、それ以外は所見史料が全くない。したがって、この家は他の守護代家と同列にはみられず、丹後守護代の就任も、おそらく、羽太氏が就任するまでの一時的な措置ではないかと思われる（次項参照）。所見史料はないものの、名字の地は若狭国遠敷郡堅海荘とみなしてよかろうが、堅海荘は、南北朝期には小林氏が知行していたのが闕所とされて斯波家兼に宛行われたことがあり(40)、室町期には、少なくとも康正二年（一四五六）から文明十一年（一四七九）までは奉公衆の上野氏が知行していたことが確認されている(41)。したがって、一色教親の被官堅海氏は、すでに本拠地を離れていたか、さもなくば康正二年以前に没落して幕府料所とされた可能性がある。ちなみに、長禄三年（一四五九）の「惣田数帳」に堅海氏の名は全く見えず、義直の代に一色氏との関係が絶たれたものと推測される。

6　羽太氏

羽太氏の出自に関する材料もほとんど見当たらない。羽太《はぶと》という珍しい地名は、文保二年（一三一八）に結城盛広が幕府から地頭職を安堵された陸奥国白河荘内の郷の一つとして認められるが[42]、一色氏被官羽太氏との接点は今のところ見出し得ない。羽太氏の史料上の初見は、永享三年（一四三一）「東寺廿一口供僧方評定引付」（「百合」ち函八）十二月十一日条で、東寺が将軍義教の御所移徙に伴って移住した一色持信に五貫文、「同（「一色京宅（兆）」＝持信）家人羽太又三郎」に二貫文の礼銭を贈ることにしたとあり、羽太氏は一色義貫ではなく、義教の寵愛を得ていた近習持信（義貫の弟）の被官であったことを伝えている。永享六年正月の義教の参内始めに際しても、羽太某（又三郎であろう）は一色持信の使者として太刀を持参し、祝意を表しているように[43]、持信の筆頭被官の地位にあったといってよい。羽太氏は、同年四月に持信が没したあとも、その嫡子教親に仕え、同十二年五月、義貫が大和の陣中で謀殺されたとき、京都の義貫邸を義教の命で教親勢が接収しようとして義貫方留守勢と合戦となった際討死した教親勢の中に、「葉太豊前入道」の名が見える（本章第六節表2）。その直後、丹後守護職を安堵された教親のもとで守護代に就いたのは堅海若狭入道なる人物であるが（前項）、これはおそらく羽太豊前入道の戦死に伴う臨時的な措置であって、豊前入道の嫡子とおぼしき豊前守信家が成長すると[44]、丹後守護代に登用されたとみられる。その確証はないが、教親が文安四年（一四四七）五月に侍所頭人兼山城守護に補任されるや、羽太信家が所司代・守護代に起用されている（第Ⅰ部第三章図2）ことから推定できる。

ところで、羽太氏は一族挙げて一色持信・教親父子の被官だったわけではなく、一色宗家の被官もいた。「応仁略記」[45]によると、大和で義貫が、義教から謀殺の密命を受けた武田信栄から陣屋に誘われた際、「一色の後見羽伏兎」

がこれに強く反対したといい、武田勢と戦闘になるや、真っ先に武田氏重臣青屋（粟屋）越中と差し違えたと伝える。史料の性格上「一色の後見」という表現を全面的に信じることはできないが、一色宗家被官にも羽太氏がいて、その地位は決して低いものではなかったことは認めてよかろう。しかし、羽太氏の政治的地位は、将軍義教の寵臣一色持信の筆頭被官に由来するものであり、一色氏宗家の家中にあっては、三方氏や延永氏の権勢には及ばなかったとみられる。一色教親が没して義貫の遺子義直がその遺跡を嗣ぐと、丹後守護代は義貫時代の延永益幸の後継者と思われる同直信が就き（第Ⅰ部第二章第四節表1№20）、それ以後、羽太氏が守護代に登用されることはなかった。但し、寛正六年二月一日に山名邸で行われた犬追物に、一色義直を含む大名らに混じって羽太修理進が参加したり、義直の申次として見えるので、(46)義直のもとでも近臣の地位は保っていたことが知られる。この羽太修理進（親家）は、文正元年（一四六六）には医師祐乗からの借銭七〇貫文の返済に、契約している丸田村代官職に伴う年貢・段銭を充てているところから、(47)彼の所職は代官職でありながら段銭収取権を含むものであって、それはおそらく守護一色氏からの給付であろうことが想定できる。ちなみに、長禄三年（一四五九）の「惣田数帳」によれば、羽太修理進は加佐郡祇園寺荘丸田村の一二町三反余、同兵庫助は丹波郡大野郷に四町九反余を領していた。戦国期には「檀家帳」や「一色軍記」に羽太氏の名は登場せず（但し「檀家帳」は加佐郡を欠く）、わずかに「丹州三家物語」(48)が、天正十年（一五八二）、細川忠興が丹後を平定したとき降伏した者として、竹野郡島村の城主羽太越前の名を伝えるが、史料の性格上そのまま信はおけず、かつての所司代羽太氏の勢威を戦国期の丹後に見出すことはできない。

第二節　小守護代・小郡代

1　武田氏

武田氏については、第Ⅰ部第一章第二節においても、甲斐武田氏の一流で同国一条郷蓬沢を名字の地とする家である可能性を指摘した。この推定が仮に当たっていないとしても、武田氏は少なくとも、若狭土着の武士でないことは、鎌倉期の若狭国御家人交名たる建久七年（一一九六）六月若狭国源平両家祗候輩交名案（「百合」ホ函四）に見えないことからもうかがえる。甲斐武田氏の一族が若狭に下るというのもかなりの飛躍であるが、あるいは、鎌倉期に在京していた武田氏庶流なのかもしれない。「近江国番場宿蓮華寺過去帳」（註34）に武田下条光高や武田与次光方が見え、室町幕府の奉公衆には武田下条を始め数家が認められるので、鎌倉期以来、主として京都で活動していた武田氏一族がいたことは間違いなく、若狭に下った武田氏もこうした中の一流であったのかもしれない。

若狭における武田氏の初見史料は、康安二年（一三六二）三月日太良荘百姓等申状（「百合」は函一〇五―一）で、これによると、前年十月、失脚して若狭に没落してきた前守護細川清氏に代わって守護となった石橋和義から、「武田殿」が太良荘を給地として宛行われて入部し、十二月下旬に来納分と号して年貢一貫五〇文（「百合」は函一〇七）を、翌年二月には麦地子をそれぞれ責め取ったあと、三月「ヘカサキ殿」と交替して、同荘を退出したという（「百合」は函一〇五―一）。つまり、武田氏が若狭と関わりを持ったのは、一色氏の守護就任以前のことであり、石橋氏の被官として入国した可能性もあるし、あるいはもっと以前から入っていたかもしれない。ともあれ、石橋和義は貞治二年（一三六三）八月、若狭守護職を始め一切の公職を解任されるので、それを機に武田氏は石橋氏との関係を絶ったのではあるまいか。一色氏の守護就任の翌貞治六年には、のちに小守護代になる武田右京亮重信その人と思われる「右京助殿」が、「守護殿奉行」と共に太良荘に入部して礼銭を受け取っていたり（『太良』④四六）、武田源九郎と市河九郎入道らが、守護使と号して若狭国徳禅寺領名田荘に打ち入っていて、(49)これまでに一族で一色氏の被官になっていたことが確認できる。

ところで、一色氏の若狭守護就任時に、武田氏は若狭に在国してはいなかったと思われる。なぜなら、仮に在国していたとすると、若狭に下向した守護代小笠原長房が、現地で初対面の武田をいきなり自分の補弼役（当初は筆頭在国奉行的地位でのち小守護代となる）に登用したことになり、あまりに不自然だからである。おそらく、武田は石橋失脚を機に京都にもどり、そこで、九州から帰京していた一色氏と関係を築いたか、もしくは、小笠原長房との関係が先行していて、長房を介して一色氏の被官になったのではあるまいか。(50)とすれば、最長でもわずか三年のうちに一色氏の被官になった武田氏が、若狭在国支配機構第二位の重職に登用されたことになり、それは、当時の一色氏直臣団の底の浅さを物語っている。

2　長法寺氏

長法寺氏も、武田氏と同様、一色氏の守護就任前から、若狭での活動が確認される氏族である。

【史料D】(51)

蓮花王院領若狭国名田庄内下村長法寺四郎左衛門尉幷土屋次郎兵衛尉押妨間事、義亭上人状副申状具書如此、子細見状候歟、早止彼妨、可沙汰雑掌於下地由、可被仰遣武家之旨、天気所候也、仍言上如件、行知誠恐謹言、

十一月十九日　　　右中弁平行知奉

進上　右大将殿

この文書の年紀については、『大日本古文書』の推定通り、康安元年（一三六一）か翌貞治元年とみてよい(52)。長法寺四郎左衛門尉が土屋と共に名田荘下村を「押妨」したとして訴えられているが、先の武田氏と同じく、守護細川清氏の失脚、若狭没落に伴う混乱に乗じた行動であり、一色氏の守護就任に先んじて若狭で活動していたことが確認される。武田氏は一色氏が守護になるとただちにその被官に組み込まれたが、長法寺の方は史料D以降、若狭小守護代に起用される応永十三年（一四〇六）まで五〇年近く動静が伝わらず、一色氏被官化の時期は不明である。

長法寺氏の素性に関しては若干の手がかりがある。すなわち、永禄五年（一五六二）四月一日廿八所社祭礼神膳支配日記(53)に「長法寺へ一膳」と見え、戦国期とみられる年月日欠廿八所社上棟雑物注文(54)には、馬一疋を奉納した者として「ちやうほうしとの」の名があって、戦国期の三方郡山西郷廿八所社に深く関わる土豪としての長法寺氏の存在がうかがえる。そして、鎌倉末期の山西郷に長法寺なる寺院があったことは、応長元年（一三一一）九月十七日山西郷内仏神田田数注文(55)に「長法寺中田」「長法寺念仏田」「長法寺夏田」などが見えることで確認できる。この長法寺は、応仁以前に骨格が成立していたとされる若狭三十三所において三十三番札所とされた水生観音堂（現美浜町河原市）とみて間違いない(56)。以上から、鎌倉期から三方郡山西郷にあった長法寺に深く関わる在地武士が長法寺氏だったので

はないかと推測できる。

3　松山氏

松山氏は、三郎左衛門入道常栄が若狭小守護代に補任される永享元年（一四二九）までは、一色氏との関係をうかがわせる史料を欠くので被官化の時期は明らかにできない。同年と思われる二月二十二日太良荘本所半済地頭領家百姓等申状（『太良』⑤七六）に「小守護代今月十一日松山と申仁下り候」とあるので、少なくとも小守護代に起用されるまで在京していたことは確認できる。

常栄と同一人かどうか確証がないが、通称が一致する松山三郎左衛門尉が、次の文書に見える。

【史料E】（「百合」ニ函四四―一）

東寺八幡宮領下久世庄内八幡田参段事、任先例可有沙汰状如件、

応永十一
九月廿九日　　守直（花押）

松山三郎左衛門尉殿

これは、山城国下久世庄内八幡田に対する守護（高師英）家人飯田某の違乱を、守護が停止した際の、守護代佐治守直書下であるが、守護奉行片山正覚→守護代佐治守直→吉田備前という一連の遵行命令は別に下されている。[57]今谷明氏は宛人の松山を乙訓郡代とみなしているが、[58]『大日本史料』（第七編之六、七九〇頁）の「松山三郎左衛門尉ヲ荘官ト為ス」という頭注のように、むしろ八幡田の給人と解すべきではなかろうか。そうした松山の地位如何は別として、彼はこの二五年後に若狭の小守護代となる松山三郎左衛門と通称が一致するところから、同一人か父である可能

性もある。山城は応永二十五年から三年間一色氏の分国になっているし、一色氏や三方氏は在京していたのであるから、松山がたとえ他に本貫地があったとしても、京都近郊に何らかの地歩を築いていたとすれば、一色氏・三方氏との接触は十分あり得る。

4　柘植氏

柘植氏は永享八年（一四三六）、出雲入道某が野々山美作入道と共に丹後守護代延永益幸遵行状を宛てられていて（第Ⅰ部第二章第四節表1№17）、当時の丹後小守護代の地位にあったとみられる。ただ、本来丹後国人ではなく、鎌倉後期の在京御家人柘植氏の流れを引く一族の可能性がある。すなわち、弘安三年（一二八〇）、新日吉社小五月会の流鏑馬神事において、柘植六郎左衛門尉親清が七番の射手を務めている[59]。この神事は六波羅両探題を中心とする西国の守護・地頭らによって行われたもので、その参加者はいずれも在京御家人であった[60]。したがって、伊賀国柘植郷を本貫地とするとみられる柘植氏（の一部）が、鎌倉後期には在京していたことは間違いなく、そのまま南北朝期にいたっても在京していて、京都で一色氏の被官になった可能性が考えられる。なお、長禄三年（一四三八）の「惣田数帳」に柘植氏の名は見えず、少なくとも一色義貫謀殺後の丹後に独自の地盤を築くことはなかったようである。

5　野々山氏

永享八年、野々山美作入道が柘植出雲入道と共に丹後小守護代に在職していたが（第Ⅰ部第二章第四節表1№17）、その五年前には、単独で野々山勘解由左衛門尉が守護代延永益信遵行状を宛てられていて（同表№14）、柘植氏よりも以前から丹後と関わりをもっていた。しかし、この家も丹後土着の国人ではない可能性が高い。『寛永諸家系図伝』所収「野々山氏系図」の冒頭に「家伝にいはく、嶋津の庶族なり、野々山といふ所に住するにより、在名を以称号とす」とあり、「参州牛田の城・来高寺・八橋・駒場」の四か所を領した初代政兼は、天文十七年（一五四八）正月二十六日、今川義元の命で織田方の尾張国大高城を攻めて討死したという（『寛政重修諸家譜』もほぼ同じ）。また、この家とは別流と思われる野々山氏の三河での活動が、戦国期の一次史料で確認される(61)。これらの野々山氏と室町期の一色被官野々山氏との関係はわからないし(62)、三河地域の大字以上で野々山という地名はなく、現在地を見出し得てもいないが、中世の三河に、武士が名字の地と称するに足る地名として野々山と呼ぶ地があったことは認めてもよかろう。されば、室町期の一色被官野々山氏を、三河を本貫とする国人とみなす根拠なしとしない。

6　国富氏

国富氏は一色義直の代に、修理亮が井谷八郎左衛門尉と共に丹後小守護代になっていた（第Ⅰ部第二章第四節表1№21）。長禄三年の「惣田数帳」は、周知のように「国富兵庫助帳」が転写されたものである。この兵庫助が永享十二年に京都で戦死した国富兵庫助（本章第六節表2）の子息であろうことは容易に想像できる。同帳では国富兵庫助の所領が丹波郡三重郷内に七町三反余あるが、同じ丹波郡内の国富保一一町はすべて成吉三郎左衛門の所領となっていて、一見ここが国富氏の本貫地ではないように見える上、南北朝期に活動が確認される若狭国遠敷郡国富郷（国富保・国富荘）(63)を名字の地とする国富氏がいるので、この若狭国富氏が丹後に移った可能性も検討してみる必要がある。

若狭の国富氏は、建久七年（一一九六）の若狭国御家人交名たる若狭国源平両家祗候輩交名案（「百合」ホ函四―

五）に見える国富志則家の後裔と考えられる土着武士で、南北朝期になって、貞治元年（一三六二）、守護石橋和義のもとで国富肥後守が守護代に就き（「守護職次第」、「百合」ゑ函三九）、国富中務入道長俊は国内各地で遵行使節を務め[64]、太良荘から礼銭を贈られている[65]。しかし、その後の動静は全く伝わらず、鎌倉・南北朝・室町期を通して、同荘領家職を伝領した官務家の史料（壬生家文書）に国富氏の名は一度も登場しない。公文などに就いていた可能性も否定はできないが、少なくとも室町期には、国富氏が国富荘に地歩を占めていた可能性は低く[66]、若狭国富氏は一色氏の被官になることなく、没落したのではないかと思われる。

名字の地を領していないという点においては丹後の国富兵庫助も若狭国富氏と同じであるが、兵庫助が本来国衙に将来した大田文の写本を所持していた点は重視されるべきであり、『宮津市史』の説[67]のように、一色氏被官の国富氏は丹後の在庁官人出身とみる方がより自然であろう。但し、国富保が成吉氏の所領となっていて、三重郷の一部が国富兵庫助の唯一の所領となっている事情を無理なく説明するのは困難である[68]。なお、大永二年（一五二二）、国富右京亮信真が興行主となって丹後国分寺の涅槃図を描かせており[69]、戦国期まで命脈を保っていることが知られるが、天文七年（一五三八）の「檀家帳」には見えないので、これまでに没落したのかもしれない。

7　多久氏

第Ⅰ部第二章第四節2でふれたように、応永二十一年（一四一四）閏七月当時の丹後「又守護代」（京都における守護代の代官）として多久入道道昌なる者がいたが、彼は一色範氏が鎮西探題として九州で活動していた時期に被官化した、肥前国人の系譜を引く者と思われる。

【史料F】(70)

松浦斑嶋源次納申肥前国松浦相知五郎入道跡内田地伍町（畠地不可依田数）地頭職事、為勲功之賞充行畢、莅彼所、可沙汰付下地於納、至余残者、以誓文可為注申、仍執達如件、

暦応四年三月廿七日　　　沙弥（花押）（一色範氏・道猷）

多久太郎殿

飯田源次殿

これは鎮西管領一色範氏（道猷）が発した書下（形式は御教書）で、宛所の二人は両使とみられる。この種の両使宛一色範氏書下の他、これに対応する両使請文なども含めて、南北朝期の九州には大量の両使関係文書が伝存されているが、それらによって肥前における両使を一瞥すると、そのほとんどが肥前国内に名字の地を求めることができる(71)。したがって、史料Fの宛人多久太郎も、小城郡多久荘(72)を本拠とする国人とみなして大過ない。この他、肥前一宮河上社寄進地の沙汰付を下達した、貞和七年（一三五一）三月二十一日肥前守護代杉原光房施行状が多久小太郎に宛てられていて(73)、足利直冬のもとで小守護代の如き地位にあった多久一族がいたことが知られる。また、元亨二年（一三二二）、肥前神崎荘吉田里内一町の田地をめぐる相論に際して、多久宗種なる者が鎮西探題から論人の主張の実否の確認を命じられているように(74)、鎌倉期以来、多久氏は鎮西探題のもとで使節を務める肥前の有力武士であった。『佐賀県の地名』（平凡社、一九八〇年）は「九州治乱記」「丹邱邑誌」など近世の編纂物をも利用しながら、多久荘を本拠とする多久氏について次のように説明している。すなわち、多久氏は鎌倉初頭の多久太郎宗直の時に肥前下多久に来住して居館を築いたが、やがて東ノ原に移って梶峰城を築き、博多石築地普請役を務めるなど御家人として活動して

いた。そして、宗直から一四代目の宗時が元亀元年（一五七〇）、龍造寺氏に攻められて多久氏は滅亡したという。初代宗直の建立と伝える延寿寺（多久市南多久町下多久字外廻）の境内にある五基の五輪塔を宗直・宗清・宗澄・宗次・宗時のものと伝えるなど、多久氏が多久荘を本拠として鎌倉期から戦国期に及ぶまで当地域一帯を支配していたことをうかがわせる徴証は少なくない。したがって、応永二十一年に一色氏のもとで在京の丹後小守護代を務めた多久氏は、一色氏が鎮西管領として九州で活動していた時代に、肥前守護にもなった一色氏[75]との関係を深めた同国国人多久氏の一族が、九州から上洛する一色氏に随従していき、直臣の一員になったと想定するのが、今のところもっとも自然な解釈であろう。ちなみに、肥前は、川添昭二氏によれば、鎮西管領一色氏にとって「実質的な支配権を為し得た直轄分国」であり、「おおむね分散弱小で中央系勢力に対する求心性」の強い在地武士に対する統治権が浸透しやすかったとしている[76]。

8　御賀本氏

御賀本氏は、応永末年の尾張智多郡で、倉江氏と共に小郡代の地位にあった氏族である（第Ⅰ部第二章第三節史料F―Ⓒ・G）。御賀本氏は一般に、石見益田氏一族が名乗る本姓として広く知られているが、一色氏と石見の接点はほとんどなく、出自に関しては不明といわざるを得ない。ただ、次の史料によって、一色氏被官化の時期が鎮西管領時代の文和三年（一三五四）以前まで遡ることは確認できる。

【史料G―ⓐ[77]】

「一色殿代官御賀本五郎左衛門尉同年八月十一日鎮西持下云々」

参于御方於致忠節輩者、本知行地不可相違、（有脱カ）有殊功者、可令抽賞也、可存知此旨之状如件、
文和三年六月晦日　　（足利尊氏）御判
一色右京大夫殿（直氏）

【史料G―ⓑ】(78)

「一色殿代官御賀本五郎左衛門尉申沙汰云々」
「文和三年八月廿三日遁世者礼阿弥下向之時進上之云々」
凶徒退治之事、於鎮西度々致軍忠云々、尤神妙、弥可抽戦功也、
文和三年八月十一日　　尊氏御判
嶋津上総入道殿（貞久・道鑑）

これらによって、御賀本五郎左衛門尉は、一色氏代官として嶋津貞久らの軍忠を京都で将軍に具申したりⓑ、一色直氏宛の将軍家御教書を京都から九州に持ち運んで各地の武士に配布するⓐなど、九州と京都の間を往来して、鎮西管領一色氏の活動を補佐するという、きわめて重要な立場にあったことが知られる。なお、御賀本のこのような活動は少なくとも翌文和四年八月まで確認できる(79)。

9　大矢知氏

大矢知氏は、一色義直・義春のもとで伊勢の小守護代、および同国朝明郡の郡代として見える氏族で（第Ⅰ部第二章第五節）、長禄三年（一四五九）の「惣田数帳」に全く見えず、伊勢神宮領伊勢国朝明郡大矢智御厨（四日市市大矢

知町）を名字の地とする伊勢国人と断定してよい。

一色氏が守護職を得た北伊勢八郡のうち、鈴鹿郡は関氏、安濃郡は長野氏が強い影響力を及ぼしており、一色氏の実効支配が確認できるのは員弁・朝明・三重の三郡に限られていたといわれている(80)。しかも、員弁郡、及び朝明郡の一部には「北方一揆」と称する在地国人連合組織があり、朝明郡には「十ヶ所人数」と呼ばれる奉公衆七氏の所領があって、守護一色氏にとって、きわめて支配の困難な地域であったといってよい。かかる環境の中で、大矢知氏は朝明郡に本拠を置きながら、奉公衆でもないし(81)、「北方一揆」の構成員でもない武士として、新天地に下向してきた守護代石川氏にとって、権力に取り込む余地と価値のある数少ない対象だったと思われる。そうした北伊勢における大矢知氏の存在価値が、文明期の大矢知吉忠・正房が一般的な小守護代以上の地位にあったらしいこと、大矢知安忠が郡代ながら関所勘過の書下を発給するなど、大矢知氏一族が重用される背景としてあったのではあるまいか。

一色義春が没する文明十六年（一四八四）以降、一色氏の伊勢支配が確認できなくなるが、大矢知氏はその後も命脈を保ったらしく、大矢知城主大矢知遠江守経頼が、永禄十一年（一五六八）、織田信長の伊勢侵攻に際して滅亡したと伝えられている(82)。

10　片山氏

片山氏は小守護代ではないが、若狭小守護代が兼務することの多い税所今富名又代官に、応永六年（一三九九）八月から同二十一年二月まで片山四郎左衛門尉行光（入道光蓮）が在職しているので（「今富次第」）、便宜ここで取り上げることにする。

山名暢氏は若狭の片山氏について、承久の乱後、武蔵国片山郷（埼玉県新座市）から丹波に入部した片山氏の一族が、丹後に移って同国守護一色氏に臣従するようになったと推定している。[83] 丹波片山氏は、片山広忠が承久四年（一二二二）に丹波国船井郡和智荘（京都府京丹波町）地頭職を得て以降同荘に土着し、中世・近世を在地で生き抜き現代にまで至っている氏族であるが、[84] 広忠のあと広親→親基→盛親→忠親→高親（高親の史料所見は建武三年～延文二年）と続く宗家当主、忠親の弟の助親・光親・秀親・貞親（虎熊丸）、応永二十八年（一四二一）に荘内一宮と八幡宮に田地を寄進した重親[85]（高親の子カ）など、鎌倉～室町期の少なくとも嫡流では、その実名のすべてに「親」字を含んでいる。ただ、広親の弟某（別本系図では義隆[85]）の孫に行忠、その子に光忠の名が見え、「親」字を名乗らない庶流の存在が想定されるが、この系統も「忠」を通字とするので、少なくとも実名の面からみれば、今富名又代官行光をこの丹波片山氏出身とみなすことにはやや無理があるのではなかろうか。

片山行光は今富名代官が石川氏から長法寺氏に交替すると同時に又代官の地位を退いているところから、石川氏との間に緊密な関係があったとみられる。片山氏を丹波から丹後へ移住したと推定した山名氏は、石川氏が丹後国人であることを念頭に置いたのかもしれないが、石川氏は応永十一年には在京奉行としての徴証があるように（第I部第三章図1）、早くから在京していたと考えられるので、片山氏が石川氏と関係を結ぶ舞台を丹後に限定する必要はなく、一色氏との出会いの場も含めて、京都の可能性も大いにある。ちなみに、片山氏は一色氏が若狭守護職を失った後も若狭に留まって国内外で金融活動を展開してはいたが、[87] 一方で、幕府料所富田郷公文の地位にあり、[88] 政所執事伊勢氏に銭を贈るなど、[89] 幕府権力との関係も築いていた。長禄三年（一四五九）の「惣田数帳」に片山氏の所領が見えないことも勘案すれば、片山行光は丹後国人ではなく、本来は在京人で、京都で石川氏もしくは一色氏との関係を持ったのではあるまいか。

在京人としての片山氏で管見に入っているのは、①元弘三年（一三三三）、番場宿で討死した六波羅軍の片山十郎次郎入道祐珪・弥次郎祥明父子（註34）、②応永十一年（一四〇四）～同二十三年、山城国守護高師英のもとで奉行人を務めた片山隼人佐正覚（入道光如）[90]、③長享元年（一四八七）、足利義尚の六角攻めに奉公衆二番として参戦した片山平三[91]の三人しかいないが、いずれも実名・通称・官途・法名の面で今富名又代官片山行光との共通性が見出せない（唯一、正覚の法名光如と行光の法名光蓮の「光」が共通）。したがって、行光の出自の確定はできないが、在京する片山氏の存在は確認できるので、一つの可能性として措定しておくこととする。

11　伊崎氏

伊崎氏も小守護代ではないが、片山氏と同じく税所今富名又代官になっているので、ここで検討する。

応永三十年（一四二三）十二月、三方修理亮（範忠の弟）に代わって、税所今富名又代官に大飯郡加斗荘公文の伊崎中務丞が就いた（「今富次第」）。この伊崎氏の子孫の家に伝わる「伊崎系図」[92]（図1）の政資・盛長にかかる記事によれば、伊崎氏は丹後国加佐郡祇園寺荘を本領とし、若狭国大飯郡和田荘の和田三郎の女を妻としていた政資が承久の乱で本領を没収されたが、嘉禄元年（一二二五）、その子盛長が加斗荘公文職になったという。網野氏は、この加斗荘公文職は本来和田氏の所領だったと推測している[93]。盛長の嫡子実長が加斗荘に館を築いて土着し、その弟康実から四代目康能の時、応安の一揆で守護代小笠原長房に従って軍功を上げ、その孫忠為は永享十二年（一四四〇）、小浜の政所で一色義貫の謀殺を聞き、従臣と共に切腹したと伝える。系図は忠為の官途を「今富次第」のいう民部丞ではなく左近将監とし、今富名代官補任の記事もないが、小浜の政所にいたとする点は「今富次第」の所伝と矛盾せず、若狭国和田氏との所縁で鎌倉初頭に丹後から移住してきたとする、出自に関する基本的部分は、おおむね信をおいて

清和天皇……源満仲……頼綱――仲政
政長――政遠――政資
政資　殿部和田三郎息女聟
承久乱之時至京方、本領丹後国祇園寺庄得替、彼盛長
若狭国和田庄安行・末真・則真田恒延名母方従祖父被譲

盛長　内舎人
承久乱之時倶父至京方、政資丹後国為得替之時、嘉禄元年三月依　将軍頼経公之
命而、始於若狭国加計庄賜采邑三千石而称公文職　属于守護職忠時公館住矣

実長　伊崎左馬頭　伊賀守
続父遺領為加計庄之公文職、和田恒延公田三反相伝、
有故而、舎弟以康実為嗣子、稲場山上築館、住于茲矣

康実　兵衛尉
兄実長之為嗣子而、補公文職、属守護職陸奥守時輔公矣

康忠　右兵衛尉
続父之遺領補公文職、守
護職属于駿河守宗方公矣

康尚　左兵衛尉
続父遺領補公文職、
属于高時入道矣

康能　沙弥了阿
続父之遺領、奉仕于一色範光公、于時応安二年安賀庄
於金輪院一戦之時、属于小笠原蔵人太夫長房有軍功矣、

康信　太郎三郎
奉仕于　一色左京
太夫詮範公

忠為　左近将監
奉仕于　一色修理太夫満範公、永享十二庚申年於大和国之戦場而、義範公生害之時、於小浜政所而追腹切畢、従臣瀬尾二郎右衛門同腹

忠康　民部丞
奉仕于　一色修理太夫満範公、永享九年於大和国之戦場而討死、
号　慈雲寺殿巌光宗永大居士、室赤松中務正道友女、文安三年三
月十八日卒、号貞雲寺殿月□妙爽大姉

忠庸　外記
父忠康為討死之時、於西光寺自殺、号　自明院殿寛元道誉大居士、室佐々
部下司二郎政也女、永享元年三月五日卒、号　孝可院殿帰月妙貞大姉、

貞為　左近　伊賀守
永享十二年武田信栄公依　将軍義教公之命而、為若狭国之守護職、嘉吉元年来于茲而、改麾下
之士時、使伊崎忠庸之嫡子貞為、続祖父之遺領矣、文明十六丁巳七月二日卒、号安楽寺殿晴
月道随大居士、室河上肥前守沙弥道応女、文明十五癸卯年六月廿日卒、号　法雲院殿智光妙芳大姉

長為――尭康――尭為……（後略）

図１　伊崎氏系図（抄）

もよいと思われる。一色義貫謀殺のあとも伊崎氏は若狭国加斗荘に留まり、近世初頭に帰農して現代に至っている。[94]

この他の小守護代・小郡代として所見のある横溝氏（丹後小守護代）、倉江氏（尾張智多郡小郡代）、桑原氏（三河渥美郡小郡代）、伊藤氏（若狭への守護使・山城小守護代・侍所小所司代）、机岡氏（丹後小守護代・侍所小所司代）、井谷氏（丹後小守護代）については、出自を探る材料が皆無に等しいので、検討の対象から除外する。

第三節　在京奉行

1　渡辺氏

一色氏が若狭守護に就任した直後の貞治五年（一三六六）十二月、在京奉行の一人として見える直秀は、翌年一色氏から太良荘預所職、応安元年（一三六八）には同荘半済分を給付される渡辺弁法眼直秀その人である（第Ⅰ部第三章第一節2）。渡辺氏は、若狭国三方郡倉見荘を名字の地とする国御家人倉見氏の系譜を引く在地国人である。すなわち、「若狭国鎮守一二宮社務代々系図」[95]は、僧実尚（正応四年〈一二九一〉没）の次女に「倉見渡部六郎妻」と注記し、その子息を渡部四郎左衛門尉とする。山名暢氏は、倉見氏のうち、国衙機構と関わりをもった者の系譜を引く一族が渡辺氏を称したと推定しているが、その明証はなく、渡辺氏と国衙との関係は不明である。[96]元弘三年（一三三三）十二月、若狭直阿と共に太良荘に乱入した「悪党人交名」（「百合」ゐ函一八―四）に見える渡野辺中務丞・同舎弟弁房のうちの弁房が直秀の父、もしくは本人と推定され、南北朝初頭には「悪党」化していたことが知られる。その渡辺氏が、三〇余年後に、若狭守護に就任したばかりの一色氏のもとで連署の守護借銭請取状を京都で発給する立場として登場するのは、奇異の感が否めないが、史料所見を虚心に解釈すれば、直秀はある時期から在京するか、さもなくばしばしば上洛していて、九州から帰京してきた一色氏と関係を持ったと理解するしかなかろう。その時期が貞治五年以前とすれば、一色氏の若狭守護就任は、渡辺氏にとって国元での地盤確保（回復）のためにはまたとない僥倖となったはずである。また、一色氏の若狭守護就任の情報に接した渡辺が、若狭武士であることを積極的にアピールして被官化を果たした可能性も考えられる。もとより特定はできないが、いずれにせよ、被官化間もない渡辺氏が、一時的にせよ在京奉行的地位についたことは、若狭守護就任当時の一色氏直臣団の貧弱さが露呈されていることは確かである。貞治六年、一色氏が闕所とした太良荘預所職を宛行われた直秀は、同荘に「下向」して二二五文の礼銭を贈られたり[97]、その後も同荘半済分も給付されて「濫妨狼籍」を働き、東寺から訴えられているように（『太良』④五三など）、若狭で活動するようになる。したがって、直秀の在京奉行としての地位は一時的なものであって、渡辺氏に在京吏僚的性格を見出すことはできない。

直秀の太良荘半済給主職は、応安元年のうちに上野左馬佐に替えられ（『太良』④五八―一）、預所職としても応安四年（『太良』④七一）を最後に、直秀の名は太良荘関係史料から消える。また、その後も一色氏の支配機構に渡辺氏が登用された形跡は見当たらず、一色氏の若狭守護就任当初の重用に比して、その後の待遇は芳しくなかったといえる。長禄三年（一四五九）の「惣田数帳」に見える、丹後国加佐郡大□社公文分六町三五二歩の領主渡辺源左衛門が、南北朝期の渡辺直秀の後裔だとすれば、室町期を通して一色氏被官の立場を保っていたことになるが、確証はなく、その後の同氏の動静は明らかにできない。

2　長田氏

長田氏は、明徳元年（一三九〇）に弾正蔵人が在京奉行らしき地位にあり、応永三十三年（一四二六）には、因幡入道が河崎肥前守と共にやはり在京奉行に近似した地位にあったと思われる（第Ⅰ部第三章第一節2）。長田氏の出自に関して想起されるのは、網野善彦氏が太良荘の成立に関わって、若狭国松永保内恒枝名の開発領主として想定した長田下野守師季（永保三年〈一〇八三〉失脚）や、その孫で若狭国東郷郷司と推定される東殿平時信（永田太郎時信）で、氏はその名字の地は恒枝名の比定地に含まれる小浜市野木の小字「長田」に求めている(98)。網野氏によれば、永田時信の孫頼忠の女が一二宮十二代禰宜景継（弘安七年〈一二八四〉没）に嫁すなど(99)、その子孫が若狭に深く根を下ろしていたことを指摘しているが、長田の姓が時信のあとどこまで継承されたかは確認できず、少なくとも鎌倉期の恒枝保・太良荘（保）関係の史料には長田氏の名は見出せない。したがって、仮に南北朝末期に一色氏被官として史料に登場する長田氏の遠祖が右の長田氏だとしても、その間の三世紀近くも在地性を保ったまま鎌倉・南北朝期を経て一色氏の被官となったとは考えにくいし、少なくとも一色氏の被官になった頃の長田氏は、主として京都で活動していたと思われる。すでに第Ⅰ部第三章第一節2でもふれたように、永徳三年（一三八三）三月、太良荘地頭方所務職に補任された東福寺僧善一が、その所務を「年来知音之仁」である長田弾正蔵人に請負わせた背景として（『太良』④一五三）、弾正蔵人の先祖が太良荘の成立に関わったことを意識したことがあった可能性も否定はできないが、むしろ、彼がすでにこのころ、東福寺僧との人脈を築くほどに、京都で長く活動していたことが主たる理由ではなかろうか。

3　壱岐氏

壱岐氏は応安三年（一三七〇）十二月、壱岐太郎が守護使として山東・山西郷に派遣され、夜討ちにあって応安の国人一揆の導火線となったように（「守護職次第」）、比較的早期から一色氏の被官となっていたことが知られる。また、室町期には壱岐左近将監が在京奉行を務めるなど、その地位は低くない。この氏族の出自に関する明徴はないので、一つの可能性のみ示しておくにとどめたい。

次項に述べるように、壱岐氏と共に在京奉行を務める伊賀氏が鎌倉期の在京人であったことから、壱岐氏にもその可能性が認められる。まず、「近江国番場宿蓮華寺過去帳」（註34）に壱岐孫七郎貞住の名が見え、鎌倉末期における六波羅探題との密接な関係が想定できる。また、「文安年中御番帳」及び「永享以来御番帳」の一番に壱岐次郎の名が見え、室町期には奉公衆になっている家がある。これらから、壱岐氏は鎌倉期以来の在京人で、一族の一部は将軍との直属関係を構築していったことが知られ、壱岐氏が一色氏の被官となった舞台が京都であった可能性は十分想定し得る。

4　伊賀氏

伊賀氏は応永十八年に在京奉行、同十九年に丹後の在京守護代、一色義直期には在京奉行として見える家であるが、鎌倉幕府の有力御家人で、若狭とは特に深い関係があった。すなわち、寛喜元年（一二二九）に失脚した若狭忠時の跡職一六か所のうち、少なくとも国富荘・西郷・津々見保・武成名・日向浦が伊賀氏に与えられ、弘長三年（一二六三）からは幕府評定衆伊賀光宗が若狭国衙税所代に任じられている（「今富次第」）。その後、忠時跡のうち、国富荘と津々見保は得宗に奪われ、税所代も得宗御内人工藤杲禅に替えられたが、伊賀光宗の孫光政は六波羅評定衆、引付頭人として活躍する一方、若狭の所領も、西郷・武成名は光宗の甥光範やその子孫（孫カ）光定が保持していた[100]。光政の子息兼光は、周知のように、後醍醐天皇の倒幕に協力し、建武政権で要職を占める一方、若狭国司になったが、この兼光の流れをくむ家が室町期の奉公衆[101]になっていったのに対し、光定の子孫が一色氏の被官になったのであろう。

【史料H[102]】
奉寄進（ママ。以下同じ）　根本神宮寺
　合弐反者　此内田弐反武成名内闕伽井坊作 畠壱反龍前毗沙門堂南道より東
右志趣者、為一色之信伝御菩提、件田畠者、依為沙弥道珍之私領訪申所也、以余薫、伊賀彦次郎聖霊幷自身現世安穏為後生菩提、永代鎮守大明神灯油料足ニ所奉寄進也、然間子々孫々至違乱煩者、可為永不孝仁、仍奇進状如件、
　明徳元年卯月八日　　　沙弥道珍（花押）

ここで武成名の地を神宮寺に寄進している道珍は伊賀彦次郎の肉親と思われるが、寄進目的の第一に一色信伝（範光）の追善を掲げているので、この明徳元年（一三九〇）までに一色氏の被官になっていたことは疑いない。

室町期の伊賀氏は基本的に在京被官として一色氏に仕え、本宗家だけでなく、義貫の弟で将軍義教の寵臣持信の被官になった一流もいたらしく、持信の嫡子教親の奉行に伊賀長近がいて、教親のあとの義直の代になっても引き続き奉行職に在任し、これとは別に伊賀次郎（次郎左衛門尉）家有も奉行として見える（第Ⅰ部第三章第一節表1）。長近・家有と同時代に当たる長禄三年（一四五九）の「惣田数帳」によれば、伊賀次郎左衛門（家有カ）と同備中守（長近

ヵ）の二人で加佐・竹野・熊野三郡内に合計五か所、五九町三反余を領しており、これは、一色氏被官としては氏族別で延永・成吉・佐野氏に次ぐ四位の規模で（終章第二節表4）、その勢力の大きさがうかがえる。伊賀次郎左衛門尉は寛正六年（一四六五）七月当時、これまでに一色氏の支配下に入っていた若狭小浜の代官として在国しているが[103]、同年二月に一色義直の申次として見える「伊賀三左」[104]が「伊賀二左」つまり次郎左衛門尉のことだとすれば、彼は常時小浜に在国していたわけではなく、なんらかの要件で下国していたものであって、通常は在京しながら一色義直に近仕していたものと思われる[105]。同年三月四日の将軍義政の花見に、藤田・小倉両氏と共に騎馬で一色義直の供をした伊賀もいるが[106]、家有か長近（もしくはその後嗣）のいずれかの在京奉行であろう。この他、延徳二年（一四九〇）、歌人正広が丹後を訪れて一色義直や家臣の邸宅で歌合を開いた際、閏八月三日に邸が会場となった伊賀修理亮直光が知られている。これら義直期に所見のある各伊賀氏の関係はわからないが、「惣田数帳」に見えるように二家が並立していて[108]、共に一色氏重臣の地位にあったことは認めてよい。このうち、家有の後嗣とみられる次郎左衛門が明応二年（一四九三）正月、一色氏に反旗を翻して挙兵し[109]、丹後が本格的な戦国の争乱に入る。天文七年（一五三八）の「檀家帳」によると、戦国期の伊賀氏は熊野郡久美浜を本拠とし、「竹野郡・熊野郡二郡御持候」とて丹後北西部に影響力を及ぼし、与謝郡加悦城の石川氏、同郡宮津城の小倉氏と共に「国の御奉行」とされているように、丹後を三分する威勢を誇った[110]。

5　大河原氏

明徳の乱における一色勢の活躍を伝える「明徳記[111]」が名前を明記する数少ない被官として、若狭守護代の「小笠原ノ三河入道」（長房）、応永末年頃の在京奉行河崎肥前守（第Ⅰ部第三章第一節2）の父とおぼしき「川崎肥前守」と「同帯刀」に加えて大河原長門守がおり、南北朝期のうちに被官化していたことが知られる。それ以上具体的な事情はうかがい知れないが、「御的日記」[112]において、観応元年（一三五〇）に大河原左衛門五郎、応安四年（一三七一）から永和元年（一三七五）まで毎年大河原新五郎の名が見える。毎年正月の将軍家的始で射手を務めるのは、周知のように将軍近習・奉公衆である。大河原氏は各種番帳には見えないので、奉公衆になったわけではないが、南北朝期に将軍直属御家人であったことは間違いなく、その一族が一色氏の被官になった可能性は小さくない。

永享十年（一四三八）、一色教親が三河国猿投神社に寄進した同国高橋荘神郷に関わって、大河原氏行が伊賀長近との連署で「奉行」石川河内入道に宛てて段銭免除や宿老の参詣を指示する奉書を発給していることから[113]、教親の被官であったことが確認される。同十二年の一色義貫謀殺に伴う京都一色邸接収の際の、教親被官と義貫被官の戦闘で、教親勢として討死している大河原主計亮（本章第六節表2）が氏行に当たるかどうかはわからないが、長禄三年（一四五九）の「惣田数帳」に大河原氏の名は一人も見当たらないし、戦国期の「檀家帳」にも見えず、少なくとも丹後においては命脈を保つことができなかったと判断される。

6　河崎氏

河崎氏は、明徳三年（一三九二）の相国寺供養の随兵に肥前守光信が参加し、応永三十三年（一四二六）には、肥前守某が長田氏と共に在京奉行的地位にあった、比較的地位の高い被官である。この河崎氏については、山名暢氏が的確にその動向をまとめているが[114]、改めて、一色氏被官になるまでの河崎氏の動向を略述しておきたい。

河崎氏の名字の地と思われる河崎荘の位置について、山名氏は、遠敷郡や大飯郡などの候補をいくつか挙げながらも、決め手がないので未詳としているが、その候補のうちでは「守護職次第」の記事がもっとも拠るに足るのではないかと思われる。「守護職次第」によれば、建武三年（一三三六）七月二十五日、斯波時家は小浜に進攻した際「脇袋、又三宅・和久利・多田、又河崎等」を焼き払ったという。脇袋以下は三方郡方面から小浜を目指すルート上の遠敷郡の地名であるので（序論末尾図2参照）、最後の河崎は、多田から小浜に入るまでの場所とみるのが自然ではなかろうか[115]（但しこの付近に遺名はない）。ともあれ、河崎荘と河崎氏の名は、文永二年（一二六五）の「若狭国惣田数帳」（「百合」ユ函一二）、及び建久七年（一一九六）の若狭国源平両家祗候輩交名案（「百合」ホ函四）に見えないので、比較的小規模でかつ新興の在地武士であろう。

河崎氏の初見史料は、観応三年（一三五二）四月、近江や越前の所領と共に、「河崎大蔵左衛門尉・同庶子等跡」の河崎荘が、尊氏から比叡山「山徒一揆中」に宛行われた、というものである[116]。これは前年十月、新守護大高重成が守護代大崎八郎左衛門入道を下したのに対して、若狭国人らが抵抗し、これを国外に放逐した観応の一揆に関わるもので、河崎氏が一族を挙げて一揆方に属したこと、河崎氏一族は河崎荘を分割領有していたことなどを伝えている。その後、一揆は新守護斯波家兼の派遣した子息直持によって制圧されたが、翌文和二年（一三五三）四月と五月に河崎日向守信成が神宮寺に国富荘内の地を寄進しているので[117]、この信成は尊氏方に転向したか、もしくは一揆方の大蔵左衛門尉とは官途が異なるので、行動を共にしなかった別流かもしれない。

その後の若狭は、文和二年七月に南朝・直冬方守護山名時氏の代官を本郷氏らの国人が国外に追放し、同三年九月には新守護細川清氏が下向するなど混乱が続くが、その中で河崎信成は家人世木宗家を太良荘に代官として送り込んで同荘預所を殺害するなど、同荘百姓をして「国一悪党」と言わしめる乱妨を働いたため（「百合」ハ函四二・四五など）、文和四年四月、尊氏は信成の押領停止を命じた（「百合」ミ函四四）。信成がこの二年後に正平十二年（一三五七）の年号で神宮寺に願文を捧げているのは[118]、この頃南朝方に転じた守護細川清氏に呼応した動きを見せたと解釈される（付論3第二節4参照）。応安三年（一三七〇）に始まる応安の国人一揆では守護方につき、国御家人系土着武士を中心とする一揆方と戦っているが、この場合、三方氏のように、幕府直属御家人として守護権力の軍事指揮下に入っていたとみるよりも、河崎の行動は、守護一色氏との関係に基づくものではあるまいか。そのことは、明徳の乱において、河崎肥前守・同帯刀が小笠原長房・大河原長門守らと共に一色軍の中核を形成し、活躍したことが伝えられたり[119]、明徳三年（一三九二）の相国寺供養における一色氏の随兵に、三方氏は含まれないのに対して、河崎肥前守光信が入っていることなどから推測し得る。河崎氏は元来、在地性の強い氏族と思われるが、一色氏の被官になってからは在京性を強め、室町期には在京奉行に類した活動をしたこともあり、正長元年（一四二八）に山城国醍醐で地下人に殺されたことは先にふれた（第Ⅰ部第三章第一節2）。

7　小倉氏

小倉氏は、特に一色義直期になって、伊賀氏と並んで在京奉行、申次などとしての活動が顕著になる氏族である。小倉氏の名字の地としては、丹後国志楽荘春日部村に属する舞鶴市小倉と、尾張国智多郡大野荘小倉郷[120]に当たる常滑市小倉という二つの候補地があり、ともに一色氏の分国・郡内であるところから、このいずれかの可能性が高いものの、決め手はない[121]。

小倉氏の一色氏被官としての初見史料は、『建内記』嘉吉元年（一四四一）閏九月十七日条で、万里小路時房が家領伊勢国衙領のことで一色教親を訪ねた際、外出中だったため「示置小倉了」とあり、教親のもとで申次のような立場にいたことが知られる。義直の代になっても使者や申次、供奉人としての所見が多く確認され[122]、また、第Ⅰ部第三章第一節2での推定が正しければ、範徳・範綱が在京奉行として活動しており、範徳の方は義春のもとでも奉行を務めた。長禄三年の「惣田数帳」で、加佐郡倉橋郷与保呂村など三箇所で三五町六反余を領する小倉筑後守が範徳であるから[123]、竹野郡舟木荘二〇町六反余の領主小倉又七が範綱に当たるとみられ、寛正四年（一四六三）四月、一色氏を代表して幕府政所に出廷して相論に関わった小倉は範徳か範綱であろう[124]。このように、小倉氏は京都における一色氏の政治活動を支える重要なスタッフであった。さらに、一色氏が丹後久美荘年貢を担保にして、山僧から借銭する際の借書に伊賀・小倉の両人が署名しており[125]、義直の経済活動においても、伊賀氏とともに中心的な役割を担っていたことが知られる。先にふれたように、戦国期の小倉氏は与謝郡宮津城を本拠とし、熊野郡久美浜の伊賀氏、与謝郡加悦城の石川氏とで丹後を三分する、「国の御奉行」として威勢を誇った（註110）。

8　武部氏

武部氏は、史料的には一色義直の代になって初めて使者としての所見がある被官で[126]、義春のもとでは武部直兼が在京奉行として見える（第Ⅰ部第三章第一節2）。長禄三年（一四五九）の「惣田数帳」によれば、武部次郎が丹波・竹野・熊野三郡にわたり合計六か所、約二八町を知行していた。六か所のうち最大の所領は一三町五反余の丹波郡元依保であるが、楠田勘解由も同面積の知行者となっているので、一色氏から半分ずつを給与されたのであろうから、ここを本拠とはみなし難いし、他の所領のうち四か所も均等分割された一方の領主となっていて、同じく本拠地の可能性は低い。さらに、唯一単独で知行している丹波郡安光保もわずか二町一反余にすぎないので、少なくとも「惣田数帳」から武部氏の本拠を特定することはできない。なお、一色氏の分国が丹後のみになっていた文明十六年当時、武部直兼は同じ一色氏被官高屋信家とともに、竹野郡船木荘地頭三条公躬の同荘売却に関わっているが[127]、これも、武部氏と船木荘との関係を明示する事例とはいえず[128]。結局、武部氏の出自・本貫地は不明とせざるをえない。

天文七年（一五三八）の「檀家帳」や「一色軍記」を始めとする軍記物、近世地誌類などにも武部氏の名は見えず、戦国期まで命脈を保つことはできなかったと思われる。

この他の在京奉行として所見のある小江房・宗嗣・高井氏については、出自を探る材料が皆無に等しいので、検討の対象から除外する。

第四節　使節級被官

1　多伊良氏

多伊良氏が一色氏被官として史料上に登場するのは、永徳元年（一三八一）九月、侍所頭人兼山城守護一色詮範のもとで、山城国植松荘の遵行に当たる侍所両使一方として見える多伊良将監政朝と、同三年九月に守護使節の立場で同国拝師荘の遵行に当たる多伊良左近将監宗能の二人だけである（第I部第三章史料M・P）。

一色氏被官としての多伊良氏というと、鎌倉期の若狭国松永保・田井保地頭であった多伊良氏との関係がまず想起される。多伊良氏は本姓惟宗氏を名乗り、鎌倉前期から若狭国遠敷郡松永保地頭として見え、鎌倉後期には同国三方郡田井保の地頭職も兼帯した鎌倉御家人で、松永保内にある明通寺の院主職補任権を有し、自身や一族が同寺寺僧となるなど、在地に密着した支配を展開していた[129]。南北朝期になって多伊良小太郎隆能は、足利尊氏が京都から九州に敗走してからしばらくの間は後醍醐方を標榜していたらしく、延元元年（一三三六）七月二日付で松永保内の明通寺に田地を寄進しているが[130]、同年七月二十五日、斯波時家（家兼）が、京都を奪還した尊氏から若狭守護に任じられて下向すると、明通寺寺僧等を率いて斯波勢に加わり宮方と戦っているので[131]、足利方に転じたことが知られる。しかし、その後の多伊良氏の動静は確認できず、貞治元年（一三六二）、当時の若狭守護石橋和義の被官大内和秀[132]が明通寺に松永保に属する寺野村の寺領を寄進（実質は安堵）するのに、「先給主太伊良任本寄進状之旨」としているので[133]、理由は不明ながら、これまでに松永保における多伊良氏の所職は失われていたと思われる。

また、田井保についても、南北朝期に入ると地頭の存在は確認できず、代わりに康永四年（一三四五）から貞治六年（一三六七）までの間の公文職の歴代が知られるほか[134]、貞治六年には、公文職が一色氏のもとの守護代小笠原長房によって闕所の対象とされているところから[135]、多伊良氏の田井保地頭職は南北朝期までは継承されなかったとみられる。つまり、一色氏が若狭守護になった貞治五年には、同国における多伊良氏の所領はすでになくなっていた可能性が高いのである。その後の多伊良氏の動静は一切明らかでないが、永徳期に一色詮範の被官として見える多伊良宗能が、南北朝初頭の松永保地頭多伊良隆能と「能」字を共有することから、系譜的につながるとみてよく、これまでに一色氏被官になっていたことは確認できる。ただ、かつては一体的関係にあった明通寺との関係をうかがわせる徴証は同寺文書に見当たらず、一色氏被官になったあと、若狭における権益を回復できたかどうかは疑問がもたれる。いずれにせよ、室町期には一色氏被官としての所見は全くなく、その地位を保持できなかった可能性が高い。

2　遠山氏

貞治五年（一三六六）、一色氏が若狭守護職を得たとき、遠山入道と伊藤入道が両使として下向しており（「守護職次第」）、両氏は早くから一色氏に臣従していた被官で、共に若狭の在地国人ではないことが知られる。伊藤氏がその後山城で小守護代として活動するなど顕職に就いているのに対して、遠山氏の所見史料は多くはない。遠山入道は応安六年（一三七三）、名田荘を押妨しているとして訴えられているので[136]、両使として下向後しばらくはそのまま若狭に在国していた可能性が高いが、応永九年（一四〇二）、在京奉行石川入道が、若狭国三方郡藤井保を宝寿庵に寄進してくれた返礼のため遠山入道を伴って吉田社の吉田兼煕のもとを訪れているので[137]、この頃は在京していて、石川氏と親密な関係を結んでいたようである。

以上のような事実から、遠山氏は在京性の強い氏族であることがうかがわれるが、その出自は、美濃国遠山荘を名字の地とする鎌倉御家人遠山氏に求めて大過ないと思われる。建治元年（一二七五）五月の「六条八幡宮造営注文」[138]の「在京」に見える「遠山大蔵権少輔跡」が遠山景朝で、彼は在京していたことが森幸夫氏によって確認されている[139]。各種番帳に載る遠山一族のすべてが、この景朝の系譜を引くとみられるので[140]、一色氏の被官となった遠山入道も、在京する遠山氏の一員であった可能性は十分ある。なお、永享三年（一四三一）、太良荘は「遠山方家立」に際して礼銭五〇〇文を贈り、[141] 同十年にも「遠山方下向」に当たって礼銭五〇〇文を出していて、[142] 永享期にも在京しながら若狭になんらかの関わりをもっていて、下向することもあったことが知られる。なお、永享十二年五月、一色義貫謀殺に伴う京都の一色邸接収時の合戦で、遠山氏は三方氏の五人に次ぐ三人が戦死していて（本章第六節後掲表2）、一色家中における地位が低くなかったことを示唆している。

一色義貫謀殺後、遠山氏のなかに丹後に土着した一流がいたらしく、天文七年（一五三八）の「檀家帳」によれば、「延永殿」が支える府中の「一宮（一色）殿様（＝一色義清の子）」のもとに、「御屋かた様御内」の一人として「遠山小兵衛尉殿」の名が見える。

3　市河氏

市河氏は、若狭が一色氏分国になった翌年の貞治六年（一三六六）に、次の二件の所見があるのみである。まず、同年七月、市河九郎入道が武田源九郎と共に徳禅寺領若狭国名田荘に「号守護使」して打ち入ったとして、守護一色範光から停止命令が守護代小笠原長房に下されている。[143]「号」は詐称のケースに多く用いられる語ではあるが、ここでは名田荘が守護使不入であったための用法であって、市河・武田は実際に長房のもとで守護使として活動していたとみなしてよかろう。いま一つは、同年四月頃、守護代が闕所とした若狭国田井保公文職を「管領」するとして、七月、市河入道が同保に入部したというものである。[144]

市河氏は、鎌倉期の若狭国御家人リストたる建久七年（一一九六）の若狭国源平両家祗候輩交名案（「百合」ホ―四―五）には名がなく、土着武士ではない。市河氏の大族としては信濃市河氏が知られており、その一流との想定も可能であるが、実証は困難である。ただ、右の所見からは守護代小笠原長房との強い関係がうかがわれ、一色氏の被官というより、実質的には小笠原氏の被官に近かったともいえるので、あるいは、小笠原氏を介して一色氏の被官になったのかもしれない(145)。

4　丸山氏

丸山氏は、永徳三年（一三八三）、兵庫允高泰が山城守護（侍所頭人）一色詮範のもとで、多伊良宗能と共に両使を務めているが、それ以外は一色氏との関係を示す史料を欠く。ただ、この数年前の永和三年（一三七七）～康暦元年（一三七九）の間に一色氏が守護職を得た三河に名字の地（岡崎市丸山町）を持つと推定される奉公衆丸山氏(146)が注目され、一色氏が三河守護になったのを機に、すでに南北朝期から在京していた可能性のある、奉公衆になっていく丸山氏の一族が、京都で一色氏と関係をもった、というケースを一つの可能性として想定しておきたい。

室町期の丸山氏は、在京する奉公衆とは別に在地にも一族がいて、一色義貫謀殺後の寛正六年（一四六五）に起きた三河額田郡一揆の首謀者は丸山中務丞一族といわれている(147)。なお、戦国期の丹後にも丸山氏がいて、「檀家帳」によれば、熊野郡二分方の「丸山殿」は、「一宮（一色）殿御一家」で一宮（一色）宮内少輔と呼ばれていたとあるが、これが、南北朝末期の一色氏被官丸山高泰の後裔かどうかは検証が困難である。

5　藤田氏

第Ⅰ部第一章第二節2において、応永六年（一三九九）、守護代小笠原長春から若狭国名田荘上村の段銭催促停止を命じられている藤田修理亮入道[148]を、京都から派遣される使節と推測し、その根拠として、藤田氏が在京人であった可能性を挙げた。その具体的な徴証として、まず徳治元年（一三〇六）と翌二年の六波羅奉行人に藤田四郎左衛門尉行盛の名があり[149]、元弘三年（一三三三）に近江番場宿で自害した六波羅関係者として藤田六郎種法・同七郎頼宣がおり（註34）、さらに、「御的日記」（註112）によれば、貞和六年（一三五〇）の射手一〇人の中に藤田億次郎がいた。特に貞和六年の的始には、若狭初代守護代小笠原長房とみられる小笠原源蔵人も参加していて、将軍近習としての藤田氏が、小笠原氏らと共に一色氏の被官となった可能性をうかがわせている。

寛正六年（一四六五）三月四日、将軍義政の花見の供衆として参加した一色義直の供奉をしたのが伊賀・藤田・小倉の三騎であったことから（註106）、当時の藤田氏は一色氏の在京奉行・申次として重用されていた伊賀・小倉両氏に比肩する在京被官であったことがわかる。「物田数帳」には丹波郡光安周枳葛保の半分（一九町七反余）の領主として藤田太郎左衛門が見え、「檀家帳」では、丹波郡菅の藤田右京亮が「御屋かた様御内」とされる他、同郡吉原の吉原氏（「御一家」）の奏者として藤田彦三郎が見えていて、室町・戦国期の丹後に一定の地歩を占めた藤田氏の存在が確認できる。この丹後藤田氏が、応永六年の藤田修理亮入道と直接系譜的につながる確証はないが、室町期に在京被官だった藤田氏の一族が、戦国期には丹後に拠点を移して名跡を保った、という想定もあながち無理ではなかろう。

6　大屋（大野[150]）氏

大屋氏は、応永二十五年（一四一八）に大野某が侍所両使一方として見え、同三十一年には在京奉行的地位にあった大屋掃部の名が知られる（第Ⅰ部第三章第一節２・第三節２）。在京性の濃い吏僚的被官とみられ、分国の在地国人ではなさそうである。

在京する大屋氏としては、正嘉元年（一二五七）の小五月会における流鏑馬で二番の射手を務めた大野九郎上遠時、[151]建治元年（一二七五）五月「六条八幡宮造営注文」（註138）の「在京」に見える「大屋右近入道跡」、延慶元年（一三〇八）、同三年、元応元年（一三一九）に六波羅奉行人としての所見がある大野五郎秀尚、[152]奉公衆の大屋伊豆守・大屋修理亮[153]などが管見に入っている。すなわち、大屋氏は、多くの室町幕府将軍近習・奉行人・奉公衆がそうであったように、六波羅探題に勤仕する御家人の系譜を引く氏族だったのであり、文和元年（一三五二）と翌二年の侍所奉行人の中には大屋兵庫允が含まれていた。[154]羽下徳彦氏は、侍所頭人と奉行人の関係はあくまで業務上の指揮命令に限定されるものであり、両者の間に個別的関係はないばかりか、奉行人が頭人とは独自の活動も行い得るとしているが、[155]頭人在職中と退任後とに関わらず、侍所頭人経験者が奉行人を被官化することは十分あり得たと思われる。官途の相違もあるので大屋兵庫允の直系ではないかもしれないが、室町期に一色義範のもとで侍所両使を務めた大野某が、南北朝期の侍所奉行人大屋氏の系譜を引く一族とみることは許されよう。

7　佐野氏

相国寺供養時の守護随兵は、当該期の各守護の被官構成を反映するものとして重視されてきたものであり、[156]たとえ顕職在任の明証がなくても、一色氏の権力構造を考える上で、決して無視できない存在である。この随兵には、佐野中務丞秀勝が一色満範の敷皮役として列している。この佐野氏の本貫地については、若狭国三方郡耳西郷佐野と、丹波国熊野郡佐野郷の二つの候補がある。というより、一色氏被官佐野氏には、若狭佐野氏と丹後佐野氏の二家があった。若狭佐野氏としては、観応三年（一三五二）、太良荘での「濫妨」を足利義詮から停止されている佐野二郎左衛門尉(157)、及び応安四年（一三七一）の国人一揆で守護方に与した佐野某（「守護職次第」）の存在が知られ、永禄五年（一五六二）、三方郡織田荘山西郷の廿八所社の祭礼に関わる人物の一人に佐野某がいて、戦国期にも若狭に佐野氏がいたことが知られる(158)。

一方の丹後佐野氏は、鎌倉期から御家人としての存在が確認され(159)、長禄三年（一四五九）の「惣田数帳」において、佐野郷を含む熊野郡内三か所、合計七〇町余の領主として佐野四郎がいる。これは、寛正六年（一四六五）八月、一色義直の使者として見える佐野であろう(160)。戦国期には文亀二年（一五〇二）、石清水八幡宮領佐野荘を神二方が「本主佐野四郎」を語らって押領したとされ(161)、さらに天文七年（一五三八）の「御檀家帳」にも、熊野郡ゆうけ（油池）の「大いなる城主」として「佐野殿」の名が見える。以上から、若狭佐野氏の一部が室町期になって丹後に移ったのではなく、少なくとも南北朝期には、両佐野氏は併存していたとみるべきである。となると、相国寺随兵の佐野秀勝がいずれの佐野氏かが問題となる。一色氏が丹後守護職を得るのが、相国寺供養のわずか七か月前であることからすれば（第Ⅰ部序章図2）、若狭佐野氏とみるのが自然のようにも思われる。しかし、石川氏や後述する岩田氏らの丹後国人が同じ随兵に列していたこともあるし、一色氏が若狭を失った一色義直の代に、義直の使者として現れる佐野某(162)は間違いなく丹後佐野氏といえるので、丹後佐野氏の可能性も否定できない。今いずれとも断定するだけの材料に欠けるので、結論は保留しておくが、分国内の国人であることは動かない。仮に丹後佐野氏である場合は、石川氏や岩田氏同様、佐野氏の在京性を想定してもよかろう。

8　松田氏

永享十二年（一四四〇）五月十六日の、一色教親被官による京都一色義貫邸接収に伴う戦闘で戦死した義貫被官の中に松田備前守・同九郎三郎の二人が含まれていて（後掲表2）、一色氏被官としての松田氏の存在が知られる。また、寛正六年（一四六五）十一月、一色義直から幕府政所への使者を松田三郎左衛門が務めている(163)。この一色氏被官松田氏の出自を考えるに当たっては、丹後松田氏、備前松田氏の両松田氏を詳細に明らかにした榎原雅治氏の研究(164)が重要な拠り所となる。氏によれば、まず丹後松田氏については、「丹後松田系図」（註31）の分析を通じて、室町幕府奉行人家として著名な松田氏は丹後を本貫とする御家人武士で、奉行人としてこれまで知られていた丹後守流・豊前守流・対馬守流のすべてがこの丹後松田氏に含まれる他、十郎左衛門流に属する三人も奉行人として確認されるなど、一族からは多くの奉行人を輩出していたという。その一方で、十郎左衛門流の頼久とその養子頼房（実父は豊前守流直頼）が但馬守護山名政豊の被官となり、先にみた一色氏被官となっている三郎左衛門の存在も指摘している。しかれば、永享十二年に一色邸接収時に戦死した松田備前守・同九郎三郎も、丹後松田氏一族の中で幕府奉行人にならなかった人物とみなすのが自然であろう。備前守、九郎三郎や先の三郎左衛門といった官途、通称は「丹後松田系図」には見当たらないが、同系図には「松田彦八郎妻」「松田内記妻」など注記のみに登場する官途・通称があるし、観応三年（一三五二）、丹後での戦功を義詮から賞されている松田修理進(165)も系図には見えないなど、当然省略されている系統が他にあることは間違いなく(166)（彦八郎・三郎左衛門は「惣田数帳」に見える）、備前守・九郎三郎の二人が丹後松田氏ではないと断定するのは正しくない。長禄四年六月当時、松田丹後守秀興が、幕府において一色氏担当奉行になっていたのは(167)、丹後松田氏と一色氏の親近性を裏付けるものであろう。

表1　備前松田氏備前守流歴代の官途・通称

No.	年　月	吉信	満朝	賢朝	賢信	備　考
1	明徳（1390～92）	備前守				備中一宮社務
2	明徳3（1392）8		三郎			相国寺供養随兵
3	応永元（1394）9		備前三郎			足利義満社参衛府侍
4	〃 10（1403）3		三郎左衛門尉			足利義持社参衛府侍
5	永享5（1433）11			三郎		備中吉備津宮領代官
6	嘉吉元（1441）10			弥三郎		備前国可真郷代官
7	文安（1444～48）			孫三郎		奉公衆（一番衆）
8	宝徳元（1449）8				三郎左衛門尉	足利義政参内帯刀
9	寛正6（1465）9				三郎左衛門尉	義政南都下向布衣侍
10	文明13（1481）12				備前守	一番衆　小岡荘代官
11	〃 18（1486）9				長岳居士寿岳	道号

註（1）榎原雅治『日本中世地域社会の構造』（校倉書房、2000年）209～218頁参照。
（2）出典
No.1：吉備津神社文書　No.2：相国寺供養記　No.3：日吉社室町殿社参記
No.4：八幡社参記　No.5・6：建内記　No.7：文安年中御番帳
No.8：経覚私要鈔　No.9：斎藤基親日記　No.10：大乗院寺社雑事記
No.11：蔗軒日録

ところで、松田氏の備前守と三郎左衛門という官途・通称は、実は奉公衆の備前松田氏に見られるので、一色氏被官松田氏との関係を探ってみる必要がある。榎原氏は近習・奉公衆松田氏を網羅的に検出し、四系統にまとめられる家のいずれもが、備前松田氏に属することを明らかにした。その四系統のうち本宗家は歴代備前守、三郎左衛門尉を称したという。いま、榎原氏の収集した徴証、作成した系図から、永享十二年（一四四〇）五月に戦死した松田備前守（後掲表2）と寛正六年十一月に一色氏被官の徴証のある同三郎左衛門の検討に必要な吉信―満朝―賢朝―賢信の四代について、その名乗りの変遷をまとめると、表1のごとくである。

これによれば、まず永享十二年当時、備前松田氏で備前守を名乗っていた可能性のあるのは満朝である。その明証はないが、明証のある父吉信、孫賢信同様、晩年には備前守を称したとみて大過あるまい。没年は不明であるが、仮に永享十二年当時生存していたとしても、かつて将軍義満・義持の社参に衛府侍として供奉するという（No.3・4）、明白な近習としての活動をしていた満朝が、その晩年に一色氏被官に転じる一方、子息の賢朝は奉公衆一番を務めていた（No.7）、というのはやはり不自然であって、永享十二年に戦死した一色氏被官備前守は満朝ではないと思われる。また、満朝が死没していたとしても、子の賢朝はまだ弥三郎を称していて、備前松田氏には備前守を名乗る人物はいないのであるから、この場合も別家の松田氏ということになる。そこで想起されるのは、丹後松田氏と備前松田氏の間には、豊前守という同じ世襲官途を持つ家がある点である。すなわち、丹後松田氏では頼胤―直頼―貞寛―貞泰―頼亮―頼泰の六代（奉行人在職徴証期間＝一三七九～一五四五年）、備前松田氏では益秀―詮秀―持秀―持郷の四代（史料所見期間＝一三四八～一四五七年）にそれぞれ豊前守の明証がある。[168]このケースを援用して、丹後松田家にも、備前守を名乗る一流があったと想定することができるのではあるまいか。

寛正六年十一月に一色義直の使者として見える松田三郎左衛門は、表1の松田賢信の通称と一致するが、これも将軍義政の南都下向に布衣侍として供奉した賢信（No.８）が、一か月余りあとに一色氏被官として現れ、一六年後に奉公衆一番衆と称される（No.10）というのは考え難いので、これは同時期に二人の松田三郎左衛門がいたとみなさざるを得ない。ちなみに、南北朝末期に、松田三郎右衛門尉が丹後における段銭両使一方に起用されていて、[169]南北朝期から三郎右衛門尉を名乗る丹後松田氏の存在が確認される。左衛門尉と右衛門尉の違いはあるが、この系統が室町期には一色氏の被官になっていたとみるのにそれほど無理はなかろう。この系統の丹後松田氏が、主として在京していたのか、在地性の強い家であったのかは必ずしも断定できないが、三郎左衛門が京都で一色氏の使者を務めていたことから、少なくとも十五世紀半ばには在京を常態としていたとみられる。長禄三年の「惣田数帳」に見える松田氏五人の中では三郎左衛門が最も多い一七町近くの所領を有しており、あるいはこの家が一色氏被官松田氏の惣領家で、永享十二年に戦死した備前守の直系の一族（年代的にみれば子息）かもしれない。[170]

なお、若狭にも鎌倉期から南北朝期にかけて数家の松田氏が存在したことが、松浦義則氏によって明らかにされており[171]、一色氏被官松田氏の出自として、若狭松田氏も候補には入れるべきであるが、右に検討した丹後松田氏に比べて、その確率は低いと判断しておきたい[172]。

9　成吉氏

成吉氏は一色氏（義直以前）の被官であることを示す唯一の史料が、次の文書である。

【史料Ⅰ】[173]

当社領丹後国鹿野庄内両名代官職事、及五十余年、于今無相違候処、就年貢減少、可有御改易之由承候、不便次第候、所詮被差下検使、被遂糺明、被仰付候者、所仰候、巨細猶成吉三郎左衛門尉可申入候、恐々謹言、

十一月廿四日　　義直（花押）

駿河小路殿進之候

年紀については、『大日本古文書』（石清水文書二五三号）と『宮津市史』が推定するように文正元年（一四六六）の可能性が高い[174]。普通にこの文書を見れば、文末の成吉三郎左衛門尉が一色義直の被官として使者を務めているように解釈できるが、以下述べるように、成吉氏の性格を勘案すると、別の解釈の余地もある。

成吉氏は、丹後国丹波郡成吉保（比定地未詳）を名字の地とする国人で、「惣田数帳」によれば、史料Ⅰの成吉三郎左衛門尉と同越中の二人で、成吉保（五町一反半）を始め全五郡にわたる一六か所に合計一〇五町四反余を領しており（うち九か所、八二町五反は他家領のない一円支配地）、これは国人では守護代延永氏（左京亮直信一人で七か所、二〇

一町二反余）に次ぐ規模であり、丹後屈指の国人であったといえる。

この成吉氏の性格については、次の史料が重要な手がかりとなる。

【史料J―ⓐ】[175]

石清水八幡宮大山崎神人等申当宮四月三日神事日使頭役事、就油商売令差定成吉入道子息之処難渋云々、何様事哉、及神事違乱之上者、厳密可致其沙汰之旨可被相触、若又有子細者、可被注申之由、所被仰下也、仍執達如件、

応永廿一年八月九日　沙弥《（細川満元）》（花押）

一色兵部少輔殿

【史料J―ⓑ】[176]

（端裏書）「日頭年中度々令勤仕分」

応永廿二年四月三日ヒヤウコノス、イ頭

同　廿二年四月廿三日丹後国ナリヨシ

（後略）

史料J―ⓐは第Ⅰ部序章第三節に史料Mとして引用した文書で、その際指摘したように、宛人一色兵部少輔（義範）の地位は、『大日本史料』や今谷氏のいう侍所頭人ではなく、丹後守護とみるべきであり、文中の「成吉入道子息」は「惣田数帳」の成吉氏（越中・三郎左衛門）に直接つながる人物（年代的にみて父もしくは祖父）に違いない。

さて、史料J―ⓐによれば、成吉入道子息は「油商売」をしていることで、大山崎神人から石清水八幡宮の「四月三日神事日使頭役」を勤仕するよう「差定」められたが、これを「難渋」したため提訴された。あるいはこの年結局

勤めなかったからであろうか、翌年に四月二十三日の日使頭役を勤仕していることが、史料J—ⓑで知られる。「日使頭役」とは石清水八幡宮に属する油商人に課せられる神事役であるが[177]、成吉は勤仕の形態からすれば、石清水に直結するというより、大山崎神人の統制下にあった神人とみるべきであろう。それはともかく、これによって、成吉氏が石清水八幡宮神人で、油を扱う商人としての性格を有していたことが確認できるのである。石清水八幡宮は「惣田数帳」において、他の中央寺社を圧倒する一五か所、二一三町余の社領を有する、丹後における最大の荘園領主であった（二位の等持院領は一〇七町余）。成吉氏が二人で丹後全五郡にわたる一六か所の所領を形成するに当たっては、石清水神人（油商人）としての活動が少なからずあずかっていたことが想定される[178]。

このように成吉氏と石清水との密接な関係を考えれば、史料Iにいう鹿野庄内両名代官職を改易された人物が文中の成吉三郎左衛門尉その人である可能性は十分あり、「当事者の成吉から直接事情を説明させる」という文意と解釈できなくもない。仮にそうだとすれば、「鹿野別宮」を請け負った代官は一色氏の「被官人」とされているので（註174）成吉は一色氏被官と認定できるし、そうでない場合は、純粋に一色氏が石清水に使者として派遣した近臣とみなすことができるので、いずれにしても成吉氏が一色氏被官であったことは動かない。

所領規模で成吉氏に及ばない伊賀氏（二人で四か所、約六〇町）や小倉氏（二人で四か所、五六町余）・武部氏（一人で六か所、約二八町）が在京奉行として活躍していたのに比して、一色氏被官としての成吉氏の所見が使者（とすれば）としての一件のみというのは、成吉氏がその経済力にふさわしい政治的地位を与えられていたとは必ずしもいえないことを物語っている。そして、それは成吉氏のもつ、他の重臣とは異質な性格（商人的性格）に由来するのではなかろうか。また、別の見方をすれば、一色氏はかかる性格を持つ成吉氏も被官として組み込んでいた、という評価も可能である。

天文七年（一五三八）の「檀家帳」には、中郡「見ゑの里」（京丹後市大宮町三重）の城主として「成吉孫治郎殿」「成吉新左衛門殿」を載せ、前者には「大なる城主也」と注記する。「惣田数帳」における成吉氏二人による一円所領の一つ延利保が、三重から竹野川を東北に五キロメートルほど遡った京丹後市大宮町延利に比定されるので、名字の地成吉保も含め、成吉氏の本来の地盤は竹野川上流域に求めて大過なかろう。

以上の他に、侍所使節としての所見がある野勢氏と友岡氏については、検討に必要な材料を欠く。また若狭に派遣された段銭徴収使節と推定した阿曽沼氏は、下野国阿曽沼郷を本貫とする鎌倉御家人が著名で、陸奥国遠野保地頭職を得た遠野阿曽沼氏と、安芸国世能荘地頭職にあった安芸阿曽沼氏の二家の存在は知られているものの、[179]それ以外の史料に乏しく、一色氏との関係形成の経緯をうかがうことはできない。

第五節　在国奉行

1　津田氏

津田氏は、津田浄玖が嘉慶元年（一三八七）から若狭小守護代武田重信との連署状[180]を発給する、いわば特殊な在国奉行として登場し（第Ⅲ部第一章第二節で後述）、応永十二年（一四〇五）まで所見があるものの（第Ⅰ部第一章表4）、その後途絶する。しかし、ただちに没落したわけではなく、康正二年（一四五六）、津田七郎左衛門尉が明通寺領返付を命じる某定勝奉書を宛てられていて[181]、一色氏失脚後も次の武田氏のもとで一定の地位を保持していたと思われる。

津田氏の本拠地は、現在の小浜市街地の南縁に当たる小浜市伏原字津田であったと思われる。元禄六年（一六九三）の成立とされる『若狭郡県志』[182]の「山川部」に「津田」が立項されていて、次のように記す。

【史料K】

自下中郡伏原村、至長源寺之辺以西、謂津田、伝言、古小浜之市屋未造之時、此地河水之所滞、而連于海、故称津田入江、蘆葦繁茂、至今本承寺・本福寺等蘆原山者此謂也、今悉為水田、民間或称津日細江、（後略）

明和四年（一七六七）の『稚狭考』にも「伏原津田の入江の名残とて僅に水あり、其流れも享保のはしめまては余程ひろくて、児童没水して気絶せしもありたり」と記す[183]。

図２－１は津田浄玖の活動期における小浜周辺の地形を、文献や微地形の分析によって復元した下仲隆浩・山村亜希両氏の研究[184]にもとづいて、南北朝・室町期の当該地の地形を推定して示したもので、図２－２は、明治二十八年の二万分一地形図[185]と「若狭国遠敷郡伏原村地籍全図[186]」、及び天保五年（一八三四）頃の「小浜御城御家中之図[187]」を参考にして、近世末の津田近辺の状況を復元すべく作成したものである。図２－２の字「汐入」「入江」は当地が図２－１のように内湾だったことを裏付けている。そして、ここが室町期において港湾機能を備えていたことは、永享六年（一四三四）五月、佐渡に配流される途中の世阿弥が小浜の情景を描写した謡曲の一節に、「船止むる津田の入海見渡せば」とあることから確認できる[188]。字「千軒」は室町期の港町があったと推定される海岸沿いの砂州上ではない湾奥に位置するが、あるいはここが初期の港の場所だったのかもしれない。

この津田の地が税所領今富名の中核部分にあたる地域だったことは、図2－2の字「今富」と今富神社の存在から推断される。享禄四年（一五三一）当時、「在所津田」には常満保地蔵丸名の土地が二筆、一反三〇〇歩あったことも確認されるので、[189]当地に税所の管轄下にある今富名、常満保（国祈祷料所）などの国衙領があったことは間違いない。

以上によって、税所今富名の中枢部を名字の地とする津田氏が在国奉行として活動していた時期に、当地に港があったことが明らかになった。ここから想定される津田氏の性格としては、水運に関わる在庁官人ということになるの

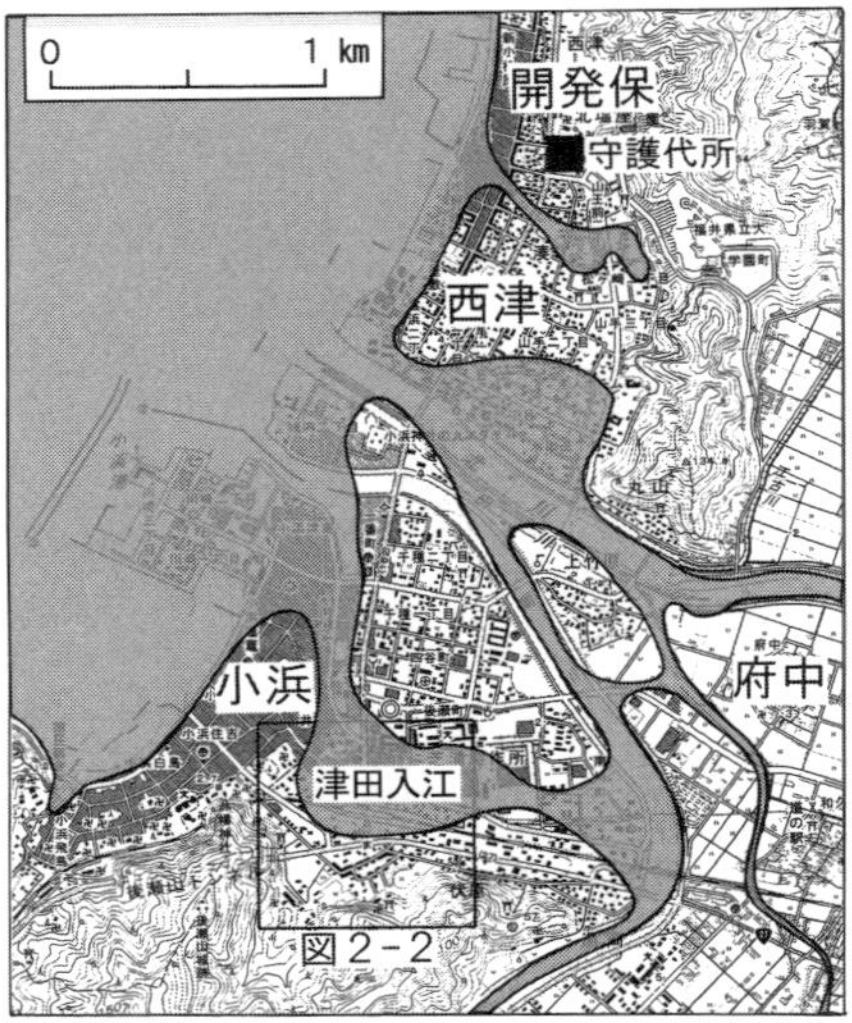

図2-1　14世紀後半～15世紀前半頃の小浜周辺の地形（推定）
下仲隆浩・山村亜希氏の研究（本文註184）を参考にした。ベースマップは国土地理院2万5千分1地形図「西津」「遠敷」「鋸崎」「小浜」

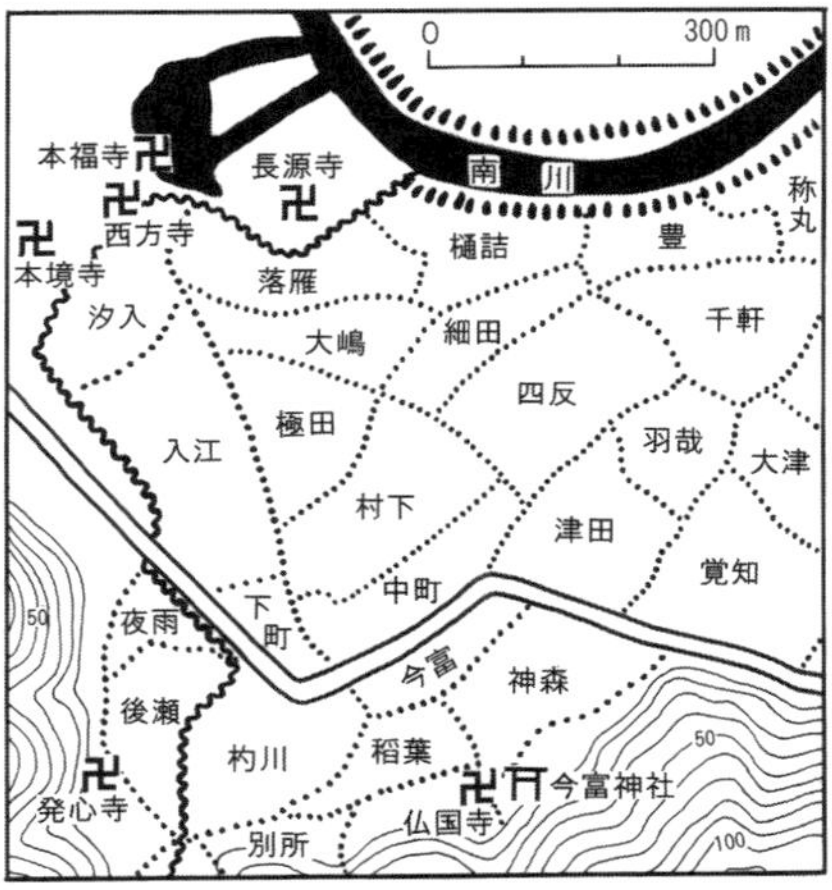

図2-2　伏原の小字
「若狭国遠敷郡伏原村地積図」による。但し西北部の旧小浜城下の部分は天保5年頃の「小浜御城御家中之図」を参考にした。

ではあるまいか。

2　勢馬氏

勢馬氏は、若狭小守護代長法寺氏のもとの在国奉行で、応永十九年（一四一二）〜同三十二年の間、兼田（包枝）氏と共に徴証がある（第Ⅰ部第一章第二節表4）。

「羽賀寺年中行事」[190]によると、応永年中に「勢馬長者」なる者が熊野（遠敷郡国富荘内）に屋敷を構えていて、この屋敷がのち勢馬堂と称する阿弥陀堂になったと伝えており、この「勢馬長者」こそ在国奉行勢馬氏のこととみなしてよかろう。ちなみに、羽賀寺から北に入った谷奥の小浜市熊野には小字「勢間谷」「勢間谷奥」があり、ここを本拠とする小領主とみられる。

3　兼田（包枝）氏

勢馬氏と共に在国奉行を務めた兼田氏は、第Ⅰ部第一章第二節2で述べたように、その次の代の在国奉行として現れる包枝氏と同家とみられるので、その出自は、鎌倉期の国御家人包枝氏に求められる。[191]文永十年（一二七三）、包枝進士太郎入道光念は守護代渋谷経重から若狭国大田文作成に関する施行状を宛てられ、それを郡郷庄保政所に下達しているところから（「百合」ア函二五―三、フ函七―一）、国衙在庁において田所にかかわっていたと推測されている。[192]また、名字の地は遠敷郡玉置荘兼田（若狭町）とみて大過なかろう。

包枝氏は、一色氏の失脚後入部してきた新守護武田氏の被官で太良荘半済給人山縣信政、もしくはその代官山内入道中欖の被官になっており[193]、享徳元年（一四五二）までに一族包枝清兼が太良荘公文になっているなど（「百合」に函二三七）、若狭を離れなかったことが知られる[194]。

以上の他に、在国奉行として検出した氏族に中村氏がいる。他の在国奉行諸氏と同じく在地武士とみるのが自然であろうが、手がかりは全くない。

第六節　その他

ここでは、一色氏の支配機構において公職に在任していた徴証がないものの、被官と認定し得る氏族について取り上げる。

一色氏被官を比較的まとまった形で伝えてくれる史料として、これまでしばしば参照してきた明徳三年（一三九二）の「相国寺供養記」（註12）と「東寺執行日記」永享十二年（一四四〇）五月十六日条の記事[195]がある。

前者に見える九氏については、前節までで公職に就いた者として六氏（小笠原・氏家・延永・石川・河崎・佐野）を取り上げたので、残りの三氏のうち、関東一色氏の被官と思われる淵辺氏[196]と、手がかりを得られない尾藤氏[197]を除き、残りの岩田氏についてここで検討する。

表2　永享12年5月16日一色義貫邸接収に伴う戦闘における戦死・自害者

一色義貫の被官				一色教親の被官	
1	三方　山城入道	8	青　豊前守	21	三上　弥五郎
	下総守	9	毛利　大蔵	22	石川　河内入道
	対馬守	10	真継　彦三郎	23	葉太　豊前入道
	七郎左衛門尉	11	馬田　新左衛門尉	24	河野　三郎左衛門尉
	出雲守	12	生田　因幡入道	25	大河原主計亮
2	遠山　大和入道	13	野々村勘解由	26	小早河兵庫助
	孫左衛門尉	14	大西　弥六大炊	27	堀池　三郎
	弥次郎	15	影山　六郎左衛門尉	7	村上　小次郎
3	志村　将監	16	了阿弥		
4	遠藤　遠江入道	17	延永　修理亮		
5	松田　備前守	18	国富　兵庫助		
	九郎三郎	19	長瀬　五郎左衛門尉		
6	下笠　石見入道	20	木村　左京亮		
7	村上　筑後入道				

註：『後鑑』永享12年5月16日条所載「東寺執行日記」同日条。なお№2の遠山孫左衛門尉、№5の松田九郎三郎、№11の馬田新左衛門尉は、彰考館本（東京大学史料編纂所「大日本史料総合データベース」の史料稿本参照）により一部改めている。

後者の史料は、一色義貫が大和の陣中で謀殺されたことに伴い、翌日、将軍義教の意を受けた一色教親（義貫の甥）が、京都の一色義貫邸を接収しようとして留守の被官と戦闘となり、結局義貫被官二七人が討死あるいは切腹し、教親勢も八人が討たれたことを伝えるもので、双方の戦死者・自害者合計三五人（二七氏）が列記されている（表2）。このうち、これまでに取り上げた三方・遠山・遠藤・松田・延永・葉太（羽太）・国富・石川・大河原の九氏を除く一八氏のうち、出自に関してわずかでも手がかりのある青氏を取り上げたい。

1　岩田氏

「相国寺供養記」には岩田次郎左衛門尉範久の名が見える。この岩田氏について、武蔵国出身の東国武士で、鎌倉期から丹後に所領を持つ在京御家人であることが、外岡慎一郎氏によって指摘されている。[198] すなわち、弘安九年（一二八六）の新日吉社小正月会流鏑馬の射手として岩田八郎丹後政房が見え、[199] 武蔵七党の一流に岩田八郎政房がいることが指摘された。

系図が政房の曾祖父とし「右大将家御代人」[200]と注記する岩田七郎政広は、承久の乱で宇治合戦に参陣している岩田七郎のことであろうから、年代的に矛盾はなく、岩田政房を武蔵七党の系譜を引く在京御家人とする外岡氏の指摘は正しいと思われる。なお、氏が「岩田八郎丹後政房」の名乗りから、政房が丹後に所領を持っていたとする点については不安も残るが[201]、丹後における所領の有無は別として、岩田氏が南北朝期になってもそのまま在京していたとすれば、九州から帰京してきた一色氏と京都において接触し、被官化する機会はあったはずである。前述したように、相国寺供養随兵一二人のうち一色氏の偏諱受給者は五人しかいない中で（「範」に限れば二人）、その中に含まれる範久が、一色満範が丹後守護になってからわずか七か月の間に初めて被官になって偏諱を受けたとみるよりも、もっと前から関係を結んでいたと考える方がより自然ではあるまいか。鎌倉後期の岩田政房と南北朝末期の岩田範久の間に通字は見出せず、両者は直系の同族ではないかもしれないが、少なくとも岩田氏が一色氏との間に被官関係を取り結んだのが京都であった可能性は高いと思われる。なお、「惣田数帳」によれば丹波郡と熊野郡に各一か所、計三九町余の岩田肥前の所領があり、「御檀家帳」では熊野郡長良城主として「岩田殿」の名が見えるので、丹後に拠点を置きながら室町・戦国期を通じて一色氏被官として存続していたことが知られる。

2　青氏

青氏は、鎌倉初頭の若狭国御家人青六郎兼長・七郎兼綱・九郎盛時（「百合」ホ函四―五）の後裔で、大飯郡青郷（別に青保もあり）を名字の地とする在地武士であるが、「若狭国惣田数帳」（「百合」ユ函一二）朱注によれば、鎌倉末期には青郷（地頭は某近江前司）の所職（恒岡・則行・則信名等）は郷内関屋村の武士とおぼしき関屋三郎に替えられ、青郷と青保にまたがる重国名領主職を青源次が持つにすぎなかった。しかし、建武三年（一三三六）八月二十八日の若狭三方郡能登野合戦で、青源五入道が守護斯波時家（家兼）に従って宮方と戦うなど[202]、南北朝期に入るといち早く幕府方として活動し、貞和三年（一三四七）には、青孫四郎入道盛喜が遠敷郡名田荘で遵行両使一方を務めている[203]。このときのもう一人の両使一方は出浦彦四郎親直であるが、出浦氏は鎌倉末期に若狭国前河荘で六波羅両使一方を務めた出浦大蔵入道行念[204]や、若狭松田氏の頼成の「縁者」で遠敷郡安賀荘に所領を持ち、頼成代の起こした訴訟の際の六波羅使者となった出浦孫四郎重親などがいることから[205]、若狭に拠点を持つ在京人と推定されている[206]。このことから、青氏も出浦氏と同様の性格を有し、若狭に名字の地を持ちながらも（但し青郷の権利を回復していたかどうかは疑問[207]）、在京性の強い（但し六波羅との関係は未詳）武士になっていたのではなかろうか。したがって、応安の国人一揆に際して「青一族」が守護方に加わってはいるが、このとき、やはり守護方として行動した者の中に、のちに奉公衆となる佐分・本郷両氏やまだ一色氏被官に組み込まれていなかったとみられる三方氏らがいたように、青氏もまだこの時点では一色氏被官として行動したのではなく、若狭国人として守護（実際は下向した守護一色範光の子息詮範）の軍事指揮に従ったにすぎないとみなすべきではなかろうか。とすれば、青氏の一色氏被官化の時期は、応安の国人一揆のあと、おそらく室町期に入ってからではあるまいか。

長禄三年の「惣田数帳」によれば、丹後国丹波郡に青七郎左衛門と同七郎三郎がそれぞれ一か所の所領、合計七町余を持っているが、それが、一色義貫謀殺後、青氏が若狭から丹後に本拠を移したことを意味するものでは必ずしもなく、新守護武田氏の入部後も若狭に留まったと思われる。そのことは、天文七年の「檀家帳」に、丹波郡はもとより同帳のどこにも青氏の名はないし、同八年、青左近将監の妻が「遠敷郡上下宮祢きの大夫下地」を小浜西福寺に売却した際の売券[208]が伝存することから確認できる。但し、右の売券が戦国期における青氏の唯一の所見史料であり、武田氏治下の若狭では不遇をかこったものと思われる。

以上のほか、表2の中に、具体的な関係は不明ながら奉公衆と同姓の者が村上・毛利・馬田・影山・三上・小早河の六氏含まれており、木村氏も尊氏の近習に木村長門四郎基綱がいる[209]。このうち毛利氏は三河[210]、三上氏は丹後という一色氏分国に所領を有していたことにも留意しておく必要があろう[211]。なお、生田・長瀬両氏は、三河に同じ地名があり[212]、三河出身の可能性を示してはいるが、他に傍証がなく、あくまで可能性にとどまる。

註

（1）山城国下久世荘内八幡田の加地子催促停止を下達した、①応永三年十一月十日守護結城満藤奉行人奉書（「百合」な函一四四）の宛所に「遠藤殿」とある。また、同国宝積寺・修城寺領山林等の打渡を命じた、②同五年三月二十八日守護代牧秀忠遵行状が林垣蔵人入道・遠藤丹後入道に宛てられ、これを受けて、③同年四月一日頼安・沙弥信阿連署打渡状と、④同年四月八日永富打渡状（宝積寺山林畑以下）が発給されている（②～④はいずれも『大山崎町史』史料編に収載され、②は前田家所蔵宝積寺文書、③④は森川文書）。これらによって今谷明氏は、①の遠藤某を数名いる山城守護代の一人とし（管轄郡は未詳とする）、③の頼安を②の遠藤、信阿を②の林垣と同一人とし、守護奉行人と認定している（同『守護領国支配機構の研究』法政大学出版局、一九八六年、三六・四二～四三頁）。しかし、遠藤・林垣は守護代の受命者であるから、守護奉行人ではなく、その下位の郡奉行人とすべきであろう。なお、①の発給者果阿は単独で段銭請取状を発給する奉行人であり（「百合」な函一四五）、連署奉書を発給する是友・幸長（今谷前掲書四〇～四二頁）ら他の奉行人とはやや性格を異にすると思われるので、あるいは①の遠藤某と②の遠藤丹後入道は同一人物の可能性もある（①の久世荘も②～④の宝積寺も同じ乙訓郡に属する）。ところで、今谷氏は③の発給人頼安の姓を遠藤、沙弥信阿を林垣とするのに対して、『大山崎町史』史料編（以下『町史』と略記）は頼安を洲江、信阿を林垣とし、④の永富を遠藤とする。つまり、今谷氏は②の名宛人がそのまま③を発給したとみているのに対して、『町史』は②の名宛人がそれぞれ別々に遵行したと解釈している（但し③④の文書名を「守護代遵行状」と誤っている）、頼安を洲江氏とする確証があるとしても（筆者未見）、永富は丹後入道を名乗っている遠藤の法名としてはやや不自然である（今谷氏のいう頼安でも同じ）。したがって、②が近世の写しであることを考慮して（仁木宏編『大山崎宝積寺文書』〈京都大学文学部博物館の古文書第8輯〉、思文閣出版、一九九一年、一八頁）、たとえば、②の名宛人のいずれかに「入道」が本来なく、その実名が頼安、もしくは永富とは考えられないだろうか（但し前掲『大山崎宝積寺文書』によれば筆跡まで忠実に筆写してあるとはいう）。ともあれ、実名（法名）は確定できないが、遠藤丹後入道が結城満藤のもとで、郡奉行（前掲『大山崎宝積寺文書』は③④を「山城国乙訓郡代施行状」と命名する〈表3〉）の地位にあったことは動かない。

（2）今谷氏は、「明徳記」（『群書』二〇、合戦部）に、山名満幸の挙兵を「丹後ノ国ヨリ古山十郎満藤ガ代官早馬ヲ立申」して幕府に密告したとあることから、結城（当時は古山）満藤を丹後国人と推定している（「山城結城氏」今谷・藤枝文忠編『室町幕府守護職家事典』下、新人物往来社、一九八八年）。従うべきであろう。但し、密告したのは代官だったことから、満藤自身は在京していたことが知られる。なお、長禄三年（一四五九）の「丹後国惣田数帳」（『宮津』五五六〈成相寺所蔵〉。以下、「惣田数帳」と略記する）によれば、丹波郡丹波郷一八〇町七反余がすべて結城越後入道の所領とされている。彼は「永享以来御番帳」（『群書』二九、雑部）の二番に見える奉公衆で、延徳元年（一四八九）三月三十日、近江鈎陣から弟七郎尚豊と共に出奔した結城越後守政胤（『史料』八—二七、延徳元年三月三十日条所載の各史料〈一六〇〜一六三頁〉）の父と思われるが、その官途から満藤の後裔ではないかと推測されるので（満藤の官途については今谷註1著書三五〜三六頁参照。なお外岡慎一郎氏は政胤本人とし、下野〈下総?〉結城氏とする〈『宮津市史』通史編上巻、六二一頁〉）、あるいはここが満藤以来の根拠地だったかもしれない。

（3）今谷明「室町・戦国期の丹後守護と土豪」（京都府与謝郡加悦町教育委員会編『金屋比丘尼城遺跡発掘調査報告書』、一九八〇年、のち註1著書に収録）、佐藤進一『室町幕府守護制度の研究』下、東京大学出版会、一九八八年、一九・二三〜二五頁。

（4）『続群書』六下、系図部。この系図は、生駒孝臣氏によると、為俊流遠藤氏が、渡辺惣官職を独占する満流渡辺氏に対抗して、得宗家との関係を強調しながら、自らの正当性を主張するため為俊流の興隆を中心に作成したもので、その祖本は延慶元年（一三〇八）から元応元年（一三一九）の間に成立したという（「鎌倉中・後期の摂津渡辺党遠藤氏について―『遠藤系図』をめぐって―」『人文論究』五二―二、二〇〇二年、のち同『中世の畿内武士団と公武政権』戎光祥出版、二〇一四年、に加筆修正の上収録）。

（5）『平戸記』寛元三年五月二十五日条に「右衛門尉為俊来、談世間事、是関東間事也」と見え、為俊の在京が確認される。

（6）「遠藤系図」の為俊流の部分を抄出すると、次のようになっている。

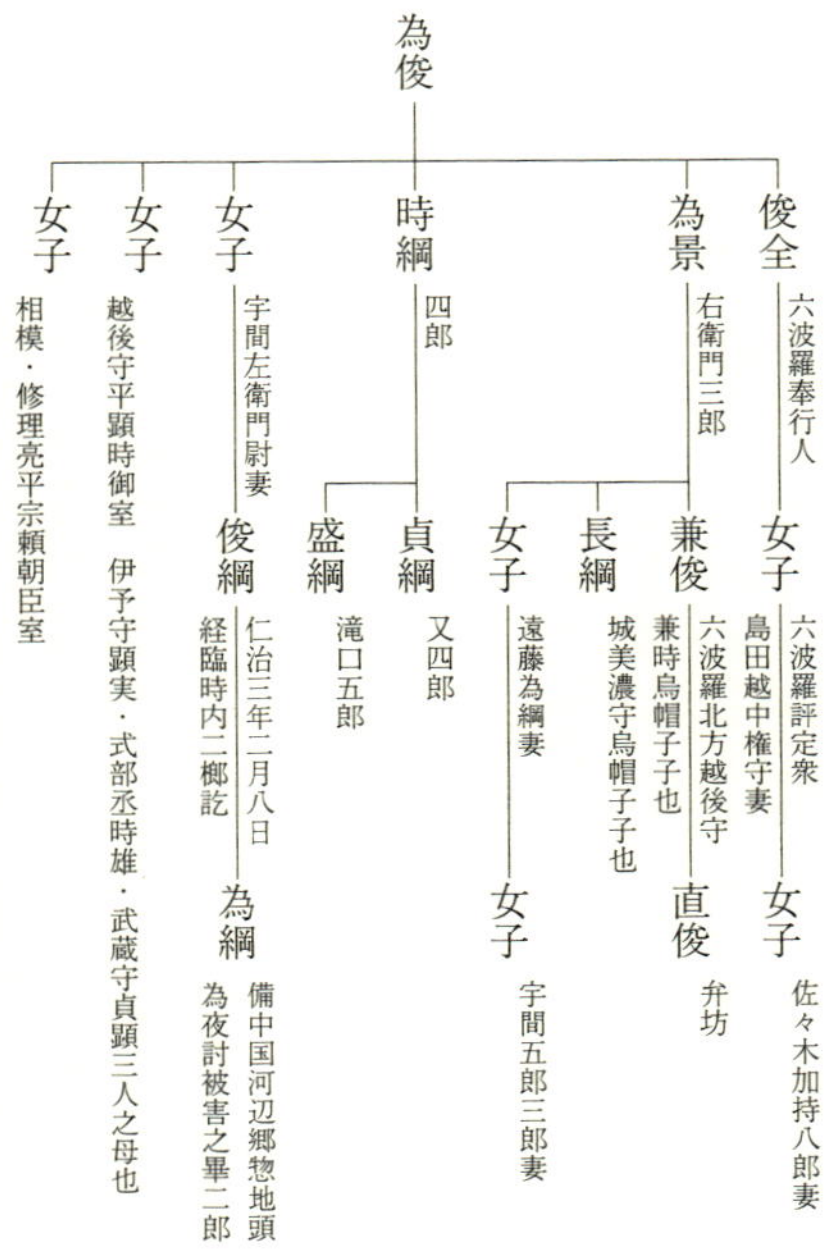

これによると、得宗家・六波羅との関係が濃厚な俊全流、為景流には為景次男長綱以外は「綱」字は見られないが、為俊三男時綱流は「綱」が通字として確立していることが読み取れる。そして盛綱に「滝口五郎」の注記が見えるので、この一流は在京していたことがうかがわれる。また、遠藤為綱（為俊の甥）が娶った為景女子所生女子の嫁した宇間氏（為俊女子も宇間氏と婚姻関係をもっている）は六波羅使者として活動している在京武士であり（たとえば『鎌倉遺文』二〇三四四号に宇間刑部左衛門尉の名が見

える）、為俊流以外にも在京する遠藤氏がいたことがうかがえる（為綱のあとの記載は系図にない）。
（7）応永十四年、尾張国智多郡但馬保五郷国衙代官職を延永光智と二人で請け負った遠藤左近将監範綱（『愛知』9、八九六〜八九九〈いずれも醍醐寺文書〉）の官途は、丹後初代守護代遠藤遠江入道本立の初めの官途左近将監の跡を襲ったものとみられ、父子とみなすのが自然である。
（8）「惣田数帳」によれば、遠藤将監の所領は竹野郡網野郷の一〇町五反二九七歩のみであるが、遠藤の他に伊佐・木本・刑部の三人もまったく同面積であり、ここが遠藤氏の本来の所領とは思われない。しかし、このことをもって遠藤氏が本来丹後国人ではなかったとはいえない。なぜなら、「惣田数帳」によると、鎌倉期以来の丹後武士でも、名字の地が他家領となっている例は、石川氏（石川荘）、国富氏（国富保）、山田氏（山田郷）など少なくなく（他に日置氏も日置郷には八パーセント相当の五反しかない）、名字の地に知行分があるのは成吉氏（成吉保すべて）、佐野氏（佐野郷の五三パーセント）、一色吉原氏（吉原荘地頭分のすべて）ぐらいである。かかる状況は、鎌倉末期から長禄三年に至る間に、丹後国内の武家領にかなりの変動があったことを物語っている。こうした事態をもたらした背景の一つに、たとえば、小笠原氏の失脚に結果した一色氏家中の内訌（第Ⅲ部第一章第五節2、終章第三節1で後述）や永享十二年（一四四〇）の一色義貫謀殺に伴う庶流教親の継嗣、及び教親死後の宗家義直への家督回帰、といった政治的契機も想定できる。ともあれ、「惣田数帳」上の遠藤氏の所領が均等配分された一か所しかないことをもって、南北朝期に同氏が丹後に所領をもっていなかったことの証左とすることはできない。
（9）『宮津』五五七（神宮文庫）。
（10）『丹後史料叢書』第一巻。「一色家随身諸将城跡事」に戦国期から天正十年までの丹後国内の城跡九一か所と城主について記している。「一色軍記」は文化三年（一八〇六）書写の金剛心院本を底本としつつ、『丹後史料叢書』の編者、永浜宇平氏が私家蔵本と校合して適宜修正している。
（11）同右。
（12）「相国寺供養記」（『群書』二四、釈家部）。
（13）氏家道誠は、建武三年（一三三六）三月から暦応二年（一三三九）三月にかけて、斯波家長のもとで北畠顕家勢との戦闘に参戦した相馬氏の着到状・軍忠状に証判を加えたり、軍勢催促状や奉書を発したりしている（『南北朝遺文』東北編〈以下『南北朝遺文』については『南遺』東北の如く略記〉二一四・二一七・二二〇・二三四・二八〇・二八一・二八三・四四六・四四七）。この道誠は、『姓氏家系大辞典』所載「氏家系図」によると、俗名重定で、正安年中（一二九九～一三〇二）に越中に移住したとしている。しかし、これは『太平記』（巻二〇）が暦応元年越前藤島の戦いで新田義貞の首を取ったのが「越中の国の住人氏家中務丞重国」とし、この重国を「氏家系図」が重定の子としているためのおそらく潤色で、道誠は陸奥に下る斯波家長軍に下野の本貫地から加わり、そのまま子孫が陸奥・出羽に土着したものと思われる（『姓氏家系大辞典』「氏家」8・9項）。なお、拙稿「南北朝期における守護権力構造」（一）（『若越郷土研究』二三―二、一九七八年、のち木下聡編著『管領斯波氏』戎光祥出版、二〇一五年、に収録）参照。

(14)『愛知』9、九二七（醍醐寺文書）。なお、第Ⅰ部第三章第一節2参照。

(15)『愛知』9、一〇五六・一五九二（御津町　御津神社）。

(16)小野寺氏の倉橋郷地頭職所有を示す最古の明証は、永享三年五月二十二日足利義教御判御教書（『宮津』四一六〈久我家文書〉）であるが、すでに足利尊氏のとき、小野寺尾張守が倉橋郷に関してなんらかの歎願（内容不詳）をしているので（同、四一五〈同文書〉）、少なくとも南北朝前期まではさかのぼるとみてよい。

(17)正平十一年九月二十六日西郷顕景書下写（『南遺』九州、三九〇八）。この史料によれば、当時の延永村は南朝方別府氏の支配下にあったようである。

(18)山口隼正「『鎮西料所』豊前国天雨田荘と安東氏」（『日本歴史』三一四、一九七四年）、川添昭二「鎮西管領一色範氏・直氏」（『森貞次郎博士古希記念古文化論集』下、一九八二年）。

(19)『室町幕府引付史料集成』上、「御前落居奉書」77項。

(20)同右、76項。

(21)『建内記』文安四年九月二十四日条。祝園荘をめぐる一条兼良と春日社の相論は複雑な過程をたどり、『建内記』に関係記事が多数あるが、本論には直接関係がないので割愛する。なお、同荘については、『講座日本荘園史』7（吉川弘文館、一九九五年）「山

城国」一〇七～一〇九頁（池田好信氏執筆）参照。

(22)『満済准后日記』同日条。

(23)一色持信が将軍義教の近習として重用されていたことを示す徴証は、『満済准后日記』に容易に見出せる。たとえば、義教は毎年二月に持信邸に渡御するのを恒例としていたし（永享元年二月二十一日・同二年二月二十二日条など）、守護や満済でさえも、義教への申し入れには持信を介していた（永享元年正月二十三日・同年十月二十九日・同年十一月十三日条など多数）。なお、持信については、高橋修「足利義持・義教期における一色氏の一考察―一色義貫・持信兄弟を中心として―」（『史学研究集録』八、一九八三年）が詳しい。

(24)つとに福田豊彦・佐藤堅一氏は、斯波氏のもとの甲斐・朝倉氏、土岐氏のもとの美濃守護代で「公方奉公者」といわれた斎藤妙椿、畠山氏被官の遊佐氏、赤松氏のもとの浦上氏などの例を挙げながら、有力守護の重臣が将軍との直接的関係を結んでいたことに注目している（「室町幕府将軍権力に関する一考察―将軍近習を中心として」『日本歴史』二二八・二二九、一九六七年）。私も拙稿a「南北朝期における守護権力構造」（三）（『若越郷土研究』二三―四、一九七八年〈木下聡編著註13前掲書に収録〉）、b「畿内近国における大名領国制の形成」（『史学研究会五十周年記念論叢』日本編、福武書店、一九八〇年）において、甲斐氏と将軍権力の関係に言及したことがある。

(25)『宮津市史』通史編上巻、第九章第二節一「内衆の台頭と武田氏の侵入」（伊藤俊一氏執筆）参照。

(26)『新編岡崎市史』中世2、第二章第二節一「一色氏から細川氏へ」三一五頁。

(27)『宮津』三〇（尊経閣古文書纂）。

(28)暦応四年三月十日松田明覚請文、同年同月二十日摂津盛衡請文（『宮津』二八・二九〈いずれも尊経閣古文書纂〉）。

(29)摂津氏の本姓、中原氏の系図（『続群書』七上、中原系図）に盛衡の名はない。そもそも同氏の通字は「親」であり、暦応四年時の摂津氏当主は前年まで幕府引付頭人にあった掃部頭親秀と思われるので、盛衡は少なくと嫡流には属さない一流であったと思われるが、それほど広範に見られる姓ではないので、幕府吏僚摂津氏と同族とみて大過なかろう。

(30)応仁二年十二月三十日足利義政御内書（『史料』八―二、三六一頁、足水家所蔵文書）。

(31) 榎原雅治「新出『丹後松田系図』および松田氏に関する考察」（『東京大学史料編纂所研究紀要』四、一九九三年）。『宮津市史』史料編第一巻にも収める（『宮津』九〈宮津市松田宣明氏所蔵〉）。
(32) 森幸夫『六波羅探題の研究』（続群書類従完成会、二〇〇五年）第二編第一章「六波羅探題職員の検出とその職制」。
(33) 『南遺』東北、七〇六。
(34) 「近江国番場宿蓮花寺過去帳」（『群書』二九、雑部）。
(35) 『愛知』9、一五七五（猿投神社文書）。
(36) 『後鑑』永享十二年五月十六日条所載「東寺執行日記」同日条。なお、本章第六節表2参照。
(37) 「応仁記」（『群書』二〇、合戦部）。
(38) 戦国期の丹後の政治情勢については、『宮津市史』通史編上巻、第九章第一節「応仁・文明の乱と丹後」・第二節「争乱の丹後」（いずれも伊藤俊一氏執筆）に詳しい。なお、終章第三節4参照。
(39) 『宮津』四二四（久我家文書）。
(40) 『福井』9、大音正和家文書六九号。なお、付論3第二節2、及び同註59参照。
(41) 「康正二年造内裏段銭并国役引付」（『群書』二八、雑部）に「上野与三郎殿若州賢海村段銭」とあり、「政所賦銘引付」（『室町幕府引付史料集成』上巻。以下「政所賦銘引付」は同書に拠る）文明十一年閏九月四日条（260項）によると、松平親長が四年前に上野又三郎に貸した銭の一部が返済されていないとして、「知行若州堅海年貢」で支払うよう幕府に提訴している。上野与三郎の名は「文安年中御番帳」「永享以来御番帳」（『群書』二九、雑部）ともに、一番に見える。
(42) 文保二年二月十六日関東下知状（『鎌倉遺文』二六五四九号〈以下『鎌遺』二六五四九の如く略記〉）。『鎌倉遺文』は「大和・久葉太」と中点を付すが、「大和久・葉太」とすべきである（大和久の遺名は管見に入っていないが、羽太は福島県白河市羽太に比定できる）。
(43) 『満済准后日記』永享六年正月十日条。
(44) （宝徳元年）六月二十六日「御奉行所」宛羽太信家書状案（「百合」ケ函二五五）の署名に「豊前守」の官途を記す。これは、東寺宝蔵の舎利鉢を盗み、かつ元の家人了順を打擲して死に至らしめた同寺の僧敬乗の罪状について、所司代の立場で意見を述べたものである。関連史料は「東寺執行日記」同年六月五日条、「百合」ニ函五五、ア函二〇一、ツ函一三一など。
(45)『群書』二〇、合戦部。
(46)『親元日記』寛正六年二月一日・二十八日条。
(47)「政所賦銘引付」文明九年十一月三日条（138項）。
(48)『丹後史料叢書』第一輯。
(49)『大徳寺文書』一五九号。
(50)南北朝末期には、小笠原長房と武田重信の間には、守護代―小守護代の関係を超えた私的主従関係が認められるが（第Ⅲ部第一章第一節3）、この関係が若狭下向当初からあったとすれば、武田氏は一色氏被官化に先んじて、小笠原長房との関係を持っていたとみられるが、検証は困難である。
(51)『大徳寺文書』一三六号。
(52)発給者平（安居院）行知の右中弁在任期間は、康安元年三月～貞治二年四月で、宛人西園寺実俊（権大納言）の右大将在任期間は延文五年十一月～貞治六年正月であるので（『公卿補任』）、両方に共通するのは康安元年と貞治元年のみである。
(53)『福井』8、園林寺文書三四号。
(54)同右、三六号。
(55)同右、一六号。
(56)『若狭郡県志』（杉原丈夫・松原信之編『越前若狭地誌叢書』下巻、松見文庫、一九七〇年）第五巻寺院部に「水生観音堂在河原市村後山、号長法寺、伝言従三位頼政卿建立之矣、本尊十一面観音也、国中順礼三十三所之一而、称水生観音」とあり、同書同巻末の「附三十三所観音」には「卅三番　十一面観音水生長法寺　准美濃国谷汲」と見える。若狭三十三所の成立については、榎原雅治「若狭三十三所と一宮―中世後期若狭の寺院と荘園公領総社―」（『史学雑誌』九九―一、一九九〇年、のち同『日本中世地域社会の構造』校倉書房、二〇〇〇年、に改題の上収録）参照。現在は長保寺、水生観音寺（堂）、水生寺などとも呼ばれているようである。
(57)『史料』七―六、七八八〜七九一頁に収載する。なお、今谷註1著書四六頁参照。
(58)今谷註1著書三六頁。
(59)『勘仲記』弘安三年五月九日条。
(60)外岡慎一郎「鎌倉末〜南北朝期の守護と国人―『六波羅―両使制』再論―」(『ヒストリア』一三三、一九九一年、のち同『武家権力と使節遵行』同成社、二〇一五年、に収録)参照。
(61)天文四年(一五三五)に野々山助八郎光家が東観音寺に渥美郡細谷の幸福寺を寄進しているのを始め、同十五年に野々山甚九郎が同郡今橋城で織田方から今川方に内通した功で、翌年今川義元から細谷郷代官職・給分五〇貫文を宛行われ、以後永禄五年(一五六二)まで、今川方として細谷郷を知行していたが、同十二年には、徳川家康のもとで野々山四郎右衛門尉が細谷郷を知行している(以上『愛知』10、一二一〇・一五八七・一五八八、同11、五七・一五八・二二八・二二九・六六〇・六六八など)。これに対して、野々山政兼が領したという四か所は、知立市(牛田・来迎寺・八橋)・刈谷市(駒場)に比定でき、いずれも碧海郡重原荘に属するとみられる(『愛知県の地名』平凡社、一九八一年、「重原庄」の項、『講座日本荘園史』5、吉川弘文館、一九九〇年、「三河国」重原荘の項〈新行紀一氏執筆〉三一九〜三二〇頁など参照)。この二系統の野々山氏は、一方が尾・三国境をなす境川の左岸域に当たる重原荘に所領を有し、いま一方は遠江に接する三河東南端細谷郷を本拠にしていることになり、別家とみるのが自然である。
(62)少なくとも官途・通称に限れば、室町期の勘解由左衛門尉・美作入道に対して、戦国期の新兵衛(碧海郡野々山氏)、助八郎・甚九郎・四郎右衛門尉(渥美郡野々山氏)で、全く共通性はなく、別流を示唆しているものの、断定はできない。なお、柘植氏同様、「惣田数帳」「檀家帳」や「一色軍記」などに野々山氏の名は見えないので、丹後小守護代を務めた両氏が、一色義貫謀殺後、戦国期にかけて、丹後に土着することはなかったのではあるまいか。ただ、そのことをもって、戦国期の三河野々山氏両家のいずれかが、一色氏被官野々山氏の系譜につながると断定するのも早計であり、あくまで一つの可能性とみるべきであろう。
(63)国富荘については、田中稔「鎌倉幕府御家人制度の一考察」(石母田正・佐藤進一編『中世の法と国家』東京大学出版会、一九六

〇年）、『講座日本荘園史』6（吉川弘文館、一九九三年）一二二～一二三頁（須磨千穎・杉本泰俊氏執筆）など参照。

(64)『福井』2、天龍寺文書六・七号（三方郡耳西郷）、廬山寺文書一一号（同郡前河南荘）、『福井』8、大音正和家文書六九号（遠敷郡堅海荘・三方郡田上保）。

(65)康安二年六月二日太良荘公事用途納注進状（「百合」は函一〇六）の「仕足事」の項に「三貫文　国富并吉岡進物」と見える。

(66)国富荘は建治四年（一二七八）に官務家と地頭伊賀氏との間で下地中分され（『壬生家文書』三一九号）、建武元年（一三三四）、後醍醐天皇によって地頭職が北条高時跡として小槻匡遠に給付されるが（同、三二一号―一）、暦応年間（一三三八～四二）から少なくとも延徳二年（一四九〇）までは速成就院が地頭方を知行するようになった（同、三三二号・三五〇号―五）。地頭方に関する史料が壬生家文書中できわめて限られているので、そこに国富氏の名が見えないことのみをもって、国冨氏が国富荘に地歩を築いていなかったと速断するのは危険ではある。しかし、応永三十二年（一四二五）八月日の小槻彦枝申状案（同、三二一号―一）によると、国富荘地頭方御封米の半分を、「近年」守護代三方山城入道（常忻）が領家職半済に混じて押領しているとあり（同、三二二号）、地頭方も三方氏の支配下にあったことが知られ、国富氏の存在は想定しにくい。

(67)『宮津市史』通史編第一巻、第九章第一節一「応仁・文明の乱の勃発と一色義直」（伊藤俊一氏執筆）六五八～六五九頁。

(68)「惣田数帳」によると、三重郷は国富兵庫助の七町三反余（郷内では最大）を始め八人の所領があり（他に郡使給一町）、その中に成吉越中と同三郎左衛門の所領もある。二人の成吉氏の所領規模はともに八反九〇歩にすぎないが、「御檀家帳」には「見ゑ（三重）の里」に「大なる城主也」とされる成吉孫治郎・同新左衛門尉と榎並殿が見え、戦国期の三重郷は成吉氏と榎並氏の強い影響下にあったといえる（「惣田数帳」では榎並隼人の所領が成吉氏二人の合計より多い二町余ある）。そして、三重郷と成吉氏の名字の地成吉保（領主は成吉氏二人のみ）、及び国富保は互いに近接していたと推測される。すなわち、「惣田数帳」の記載順は、三重郷→成吉保→（保八か所）→延利保→国富保→大野郷となっていて、成吉保から国富保までの一一の保は倭名抄郷たる三重郷から分出した所領と思われるが、「惣田数帳」の三重郷は京丹後市大宮町三重、延利保はそこから竹野川に沿って五キロメートルほど遡った同町延利にそれぞれ比定されるので（序論末尾図5参照）、成吉保は三重郷に、国富保は延利保にそれぞれ隣接していて、成吉保と国富保の間もそれほど離れてはいないといえる。このような地理的環境のもと、なんらかの事情で、国富保の所職が国富氏から成吉氏に、三重郷の一部が国富氏に移った、というのが考え得るパターンであるが、説得的な説明は困難である。

(69)『宮津』六一八（舞鶴市桂林寺仏涅槃図紙背銘）。

(70)『南遺』九州、一六三五。

(71)『南北朝遺文』九州編によって、一色氏が九州で活動した期間（建武三年～文和四年）の肥前において両使としての活動が認められる家（一色範氏から原則として二人で下地沙汰付・濫妨停止などに当たるべく命じられている者の姓）を検索すると、二四氏ほどあり、そのうち沙汰付等対象地との位置関係などからほぼ名字の地と断定できる荘郷村名を肥前国内に比定できるものは、長与氏（彼杵郡彼杵荘長与）・伊木力氏（同郡伊木力）・伊佐早氏（高来郡伊佐早荘）・江浦氏（同荘ゑのうら）・西郷氏（高来郡西郷）・佐留志氏（杵島郡佐留志村）・国分氏（佐賀郡国分）・高木氏（同郡高木村）・尼寺氏（同郡尼寺）・龍造寺氏（同郡龍造寺村）・横大路氏（神埼郡神崎荘横大路）・本告氏（同荘本告郷）・田手後藤氏（同荘田手村）・吉田氏（同荘吉田）・西島氏（三根郡西島郷）の一五氏にも及ぶので（いちいちの考証は割愛するが、『角川日本地名大辞典』41佐賀県、同42長崎県、角川書店、一九八二・一九八七年、を参照）、鎮西採題として一色氏が肥前で起用した両使は原則として近在の在地武士であったとみなしてよかろう。

(72)『荘園分布図』下（吉川弘文館、一九七六年）や『佐賀県の地名』（平凡社、一九八〇年）は「多久荘」の項を立て、存在を疑問視されていた多久荘が実在したことを関連史料によって考証している（二四五～二四六頁）。なお、現多久市一帯に比定する高来別府とは別に、『角川日本地名大辞典』41佐賀県（前註）などが、

(73)『南遺』九州、三〇四一。

(74)『鎌遺』二八二二五。

(75)佐藤進一氏（『室町幕府守護制度の研究』下、東京大学出版会、一九八八年、二六二～三頁）と山口隼正氏（『南北朝期九州守護の研究』文献出版、一九八九年、二四〇～二四一頁）では、文和二年九月二十六日の「守護代」宛書下（『南遺』九州、三五九九）の発給人右馬権頭（一色範光）の地位を守護と解するか否かで理解に若干の差はあるものの（佐藤氏は鎮西管領兼肥前守護一色直氏の代官とし、山口氏は守護正員とみなす）、両氏とも観応元年八月前後、及び同二年九月～文和元年十月の一色直氏の肥前守護在職は共通して認定している。

(76) 川添昭二「鎮西管領一色範氏・直氏」（『森貞次郎博士古希記念古文化論集』下、一九八二年）。

(77) 『南遺』九州、三六九一。

(78) 同右、三七一一。

(79) 年欠七月二十九日一色入道宛足利義詮御内書写と年欠八月六日一色右京大夫宛足利義詮御内書写（『南遺』九州、四〇五六・四〇五七）の端書（朱書）に、いずれも「御賀本持下」とある。内容は前者は使者から注進された九州での「しんく（辛苦）」に対する慰労、後者は九州での忠節に対する褒賞と一層の馳走を命じるものであるが、これらが島津家に伝存しているところから、一色範氏・直氏父子宛の義詮御内書が御賀本氏によって九州の幕府方守護らに配布されていたことが知られる。この二通の年代は同年とみられるが、『南北朝遺文』九州編は一（延文三年カ）とする。しかし、①直氏の官途右京権大夫から右京大夫に変化するのが文和四年四月から同年十一月の間であること（『南遺』九州、三七八四・三八三八）、②範氏は文和四年十月の懐良親王の博多進出で長門に走り、そのまま上洛して以後九州には下らなかったと思われること（翌延文元年四月に再び西下するのは直氏のみと思われる—『史料』六—二〇、五六〇頁「延文元年記」）、の二つの条件を満たすのは文和四年しかない。

(80) 以下、大矢知氏、及び室町期における伊勢の政治状況については、『四日市市史』第一六巻（通史編古代・中世）第三章第二節「北伊勢の国人領主」（飯田良一氏執筆）が詳しいので、これに拠った。

(81) 近世の地誌類では、大矢知氏は「十ヶ所人数」のひとり南部氏の分家と伝える。たとえば「勢陽五鈴遺響」は、甲斐より伊勢国富田に来住した南部源大夫頼武の末裔南部氏（富田氏）の分家と伝え（朝明郡巻三「大矢知城跡」「富田城跡」の項）、明治二十二年、宮内黙蔵の著した『伊勢名勝志』は、「南部氏系図」などを根拠に、文安三年（一四四六）に南部頼村が信濃国松本から移ってきて、その後頼宗、頼武、頼蓮と嗣いでいったとする（朝明郡「富田城址」の項）。南部氏は延文二年（一三五七）当時、朝明郡南富田御厨の地頭として見えるので（『三重県史』資料編中世1下、伊勢二所皇太神宮御鎮座伝記紙背文書一〇号）、文安三年の伊勢来住という所伝は信じられない。また、南部氏は「十ヶ所人数」の一員ではあるが、各番帳には見えない。

(82) 前註「勢陽五鈴遺響」朝明郡巻三「大矢知城跡」の項。

(83) 『福井県史』通史編2、第三章第三節四「若狭の土豪」五四〇頁。

(84) 丹波片山氏については、『和知町誌』第一巻、『和知町誌』史料集（一）、及び藤木久志・小林一岳編『山間荘園の地頭と村落』（岩田書院、二〇〇七年）に、片山文書を用いた詳細な記述がある。以下の丹波片山氏に関する叙述はこれらに拠る。
(85) 『和知町誌』史料集（一）、片山文書四三・四四号。
(86) 片山純二郎家所蔵片山系図（註84『山間荘園の地頭と村落』付録、「片山文書主要写真」三四六頁）。
(87) 片山（能世とも）太郎左衛門尉正次は、文明六年（一四七四）、若狭の武士芝田太郎左衛門に三〇貫文を預け（「政所賦銘引付」87項）、同じ頃、賀茂社司森雅楽助に同社領若狭国賀茂荘年貢を抵当に五〇貫文を（同引付76項）、同九年には近江今津三郎左衛門に四〇貫文をそれぞれ貸し付けている（『室町幕府引付史料集成』下巻「賦引付」78項）。芝田氏が若狭武士であることは、大永四年八月十六日正照院寄進地目録（『福井』9、萬徳寺文書二号）に寄進者として芝田貞秀・次郎九郎元正が見えることから確認できる。なお、註83「若狭の土豪」（山名暢氏執筆）参照。
(88) 「政所賦銘引付」76項で、片山正次に「御料所若州富田公文」の注記がある。
(89) 「文明九年記」（『親元日記』）文明九年二月一日条に「若州野木片山新次郎貴殿へ御礼申上之、百疋進上、懸御目、以高島殿申之、親元歓楽故也」とある。
(90) 今谷註1著書三六〜三七頁、四四〜四五頁の表。
(91) 「長享二年九月十二日常徳院様江州御動座当時在陣衆着到」（『群書』二九、雑部）。
(92) 伊崎氏の後裔、伊崎浩三家の所蔵。清和天皇から起筆して、途中筆跡を変えながら、最後は太平洋戦争後の当主にまで及んでいる。当該史料については、小浜市教育委員会所蔵のマイクロフィルムを利用した。閲覧に当たっては同委員会のご高配を賜った。
(93) 網野善彦「若狭一二宮社務系図―中世における婚姻関係の一考察」（『地方史研究』一〇七、一九七〇年、のち『網野善彦著作集』第一四巻、二〇〇九年、に収録）註62。
(94) 戦国期の伊崎氏については、a『小浜市史』通史編上巻、第二章第六節四「中世の山城」（大森宏氏執筆）六六〇頁、b『若狭の中世城館』（小浜市教育委員会、一九七九年）「稲葉山城」七六頁（大森氏執筆）、c大森宏『戦国の若狭―人と城―』（私家版、一九九六年）二一九〜二二三頁参照。

(95)『福井』9、若狭彦神社文書二号。なお、倉見氏は、建久七年六月日若狭国源平両家祗候輩交名案（「百合」ホ函四―五）に倉見平太郎範清の名があり、若狭国御家人であることが知られる。

(96)註83「若狭の土豪」五三六～五三七頁。山名氏はここで、鎌倉中期に税所今富名で倉見弥四郎入道が公文、同兵衛大夫忠氏が又代官を務めていることをもって、倉見氏の一族の中に国衙と関わりをもつようになる者がいたと指摘した上で、彼らがのち渡辺氏を称したとしているが、弥四郎入道・兵衛大夫忠氏が渡辺氏に連なることは論証していない。倉見渡辺氏が一宮禰宜家との婚姻関係をもったことを論拠としたのかもしれないが、渡辺姓を称しない弥四郎入道・兵衛大夫忠氏らの倉見氏も税所今富名又代官や公文を務めており、国衙と関わりがあったといえる。渡辺直秀と倉見忠氏は実名の面でも系譜関係を想定するのは困難である。なお、池田尚頼の子息兵衛大夫忠氏と倉見兵衛大夫忠氏を同一人物と理解しているが、「今富次第」は、弘安七年から同八年までの今富名又代官を池田忠氏としたあと、その次代を倉見忠氏とし、明らかに両者を区別しているので、別人物ではないかと思われる。

(97)貞治六年分の太良荘地頭方年貢算用状（『太良』④四六）に除分として、「渡部下向時入了」とする二二五文が見える。「下向」の表記が、渡辺氏がそれまで在国していなかったことを示唆している。

(98)網野善彦『中世東寺と東寺領荘園』（東京大学出版会、一九七八年）第四章「若狭国太良荘」三七八～三七九頁、三八八頁註12。

(99)「若狭国鎮守一二宮社務代々系図」（註95）の景継の項の注記に「彼女房親父者、平大納言時忠卿従兄弟下野守師季之孫永田太郎時信次男下総房子息進士刑部允頼忠出家嫡女法名善願也」と見える。

(100)以上、伊賀氏については、『福井県史』通史編2、第一章第四節三「若狭の荘園・国衙領と地頭・御家人」（杉本泰俊・松浦義則氏執筆）、第二章第一節二「国司と守護」（外岡慎一郎氏執筆）など参照。

(101)「文安年中御番帳」（『群書』二九、雑部）と「永享以来御番帳」（同）の、いずれにも五番に伊賀勘解由左衛門尉が見える。

(102)『福井』9、神宮寺文書一六号。

(103)『親元日記』寛正六年七月十三日条に引く、対馬宗氏から幕府への進物船の小浜着岸に関して善処方を要請した伊勢貞宗書状の宛所に「伊賀次郎左衛門尉若州小浜之代官、殊在国也」とある。

(104)同右、寛正六年二月六日条。

(105)註103所引伊勢貞宗書状の宛所に付けられた注記「殊在国也」の「殊」は「特別に」とか「通常とは違って」といった意味があるので、伊賀は通常は在京していたことを示唆しているのではあるまいか。
(106)『親元日記』寛正六年三月四日条に「同一色殿乗馬、此御供ノ者斗下馬伊賀・藤田小倉三騎也」とある。
(107)「松下集」(『新編国歌大観』第八巻)。この他、正広を判者に迎え、一色義直・義春父子や一色氏被官ら三〇人が参加した歌合の作者の中の有盛・有員は伊賀家有の、近員は伊賀長近のそれぞれ偏諱を受けた被官と思われる(「地下歌合」『群書』一三、和歌部)。なお、この「地下歌合」や「松下集」に見える伊賀入道宗伊について、『宮津市史』は、一色氏被官の伊賀氏としているが(通史編上巻六六八頁)、誤解であって、和歌に長じた在京武士、杉原伊賀守賢盛のことである(『親元日記』文明十年二月二十五日条など)。
(108)明応二年に伊賀次郎左衛門が反乱を起こしたのは、一色義直が弟を重用したために危機感を覚えたことが原因とされたように(『北野社家日記』明応二年正月四日条)、各家にも有力な庶家があった。伊藤俊一氏は、この弟を伊賀修理亮直光と推定している(『宮津市史』通史編上巻、第九章第一節四「一色氏の落日と義直の死」六八〇頁)。
(109)『蔭凉軒日録』明応二年正月四日条、『北野社家日記』同日条。
(110)『宮津市史』通史編上巻、第九章第二節二「戦国時代の丹後と『御檀家帳』」(伊藤俊一氏執筆)。
(111)『群書』二〇、合戦部。
(112)『続群書』二三下、武家部。
(113)永享十二(十の誤り)年十二月二十三日一色教親寄進状(『愛知』9、一五七五〈猿投神社文書〉)を受けた、年月日欠大河原氏行・伊賀長近連署奉書写(同、一五七六・一五七七〈いずれも猿投神社文書〉)。
(114)註83「若狭の土豪」五四三〜五四五頁。
(115)網野氏(『中世荘園の様相』塙書房、一九八八年、著作集一八〇頁)や、外岡氏(「一四〜一五世紀における若狭国の守護と国人—両使の活動を中心として—」『敦賀論叢』〈敦賀女子短期大学紀要〉五、一九九〇年、のち註60著書に収録)は河崎荘を大飯郡とし、私も『福井県史』通史編2、第二章第二節六「若狭応安国一揆の蜂起」の図23「若狭応安の国一揆関係図」において、河崎荘を大飯郡に記した。これは現おおい町神崎に比定したものであったが、この神崎の読みは「こうざき」であること、河崎光信は東寺公文所に宛てた書状（『太良』④二三〇）の裏紙奥切封上書に「かわさき光信」と自署していること、「守護職次第」の記述に史料価値が認められること、などから、大飯郡の神崎では不自然であり、本文で述べたように訂正したい。ちなみに、河崎信成は文和二年（一三五三）に遠敷郡玉置荘の地を神宮寺に寄進しているのも（『福井』9、神宮寺文書八・九号）、彼を大飯郡の武士と考えにくくしている。なお、河崎信成の家人に世木余一宗家・彦五郎なる者がいるが（『教護』四一一）、戦国期の小浜に「瀬木」なる地名があったことが知られているし（『福井』9、妙光寺文書一号）、他に、和久里から二キロメートルほど南川に沿って遡った谷間の尾崎に小字「上瀬木裏」「中瀬木」「下瀬木」があるので（『角川地名大辞典』18福井県、角川書店、一九八九年）、世木氏は小浜、もしくは尾崎付近を本拠とする土豪と思われ、河崎氏の本拠も大飯郡ではなく、小浜近辺にあったことを示唆している。

(116)『福井』2、永田一馬氏所蔵文書一号。

(117)『福井』9、神宮寺文書八・九号。

(118)同右、一一号。

(119)「明徳記」中（『群書』二〇、合戦部）に「去程ニ一色左京大夫子息右馬頭真前ニ進デ懸出ケレバ、小笠原ノ三川入道・大河原長門守・川崎肥前守・同帯刀ヲ始トシテ三百余騎、時ヲ同ト作リ」と見える。

(120)『康富記』宝徳二年十月五日条に「尾張国智多郡大野庄小倉郷金蓮寺之僧眼慶」と見え、大野荘内の郷名として存在したことが確認される。

(121)志楽荘春日部村は地頭職が西大寺の所有で（『宮津』三〇七〈西大寺文書〉など）、公文は長禄三年の「惣田数帳」によると、伊賀次郎左衛門となっているほか、戦国期にも伊賀又次郎直達が志楽荘代官になっているなど（『宮津』三四三・三四六・三四九〈いずれも西大寺文書〉など）、志楽荘は小倉氏と同等の地位にある伊賀氏の地盤の一つとなっていて、そこに小倉氏の影は見当たらない。「惣田数帳」には、小倉氏惣領と目される筑後守（範徳）が、志楽荘の南に隣接する倉橋郷与保呂村に二八町九反余が登録されているが、同村地頭職は鎌倉期から南北朝期まで近江朽木氏の所領であり、室町期には一色氏被官の押領で「不知行」になっていて（『宮津』四三〇・四五一・四五二・四五五〈いずれも朽木家文書〉など）、小倉氏の余保呂村領有は室町期になってからであったことがうかがえる。一方の尾張智多郡大野荘小倉郷については、前註『康富記』以外全く徴証を欠き、小倉氏との関係を探るすべがない。

(122)『康富記』享徳三年七月二十七日条によると、中原康富が関白鷹司房平の使者として殿下渡領丹後国石川荘の年貢納入につき一色義直屋形を訪れた際の申次は小倉で、「此小者予往昔時々見参仁也」と、しばしば面会していることを記している。この他、寛正六年三月四日の将軍義政の花見に参加した一色義直に、小倉・伊賀・藤田の三氏が騎馬で供奉をしていたり（註106）、同年七月六日、一色義直宛の管領施行状が小倉のもとに届けられたり（『親元日記』同日条）、さらに文明十三年にも、小倉弾正（「松下集」によれば実名は直佐）が、一色義直から内裏へヒシクイ・鯛を献上する際の使者を務めるなど（同書、同年四月二十五日条）、常に一色氏の側近として活動していた。

(123)「松下集」（註107）に「小倉筑後守範徳」の名がある。

(124)寛正四年四月二十一日、武田氏被官による、小浜住人（一色氏被官）の船荷差し押さえをめぐる相論が幕府政所で審議された際の関係者の着座状況は、「奉行衆寝殿ニ着座、一色殿御使小倉、武田使逸見、其外武田被官庄口次間ニ座、船頭両人広縁ニ座」というものであった（『室町幕府引付史料集成』上巻「政所内談記録」）。武田氏側の使者逸見氏は、粟屋長行と共に在京奉行人連署を多数残している逸見繁経と思われるので（「百合」ハ函三三〇ほか多数）、一色氏側使者小倉も同様の地位にあるとみてよい。

(125)「政所賦銘引付」318項（文明十二年十一月二十二日）には次のようにある。

一、山徒《飯加》安養春澄　同日

一色殿へ古安養春憲借進用脚事、以質券丹後国久美庄年貢、引給半、一乱出来了、為相残分如已前可致所務云々、御借書、伊賀小倉

故人である安養春憲からの借銭は応仁の乱以前と思われるので、文末の「御借書」もそのときのものと思われるが、末尾の割注はその署名者を表していると思われる。なお、『続史料大成』12所収「政所賦銘引付」（文科大学史誌叢書本）は「御借書」を「御備書」とするが（『宮津』七一五もこれを採る）、字義からみても史料の性格からみても、「御借書」が正しい。

(126)『親元日記』寛正六年正月十日条によれば、足利義政の伊勢貞親邸御成に関わり、一色義直からの美物を進上した使者が「武部」であった。

(127)「惣田数帳」によると、船木荘八二町七反一三七歩の半分が地頭「三条殿」、本所分と小倉又七が四分一ずつとなっている。

(128)「政所賦銘引付」517項には次のようにある。

一、三条《清式大》大納言家《公躬》雑掌　——《(文明十六年)》十十　林五左

丹後国船木庄事、南方凶徒跡為闕所之地、永享年中拝領已来、当知行之、然為拝賀料、守護被官武部右京進直兼・高屋次郎左衛門尉《信家》両人ニ申合之、七百貫文ニ沽却云々、

このままだと、文意は「三条公躬が、拝賀費用を捻出するため、永享以来当知行してきた船木荘を、守護被官の武部直兼・高屋信家と相談して七〇〇貫文で売却した」となって、公躬がなにを問題として提訴したのか理解し難くなる。「守護一色義直が被官の武部・高屋と相談して売却した」との解釈もできなくはないが、その場合は「守護一色殿被官武部……」とするのが一般的だろう。『続史料大成』12に収録されている「文科大学史誌叢書」版「政所賦銘引付」では「両人ニ」と「七百貫文ニ」の「ニ」がともになく、これだと、船木荘を売却したのは武部・高屋となって、提訴理由が明確になる。『室町幕府引付史料集成』は、広島市立中央図書館浅野文庫架蔵の蜷川親元自筆本を翻刻しているが、親元による写本とみられていて(同書解題)、必ずしも完璧ではない。拝賀料を必要としたのが、文明十五年六月十九日、権大納言に還任され、同十七年三月二十日に拝賀を行っている三条公躬であることは動かないので(『史料』八―一五、四〇九～四一三頁所載各史料)、たとえば、武部と高屋は船木荘の代官職にあり、三条から拝賀料の調達を命じられた際、談合して同荘を七〇〇貫文で売却してしまった(「両人ニ」の「ニ」がないと仮定)、といった文脈にすれば、一応の解釈がつくが、「ニ」を無視する強引さと武部らの売却行為に不自然さはぬぐえない。結局、武部らがいかなる立場で船木荘の売却にかかわったかを明確にすることはできないのである。

(129)註83「若狭の土豪」五四一～五四二頁。

(130)『福井』9、明通寺文書一八号。

(131)建武三年九月六日明通寺衆徒等軍忠状案(『福井』9、明通寺文書二六号)に、「建武三年八月廿八日、相加地頭多伊良小太郎軍勢」とある。

(132)大内氏は小浜で石橋氏の被官となり、戦国期まで石橋家の執事であったと伝える(遠藤巌「石橋氏」〈今谷明・藤枝文枝編『室町

幕府守護職家事典』上、新人物往来社、一九八八年））。
(133)『福井』9、明通寺文書三九号。
(134)名前の判明している公文は大夫房良成、石崎大進房円慶、同大輔房道成であるが（『師守記』康永四年五月一日・貞和三年三月十日・貞治六年六月八日条など）、石崎円慶と同道成への公文職安堵の際、「円慶為道尊子所申非無其謂」（同書、貞和三年三月七日条）、「件道成者故大進房円憲（円慶カ）舎弟也」（貞治六年六月八日条）とされているので、田井保公文職は石崎一族の世襲とされていたことがうかがえる。
(135)『師守記』貞治六年四月二十日・五月六日条。
(136)『大徳寺文書』一五六号。
(137)「吉田家日次記」応永九年十一月六日条（『史料』七―五、八八九頁）。
(138)福田豊彦・海老名尚「『田中穣氏旧蔵典籍古文書』〝六条八幡宮造営注文〟について」（『国立歴史民俗博物館研究報告』四五集、一九九二年、のち福田『中世成立期の軍制と内乱』吉川弘文館、一九九五年、に「『六条八幡宮造営注文』と鎌倉幕府の御家人制」と解題して収録）。なお、国立歴史民俗博物館データベース「館蔵中世古文書」で写真画像を閲覧した。
(139)森註32著書九〇～九一頁。
(140)奉公衆としての遠山氏は、遠山姓が二人ないし三人（「永享以来御番帳」のみ三人）、遠山明智など復姓が一〇家（一二人）いるが（福田豊彦「室町幕府奉公衆の研究」（『武蔵女子短大紀要』三、一九七一年、のち同『室町幕府と国人一揆』吉川弘文館、一九九四年、に収録）、復姓はすべて景朝の系譜につながることが、網野氏が紹介した「加藤遠山系図」で確認できる（「『加藤遠山系図』について」〈小川信編『中世古文書の世界』吉川弘文館、一九九一年〉、のち『網野善彦著作集』第一四巻、岩波書店、二〇〇九年、に収録）。
(141)永享四年三月日太良荘地頭方年貢等算用状・同年月日同荘領家方年貢等算用状（『太良』⑤一〇四・一〇五）。
(142)同十一年七月太良荘地頭方年貢等算用状・同年月日同荘領家方年貢等算用状（『太良』⑤一七七・一七八）。
(143)（貞治六年）七月十四日小笠原源蔵人大夫（長房）宛若狭守護一色範光書状（『大徳寺文書』一五九号）（第Ⅲ部第一章史料B―

ⓑ）。

(144)『師守記』貞治六年四月二十日・七月二十五日・七月二十六日条（第Ⅲ部第一章史料A—ⓐⓒⓓ）

(145) 第一章で推測したように、小笠原長房は観応の擾乱を機に将軍近習を離れて直義党になったあと、尊氏党に戻ったものの近習には復せず、一時小笠原本宗家信濃守護政長の軍事指揮下で活動したとすれば、このとき、長房と市河氏が接触する機会はあったと思われる。ただ、当時の市河氏は、経助・頼房が直義党として小笠原軍と戦っているので（観応二年三月日市河経助軍忠状・同年月日市河頼房代泰房軍忠状〈『史料』六—一四、四一二～四一三頁、市河文書〉）、市河氏の中に尊氏派になった一族がいて、守護軍に参加していた長房と関係を結んだ、といったケースでも想定しない限り、右の推測は成立しない。したがって、仮に長房と市河氏の間に私的な関係があったとしても、その形成過程については不明とせざるを得ない。

(146)「文安年中御番帳」と「永享以来御番帳」の一番に丸山孫三郎がおり、「康正二年造内裏段銭并国役引付」（註41）によると、丸山掃部助が「参河国宝飯郡内三ヶ所分段銭」を納入している。

(147)『新編岡崎市史』（中世2）によれば、寛正六年（一四六五）におきた三河額田郡一揆において、一揆側の中心が丸山中務丞一族で、丸山城（丸山町）は中務の拠城と伝える（第二章第二節「守護と奉公衆」〈新行紀一氏執筆〉三七六～三八二頁）。

(148)『福井』2、京都府立総合資料館所蔵若杉文書六号（第Ⅰ部第一章史料H）。

(149) 森註32著書一三九頁（典拠は『鎌遺』一二八八九）。

(150) 大野をオオヤと訓むことは、『看聞日記』応永二十五年九月十五日条に「大野《ヤ》」とあることから知られる。

(151)『経俊卿記』正嘉元年五月十一日条。

(152) 森註32著書一三九・一四〇・一四七頁。

(153)「文安年中御番帳」の二番に大屋伊豆守、「永享以来御番帳」の二番に大屋修理亮の名がある。

(154) 羽下徳彦氏が建武三年から至徳三年に至る期間の侍所奉行人を検出した中に、大屋兵庫允が含まれている（「室町幕府侍所考—その一　初期の構成—」『白山史学』一〇、一九六四年）。

(155) 羽下前註論文。

(156) 小川信氏は、三管領家の近臣の分析に、この「相国寺供養記」をしばしば重用している(『足利一門守護発展史の研究』吉川弘文館、一九八〇年)。なお、同史料に見える守護随兵の多くが、当時の各守護家の重臣であったり、その後重臣になっていったことは確かであるが、たとえば、一色氏の随兵一二人の実名を、一色氏からの偏諱の観点でみてみると、範光の「光」を冠するのが三人(小笠原光長・延永光信・河崎光信)、詮範・満範の「範」が二人(氏家範守・岩田範久)で、半数以上の七人(小笠原満房・同幸長・淵辺兼季・尾藤種光・佐野秀勝・石川長貞・氏家詮守)が、一色氏の偏諱を受けておらず、彼らのすべてを一色氏重臣と断定するのは危険である。ただ、このときの随兵は、守護家がときの当主ではなく、嫡子や一族が列しているのを始め(一色氏も当主詮範ではなく嫡子満範とその弟範貞が各六騎を率いて参加)、随兵も、たとえば斯波氏の随兵二宮種氏・甲斐将教のそれぞれの父二宮氏泰・甲斐将光が存命であったと推定されるように(註13拙稿)、当時の各家の当主とは限らず、その一族を多く含んでいたと思われるので、実名のみから被官化の有無を判定するのも慎まなければならない。守護が相国寺供養のような儀礼の際に分国内の武士に参加要請するのは、守護の持つ一国単位の軍事指揮権にもとづくものであって、必ずしも主従制的支配権の発動ではないという外岡慎一郎氏の見解もその通りであるが(『宮津市史』通史編上巻、第八章第一節三「守護一色氏と丹後国人衆」五九〇頁)、仮に被官化していない国人が含まれていたとしても、一色氏が数ある国人の中から選抜した者であり、一色氏が被官化のターゲットに定めた武士であったことには違いなく、守護一色氏の権力構造を考える素材とすることは許されよう。

(157) 観応三年六月十日足利義詮御判御教書の正文(「百合」せ函足利将軍家下文一九)では佐竹二郎左衛門尉とあるが、三通ある案文のうち、二通(「百合」ナ函八―五、ミ函四四―三)では佐野二郎左衛門尉とする。網野氏も註115著書の第二刷(一九七一年)に際して、佐竹を佐野に訂正しているように(著作集二九六頁補注11)、佐野を採るべきである。正文の誤りはもっぱら幕府側のミスに起因するもので、これに気づいた東寺が修正して案文を作成したのであろう。

(158) 永禄五年四月一日廿八所社祭礼神膳支配日記(『福井』8、園林寺文書三四号)。但し、この佐野某が南北朝期の佐野氏と系譜的につながるかどうかは疑問なしとしない。

(159) 「六条八幡宮造営注文」(註138)の丹後国の項に「佐野右京進入道跡」が見え、鎌倉後期に在国御家人としての丹後佐野氏の存在が確認される。

(160)『親元日記』寛正六年八月六日・同月八日条。
(161)文亀二年七月五日室町幕府奉行人連署奉書（『宮津』一五六〈石清水文書〉）。
(162)寛正六年八月六日に義政の子の後五夜に対する義直の賀使、及び同月九日、義直から伊勢貞宗に海松・鱓・鱶などの進物を届けた使者がいずれも佐野であった（『親元日記』各日条）。
(163)『親元日記』寛正六年十一月十日条に「一色殿御使松田三郎左衛門臨時御大口要却事注文」とある。
(164)榎原雅治a註31論文、b「備前松田氏に関する基礎的考察」（同『日本中世地域社会の構造』校倉書房、二〇〇〇年、第二部第二章、初出一九八八年）。
(165)観応三年三月十八日足利義詮御判御教書（『史料』六—一六、三七一頁、立入文書）
(166)榎原氏によれば、「丹後松田系図」の原型は、丹後国伊祢荘松田氏（刑部左衛門尉流）の頼信が、将軍義材在任期に丹後に身を寄せてきた奉行人豊前守流の亮致から入手した奉行人家諸流の情報を合体させて作成としたものと推定している（註31論文）。したがって、刑部左衛門尉流以外にも丹後に在住した松田氏がいたことは十分考えられる。
(167)『蔭凉軒日録』長禄四年六月十八日条に「南禅寺瑞雲院失安堵御判事、檀那一色左京大夫殿幷大徳院之状、奉懸于御目也、一色殿奉行松田丹後命之」、寛正六年七月八日条に「一色殿以普広院門守力者可相尋以前耀侍者殺害之事由頻被申、仍伺之、普広院奉行布施下野守命于寺衆、而可渡于一色殿奉行松田丹後守之由被仰出」とあり、幕府奉行人松田丹後守秀興が一色氏担当奉行として幕府における窓口の役割を果たしていたことが知られる。
(168)但し、奉行人と奉公衆という、共に幕府直属御家人が姓も官途も同じでは混乱を招くことが容易に想像され、そのためであろう、両家が同時に豊前守を称することは避けていたらしい。たとえば、奉行人豊前守貞寛が享徳元年九月九日に死去すると（『斉藤基恒日記』同日条）、文安年間成立とされる「文安年中番帳」で次郎左衛門尉とある松田持郷は、宝徳・享徳年間成立とされる「永享以来番帳」では豊前守となり、貞寛の子貞康は「豊前九郎」（故豊前守の子の九郎左衛門尉の意であろう）と呼ばれるようになるのは（同書、享徳三年正月十一日条）、両家の間で官途の重複を避けようとする暗黙のルールが存在したことを示唆している。なお、あとで述べる三郎左衛門という通称は、同時期に併存していたと思われる。

(169) 年欠四月一日室町幕府奉行人（松田頼胤）奉書（『宮津』三一三〈西大寺文書〉）。該文書は丹後国志楽荘内春日部村地頭職日吉段銭の催促停止を、松田三郎右衛門尉・稲積四郎左衛門尉に執達したもので、年欠であるが、松田頼胤の奉行人在職徴証が康暦元年（一三七九）～康応元年（一三八九）とされているし、康暦二年八月一日付で松田頼胤を含む三人の幕府奉行人連署奉書（『宮津』三一二〈西大寺文書〉）が、「春日部村地頭職日吉・祇園・北野方段銭」の催促停止を丹後守護山名義幸に執達していることから、同じ頃のものと判断した。なお、段銭両使一方の稲積氏は丹後国与謝郡稲積保を名字の地とする国人であろう。

(170) 備前松田氏の備前守流も任官前の通称が三郎左衛門尉であるのは偶然の一致かもしれないが、長禄三年の「惣田数帳」に三郎左衛門だけあって備前守が見えないのは、戦死した備前守の子息が三郎左衛門と考えれば、一応の説明はつく。但し、たとえば、丹後松田氏対馬守流（奉行人家）の貞長（康正元年二月七日に対馬守任官〈『斎藤基恒日記』同日条〉）が「惣田数帳」に見えないのは、幕府吏僚として在京が長く丹後国人としての性格を失っていたことの反映と考えられるので、「惣田数帳」における所見の有無のみで、備前守と三郎左衛門の関係を断定することはできない。

(171) 松浦義則「南北朝期若狭太良荘と松田知基」（『福井大学教育学部紀要』第Ⅲ部社会科学四一、一九九一年）。

(172) 松浦氏は、公家橘氏庶流で若狭に土着して松田姓を名乗った松田知基の系譜・活動・性格を明らかにする中で、史料所見のある若狭松田氏を網羅的に取り上げ、その系譜等を詳細に検討した（前註論文）。氏の研究成果をふまえると、若狭松田氏には、①京都に足場を持ち、六波羅奉行人から室町幕府奉行人に転身した家、②出自は不詳ながら南北朝期に土着性を強め、在地国人として守護権力と対決し、応安の一揆で没落した家、③在地国人とは共同行動を取らず、幕府もしくは守護権力との関係を重視した家、の三つのタイプに大別されると思われる。①には、遠敷郡鳥羽保を鎌倉期から戦国期まで一貫して領した丹後松田氏の豊前守流、及び観応三年（一三五一）、太良荘を「濫妨」したとして東寺から訴えられている松田甲斐入道（「百合」ゑ函三三）が当たる。②には、康安元年（一三六一）に太良荘に「乱入」した松田（宮河）掃部助師行（「百合」ま函五四など。松浦氏は幕府奉行人とするが、奉行人松田掃部允は榎原註31論文によれば松田頼胤と推定）や、観応二年、太良荘の「乱妨人」として見える宮河与一左衛門尉（白河本東寺百合文書一八六）など、遠敷郡宮河保を拠点とした松田氏がいる。本姓橘や在地名宮河を名乗った松田知基も、他の松田氏と系譜的に異なるとはいえ、このタイプに分類すべきであろう。③としては、観応の擾乱に際し、若狭で尊氏方として本郷氏と共に戦って討死している松田次郎、四郎惟貞らがおり（『福井』2、東京大学史料編纂所所蔵本郷文書一九・三三号）、本拠地不明ながら、松浦氏は本郷氏の指揮下にあった若狭国人としている。これらの松田氏のうち、一貫して幕府奉行人であり続けた①は一色氏被官の候補からまず除外できる。ただ、①の松田甲斐入道の弟彦六が、太良荘で地頭代と守護被官佐河助の交渉の立会人を務めているように、在国していた近親者の存在には留意する必要がある。②は松浦氏の推測のように、その多くが応安の国人一揆で一揆方に属して没落したと思われるので、室町期に一色氏被官として現れる可能性は低いと思われる。③は松浦氏の推測通り、奉公衆本郷氏との密接な関係が想定されるとすれば、一色氏の被官に組み込まれた蓋然性は高くはないと思われる。

(173)『宮津』一五一（石清水文書）。

(174)史料Ｉの他、「鹿野別宮」につき、被官人の年貢未進を理由に石清水八幡宮の直務を命じた、寛正七年二月二十二日室町幕府御教書（『宮津』一五〇〈石清水文書〉）が一色氏義直に宛てられている。「鹿野別宮」と史料Ｉの「鹿野庄内両名代官職」を同一のものと解してよいか若干の不安も残るが、他に関連史料もないので、ひとまず、一色義直被官の請負代官職が改易されて幕府が直務を認めたのに対して、義直がその年のうちに石清水に再考を求めたとみなしておく。

(175)『大山崎町史』史料編、離宮八幡宮文書八六号。

(176)『蜷川家文書』二七八号。

(177)豊田武著作集第三巻『中世の商人と交通』（吉川弘文館、一九八三年）二四〇〜二四三頁等。

(178)「惣田数帳」において成吉氏の一円支配地九か所の所領の一つに熊野郡永富保一六町余があるが、同保は鎌倉期には石清水八幡宮領であった（『鎌遺』一九六九六）。南北朝・室町期の永富保がいかなる歴史をたどったかは全く知り得ないが、永富保が石清水八幡宮領であった時期に、成吉氏が八幡神人の立場を利して代官職を得た、という想定も可能である。「惣田数帳」で岩田肥前と浦明三郎左衛門の知行とされている熊野郡鹿野荘が、寛正七年（一四六六）まで一色氏被官による代官請負であったことが確認される石清水八幡宮領「鹿野別宮」のことだとすれば（註174参照）、岩田・浦明がその代官に当たるので、永富保における成吉氏も、本来請負代官であったと思われる（但し「惣田数帳」の時期まで石清水領として継続していた徴証はない）。

(179)遠野阿曽沼氏については、鈴木久介『遠野市の歴史』（熊谷印刷出版部、一九九三年）三四〜五五頁、安芸阿曽沼氏については、外園豊基「安芸国衆阿曽沼氏について」(『日本歴史』四〇九、一九八二年)など参照。
(180)『太良』④一七六。この発給人の花押が津田浄玖と武田重信であることは、第Ⅲ部第一章第二節でふれる。
(181)『福井』9、明通寺文書五七号。
(182)『越前若狭地誌叢書』下巻(註56)。『若狭郡県志』の成立年代については、同書一五三～一六三頁の解題参照。
(183)『小浜市史』第一巻二五七頁。『稚狭考』の解題は、同書巻頭「小浜市史第一巻編集について」参照。
(184)下仲隆浩a「若狭国守護所と港湾都市西津・小浜」(内堀信雄他編『守護所と戦国城下町』高志書院、二〇〇六年)、b「中世港湾都市小浜の成立過程」(仁木宏・綿貫友子編『中世日本海の流通と港町』清文堂、二〇一五年)、山村亜希「室町・戦国期における港町の景観と微地形―北陸の港町を事例として―」(同書)。
(185)『福井』16上、39「二万分一地形図　小浜」。
(186)小浜市役所所蔵。閲覧に際しては、小浜市税務課のご高配に与かった。
(187)『福井』16上、18「小浜御城御家中之図」。
(188)「金鳥書」(日本思想大系24『世阿弥　禅竹』)。
(189)享禄四年十二月二十七日常満保地蔵丸名田畠坪付注文(『福井』9、妙楽寺文書七号)に次のように見える。

小　参百文両地子　在所津田　魚屋三郎四郎

壱反半　分米弐石弐斗五升　在所津田　伏原たは田 孫大夫

(190)『福井』9、羽賀寺二七号。
(191)建久七年六月日若狭国源平両家祗候候輩交名案(「百合」ホ函四―五)に、包枝太郎頼時の名が見える。
(192)註83「若狭の土豪」五四二～五四三頁。
(193)文安四年三月日太良荘年貢算用状(『太良』⑤二六二・二六三)によると、前年、代官山縣信政の上洛に際して同荘に懸けられた夫役五人を二人に減じてもらったときの礼銭が、山縣・山内中欖の他、「包枝方」にも贈られている。これは包枝氏が山縣、もしくは山内への嘆願の取次をしたことを示唆していて、被官関係を想定できる。ちなみに、宝徳二年(一四五〇)から文正元年(一四六六）にかけてほぼ毎年、太良荘から山縣・山内両氏への礼銭贈与の際、「包枝（金枝）方」へも同時に礼銭が贈られている（「百合」ハ函二四四・二四五、リ函一九三・一九四）。なお、山縣、山内と太良荘の関係については、網野註115著書、第三章第二節「武田氏の支配」など参照。

(194) 太良荘公文包枝清兼についても、網野註115著書参照。この清兼と山縣氏もしくは山内氏被官の包枝氏とは別人と思われる。

(195)『後鑑』永享十二年五月十六日条に収載するが、彰考館本「東寺執行日記」と字句に若干の異同があるので、後者を、東京大学史料編纂所「大日本史料総合データベース」の史料稿本で確認し、採用した。

(196) 淵辺氏としては、中先代の乱に際して、足利直義の命で鎌倉で護良親王を討った淵辺伊賀守の名が知られており（『太平記』巻一三「兵部卿宮薨御事付干将莫耶事」）、名字の地は相模国淵野辺（相模原市）とみられる関東武士である。一色氏は、範氏とその子息直氏・範光ら一族が九州から帰京したあと、家督は範光が嗣ぎ、直氏は関東に戻ったと思われる（終章第一章で後述）。直氏の嫡子が氏兼なので、淵辺兼季の「兼」は、氏兼の偏諱とみることができる。彼が相国寺供養の一色氏随兵に加わっているのは、関東一色氏が京都での晴の儀式にその存在をアピールするために送り込んだのかもしれない。

(197) 外岡慎一郎氏は、丹後国加佐郡河守郷観音寺（京都府大江町）の外護者尾藤氏の可能性を指摘している（註156「守護一色氏と丹後国人衆」五九〇頁）。これは延文元年（一三五六）十一月二十四日観音寺所領注文（『京都府の地名』平凡社、一九八一年、六五〇頁「観音寺」の項所載）において、「先地頭禅尼慈性」に「尾藤六郎左衛門尉□氏母儀、同左近将監規氏母儀」との注記があることを根拠にしていると思われる。いずれにしても断定するだけの根拠はないが、右の二人に見られる通字「氏」と相国寺供養随兵尾藤種光の実名とは距離があることを重視すれば、別家の可能性も想定する必要がある。

(198) 外岡註156「守護一色氏と丹後国人衆」五九二頁。

(199)『勘仲記』弘安九年五月九日条。

(200)『吾妻鏡』承久三年六月十八日条に載せる宇治合戦での戦功者交名に、岩田七郎の名があり、これが「武蔵七党系図」（加藤功「翻刻山中本『武蔵七党系図』」下、『埼玉県立歴史資料館研究紀要』二三、二〇〇〇年）において、政房の曾祖父に当たる「右大将家御代人」の注記をもつ岩田七郎政広を指しているとすれば、その曾孫の八郎政房を弘安九年当時の人物に比定しても年代的矛盾は生じない。

(201)名乗りに含まれる国名が、一般には所領の所在地というよりも官途(国司)に由来するものであることは論をまたない。たとえば、美作守を多く名乗る小早川氏は、文永元年(一二六四)没の茂平が美作守の初見であるが、室町期以前の小早川氏が美作国内で唯一持っていた所領、打穴荘上下村は、茂平の三男政景の子、景宗が建武五年(一三三八)以前に「新恩」として入手したものであって(『小早川家文書』六〇・六一号)、茂平が美作守を名乗ったのは、美作に所領を有していたからではない。岩田八郎丹後政房という名乗りは、「姓→官途→実名」という通常の表記方式を逸脱しているが、不規則な名前表記は、政房と同じときの小五月会流鏑馬に三番の射手として参加した「副田七郎三郎大蔵頼種」という例もあるので(註199に同じ)、政房の「丹後」も官途とみなすのが穏当ではなかろうか。なお、そのことが、政房が丹後に所領を有していなかったことを意味するものでないことはいうまでもない。任官前の子息が父の官途を通称の前につける風のあることは、第一章註22でふれた。

(202)『福井』2、内閣文庫所蔵朽木家古文書三号。

(203)同右、真珠庵文書二〇・二一・二三号。

(204)同右、斉民要術紙背文書一号。

(205)『福井』9、安倍右衛門家文書一一・一二号。

(206)外岡氏は、出浦氏が若狭に所領を持っていたかどうかの判断は留保したが(註115論文)、この点は松浦氏が明らかにしている(註171論文)。

(207)鎌倉末期の青郷・青保の地頭近江前司について、網野氏は断定は避けながらも、松永荘に佐々木信顕が所領を持っていたことから(『福井』9、明通寺文書一〇号)、佐々木近江守貞清(出雲国守護)、及び倉見荘地頭二階堂氏の近江守行清を候補として挙げている(『小浜市史』通史編上巻四三六頁)。いずれにしても得宗領ではないので、その地頭職は闕所とされず南北朝期まで継承されることは大いにあり得たと思われるが、青保は延文四年(一三五九)、康安元年(一三六一)に但治光政なる者が領しているので(『福井』9、中山寺文書二・三号)、青郷の地頭職も別人に替わった可能性が高い。しかし、青氏がこれを獲得していたかどうかは疑問で、むしろ将軍近習・奉公衆大草氏が少なくとも室町初期までに青郷との関係を生じた可能性がある。大草氏については大原陵路氏による要を得た概説がある（『福井県史』通史編2、第三章第三節二「奉公衆と室町幕府料所」）。それによると、大草氏は三河国額田郡大草郷を名字の地とする武士で、南北朝期から将軍近習としての徴証があるが（「天龍寺造営記録」康永元年十二月五日条など）、文安年中・永享以来両番帳には見えず、長享番帳の二番に初めて二人が登場する。若狭とは、文和三年以前に三方郡田上保地頭職を持っていたことが確認されるなど（『福井』8、大音正和家文書六九号）、古くから所縁がある大草氏であるが、青郷・青保との関係が文書のうえで明確になるのは文明期のことである（『福井』9、中山寺文書一八号、「政所賦銘引付」145項など）。しかし、両者の関係は南北朝期にまでさかのぼる可能性がある。青郷内の大成寺は応永元年（一三九四）に大草道忠が創建したという伝承があるし（『福井』9、大成寺文書解題）、永徳二年（一三八二）、青保内の一乗寺（現中山寺）に畠二反を寄進（実質は安堵）している某兵庫介と（『福井』9、中山寺文書五号）、『若狭郡県志』（『小浜市史』史料編第一巻）が難波江村（中山寺のある青葉山の東麓）にあるとする「大草兵庫城址」の大草兵庫が関係ありとすれば（大森註94ⓒ著書四九八頁）、南北朝末期には、青郷・青保は将軍近習大草氏の支配下にあったことになる。ともあれ、青郷は青氏にとって名字の地でありながら、おそらく、南北朝期から本拠ではなくなっていた可能性が高い。ちなみに、青郷は遅くとも天文七年（一五三八）には、大草氏の所管する幕府料所として登場する（『大館常興日記』同年九月四日条など）。

(208)『福井』9、西福寺文書三八号。

(209)康永四年八月二十九日「天龍寺供養日記」（『史料』六―九、二八六頁）。

(210)「康正二年造内裏段銭并国役引付」（註41）によると、毛利宮内少輔（一番衆）は三河国行明の段銭を納入している。

(211)「惣田数帳」における三上氏は江州・因州・弥次郎・小五郎の四人を数え、このうち個人別で四位に当たる一一二町余の所領を有していた江州が文安番帳・永享番帳の五番に見える三上近江入道に比定できる。表2の一色氏被官弥五郎は、「惣田数帳」の弥次郎（所領六町）と同族かもしれない。

(212)生田は、弘治三年五月三日松平元信判物（『愛知』10、二〇五五〈高隆寺文書〉）に「大平・造岡・生田三ヶ郷（いずれも額田郡）」と見え、岡崎市美合町生田《しょうだ》に比定される。近世の地誌「三河国二葉松」（『三河国歴史地理資料』）が、足利氏末流の荘田氏が当地に住んだと伝え、在名を名乗る武士の存在を示唆するが、一次史料に荘田氏（生田氏）の名を確認することはできない（イクタと訓ずるなら三河には近世に開発された新田村、幡豆郡生田村〈一色町〉しかない)。長瀬は、永仁三年八月日碧海荘日御供米配分状(『愛知』8、五六八号〈紀伊続風土記〉)に「長瀬郷」とある。この碧海郡碧海荘長瀬郷は、長瀬八幡宮(岡崎市森越町)を中心とする矢作川右岸域(近世の長瀬七か村)に当たる。新行紀一氏によれば、建暦二年(一二一二)に尾張国長岡荘地頭に補任された「参川国住人長瀬次郎」が碧海荘地頭であったが、承久の乱後足利義氏に替えられ、のち、その孫で斯波氏始祖家氏に譲られて室町期に至るが、将軍義政のときには一時将軍料所になっていたとされるので(『新編岡崎市史』中世2、第一章第一節三「足利氏と三河」、第二章第三節五「浄瑠璃御前物語と矢作の繁栄」など)、室町期の一色氏被官長瀬氏を碧海荘長瀬郷の武士とみなすのはやや無理がある。なお、三河にはもう一か所、宝飯郡長瀬(豊橋市)もあるが、関係史料を欠く。

第Ⅲ部　一色氏の若狭支配と守護代

第一章　南北朝・室町初期一色氏の若狭支配と守護代小笠原氏

第一節　守護代小笠原長房による支配体制の構築

1　守護就任当初の一色氏の施策と守護代小笠原長房

「守護職次第」は、貞治五年（一三六六）八月、一色範光が若狭守護に補任されると同時に両使伊藤入道・遠山入道が下向したことを伝えるが、範光の若狭守護就任は十月になってからである（第Ⅰ部序章第一節）。太良荘公文弁祐がこの年十一月三日以前に六五〇文の礼銭を渡した「国マハリノ使」（『太良』④一五）は伊藤・遠山の二人を指すとみられ、彼らは、文字通り国内を巡回して新守護の決定を周知したのであろう。「守護職次第」は、守護代小笠原長房の下向時期については直接伝えないけれども、両使と同時とみるのが自然である。

下国した長房がまず着手したのは、荘園からの「借物」徴収である。幕府はこの年八月、斯波氏失脚のあとをうけて、摂津・若狭両国の寺社本所領の半済を停止して一円知行を認め、「守護未補」のため奉行人が遵行使として下されることになった(1)。若狭には白井行胤と斎藤康行が打渡両使として派遣され、「国中ニミな五十貫、三十貫文」の酒肴料を取りながら、打渡状を交付していった（『太良』④八・九二など）。十月になって守護に補任された一色範光から下国を命じられた守護代小笠原長房は、国内荘園に年貢の三分の一を「借物」として徴収する旨通達した。太良荘には十一月十五日に触れられた（『太良』④一八）。第Ⅰ部第三章第一節2で詳述したように、現地に下っている領家方代官源俊から報告を受けた東寺は、「守護申三分一借銭」を地下では沙汰しないよう指示するとともに、京都で一色氏と交渉して、結局十二月になって二〇貫文を「太良庄借物」として在京奉行に支払った（『太良』④二〇・二二・二三など）。借物といいながら、利子を加えて返済する文字通りの借銭ではなく、実質的には守護役ともいうべきものであって[2]、初めて畿内近国に分国を得た一色氏が、若狭の半済を停止した直前の幕命に抵触せずに、半済の三分の二の収入を確保しようとする苦肉の施策であったといえる。守護方借用（小守護代借用もある）はこのあともときどき実施されたが、太良荘に限ればいずれも六貫文以下であり[3]、二〇貫を負担した貞治五年のは特別で、初めての分国経営の開始に伴う財源確保の意味があったと思われる。なお、太良荘の「借物」が京都で東寺雑掌から一色氏に納入されているところから（『太良』④二二）、この施策は、在京の守護一色氏の指示にもとづいて、国元の守護代小笠原長房が実施したものであったといえる。

ところで、東寺から三分一借物の減免交渉の費用負担を命じられた太良荘領家方代官源俊が、これを拒否して京都での処理を求めた書状（『太良』④二〇）の中で、「国事、自余寺社へハ自守護人を被入候、当庄之事ハ方々至（致）秘計候間、地下無子細候」と言っているのが注目される。「寺社領に守護が人を入れる」とは、荘園所職を闕所と認定して給人に付けるというケースが想定されるが、この場合の「守護」とは在京の守護ではなく、国元にいる守護代と解される。なぜなら、太良荘に下向している源俊が「方々」に「秘計」した結果、太良荘だけは免れた、という「方々」とは守護代以下在国守護支配機構のスタッフを指すはずであり、そこで免除が決定しているとすれば、守護代の裁量が働く余地が小さくなかったことを示している。

この貞治五年中の「寺社領に人を入れる」という施策と、どこまでつながるのか不明瞭な部分はあるが、翌貞治六年四月には趣旨の明確な闕所政策が展開される。すなわち、失脚した前守護斯波氏の代の貞治四年、当時の守護代細川宍草上総介義春に従って摂津に出陣した者の所職を「摂州発向輩跡」として闕所とし、守護方給人に宛行う方針を打ち出したのである[4]。三方郡田井保公文職もおそらくこの基準で闕所と認定されたため、領家中原師茂は、一色氏にその撤回を求めて交渉を行った。『師守記』はその経緯を次のように伝えている。

【史料A—ⓐ】（貞治六年四月二十日条）

今朝田井保公文職守護代違乱事、目安状被付守護賦、

【史料A—ⓑ】（同年五月六日条頭書）

［　］田井□飛脚下向、所詮厳密可仰遣国也、先可止粮籍、公文職闕所々見可注進之由可仰遣之旨、小江房令申之、仍其趣被仰遣了、

【史料A—ⓒ】（同年七月二十五日条）

今日自田井保飛脚到来、是自守護方公文職可管領由令申、市河入道入部之由馳申、

【史料A—ⓓ】（同年七月二十六日条）

今朝善覚被遣若狭国守護一色修理権大夫範光許、先奉行被遣小江房許之処、可出仕、於一色宿所可承之旨令申之間、向彼宿所、用意目安持向、田井保公文職事、市河入道令入部、致違乱事也、小江房出逢令申之処、則被成下下知了、田井［（保公文職闕所カ）］之由、□（雖）令注進、内裏供御料所也、以別儀不可相綺之趣載之、則和田以飛脚、彼下知状下遣了、

まずⓑで一色氏の在京奉行小江房が中原家に対して「公文職闕所々見可注進之由可仰遣」と助言しているから、京都の守護側は田井保で生じている問題を当初認識していなかったことが知られる。そして、ⓐに「田井保公文職守護代違乱」とあるように、田井保公文職を闕所と認定し、かつこれを市河入道に宛行った（ⓒⓓ）のは守護代小笠原長房であったことがうかがえる。

太良荘でも、同じ貞治六年四月、渡辺法眼直秀が領家方預所職・地頭方代官職として入部した[5]。これも、地頭方前代官禅舜法眼が細川宍草義春に従って摂津に出陣したと認定され、また前預所侍従房快俊も、前年失脚して越前杣山城で籠城を続ける斯波高経に内通しているということで、両職とも「摂州発向輩跡」とされ、渡辺が「当守護方」より宛行われたのだという。しかし、実際に摂津に参陣して東寺から宍草の「奉公人」とまで言われた快俊はともかくとして、禅舜の方は、本人が抗弁しているように従軍はしていないと思われる[6]。当時としては特段珍しい事例でないとはいえ、きわめて恣意的で強引な闕所認定である。笠松宏至氏は、闕所地処分権が幕府から守護に移っていく背景を説明する中で、「裁定の根拠となるべき資料の提出、裁定の実行という二つの方面」における守護の役割の拡大を指摘している[7]。これと同じ事情が守護と守護代との間にも想定できるのではなかろうか。渡辺直秀の場合、先に明らかにしたように、鎌倉期の国御家人の系譜を引く在地国人でありながら、一色氏の若狭守護就任時には京都にいて、被官化してまもなく在京奉行に起用されるほど一色氏との関係が緊密だったことからすれば（第Ⅰ部第三章第一節2、第Ⅱ部第三章第三節1）、彼を太良荘の給人に指名したのは守護一色範光であった可能性が高い。ただ、闕所の認定作業においては、国内武士、各荘園の荘官らの立場・行動をチェックする必要があり、守護代が主導する在地の守護支配機構の判断が決定的重みを持っていたこともまた推測できる。

荘園における被官の活動をめぐって、京都の守護一色範光と守護代以下在地の守護方との間に意識の大きなギャップがあったことを、次の文書が物語っている。

【史料B―ⓐ】(8)

（端裏書）
「若州名田庄乱妨事守護遣代官之許状案貞治六七十三」

徳禅寺領事、可停止守護使入部之由、就御教書遵行之処、重々乱入当寺領之由、自寺家触承之間、昨日則遣使者候了、所詮交名人等、不日可催給候也、此上尚不被承引候者、向後可有後悔候也、忩々可被停止彼濫吹候也、謹言、

（貞治六年）
七月十三日　　　　　範光　判

小笠原源蔵人大夫殿

【史料B―ⓑ】(9)

徳禅寺領事、号守護使、武田源九郎・市河九郎入道等打入之由、自寺家被申候之間、昨日態以飛脚下状候了、重致種々煩之由有聞候、返々無勿躰候、所詮閣万事、彼使者等を不日可被召進候、尚以令遅引者、可令向背候、

尚々言語道断珍事候、何様所存候哉、謹言、

（貞治六年）
七月十四日酉刻　　　　範光（花押）

小笠原源蔵人大夫殿

これは、名田荘の守護使不入を認めた貞治六年七月五日足利義詮御判御教書(10)を受けたものであるが、右の両文書には、荘園における被官の「濫妨」に対する守護範光の意識がストレートに示されている。在地の守護代小笠原長房に

交名人の即時召進を命じ、承引しなければ「向後可有後悔」と恫喝したばかりか ⓐ、「乱入」した人物の名前（武田・市河）が新たに判明したからか、その翌日にもまた同内容の書状に時刻まで認めて、「尚以令遅引者、可令向背候、尚々言語道断珍事候、何様所存候哉」とて、筆頭被官に向けたものとは思えない、苛烈な言葉まで浴びせている ⓑ。これらの文書が訴人徳禅寺の目に触れることを計算してのパフォーマンスという側面が全くなかったとはいえないとしても、基本的には率直に本音を吐露した範光の肉声といってよい。初めて九州以外で分国を得た範光にとって、幕命を遵守し、権門勢力との融和を図っていくことこそ、当面もっとも優先すべき課題と認識したことは想像に難くない。そしてそれは、在地で活動する守護代小笠原らの意識とは大きく乖離していたことを、右の両文書から看取することができよう。さらには、先にみた、在地における強引な闕所認定も、守護代小笠原の主導によるものではないかとの推測をより強くするものでもある。

史料B―ⓑでもう一点注目されるのは、小笠原によって闕所とされた田井保公文職を宛行われた市河九郎入道（史料A―ⓒⓓ）の名が見えることである。彼は武田源九郎と共に「号守護使」して討ち入ったと指弾されているが、これは名田荘が守護使不入とされていたためであって、実際長房のもとで守護使として活動していたのではなかろうか。さらに憶測を重ねれば、守護代小笠原長房との間にはすでに私的関係が結ばれていた可能性さえ想定できるのである。

守護就任直後は、荘園に対する被官の「乱妨」に激しい怒りを見せていた範光であったが、その翌応安元年（一三六八）三月、幕府が停止したはずの半済を若狭一国に実施した。分国経営基盤の構築を急務とする現実を前にして、範光の初心はたちまち捨て去らざるを得なかったということであろう。太良荘では、あの渡辺直秀が領家方・地頭方半済給主職に付けられて多くの人数を荘家に入れたため、東寺は幕府に提訴するが（『太良』④五三・五四）、同年九月に上野左馬助が半済給主になっても同様の「違乱」はやまず（『太良』④六〇―一）、東寺によるたびたびの提訴にもかかわらず、一色氏は義貫が謀殺される永享十二年（一四四〇）までの在任中を通して太良荘の半済を解消することはなかった[11]。なお、太良荘の半済は、停止される前の貞治四年六月、すでに下地分割方式になっていて[12]、一色氏が復活した半済もこの方式が継承された[13]。

最後に、若狭における小笠原長房の権勢をうかがわせる史料を二点挙げておきたい。

【史料C[14]】

（端裏書）
「□護［　　　　　］」

土御門三位殿所領なた庄上村反銭事承候、被閣候者目出候、猶々此事ハ、別而申承候間、被閣申候者悦喜候、

恐々謹言、

明徳四
十一月十五日　　　　　満範　判

小笠原参川入道殿

【史料D[15]】

（前略）

大願主三河刺史　浄鎮　　大工金屋　来阿

応永四年丁丑六月十一日銘焉

私状形式の史料Cで小笠原長房（参川入道浄鎮）に名田荘上村の段銭免除を求めている一色満範は、当時丹後守護ではあったが、まだ若狭守護にはなっておらず、父詮範が在任していた（第Ⅰ部序章図2参照）。したがって、ここで

の満範は、おそらく若狭守護詮範の嫡子としての立場で名田荘上村領主土御門家からの嘆願を受けて、私的に仲介の労をとったものと思われる。また、その満範から直接段銭免除を依頼されている小笠原長房は、守護のもとで段銭徴収に当たる単なる実務吏僚という以上に、場合によっては守護を通さずに、要請のあった所領の免除までも決定し得る程の裁量権を持っていたのではあるまいか。

史料Dは小浜八幡宮の梵鐘銘である。この神社の放生会役は守護が地頭御家人役として国内から催徴することになっていたし（本章第四節1で詳述）、応永二年八月、一色詮範は小守護代武田重信を奉行として大鳥居を再興し[16]、その大鳥居が応永十二年の大風で倒壊すると、その二年後には詮範の跡を嗣いだ満範がこれを再建するなど（「守護職次第」「今富次第」）、守護一色氏が上下宮（若狭彦・姫神社）とともにもっとも重視した、若狭屈指の神社である。ここに鐘を奉納したのが、守護一色詮範ならぬ守護代小笠原長房であったことを伝える史料Dは、若狭における長房の権勢を象徴するものであり、八幡宮の鐘はけだし、彼の若狭経営の金字塔であったというべきであろう。

2　諸役徴収体制の構築と武田重信

一色氏の代になると、太良荘に対する守護役、および幕府からの公役の催促状、請取状がかなり多く残されている。それらをまとめた表1によって、一色氏の諸役徴収に在国支配機構がどのようにかかわっていたのか、検討してみたい。この表で、守護代小笠原長房を除く発給人をひとまず在国奉行とみなして、役の種別、催徴・請取の別に分けて改めて整理してみると、表2のような原則があることが知られる。すなわち、幕府からの公役と上下宮・八幡宮神事役の催徴文書を発給するのは守護代小笠原長房に限られるのに対して、請取状の方は、守護役も含めて在国奉行が発

表１　一色氏治政下の太良荘に対する守護役・公役等催促状・請取状の発給人
（貞治５年〜永享12年）

No.	文書日付	守護役				公役			出典
		守護夫	上下宮・八幡宮神事役	守護段銭	その他	御家人役		段銭	
		催促状	催促状	配符	請取状	催促状	請取状	配符	
1	貞治　5.12.18				某A・直秀				22
2	応安　3. 9. 4					小笠原長房			68
3	〃　4.閏3. 7					小笠原長房			72
4	5. 7				知村・重家				74
5	〃　6.10. 2						重信・経信		90
6	10.29					小笠原長房			91
7	康暦　2.12.14						重信		140-4
8	永徳元．2.10						小四郎		140-3
9	（康暦3）．2.26						小四郎		140-2
10	5. 7	重信							148-8
11	5.27	重信							148-7
12	6. 1	重信							148-6
13	6.24						某B		140-1
14	7. 1	重信							148-5
15	8.□	重信							148-4
16	9. 2	重信							148-3
17	9. 7						重信		142
18	10. 8	重信							143
19	11. 5				重信				144
20	11. 9	重信							148-2
21	12. 2					小笠原長房			145
22	12.15						重信		147
23	12.20	重信							148-1
≀	（4例略）	≀							
28	永徳　2. 4.21	重信							158-7
29	6. 1		小笠原長房						155
30	6. 3	重信							158-6
≀	（31例略）	≀							
62	至徳　2.12.26	重信							170-1
63	嘉慶元．10.15							（浄玖・重信）	176
64	〃［　　］							（留守所）	179
65	明徳　5. 6. 1		小笠原長房						209
66	応永　5. 6.13			（長盛・浄玖）					242
			上下宮段銭	守護段銭			段銭		
			配　符	配符			請取状	配符	
67	応永　14. 2. 3			（留守所）					300
68	7.19							（留守所）	305
69	10.11							（留守所）	310
70	〃　18. 9.11		（留守所）						341
71	〃　19. 7.24						（勢馬・兼田カ）		354
72	〃21. 閏7.16							（留守所）	373
73	12.17						承盛		375
74	〃　22. 9.26							（留守所）	52-5
75	〃							（留守所）	52-6
76	〃　27.10. 3		（留守所）						15
77	永享　6. 5. 7			（留守所）					121

註（1）守護夫の欄で省略したNo.24〜27、No.31〜61の合計35例はすべて重信。
（2）上下宮・八幡宮神事役‥‥放生会・流鏑馬役（No.29・65）
（3）その他の守護役‥‥‥‥‥借物（No.１）・兵粮銭（No.４）・御飯米（No.19）
（4）御家人役‥‥‥‥‥‥‥‥御所節供料足（No.２・９・17）・閏月御所贄殿方料足（No.３）・築地料足（No.５）閏月御所御台所料足（No.６）・宝篋院殿御仏事料足（No.７）・御産方料足（No.８）御所御祝料足（No.13）・御所椀飯料足（No.21・22）
（5）公役の段銭‥‥‥‥‥‥‥賀茂造替并公家進等段銭（No.63・64）・官庁造営段銭（No.68）・内宮役夫工米段銭（No.69）大嘗会段銭（No.71・75）・即位段銭（No.72・73）・奉幣米段銭（No.74）
（6）（ ）内は、花押のみで署名はないが、他の史料から推定したもの（本文参照）。
（7）（留守所）は留守所下文のことで、発給人は目代・税所代を含む３人（本文註61・63参照）
（8）出典の欄の数字は、No.１〜73が『若狭国太良荘史料集成』第４巻、No.74〜77が同第５巻の史料番号。

給している。また、守護夫の催促状は例外なく重信となっている。これらの事実は、守護代と在国奉行の間の分掌関係が当初から明確になっていたことを示すものである。

　ところで、表1によって在国奉行の署判のあり方をみると、応安期以前の請取状三点（№1・4・5）はいずれも二名連署でかつ署判者はすべて異なっているのに対して、それ以後は単署となるが、署判者は重信→小四郎→某Bと変遷し、一定しない。ところが、永徳元年（一三八一）九月七日付（№17）以後は重信に固定する。すなわち、諸役徴収における在国奉行の間での分掌関係は、当初それ程明瞭ではなかったのが、次第に重信のもとに収斂していく様相がみてとれる。守護夫催促状の独占的発給と合わせて、諸役徴収における重信の優越的地位が永徳元年頃を境に確立したといえよう。この重信は「守護職次第」にいう一色範光の代の「又代官（小守護代）武田右京亮重信」と同名であるところから、当然両者は同一人であることが想定されるが、その是非を以下検討しておきたい。

表2　諸役徴収関係文書の発給人

役の種別		催徴	請取
公　役		守護代	奉行
守護役	夫　役	奉行（重信）	?
	神事役	守護代	?
	その他	?	奉行

　まず、表1の中の重信の花押は、№5（次頁図1花押③）を除くとすべて同じであるから（花押⑥）、№5以外の重信は同一人物である。そして、その花押は№63の奥の花押（花押⑧）とほぼ一致する。また、№63で重信と共に連署している相手（後述する津田浄玖）の花押（花押⑦）は、№66の奥の花押（花押⑪）と運筆が酷似し、№66の日下花押（花押⑩）は当時の小守護代武田長盛（寿恩）の花押（花押⑭）に一致する。つまり、№63の重信と№66の武田長盛は、ともに同じ人物と組んで段銭配符を発給していることになるから、重信の地位は、武田長盛と同じ小守護代とみなすのがもっとも自然な解釈であろう。ちなみ

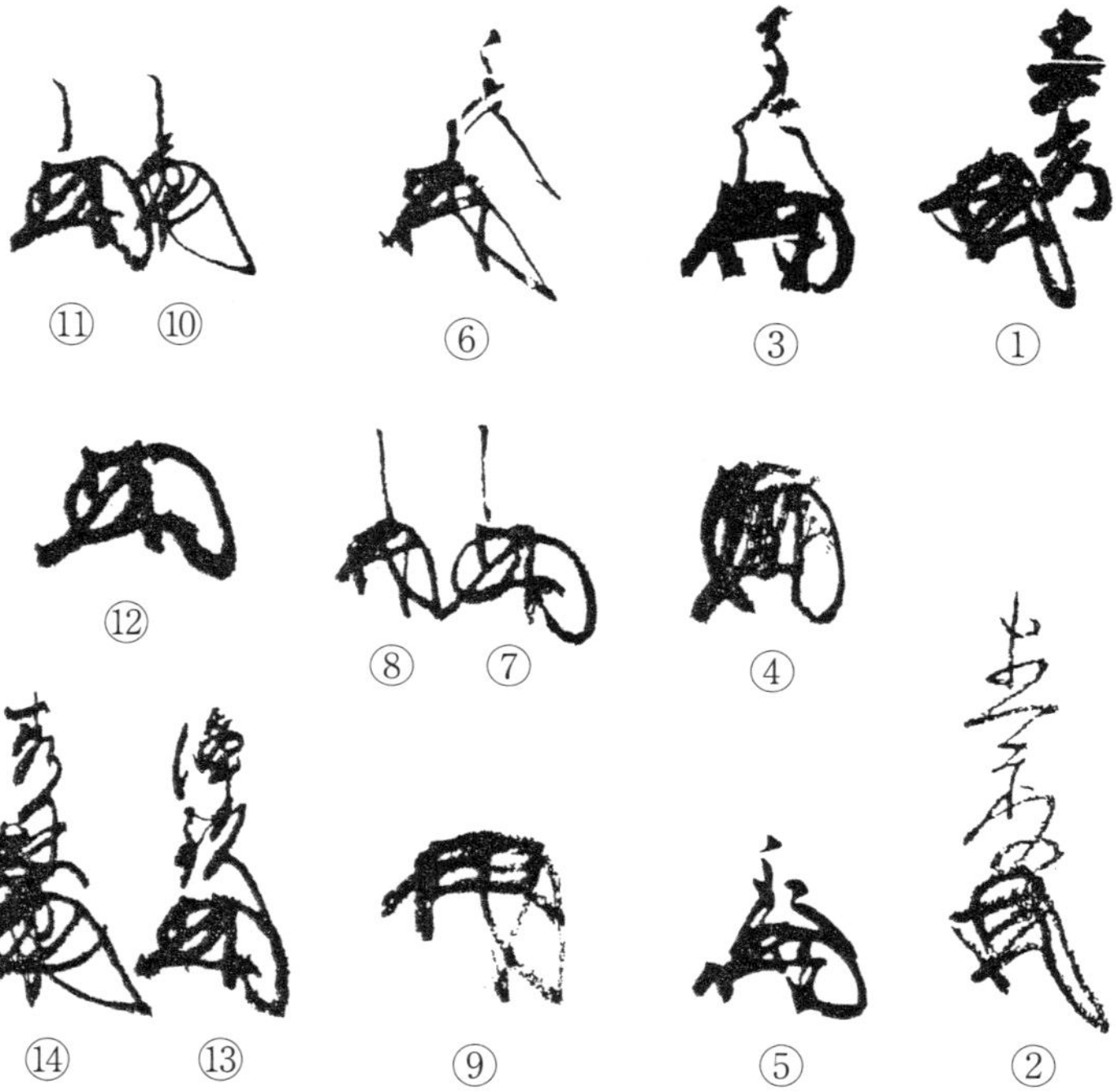

花押番号	署　名	文書日付	出　　典	表1 No.
①	直秀	貞治 5.12.18	『太良』④ 22（「百合」ヱ函 82）	1
②	直秀	応安 3. 8. 9	『太良』④ 67（「東寺文書」楽甲 9）	
③	重信	応安 6.10. 2	『太良』④ 90（「百合」オ函 63）	5
④	散位重信	（年 欠） 5. 8	『福井』 9 明通寺文書 44	
⑤	（重信 カ）	永和 3. 8. 3	『福井』 2 大谷雅彦氏所蔵文書 2	
⑥	（重信 カ）	永徳 元.10. 8	『太良』④ 143（「百合」ハ函 83）	18
⑦⑧	—・—	嘉慶 元.10.15	『太良』④ 176（『教護』641）	63
⑨	浄源	嘉慶 2.10.23	『小浜市史』諸家文書編 3 秦文書 102	
⑩⑪	—・—	応永 5. 6.13	『太良』④ 242（「百合」ア函 111）	66
⑫	浄玖	応永 11. 5.22	『小浜市史』諸家文書編 3 秦文書 105	
⑬⑭	浄玖・寿恩	応永 12. 8. 3	『福井』 9 明通寺文書 45	

註：花押掲載については、京都府立総合資料館（①③⑥⑩⑪）、東寺（②）、大谷雅彦氏（⑤）、京都大学文学部博物館（⑦⑧）からそれぞれ許可を得た。④⑬⑭は『小浜市史』社寺文書編、⑨⑫は同諸家文書編 3 の各巻末「花押・印章一覧」から転載した。

図１　花押一覧

に、長盛は武田重信の子である（「守護職次第」）。

　以上によって、表1の№7以降の重信はすべて小守護代（となる）武田重信であることがほぼ立証できたが、花押の異なる№5の重信はいかがであろうか。№5の重信とその他の重信の相違点は、花押が若干異なることと、№5のみ連署である点であるが、次の文書がこれらの相違点の溝をある程度埋めてくれる。

【史料E】（『太良』④一一八）

（端裏書）「にしつの奉行状」

流鏑馬役事、海部左衛門方へ相尋候処、先々不入差苻之由申之間、其段可心得申候、恐々謹言、

（付箋）「永和三年」

八月三日　　　　重信（花押⑤）

太良保公文殿

この花押は表1№5の花押（花押③）とほぼ一致する上、署名部分の草名も№5よりくずし方が一段と進んでいるものの、同じく「重信」と読める（№7以降の「重信」はさらにくずしている）。史料Eの重信は、守護代小笠原長房が管掌する流鏑馬役徴収において、その実質的責任者として単署の文書を発給しており、この点、単署で守護役や公役の催促状・請取状を発給している№7以降の重信と重ね合わせても少しも違和感はない。また、応永二年（一三九五）、太良荘は「（八幡宮）放生会事」で「武田殿」に「一コン分」を支出しているところから（『太良』④二三六）、神事役徴収に武田重信が関わったことは明白であり、したがって、史料Eの重信は武田重信とみてまず間違いない[17]。とすれば、表1№5の重信も、この史料Eを介して、他の重信と同様、武田重信その人とみなすことは、あながち附会とは

いえまい。

以上によって、表1の重信はすべて小守護代（となる）武田重信とみなすことが可能になった。[18]このことを前提にして、改めて一色氏の諸役徴収において武田重信が置かれた位置を考えてみると、当初は一般の在国奉行と何ら変わらない立場で、連署の請取状（No.5）を発給していたのが、史料Eではまだ「にしつの奉行」（西津荘は守護所所在地）と称されながらも、おそらく正規の催徴文書は守護代小笠原長房の発給であったと思われる流鏑馬役の徴収に単独で関わるようになっている。その後は、先に述べたように、守護夫の催徴はもっぱら重信の独占するところとなり、公役の請取状も永徳元年九月以降は重信の発給となる。要するに、初期の段階の武田重信は、在国奉行との格差がそれ程顕著ではなく、「筆頭在国奉行」とでもいうべき地位にあったのが、次第に他の在国奉行との距離を広げていき、小守護代と呼ぶにふさわしい地位に至ったといえよう。しかし、史料Eでは重信が「奉行」と呼ばれていること、および表1No.63のごとく段銭配符を有力在国奉行浄玖（後述）との連署で発給している事実、そして、この二人が、永徳三年十月十五日、在京守護代小笠原氏と思われる長方（第Ⅰ部第三章第一節1）が名田荘上村の即位大嘗会段銭免除を下達した奉書[19]の宛所で「両奉行御中」とされていると思われること、などを勘案すれば、少なくとも諸役徴収体制における小守護代武田重信と在国奉行との家格差は、まだ決定的なものとはなっていないというべきであろう。

3　小笠原長房と武田重信の関係

諸役徴収における権能が在国奉行とさ程異ならないとはいえ、先にふれたように、武田重信は一般在国奉行とは当初から区別される地位にあり、やがて小守護代としての地位が確定するが、守護代小笠原長房との間には、守護代―

小守護代という公職上の関係を越えて、私的関係（主従関係）が生じていた可能性を探っておきたい。

【史料F】[20]

巻数一枝被進候、殊一口大般若尊勝陀羅尼目出度候、寺社惣別御祈祷、弥可被抽精誠之由、可申旨候、恐々謹言、

五月八日　　散位重信（花押④）

明通寺衆徒御中

この文書は「之由可申旨候」の文言から奉書とみなすべきで、発給者「散位重信」を武田重信と考えれば[21]、守護代小笠原長房の意を奉じたものとみるべきであるが、この場合巻数返事であるから、重信の活動は小笠原長房のいわば私的代官としてのそれといわねばならない。

【史料G】[22]

須那浦山年貢事、為半分御恩所被宛行之也、仍状如件、

嘉慶弐年十月廿三日　　浄源（花押⑨）

多烏刀祢所

右に見える須那浦山は、応安の国人一揆の際一揆方に属した鳥羽氏の所領で、一揆後闕所とされ、そのうち鳥羽氏惣領分が「おかさわらのなかふさ（小笠原長房）の御ちの人」の知行とされ、その死後多烏・汲部両浦刀祢に対する給恩とされたものである[23]。浄源は武田重信の法名であるから（「守護職次第」）、史料Gは守護代小笠原長房の意をうけた実質的な奉書（「所被宛行之也」とあり）とみるべきであろう[24]。ただ、内容的には、小笠原による多烏浦刀祢への給恩宛行であるから、守護や幕府からの上意を下達する、いわゆる遵行系統に属するものではなく、史料Fと同様、守護

代小笠原の個人的命の下達であり、小笠原・武田の私的関係を物語るとともに、小笠原が国内の有力百姓（ここでは浦刀祢）に給地を与えて権力編成の対象にしようとしていたことを示している。

武田は、後述するようにしばしば上洛しており（本章第五節後掲表5）、若狭と京都を結ぶパイプ役を果たしているのであるが、これも京都の守護一色氏からの召喚によるというよりも、守護代小笠原の指示に従っての行動であったかもしれない。要するに、小守護代武田重信は守護代小笠原長房の主導下で諸役徴収を始めとする公的機能を果たしていたことは事実としても、その他の彼の活動には、小笠原の私的代官という側面も見られたのである。応永十三年、小笠原長春の失脚の際、武田長盛も同時に小守護代の地位を追われているのは、両氏の関係の緊密さを物語るものに他ならない。

武田氏は、小笠原に随逐して若狭に下った当初から、いち早く一般の在国奉行とは区別される、いわば筆頭在国奉行に抜擢され、やがて小守護代と呼ぶにふさわしい地位に上っていったのであるが、両者の間には、守護代と小守護代という単なる公職上の関係にとどまらない、私的主従関係に似たものが形成されていたのではなかろうか。

第二節　小守護代武田長盛と在国奉行津田浄玖

前節で掲げた表1では、№63の日下花押（図1花押⑦）と№66の奥の花押（花押⑪）をいずれも浄玖のものとしておいた。この二つの花押は、全体的形状ではかなりの相違も認められるが、運筆そのものはほぼ一致しているから、同一人とみなしてよいと思う。この二つの花押は応永十一年五月二十二日公文兼允・浄玖連署和与状（後掲史料J）の浄玖の花押（花押⑫）に酷似する。以上から、表1No.63（日下）・66（奥）の両花押（花押⑦⑪）の主を浄玖とみなした。前節において、No.66で浄玖と共に連署している相手を小守護代武田長盛と判断したのは、次の文書によってである。

【史料H】(25)

松永庄之内田数三町之事、国免而自往古公田之内之諸役等無沙汰処、近年彼寺社田に募公田しはい候之間、任大田文旨、地下支配止候て閣申候了、若於于後々、彼下地地頭百姓等天役等被懸候者、ひか事たるへく候、乃（ママ）免挙状如件、

応永十二
　八月三（ママ）　　門真殿
　　　　　　　　　　浄玖（花押⑬）
　　　　　　　　御賀本殿
　　　　　　　　　　寿恩（花押⑭）

椚寺々僧御中

（奥裏書）「上使段銭諸役等免状御折紙」

右の寿恩（武田長盛の法名〈「守護職次第」〉）の花押がNo.66の日下花押（花押⑩）に一致することは明らかである。段銭配符たるNo.66と、諸役（奥裏書によれば段銭を含む）免除を確認した史料Hが、ともに小守護代武田長盛と浄玖の連署によって発給されていることは、小守護代武田重信と浄玖との連署になる段銭配符（表1No.63）が下されていた南北朝末期の若狭における諸役徴収システムが、室町期に入ってもそのままの形で継承されていたことを示している。

つまり、諸役徴収機能における浄玖と小守護代武田氏の関係は、基本的には変化がなかったといえる。応永七年十二月、遠敷郡汲部・多烏両浦（守護領）の百姓らは、年貢公事徴収のあり方について「奉行所」（おそらく在京守護所）に訴えた一二か条の言上状（後掲史料L）の第四条で、「御さかなめされ候ハん時ハ、津田殿にても武田殿にても、一方よりおほせ候ハて両方より御使入候て、ろんしめされ候事」と述べている。これは、両浦から魚を徴収する際には、「津田殿」もしくは「武田殿」のいずれかが使を入れることになっていたことを示している。つまり、守護領における諸役徴収体制の中で、この二人は全く対等の立場にあったことになり、先の浄玖と武田長盛の関係に一致する。したがって、この「津田殿」こそ浄玖その人のことであり、浄玖の姓は津田とみなすことができよう。とすれば、次の文書に見える「津田入道」も浄玖を指すものと思われる。

【史料Ⅰ】(26)

臨川寺雑掌中若狭国耳西郷地頭職事、為守護使不入地之処、号人夫伝馬催促、津田入道乱入当郷、搦取百姓等致狼籍云々、尤招罪科歟、不日止使者入部、可被全寺家所務之由、所被仰下也、仍執達如件、

応永八年八月廿四日　沙弥（畠山基国）判

一色左京大夫入道殿（信将・詮範）

これによれば、津田入道が三方郡の荘園（臨川寺領耳西郷）において、人夫伝馬役の催徴を行っていたことが確認され、彼の公役徴収機能は、守護領とか、遠敷郡といった特定の地域・所領に限定されたものではなく、若狭全体に及んでいたと考えられる。

ところで津田浄玖は、公役徴収者以外の側面も有していた。

【史料J】(27)

(端裏書)
「持之こし分両浦和与」
つるへの浦山のもちこしあるによて、その分やまて七百五十文由、こたへ申され候、但弐百五拾文ハたかはしの山手つるへさたあるへく候を、わうこのしせうにまかせて、立用候へハ、いま五百文分にて候へとも、せんくのことく参百卅文つるへより納られ候へく候、いま百六十七文不足ハさしおかれ候へく候、向後ハさらにたかひニいきあるましく候、仍如件、

応永十一年五月廿二日　　公文兼允（花押）
浄玖（花押⑫）

【史料K】(28)

□□□百姓等謹言□
□□下知御百姓等奉成安堵の思状
一、多烏のりやう内ゆるき山と申所お、汲部の御百姓あ□□ニ付、御□□給候、去々年より一銭も不被沙汰申候間、去年五月中ニつた殿ゑ、此由、多烏の御百姓等□□申候、汲部・多烏両浦の御百姓等めしあわせ、しセうにまかせ、此間のことく、汲部より多烏ゑ山の御年貢沙汰候□□し御せいはい候へ共、去年去々年御年貢お、多烏よりつき申候うゑハ、しセうにまかせ、山お可給候、
一、汲部・多烏両浦の海ハ、かまくらよりの御下知状ニ両浦中分して、□□なとりすへきよし御下知候間それより以後、両浦のあとハ、一年つゝはんニまわしうち候お、当年多烏のはんニて候所ニ、汲部□□おさ

へ、いかりお入、あミおたて候間、つた殿ニ此由そせう申候へハ、両浦の御百姓等めしあわせもんたう候、一方へりんしゆおも御付も候ハぬニ、汲部よりおさへ、あミおかけ候間、此□□いわとなたへもりんしゆ付かたく候とて、此のゝちハ御百姓等なに事お申とも、御せいはいあるましき由おほせ候ほとに、御百姓等ちからおうしない候て、目安おさゝけ申候、

右、此二ヶ条お無子細わたし給候て、かきり候御年貢おきんしゆせしめんとほつす、仍言上如件、

多烏御百姓等謹言上

応永十二年二月日

御奉行所

右の両文書において津田浄玖（「つた殿」）は、訴訟処理者として立ち現れている。史料Kの第一条によれば、多烏浦が汲部浦におそらく預けていた「ゆるき（由留木）山」の年貢（山手銭）を汲部浦が未進したため、多烏浦が「去年五月中ニつた殿」に提訴した結果、両浦百姓が喚問され、多烏側の主張が認められた。史料Jがおそらくその時の和与状で、浄玖は調停者として署判しているものと判断される。

ところで、史料Kの第二条によると、網堵（「あと」）をめぐる両浦の紛争に際しても、「つた殿」は多烏浦の提訴を受けて両浦百姓を召し合わせたが、一方に「りんしゆ」を下す前に汲部浦が網をかけた以上、いずれにも「りんしゆ」は下せないとして、以後の訴訟は受理しないと述べている。問題は、これらに見られる浄玖の活動がいかなる立場にもとづくものであるかという点であるが、さし当たり多烏浦の代官のようなものが考えられよう。しかし、次の文書によれば、その可能性は小さいといわざるを得ない。

【史料L】(29)

多烏両浦之御百姓等謹言上、

欲蒙御裁許預御百姓等歎申条々子細御□奉成安堵之思之状

(1)一、当浦ハ本御年貢廿三貫文之所にて候お、万雑御公事お十七貫文ニ御百姓うけ申候、この上ニ御さかな・いそ物とも御さしおき候て、舟ニ御料足かけめされ候事、歎申候、

（二か条略）

(4)一、御さかなめされ候ハん時ハ、津田殿にても武田殿にても、一方よりおほせ候ハて、両方より御使入候て、ろんしめされ候事、

（二か条略）

(7)一、西の京の御時衆毎度御下候、数十ケ日在国候、せん〱ハ御代官なんとゝて御入なく候、たま〱御下向の時、下用お御年貢にたてられ候、この御時衆ハ下用お一銭も御たてなく候、この事ハかう侍者と申候し御僧ニ御けいやく候し時、上の御意ニ■■候て、一日の分ニ十六文御年貢ニりうよう申候、

（五か条略）

右条々、大こうハふなやく・いそ物の事ニより候て、雑事・くりや・人あし、かれこれニ御百姓等つかれはて候て、あんともかないかたく候間、ミな〱ちり〱になり候、歎申候条々、無子細御めん候て、安堵のおもいなし申候て、かきりある御年貢等ちうせつおいたし申へく候、此旨可然候やうに御ひろう候ハヽ、畏入候、仍言上如件、

応永七年十二月　日

両浦御百姓等言上

御奉行所

史料Jの四年程前に当たるこの文書には、多烏・汲部両浦における年貢・「いそ物」の徴収の実態がかなり詳細に述べられているが、年貢については、京都から「西の京の御時衆」が代官として下向してきて徴収したようであり（第七条）、ここに浄玖が関わっていた形跡は見当たらない。彼が登場するのは、「御さかな」徴収に当たって使を下す、という第四条の部分のみである。それも武田か浄玖のどちらかが下すことになっていたのであるから、この史料Lに見る限りでは、両浦に対する浄玖固有の権限はなかったとみるべきであろう。以後四年余りこの状況に変化がなかったと仮定すると、多烏・汲部両浦間の相論における浄玖の立場は、多烏浦代官というより在国奉行、それも小守護代と対等に近い特殊な奉行というべきであろう。つまり、小守護代が武田重信から同長盛に替わってもなお、津田浄玖と小守護代との関係性に基本的変化はなかったといえる。

このような浄玖の特殊な地位は、何に支えられていたのであろうか。確証はないのであるが、ひとつの臆測を示すことが許されるならば、津田氏は在庁官人だったのではなかろうか。先に推測したように（第Ⅱ部第三章第五節1）、津田氏の名字の地津田（小浜市伏原字津田）は、浄玖が活動していた時期には、小浜湾に通じる内湾をなしていて、港湾機能を有していた。しかも、当地は税所今富名の中核をなす地域と目されるところから、津田氏は税所に属する在庁官人で、あるいは水運に関わっていたのかもしれない。浄玖の活動していた時期の税所は山名氏の支配下にあり、本章第四節で述べるように、段銭徴収においては、浄玖が小守護代武田重信との連署で発給する段銭配符と、目代・

税所代ら三人の連署になる留守所下文が併存する事態が生じていた。つまり、浄玖は、税所に属する在庁官人と思われるにもかかわらず、守護一色氏側の段銭（守護役も含む）徴収機構の一員となっているのである。かかる状態は、一色氏が税所職を獲得したあともしばらく継続し、国衙機構が完全に一色氏の掌握するところとなった段階（応永十年頃以降）になって、在国奉行津田浄玖の名が史料から姿を消す。これは、津田氏の役割が終焉を迎えたことを示唆している。換言すれば、国衙機構を掌握し切れていなかった段階の一色氏にとって、その限界を補う存在が、税所に属する在庁官人津田氏だったのであり、彼の被官化のねらいもそこにあったのではあるまいか。

重信の代には在国奉行との間の家格差がさほどなかった武田氏は、次の長盛の代になると、守護代小笠原長房が在京するようになった結果（本章第五節で後述）、小守護代として在国支配機構の首座に就くことになった。しかし、結局津田浄玖の存在によって、武田氏が在地において守護権力を一身に背負うだけの強力な主導権を確立することは困難な状況であったと思われる。第Ⅰ部第一章第二節2で推察したように、小守護代武田長盛が守護代小笠原氏からは蓬沢姓で呼ばれていた可能性があり、かつ、段銭徴収関係の命令を小笠原から受ける文書上では、在京の使節級被官とおぼしき藤田修理亮入道や阿曽沼大蔵左衛門入道らと同等の位置に置かれていたことも、右述の武田氏の地位をよく物語っている。もちろん、武田氏が小守護代独自の立場で活動していたことはいうまでもない。たとえば、太良荘公文弁祐は、かねてより問題になっていた恒枝保内の太良荘田地の回復を画策していたが、その際彼が交渉した相手は「守護代殿」＝「武田殿」であった(30)。そうしたことを認めた上でなお、結局、守護代小笠原氏のもとでは、小守護代武田氏が在国機構において強力な主導性を発揮する状況はついに生まれなかったといえよう。

表３　応安の国人一揆の経過

応安 2. 正. 15	安賀荘で金輪院が「楯つく」ので、守護代、押寄せ合戦に及ぶ。金輪院、敗北して在所を焼き払われ、得替さる。
3. 12. 30	これより先、守護代、山東・山西郷に入部し、押さえ置く。この日の夜、(山東・山西氏、) 守護使壱岐太郎を夜討ちで襲う。
4. 正. 2	守護代、西津を発ち、山東・山西郷に押し寄せ、菅浜で合戦。両方の手負い数十人。守護方に死者なく山東方に討死少々。
正. 6	鳥羽・宮河ら、倉見荘能登野に出張し、この日夕方西津へ帰る途次の守護方と合戦。両方の手負い数十人。守護方勝つ。
正. 7	この日の暁、一色詮範（守護範光の嫡子)、西津より能登野に出陣。守護代と共に西津に帰る。
4. 2	これより先、国人ら、宮河に城郭（竹長城）を構築し立て籠もる。この日、守護方、一揆方の城に「忍入合戦」を敢行。城方の武永入道、討たる。守護方、在所を焼き払い「濫妨」に及び、西津に帰る。
5. -	国人ら蜂起し、安賀・鳥羽・三宅に打ち入る。一色詮範、守護代、及び国人の佐分・本郷・青一族・河崎・三方・佐野・多田・和田らを率い、野木山に陣取る。
5. 26	この日の暁、国人ら、玉置荘に打ち入る。守護方、野木山より下り、玉置河原で合戦。一揆方の手負い・死人多数。とりわけ宮河・鳥羽一族・木崎・和久里、その他近江よりの「見継勢」も多数討たる。守護方も少々討死、手負いあるも、打ち勝って西津に帰る。国人ら得替さる。

註 (1)「守護職次第」による。
(2) ４月２日に一揆が宮河に構築した城が、野木山の東側枝峰にある竹長城であることは大森宏氏によって明らかにされた（『戦国の若狭―人と城―』私家版、1996 年、320～322 頁）。

第三節　応安の国人一揆

特に鎌倉末期の得宗専制期に顕著になり、南北朝期に入っても維持された、若狭における守護権力と土着国人の対立関係は、応安二年（一三六九）～同四年の国人一揆の敗北によって終止符が打たれ、一色氏による守護支配が本格的に展開するようになるとされている。本節では、改めてこの一揆の背景と意義について、考えてみたい（その前の観応の一揆とその後の政治状況については付論2で後述）。

一揆の経過を伝える史料は、「守護職次第」における「一色修理大夫入道信伝（範光）」の項の記事が唯一のもので[31]、これにもとづき、年表にまとめたのが表3である。守護軍と一揆方

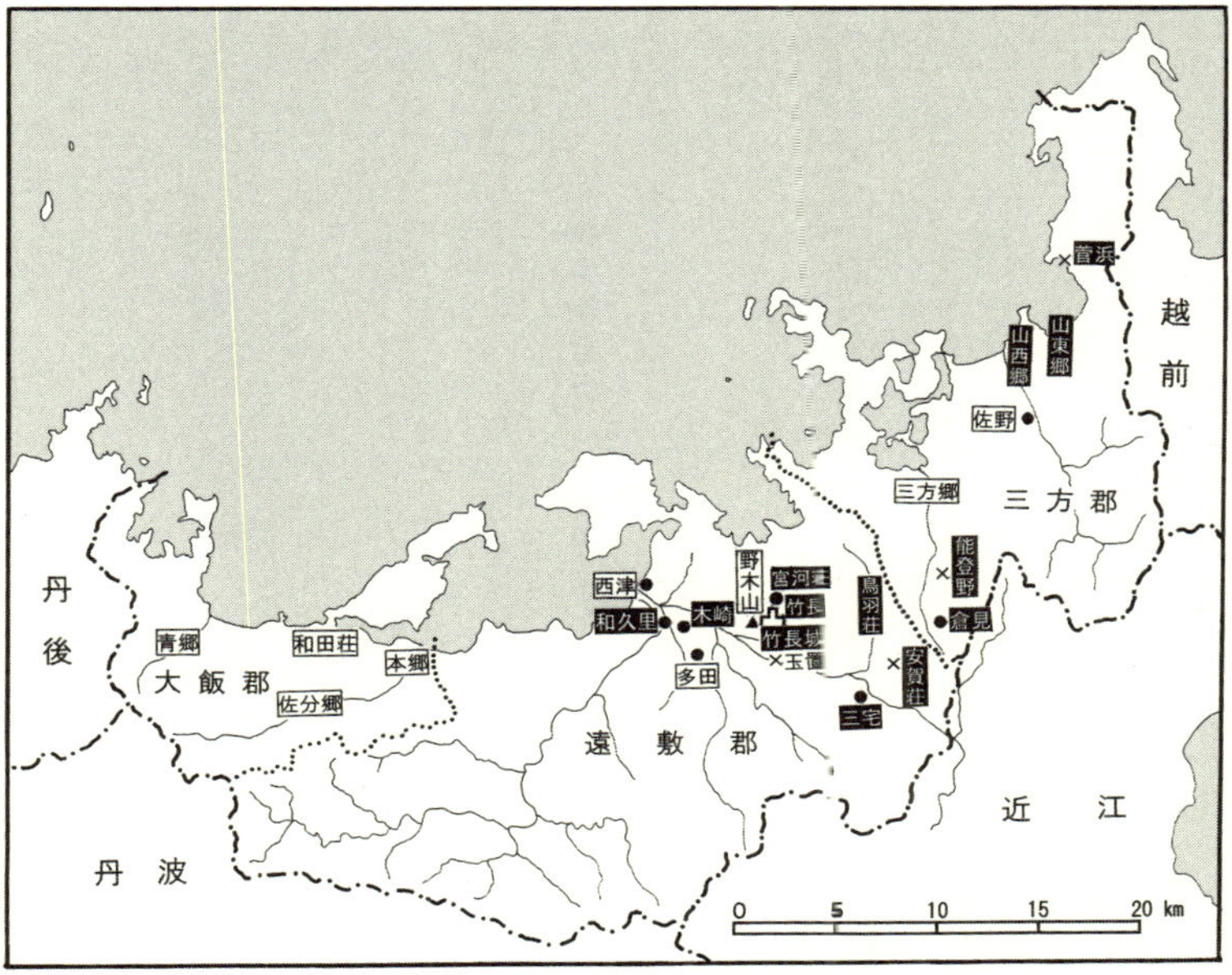

図２　応安の国人一揆関係要図

註：西津などは守護方勢力の根拠地もしくは陣地、宮河荘などは一揆方国人の本拠地、又は守護方の攻撃対象地。×は交戦地。なお、遠敷郡主要部については序論末尾図２も参照のこと。

の武力衝突は応安三年末からであるにもかかわらず、「守護職次第」はその二年近く前の、安賀荘において金輪院が守護代に抵抗し、実力で得替された事件から書き起こしているのは、これが一揆の背景に深く関係していることを示唆している。網野氏はこの金輪院の抵抗の背景を、貞治六年（一三六七）に太良荘預所快舜と地頭代禅舜を前守護斯波氏への奉公を理由に一色氏が闕所にしたのと同様と推定しているが[32]、確証はないものの、十分考えられる。そのときの守護（実は守護代）側の闕所認定は、斯波氏の摂津出陣に参加していないと思われる禅舜の太良荘地頭代官職まで闕所としたようにかなり恣意的なものであったらしいことは、先にみた通りである（本章第一節1）。したがって、金輪院や、その次に闕所とされている山東・山西氏が斯波氏に従軍したとみなす必要はない。

表4　応安の国人一揆における両軍の構成

守護方			一揆方		
武士		本拠地	武士		本拠地
×	一色　詮範	(守護範光の嫡子)	●	(山東氏)	三方郡山東郷
×	小笠原長房	(守護代)	●	山西氏	三方郡山西郷
※	佐分氏	大飯郡佐分郷	●	(倉見氏)	三方郡倉見荘
△	本郷氏	大飯郡本郷	●	鳥羽一族	遠敷郡鳥羽荘
●	青一族	大飯郡青郷	●	宮河氏	遠敷郡宮河荘
?	河崎氏	河崎荘（遠敷郡カ）		(金輪院)	遠敷郡安賀荘
△	三方氏	三方郡三方郷	?	武永入道	遠敷郡宮河荘竹長
?	佐野氏	三方郡佐野	●	木崎氏	遠敷郡木崎
○	多田氏	遠敷郡多田	●	和久里氏	遠敷郡和久里
●	和田氏	大飯郡和田荘		(見継勢)	近江

註 (1)「守護職次第」による。
(2) 武士の分類記号は以下の通り。
●……建久7年（1196）6月「若狭国源平両家祗候輩交名案」(「百合」ホ函4－5）に見える国御家人の氏族
△……鎌倉期に地頭職を有した関東御家人の氏族
○……鎌倉期に所見のある△以外の氏族
×……一色氏の守護就任に伴って入国した者
※……国御家人と同姓であるがまったく別家（註38森幸夫論文参照）
(3)（ ）を付した武士は、史料には地名のみがあって姓としては見えないものであるが、いずれも建久7年の「若狭国源平両家祗候輩交名案」に見えるので、氏族名としても解せると判断した。なお、山西氏は貞和元年（1345）の文書（『福井』2、本郷文書16号）に「山西郷地頭山西三郎次郎」とあるので、山東氏とも合わせて南北朝期にも国人として存在したと考える（山東氏は戦国期に武田氏重臣として見える）。木崎氏は貞治5年（1366）の文書（「百合」ヌ函81など）に太良庄の押領者として木崎弾正忠の名が見え、和久里氏は鎌倉末期にかかる若狭国大田文朱注に和久里兵衛大夫・同又太郎の名があるので、ともに南北朝期の当該地を代表する国人とみなした。

表3によれば、金輪院の一件から長らく大きな動きが見られなかったが、山東・山西両氏との衝突の直後、鳥羽・宮河氏が行動を起こし、そのあと広範な国人の決起につながっている。これは、金輪院の闕所では生じなかった国人らの危機感が、山東・山西氏が討たれるに及んで、一気に高まったことをうかがわせている。それは、山東・山西氏と、一揆に立ち上がった国人らとの間に危機感を共有できる連帯が存在していたからである。その連帯の重要な紐帯の一つは、つとに指摘されている鎌倉期の国御家人としてのそれで、得宗権力から差別と圧迫を受けてきた彼らは、南北朝期に入っても、守護権力とは距離を保ってきたといわ

れている[33]。ただ、網野氏も指摘しているように[34]、この応安の一揆の頃には、鎌倉期の国御家人としての結束はすでに崩れかけていた。表4は、この一揆における両軍の構成をまとめたものである。ここに明らかなように、一揆方の構成員がほとんど国御家人に系譜を持つ者（[redacted]）で占められているのはある意味当然としても、守護方にも[redacted]は青・和田氏が見える。つまり、国御家人の末裔はすでに両陣営に分裂しており、もはや彼らは一枚岩ではなくなっているのである。

守護方の[redacted]のうち青氏は貞和三年（一三四七）から幕府遵行使としての徴証があり[35]、早くから幕府（将軍）権力への帰属の道を選択していた。和田氏は上下宮社務家牟久氏と鎌倉後期から婚姻関係を結んでいたため「牟久家系図」[36]に和田氏の情報が多数記されているが、それによると、網野氏が注目しているように、南北朝期において他荘・他国（若狭倉見荘・京都・丹後宮津荘・越前金ヶ崎）での死没記事が目に付く。これらは、将軍や守護の軍勢催促に応じて各地に参陣していたことを物語るものであろう。また、貞治期に和田荘預所職にあった和田繁実は、大外記中原師右の元妻で、師右の一族権少外記中原師守の近親者とみられる女性と結婚していて、しばしば京都と和田荘の間を往来しているように[37]、中央志向の強い武士であり、他の土着武士と行動を同じくしなかったことは自然に理解できる。なお、鎌倉期から在京御家人として活動し、南北朝期に入っても一貫して幕府方、尊氏方を堅持していた本郷氏を始め、右にみた青氏、さらには鎌倉初期の国御家人とは別家ながら佐分郷を本拠とする尊氏・義詮近習の佐分氏[38]のいずれもが大飯郡に本拠を置いていた。表4で一揆方に大飯郡の武士が一人もいないのは偶然ではなく、この地域では幕府権力への求心性が他の二郡より強かったことも、和田氏が守護方に属した背景のひとつとしてあったのかもしれない。[redacted]ではないが有力在庁であった多田氏は、鎌倉末期に濃密な婚姻関係を結び一種の族縁集団をなしていたとされる和久里・木崎両氏(39)と決別して守護方に参じているのは象徴的である。石橋和義が守護のとき、国御家人の系譜を引く国富氏が、守護石橋氏と関係を結び、守護代・守護使になったように（応安の一揆における国富氏の動静は不明）、この時期における若狭の土着武士の進む道として守護被官という選択肢が現実になってきたのである。他に守護方には、鎌倉初中期の若狭で絶大な勢力を誇った若狭氏の後裔で、南北朝末期まで幕府との直接的関係が認められる三方氏（第Ⅱ部第二章第二節）がおり、さらには幕府奉行人松田氏の参戦も想定されるなど（後述）、全体的に幕府との直接的関係が認められる武士が目に付く。これらの諸氏は守護被官として参戦したわけではなく、守護の行使する軍事指揮権のもとで行動していたにすぎないとみるべきである。(40)これに対して河崎・佐野両氏は、第Ⅱ部第三章第三節6・第四節7でみたように在地性が濃厚な国人であり（但し河崎氏はのち在京性を強めていく）、特に河崎氏は明徳の乱では一色軍の主力の一角を占めるほどであり、すでに一色氏の被官になっていた可能性が高い。かくして一揆の鎮圧に当たった守護軍は、若狭に所領を持つ幕府直勤御家人と守護被官の混成部隊であったといえる。

鎌倉後期から得宗権力の圧迫を受け続けてきた国御家人系土着国人らは、南北朝期に入っても容易に守護権力には近づかず、観応の一揆では直義方に立って守護代を国外に放逐するだけの力を示したが、右にみたように、そのころすでに青氏は幕府との直属関係を構築していて、一揆には加わっていなかったと思われるし、応安の一揆までに、和田・多田氏らも土着国人らの結合の輪から離脱していたと推察される。こうしてメンバーが少しずつ抜けていきながらも、残った土着国人らは互いの連帯は保っていた。彼らが共通の行動規範意識を持つ集団であったことを示すものとして、太良荘預所代松田（宮河）知基の言葉を発掘したのは松浦氏である。(41)氏によれば、数家ある若狭松田氏は国御家人ではなく、鎌倉後期には六波羅奉行人、室町期には幕府奉行人を出す家もある、特異な性格であったが、知基は公家橘氏の出身で、南北朝期に若狭宮河保の谷奥に土着し、宮河松田氏と関係を持って松田氏を称するようになり、松田一族の性格も帯びていた。その知基は、貞治三年（一三六四）、前年補任されたばかりの太良荘預所代職を前任者快舜の訴訟で改易されてしまい、そのことを、「人目実にめんほくなさ申はかりなく候、国人はうはいのあさけりこの事にて候」と嘆き、国人傍輩の人目を強く意識した。そして、彼が恐れた国人の嘲りとは、「地下をもさゝゑ候て、しよそんをも申たくて候しかとも、中〳〵と存候て、やかてまかりの」いた行動、つまり、実力に訴えてでも主張することをせず、無為に退散したことに対するそれであった（「百合」し函二九二）。ここには、目的実現のためには非合法の実力行使も辞さずという共通の行動規範を持ち、相互に対等な立場で日常的に交流していた国人集団の存在がかなり明瞭に見えてくる。純粋の土着国人とはいえない松田知基を構成員たらしめているこの集団の紐帯をなすのは、もはや国御家人という出自ではなく、右述のごとき上級権力に対する姿勢、実力主義そのものではなかったか。

観応の一揆について松浦氏は、地域的支配体制形成の萌芽が見られるものの、規律や組織性がうかがえない悪党的性格が認められ、土一揆と結びついて「国一揆」に発展する可能性を初めから閉ざしていた、と評価し、下からの荘民結合の自律的進展に対応し、上からの守護支配の強化に対抗するため、国人相互の「国のさほう」や「人目」を意識した結合として形成されたのが応安の国人一揆であったとの見通しを述べている(42)。かつての国御家人として連携してきた土着国人の輪から一人またひとりと離脱していく中で、幕府にも守護権力にも距離を保ってきた者たちが、一色氏の強権に最後の抵抗を示したのが応安の一揆であった。観応の一揆で守護代を駆逐した彼らではあったが、ここでも、そのときと同様、自立的な地域権力の形成を構想しての蜂起であったとは認められず、いわば守護に追いつめられての、やむなき反撃にすぎなかったといえよう。そして、彼らの敗北は、若狭における「悪党」の時代の終末と(43)、守護による本格的な分国支配の開始を告げるものであった。

なお、網野氏は一揆の端緒となった安賀荘を始め、山東郷・山西郷・菅浜浦・鳥羽荘はいずれも山門領で、和久里・木崎らの国御家人も山門との密接な関係が想定されるなど、一揆側の拠点、国人はほとんどが山門の影響下にあったのであり、さらに、「守護職次第」（大橋本「若狭国守護職代々系図」）の「近郷ヨリノ見継勢」の「近郷」を「近江」と読めるとしてこれを山門関係者と推定し、応安の国人一揆は、若狭に強い影響力をもっていた山門の勢力と守護との戦いという一面もあることを指摘している。(44) この氏の重要な指摘を受け止めて、それを深めることはかなわないので、山門が一揆側の国人らにとって政治的・経済的・軍事的支柱であったことを想定するにとどめたい。

一揆の終息後、一揆側の国人らはいずれも所領を闕所とされたとみられるが、具体的に伝えてくれる史料は、次のものが唯一である。

【史料M(45)】

畏て申上候、とはのしやう《鳥羽荘》の内すな《須那》浦と申候山、つるへ《汲部》・たからす《多烏》の御れう《領》の内ニ候お、本ハとは《鳥羽》のそうりやう《惣領》・そし《庶子》ニわけ、御ちきやう《知行》候へし、とは殿しゆうた《修大》殿方へてきたの《敵対》むね《旨》候て、とくたい《得替》候し、其後よりけんしよ《闕所》分ニしゆうた殿方御ちきやう候、とはのそしいまむら《今村》殿分ハ、とはの中はう《保》お松田ふせんのかミ《豊前守》殿御ちきやうの時よりつきわたり候、そうりやう殿分おハ、おかさわら《小笠原》のなかふさ《長房》の御ち《乳》の人御もち候し、その御ゑんしやく《円寂》候しのちより、かの山お両とねか《刀祢》御おん《恩》ニ給候し、これハ御おんと存候て、いまゝて申さす候よし、たに之五郎二郎と申物《者》、本ハたからすの住人にて候、中ほうの御代官しやう《荘》主ニつき申、かの山そし・そうりやう分一ゑんニ申なし候て、しやう主の御使とも二浦へこへ《越》候て、御はん《判》お給候うへハ、うけとり候へきよし申候間、おとろき《驚》入

候て、いそき（急）申上候、

日付も発給者・宛所も欠くが、一族挙げて一揆方に参じた鳥羽氏（表4）の遺領の行方を伝える文書で、内容から、作成者は多烏浦の刀祢と推定される。これに関連するのが、次の文書である。

【史料N】（第一節史料Gの再掲）

　須那浦山年貢事、為半分御恩所被宛行之也、仍状如件、

　　嘉慶弐年十月廿三日　　浄源（花押）

　　　多烏刀祢所

第一節でふれたように、この文書は守護代小笠原長房の意を受けた武田重信（浄源）が、長房の代官的立場で多烏浦刀祢に須那浦山年貢を宛行ったもので、須那浦山を汲部・多烏の「両刀祢か御恩ニ（半分ずつ）給候」という史料Mの記述を裏付けている。

史料Mによると、鳥羽荘はもと鳥羽氏の惣領と庶子が分割して所有していたが、鳥羽氏が「しゆうた殿」（一色修理大夫範光）に敵対、つまり応安の一揆で一揆側に立ったため闕所とされて、「しゆうた殿方御ちきやう」、つまり守護領となり、庶子今村氏分は鳥羽中保を知行していた松田豊前守に、惣領分は小笠原長房の「御ちの人」（乳母カ）にそれぞれ給付された[46]。その後「御ちの人」が死んだので、惣領分に含まれる須那浦山は汲部・多烏両刀祢に御恩として宛行われたという。

ところで、闕所となった鳥羽荘が一旦守護領とされたのちに、惣領分と庶子分に分けて小笠原長房と松田豊前守に分与されている。小笠原は守護代であり、一揆との戦闘では実質的指揮官として活動したはずであり、当然の処置と

いえるが、松田豊前守は丹後に本貫をもつ幕府奉行人松田頼胤とみられ(47)、守護一色氏の被官ではない。この松田豊前守は、松浦氏が詳述しているように(48)、鎌倉末期の六波羅奉行人で鳥羽上保下司職にあった松田九郎左衛門尉（大夫）頼行の系譜を引く人物であって、南北朝・室町期には子孫が幕府奉行人を務め、鳥羽上・下保を領していた。守護被官でもない松田が鳥羽氏遺領の分与に預かれたのは、おそらく鎌倉期以来の所領鳥羽上保に加えて（他に所見はないが）中保を知行していた松田が、闕所として守護領となった鳥羽荘をも一体的に領有せんとして、一色氏もしくは幕府に要求したためで、その結果、鳥羽氏遺領が惣領分と庶子分に分割されることになったのではなかろうか。幕府奉行人の松田頼胤が、一揆に際して若狭に下向し参戦することは一見考えにくいことではあるが、恩賞として闕所地の給付を求める以上、戦功など相当の根拠があったとみるべきであろう。この家は、榎原雅治氏が明らかにしたように(49)、法曹官人の後裔が多い他の奉行人家とは違って、丹後の在地領主の系譜を引き、豊前守流とは別流ながら将軍義満・義教のもとで近習に混じって衛府侍・布衣侍を務める者もいるなど、奉公衆的性格をも持つ特異な奉行人家であったことを想起すれば、松田頼胤が本郷・佐分・青・三方ら幕府直勤御家人と共に一揆との戦いに従軍したことも十分考えられよう。

鳥羽荘以外に一揆方国人の所領の処分が判明する例はないが、右の例からは、一旦守護一色氏によって闕所とした所領も、守護方として参戦していた幕府直勤御家人のもとに給付されることがあり、守護が一揆打倒の果実を独占することはできなかったことがうかがえる。しかし、この一揆制圧で国人らの守護一色氏への反抗は根絶され、若狭支配は軌道に乗ることになるのであり、その意義はきわめて大きいものであったことはいうまでもない。

第四節　国衙機構の掌握

若狭では、国衙機構の基幹たる税所職が守護の兼帯とされる時期が長く続き、守護による国衙の掌握にとって有利な条件が用意されており、事実、延文・貞治期の細川清氏・石橋和義の代には、守護（実は在地の守護代）が税所をその権力の内に組み込んでいた事例が確認される（付論2第二節）。ところが、斯波義種が守護に在職していた貞治三年（一三六四）三月、税所今富名が山名時氏に与えられて、守護と国衙の関係は一変する。すでに守護にとって国内支配機構の一部と化しつつあった税所がその手から離れることは、単に支配組織の問題にとどまらず、守護領に占める比率が鎌倉末期に比べ格段に高い九割にも及ぶ約二四〇町歩の田地と要港小浜を含む税所領（付論1）をも一気に失うことを意味した。さらには税所の管轄下にあった国衙仏神事（付論2第三節）も、守護の統制の外に置かれることになる。山名氏の税所今富名領有は明徳の乱まで続いたので、貞治五年（一三六六）に若狭守護職を得た一色氏は、守護の手が届かなくなった税所の他、もともと一定の自立性を保持していた税所以外の国衙諸機関に属する在庁官人を、その権力のもとに組み込むことに努めなければならなかった。本節では、そうした条件下で一色氏が国衙機構を自己のもとに掌握していった様相を検討してみたい。

1　上下宮流鏑馬神事と守護代小笠原長房

税所に対する支配権を持たない守護一色氏と税所の関係をよく反映する事象として、若狭宗教界の頂点に立つ一・二宮たる若狭彦・姫神社（以下では中世の通称「上下宮」に統一表記する）の祭礼、九月十日の流鏑馬神事と小浜八幡宮放生会の神事役をめぐる守護代小笠原長房と税所代海部信泰の交渉があるので、まず、その経過からみておきたい。

【史料O―ⓐ】（『太良』④一一五）

（ハリ紙）
永和三六月十日海部左衛門出状
□彼状にめいあそハし□へく候

委細承候了、兼又　八幡宮流鏑馬役事、自守護方被相尋候之処、古日記等にも不見候之間、先規於太良庄、彼役無勤仕之由、返事令申候、此旨可有御存知候、恐々謹言、

六月十日　　信泰（花押）

公文殿御返事

【史料O―ⓑ】（『太良』④一一六）

畏申上候、抑今月十一日守護殿より当国八幡宮幷上下宮九月十日やふさめの差符入られ候間、同十二日より二三度まかり出候て、わうこより勤仕さる（せ脱、以下同じ）よしもんたう申ところニ、おほせられ候やうハ、国中地頭後家人（ママ、以下同じ）役にてある間、当庄も地頭名字ある間、定先例勤仕さる事あるへからすと申され候て、をしかけられ候ほとに、地下こうろうの御百姓ニ相たつね候へとも、わうこより地頭御方ニ御勤なきよし申上候、其上国中神事奉行あま左衛門方へまかり出候、たつね申候へとも、当庄よりわうこ御勤なきよし、此人申され候、此分にて守護御方もんたう申

候へとも、もちいましきよし申され候間、重申候やうハ、此役を勤仕たる（ママ）事ハ、国中之地頭後家人存知すへき事にて候間、御たつね候へと申候へとも、御もちいなく候、いつれの御代にても、御免状候ハヽ、もち申候へきよし申され候間、わうこより勤仕す候上ハ、御めん状あるましく候よし、もんたう申候ところニ、奉行申され候ハ、正守護殿御めん状御申候て御下候ハヽ、道行へき事もあるへく候よし申され候、又先度若御免状もか候ハんすらん、御たつね候て、いそき〳〵御下候へく候、此事ハうゐのとのへ御申候て、あいとも御沙汰あるへく候、此事御勤なき事定にて候ハヽ、別人方差かゐらるへく候間、いそき〳〵御沙汰なく候てハ、なんきたるへきよし、奉行申され候、此事御勤候ハんするにハ、料足を守護御方御出候ハんするにハ、十六七貫文入候へく候、是ハ寺家御方うゐのとの御方御年貢うちにてあるへく候、此旨可有御彼露（ママ）候、恐惶謹言、

六月十五日　　弁祐（花押）

進上　公文所殿

【史料〇—ⓒ】（『太良』④一一九）

（永和三年）六月廿日

□国八幡宮幷上下宮八月十五日流鏑馬役事、為地頭後家（ママ）〔人〕所役之間、太良庄地頭方可懃彼役之旨致催促畢、而当寺御寄進已後、為当処所役懃仕之例、曽無之者也、仍以目安可歎申守護方（一色殿）之旨評儀畢、

（永和三年六月）廿五日

〔流鏑馬□事〕任先日評儀、以申状具書等令申守護方之処、無是非沙汰、不〔及〕聞入、仍申状等被返之畢、〔凡〕言語道断理不尽次第也、而間京都秘計不可道行之上者、惣下祥覚於国、可被誘守護代云々、酒肴料五貫文（地頭方年貢）可致其沙汰之旨治

定畢、

【史料O—ⓓ】（『太良』④一一七）

（端裏書）「［　　］状案」

目安

東寺雑掌頼勝申寺領若狭国太良庄流鏑馬役事

右当庄者、為当寺不動堂長日護摩料所、地頭領家一円進止、重色無双之寺領也、而間太嘗（ママ）会役夫工米及兵粮人夫以下一国平均之所役等、悉以被免除之条、度々　勅裁并御教書等載而明白也、爰当国八幡宮并上下宮流鏑馬役事、於当庄往古以来未聞其例、就中地頭職御寄附以来五十余年曽不及催促之処、今年始預此催之条、難堪之次第也、縦於寺領以前雖有先例、寺社寄進之通例被免除者法度也、御教書案為傍例備之、何況於当庄全無勤仕之先例之条、国中所無其隠也、且彼国神事奉行人令存知之歟、而今御書下之趣、任先規可勤仕云々、既以無先規不可勤仕之条勿論歟、然早止新儀之催促、任先例可免除之旨、預厳密御下知、全御願之要脚、弥抽御祈祷之忠勤、為奉祈武門之長久、目安言上如件、

永和三年六月　日

【史料O—ⓔ】（『太良』④一一八〈第一節史料Eの再掲〉）

（端裏書）「にしつの奉行状」

流鏑馬役事、海部左衛門方へ相尋候処、先々不入差符之由申候之間、其段可心得申候、恐々謹言、

（付箋）「永和三年」

八月三日　　　　重信（花押）

太良保公文殿

右の一連の史料からうかがえる、事の経過は、おおむね次のようになろう。

①永和三年（一三七七）六月十日以前に「守護方」（守護代小笠原長房であろう）から太良荘の流鏑馬役について照会された税所代海部左衛門信泰（「今富次第」）は、「『古日記等』にも見えないので同荘では勤仕しないのが先例である」と答え、その旨を太良荘公文弁祐に報告した（ⓐ）。これは弁祐があらかじめ海部にそのように回答するよう依頼しておいたものと思われる。

②ところが、守護方は六月十一日、太良荘に八幡宮・上下宮流鏑馬役の配符を入れてきたため、弁祐は翌日から守護所に二、三度赴き先例がないことを訴えたが、守護側は、同役は国中地頭御家人役であり、太良荘にも地頭方がある以上、勤仕すべしとして取り合わず、荘に押しかけた。そのため、荘内の古老や「国中神事奉行」（海部信泰）の証言を楯に免除を主張したが、全く聞き入れられなかった。そこで、弁祐は海部の助言に従って、東寺に正守護の免状を入手して送るよう訴えるとともに、守護方への工作費として一六、七貫文を年貢から捻出するよう求めた（ⓑ）。

③これを受けて東寺では六月二十日、太良荘は寄進以来五〇余年この役を勤仕した例がないことを守護に訴えることとし、同二十五日一色氏に申し入れたが、聞き入れられず、申状（ⓓ）も突き返されたため、祥覚を国元に派遣して守護代と直接交渉させることとし、その酒肴料五貫文を地頭方年貢から支出することを決議した（ⓒ）。

④八月三日になって、「にしつの奉行」武田重信（本章第一節）は、太良荘の流鏑馬役について海部信泰に照会した

ところ、「先々不入差符」との回答があったので了解した旨を太良荘に通知してきた（ⓔ）。

以上を要約すれば、流鏑馬神事役徴収の基礎台帳とおぼしき「古日記」を擁する税所に先手を打って味方につけ免除を勝ち取ろうとした太良荘側と、あくまで「古日記」を無視して徴収を強行しようとする守護方の攻防であり、最終的に「古日記」に基づく税所代海部信泰の証言を「にしつの奉行」武田重信が了として、太良荘側が勝利を収めた、ということになろう。守護側が妥協したのは、五貫文の「酒肴料」が実質的決め手であったかもしれないが、守護方が税所代海部の証言を受容することで決着を見たことは、守護の強権が税所の主張する先例の前に屈伏した形に見える。税所が守護権力に対する一定の自立性を有していたことが、かかる事態を招いたという側面は否定できまい。

ところで、一色氏は、このような困難な状況下で敢えて上下宮流鏑馬神事を「国中地頭御家人役」として興行しようとした企図はどこにあったのであろうか。河音能平氏は、そもそも諸国一宮の流鏑馬神事は十一世紀末～十二世紀初頭に成立したもので、国衙に結集した在地領主が、中央国家権力に対して相対的独自性をもつ政治主体として行った軍事的デモンストレーションと位置づけており[50]、また清水三男氏は、鎌倉期の出雲杵築大社の流鏑馬神事は「国司在庁官人と守護地頭の協力」によって興行されていたとしている[51]。こうした先学の理解は、国衙在庁に結集する在地国人（国御家人）が地頭職から排除され、守護（得宗）権力から差別と圧迫を受けていたとされる鎌倉・南北朝初中期の若狭にそのまま適用するのは難しい。おそらく鎌倉期の若狭上下宮流鏑馬神事は、関東御家人の地頭役ではなく、上下宮を精神的支柱として結集する国御家人（在庁官人）の主体性において催されていたのではあるまいか。とすれば、最後まで守護権力に組み込まれることを拒んできた国御家人が、最終的に一色氏の武力の前に屈服させられた応安の国人一揆を境に、この神事の持つ意味が大きく転換することは容易に想定できよう。一色氏は、思うようにコントロールできない税所に神事興行マニュアルを握られている中でも、敢えて、かつて国御家人の連帯と示威の場であった上下宮流鏑馬神事を主宰することで、国内御家人間の政治的秩序を自らの主導でリセットせんとしたのではなかろうか[52]。河音氏は、「守護職次第」に見える応永十二年の上下宮臨時流鏑馬の記事から、国内在地領主層の結番にもとづく流鏑馬が上下宮恒例縁日神事の中核として催されていたことを推測しているが、いうまでもなく、そこには主宰者としての守護一色氏の政治的意図を読みとらなければならない。なお、一色氏は上下宮の流鏑馬に小浜八幡宮の放生会をセットにして神事役を徴収しているが、一色氏の小浜八幡宮重視の要因を、湯峯愛氏は小浜の都市としての発展に求めている[53]。一色氏は国衙祭祀の機関として上下宮と小浜八幡宮を設定するとともに、上下宮を通して国内御家人を、八幡宮を通して小浜を統制せんとしたということになるが、小浜を所管する税所が山名氏の支配下にある以上、国衙・小浜を完全に掌握することはできなかったのである。

ところで、先にみた永和三年の流鏑馬・放生会神事役をめぐる太良荘と守護方との攻防において、今ひとつ見逃せないのが、守護代小笠原長房の役割である。すなわち、東寺は京都での一色氏への嘆願が却下されると、ただちに在地での守護代小笠原との直接交渉に切り替え、五貫文の「酒肴料」が奏功したのか、免除にこぎつけているのは、神事役の徴収が全面的に小笠原の裁量に任されている実態をよく物語っている[54]。そうした事情を物語るのが次の文書である。

【史料P―ⓐ】（『太良』④一五五）

八幡宮八月十五日御放生会幷上下宮九月十日流鏑馬役事、任先規恒枝保地頭方相共可令勤仕之状、依仰執達如件、

永徳貳年六月一日　　三河守（小笠原長房）（花押）

太良保地頭方
八幡宮八月十五日御放生会并上下宮九月十日流鏑馬役事、任先規可被勤仕状之如件、
明徳五年六月一日　　沙弥　判
太良庄政所殿
【史料P―ⓑ】（『太良』④二〇九）
右の文書のうちⓑの文書名を、京都府立総合資料館編『東寺百合文書目録』が「（若狭国守護）沙弥某書下案」、『若狭国太良荘史料集成』も「若狭国守護沙弥某書下案」とし、ともに発給人を守護としながら実名を特定していない。その理由は、守護代小笠原長房による奉書形式をとるⓐとは違い、書下でありながら、当時の守護一色詮範はまだ出家していない点にある。(55)守護が詮範以外であり得ない以上、ここはⓑを、前年十一月までに出家していることが確認できる守護代小笠原長房の書下と解するしかない。すなわち、八幡宮・上下宮の神事役を国内から徴するのに、永徳二年（一三八二）には奉書を発していた守護代小笠原長房が、(56)その一二年後には、同じ六月一日の日付ながら直状をもって実施していたことになり、もはや、彼が神事の実質的主催者といっても過言ではない。

この神事が国内武士に対する守護権力の一種の示威行為という側面もあったとすれば、応安の国人一揆の前哨戦が始まり国内が緊張状態にあったと思われる応安三年（一三七〇）七月、「守護殿」がおそらく現在の北川で行った「御河カリ」(57)や、永和元年（一三七五）から同三年にかけて小笠原太郎（長房の子息カ）が行った河狩・鷹狩も、(58)単なる遊興というより、一種の示威行為だったかもしれない。「守護殿」は守護代小笠原長房とみられるので、(59)これら国内武士対策においても、在国支配機構の首長たる守護代小笠原氏が先頭に立って遂行していたといえる。

2　一色氏による国衙掌握

右にみたように、一色氏による上下宮鏑馬神事の主宰は、応安の国人一揆を制圧した一色氏が、国内武士を新たな秩序のもとに再編成しようとしたものであったと推察されるが、国衙の仏神事興行のノウハウを山名氏の支配下にある税所に掌握されていたために、必ずしも十分な主導権を発揮できなかったともいえよう。太良荘が、東寺が守護代小笠原氏の買収に用意した二倍以上もの礼銭を税所代海部信泰に支払うことによって(60)、結局この流鏑馬役を免除された事実は、結果的にみて、守護権力の企図が税所代によって規制されたことを意味する。このように、税所のもつ仏神事に関する機能もまた、守護の管国支配に少なからざる意味をもったといえよう。

ところで、税所の本来の権能は大田文に基づく諸役の徴収にあったが、この税所を統制できていなかった守護が被る影響もまた大きかったと思われる。

【史料Q】（『太良』④一七六）

□（賀）茂造替幷公家進等要　□

合　太良保田数廿五丁八反四十歩者　反別五十文宛定

□任至徳四年八月廿二日御教書幷同十月□□御施行之旨、今月廿五日以前可被進済、若過日限者、任御事書之旨、可入□譴使之由状如件、

嘉慶元年十月十五日　　—（花押）

—（花押）

この段銭配符の花押は、小守護代武田重信（奥）と在国奉行浄玖（日下）のものと考えられるから（本章第一節2・第二節参照）、守護一色氏の手で出されたことは間違いない。ところが、同じ段銭が翌年、もしくは翌々年に課された[61]時は、次のような留守所下文が出された。

【史料R】（『太良』④一七九）

留守所下
早賀（ママ）茂社造営幷□□（公家）勧進料
若狭国段銭事
太良保□□（十七）丁二反百九十歩　反別五十文宛
又四□十文
右任御教書之旨、今月廿日以前□□若於難渋在所□□如件、
嘉慶□□　□　――（花押）
――
――

先の一色氏による配符（史料Q）は、大田文における太良保の総田数を対象としているのに対して、この留守所下文では定田数を載せている[62]。このように、幕府段銭の徴収に際して、賦課対象田積を異にする二つの配符、すなわち守護からの配符と国衙からの留守所下文が、一年余りを隔てて出されている事実は、当時の若狭に全く異なる二つの段銭徴収システムが併存していたことを意味するものに他ならない。山名氏が所持していたのは税所職のみであるが、留守所下文は、目代・税所代を含む三人の連署になるものであって[63]、その発給は目代以下国衙留守所全体の権力行使である。つまり、国衙機構は全体として守護所とは別個の自立した権力体として機能していたといえる。

応安二年（一三六九）、国衙目代が別名岡安名の正税を、同名地頭職を持つ天龍寺を無視して直接徴収しようとしたとして天龍寺から訴えられているのは、[64]国衙がまだ自律的な権力体であったことを物語っている。ただ、同時にこのとき幕府は目代の「違乱」停止を守護一色範光に命じているように、国衙に対する守護の統制権が幕府によって認められていく中で、守護の優位性が高められていったものと思われる。しかし、税所に対する支配権が山名氏の手中にある限り、若狭守護が国衙機構を完全に吸収することは不可能であった。

守護一色氏の若狭支配にとって大きな障壁となっていた山名氏の税所今富名領有は、明徳の乱によって一応取り除かれることになった。「明徳記」[65]の記述では、明徳三年（一三九二）正月四日、父詮範と協力して山名氏清の首級を取った一色満範に対する丹後守護職給付を含む諸大名への論功行賞の記事に続けて、詮範への今富名給付を伝えており、父子同時の恩補のように読み取れるが、「今富次第」は、詮範の今富名領有を「明徳二年十二月廿七日より」とする。異本「明徳記」[66]によれば、明徳二年十二月二十五日、山名軍との戦闘に備える軍評定で詮範が自邸を将軍本陣にすることを主張して認められ、翌二十六日、義満を自邸に迎えている。[67]合戦が開始されるのは三十日なので、「今富次第」のいう二十七日は、詮範と義満はまだ一色邸に同居していたことになり、おそらくここで詮範の方から山名氏の有していた若狭税所今富名を要求して認められた、というのが真相ではなかろうか。「明徳記」の伝える、「凡守護ノ事ハ前代ノ職タリ、此斎所ノ事ハ分国ノ内ノ大庄ナル上、フキウノタウニ被宛行シカバ、殊ニ畏存由ヲゾ被申ケル」（異本「明徳記」）という詮範の台詞は、けだし義満へ要求したときの彼の本心を表していると思われる。将軍本陣の自邸への誘致が今富名獲得のための詮範の策略とすれば、彼の今富名への執念の強さを伝えるものといえよう。そのあとの戦闘で詮範・満範父子が優劣つけがたい大功を立てたが、詮範にはすでに今富名の給付を約していたので、満範には丹後守護職が与えられることになったのではあるまいか。ともあれ、税所今富名領有を悲願としていた一色氏にとって、明徳の乱はこの上もない僥倖となったのであるが、国衙が彼の若狭支配機構に一画を占めて機能し始めるまでには、今少しの時間を要した。

【史料S】（『太良』④二四二）

たらのしやう
御要脚　若狭国反銭事
太良荘　田数十七丁二反百九十歩一反別百文宛定
右今月廿日以前可有其沙汰、若在無沙汰之在所者、責譴之使可遂入部之状如件、
応永五年六月十三日　──（花押）
──（花押）

右の二つの花押は、日下のが小守護代武田長盛、奥のが在国奉行浄玖のものと推察される。[68] この二人が段銭などの諸役徴収に関わっていたことは、応永十二年（一四〇五）、この二人の連署で明通寺に寺田の「段銭諸役」免除を確認していることからも知られる（本章第二節前掲史料H）。この小守護代と在国奉行の二人が段銭徴収に当たる体制は、実は税所が山名氏の支配下にあった時から見られたのであって（前掲史料Q）、一色氏は税所の支配権を得てからも、前代からの方式を変えることなく踏襲していたことになる。[69] そのこと自体はことさら問題視する必要はないかもしれないが、一色氏はこのあと、段銭賦課に際しては必ず留守所下文を使用するようになることを前提とすれば、史料Sのごとき段銭配符の存在は、一色氏がまだ国衙留守所を自己の段銭徴収機関として機能させるには至っていないこと

の反映とみなさざるを得ない。

応永四年、若狭国衙が太良荘を国衙領に落とそうとしたため、東寺は若狭国務を管掌していたと思われる後亀山上皇に訴えて、安堵の院宣を得ている。(70)この国衙の動きは、あたかも貞治元年（一三六二）、時の今富名代官敷地ら守護勢力が税所を通じて太良荘に国役を課したのと同じように見えるが、そのときは東寺は守護石橋に訴えていたのに対して、この度は後亀山上皇に訴えている。したがってこの国衙の動きは、守護方の策動というよりも、国衙留守所自身の自律的行動とみるべきではなかろうか。このように国衙がまだ自立性を保持し、守護権力のもとに完全には包摂されていなかったが故に、一色氏は段銭配符に留守所下文が使えず、旧来の方式をとっていたものと思われる。

一色氏が段銭配符として留守所下文を出すようになる初見例は、管見の限り、応永十四年である。

【史料T】（『太良』④三〇〇）

（端裏書）「太良庄田銭配苻案文」

留守所下

太良保　廿五丁八反四十歩

右一反別五十文宛事、任田数今月七日以前可有其沙汰、若過五ケ日於難渋在所者、以譴責使可有催促之状如件、

応永十四年二月三日　　　　　　　　　――（花押）

目代――

この配符にいう「田銭」は一色氏の守護段銭ではないかと思われる。(71)ここに一色氏は、自身の守護段銭を国衙留守所

の名において徴するに至ったのであり、それは国衙機構が完全に守護権力のもとに包摂されたことに他ならない。

ところで、この史料Tの日付は、三方範忠の守護代就任（応永十三年十二月十八日〈「守護職次第」〉）から四三日しか経っていないところから、範忠が真っ先に国衙の掌握を施策に掲げてこれを実現したかのように見えるが、実は、これより四年前の応永十年に、鎌倉末以来一世紀以上もの間、ほとんど税所代職を独占してきた海部氏（付論2図1・2）を更迭し、その姓から推して海部氏と同じ在庁官人と目される田所（安倍）氏に替えている（「今富次第」）。この税所代交替には権力闘争の要素もないとはいえないものの、[72]守護一色氏による国衙の吸収を象徴する出来事であったとみなすことはできよう。されば、国衙の掌握は小笠原氏の在職期に実現したことになる。

これ以後の段銭配符は、永享十二年（一四四〇）以降の守護武田氏の代も含めて、伝存している二一点（最後は寛正六年〈一四六五〉―「百合」ツ函一四七）のすべてが留守所下文である。それらは幕府段銭に関するものがほとんどであるが、史料Tが守護段銭の配符と思われるように、守護段銭も同じシステムで賦課徴収されたとみてよい。武田氏の代の例であるが、「抑今度之段銭御事、（中略）さい所より大使を被入候て、譴責をいたされ候」と太良荘百姓が言っているように、[73]段銭の徴収使としてしばしば文書に見える「大使」は、税所に属していたことが知られる。このように税所は一色氏、武田氏の代を通じて段銭徴収機関として領国支配の重要な一翼を担ったのである（戦国期の若狭税所については本章末の補論参照）。

第五節　小笠原氏の在京化と失脚

1　小笠原氏の在京化

本節では、一色氏の若狭守護就任当初から在国して、分国支配体制の構築と国人の権力編成に尽力してきた守護代小笠原氏が、次第に在地を離れて在京傾向を強めていき、やがて在京が常態となるに至る過程を跡づけておきたい。

一色範光は、康暦元年（一三七九）閏四月までに新たに三河守護職を得、子の詮範が明徳元年（一三九〇）五月から翌二年五月の間に尾張智多郡、応永元年（一三九四）十月までに尾張海東郡、詮範の子満範が明徳三年正月に丹後守護職をそれぞれ拝領した（第Ⅰ部序章図2）。これら新しく加わった分国・分郡のうち、三河では康暦二年、詮範が守護代、小笠原但馬権守長身が小守護代となり、少なくとも永徳三年（一三八三）十一月までの在職が確認される（第Ⅰ部第二章。以下同じ）。長身はおそらく長房の弟と思われるが、長房とは別人が小守護代に起用されていることの意味は、長房がまだ若狭に在留して分国経営に当たらなければならない歴史的段階であったということであろう。ところが、明徳二年になると、尾張智多郡において長房自身の郡代在任が認められる。一方三河では、この頃にはかつて守護代にあった一色詮範が父の死後家督を嗣いでいたから、守護代は長房が兼帯していたものと推察される。

応永四年二月二十三日一色氏在京奉行人連署奉書（太良荘の役夫工米催促停止）を宛てられた小笠原三河入道（浄鎮・長房）が、これを同日付で在国の蓬沢左近将監（第Ⅰ部第一章第二節2で小守護代武田左近将監長盛と推定）に下達

備　　考	出典
	157
	199
西御所若狭遊覧カ	255
義満・西御所若狭遊覧	256
西御所等若狭遊覧（5月）	283
	284
足利義満若狭遊覧	290・291

(3)　出典の欄の数字は、『若狭国太良荘史料集成』第4巻の文書番号。

する奉書を出しているので（『太良』④二二七・二二八）、この年の長房の在京が確認できる。但し、この三年前には長房の一族とおぼしき小笠原備中守が在京守護代とみられる地位にあったらしいので（第Ⅰ部第三章第一節1）、長房の晩年期の在京はまだ恒常的、体制的なものとはなっていなかったようである。

南北朝末・室町初期には、同一人による複数国の守護代兼帯が見られるようになるが、こうなると守護代は特定の分国に在国することは困難となり、在京を余儀なくされる。というよりも、守護代の在国が守護の分国経営にとって必ずしも不可欠の要件ではなくなってきたことが、守護代兼帯の状況をもたらしたのである。若狭では、応安の国人一揆の制圧によって一応の軍事的安定を得られたこと、小守護代、在国奉行による行政機構・諸役収取体制が整備されていったこと（第Ⅰ部第一章、本章第一・二節参照）などが、守護代在京化の背景として考えられる。

太良荘年貢算用状の下行分の項には、しばしば「武田殿京上時ハナムケ」「守護代殿下向時（『太良』④二五五）などと、守護代・小守護代など守護勢力の上洛・下向に際しての礼銭贈与記事が記載されている。守護所西津に近接する同荘の位置を勘案すれば、この種の記事は守護代等の動きをある程度忠実に反映しているものと考えられる。そこで、主としてこれら太良荘年貢算用状の記事に拠って守護代と小守護代の上洛・下向を、小笠原氏の守護代在職期に限ってまとめたのが表5である。ここでただちに気付くことは、小守護

表５ 小笠原氏若狭守護代在職期における守護代・小守護代の上洛・下向

年度	守護代（小笠原氏）		小守護代（武田氏）	
永徳元（1361）	長房		重信	右卿亮殿在京
明徳元（1390）	長房		重信	武田殿京上（5. －）
応永４（1397）	長房	守護代殿下向	長盛	武田殿京上
５（1398）	長春	守護代殿下向	長盛	武田殿京上
９（1402）	長春	三州下向（5.24）	長盛	武田殿上洛（2.20、12.13）
10（1403）	長春		長盛	武田殿京上（3. 6、10. 2）
11（1404）	長春	三州下向（4.19）	長盛	武田殿上洛（2.20、10. 2）

註（1）算用状にみえる礼銭贈与記事を主として参照した。表記はほぼ史料のまま示した。（　）内の5.24などは月日。
（2）備考の欄の事項のうち、応永９年のは「若狭国税所今富名領主代々次第」に拠り、他は当該年次の出典の欄の文書に拠る。

代の上洛に対して守護代の下向という、鮮やかな対照である。守護代小笠原氏の若狭下向は、表５にみる限り、将軍義満とその愛妾西御所の若狭遊覧の年にしか認められないので、いずれもそれに伴うものであって、基本的に在京が常態であったことを示唆している。太良荘の外宮役夫工米の国催促停止を命じた応永十年六月二十九日付小笠原三河入道（明鎮長春）宛幕府奉行人連署奉書と、これを在国奉行らに下達した同年同月三十日付明棟（明鎮）書下（『太良』④二六七—四・五）の日付の差が一日しかないことも、当該年の長春の在京を裏付けている。このような守護代の在京化は、在国支配機構の充実を前提にするものであったと思われるが、それが、必ずしも在国機構における小守護代の主導権の確立として具現したものでなかったらしいことは、次章で論及するところである。

２　小笠原長春の失脚とその背景

小笠原氏は、長房・長春と若狭守護代職を世襲したあと、応永十三年、長春が突然失脚してしまう。「守護職次第」は、そのことを次のように伝えている。

【史料U】（一色満範の項）

代官同人、又代官同人、雖然三河入道明鎮、同子息三郎共ニ同（応永）十三年十月一日京都於一色道範御屋形被召禁、丹後国石河ト云所ニ被籠者畢、依之舎弟安芸守、同一族幷若党以下数十人、於三河国同十五年十二月廿六日ニ討死畢、同十六年三月ニ明鎮父子石河城ニテ被切腹畢、此併小浜八幡宮上ノ山ニテ鹿ヲカラセラレシ御祟トソ、大方風聞アリシ事也、

これによれば、長春は子息と共に突然京都一色邸において拘禁され、丹後石川城に幽閉されて、ついに三年後に切腹したことが知られる。この件については、他に徴すべき関連史料を欠き、その具体的事情は全く不明というしかないが、敢えてこの背景を推察しておきたい。

長春はこれより先、父長房が明徳二年（一三九一）十二月より任じられていた今富名代官職を、応永六年六月二十五日に改替されている。「今富次第」は「里方名散田幷寺社人給まて逃散之間、被改替了」としている。「里方」とは、今富名を小浜とそれ以外の田畠部分に分けて後者を指す名辞ではないかと推測されるが、そこの寺社・給人という、広範な勢力の抵抗（年貢等の収取をめぐる対立カ）にあって改替に至ったと思われる。父長房からの継嗣からわずか二年後のことであり、あるいは代が替わって今富名支配がより強化されたのかもしれない。また、長春の失脚を小浜八幡宮裏山における鹿狩の祟とする風聞は、単なる宗教上の問題というよりも、たとえば、京都から下向してきて、おそらく一種の示威行為の意味も込めて鹿狩をする守護代に対する、在地の人たちの反感が込められているのかもしれない。ともあれ、長房が死の三か月前に八幡宮に鐘を奉納していた（第一節前掲史料D）ことを想起すれば、長春の代になって、一気に在地の信頼を失っていたことがうかがえる。

いまひとつ長春失脚の背景として想定し得るものに、一色氏直臣団における小笠原氏の権威の相対的低下とそれに伴う権力闘争の可能性がある。範光期の一色氏は、それまでの長い九州在陣も与って直臣団は貧弱なものであったと思われ、そうした中で小笠原氏は、長房の晩年において一色氏分国の守護代を独占する程の権勢を誇っていた。しかし、三河、尾張智多郡・海東郡、丹後と分国・分郡が増加するのに伴って、当然のことながら一色氏直臣団は膨張していったはずである。明徳三年（一三九二）八月二十八日の相国寺供養の際、後陣二番の供奉を務めた一色満範・範貞兄弟の随兵一二騎の中に、わずか八か月前に一色氏分国となった丹後の国人石川長貞（第Ⅱ部第三章第一節4参照）が含まれているように、南北朝末期段階の一色氏重臣の中に、比較的近い過去に被官化した新参の直臣も含まれていた。一色氏の若狭経営を二代にわたって支えた小笠原氏の権威も、こうした新参直臣の増加の中で相対的に低下していったことは容易に想像できる。応永六年、小笠原長春が今富名代官職を改替された時、その後任に他ならぬ石川長貞が就いているのは、新参直臣が守護一色氏との関係において小笠原氏と比肩し得る地位を、短期間のうちに得てきたことを物語っている。さらに、右の例から憶測を重ねれば、石川氏ら丹後出身の直臣は、明徳三年正月から、父詮範とは別に丹後守護となっていた一色満範との関係が特に緊密であったことが容易に推測され、それは権力闘争を生む素地ともなり得たと思われる。小笠原長春の失脚が、一色詮範の死、満範の襲封のわずか四か月後のことであったことも勘案して、その背景をとりあえず次のように推定しておきたい。すなわち、急速な直臣の増加とそれに伴う一色家中におけるヒエラルヒーの動揺の中で、絶対的権勢を誇った小笠原氏の地位が相対的に低下していった中で、一色氏当主の交替を機に、家中新興勢力、特に丹後出身被官を軸にして形成された反小笠原派によって長春が排除されたのではなかろうか。長春の幽閉先が、長春に代わって今富名代官になった石川氏の本拠と目される丹後石川城であったのは、長春失脚の仕掛け人がだれであったかを暗示している。ともあれ、長春の失脚は守護一色氏の専権を物語るというよりも、一色氏の権力基盤がまだ磐石のものとなっていなかったことをこそ伝えているというべきであろう。[74]

なお、長春失脚のあと、その一族・若党が三河で蜂起し討たれたというのは、この頃の小笠原氏の本拠は、長く在国して最前線で守護支配体制の構築に尽力してきた若狭ではなく、一族の小笠原長身とその子幸長が小守護代として在国していた三河にあったことを示唆している。[75] 本章第一節以降でみてきたように、小笠原氏にとって、長房の入部以来、長く在国して分国経営を主導してきた若狭であったにもかかわらず、結果的には小笠原氏を支えるだけの基盤が形成されなかったということでもあろう。長春の今富名代官改替、守護代改替のいずれの時も、又代官武田氏が同時に改替されているから、在地と小笠原氏を結ぶ結節点たる武田氏とは緊密な関係にあったことがうかがえるが、小笠原氏の若狭における拠るべき勢力が武田氏より下までは広がりをもたない、狭隘なものであったといえよう。それは同時に、若狭における長房の活動の自律的部分が十分でなく、限界があったことを意味する。

むすび

小笠原長房が若狭守護代に任じられるには、客観的必然性があった。第Ⅱ部第一章第五節で述べたように、長房は一色範光にとって義兄弟に当たり、範光が九州から帰京してきたときには、おそらくその地位を失っていたと思われるが、観応の擾乱までは将軍近習であった可能性があり、十分な直臣団を持っていなかったことが推測される当時の一色氏にとって、長房をおいて他に若狭守護代職を委ねる人物はいなかったといってよい。

若狭守護代としての小笠原長房は、下向するや短期間の間に在国奉行を編成して諸役徴収体制を整備し、以前から関係を持っていた可能性のある武田重信を重用して小守護代的地位に就ける一方、出自が在庁官人の可能性のある津田浄玖（第Ⅱ部第三章第五節1）を抜擢して、税所を統制下においていない弱点を補おうとしていたとも考えられる。また長房は、闕所地・半済の給付といった、本来守護権に属する行為を、ある程度の主体性をもって行っており、南北朝期の守護による荘園侵略と称されるものの内実は、在国する守護代によるものといっても過言ではない。

一色氏は当時山名氏の支配下にあった税所が興行のマニュアルを握っていた若狭上下宮流鏑馬神事を自らの主導のもとに催し、これを通して、応安の国人一揆制圧後の若狭において国内武士を新たな秩序のもとに再編成しようとしたのではなかろうか。そしてこの神事を実質的に主催したのも長房であったと思われる。かくして、一色氏の若狭支配を名実ともに支えていたのが守護代小笠原氏であり、そこに彼自身の権力基盤を若狭に築いていく可能性もあったのであるが、結果的にはそれは結実しなかったことが、応永十三年（一四〇六）の長春の失脚によって露呈された。その要因には、小笠原氏が若狭よりも三河を重視したらしいことも考えられるが、より本質的には、畿内近国の守護代が在地性を深化する方向ではなく、京都、すなわち、守護代を守護代たらしめる幕府―守護体制の秩序の源泉に強く吸引されたこととの結果と解すべきであろう。守護代の在京化は、彼ら自身の意向とは関係なく、動乱の鎮静に伴って彼らの在国の必要性が低下する一方、幕政に参画する有力守護大名にとって、その政治活動を支えるための在京機構の重要性が相対的に高まったという事情も働いていたものと考えられる。

なお、小笠原氏守護代在職期の若狭支配体制に関して特筆すべきは、国衙機構の掌握であろう。一色氏の守護就任時にはすでに国衙の重要機関たる税所が山名氏の統制下に置かれていたため、分国支配の開始当初から、要港小浜を始め、いまだ相当の田積を持つ税所領に対する支配権を行使できないばかりか、税所の支配下にある国衙祭祀への関わりも制約されていたが、明徳の乱を巧妙に利用して税所今富名を入手し、さらに応永十四年以前、おそらく同十年ころに国衙を完全に守護支配機構の中に組み込んだことの意義は甚だ大きいものであったというべきであろう。

註

（1）貞治五年十一月日東寺申状案（『太良』④一八）に「去八月十三日御前御沙汰之時、当国寺社本所領如元一円ニ可被返渡之由被定法」と見え、『後愚昧記』貞治五年八月十八日条にも「武家評定始幷引付等、自明日可始行云々、摂州幷若州寺社本所領等事、守護未補之間、下遣京都奉行人、各一円沙汰付云々」とある。

（2）太良荘の年貢算用状において、「守護方借用」などとしての支出は散見されても、「守護方より返済」の記事は全く見られない。守護の側に返済の意志がないことは、貞治五年の「太良庄借物」二〇貫文の在京奉行連署請取状（『太良』④二二）に、利率や返済期限の記載がないことからも明白である。

（3）一色氏治下の範囲で、太良荘年貢算用状に「守護方借用」「小守護代借物」などの記載のあるのは、合計一一年分あるが、応永十七年の六貫文（領家方が「小守護代借物」四貫文、地頭方が「守護殿借物」二貫文とあるが実質は両方が小守護代借物カ）が最高である（『太良』④三五〇・三五一）。

（4）後欠（貞治五年）東寺事書案（『太良』④二四）。松浦義則「南北朝期の太良荘と守護支配」（『福井県史研究』四、一九八六年）参照。

（5）以下の記述は『太良』④二四・三三・三八・四〇―一・四一・五三・五五などに拠る。なお、網野善彦『中世荘園の様相』（塙書房、改訂版一九八八年、のち『網野善彦著作集』第一巻、岩波書店、二〇〇八年、に収録）二六五～七頁（著作集。以下、すべて頁は著作集）、松浦前註論文一七〜一八頁など参照。

（6）禅舜は「東寺常住」たる自分はもとより、地下代官の教実も山伏であり、共に軍役など勤めていないと主張している（『太良』④三二）。

（7）笠松宏至「中世闕所地給与に関する一考察」（石母田正・佐藤進一編『中世の法と国家』東京大学出版会、一九六〇年）。

（8）『大徳寺文書』三九〇号。

（9）同右、一五九号。

（10）同右、一五五号。

（11）幕府は東寺の太良荘一円知行を認める御教書を、康暦元年（一三七九）、応永二十年（一四一三）の二度発給しているが（『太良』④一二九―八、三六一）、一色氏はこれを無視し、応永三十三年には東寺から届けられた御教書を押収までしている（『太良』⑤五一）。

（12）貞治四年「太良荘地頭方評定引付」（「百合」夕函一五）六月十三日条に「太良庄下地半済分下地可分事、治定了」とある。

（13）応安五年二月二十九日「太良庄本所半済分帳」（『太良』④八〇）によると、名毎に下地が寺家方・半済方に分割されている。また、領家方・地頭方それぞれの本所分について田地・百姓名を書き上げた、正長二年（一四二九）六月の「太良荘領家方田地幷百姓名寄帳」「太良荘地頭方田数幷百姓名寄帳」（『太良』⑤九〇・九一）でも各名が折半されていて、一色氏支配下の太良荘では一貫して名単位に下地を分割する半済が行われていたことが知られる。

（14）『福井』2、京都府立総合資料館所蔵若杉家文書三号。

（15）『小浜市史』金石文編、金工品　梵鐘一二号。同書の解説によれば、この鐘は明治維新前後に大砲鋳造のためとして破壊され現存しないが、銘文は「若狭遠敷郡小浜津八幡宮鐘銘」として『諸国寺社鐘銘金石録』（西尾市立図書館蔵）に収録されており、坪井良平『日本古鐘銘集成』（角川書店、一九七八年）に収載されている。

（16）「今富次第」には「応永二年乙亥八月廿一日八幡宮大鳥居被立畢、此鳥居は雖有昔、近代無之、再興にて武田方奉行之時造改畢」とあるのみで、一色氏の関与について直接触れてはいないが、『若狭郡県志』（『小浜市史』史料編第一巻）には「応永二年八月十二日前ノ守護一色左京大夫詮範造立大鳥居、武田左京亮入道浄源為奉行也」とあり、一色詮範を施主とする（期日は放生会の直前に当たる八月十二日とする『若狭郡県志』が正しいと思われる）。

(17) この点は、すでに『角川日本地名大辞典18　福井県』（角川書店、一九八九年）が指摘している（「西津荘」の項、八八四頁）。ここでは、花押その他から裏付けたにすぎない。

(18) 明徳元年、太良荘百姓らが守護夫の減免を訴えた際、たまたま下向してきた同荘代官長田弾正蔵人が「守護代官武田入道（浄源）」と交渉している事実も（『太良』④一九三・一九四）、表1で守護夫催促状を独占的に発給している重信が武田重信のことであることを裏付けている。

(19) 『福井』2、宮内庁書陵部所蔵土御門家文書七号（第Ⅰ部第三章史料B）。

(20) 『福井』9、明通寺文書四四号。

(21) 実は、この花押④は表1の重信のどの花押（③⑥）とも一致しない。文書の年代は、武田重信が散位となった時期はわからないものの、守護代小笠原長房が少なくとも応安三年九月（貞治六年七月以後）から同六年十月まで（永徳二年六月以前）の間散位を称しているので（『大徳寺文書』一一二号、『太良』④六八・九一・一五五）、あるいは応安年間かもしれない。とすれば、表1№5以前ということになり、この間に花押を一度変えたことになるが、重信は応安六年（表1№5＝花押③）から康暦二年（表1№7＝花押は№18の⑥に同じ）の間にも花押を変えており、やや頻繁に過ぎる感もある。したがって、史料Fの重信と表1の重信を別人とみなす余地もなくはないのであるが、一応ここは花押の変化と考えておく。

(22) 『小浜市史』諸家文書編三、中世文書（秦文書）一〇二号。

(23) 同右、七三号。この文書については、本章第三節でも取り上げる。なお、松浦義則「南北朝期若狭太良荘と松田知基」（『福井大学教育学部紀要』第Ⅲ部社会科学四一、一九九一年）参照。

(24) この浄源の花押⑨は、前年のもの（花押⑧）とは若干異なっている。重信の出家は嘉慶元年正月で（「守護職次第」）、どちらも出家後のものであるから、出家時ではなく、しばらく経って花押を変えたことになり、これまた史料Fと同様、花押の変化と解するには少しく不自然さも残る。しかし、法名といい、表1№63と№66の関係といい、史料Gの浄源も表1№63の奥の花押の主も、ともに小守護代（となる）武田重信とみなすのがもっとも適合的であることを示唆している。
(25)『福井』9、明通寺文書四五号。
(26)『福井』2、天龍寺文書二三号。
(27)『小浜市史』諸家文書編三、中世文書（秦文書）一〇五号。
(28)同右、一〇六号。
(29)同右、一〇四号。
(30)（応永十一年）三月晦日太良荘公文弁祐申状（『太良』④二七三）。弁祐は東寺公文所に宛てたこの申状で、恒枝保押領田地がまだ守護方より打渡されていないのは、「守護代殿」が支証がなくては打渡は無理だとしているからで、幕府に働きかけて「守護殿御かき下こしらへ候へきよしかたく申され」ている「武田殿」の言うように、守護書下を取り付けるよう求めている。この中の「守護代殿」と「武田殿」は文脈からみても同一人物を指すと思われるし、応永十一年分太良荘地頭方年貢等算用状（『太良』④二九一）に「三州（小笠原三河守長春）下向時、四月十九日」とあることから、弁祐が申状を書いた三月末には、守護代小笠原長春は在京していて若狭にはいなかったことが明らかであり、小守護代武田が守護代と呼ばれることもあったことは間違いない。
(31)但し、守護方が太良荘から兵粮米・銭を二月七日に五石、五月七日に五貫文それぞれ徴収したことを伝える史料はある（『太良』④七四〜七六）。
(32)網野善彦「南北朝の動乱」（『小浜市史』通史編上巻、第二章第四節）五二〇頁。
(33)網野善彦a「中世における婚姻関係の一考察」（『地方史研究』一〇七号、一九七〇年、のち『網野善彦著作集』第一四巻、岩波書店、二〇〇九年、に収録）、b註5著書、c前註「南北朝の動乱」、松浦註4論文など。
(34)網野前註a論文。
(35)『福井』2、真珠庵文書二〇・二一・二三号。青氏については第Ⅱ部第三章第六節2参照。
(36)「若狭国鎮守一二宮社務代々系図」（『福井』9、若狭彦神社文書二号）。網野註33a論文参照。
(37)和田繁実は前註「若狭一二宮社務代々系図」に、建武四年（一三三七）四月に京都で没した実継（一二宮十二代社務牟久景継の女の子）の子息として見える。そして、『師守記』貞治三年（一三六四）三月五日条の「音博士母儀幷子息次郎自和田上洛」、同年九月十九日条の「和田平三妻室自若州上洛」、同六年六月二十三日条の「音博士継父和田平三号左近大夫繁実上洛、自本所聖護院、和田庄預所職又被仰付敵人之間、□□（訴訟カ）云々」という三つの記事を総合的に解釈すれば、「音博士」の実母が和田荘預所和田繁実と再婚し、子息次郎（繁実との間の子カ）と共に若狭に住んでいると考えられる。この音博士は当時の権少外記中原師興のことで、その父致右は康永四年（一三四五）二月六日に没しているので（『続群書』四上、補任部「外記補任」）、そのあと和田繁実と再婚したのであろう。『師守記』には和田繁実やその妻（音博士母）が単身、もしくは子息を伴って若狭から上洛したり、和田荘に下向する記事が多数見られ（上記三点以外に貞治元年十二月三日、同二年閏正月七日、同年十二月二十七日、同三年八月二十日、同月二十二日、同月二十五日、同四年六月十三日、同六年九月十五日の各条）、貞治三年八月二十日などは、若狭下向を前にした繁実を師守がわざわざ自宅に招き饗応するなど、親密な交流をしている。これは、中原致右の元妻（師興の実母）が中原師守の近親者とすれば容易に理解できる。師興は康暦元年（一三七九）十月五日に四十七歳で没しており（「外記補任」）、生年は元弘三年（一三三三）となる。一方師守は、子息師豊が応安三年（一三七〇）に権少外記に任官したとき、「外記補任」に「故主税頭師守男」とあり、これまでに死没していたことが知られる。没年だけ見れば師興と同世代のようでもあるが、師守が権少外記に任官したのは建武二年（一三三五）のことであり、仮にそのときの年齢が師興の任官時（貞和五年＝一三四九）と同じ十七歳と仮定すると生年は元応元年（一三一九）となり、少なくとも師守の娘を師興の母とは考えにくい。以上から、師興の母（致右の元妻で和田繁実の妻）は師守の姉妹ではなかろうか。

(38) 佐分氏については、森幸夫氏が詳細に明らかにしている（「御家人佐分氏について」『金澤文庫研究』二九三、一九九四年）。それによると、鎌倉初期の国御家人佐分時家の子孫は鎌倉中期までに没落し、それと入れ替わるように佐分郷を名字の地とするのが高棟流桓武平氏の親清で、姻戚関係にあった北条重時を介して御家人となり、若狭守護代や六波羅評定衆を務め、その子孫が鎌倉幕府滅亡後も尊氏、義詮の近習となり、室町期には奉公衆になったという。つまり、南北朝・室町期の佐分氏と国御家人佐分氏とは同姓異氏ということになる。

(39) 網野氏は、安賀・木崎・和久里・多田の四氏は、姻縁・養子等の関係によって、一種の族縁集団をなしていたとしている（註33

a論文)。

(40) 市川裕士氏は、本郷氏が将軍権力に近侍しつつ、地域社会の政治的・軍事的課題解決のため、守護の軍事指揮下でも活動していた様相を明らかにしている(「若狭本郷氏の動向と室町幕府・守護」『若越郷土研究』五二―一、二〇〇七年)。

(41) 松浦註23論文。なお、網野氏はすでに註5著書の補註12(二九六頁)で、河内祥輔氏の御教示によるとして注目しているが、具体的に論じてはいない。

(42) 松浦註4論文、註23論文。

(43) 網野註5著書二二八頁。

(44) 網野善彦『日本中世土地制度史の研究』(塙書房、一九九一年)第二部第一章「若狭国」註114(一七九～一八〇頁)、同註5著書補註13。なお、網野氏が「近江」と読めるとした部分を、大橋本「若狭国守護職代々系図」を全文翻刻した秋山哲雄氏は『群書類従』本と同じく「近郷」と読んでいるが(「鎌倉期の若狭国守護と『若狭国守護職代々系図』」『遙かなる中世』一八、二〇〇〇年〈同『北条氏権力と都市鎌倉』吉川弘文館、二〇〇六年、収録〉)、網野氏の指摘のように、『後鑑』が応安四年五月二十六日条に引く「若狭国守護職次第」も、もとは「江」とあったのを校訂者が「郷」に修正していることからすれば、「近江」と読むべきかもしれない。

(45)『小浜市史』諸家文書編三、中世文書七三号(秦文書)。

(46) かつて私は『福井県史』通史編2において、鳥羽氏惣領分が松田豊前守に、庶子分が小笠原長房の「御ちの人」にそれぞれ給された、という逆の記述をする過ちを犯している(第二章第二節「守護支配の進展」三七六頁)。なお、松浦氏は、松田は鳥羽中保を知行することになったと解釈しているが(註23論文四頁)、鳥羽中保の所見史料は他にないものの、鳥羽荘とは別に鳥羽上下保が鎌倉・室町期を通して別々の所領として併存していたし(註17『角川日本地名大辞典18、福井県』、八一〇～八一一頁)、「とはの中はうお松田ふせんのかミ殿御ちきやうの時よりつきわたり候」という表現は、以前から鳥羽中保を知行していた松田が(大田文朱注によれば松田左衛門大夫入道が鳥羽上保下司)、鳥羽荘の鳥羽氏庶子分を新たに分与されたと解釈するのが適切ではなかろうか。「つきわたり候」の部分が難解であるが、以前から知行していた鳥羽中保に隣接する、もしくは相互に入り組む鳥羽荘の庶子分を「継ぎ渡り候（中保に繋ぐ形で渡された）」とでも解釈できないだろうか。

(47) 丹後松田氏については、榎原雅治氏が詳細に明らかにしている（「新出『丹後松田系図』および松田氏に関する考察」『東京大学史料編纂所研究紀要』四、一九九三年）。松田豊前守頼胤の幕府奉行としての徴証は康暦元年（一三七九）からとなっているが（各種室町幕府奉行人表）、頼胤の父貞頼（別名頼済）は康永三年（一三四四）に右近入道を称しているので（同前）、応安四年（一三七一）当時の松田豊前守は頼胤と断定できる。

(48) 松浦23論文。

(49) 榎原註47論文。

(50) 河音能平「若狭国鎮守一二宮縁起の成立」（『八代学院大学紀要』一、一九七〇年、のち同『中世封建制成立史論』東京大学出版会、一九七一年、に収録）。

(51) 清水三男「国衙領と武士」（清水三男著作集第一巻『上代の土地関係』校倉書房、一九七五年）。

(52) 旧稿では、上下宮流鏑馬神事の意義として、「守護側からの、国人、及び税所・国衙に対する軍事的デモンストレーション」という側面を強調しすぎたと反省している（拙稿「南北朝室町初期の若狭守護代小笠原氏について」『兵庫教育大学研究紀要』九、一九八九年）。むしろ、一色氏は国内武士を番編成して神事に参加させることを通して、守護主導のもとに新たな秩序を構築することに意義を見出していたのではあるまいか。

(53) 湯峯愛「中世後期の地域社会における地方寺社の存在形態―若狭国遠敷郡を事例に―」（『市大日本史』一五、二〇一二年）。

(54) 東寺はこの神事役免除を実現するに当たって、守護代への酒肴料五貫文のほかに、神事奉行を兼務する税所代海部信泰に一一貫二五〇文もの銭を贈っており（『太良』④一二二・一二三）、税所代の協力がもっとも役立ったと認識していたことがうかがえるが、免除の決定権があくまで守護代小笠原にあったことはいうまでもない。

(55) 『若狭国太良荘史料集成』は、「今富次第」が一色詮範の出家を応永二年六月としていることをふまえて、「当文書の日付と一か年のずれがある。記して後考にまつ」とする（第四巻、二〇九号註）。なお、詮範の出家の正確な期日は、応永二年六月二十一日であり（『史料』七―二、五九頁、「柳原記録」）、「今富次第」の記事の信頼性は高い。

(56) 明徳四年十一月十五日小笠原三河入道（長房）宛一色満範書状案（『福井』2、京都府立総合資料館所蔵若杉家文書三号）によって、長房の出家が確認できる。

(57) 応安三年分太良荘地頭方年貢等算用状（『太良』④七〇）の除分に「守護殿御河カリノ時入了」とされる代一七二文が「本利七月より十月マテ」とされているので、「守護殿」の行った河狩は応安三年七月とみられる。

(58) 永和二年分太良荘地頭方年貢等算用状（『太良』④一一二）の「永和元年守護方出分」と「当年守護方出分」にいずれも「小笠原太郎殿川将《狩》ノ時酒手」とあり、後者には「六月ヨリ度々」と注記する。また、永和四年分太良荘領家方年貢等算用状（『太良』④一二一）によると、春済分から「小笠原太郎殿鷹狩時」の二一六文が支出されている。

(59) 当時の守護は原則的に在京していたから、一色範光が在国していた可能性は低いと思われる。守護が在京している時期、国元では守護代が守護と称されることがあった。もちろん、たとえば応安七年の太良荘公文弁祐・政所正覚連署注進状（『太良』④九五）に「守護代殿中間四五人」とあるように、正確に表現する場合も少なくないが、しばしば「正守護殿」の表現が見られるのは、守護代を慣習的に守護と認識していることの裏返しとみることもできる。弁祐が時として小守護代の武田重信のことを「守護代殿」と表現するのも同じ論理によるものである（註30参照）。前掲史料O―ⓑでも冒頭にある「守護殿」は後半にある「正守護殿」（一色範光）と区別して、在国している守護代小笠原長房を指していると考えられる。なお、旧稿ではこの「守護殿」を、応安の国人一揆のとき在国していたことが知られている一色詮範（範光の嫡子）と推定していたが（註52拙稿）、詮範の在国が確実なのは史料O―ⓑより六年前の応安四年正月であって（本章第三節前掲表3）、「守護殿」を詮範とする論拠としては弱いので、右述のように訂正する。

(60) 東寺が国元の守護代の買収に用意した酒肴料は五貫文だったのに対して（史料O―ⓒ、六月二十五日条）、海部氏への礼銭は一一貫文余に上った（永和四年七月十一日太良荘代官禅朝起請文〈『太良』④一二二〉、同年十二月二十四日太良荘代官有円・公文弁祐起請文〈『太良』④一二三〉）。

(61) 史料Rの年代を『東寺百合文書目録』や『若狭国太良荘史料集成』（第四巻、一七九号）は嘉慶元年と推定するが、以下の理由で、同二年もしくは三年と考える。①留守所下文は署判者三人のうち花押を据えるのは中央の一人だけで、応永十四年十月十一日付の留守所下文（『太良』④三一〇）の花押は同十七年二月十七日税所代安倍忠俊名主職宛行状（『県史』9、神宮寺文書一七号）の花押（東京大学史料編纂所影写本参照）と一致するから、それは税所代のものである。②史料Rの花押は、嘉慶二年十二月に没する税所代海部信泰（「今富次第」）の花押（『小浜市史』社寺文書編、巻末「花押・印章一覧」13）とは異なるから、その後を嗣いだ子の泰忠のものと思われる。③したがって、史料Rの年代は嘉慶二年十二月以降でなければならず、同年（十二月）か翌三年（二月改元）となる。

(62) 史料Rは破損が甚だしいが、読み取れる反以下の部分は大田文における定田数一七町二反一九〇歩と一致する。

(63) 南北朝・室町期の若狭には合わせて二四点（うち六点は案文）の留守所下文が伝存するが、後掲史料Tのように例外なく三名連署で（但しすべて署名はなく「―」とするのみ）、最奥のみ「目代」の肩書を付す。花押は建武元年十月日付のもの（「百合」エ函三九）に目代と日下の二つの花押があるのを除き、他はすべて中央のみ。

(64)『福井』2、天龍寺文書一一号。

(65)『群書』二〇、合戦部。

(66)『後鑑』明徳二年十二月二十五日条所載「明徳記」。なお、『新校群書類従』一六所収「明徳記」は、『群書類従』本を底本とし、内閣文庫本によって校合しているが、これと比較すると、『後鑑』所載本は内閣文庫本のようである。

(67) 異本「明徳記」（前註）によれば、明徳二年十二月二十五日夜、古山（結城）十郎満藤亭柳原宿所に諸大名が招集され、義満御前で諸軍の配置など軍評定が行われ、将軍本陣については東寺とすることに一旦決定したが、一色詮範がこれに異義を唱え、戦略的理由説明をした上で、本陣は中御門堀河にある一色邸にするよう提案したところ、義満以下諸大名もこれに賛意を示し、翌二十六日、義満は一色邸に移っている。「今富次第」は税所今富名の領主・代官・又代官の沿革に関して正確な情報を伝えており、明徳二年十二月二十七日という期日も信に足ると思われる。

(68) 武田長盛の花押は、応永四年六月十八日長盛書状（『福井』9、栗駒清左衛門家文書一一号）や、同十二年八月三日浄玖・寿恩（長盛）連署諸役免許状（同書、明通寺文書四五号）などで確認できる（『小浜市史』諸家文書編三、巻末「花押・印章一覧」57と

『小浜市史』社寺文書編、巻末「花押・印章一覧」142参照）。奥の花押は、前掲史料Qのとは若干異なるものの（運筆は酷似）、応永十一年五月二十二日公文兼允・浄玖和与状（第二節前掲史料J）の浄玖の花押と完全に一致する（『小浜市史』諸家文書編三、巻末「花押・印章一覧」60参照）。なお、『小浜市史』が浄玖を「浄杉」とするのは誤読である。

(69) ただ、史料QとSでは賦課対象田積が異なり、Sでは留守所下文（史料R）のそれ（定田数）を載せている。これは国衙留守所系のシステムを一部採用したことを示すかとも思われるが、詳細はよくわからない。

(70) 応永四年十一月十九日後亀山上皇院宣（『太良』④二三五）、同年同月六日六条時熙書状（『太良』④二三四）。なお、後亀山院が若狭の国務を管掌していたらしいことは、同年十二月九日、後亀山が院宣によって「若狭国々衙領内友次浦」を何者かに管領せしめていることから想定できる（『福井』2、保阪濯治氏所蔵文書四号）。後亀山の若狭国務管掌は、おそらく南北朝合一の条件の一つとされた、大覚寺統による諸国国衙領有が若狭で実施されたことによるもので、明徳三年に始まったと思われる。後亀山が応永二十九年の若狭一宮遷宮式に下国しているのも（「守護職次第」）、あるいは知行国主としての行動かもしれない。

(71) この年の「太良荘地頭方評定引付」（『太良』④三一七）二月十日条に「自守護方被入段銭配苻之間、於京都可有秘計□代官令申之間、内々守護方令秘計之□」とあり、東寺は代官の意見に従って専ら守護方と免除交渉をしていること、この年は七月に官庁造営段銭、十月に内宮役夫工米段銭（『太良』④三〇五・三一〇）が賦課されたことは知られるものの、二月に幕府から段銭が課された徴証は、他荘、他国にも得られないことから、史料Tの段銭を守護段銭と判断した。但し、守護段銭がこの時に始まったかどうかは疑問で、応永五年の「御要脚若狭国段銭」（史料S）は、翌年二月日太良荘百姓等申状（『太良』④二四八）に「去年自守護方段銭両度被召懸下と申」とあるところから、守護段銭ではないかと推察される。

(72) たとえば、この四年前に今富名代官が小笠原長房（守護代）から丹後出身と目される石川長貞（在京奉行）に替わっているところから（「今富次第」）、小笠原・石川の確執が国衙内の対立をもたらす、といった憶測も故なしとしない（次節参照）。

(73) 年欠三月日太良荘本所方百姓等申状（『太良』④二一五）。この文書の年代は、『若狭国太良荘史料集成』の指摘するように嘉吉三年とみなせる。

(74) 新行紀一氏は、長春は一色満範の不興を蒙ったとし（「一五世紀三河の守護と国人」『年報中世史研究』四、一九七九年）、守護との関係を問題としているが、被官間の権力闘争とみなすのが適切ではなかろうか。
(75) 第Ⅱ部第一章第二節において指摘したように、霜月騒動で三河に没落した小笠原氏流伴野氏を若狭守護代家小笠原氏の祖とする「幡豆小笠原系図」は信が置けず、阿波小笠原氏出身の可能性の方が高いと思われるが、小笠原長身が小守護代になって以後、鎌倉期以来三河に在住していた小笠原氏（伴野氏流）となんらかの交流、もしくは合流があった可能性も否定できない。何より、一族の小笠原長身・幸長父子が在国して経営に当たっていたことが大きいと思われる。

【補論　戦国期の若狭税所】

室町期に海部氏のあと税所代になった安倍（田所）氏が、いつごろまでその地位を保ったかは明らかでないが、永正二年（一五〇五）には、永井孫右衛門尉国基なる者が、その知行分「苻所給田畠屋敷等」を武田元信から闕所とされている(1)。しかし、天文二十年（一五五一）になって武田信豊は、この跡職を「以先祖之筋目、為新給」て永井左京進に宛行っている(2)。その際、永井の所職は「文《(符)》所役」と称されており、彼の任務（権限）は段銭賦課に際して配符を「為一人」て入れる、というものであった。この永井氏は別の史料では「税所代」と呼ばれており(3)、右にいう彼の任務からみても、まさしくその地位は、かつての海部氏、安倍氏のそれを継承するものといえる。事実、永井氏の活動を見ると、税所今富名に属する能登浦の寺社別当・禰宜職補任や田地安堵(4)、国司初任検注の系譜を引く「御勘料銭」の徴収(5)、さらには、国祈祷所常満保供僧職補任など(6)、いずれも税所代としてふさわしいものばかりである。特に、戦国大名武田氏の重視した段銭(7)の徴収機関としてその役割は大きなものがあったと思われる。戦国期の若狭には「苻所田数」なる用語があって、これは段銭の賦課対象となる田数のことであるが、大田文の田数とは必ずしも一致しない(8)。つまり、当時の税所には大田文に何らかの修正を加えた段銭帳簿が置かれていた可能性がある。いずれにせよ、戦国大名武田氏のもとにおける税所は、決して形骸化した過去の残滓ではなく、領国支配の一端を担う重要な実務機関であったといわなければならない。

註

（1）永正二年二月十六日武田元信知行宛行状写（『福井』2、白井家文書四号）。
（2）天文二十年八月八日武田信豊所職宛行状（『福井』9、長井建一家文書三号）。
（3）「羽賀寺年中行事」（『福井』9、羽賀寺文書二七号）正月七日・十二月十三日条。なお、永井氏はこの史料の中で「小浜代官」とも呼ばれている。「小浜代官」は今富名代官の後身で税所代の上位に位置付けられるものであるし（『福井』9、妙楽寺文書九・一〇号）、戦国期の小浜代官は粟屋元隆（『実隆公記』大永三年八月六日条など）、ついで山県氏（『天文日記』天文七年十一月九日条など）ら武田氏の重臣クラスが在職していたから、永井氏が「小浜代官」と呼ばれているのは、「小浜又代官」の謂かとも思われる。
（4）永正十二年十一月九日永井清家補任状、永禄七年五月二日永井任家補任状（『福井』8、渡辺市左衛門家文書八・九号）。
（5）年欠九月十七日永井忠家書状（『福井』9、神宮寺文書五〇号）。
（6）天文十四年十月二十四日永井忠家代僧職宛行状（『福井』9、谷田寺文書六号）。
（7）武田氏は、二月と八月の両段銭を恒常役としていた（『福井』9、高鳥甚兵衛家文書一七号）。
（8）耳西郷堂社等田数帳（『福井』8、宇波西神社文書八・九号）によると、大永七年九月の日付で「耳西郷　苻所　田数」として「久々子方・早瀬方」「本所・半済方」などの田数、合計六五町九反二四〇歩を書き上げたあと、「此段銭分」六九貫九一三文の納入先を記している。一方、大田文によれば、耳西郷・日向浦の総田数（戦国期の耳西郷は日向浦を含む）は八八町一反二七〇歩、定田数は五九町一反二五〇歩でいずれにしても一致しない。

第二章　室町期の一色氏の若狭支配と守護代三方氏

前章では、初期の一色氏権力を支えた筆頭被官小笠原氏が若狭に下向し、強力な主導権を行使して経営に当たりながらも、室町期には結局在京するようになって、在地に独自の権力基盤を構築しないまま失脚していったことをみた。小笠原氏の跡職のうち、若狭守護代を継承したのが三方氏である。本章では、一色家中における三方氏の政治的地位の上昇を跡づけた上で、彼の若狭経営の実態を検討することにしたい。

第一節　三方氏の権勢確立

三方氏は鎌倉前期の若狭守護若狭忠季の末裔で、三方郡三方郷を名字の地とする。第Ⅱ部第二章において、南北朝期における三方氏は幕府直勤御家人的性格を有し、少なくとも南北朝末期段階の三方氏は、まだ一色氏との間に被官関係を形成していなかったことを指摘した。したがって、一色氏と三方氏の主従制的関係は、室町期に入ってから形成され、若狭守護代になる応永十三年（一四〇六）までのかなり短期間に急速に強化されたと考えざるを得ないが、その契機、経緯については、全く不明である。

若狭守護代になってからの三方範忠は、後述するように積極的な経営を展開して在地支配の強化に努める一方で、一色氏家中における地位も着実に高めていった。そのことをうかがわせるのが、次の史料である。

【史料A】（「百合」ヌ函二八七）

丹州棟別事、五□□（千疋カ）分候者、可致執沙汰□□上事者、国家数あるへ□□（く候カ）とも、不覚候間、為守護執沙汰ハ不可叶候へハ、以寺家御使可被召候哉、両篇を承て、何篇にても可遵行申候由申せとて候、恐々謹言、

十月五日　常忻（花押）

東寺

寶厳院御坊

この文書の年代は、丹後など五か国に東寺修造棟別銭が賦課された応永十九年とみてほぼ間違いない[1]。内容は一部判然としないものの、丹後の棟別銭徴収に当たって、同国守護一色氏が「国家数」を把握していないため、（五〇貫文の一部又は超過分をカ）守護としては直接徴収できないので、寺家の使者を遣わすよう促すとともに、守護としての協力を約した奉書のごとくで、発給人の常忻（三方範忠）は丹後守護代ではないかと思わせるが、当時の丹後守護代は伊賀入道（了喜）である（第Ⅰ部第二章第四節1）。したがって、三方範忠は丹後守護代よりもっと高次の、いわば一色家の家宰のような立場で、東寺と折衝していたのではなかろうか。とすれば、範忠は若狭守護代になってわずか五～六年の間に一気に家中最高の地位にまで昇ったことになる。この間一色家では、応永十六年正月に死去した満範のあと、十歳の遺児五郎（義範、のち義貫）が嗣いだものの、兄の二郎（持範）との間に確執があったらしく、同十八年六月、兄弟和睦が成ったと伝える（「守護職次第」）。この幼主兄弟の対立は家臣団の内紛、権力闘争に他ならず[2]、

表1　一色義範（義貫）の山城守護職就任関係年表（応永25年）

	月　日	記　　　事
a	10. 14	三方範忠、石清水八幡社務田中融清と共に満済を訪れ、八幡神人の放生会役抑留問題について談合。これは将軍義教の指示にもとづくものである。【満】
b	10. 18	「緩怠」を働いた「山城国民共」を退治した賞として、所司代三方、「少々闕所等」を拝領。また、山城守護職は侍所頭人一色義範に命じられたが、義範は固辞しているらしい。しかし、三方は内野御経が終われば入部するとのことである。【康】
c	10. 20	三方と小笠原入道、満済を訪れ、「当国事等内々可申次由上意趣」を小笠原が語る。【満】
d	10. 23	八幡神人問題に一応の決着がつけられたあと、来月14日からの義教の八幡参籠が決まり、「神人御沙汰大儀」のため山城守護職には一色義範が補任される。【満】
e	10. 27	一色義範、伏見荘に折紙を下し、八幡神人強訴につき同荘沙汰人名主に「属守護可致忠節之由」を命ず。【看】
f	10. 29	伏見宮貞成親王、一色・三方に太刀・銭を贈り、伏見荘沙汰人名主の軍役勤仕は前例なき旨を申し入れるも、一色側、名主に限り免除する意向を示す。【看】
g	11.　1	守護代三方、甲冑を帯びた300余騎を率いて「国入部」を行い、淀に下着。美豆に城郭を構えて居住するとのことである。この日、伏見荘の守護役が免除される。【看】

註：典拠史料の略称は次の通り。
【満】:『満済准后日記』　【康】:『康富記』　【看】:『看聞日記』

三方氏の急速な地位上昇は、そうした政治的背景があって初めて可能であったといえよう。応永二十一年二月、丹後出身とみられる石川長祐（第Ⅱ部第三章第一節4）に代わって三方範忠が若狭今富名代官に任じられたり（第Ⅰ部第一章第二節3）、同二十五年十一月に範忠の丹後守護代在職が確認されたりする事実は（第Ⅰ部第二章第四節表1№12）、範忠の栄進が、丹後出身の重臣を凌駕することを通して実現できたことをうかがわせている。

三方範忠が一色氏家中で最高の地位にあったことを如実に示すのが、応永二十五年、一色義範が山城守護職に就任した際、範忠の果たした役割である。表1はその経緯を年表にまとめたものである。このうち、特にa・d・eなどからうかがえるように、義範の守護職就任問題は、放生会をめぐる石清水八幡宮と神人との抗争に端を発し、石清水側が神人弾圧のために当時侍所頭人であった義範の山城守護兼任を求めたことが背景にあったと考えられる。[3] また、一色氏側がかかる石清水の意向に乗じて、山城守護職獲得をもくろんだとみることも可能であろう。いずれにせよ、ここには利害の一致した石清水八幡宮と一色氏との連携があったとみられるが、ここで注目しておきたいのは、この一色氏の政治活動が、実は三方範忠の主導によっていた点である。すなわち、当時十九歳であった一色義範自身は守護職を望んでいたわけではないにもかかわらず[4]（b）、当初から範忠が八幡宮の社家田中氏と共に積極的にこの運動にかかわっていたと思われる。また、bにあるように、範忠は所司代としての活動によって闕所地をおそらく幕府（将軍）から宛行われているが、このことは、範忠の活動が形式的には主家一色氏の代官としてのそれでありながら、そのいわば恩賞としての私的利権を幕府から直接与えられたことを意味している。こうしたことが侍所所司代一般にどれほど敷衍できるかは別として、少なくとも三方氏に限っていえば、将軍権力、幕府中枢との間に大きなパイプを持っていたことが想定できる。そして、それは、あるいは第Ⅱ部第二章第二節で推測したように南北朝期以来のものかもしれない。

ここで、所司代としての三方範忠の活動を少しみておきたい。応永二十四年五月二十七日、伏見荘即成院で起きた強盗事件とその後の侍所における訴訟審議は、笠松宏至氏によって「中央の儀」なる語の意味——決定権者たる権力トップが除外された場における家臣たちの決定がトップの意志として表明されること——が鮮やかに解明された事例として知られている。[5] 訴訟の経過は笠松氏や横井清氏の論著に譲り、[6] 三方氏の関わりに限ってみてみよう。まず、五年にも及ぶこの訴訟においては、終始所司代の三方範忠が担当、指揮していたことを確認しておきたい（但し一色氏の侍所頭人在職は応永二十八年まで）。この事件の犯人三木三郎は兄善理と共に管領畠山満家の被官であったことから畠山氏の介入を招き、三木側の主張のみが取り上げられ、「中央の儀」によって伏見荘で三木氏と対立関係にあった小川禅啓らが逆に罪科に処せられようとした、恣意的裁判の典型であるが、所司代範忠は積極的に畠山・三木側に加担して「中央の儀」に一役買っている。応永二十五年十二月に出された三木善理の訴状が、畠山の圧力で翌年四月、伊勢因幡守の奉書の形で認められたが、これを四か条の目安として示された伏見宮側が驚いて伊勢に確かめたところ、小川らを罪科に処し荘外に追放すべしという第四条は将軍の下命もなかったから奉書には載せていないと聞かされ、伊勢も「只三方任訴人申旨、楚忽之申状驚入」と語ったという(7)。ここにおいて三方は、もっぱら畠山・三木側の意向に沿って将軍御供衆伊勢を利用し、上意・公方の権威をかざして強引な訴訟指揮を展開していたことは明白である。この間の『看聞日記』にみる限り、侍所頭人一色義範の意志は全く表われていない。笠松氏に、この「中央の儀」は、従者による主人意志の詐称や単なる越権行為ではなく、横の連帯を遂げた従者による協議決定が優越するとする政治思想と評価している。このことからすれば、右の例をもって三方氏が主家を無視して専権を振るっていた、などと短絡に結論づけるわけにはいかないが、当時の三方氏が一色家中にあって「中央の儀」を成立せしめる中核をなしていたことは、もはや否定し難いであろう。ちなみに、応永二十五年十月、一色義範が山城守護に補任されると、三方範忠は早速甲冑を帯びた三〇〇余騎で国入りを行い、淀の美豆に城郭を構えて居住することにしたという（表1g）。

三方氏にとってこの応永二十年代頃が全盛期であった。すなわち、この間、三方範忠は若狭守護代以外に山城守護代・侍所所司代・丹後守護代を兼任し、尾張海東郡代もこの頃から在職していた可能性もある（第Ⅰ部第二章第三節1・第四節1、第三章第二節1・第三節1）。この頃の尾張智多郡は郡代を置かなかったと思われるので（第Ⅰ部第二章第三節1）、三河を除く一色氏分国・分郡の守護代・郡代・侍所所司代を一人で独占していたことになる。その唯一守護代となっていなかった三河でも、三方氏が大きな政治的影響力をもっていたことをうかがわせるものに、応永三十年のものと思われる次の文書がある。

【史料B】(8)

> 昨日委細承候、恐悦候、神戸郷寄船事、可為中分之儀歟之由申候旨承候、更無其謂候、傍例旁難義之間、不可叶□、如此候者、以前不入之御教書無益候歟、昨日守護方申遣候処、大屋掃部と□□(申カ)□□如此慇懃候之処、及異儀事、併三方所為候歟、於于今者以此趣公方様□可歎申入之由存候、可為如何様候哉、巨細尚以使申□、他事期参拝候也、恐惶敬□、
>
> 十一月廿日　増詮

これによれば、三河国神戸郷が守護不入の地にもかかわらず、同郷への寄船（漂着物）が中分されたのに対して、実相院増詮が守護方に抗議したところ、大屋掃部（第Ⅰ部第三章第一節2で一色氏在京奉行人的被官と推定）の態度は「慇懃」であったところから、増詮は「及異儀事、併三方所為候歟」と思ったらしい。詳細はわからないが、守護代でもない三方範忠が、三河において何らかの政治力を行使して、寄船の中分に関与したらしいことが看取できよう。また、応永三十四年当時の尾張海東郡の小郡代は三方対馬守で（第Ⅰ部第二章第三節史料F—ⓑ）、同郡は在地の支配機構まで三方氏の掌握するところとなっていたことが知られる。

以上みてきたように、応永二十年代から同末年にかけて、その権勢が頂点に至った三方氏であるが、あたかもこの時期は一色義貫の年齢が十代後半から二十代後半に当たっていて、この若い主家の経験不足によってもたらされた面があることも否定できない。義貫が三十歳代になる永享期に入ると、一色氏家中筆頭被官の地位は延永氏に移る。す

なわち、義貫が永享四年（一四三二）から侍所頭人、同六年から山城守護に補任されると、山城守護代・侍所所司代は、いずれも三方氏ではなく丹後守護代延永益幸が就任する（第Ⅰ部第三章第二節1・第三節1）。また、この頃の京都における一色氏の政治活動においても、延永氏が表舞台に登場することが多く、たとえば、『満済准后日記』に登場する一色氏から幕府への使者は、永享四年（一四三二）から同五年の間の四回のすべてに延永土佐守益信が当たっていて、三方氏は一度も登場しない(9)。この種の使者はおおむね各守護家の家宰・守護代クラスの重臣が起用されていることからすれば(10)、この段階の一色氏筆頭被官の地位は三方氏から延永氏に移行していたといえる。この原因はもとより不明といわざるを得ないが、臆測が許されるなら、年齢を重ねて成長し自立してきた一色義貫が、若年期以来家中に君臨する三方氏を牽制するため、幕府中枢との間に強いコネクションが形成されていたらしい延永氏（第Ⅱ部第三章第一節史料Ａ・Ｂ）を抜擢した、という想定は可能である。義貫が相当気骨のある人物であったことは、永享二年に起きた、将軍義教の右大将拝賀式の供奉における一騎打をめぐる騒動が如実に物語っている。このとき義貫は、康暦元年（一三七九）の義満のときの祖父詮範と同様先頭を勤めたい、次座では「可為家恥辱」と強く主張し、山名時熙や満済を介しての義教の説得にも耳を貸さず、ついに当日の七月二十五日には所労再発を口実に出仕せず、辻固だけ勤めた。その後義貫は資財を他所に移して、夜には家臣に甲冑を帯びさせ、討手が来れば一戦して切腹する覚悟を示し、八月七、八日には「諸方騒動」となったため、義教はこれを「狼藉第一」に当たるとして義貫の「切諫」を決意したが、山名、畠山満家の意見に従い不問とした、というこの一件は(11)、義貫の強烈な自己主張ぶりを見せつけた。かかる義貫の気質が、三方範忠の政治的地位の相対的低下に少なからず影響を及ぼした可能性は否定できまい。

ただ、このような義貫のもとでも、三方範忠が依然として一色家中の枢要な地位を占め続けたし(12)、こと若狭経営においては、範忠が従前同様主導権を掌握していたことは看過すべきではない。たとえば、伏見宮家領松永荘に関して、将軍義持の代に二度も半済停止の御教書が出たにもかかわらず守護遵行が行われないままになっていたが、義教の代になって永享三年正月、改めて御教書が発給された。ところが、五月になっても守護遵行が行われないため、義教から両使が一色のもとに立てられた。それでも一色側はこれを無視し続けたため、六月三日になって将軍申次伊勢貞国が使者として守護代三方範忠のもとに派遣され、「伏見殿御事ハ禁裏御座之間以別儀可渡申」との上意を伝えたところ、ただちに遵行状が作成されて伊勢に渡され、翌日には三方範忠の渡状も出された(13)。この一連の経緯からは、松永荘の半済停止の守護遵行が長く実行されなかったのは、守護一色義貫の意志というよりも、守護代三方範忠の主導によるものであったらしいことがうかがわれるのである(14)。

第二節　三方氏の動向と小守護代・在国奉行

本節では、三方氏の若狭経営について検討したいが、その際、三方氏の具体的な在地支配に関わる史料が限られているところから、太良荘年貢算用状の国下用分として見える守護勢力への礼銭関係記事を主たる素材とする。いうまでもなく、年貢算用状の記事は事実を忠実に反映するものとは必ずしもいえず(15)、算用状作成者（太良荘では公文・代官）の作為が加わる余地もあるし、作成者によって基準が変わることもあり得る。ただ、当面問題とする三方氏の守護代在職期に限っていえば、太良荘の公文は貞治元年（一三六二）から応永二十六年（一四一九）までの半世紀余も弁祐が一人で務めていることから、[16]少なくとも三方範忠の守護代就任後十数年間の太良荘側の守護方に対する姿勢には一貫性を想定し得る。また、太良荘は守護所に至近の位置にあって、守護勢力の動きが比較的敏感に反映される荘園である上に、応永十九年分以後は毎年度、しかもそのほとんどについて地頭方・領家方双方の年貢算用状がセットで伝存していることから、在地における守護勢力と荘園経営者との交渉を、点としてでなく、線として追跡できるという利点もあるので、三方氏を始めとする守護勢力の動きを探るために、敢えて太良荘の年貢算用状の礼銭関係記事を分析対象とすることにした。[17]しかし、その史料としての限界性は免れ難く、三方氏の動きをほとんど表面的に観察する程度にならざるを得ないことに留意しておかねばならない。以下では、三方氏の若狭に対する関わり方を三つの段階に分けて検討したい。

1　I期（応永十三年~同二十年）

三方範忠が応永十三年（一四〇六）十二月に守護代に就任して以後しばらくは、当然のことながら若狭支配の基礎を整備することになるが、その具体的な行動の一端を、小笠原氏の場合と同様、太良荘年貢算用状を整理した表2から読み取ってみたい。

まず、この表から看取できることは、小笠原氏の代に比べて守護代の下向が頻繁に見られるようになった点である。小笠原氏の若狭下向は合わせて四回確認されているが（前章第五節表5）、そのいずれもが、足利義満やその愛妾西御所の若狭遊覧があった年に当たっているから、小笠原氏の下向の目的は義満らの供奉、もしくは供応にあったと思われ、自身の若狭経営を目的とする下向はほとんどなかったことになる。これに対して、三方氏の代になると、将軍の供奉といった他律的事情にもとづかない、〝自律的下向〟がしばしば見られるようになる。いま一つ注目されるのは、小笠原氏の代に小守護代武田氏が上洛をくり返し、その晩期には春・冬の二回の上洛が慣例化していた感さえうかがえるのに対して、三方氏の代の小守護代長法寺納は、当初こそ「度々」の上洛をしたようであるが、応永十六年以降は、宝幢寺供養に際しておそらく一色氏の随兵・供奉のため上洛したと思われる応永二十七年を除き、一度も上洛記事が見えない。先にもふれたように、太良荘の年貢算用状の礼銭記事が史料として万全でないことは事実であるが、それでも守護代・小守護代の動きはかなり鮮明に浮かび上がらせているように思われる。すなわち、小笠原氏の代は自らは京都から動かず小守護代武田氏が若狭・京都間を往復していたのに対して、三方氏の代には守護代三方氏の方から若狭に下向し、小守護代長法寺氏は在国したままという好対照を見せている。このことの意味を余すところなく説明することは困難であるが、三方氏がなぜ小笠原氏の行わなかった若狭下向を積極的にするようになったか、という問題として考えてみたい。

前節でみたように、三方氏は室町期に入ってから短期間にその政治的地位を急速に高めたと考えられるが、若狭守護代に任じられた当初は、まだのちのような一色家中最高の地位を得ていたわけ

備考	出典
	331
守護代宿所移転（11月）	327
	350・351
	366
	333
	377・378・379
	11・12
	20・21
一宮遷宮式（9月）	「守護職次第」
	35・36
	41・42
	44・45
	55・56
為抑山門領云々	76・95・96 139・看聞日記

(4)　備考の欄の事項のうち、応永16年のは「守護職次第」に拠り、他は当該年次の出典の欄の史料に拠る。
(5)　出典の欄の数字は応永21年以前が『若狭国太良荘史料集成』第4巻、応永26年以後が同第5巻の文書番号。

表２　三方氏守護代在職期における守護代・小守護代の上洛・下向

年　度	守護代（三方氏）	小守護代（長法寺氏・松山氏）	
応永 15（1408）	三方殿下向（３月）	長法寺納	小守護代上洛下向（度々）
〃 16（1409）	守護代三方殿下向（8.12）　在国		
〃 17（1410）	三方殿屋形見、寺勧進猿楽		
〃 18（1411）	三方殿下向		
〃 20（1413）	守護代三方今日明日下向（正.20）		
〃 21（1414）	三方下向、上洛、新守護代上洛		
〃 26（1419）	三方下向		
〃 27（1420）	守護代若狭方下向		長法寺上（京都宝憧寺供養時）
〃 29（1422）	守護代三方山城入道下向了		
〃 30（1423）	三方下向		
〃 31（1424）	守護代若狭方上洛		
〃 32（1425）	（三方在国）		
〃 33（1426）	（三方下向？）		
永享元（1429）	三方下向	松山	小守護代（略）松山と申仁下て候
〃 6（1434）	三方下向（8.19 出京）　在国		

注（1）算用状に見える礼銭記事を主として参照した。表記はほぼ史料のまま示した。
（ ）内の 8.12 などは日付。
（2）応永 20 年の出典は年欠であるが、該文書の「自当年当御寺領一円ニ可成候」の部分と応永 19 年 10 月 16 日太良庄代官朝賢公文弁祐連署注進状（百合ツ函 105）の「当庄一円之御沙汰御座候由蒙仰候」の部分が対応すると思われるので応永 20 年と判断した。なお、『若狭国太良荘史料集成』は応永 16 年と推定している（第 4 巻、333 号）。
（3）応永 33 年は、太良荘算用状に三方若狭守とは別に「三方方」に礼銭の支出が見えるので三方範忠が少なくとも一時在国した可能性があると判断した。

ではないだろうし、若狭においても、守護代小笠原氏の失脚によって少なからぬ政治的混乱もあったであろうから、三方氏の権力基盤は一色家中においても若狭においてもまだ磐石でなかったことは想像に難くない。応永十四年分の年貢算用状が伝存しないので、就任直後の三方範忠の動静はわからないが、範忠の守護代就任（「守護職次第」によれば応永十三年十二月十八日）からわずか四三日後に、守護段銭とおぼしき「田銭」を賦課し（第一章第四節史料T）、東寺からの免除要請に対して「一国平均之上者可被閣事不可叶」（同年「太良荘地頭方評定引付」〈『太良』④三二七〉二月十日条）と突っぱねているところには、前年家督を嗣いだ守護満範だけでなく、範忠の新守護代としての意気込みも多分に含まれていると思われる。

さて、翌応永十五年には範忠自身が下向するだけでなく、小守護代長法寺も度々京都に上っているから、在地との連絡を密にして若狭経営の基盤を早急に固めるべく努力している様子がうかがえる。そうした折の応永十六年正月、一色満範の死を迎え、ついで遺児一色二郎（持範）・五郎（義範、のちの義貫）兄弟の確執が生じ、その中で三方範忠の一色家中における最高の地位が確立していったであろうことは前節で推測したが、この間も範忠は、あるいは家中の内紛に伴う動揺に対処する意味もあってか、ほぼ連年下向している。この中で応永十六年の下向は守護代宿所の移転に関わるものであったらしく、この年八月十二日に若狭に下着した範忠は、そのまま在国して国中の諸所に多額の礼銭を強要し、臨時の公事夫役を懸けながら、[18]十一月に宿所を移転した。「守護職次第」には「開発守護代宿所塩浜ノ若王寺前へ被移畢」とあって、虚心に読めば「開発保にあった守護代宿所が（保外の）塩浜の若王寺の前へ移転した」と解されそうであるが、[19]この「若王寺（子）」は開発保に比定される小浜市北塩屋に「ナイコウジ山」の遺名を残す現西津小学校東側の尾根先端部にあったので、移転先は開発保とすべきである[20]（286頁、図2－1参照）。これ以前の守護代所は、応安の一揆に関する「守護職次第」の記事に「同（応安）四年正月二日ニ守護代立西津ヲ（中略）西津ヨリ信伝ノ御子息其時ハ兵部少輔殿詮範能登野へ御攻アリテ、守護代共ニ西津へ帰給」とあるように南隣の西津にあったと考えるべきであろう。[21]そして、応安七年（一三七四）に太良荘公文弁祐が守護方から賦課された「新院（後光厳）御仏事料」の免除交渉に赴いた先が「西津方」であり（『太良』④九五）、永和三年（一三七七）に上下宮流鏑馬役を懸けてきた小守護代武田重信を太良荘では「にしつの奉行」と呼んでいるように（『太良』④一一八、第一章史料E）、そこには小守護代も（おそらく在国奉行も）いて、政庁としての守護所の機能を果たしていたものと思われる。この守護代宿所を移転した三方範忠の意図は、幼主一色五郎の家督相続で家中が動揺する中、長年小笠原氏の若狭経営の拠点だった西津の宿所に代わる新しい守護代所（守護所）をみずからの主導のもとに建てることで、新時代の到来を印象づけ、就任間もない範忠の守護代としての権威を若狭国内外に誇示しようとしたのではあるまいか。その晴の舞台が翌応永十七年に行われた「三方殿屋形見」（表２）で、完成披露の儀式だったのであろう。なお、これ以後も国内の住民は、守護所の場所を西津と呼んでいるが、[22]これは旧守護代宿所が西津に残っていて、新旧の守護所が併存していたことを意味するものではなく、当時の荘民は開発保と西津荘を特に区別することをせず、守護所の所在地は従前通り西津と認識していたことを示すにすぎない。[23]

以上の検討では、三方範忠の若狭下向の背景を、一色家中における政治不安とか、彼の若狭経営に対する意欲などという、きわめて観念的、抽象的な面からしか説明できず、下向のもつ具体的目的、意義はなんら明らかにし得ていない。ただ、前代の小守護代武田氏の方から京都に上っていくあり方に比べて、より直截的に守護の──というより守護代三方氏の──権威が在地に及ぶということは想定できるし、たとえば、応永十四年の三方郡耳西郷早瀬浦と久々子村の間の網庭相論が「守護代之下知状」によって裁決されているように、[24]訴訟の裁決を範忠が行うこともあったのではあるまいか（ただし右の裁決が範忠の在国中であったかどうかは不明）。

範忠が若狭経営を積極的に展開していった徴証として、応永十四・十六・二十六年の徳銭（有徳銭）賦課が挙げられる。[25]これは、太良荘本所方代官で金融活動を営む山伏朝賢が五〇貫文も賦課されたように、[26]綿密な調査にもとづく適正な課税などではあり得ず、きわめて杜撰なものであったに違いないが、それにしても商業・流通に着目し、国内の富裕者の一定程度の掌握を前提とした新たな守護役を創設したことの意味は決して小さくなく、その初見が三方範忠の守護代就任直後の応永十四年であること、その次に見えるのが、幼主一色五郎の家督相続の結果、若狭経営の実権が完全に範忠の手中に入ったと思われる同十六年であることは、単なる偶然ではないように思われる。

この他、この期の範忠個人に関わるものとして、荘園所職獲得の動きがある。すなわち、応永十六年八月、国富荘領家職半済所務職を毎年二七貫文で請負ったり[27]、同十八年九月から十月にかけて、太良荘本所方代官職を執拗に東寺に要求している[28]。史料的にはこれだけしか確認されないが、範忠が守護代になってから、その地位を利して自身の経済基盤の拡大に腐心したであろうことは容易に推測し得る。

このようにして、守護代就任後の三方範忠は、公的には積極的な若狭経営を志向し、私的にも荘園所職を獲得しながら、その政治的経済的地位を急速に高めていったものと考えられる。その意味でこのⅠ期は、三方氏にとっていわば基盤固めの時期であったといえよう。

2　Ⅱ期（応永二十一年〜正長元年）

三方範忠の若狭支配を考える上で、応永二十一年（一四一四）を一つの画期としたのは、①この年の二月、範忠が今富名代官職を得たこと、②この年、子息もしくは弟に当たると思われる三方若狭守を代官に任じたこと、の二点が念頭にあるからである。まず、これらの意義から考えてみたい。

今富名は、周知の如く国衙税所領として鎌倉期以来税所職を兼ねた守護（得宗以外が守護の場合は得宗）の支配下に置かれ、南北朝期に入ってからも、おおむね歴代の若狭守護が同名を領有したが、貞治三年（一三六四）、守護でない山名時氏が同名領主になって以来、時氏の死後もその妻公家御前が継承して、結局山名氏清が討たれる明徳二年（一三九一）まで山名氏の領有下に置かれた（「今富次第」）。この間、若狭守護は斯波義種→一色範光→同詮範と推移したが、大田文上で若狭全三郡にわたる五五町余の田積をもち、要港小浜をその中に含む今富名に守護の支配権が及ばないままであった。同名が税所と一体の関係にあった以上、守護にとって同名の領有は単に経済的面にとどまらず、国衙税所の掌握の問題でもあった。その意味で、明徳の乱の戦功で一色詮範が同名を給せられた政治的経済的意義の大きさは計り知れない。今富名代官職は、明徳三年以後守護代小笠原長房、ついで同長春が兼帯したが、応永六年「里方名散田幷寺社人給」の逃散闘争で改替され、代わって石川長貞が任じられた（「今富次第」）。石川氏は丹後の国人と思われ、長貞は応永十八年には一色家の在京奉行を務めていたことが確認される重臣である（第Ⅱ部第三章第一節4）。山名氏時代を除いて、原則として守護代が兼任していた今富名代官職が他国の国人石川氏の手中に帰することは、守護代小笠原氏の若狭支配にとって当然桎梏になったと思われ、その事情は三方氏の代になっても変わらなかったであろう。たとえば、応永十八年、今富名内竹原天満宮供僧職（田地二反）が羽賀寺に返付された際、その旨を同寺に下達する遵行状は今富名代官石川長貞によって発給され、守護代三方範忠は、天満宮への寄進地武成又三郎名内一町についてのみ遵行状を下し、小守護代長法寺納が打渡を行っていて(29)、守護代三方氏の遵行権が今富名内には及ばないという原則が厳格に履行されていたことを確認することができる。応永二十年正月、今富名代官職は石川長貞のあと子の長祐が跡を継ぎ、世襲制が確立するかに見えたが、そのわずか一年後に改替されて三方範忠が補任された（「今富次第」）。その事情について「今富次第」は何ら語らないが、前節で推測したように、丹後出身の重臣を凌駕することを通して三方氏の一色家中における地位が上昇したことの反映とみられる。

範忠が今富名代官になると同時に又代官になった小守護代長法寺納は、「今富次第」によれば、応永二十八年七月、「小浜問丸共依訴訟」って改替されたあと、範忠の弟修理亮が任じられるが、彼も関東に向けて三河まで出陣し、そのまま同三十年十一月に替えられ、三方範忠によって同年十二月に加斗荘公文伊崎中務丞が補任された。以上の経緯

年度	その他の礼銭	出典
応永15	同時（小守護代上洛下向之時）中間　▲0－□65	331
17	三方殿屋形見之一献 ▲1－500　長法寺殿家見之時　▲0－532	350・351
18		366
19	守護方一献　△1－932	367・368
20	守護方細々公事一献料　4－500	369・371・372
21	郡使0－300　歳末礼1－0	376〜379
22		390・391
23		395・396
24	三方親父他界訪之時長法寺　1－0	399・400
25		405・406
26	東方礼0－500	11・12
27		18・20・21
28		22・24・25
29		27・30・31
30		33・35・36
31		41・42
32	守護代若狭方礼但殿原中　0－500　三方之礼時中間0－300	44・45
33	三方〻礼　1－0　三方中間　0－300 守護代礼之時殿原中　0－500	55・56
34	守護代礼時両奉行方　0－500　守護代陣立礼　0－300 守護代陣立時礼殿原　0－500　守護代中間　0－300	63・64
正長元	守護代方礼（奉行又は殿原？）　0－500　守護代内　0－500	71・72

(4) 上洛・下向時礼銭その他：※Aは「小守護代上洛下向之時度々」、※Bは「同時（宝幢寺供養時）長法寺上之時礼」。
(5) 守護代若狭方：※Aは「新守護代礼」、※Bのうち1貫文は「守護代方礼」（地頭方）、※Cのうち500文は「守護方礼」（同）、※Dは「守護代方礼」。
(6) 勢間方兼田方：※Aは「西津勢間」、※Bは「長法寺礼時勢馬兼田両人中」。
(7) 出典の欄の数字は、応永25年度以前が『若狭国太良荘史料集成』第4巻、同26年以後が同第5巻の文書番号。

は、結果的にみれば、今富名代官職を得た三方範忠が、小守護代長法寺を排除しつつ自己の影響力を強め、又代官職の補任権を事実上掌握し、行使していたことを示している。今富名のもつ政治的経済的重要性を勘案すれば、範忠がいわばライバルに当たる石川氏から同名代官職を奪取して、事実上の支配権を掌握したことの意義は、きわめて大きいといわざるを得ない。これによって、三方氏の若狭支配の基盤が最終的に整ったと評価してもよかろう。

応永二十一年分の太良荘年貢算用状（『太良』④三七八・三二九）、および守護役注進状（同三七六・三七七）に「新守護代礼」と見え、あたかもこの年守護代の交替があったかのようであるが、少なくとも永享七年（一四三五）までは一貫して三方範

表3　太良庄年貢算用状に見える守護勢力への礼銭（1）

年　度	守護方細々使雑　事	上洛・下向時礼銭		守護代若狭方	長法寺方	長法寺年始礼	勢間方兼田方
		三方氏	その他				
応永 15	5.16	▲1 − 332	※A▲1 − 0				
17	5.16						
18	5.16						
19	5.16						
20	5.16						
21	5.16	3 − 0		※A 1 − 0	1 − 0	1 − 0	※A 0 − 500
22	5.16						
23	5.16				1 − 0	1 − 0	1 − 0
24	5.16				1 − 0	1 − 0	1 − 0
25	5.16				1 − 0	1 − 0	1 − 0
26	5.16	1 − 500			1 − 0	1 − 0	1 − 0
27	5.16	※A▲3 − 0	※B 1 − 500		1 − 500		
28	5.16			※B 2 − 0	1 − 500		
29	5.16			※B 2 − 0	1 − 0		
30	5.16			※C 1 − 500	1 − 0		
31	5.16	※B 1 − 0		1 − 0	1 − 0		※B 0 − 500
32	5.16	※C 1 − 0		1 − 0	1 − 0		※B 0 − 500
33	5.16	※D 1 − 0		1 − 0	1 − 0		
34	5.16			※D 1 − 0	1 − 0		
正長元	5.16			※D 1 − 0	1 − 0		

註（1）単位は「守護方細々使雑事」（石）を除き、すべて貫－文。△は地頭方、▲は領家方で、全体の一部である可能性がある場合（地頭方は３分の１、領家方は３分の２が原則）。無印はいずれか一方のみでもそれが荘全体である場合、もしくは地頭方・領家方の合計。
（2）守護方細々使雑事：必ずしも全年度にわたって地頭方・領家方の両算用状がそろっているわけではないが、前者が２石、後者が3.16石と固定しているので、すべて5.16石とした。
（3）三方氏：※Aは「守護代若狭方下向時長法寺出」、※Eは「守護代若狭方上洛礼」、※Cは「三方之礼但依在国」、※Dは「三方ニ礼」。

忠が守護代に在職していたことを確認した第Ⅰ部第一章第一節の結論と矛盾する。在地では「小守護代」のことを「守護代」と呼ぶこともままあったから(30)、小守護代を指している可能性もなくはないが、三方範忠の守護代就任と同時に小守護代になった長法寺納（「守護職次第」）が応永末年まで在職したことは、太良荘年貢算用状に見える守護勢力への礼銭記事を、三方氏の守護代在職期のうち、正長元年（一四二八）以前に限ってまとめた表3に照らしても否定し難い。しからば、守護代でも小守護代でもない「新守護代」とはどのように解すればよいのであろうか。それは、このあと太良荘年貢算用状に「守護代若狭方」と見える三方若狭守のことであると考える。三方若狭守というと、範忠のあと守護代を継いだ弟の忠治（第Ⅰ部第一章第一節4）が想起されるが、もう一人候補者がいる。それは応永二十六年の若狭上下宮造営棟札[31]に「山城守沙弥常忻三方奉行若狭守範次日（ママ）」と見え、『若狭守護代記』[32]にも「永享元年酉、今年守護代三男若狭守範次当国大飯郡大島ノ八幡宮幷長楽寺ヲ造営シ、寺領山林ヲ寄附ス」とある、範次である。後者の史料的信頼性が必ずしも十全ではないが、前者と合わせればあながち虚構ともいえまい。とすれば、「守護代若狭方」は表3にあるように応永二十七年～三十二年の間に見えるところから、若狭守としての徴証が永享四年以降の忠治[33]よりも、応永二十六年～永享元年の範次の方が蓋然性が高いのではなかろうか。右掲棟札の「三方奉行」という表記も彼の地位を正しく表現しているように思われる（但し断定もできないので、以下では慎重を期して「若狭方」のまま用いることとする）。応永二十一年の太良荘年貢算用状にいう「新守護代」とは、範忠が自分の代官（「奉行」）として「若狭方」を任じて下向させたのを、在地でかく認識したことを示すものであって、彼の地位は厳密には「在国守護代」と呼ぶのがふさわしい。

ところで、範忠が「若狭方」を代官に任じた契機や目的についてはほとんど不明である。すぐ想起されるのは、範忠はそれまでほぼ連年若狭に下向していたことから、何らかの理由でそれができなくなったために近親者を代官にした、ということである。しかし、応永二十一年の「若狭方」は範忠と共に若狭に下向したあと、また上洛しているようであるから[34]、この年の下向は在国を目的とするものではなく、いわば就任の披露とでもいうべきものとしても、その後前掲表2にみる限り、応永二十二年から二十五年まで範忠も「若狭方」もともに若狭に下向した形跡がない（この間の太良荘の年貢算用状はすべて伝存）。この間三方範忠は所司代、山城守護代として若年の一色義範を補佐しており（第Ⅰ部第三章第二節1・第三節1）、京都での政務に忙殺されたであろうから、「若狭方」の若狭下向の条件はむしろ十分整ったと思われるのに、それが見られないばかりか、応永二十六年には範忠自身が下向したらしいとすれば、[35]「若狭方」を代官に任じた当初の目的は今のところ不明といわざるを得ない。しかし、その翌二十七年には「若狭方」が下向し、そのまま在国したものと思われる。表3によると、太良荘は応永二十七年に下向した「若狭方」に三貫文もの礼銭を出し、その翌年から同三十三年まで「守護代若狭方」への恒常的な礼銭を計上している（三十四年と正長元年の「守護代方礼」も同じであろう）。応永三十一年には「守護代若狭方上洛時」の礼銭が見えるから、「若狭方」は在国を常態としたことが知られる。かくして、それが当初からのものかどうかはわからないが、少なくとも応永二十年代後半における「若狭方」は、在京する三方範忠に代わって在国し、若狭経営に当たることを任務としたことがうかがえるのである。この間、範忠自身も時々若狭に下向していて（前掲表2）、この時期の三方氏の若狭に対する関わりはⅠ期と比べてより濃密なものになったといえる。

この時期の若狭における三方氏の権勢をうかがわせる事例が一、二ある。応永二十年、太良荘本所方代官職を追われた朝賢は、「御代官をめされ候て二年目の十月二、三方殿の御判とくせい物の折紙をとり候て、東寺之御年貢米おおさゑ」たという。[36]右の「とくせい」は、この文書が正長元年十二月のものであることからくる用語であって、いわゆる徳政ではなく、単なる還補といった意味であろうが、応永二十二年、朝賢が太良荘代官職還補を図るのに「三方殿の御判」を必要と考えたところに、三方氏が若狭の実権を掌握していたことが示されている。翌二十三年七月二十八日、三方範忠の「御恩」として西津荘代官職が布施大炊助に宛行われている（「守護職次第」）。また、開発保が開発左衛門に「給分」として宛行われているのも同日付であるから（同）、これも実質的には範忠による宛行の可能性が小さくない。範忠は先にみた今富名の他に、旧守護所所在地の西津荘と、これに隣接し、新守護所を設けた開発保という、いずれも守護領に属する[37]若狭中枢部の事実上の支配権を掌握していたこと、および代官職の宛行を通して自己の主従制的関係を拡大強化していった状況をうかがわせる例といえよう[38]。

【史料C】（『太良』⑤一六）

（折紙見返し奥書）
「太良庄段銭免除案
応永廿七十月八日」

一宮反銭東寺領太良庄事、於京都被仰談候、可被止地下催促之由候也、恐々謹言、

応永廿七
十月八日　高井 将良 判
伊□ 忠為 判

長法寺民部入道殿

この文書について『若狭国太良荘史料集成』が「若狭国守護一色義範奉行人連署奉書案」と命名しているように、発給人は一色氏の在京奉行とみなすのがもっとも自然である。しかし、その場合は守護代に宛てられるのが通例である[39]にもかかわらず、ここでは、小守護代の長法寺を宛所としている。その事情は、この文書を入手した東寺側が、これを「三方方免のをりかみ」（『太良』⑤一七）と認識していたことで、初めて理解される。つまり、史料Cは守護代三方範忠が太良荘の一宮段銭について京都で東寺と交渉した結果免除に至ったことを在地の小守護代に伝えたものであって、その点にのみ立脚すれば、三方範忠奉行人連署奉書とでも命名すべき性質のものといえる。三方範忠がそうした独自の奉行を組織していたとまでは考えにくいが、一色氏の奉行組織が、実質的には三方範忠の指示を下達しているところに、家中における範忠の権威の高さをうかがうことができよう。

3　小守護代長法寺氏と在国奉行

以上述べてきたⅡ期と次のⅢ期を画するのは、小守護代の長法寺納から松山常栄への交替である。Ⅱ期とⅢ期を比較するため、ここで長法寺氏、及び同氏と在国奉行の関係について少し検討しておきたい。長法寺氏は、前代の武田氏と違って、三方郡織田荘山西郷に本貫地を持つ若狭の在地武士と考えられ（第Ⅱ部第三章第二節2）、少なくとも一色氏の根本被官ではないが、名字の地が近接する三方氏とは、あるいは古くからの関係があったかもしれない。小守護代になってからの長法寺は、しばしば下向するとはいえ在京を原則とする守護代三方氏の留守を預かって若狭経営の実質を担い、応永二十一年からは今富名又代官として同名の支配にも当たった（「今富次第」）。先にみたように、この年範忠は「若狭方」を「新守護代」とするが、以後数年間は範忠・「若狭方」の下向はなく、長法寺にとっては、かえってそれ以前よりも主体的な——もちろん相対的な意味で——若狭経営を展開できたかもしれない。前掲表3によると、応永二十一年以降の長法寺に対する礼銭は、「長法寺方礼」とは別に「長法寺年始礼」まで見られ、この時期の太良荘の人々が認識していた長法寺の権威の大きさを物語っている。

「長法寺年始礼」のある応永二十一・二十三〜二十六年と、「長法寺礼時勢馬兼田両人中」と記される三十一・三十二年に、勢間・兼田への礼銭が見られる（二十一年は勢間のみ）。「西津勢間」（二十一年）とされるように、二人とも西津荘（と認識された開発保）の守護所にいた在国奉行とみられるが、応永二十一年から、長法寺への礼銭贈与の際に、同時に礼銭を贈られるようになった二人は、荘園側から長法寺と一体の関係として認識されていたということであり、長法寺氏の権勢の伸長を示すものということもできよう。

さて、「長法寺年始礼」は応永二十七年以後見えなくなるが、実はこの年「若狭方」が下向し、そのまま在国している。かくして長法寺への年始礼に代わって「若狭方」への恒常的礼銭が登場するのは、若狭における守護の権威の体現者が長法寺から「若狭方」へ移行したことを明瞭に表現するものであり、「若狭方」の若狭下向が長法寺の権威の相対的低下をもたらしたということもできよう。このことと、応永二十八年、長法寺が小浜問丸の訴訟で今富名又代官職を改替されたこととは、無関係ではあるまい。しかし、長法寺に対する礼銭は、正長元年に至るまで「若狭方」へのそれと同額を維持している上、先にふれたように、長法寺と同時に在国奉行への礼銭贈与が見られることもまた無視できない。したがって、「若狭方」が下向して以後の若狭では、守護代三方範忠のいわば私的代官としての「若狭方」が一応最高の権威を得たとはいえ、小守護代長法寺のそれとはまだ拮抗していたというのがより正確だろう。敢えて憶測を加えれば、この「若狭方」と長法寺との緊張関係が、小守護代交替の背景の一端を占めたのではなかろうか。なお、正長元年の土一揆が若狭にも及び、太良荘でも同年から翌年にかけて「地下のさくらん中々無是非候」(40)という状態となったことは知られているが、新小守護代松山が下向したのは、あたかもこの時期に当たっているところから、小守護代の交替の直接的契機が、かかる「地下のさくらん」にあった可能性も否定できない。

守護代小笠原氏時代の段銭配符は、当初小守護代と在国奉行の連署で発給されていたが、応永十年頃には国衙機構が守護のもとに吸収され、同十四年以降の段銭配符は、例外なく留守所下文の形式をとることになることはすでにふれた（第一章第四節2）。しかし、在国奉行が段銭徴収から排除されたわけではもちろんなく、次の文書がそのことを明示している。

【史料D】（『太良』④三五四）

（端裏書）「□」けとり　奉行二人」

請取　大嘗会段銭事

合　壱貫七百文者　太良庄本所

右、且所請取之状如件、

応永十九
七月廿四日　　――（花押）

――（花押）

端裏書に見える「奉行二人」は在国奉行とみなしてよかろうから、三方氏の代の在国奉行が段銭徴収に関わっていたことは明白である。ただ、右の二人とかつての津田浄玖とでは、小守護代との関係において大きな差異がある。長法寺氏時代の史料で「奉行」の名辞が見えるのは、他に二例あり、その一つは、応永二十七年太良荘国下行銭注文（『太良』⑤一八）の項に見える「同（宝幢寺供養之時）長法寺奉行両人」というものである。この下行銭（礼銭）のことを、同年の地頭方年貢算用状（『太良』⑤二二）では「同長法寺若党出之」と記しているので「長法寺奉行両人」とは長法寺氏の若党であったことが知られる。そして、この「奉行両人」と先の段銭請取状（史料D）を発給している「奉行二人」は、ともに太良荘側からの呼称であることから、同一人である可能性が高い。そうであれば、長法寺氏は自分の被官をもって段銭徴収に関わる在国奉行を編成していたか、もしくは在国奉行を被官化したことになり、いずれにせよ、そこにはかつての武田氏と津田浄玖のような関係は認められない。

ところで、この「長法寺奉行両人」は勢馬・兼田両氏ではないかと思われる。この二人は、応永二十三年から四年間、太良荘から合わせて一貫文の礼銭を毎年受け取っているが（前掲表3）、同三十一・三十二年には「長法寺礼時」に礼銭を贈与されている（同）。これは、勢馬・兼田両氏が、長法寺氏ときわめて密接な関係を持ちながらその配下に属していたことを示唆している。また、二人のうち勢馬氏は、応永二十一年守護方入目注文（『太良』⑤三七六・三七七）に「西津勢間」と見えるところから、彼が守護所の吏僚であることをうかがわせ、兼田氏と共に在国奉行であった可能性を補強している。なお、勢馬・兼田両氏とも、在地国人であることは、第Ⅱ部第三章第五節2・3で述べたところであるが、わけても注目されるのは、兼田氏の遠祖と思われる包枝進士太郎入道光念が、文永十年（一二七三）当時、国衙において大田文作成に関わる在庁官人と推察される点である（『太良』①一二一―三）。確証はないが、室町期の兼田（包枝）氏が在国奉行に起用された背景には、いまだ国衙との関係を有していたことがあるのかもしれない。

さて、長法寺氏時代の「奉行」のもう一つの所見は、応永三十四年分太良荘地頭方年貢算用状（『太良』⑤六四）の「守護代礼時両奉行方」というものである。この場合の「守護代」は三方範忠ではなく、先にみたように範忠の近親者「若狭守」のことである。三方若狭守は、応永二十一年に範忠が自分の代官に任じたもので、いわば在国守護代のような立場にあったが、実際に下国したのは応永二十七年頃かららしい。ちょうどそれと時を同じくして、それまで続いていた勢馬・兼田氏への礼銭が途絶え、同三十一年に復活するものの、翌年を最後に太良荘算用状から両氏の名前が消滅する。そうした折に、先に示したように応永三十四年に「両奉行方」の記載が登場するのであるが、これが、勢馬・兼田両氏だとすれば、二、三年前に長法寺氏と同時に礼銭贈与に預かっていた二人が、今度は三方若狭守への贈与の時に礼銭を受けていることになる。このことは、かつては小守護代長法寺氏の被官であった在国奉行の二人が、次第に在国守護代三方若狭守との関係を強化しつつあったことを暗示している。少なくとも応永三十四年の段階の太良荘側は、二人への礼銭は三方若狭守への贈与に伴うものと認識しているのである。かくして、三方氏による在国守護代の設置、派遣は、結果的に小守護代長法寺氏の地位の相対的低下をもたらしていったと思われるが、先述したように、長法寺氏の権勢は決定的転落にまでは至らず、最後まで在地に根強い影響力を保持した。それ故に長法寺氏は、正長元年（一四二八）の徳政一揆に伴う「地下のさくらん」（『太良』⑤七六）を契機に、若狭支配の深化をもくろむ三方氏から改替されたものと推察される。

4　Ⅲ期（永享元年～同十二年）

正長二年（一四二九）二月十一日、松山三郎左衛門入道常栄（第Ⅰ部第一章第二節1）が、新小守護代として若狭に下向してきた。(41) この松山氏による支配期をⅢ期として、以下その特徴をみておきたい。

まず、前掲表2を見ると、長法寺時代に頻繁に見られた三方範忠・「若狭方」の若狭下向はほとんどなくなる。また、表4によれば「若狭方」の在国もなかったようであるから、範忠の若狭に対する関わりは、前に比べて後退した感さえある。しかし、この範忠の態度の変化は、小守護代長法寺、松山と範忠との関係の差異、換言すれば長法寺と松山の性格の違いに起因するのかもしれない。松山氏の出自に関しては、ほとんど手がかりというべきものはないが、少なくとも若狭の在地国人ではなく、在京性の強い氏族ではないかと推測される（第Ⅱ部第三章第二節3）。とすれば、それまでの長法寺と比べて、いわば吏僚的性格、換言すれば三方氏の分身的性格をより強く持たせることが可能であったといえよう。それ故にこそ、このⅢ期には三方氏が長法寺時代のように下向をくり返したり、近親者を代官として在国させたりしなかったのではなかろうか。

さて、Ⅲ期の太良荘からの礼銭を表4によってみてみよう。Ⅱ期の「守護代若狭方礼」は「守護代明春礼」として

年度	その他の礼銭				出典
永享元	同時（三方下向時）松山方	0－500	同時奉行包枝方	0－300	95・96
	井事之時両奉行一献	0－400			
2	松山方野木在庄之時礼	0－500	遠山方家立之時礼	0－500	102・103
3	三方舎弟僧訪	0－500	かと庄殿	2－　0	104・105
4	守護代方今ツミノ政所両使ニテ庄内竹木注時入足			1－　0	110・111
5	守護代礼時奉行	0－300			113・114
6					139
7					143・144
8					150・151
9					156・157
10					177・178
11	守護代松山方礼時奉行中村	0－500	半済方代官初入部	0－500	195・196
12	守護代松山方礼時奉行中村	0－500	当守護武田方入部	4－500	200・201

(4) 松山方礼　　：※Ａは「同時（守護方明春礼）松山方」、※Ｂは「守護代方礼」、※Ｃは「守護代松山方礼」。
(5) 明春礼時両奉行：※Ａは「包枝方中村方」。
(6) 出典の欄の数字は『若狭国太良荘史料集成』第５巻の文書番号。

継承されているが、「長法寺方礼」に代わるべき「松山方礼」はただちには登場していない。すなわち、入部当初の松山は、守護代三方氏への礼銭を三方氏に代わって受けたり、そのついでに自分の分を受け取ることはあっても（「守護方明春礼松山方」「同時松山方」など）、松山氏単独の礼銭は見られない。これは、彼が在地の人々からまだあくまでも三方氏の代官としてしかみなされていなかったことを物語るものであろう。ところが、永享七年（一四三五）には「守護方明春礼」とは別に「松山方礼」が現れ、同十一・十二年には「守護代松山方礼」とさえ記されるに至る（五年の「守護代方礼」が松山を指すかどうかは不明）。これは、松山が在地では守護代と呼ばれ、かつての「若狭方」や長法寺と変わらぬ権威を持つに至ったことの反映ではあるまいか。また、この時期の在国奉行包枝・中村両人に対する礼銭は、初め「守護方明春礼」の時や三方氏の下向時（元年）に出されていたのが、永享十一・十二年には松山に対する礼銭と同じ時にも支出されている。このことは、

表４　太良庄年貢算用状に見える守護勢力への礼銭（２）

年度	守護方細々使雑事	上洛・下向時礼銭		守護方	松山方	明春礼時	同時中間郡使マテ
		三方氏	その他	明春礼	礼	両奉行	
永享元	3.0	3－0		※Ａ２－０	※Ａ１－０	※Ａ０－600	０－300
2	3.0			※Ｂ１－０		※Ａ０－600	０－300
3	3.0			※Ｂ１－０		※Ａ０－600	０－300
4	3.0			※Ｂ１－０		※Ａ０－600	０－300
5	3.0			１－０	※Ｂ１－０	０－600	０－300
6	3.0	※Ａ３－０		１－０		０－600	０－300
7	3.0	３－０		１－０	０－700	０－600	０－300
8	1.5			１－０		０－600	０－300
9	1.5			１－０	１－300	０－600	０－300
10	1.5		※Ａ０－500	１－０		０－600	０－300
11	1.5			１－０	※Ｃ１－０	０－600	０－300
12	1.5			１－０	※Ｃ１－０	０－600	０－300

註（1）上洛・下向時礼銭三方氏：※Ａは「三方在国之時礼又守護代マテ」。
（2）上洛・下向時礼銭その他：※Ａは「遠山方下向礼」。
（3）守護方明春礼：※Ａは「明春礼三方礼」、※Ｂは「守護方明春礼　松山方」（領家方は「守護代方礼明春」）。

松山と両奉行が一体的関係にあった―少なくとも太良荘の側ではそう認識したことを示すものとはいえないだろうか。

永享九年十月、官務家領国富荘の半済が停止され、義教御判御教書、守護一色義貫遵行状、守護代三方忠治遵行状（松山宛）が次々と下されたが、[42] 松山はこれを無視して同荘に「年貢使」を入れ、詫言を申し入れる百姓に対して「雖被御判下、□申まじく候」と言い放ち、本所の使が入部して一円直務を主張しても全く承引せず、結局「女童部」を人質に取りながら「年貢反銭之請文」を出させて翌年正月十九日まで年貢などを催促し、翌二十日には「地下家内」を検封して資財を悉く奪い取った。[43] ここで注目すべきは、松山は百姓らに「雖被御判下、□申まじく候」と語り、幕府から守護、守護代を経て自分にまで下されている遵行命令を公然と無視して、暴力によって年貢・反銭を強奪していることである。松山のかかる行為から、彼が幕府―守護体制の枠を踏み越えて自立的な地域権力を志向していたなどとみなすことはもちろんできず、彼を支えていたのはあくまでも小守護代という、守護行政機構における公職であり、ひいては守護の権威にあったことはいうまでもない。ただ、その守護の権威が百姓ら国内諸階層にとってもつ重みが、右述の如き松山の行為によってつき崩されていくという皮肉な事態が進行していたことは認めねばなるまい。もはやほとんど若狭に姿を見せなくなった守護代三方氏が若狭の諸階層にとって次第に遠い存在となっていく一方で、松山は、直接在地の人々と向き合う、守護権力の体現者として次第に重みを増していき、「守護代」とまで呼ばれるに至るのである。(44) ここにおいて三方氏は、在地から完全に遊離したという点で、守護一色氏と同質化してしまったといえよう。松山が三方氏の忠実な代官である間は、かかる状況下でもさしたる支障とはならないであろうが、彼がいつまでも没個性的な三方氏の分身であり続ける保障はなく、あたかも、三方氏が一色氏のもとで政治的・経済的実力を蓄え、今富名（小浜）・西津荘といった若狭の中枢部分の実質的支配権を掌握してしまったのと同じような事態が、松山氏によって進められないとも限らないのである。先にみた国富荘における松山の違乱ぶりは、その兆候といえなくもないが、まだ大きな潮流とはなり得ていないといってよかろう。しかし、守護、守護代の在京を前提とした分国支配体制―本来的室町幕府‐守護体制―の矛盾、限界はようやくその輪郭を見せ始めたといえよう。

この松山氏のもとで在国奉行となったのは、先にみたように包枝・中村両氏である。すなわち、永享元年（一四二九）以降の太良荘年貢算用状において「包枝方中村方」への礼銭六〇〇文が毎年計上され、同五年以降の表記は「両奉行方」となる。また、表4によれば、「同時（三方下向時）奉行包枝方」（永享元年）や、「守護代松山方礼時奉行中村」（永享十一・十二年）といった礼銭記事も見える。このうち包枝氏は、先にふれたように、長法寺氏時代の兼田氏のことと推定されるから、(45) 前代に形成した三方若狭守との間に築いた関係が彼の奉行としての地位を保持せしめたのかもしれない。勢馬氏が中村氏に替えられた理由は判然としないが、長法寺氏との関係が問題とされたのかもしれない。彼ら在国奉行に対する太良荘からの礼銭は、原則として「守護方明春時」や「守護代礼時」、「三方下向時」などのついでに贈られるものであったが、永享十一・十二年には、それとは別に「守護代松山方礼時」、中村氏にだけ五〇〇文が贈られている。このことは、包枝（兼田）氏が前代以来三方氏との緊密な関係を保っていたのに対して、(46)新たに在国奉行に加わった中村氏の方は、次第に小守護代松山氏に接近した、もしくは松山氏の方が中村氏を引き付けた、といった事情を反映しているとみることもできよう。いずれにせよ、長法寺氏と同様に、松山氏もまた在国奉行に対する私的関係を強化しつつあったといえるのではあるまいか。

むすび

南北朝末期から室町初期にかけて、守護の管国支配体制に見られた大きな変化の一つに、守護代の在京化がある。前章でみたように、南北朝期の若狭守護代小笠原長房は、在国しながら強力な支配を展開していたと思われる。それは、まだ政治的統一もみていない、動乱期における分国経営にとっては、ある意味適合的な態勢であった。この守護代の在国期においては、小守護代や在国奉行の存在意義はそれ程高まることはなく、おそらくそのために小守護代と在国奉行の格差もあいまいな状態にあった。室町初期になると、小笠原長房のあとの長春は在京を原則とするようになるが、それでも小守護代武田氏のもとには津田浄玖のような有力在国奉行がいて、結局小笠原氏のもとでは、最後まで在国支配機構における小守護代武田氏の主導権は確立しなかった。

小笠原氏の失脚後、それまで短期間の間に一色家中での地位を上昇させてきた三方範忠が若狭守護代に就任すると、以前から関係のあった可能性のある在地国人の長法寺納を小守護代に起用し、範忠自身もほぼ連年自身が下向して若狭経営の基盤固めに奔走した。応永二十一年（一四一四）になると、範忠は近親者「若狭守」（弟もしくは三男範次）を自分の代官に任じ、同二十七年からは在国させるようになり、在地ではこの「若狭守」が守護代と認識されるようになる。範忠のかかる措置の目的は、在国奉行勢馬・兼田氏との関係を強化するなどして、その権勢を伸張させてきた小守護代長法寺を牽制し、三方氏こそが守護権力の体現者であることを在地に再認識せしめることであったと思われる。在国支配機構における小守護代の過度の強権化は、在京する守護権力（守護・守護代）にとって、好ましいことではなかったのである。三方範忠のこうした方策によって、長法寺氏の権勢をある程度抑制することになったものの、最終的には長法寺氏を改替せざるを得なかったところに、在地において長法寺氏の影響力が根強く浸透していたことをうかがい知ることができる。

永享元年（一四二九）、長法寺を解任した三方範忠は、在地性を持たない松山常栄を小守護代に据えた。しかし、この松山も、当初は別として、長法寺氏と全く同じ道を歩んでいったと思われる。守護・守護代の在京が恒常化した室町期畿内近国の在国支配機構において、その首座に立つ小守護代は、京都の守護権力にとっては可能な限り没個性的な吏僚の枠にとどめておかなければならなかった。若狭で見られた、応永末年頃までの小守護代の上洛、守護代三方範忠自身の下向、さらには範忠の近親者の派遣・在国などは、いわば守護権力の源泉地たる京都から、その権威を不断に分国に注入して、在国支配機構を常に中央の忠実な手足たらしめておくための方策に他ならない。守護のみならず守護代も在京するようになった室町期における守護の分国支配にとって、かかる措置は必須のものであった。そして、若狭の在国支配機構のコントロールを主導したのは、守護代三方氏であった。斯波氏分国でも、越前・遠江守護代甲斐氏が小守護代や郡代に一族や自己の被官を送り込んでいたように、(47)こうした施策が守護代の主導のもとで行われることも少なくなかったのではなかろうか。ただ、守護の分国支配の実質が守護代によって担われることは、守護代の職制上の重要性を示すものではあっても、彼の「自律性」と同義ではないことは自明のことであり、この点の見極めは、守護と守護代との間の関係、および在地支配機構の具体的機能（守護代の私的機関化の有無）を中心に論じるべき問題であって、今後の課題としなければならない。

註

（1）『史料』七―一七、応永十九年九月十一日条（三四～三九頁）に関係史料がまとめて収載されている。

（2）一色満範は父詮範存命中の明徳三年、二十五歳（満範の生年は第Ⅰ部序章註22参照）で丹後守護になっていたから、当然他の国の国人よりも丹後国人との関係が早くから形成されたであろうことは想像に難くない。古くから満範の恩顧を被っていた者と、これに反感をもつグループとの軋轢が、満範の死を機に一気に高まり、一色二郎・五郎の兄弟対立という形をとって表面化した、という解釈もあながち空論とはいえまい。『系図纂要』が、兄弟和睦の結果、二郎持範が丹後守護になったと伝えるのは史実には反するものの、丹後国人らの二郎側加担を示唆するものではあるまいか。

（3）当時の石清水八幡宮を侍所の管轄範囲と認定した今谷明氏の理解に従えないことは、第Ⅰ部序章第三節で詳述した。

（4）一色義範が十五～十七歳で侍所頭人に抜擢されたことについて、高橋修氏は、将軍専制を志向する義持が、有力守護層の分裂を図り、若年の「政治的無色」とみなした義範を自己管理下に置こうとした行為とした（「足利義持・義教期における一色氏の一考察―一色義貫・持信兄弟を中心として―」『史学研究集録』八、一九八三年）。しかし、若年を理由に守護を「政治的無色」とみなすのは慎重を欠くといわざるを得ない。若年の守護を宿老層が実質的に担うことはさほど珍しいことではないからである。

(5) 笠松宏至「中央の儀」(『月刊百科』二〇二、一九七九年、のち同『法と言葉の中世史』平凡社選書、一九八四年、に収録)。

(6) 横井清『看聞御記―「王者」と「衆庶」のはざまにて―』(そしえて、一九七九年)二九一～二九四頁。

(7)『看聞日記』応永二十六年四月十五日・同月十六日条。

(8)『愛知』9、一〇一七(満済准后日記紙背文書)。これは『満済准后日記』応永三十一年正月八日・同九日条の紙背であるので、応永三十年のものである可能性が高い。

(9)『満済准后日記』永享四年正月二十四日・同二十五日・同年五月八日・同五年閏七月二十四日の各条。

(10) 前註の各記事に見える他の守護家の使者は、斯波家の甲斐氏、畠山家の遊佐氏、山名家の山口氏、細川家の安富氏、赤松家の上原氏らであり、おおむね各守護家の守護代クラス、もしくはそれに準じる重臣となっている。

(11) この事件に関しては『満済准后日記』の次の各日条による。永享二年七月十日～十二日・十九日・二十日・二十三日・二十五日・八月六日・七日・十日・十一日。なお、このあと翌永享三年二月十七日には、義満の代から恒例となっている将軍の訪問を受けているし(『満済准后日記』同日条)、同四年十月には侍所頭人、同六年八月には山城守護となるなど(第Ⅰ部序章図2)、一騎打一件が幕政における義貫の政治的地位の失墜に直接影響を及ぼすことにはならなかった。

(12) たとえば、永享六年十一月、幕命で諸大名が山門を攻めたときは三方範忠が若狭勢を率いて参戦し(『満済准后日記』同年十一月八日・十九日条、『看聞日記』同月二十六日条)、同九年、一色氏が大和に出陣したときも、一色氏に対する東寺からの巻数が三方氏に届けられており(同年「廿一口方評定引付」〈「百合」ち函一一〉四月十三日条)、一色軍の指揮官として出陣したらしいことがうかがえる。これは、三方氏が一色氏分国では京畿にもっとも近い若狭の守護代であったことからくる必然ともいえるが、京都における一色氏の軍事的権能の中核を三方氏が担っていたことは間違いなかろう。ちなみに、永享十二年、一色義貫が大和の陣中で謀殺された際、「三方若狭守(忠治)并同弾正両人、散々相戦討死、高名無極者也」との情報が京都に聞こえているし(『師郷記』同年五月十五日条)、京都の一色義貫邸接収をめぐって義貫・教親双方の被官が戦った際の戦死者として伝えられる義貫側被官では二七人中三方氏が五人を数え、氏族別では最多であった(第Ⅱ部第三章第六節表2)。

(13) 以上の一件は、『看聞日記』永享三年正月八日・五月二十八日・六月三日・同月四日条による。なお、須磨千頴氏は「伏見殿御事ハ禁裏御座之間以別儀可渡申」（六月三日条）を三方範忠の言辞と解釈しているが（『小浜市史』通史編上巻、第二章第五節「守護の領国支配」五六一頁）、この直前に「伊勢備中守為御使、守護代三方山城入道ニ被仰」とあるので、伊勢貞国が範忠に伝えた義教の上意と解すべきである。

(14) 一色義貫の屋形は勘解由小路猪熊にあったことはわかっているが（『後鑑』永享十二年五月十六日条の綱文は「応仁略記」に従い「義貫堀河邸宅」とするが、同日条に引く「東寺執行日記」の「勘解由小路猪熊一色殿屋形」を採るべきである）、三方邸の場所はわからない。ただ、守護と宿老の宿所は、たとえば斯波邸が勘解由小路以南烏丸以西町尻小路以東で（『京都市の地名』平凡社、一九七九年、五九七頁）、筆頭被官甲斐氏の屋形が勘解由小路を挟んで北に隣接する室町以西勘解由小路以北にあったように（『建内記』文安四年五月二十八日条）、相互に近接していたと思われるから、伊勢の訪問を受けた範忠がただちに一色邸に赴いて協議の上遵行状を作成することは可能だったろうが、『看聞日記』は、伊勢が三方範忠に上意を伝えたという記事の直後に「仍則遵行進之」と記していて（六月三日条）、まるで範忠の一存で遵行状が作成されたように感じさせる書きぶりである。事実は不明であるが、遵行の実現には範忠の同意が不可欠という認識が幕府側にあったこと、伏見宮側では範忠の役割を大きく評価していたらしいことはうかがえる。

(15) 最近、松浦義則氏は、太良荘の年貢算用状における守護役、特に守護夫役に関する記事の虚構性を明らかにしている（「若狭太良荘における守護役と算用状」『福井県文書館研究紀要』一三、二〇一六年）。算用状の史料批判の重要性を改めて認識させる貴重な論考であるが、守護夫役に比べて、本章で扱う礼銭記事の虚構性は比較的低いと判断し、校正中に接したこともあり、以下では旧稿を変更していない。

(16) 網野善彦『中世荘園の様相』（塙書房、一九六六年、改訂版一九八八年、のち『網野善彦著作集』第一巻、岩波書店、二〇〇八年、に収録）二九三・三三三頁（著作集）。

(17) 太良荘の年貢算用状は暦応元年（一三三八）から文正元年（一四六六）までの間で、合計八二年分伝存しているが（うち地頭方・領家方がそろっているのは五三年分）、『教王護国寺文書』『東寺文書』（大日本古文書家わけ）に収める十数点を除けば、ほとんど、東寺百合文書のいわゆる新出文書に属しており、網野氏が太良荘に対する「守護からの賦課」を表示されるのに一部を利用した以外は（前註著書二四四〜二四五頁）、長らく本格的分析の対象にはなっていなかった。しかし、その後、地頭御家人役を扱った山家浩樹「太良荘に賦課された室町幕府地頭御家人役」（東寺文書研究会編『東寺文書にみる中世社会』東京堂出版、一九九九年）や、松浦義則ａ「南北朝期の太良荘地頭方について」（『福井大学教育地域学部紀要』第Ⅲ部社会科学六五、二〇〇九年）、ｂ「室町初期太良荘の代官支配について」（『福井県文書館研究紀要』八、二〇〇九年）、ｃ註15論文などの成果が出ている。私も『福井県史』通史編2で、一色氏、武田氏の守護在職期において太良荘に賦課された諸役の概説に用いたことがある（第三章第二節「一色・武田氏の領国支配」）。

(18) 応永十六年九月十日太良荘代官朝賢公文弁祐連署注進状（『太良』④三二七）によると、太良荘側は求めに応じて礼銭を一貫文出したにもかかわらず、三方側は納得せず三貫文を強要したという。また、「諸方国中如此候」ともあり、他の荘郷でも同様であったらしい。なお、臨時公事夫役の賦課も同注進状に見える。

(19) 『角川日本地名大辞典18　福井県』（角川書店、一九八九年）は、戦国期から明治期まで史料所見のある小浜の塩浜小路が、開発保の守護代所が移転した先である可能性を指摘している（「塩浜小路」の項、五五九頁）。

(20) 『福井県の地名』（平凡社、一九八一年）「開発保」の項（六二二頁）。下仲隆浩氏は、守護代所の位置を現西津小学校の場所に比定している（ａ「若狭国守護所と港湾都市西津・小浜」〈内堀信雄他編『守護所と戦国城下町』高志書院、二〇〇六年〉第２図、ｂ「中世港湾都市小浜の成立過程」〈仁木宏・綿貫友子編『中世日本海の流通と港町』清文堂、二〇一五年〉第２・３図）。

(21) 下仲氏は、「西津北方の開発（保）から、より湊へ近接した若王子への守護代所の移転が見られる」としているが（前註ａ論文三四二頁）、移転先の場所が開発保に属することは動かし難いので、氏が想定するように、以前の守護代所がもっと北方（の開発保）にあったとみるより、本文引用の「守護職次第」の記事に従い、西津にあったのではなかろうか（「守護職次第」は西津と開発保を峻別している）。移転の理由は、たとえば、三方氏の権威を誇示せんと規模をより拡大するため、なども考えられよう。

(22) 応永二十一年の太良荘守護方入目注文（『太良』④三七六）に在国奉行勢馬氏のことを「西津勢間方」としていて、太良荘では守護所の所在地を西津と認識していたことが知られるし、永享十年、国富荘に小守護代松山常栄の使者が乱入して荘民の資財を持って行った先を、同荘百姓らは西津としている（『壬生家文書』三三九号）。
(23) たとえば、「守護職次第」が「開発保安養寺」と記す安養寺を、応永十七年太良荘年貢算用状（『太良』④三五〇）が「西津安養寺」とするのは、西津荘と開発保を厳密に区別して記述する「守護職次第」とは違い、住民の側では守護所が開発保に移っても、同じ守護領で隣接地でもあるので、それまで守護所のいわば代名詞的に用いてきた「西津」の呼び名をそのまま使ったのではなかろうか。
(24) 永享八年六月二十日天龍寺下知状（『福井』8、上野山九十九家文書一号）。天龍寺は久々子村百姓の提出したこの「守護代之下知状」について、「守護之下知者、御教書或就当寺裁許可有沙汰哉、自専之下知勿論也」として、「是又無謂」と退けている。このように「守護代之下知状」が「御教書」によらない「自専之下知」と難じられているところに、三方氏の「下知」の本質が如実に示されているように思われる。
(25) 応永十四・十六年については、①（応永十六年）九月十八日太良荘代官朝賢公文弁祐連署注進状（『太良』④三一九）、②応永十六年九月日東寺雑掌申状案（『太良』④三三〇）、③同年「太良荘地頭方評定引付」（『太良』④三三四）九月二十二日条、応永二十六年については、④（応永二十六年）三月晦日太良荘守護役地下所済分注進状（『太良』⑤八）。網野氏は、応永十六年と同二十六年についてのみ指摘しているが（註16著書二五三頁）、①に「抑自守護殿去々年之ことく二国中ニ徳銭おかけ候」と見えるので、応永十四年の賦課も想定できる。①の年代は、②より推定した。なお、有徳銭については、保立道久「中世民衆経済の展開」（『講座日本歴史』3、東京大学出版会、一九八四年）、峰岸純夫「年貢・公事と有徳銭」（『日本の社会史』第四巻、岩波書店、一九八六年）など参照。
(26) 前註①文書。網野氏は朝賢に五〇貫文が懸けられたのを応永十六年のこととするが（註16著書二五六頁）、同十四年のことである。
(27) 『壬生家文書』七二七号。
(28) 応永十八年「太良荘地頭方評定引付」（『太良』④三五二）九月八日・同二十二日・同二十八日・十月三日条。
(29) 『福井』9、羽賀寺文書一一～一三号。『福井県史』は一二号を「沙弥某遵行状」と命名するけれども（『小浜市史』社寺文書編、羽賀寺文書九号も同じ）、花押（同書、巻末「花押・印章一覧」39）は、応永十八年十月二十六日一色氏在京奉行人連署奉書（『太良』④三四三）の最奥のそれと一致する。その主が石川長貞であることは、第Ⅰ部第三章第一節2でふれた。

(30) たとえば、応永四年六月十八日小守護代武田長盛書状（『福井』9、栗駒清左ヱ門家書一一号）の署名部分に異筆で「守護代武田」と注記があったり、太良荘年貢算用状では、小守護代松山氏を「守護代」と表記している（『太良』⑤一九六―一など多数）。

(31)『小浜市史』社寺文書編、若狭彦神社文書一四号―①②。

(32)『若狭守護代記』（若狭史学会、一九七三年）は、鎌倉期から近世の元禄九年（一六九六）に至る歴代若狭国主の事蹟を記すもので、鎌倉～室町期でも「守護職次第」「今富次第」とはかなりの異同が見られ、問題はある。しかし、羽賀寺や大島八幡宮などに関しては、ときには文書を引用しながら「守護職次第」「今富次第」にない説明もしており、本文に引いた、一色範次の大島八幡宮・長楽寺造営の記事も何らかの資料に基づくものと思われ、あながち虚偽ではないと考える。

(33)『満済准后日記』永享四年正月二十八日条に見える「(三方入道＝範忠の)弟若狭守」は忠治を指すと考えている。

(34) 応永二十一年十二月日太良荘守護方入目注文（『太良』④三七七）に「新守護代上洛之時夫一人」と見える。

(35) 太良荘年貢算用状では、範忠を「三方」として、「若狭方」とは区別しているようであるから、表2の応永二十六年の「三方下向」というのは範忠のことと思われる。

(36) 年欠十二月十一日太良荘本所方惣百姓申状（『太良』⑤六九）。この文書は年紀を欠くが、「今度弥泉坊上洛候て、自寺家公文職お安堵候由」を聞いた太良荘百姓が、弥泉坊の過去の行状を告発して公文職補任に反対したものであって、正長元年十二月三日付で朝賢が太良荘公文職の請文（『太良』⑤六七）を認めているのと相応しているので、弥泉坊は朝賢を指し、文書の年代は正長元年と判断できる。

(37) 文永二年十一月若狭国惣田数帳案（『太良』①七二）によると、西津荘・開発保ともに「地頭得宗御領」の朱注があり、鎌倉末期に守護（得宗）領であったことが知られ、これらが南北朝期以降も、今富名などとともに守護領として継承されたものと思われる（付論1参照）。

(38) 応永二十六年の若狭上下宮造営棟札（註31）に同社の社家政所として笠彦五郎忠国の名が見える。この「忠」が三方範忠の偏諱だとすれば、範忠による国人の被官化が上下宮社家にも及んでいたことになる。

(39) たとえば、①第Ⅰ部第三章史料D（応永四年二月二十三日）、②同章史料E（同十八年十月二十六日）、③同章表1№4（享徳三年六月二十四日）、④同章表1№5（長禄二年五月二十七日）の四点の一色氏在京奉行人連署奉書の宛所は、小笠原三河入道（①）、三方山城入道（②）、石川佐渡入道（③④）と、すべて守護代である。

(40)（正長二年）二月二十二日太良荘本所半済地頭領家方百姓等申状（『太良』⑤七六）。

(41) 前註申状に「小守護代今月松山と申仁下り候」とある。

(42)『壬生家文書』五四・五九・三三六号。

(43) 同右、三三七・三三九・二七三・三三八号。

(44) 小守護代が守護代と呼ばれたのは松山が初めてではなく、すでに応永四年の武田長盛の時にも見られた（註30）。この頃守護代小笠原長房がほぼ在京するようになっていた点は、三方氏の下向がほとんど見られなくなっていた松山氏の時と共通する。守護代の在地離脱と表裏をなす、小守護代の在地支配における権能強化の中で、小守護代が守護代と称されるようになるのであろう。

(45) 包枝氏は、永享十二年に失脚した一色氏に代わって入部した武田氏のもとでも、宝徳二年（「百合」ハ函二四四・二四五）以後しばしば太良荘からの礼銭贈与に預かっている。つまり、他の一色被官のように牢人化することなく（義貫謀殺の翌年、大規模な牢人の蜂起が起きている〈第Ⅰ部序章註73・74〉）、スムースに武田被官に移行したようである。

(46) 拙稿「室町期の若狭守護代三方氏の動向」（『兵庫教育大学研究紀要』一〇、一九八九年）では、勢馬・兼田両氏と「奉行方」を別人と考えたが（註31）、このように改めたい。

(47) 室町期の越前の小守護代・敦賀郡代、遠江の在国守護代に甲斐氏一族が、遠江の「国奉行」に甲斐氏家人田根氏がそれぞれ在職していたことは、拙稿a「畿内近国における大名領国制の形成―越前守護代甲斐氏の動向を中心に―」（『史学研究五十周年記念論叢　日本編』福武書店、一九八〇年）、b「南北朝・室町期越前守護沿革・支配機構に関する諸問題」（二）（『若越郷土研究』四三―六、一九九八年）、c「守護斯波氏の遠江国支配機構」（『兵庫教育大学研究紀要』二二、二〇〇二年）などで指摘した。

付論1　南北朝・室町期の若狭守護領

はじめに

本論の目的は、南北朝期の若狭における守護支配のあり方を探る一環として、当該期の若狭守護領の特質を明らかにすることにある。鎌倉期の若狭守護領については、かつて石井進氏が、田中稔氏の研究[1]に拠りながら、詳細な検討を加えた[2]。近年、熊谷隆之氏は、守護職が得宗以外の北条一門に遷っても、税所今富名は一貫して得宗が保持していたことを指摘し、その意味で税所今富名は守護領というよりも得宗領と理解すべきとしている[3]。これに従えば、本論で扱う対象は、厳密には得宗領とすべきではあるが、鎌倉最末期の守護二代は貞時・高時の得宗父子であるので、便宜、得宗領を守護領と称することとする。以下では、鎌倉期の守護領が南北朝期の守護領としてどの程度継承されたかを、南北朝期以降の史料から可能な限り検証する方法をとることとする。

さて、石井氏は鎌倉末期の守護（得宗）領を、文永二年（一二六五）「若狭国惣田数帳案」（『太良』①七二。以下「大田文」と略記）の朱注などから分類、整理し、A「地頭得宗御領」の朱注をもつもの、B税所領、C税所が国衙・留守所から奪取した在庁別名、D得宗被官が近隣の武士の所領を押領して係争中のもの、の四種、合わせて五〇か所、田数にして七二〇町歩余を検出している。このうち、Aを第一節、B・Cを第二節でそれぞれ検討することにしたい。全部で七か所（約四四町歩）あるDは、得宗公文所が東郷地頭（得宗）分に付けてしまった東出作を除けば、他はいずれも国御家人が得宗側の給主を訴えて係争中のものであり、最終的に得宗側に帰属したかどうかが確認できず、これを他の得宗領と同列に扱うことには少しく躊躇を覚えるので、さし当たり考察の対象から除外したい。ただ、予断をもっていえば、このDの中から南北朝期の守護領になったものはなかったと考えている。(4)

表1　鎌倉末期の得宗領

No.	所領名	領有関係	所在郡	総田数
				町　反　歩
1	佐分郷	国　領	大　飯	113. 5. 330
2	富田郷	〃	遠　敷	33. 2. 70
3	東　郷	〃	〃	20. 6. 320
4	秋里名	〃	〃	11. 4. 230
5	開発保	〃	〃	16. 9. 150
6	織手名	〃	〃	13. 7. 110
7	鳥羽上保	〃	〃	27. 4. 300
8	鳥羽下保	〃	〃	21. 3. 10
9	吉田荘	長講堂領	〃	18. 0. 98
10	国富保	官祈願領	〃	33. 3. 344
11	恒枝保	嵯峨法花堂領	〃	24. 0. 240
12	太興寺	天台無動寺領	〃	11. 7. 26
13	西津荘	高雄神護寺領	〃	17. 9. 230
14	太良保	東寺領	〃	25. 8. 40
15	永富保	法勝寺円堂領	三　方	46. 8. 340
16	得吉保	尊勝寺護摩堂領	?	10. 3. 64
合　計				446. 5. 282

註（1）文永2年11月日若狭国惣田数帳案（『太良』①72）による。
（2）今富名以下の税所領、及び国御家人と得宗被官が係争している所領（7か所、43町余）は除いてある。
（3）総田数は、別名分のみを除いた分で、寺社田・人給田・河成・不作分等は含めてある。

第一節　税所領以外の旧得宗領

はじめに、石井氏がAと分類した所領を表1としてまとめておく（ただし今富名は税所領として次節で扱う）。以下、これらの所領の行方を探ってみたい（所領に付す数字は表1

のNo.）。

1佐分郷

単位所領としての佐分郷は南北朝期以降の史料に見えないが、同郷を名字の地とする佐分氏の動向が参考になる。佐分氏は鎌倉初期には国御家人佐分時家がいたが[5]、この家は鎌倉中期には没落し、これと入れ替わって、北条重時の被官となり、若狭守護代、六波羅評定衆などを務めた高棟流桓武平氏の親清が佐分郷を名字の地とし、この子孫が鎌倉幕府滅亡後は尊氏、ついで義詮の近習となり、室町期には奉公衆となることが森幸夫氏によって明らかにされている[6]。かかる佐分氏と佐分郷の関係、及び奉公衆の所領は守護不入の地とされたという周知の通説[7]に照らせば、南北朝期以降の佐分郷は、守護領の対極の位置にあったというべきであろう。

2富田郷

富田郷の領有関係を示す徴証は南北朝期には見当らないが、室町期には幕府料所として見える。すなわち寛正六年（一四六五）三月、幕府政所執事伊勢氏の被官倉内貞忠が失脚した際[8]、彼の跡職のうち富田郷などの代官職が政所執事代蜷川親元に預けられたが[9]、蜷川氏と富田郷の関係は少なくとも親元の父の代から認められ[10]、富田郷がもっと以前から幕府料所となっていたことがうかがえる。したがって、当郷も佐分郷と同様、南北朝期において守護領であった公算は小さいといえよう。

3東郷

建武元年（一三三四）十二月当時の「高時法師跡東郷地頭」は中野民部房頼慶であり[11]、貞和五年（一三四九）には将軍直属御家人粟飯原氏[12]のことと思われる「相原」の知行とされているので[13]、建武政権期、南北朝期を通じて、東郷が守護領とされたことはなかったとみてよかろう。

4秋里名

南北朝期以降の史料には全く所見がない。

5開発保・13西津荘

【史料A】（「守護職次第」）

一、公家一同御分

（中略）

自同（元弘三年）八月三日布志（那）井三郎左衛門殿、御代官村山弥三郎幷蔵谷左衛門三郎、同九月廿六日ヨリ開発ハカリニテ守護職（代脱カ）村山殿給之、西津・多烏浦ハ、蔵谷左衛門三郎給之、

右の史料によって、開発保、及び多烏浦を含む西津荘が建武政権下の守護領に継承されたことが確認される。この両所領はその後も長く守護領として存続し、遅くとも一色氏の代には西津荘に守護所が置かれ[14]、室町期には守護代三方氏が開発保に宿所を構えるなど[15]、南北朝・室町期の守護権力にとってもっとも枢要な位置を占めた。

6織手名

暦応三年（一三四〇）当時の織手名地頭は某経光なる者であったが[16]、貞和五年には寺岡九郎左衛門尉の「当知行領」とされている[17]。この寺岡氏は将軍近習で、観応の擾乱では直義方に属したが、室町期には奉公衆に列している[18]。以上から、織手名の性格は佐分郷や富田郷と通じるところがあり、したがって、守護領になった可能性は小さいといわざるを得ない。

7鳥羽上保・8鳥羽下保

大田文朱注によると、地頭（得宗）の他に下司が置かれ、上保は松田左衛門大夫入道後家、下保は多田三郎太郎子孫がそれぞれ所有していたが、南北朝期以降は地頭職に関する徴証がなく、松田氏についてのみ所見がある。すなわち、応安の国人一揆後の史料に「とはの中ほう（鳥羽中保）を松田ふせんのかミ殿御ちきやうの時」とあるのを始め[19]、室町・戦国期の鳥羽上保・下保が松田豊前守の知行するところであったことが知られている[20]。松浦義則氏は、鎌倉末期以降代々鳥羽保を領した松田氏は六波羅、ついで室町幕府の奉行人であったこと、鎌倉期の松田氏は国御家人でもないのに国御家人の所職たる下司職をもつという点で特異な性格であったこと、などを明らかにした[21]。南北朝期以降の松田氏の所職の種別に関する明証はないが、地頭職と下司職が併存するという、あまり一般的ではない鎌倉期の鳥羽保のあり方や、松浦氏の指摘した松田氏の性格を考えれば、鎌倉幕府滅亡後地頭職と下司職は一体化されたのではあるまいか。そして、年未詳ながら鳥羽上保を「御料所」とする史料があるところから[22]、当保も富田郷などと同じ性格とみてよかろう。

9吉田荘

南北朝期以降も引き続き長講堂領として継続したことを示す徴証はあっても[23]、地頭職については明証を欠く。ただ文明十年（一四七八）当時、公方御倉籾井氏が代官職にあり、その被官が年貢を納入しているから[24]、遅くとも室町期には幕府料所になっていたことが知られる。このことに憶測を重ねて、南北朝期において守護が当荘地頭職を有することはなかったものと推断しておきたい。

10国富保

鎌倉幕府滅亡直後の元弘三年（一三三三）五月二十九日、後醍醐天皇綸旨によって「国富荘地頭職高時法師跡」は官務家小槻匡遠に宛行われたが、[25]「暦応（三年カ）以来」速成就院に給され、そのまま南北朝・室町期を通じて同院に伝領された。[26]

11恒枝保

貞和五年（一三四九）三月当時、藤井幸熊丸が「恒□(枝)保地頭職」にあった。[27]その後は地頭職に関する所見は得られないが、貞治三年（一三六四）頃「武藤局」が当保を領し、[28]室町初期に常在光院に寄進されてから、守護一色氏の「内方」が支配し、在京奉行石川氏が代官にあったことが確認されるので、[29]地頭職の有無に別として、室町期には守護の支配下にあったことは否定できない。

12太（躰）興寺

建武二年のものと思われる、若狭二郎入道直阿申状抄（「百合」は函一六四―一）によると、当時直阿は「太興寺地頭」を名乗っており、副進文書の中に元弘三年六月二十日の綸旨案を挙げているところから、正安四年（一三〇二）得宗に没収されるまで太興寺地頭であったといわれる直阿が、[30]幕府滅亡直後に還補されたとみられる。しかし、東郷公文で直阿の所従でもあった願成が直阿に背いて直阿の地頭代を追放し（前出直阿申状抄）、しかもその後若狭氏一族は南朝方に属したので（第Ⅱ部第二章第一節参照）、太興寺地頭職は若狭氏の手を離れたとみられるが、明証はない。なお、明応五年（一四九六）頃、守護武田氏の被官野間左馬助入道が躰興寺の請切代官として、年貢の三分の一を「毎年国方へ」納入することになっており、[31]これまでに守護が太興寺に何らかの権益を得ていたことが知られる。その始期が南北朝期である可能性も否定はできないが、蓋然性は高くはないと思われる。

表２　鎌倉末期得宗領から南北朝期守護領への継承

継承が確実な所領	5 開発保　13 西津荘
継承の可能性を否定はできない所領	11 恒枝保　12 太興寺
継承されなかった可能性が高い所領	1 佐分郷　2 富田郷 6 織手名　7 鳥羽上保 8 鳥羽下保　9 吉田荘
継承されなかったことが確実な所領	3 東郷　10 国富郷 14 太良保
（不明）	4 秋里名　15 永富保 16 得吉保

註：数字は表１のNo.。

14太良保

周知のごとく、元弘三年九月一日、太良荘地頭職は後醍醐天皇から東寺に寄進され（「百合」ヒ函三七）、以後南北朝・室町期を通じて同職が東寺の手から離れることはなかった。

15永富保

貞治六年五月六日永富保領家方代官職請文(32)の中に、「縦雖守護方違乱幷地頭不慮之煩等」と見え、地頭の存在が確認されるものの、その在職者については手がかりを欠く。

16得吉保

南北朝期以降の所見は全くない。

付会を連ねた以上の検討結果を整理すると表2の如くになり、確実に南北朝期の守護領として継承された旧得宗領は、次節で述べる税所領を除くと、開発保と西津荘だけということになる。ここで、今一度前掲史料Aに注目してみたい。先には両所領が守護領であったことだけを確認するにとどめたが、守護代職に関する記事で、「開発はかり」が村山氏で「西津・多烏ハ」蔵谷氏に給された、とある部分の意味は、改めて吟味する必要がある。つまり、これは当時の守護領が開発保と西津荘（多烏浦を含む）のみから構成されていたとみなすのが自然な解釈ではあるまいか。本節での、憶測に憶測を重ねた考証は、実は史料Aの示唆する点に対する決定的反証の有無を確認するための作業であったが、その結果である表2は、一応右の仮説を是としているように思われる。なお、この開発保・西津荘は、小浜の北に隣接する要地を占め、守護所（守護代宿所）が置かれるなど（286頁、図2―1参照）、南北朝・室町期の若狭守護にとって最重要拠点であったことは間違いなく、田数のみから旧得宗領からの継承面を過小評価することは慎まなければなるまい。また、恒枝保のように、室町初期までに守護の支配下に組み込まれた所領もあることを考えれば、守護領を固定的にとらえることも正しくない。しかし、鎌倉末期の守護領のうち税所領を除く部分からの継承分が、きわめて限られていたことだけは確認しておいてよかろう。

第二節　税所領

鎌倉期の若狭国衙税所職が、原則として守護の兼帯するところであったことはよく知られており、石井氏が「守護領」に税所領を含めているのもそのためである。表3は石井氏がB・Cとした鎌倉末期の税所領をまとめたものである。[33]これによれば、本来の税所領（B）は、税所付属の別名たる今富名を始めとする一一か所、総田数一一四町歩余であるのに対して、鎌倉末期に税所が国衙と争って奪取した在庁別名（C）が一七か所、一二五町歩余もあり、両者を合わせると二八か所、二三九町歩余となり、これは国衙領全体のおよそ二割にも達する。この鎌倉末期の税所領が、南北朝期の守護にどのように継承されたのか、以下検討したい。

表３　鎌倉末期の税所領

	所　領　名	郡	総田数	所職	備考（朱注など）	
本来の税所領			町　反　歩			
	恒貞浦	大飯	15. 6. 110	地頭職		
	友次浦	〃	6. 6. 310	〃		
	今富名	（全郡）	55. 0. 100	〃	地頭得宗御領	◎
	光里名	遠敷	5. 1. 130	？	得宗御領　税所分	
	得永名	〃	6. 6. 230	？	〃　〃	
	賀尾浦	〃	9. 0. 210	地頭職		◎
	阿納浦	〃	1. 8. 70	〃		
	志積浦	〃	8. 330	〃		◎
	能登浦	三方	3. 4. 0	〃		◎
	馬瀬・竹波	〃	6. 1. 320	？	税所領	
	丹生浦	〃	3. 6. 240	？	（朱注ナシ）	◎
	小　計		114. 1. 240			
鎌倉末期に「税所沙汰」となった所領	千代次名	遠敷	6. 2. 320	公文職	留守所分　国衙と相論	
	武延名	〃	28. 0. 0	〃	〃　〃	
	常満保	〃	29. 0. 150	？	国御祈祷所　元国衙進止	●
	吉松名	〃	10. 9. 150	？	税所分　国衙雑掌と相論	
	時枝名	〃	2. 8. 210	名主職	国衙と相論	
	栗田保別当田	〃	6. 2. 10	？	国衙分	
	国掌名	〃	1. 7. 100	名主職	国衙と相論	
	七郎丸名	〃	9. 260	〃	〃	
	宮同松林寺	〃	10. 5. 250	地主職	〃	
	八幡宮	〃	3. 4. 180	祢宜職	〃	
	日吉社	〃	3. 2. 140	〃	〃	※
	賀茂社	〃	4. 3. 220	〃	〃	
	相意名	〃	5. 4. 240	？	〃	※
	是永名	〃	3. 2. 350	？	〃	
	安行名	〃	1. 5. 20	地主職	国衙と西郷地頭相論	◎
	四郎丸名	〃	2. 8. 90	〃	〃	◎
	佐古出作	三方	4. 3. 70	〃	国衙と相論	
	小　計		125. 0. 240			
総　計			239. 2. 120			

註（1）文永２年11月日若狭国惣田数帳案（『太良』①72）による。
（2）備考の欄右端の◎は、文和３年（1354）に「税所今富内」とされる所領（後掲史料Ｂ）、※は永徳３年（1383）当時「税所今富名」の内部所領とされる所領（後掲史料Ｃ）、●は南北朝期以降も税所の支配下にあったことが確実な所領（本文註37参照）。

税所は、建武期には国司の支配下に組み込まれ[34]、長年守護に掌握されていた状態から一時脱却するが、建武政権滅亡後は、守護が税所職を兼帯する体制が復活する。[35] かくして税所領は、南北朝期の守護領へと継承されることになるのであるが、鎌倉末期の税所領の過半が、得宗の権威を背にして国衙から奪取したものであることを前提にすれば、やはり、南北朝期の史料によって、その度合いを見定めておく必要があろう。

【史料B[36]】

税所今富内被付給人所々

国分寺　　安行四郎丸
加尾浦田　　三方今富
三方浦田　　能登浦田
丹生浦田　　志積浦田
以上

文和三年九月　日

これは、当時の若狭守護細川清氏が「税所今富内」から給人に宛行った所領を列記したものであるが、ここに見える所領と表3を照合すると、本来の税所領（B）だけでなく、鎌倉末期に税所領に組み込まれた〝新税所領〟（C）も「税所今富内」の名のもとに守護の領有下にあったことが確認できる（表中の◎）。なお、史料Bの八か所（安行・四郎丸を二つの名とすれば九か所）の所領のうち、本来の今富名は「三方今富」のみであるところから、この頃の「税所今富名」は大田文にいう、いわば狭義の今富名にとどまらず、税所領全体を指す呼称として用いられていたらしいことがうかがえる。(37) この点を裏づけるものとして、「今富次第」の次の部分をあげることができる。

【史料C】

一、伊豆殿（山名時氏）御他界之後公（後カ）家御前奥州與州之母也代官伊賀式部大夫入道道賢、永和元年卯月廿四日に入部、（中略）次高木《土屋》加賀守理《タダ》宗伊豆殿御孫民部大輔殿御内仁也永徳三年七月廿四日下向、（中略）明徳二年十二月迄、此代官山内掃部助通永、但阿納尻四名石丸　発心寺　吉延　景貞　日吉　以上米銭共に二百石は、伊豆殿子息修理亮殿後号上総介、御代官安房小次郎、同七月に下向、年序同前、

これによれば、今富名領主山名時氏後家のもとで、高木理宗が代官になった永徳三年（一三八三）に、阿納尻四名以下六か所、米銭二〇〇石分が時氏の子息修理亮（義理ヵ）に割譲されている。すなわち、この六か所は税所今富名のいわば内部所領ということになるが、うち発心寺・日吉の二か所は、表3に相意名・日吉社（※）として見えるから、(38) 鎌倉末期の税所領の大部分が、南北朝期にも「税所今富名」として継承されていたものと認めてよかろう。このように、本来の今富名を越える、いわばより高次の所領概念として「税所今富名」の呼称が用いられてきたところに、鎌倉末期に大幅に拡大した税所領が、ほとんどそのまま南北朝期の守護領として継承され、定着していったことがうかがえよう。

表４　鎌倉末期と南北朝期の守護領の構成

所領の種別			鎌倉末期 所	鎌倉末期 町 反 歩	鎌倉末期 %	南北朝期 所	南北朝期 町 反 歩	南北朝期 %
荘園			8	188. 1. 302	26	1	17. 9. 230	6
国衙領	税所領以外の国衙領		8	253. 0. 330	35	1	16. 9. 150	6
国衙領	税所領	本来の税所領	11	114. 1. 230	33	11	114. 1. 230	88
国衙領	税所領	税所が奪取した在庁別名	17	125. 0. 240		17	125. 0. 240	
国衙領	得宗被官と国御家人とが係争中の所領	国衙領	6	40. 1. 230	5			
荘園	得宗被官と国御家人とが係争中の所領	荘園	1	3. 7. 200	1			
合計			51	724. 4. 92	100	30	274. 1. 130	100

むすび

最後に表４によって、鎌倉末期と南北朝期の守護領の構成を比較しておきたい。この表は、税所領を除く旧得宗領のうち南北朝期の守護領に引き継がれたのは開発保と西津荘のみであるとした第一節でのきわめて大胆な憶測と、税所領の方はすべて継承されたとする第二節での乱暴な推論[39]、そして、旧得宗領以外の所領も含めて南北朝期になって新たに守護領となったものを一応考慮に入れない[40]ことなどを前提にした、すこぶる恣意的なものであって、細かな数値がさほど意味をもつものでないことは論をまたない。ただ、巨視的に見れば、南北朝期の守護領における国衙領の比率、とりわけ税所領のそれが、鎌倉期に比べて格段に高まった、という指摘は許されよう。ここに、南北朝期以降の若狭守護にとって税所職・税所領領有のもつ意義が、鎌倉期よりはるかに大きなものであったことが示されているのである。

註

（1）田中稔「鎌倉幕府御家人制度の一考察」（石母田正・佐藤進一編『中世の社会と経済』東京大学出版会、一九六〇年、のち同『鎌倉幕府御家人制度の研究』吉川弘文館、一九九一年、に収録）。
（2）石井進『日本中世国家史の研究』（岩波書店、一九七〇年）四二一～四三一頁。
（3）熊谷隆之「鎌倉期若狭国守護の再検討」（『日本史研究』五八六、二〇一一年）。
（4）Dに属する所領のうち、岡安名は康安二年六月一日、「道永跡」と注記される地頭職が足利義詮によって臨川寺雲居庵に宛行われており（『福井』2、天龍寺文書八号）、守護領になっていたとは考え難い。また、清貞名・是光名は、貞和五年の文書（『教護』三八五）に、ともに「在庁名」の注記があり、同じ文書の中で今富名には「守護領」と注記されていることを勘案すれば、この両名も守護領ではないと判断し得る。
（5）建久七年六月日若狭国源平両家祗候輩交名案（「百合」ホ函四―五）に、佐分四郎時家の名が見える。
（6）森幸夫「御家人佐分氏について」（『金澤文庫研究』二九三、一九九四年）。旧稿「室町期若狭守護領―鎌倉末期得宗領からの継承をめぐって―」（『若越郷土研究』三六―六、一九九一年）では森氏の論考を参照しないまま、南北朝、室町期の佐分氏を国御家人の後裔とする間違った理解をしていた。
（7）小林宏「室町時代の守護使不入権について」（『北大史学』一一号、一九六六年、のち、小川信編『論集日本歴史5　室町政権』有精堂、一九七五年、に収録）など。
（8）『親元日記』寛正六年三月二十一日条、『大乗院寺社雑事記』同月二十四日条。
（9）『親元日記』寛正六年三月二十三日条。
（10）同右、同年八月十一日条によると、親元は富田郷楽音寺の求めに応じて、同寺領田畠一町三反を「任亡父智蘊（親当）自筆下知状之旨」せて預置く旨の「宛状」を下している。
（11）建武元年十二月日太良荘雑掌重申状案（「百合」ツ函二四）、同二年太良荘雑掌申状案（「百合」は函九三）。
（12）康永三年の幕府引付方三番に属した粟飯原下総守清胤（『史料』六―八、一七六～一八〇頁、結城文書）のことを、『園太暦』は

「相原、守」と記している（貞和五年閏六月二日条）。なお、「永享以来御番帳」（『群書』二九、雑部）に粟飯原下総守・同三郎左衛門尉、「文安年中御番帳」（同）に粟飯原下総守を載せる。

(13) 貞和五年三月日東寺越訴状案の副進文書の一つ、恒枝保田畠他領散在注文抄（『教護』三八五）に「一所東郷内相原知行内也」とある。この注文抄は、前に続く太良荘田畠他領散在注文抄とともに、正安四年の実検取帳などから必要部分を抽出したものと思われるが、割注部分は、そこに見える人名（たとえば織手名の寺岡九郎左衛門尉など〈註18参照〉）から見て、この注文抄が作成された貞和五年当時の状況を示すものと判断される。

(14) 応安三～四年の国人一揆の際、守護軍が常に西津から出撃し西津に帰陣しているのを始め（「守護職次第」）、一色氏の守護所が西津荘にあったことを示す徴証は枚挙にいとまがない。

(15) 守護代三方範忠の宿所の移転については、第Ⅲ部第二章註21・23参照。

(16) 暦応三年十月二十日地頭経光避状（『福井』9、明通寺文書二八号）。

(17) 恒枝保田畠他領散在注文抄（註13）。

(18) 寺岡九郎左衛門尉は、康永三年五月十七日の足利直義の新熊野社参詣や（『師守記』同日条）、翌年八月二十九日の尊氏・直義の天龍寺供養の際の随兵に列している他（『史料』六―九、二五一・二八八・三一五頁）、観応二年七月三十日直義が京都から没落した時これに従った武士の中に「寺岡越中入道一族」も含まれていた（『史料』六―一五、一五七～一五八頁、観応二年日次記）。なお、「永享以来」「文安年中」両番帳には見えないものの、「常徳院殿御座当時在陣衆着到」（『群書』二九、雑部）の二番に寺岡九郎左衛門尉の名が認められる。

(19) 年月日欠某申状案（『小浜市史』諸家文書編三、中世文書七三号〈秦文書〉）。なお、松浦義則「南北朝期若狭太良荘と松田知基」（『福井大学教育学部紀要』第Ⅲ部社会科学四一、一九九一年）参照。

(20) 松浦前註論文。

(21) 同右。

(22) 年欠十月十三日某書状案（『福井』2、内閣文庫所蔵諸状案文九号）。

(23) たとえば、応永十四年三月日長講堂領目録（『福井』2、集二号）、『看聞日記』永享六年二月二十二日条など。
(24) 「政所賦銘引付」（『室町幕府引付史料集成』上巻）217項（文明十年十一月十九日条）。
(25) 『壬生家文書』三二一号（一）。
(26) 同右、三三一・三二七・三五一号、三五〇号（五）など。
(27) 貞和五年三月日東寺越訴状案（『教護』三八五）。
(28) 貞治三年「太良荘地頭方評定引付」（「百合」夕函一四）三月二十九日条。
(29) いずれも年欠で三月晦日・九月十五日・同日の太良荘公文弁祐注進状（『太良』④二七三・二七五・二七六）。石川氏の在京奉行在職徴証としては、応永十八年十月二十六日一色氏在京奉行連署奉書（『太良』④三四三・三四四）がある。
(30) 網野善彦『中世荘園の様相』（塙書房、初版一九六六年、改訂版一九八八年、のち『網野善彦著作集』第一巻、岩波書店、二〇〇八年、に収録）一〇五頁（著作集）、石井註2著書四三〇頁。
(31) 若狭国鉢興寺年貢注文（『福井』2、明王院文書六号）。
(32) 『福井』2、尊経閣文庫所蔵文書二八号。
(33) 石井氏の表とは以下のような瑣末な点で相違はあるが、基本的には氏の成果をほとんどそのまま前提にしている。
①石井氏がAとした今富名は、税所領という性格の方を優先してBとした。
②佐古出作を石井氏はBとするが、大田文朱注に「地主職先年国衙与税所相論、当時税所沙汰」とあるので、Cとすべきである。
③賀尾浦の総田数を石井氏より一〇歩少なくしている（氏の単純ミスであろう）。
④朱注のない丹生浦を後掲史料Bからとりあえず Bとした（Cの可能性も否定できない）。
(34) 「今富次第」の「洞院内大臣公継（賢）卿」の項に「公家一統の御代、世上動乱之後、国司税所今富名を賜った」の謂と考えられ、同項末尾に「税所多田右衛門尉知直国司より給之」とあるのは、税所職を兼帯する国司から多田が税所代に補任されたことを示すものと思われる。なお、洞院公賢が通説にいう若狭守でなかったことについては、吉井功兒「建武政権期若狭国の国司と守護」上（『若越郷土研究』三六—三、一九九一年）参照。

(35)「今富次第」によれば、建武三年七月二十七日から斯波家憲（家兼の誤り）が今富名領主、つまり税所職に補任されているが、この家兼は翌々日守護になっている（「守護職次第」）。
(36)紀氏系図裏文書（『史料』六―一九、五五六頁）。
(37)表3に見える能登浦を、永正十二年（一五一五）十一月九日永井清家補任状（『福井』8、渡辺市左衛門家文書八号）は「税所今富」としており、戦国期になっても、狭義の今富名以外の所領が「税所今富名」に含められていたことがうかがえる。ただ、表3の常満保は、「税所御領内常満保」の表記はあるものの（『福井』9、神宮寺文書一五号）、「今富」を冠する例はないので、南北朝期以降の「税所今富名」が表3すべての所領を含むとは断定できない。
(38)発心寺が相意名に当たることは、大田文の「富田郷」の項に「相意発心寺」なる別名が見えることによって知られる。なお、他の四か所は、表3に見えるいずれかの所領の下部単位をなす名であろう。
(39)表3で、史料的制約から◎※●を付すことができないものも少なくないが、逆に史料Bには、表3に見えない国分寺・三方浦田（合計三二町五反一九〇歩）まであり、南北朝期になって新たに「税所今富名」に加わったものもあったことがうかがえる。したがって、たとえ、表3の中のいくらかが税所領から脱落したとしても、税所領の総量がそれほど大幅に減少したとは考えられない。
(40)南北朝期に守護領となり得る所領は、いうまでもなく、鎌倉期の旧得宗領に限られるものではない。たとえば、応安の国人一揆のあと、一揆方の中心となった鳥羽氏の所領鳥羽荘内須那山が闕所とされ、「しゅうた殿方（守護一色修理大夫範光）御ちきやう」に帰したように（註19）、闕所に伴う守護領化のケースも当然想定できる。ただ、右の須那山が守護代小笠原長房の知行となり、ついで小笠原から多烏・汲部両浦刀祢に給恩として年貢半分ずつが宛行われているように（同前、及び『小浜市史』諸家文書編三、中世文書一〇二号）、闕所は最終的には被官への給地となることが多かったのではあるまいか。ちなみに、南北朝期の若狭で守護自身が所職を有する荘園・国衙領は、一節でふれた西津荘・開発保と須那山の他には管見にふれていない。

付論2　南北朝前期の若狭守護と国衙

はじめに

南北朝・室町期の守護が分国支配を展開させていく上で、国衙機構の吸収、国衙領の守護領化のもつ重要性についてはつとに指摘されており、上野・武蔵・伊豆の山内上杉氏[1]、越後の上杉氏[2]、尾張の斯波氏[3]、播磨の赤松氏[4]、備中の細川氏[5]などの例が明らかにされてきた[6]。ところが、近年、小原嘉記氏は、安芸国衙の在庁官人制は十三世紀後半から解体に向かい、国衙機能も大きく後退していき、守護の一国支配にとって国衙の吸収はさほど大きな意義はなくなっていたとしていて[7]、守護による国衙機構・国衙領の掌握を過大評価することは危険というのが、研究の潮流となりつつある。なお、石井進氏[8]が守護による国衙掌握の典型例として取り上げてきた若狭について、熊谷隆之氏は、税所今富名が、得宗以外の一門が守護になっても得宗領として保持できたのは、守護という地位よりも得宗としての権勢こそ若狭支配の源泉だったのであり、守護による国衙機構の掌握を通じた管国支配の典型例などではなく、守護としての地位を媒介としない特殊例とした[9]。ただ、これは鎌倉期の問題であって、そのまま南北朝期以降の問題に敷衍はできない。こうした近年の研究状況をふまえれば、国衙の掌握を守護支配の進展に安易に直結させることなく、より実態に即した見極めが重要ということになろう。

若狭については、鎌倉期の国衙、守護、御家人に関しては石井氏以下豊富な研究蓄積があるもの の[10]、南北朝期以降の守護と国衙のかかわりについては、十分な考察がなされているとはいい難い[11]。若狭守護は建久七年以来原則として税所職を兼帯していたが（得宗以外の北条一門が守護の場合の税所職は得宗）、鎌倉末期には、税所が得宗の権威を背景として、国衙の進止下にあった在庁別名を奪取した結果（文永二年十一月日若狭国惣田数帳案〈『太良』①七二〉―以下「大田文」と略記―朱注）、税所領は本来の二倍以上の約二四〇町歩にも達し、この税所領も含めた鎌倉最末期の得宗領（＝守護領）は七二〇町歩を超えていた[12]。

ただ、付論1で検討したように、この鎌倉末期の「守護領」は税所領を除けば、南北朝期にまで継承されたものは意外に少なく、得宗の跡職（税所領を除く）で確実に南北朝期に守護領として命脈を保ったのは、わずかに西津荘と開発保（合計約三五町歩）にすぎなかったとみられ、結果的に南北朝期の守護領のかなりの部分が税所領で占められることになった。それだけに、当該期の若狭守護にとって、税所職兼帯が大きな意味をもったことは否定できない。

すでに第Ⅲ部第一章第四節で、室町期になって守護一色氏が国衙機構を完全に掌握したことを明らかにしているので、ここでは、それ以前の南北朝前期における若狭守護と国衙の関わりを明らかにしたい。

第一節　税所代海部氏と守護

1　鎌倉期の若狭税所・国衙・守護

南北朝・室町前期の若狭国税所代職をほぼ独占したのは、後述するように海部《あま》氏であるが、この海部氏の権勢が確立したのは鎌倉末期のことである。そこで、まず、鎌倉期の若狭税所と国衙・守護の関係について、簡単にふれておきたい。

図1は、「今富次第」によって、鎌倉期の若狭国税所における諸職の沿革をまとめたものである。これによると、寛喜二年（一二三〇）以前の「税所代」と「代官」は、名称こそ異なるものの人物はほとんど共通しているので、実質的には同一の所職とみてよかろう。そのあと得宗北条経時が領主になり、代官に鎌倉で得宗に仕える近臣と思われる屋戸矢実長[13]が就くと、国御家人木津基尚[14]は「又代」となって、その下位に押しやられ、その権限は大きく後退させられた。たとえば、代官工藤果暁のもとの又代青柳光範[15]は「税所代」の名で呼ばれ、正応元年（一二八八）から翌年にかけて一宮造営用途の徴収に関わっているが（『太良』②一一～一三、一三）、税所領谷田寺は免田一町を「前御代官」伊賀光政から勘落されたとして、弘安十年（一二八七）頃、「当御代官」工藤果暁に提訴しているように[16]、税所領の実質的支配権は、在地の又代官ではなく、代官たる伊賀、工藤、渋谷ら非在国の得宗被官が掌握していた。

青柳光範のあと佐東西念（若狭守護又代）が又代になると、又代とは別に「税所代」の称が現れて、在庁多田氏の

年	領　主	代　官	又　代	税　所　代
建久７（1196）	稲庭　時定			
	若狭　忠季			越中藤内光憲 古津　時通 藤内十郎信広 岡安　時文 古津　時経
建仁３（1203）	二階堂行光	越前房		
元久元（1204）	若狭　忠季	古津　時通 藤内十郎信広 岡安　時文		
承久３（1221）	若狭　忠時	古津　時経		
寛喜元（1229）	北条　時氏	若狭尼御前		
〃　２（1230）	北条　経時	屋戸矢実長	木津　基尚	
〃　３（1231）		若狭尼	池田　尚頼	
寛元４（1246）	北条　時頼			
建長７（1255）			池田　忠氏	
弘長３（1263）	北条　時宗	伊賀　光政		
文永８（1271）			倉見　忠氏	
弘安７（1284）	北条　貞時			
〃　８（1285）		工藤入道果禅 （のち果暁）	青柳入道行実 ? 青柳　光範	
正応３（1290）			佐束入道西念	三郎左衛門尉知国
〃　４（1291）			【国代官】僧円勝	海部　忠氏
正安３（1301）		工藤　貞祐	【国代官】 帆足入道成願	
応長元（1311）	北条　高時			?
正和４（1315）			帆足五郎	海部　秀氏
正中元（1324）		渋谷　重光	和久　頼基	
元弘２（1332）		工藤　貞祐	竹中入道	

図１　「若狭国税所今富名領主代々次第」による鎌倉期の税所諸職沿革

註(1)領主の若狭忠時、北条時氏・同経時の在職期間については、原史料の記事を検討、修正した田中稔「鎌倉幕府御家人制度の一考察」（石母田正・佐藤進一編『中世の法と国家』東京大学出版会、1960年）、および熊谷隆之「鎌倉期若狭国守護の再検討」（『日本史研究』586、2011年）に拠った。

(2)原史料の領主北条時宗の項で、又代池田忠氏と倉見忠氏の在職期を、それぞれ弘安７年〜同８年10月、文永８年〜弘安８年とするが、明らかに矛盾する。池田忠氏の在職始期を、仮説として建長７年とした（根拠は本文註37参照）。

(3)原史料の領主北条時宗・同高時の項の又代佐束入道西念、国代官円勝・帆足入道成願に関する在職期間、没年月日に明らかな錯誤が見られるので、表には一つの仮説として示した（帆足成願の没年は「守護職次第」の記事を採った）。

(4)公文と領主高時の代の京代官・今富代官・同又代・守護代は割愛した。

可能性がある三郎左衛門尉知国[17]が任じられ、佐束の次の又代僧円勝は「国代官」と呼ばれるようになる。これは、それまで一体となっていた今富名地頭又代官職と税所代職が分離されて、前者が国代官、後者が税所代とされた、つまり、税所代は字義通りの所職に戻った、換言すれば、権能を限定されたことを意味するようにも、一見思われる。しかし、これは得宗が若狭税所に対する支配を一層強化することを企図した措置であり、やがて税所代は、本来の職務、すなわち正税官物の収納、管理を越えて、守護代（又代）と並んで得宗による守護支配そのものの一翼を担うようになっていく。そのことを明示しているのが、次の文書である。

【史料A[18]】

（端裏書）「異国降伏事　延慶三」

異国降伏御祈事、関東御教書并公文所御書下副守護御施行如此、早任被仰下之旨、致御祈祷忠勤、可被進巻数候、仍執達如件、

（押紙）「税所代海部左衛門尉」
延慶三年四月八日　忠氏（花押）
（押紙）「守護代山北六郎入道」
永忍（花押）
（別文書の押紙）「桃井駿河守殿御請取」
明通寺院主御房

これは文中に明記する通り、異国降伏祈祷を命じる「関東御教書并公文所御書下」、すなわち、延慶三年（一三一

○）二月二十九日最勝園寺入道（若狭等守護北条貞時）宛関東御教書と、同年三月八日工藤四郎右衛門尉（若狭等守護代工藤貞祐）宛得宗公文所施行状を受けて発給されたものである。発給人のうち押紙に「守護代」とされる山北永忍については、守護代はもとより守護又代としての所見もなく不詳であるが、「若狭国守護政所」なる用語もあって、守護所が行政機構としてかなり整備されていたことが想定され、山北はそこの重要な構成員には違いないであろうから、ひとまず「守護又代」とて「」を付しておく。

さてこの文書によれば、若狭に対する異国降伏祈祷命令は、幕府→守護→守護代→「守護又代」・税所代→明通寺という経路で下達されたことになる。文永期以降しばしば出されている、地方寺社に対する幕府の異国降伏祈祷令の下達の型は、一般に①守護宛関東御教書→②守護代宛守護施行状→③寺社宛守護代施行状、もしくは①守護宛関東御教書→②寺社宛守護施行状というパターンがほとんどである。若狭でも史料A以前に異国降伏祈祷令が二例確認されているが、ひとつは弘安六年（一二八三）から翌年にかけての守護宛関東御教書→守護代宛得宗公文所施行状→「若狭国守護政所」宛守護代施行状（『太良』①二四六〜二四八）、今ひとつは正応五年（一二九二）の守護宛関東御教書→守護代宛得宗公文所施行状→遠敷郡地頭御家人預所宛守護又代施行状（『太良』②三六―一〜三）というもので、前者は「守護政所」から先の文書を欠くが、九年後の後者と同じものだった可能性が高く、そこに税所代が関わったとは思われない。本来、国内寺社の管轄は、守護ではなく国衙の職掌に含まれるはずであるが、周知のように、モンゴル襲来を契機に寺社本所領にまで軍事動員権を拡大した幕府は、異国降伏祈祷令を積極的に発令するようになった。正応五年時の若狭における祈祷令が地頭のみならず預所にまで下されているのも同一線上の施策である。また、モンゴル襲来を機に、幕府が諸国寺社の修理造営を行うようになったことは石井進氏が明らかにした通りで、若狭でも正応元年、先にふれた税所代（又代）青柳光範が一宮造営用途の徴収に関わっていることも事実であるが、実際に一宮造営の任に当たったのは、大飯郡本郷地頭本郷泰朝と遠敷郡松永保地頭（多伊良）頼尊という、地頭御家人であり[28]、税所代はあくまで造営用途の徴収という、いわば、税所の本務に近い部分での関与であった。同五年の祈祷令も、幕府↓守護↓守護代（↓守護又代）↓地頭（・預所）という伝統的な幕命下達系統に則したものであった[29]。それに対して史料Aは、税所代が「守護又代」と同等の立場で——日下署判と奥署判の差はあるが——幕命の執行に関わったことを意味するものであり、他に類例はほとんど見当たらない。石井氏はこの文書を「税所代官の行政的活動を物語る好史料」とし[30]、網野氏は「守護代と税所代とが得宗との結びつきによって一体となってきたことを、うかがうことができる」と評した[31]。いずれも正鵠を射ていると思われるが、もう少し積極的に、次のようにとらえることもできるのではなかろうか。すなわち、本来正税・官物の収納・管理を所管する「所」たる税所が、寺社への祈祷令という幕命の執行に、「守護又代」とほぼ対等の立場で関与しているところに、税所の権能の拡大と、それを通じた得宗による国衙機構の掌握がより進展したことを読みとることができよう。それは税所職を守護の得宗が兼帯する（得宗以外の北条一門の守護在任期は除く）という若狭の特質に起因する事態ととらえることもできよう。

2　鎌倉期の海部氏

税所が得宗の権威を背景としてその権能をいかに拡大したとしても、税所が国衙にとってかわることがないことはいうまでもない。周知の通り、若狭の国御家人を中心とする土着国人らは、在庁官人として国衙諸機関を構成していた。そして、それら国人は、鎌倉初期に守護となった若狭氏を始め、国内荘園・国衙領の地頭に任じられた東国御家人とは婚姻関係も結ばない疎遠な関係を保ち、かつ得宗専制が強化される鎌倉末期には、さまざまな圧迫にさらされていたことが明らかにされている[32]。そうした政治構造の中、得宗のもとで税所又代を務めた海部氏らは、他の在庁官人らとの間で対立関係を内包せざるをえなかったと推測される。大田文朱注によれば、元亨元年（一三二〇）頃、恒枝・関屋・岡安・多田・和久里・木崎らの諸氏が地頭代や給主塩飽氏ら得宗被官と所領をめぐって係争中であった。また、付論1表3にあるように、鎌倉末期には、税所が国衙との相論の結果、本来の税所領を上回る一七か所、一二五町歩もの所領を奪取していた。これらの事実から、国衙内における税所と他の「所」、つまりは海部氏ら税所又代と、他の在庁官人＝土着国人の深刻な対立が醸成されていたことは容易に想定できよう。しかし、ことは単純ではなく、海部氏らの立ち位置は複雑なものであったと思われる。

「若狭一二宮社務系図」[33]（以下「社務系図」と略記）を分析した網野氏は、若狭国人たちが一二宮禰宜牟久氏を中心に、婚姻・所領相続を通じて幾重もの網の目のごとき関係を築いていたこと、鎌倉末期に得宗被官から所領を奪われて係争中の諸氏のうち、多田・和久里・木崎氏に安賀氏を合わせた有力在庁四氏は一種の族縁集団をなしていたことなどを明らかにした[34]。多田氏らがいずれも得宗被官らの圧迫を受けていたことを前提にすると、税所代・又代の池田・倉見・海部氏と多田氏らとの対立が当然想定されるのであるが、「社務系図」によれば、池田氏は、多田氏と十三世紀末～十四世紀前半に少なくとも二代にわたって婚姻関係を結んでいるし[35]、海部氏も鎌倉末期の海部兵部房が多田承長女と結婚していて[36]、ともに多田氏との関係がうかがえる。倉見氏は、「社務系図」による限り、倉見渡部六郎が十二代一二宮禰宜牟久景継（正安元年〈一二九九〉に九十歳で没）の弟実尚の女を妻に迎えていることが確認されるだけであるが、網野氏がいうように、税所又代を継承した池田・倉見・海部三氏の間に関係を想定することはそれほど無理なことではないと思われるので、[37]海部氏ら鎌倉末期の税所又代三氏と多田氏ら在庁の関係は、複雑で屈折したものであったことが想定される。それは、あたかも、この時期の一二宮禰宜牟久光景が、はかどらない造営を推進するため、一方で得宗の権威を借りつつ、得宗の圧力に反発を強める国人たちの心をつなぎ止めるため「若狭国鎮守一二宮縁起絵」を作成したといわれているの[38]と、通底しているのではあるまいか。前出倉見渡部六郎の女は大飯郡本郷地頭美作（本郷）隆泰の従兄弟道勝房の妻となっているように、東国御家人との婚姻関係の有無が、税所又代に在職した国御家人と他の一般国御家人との大きな差異といえよう。海部氏も、牟久氏や倉見氏と同様、国御家人との関係も保つ一方で、得宗の権威を背負いながら、鎌倉最末期の四〇年余、父子二代にわたり税所代職を世襲して、国衙における地位を確立したのである。

3　南北朝期の税所・海部氏

さて図2は、図1に続く南北朝・室町期の税所諸職の沿革をまとめたものである。一見してわかるように、元弘三年（一三三三）と観応元年（一三五〇）～文和三年（一三五四）に、それぞれ多田知直、池田藤左衛門尉子息に譲ったものの、あとは、ほぼ南北朝期を通して海部氏が税所代を世襲し、鎌倉末期の国衙における権勢がそのまま維持されたことが知られる。守護との関係でいえば、特に在職期間の短い南北朝初期の歴代守護は、海部氏の実力に依存しながら税所の、ひいては国衙の掌握を図らなければならなかったことを示唆している。しかし、そのような、いわば守護の海部氏に対する寄生的な関係が仮にあったとしても、さほど長くは続かず、守護による税所支配は確実に強化されていった。観応元年、山名時氏が海部秀氏を解任して池田氏に替えたのは、税所のより直接的掌握を目指した措置であろう。このもくろみは、山名が翌年の観応の擾乱で失脚したため頓挫し、文和三年（一三五四）、守護細川清氏のもとで海部秀氏の子と思われる忠泰が税所代に復帰した。さらに貞治三年（一三六四）、かつて海部秀氏を解任した山名時氏が今富名領主に返り咲いた時、忠泰の在職をそのまま追認しているところから、税所における海部氏の地位はすでにゆるぎないものであったことがうかがえる。しかし、そうした税所における海部氏の地位は、そのまま国衙の守護権力に対する自立性の強さを意味するものではもちろんないのであって、山名がかつて海部秀氏を改替した

年	守護	今富名領主	税所代
元弘３（1333）			
建武元（1334）	布志那雅清	洞院公賢 山城兼光	多田　知直
〃　３（1336）	斯波　時家 佐々木道誉 斯波　家兼 桃井　直常 大高　重成 斯波　氏頼 斯波　高経 大高　重成 （某） 大高　重成		海部　秀氏
貞和４（1348）	山名　時氏		
観応元（1350）			池田藤左衛門子息
〃　２（1351）	仁木　義覚 大高　重成 斯波　家兼		
文和３（1354）	細川　清氏 石橋　和義		海部　忠泰
貞治２（1363）	斯波　義種		
〃　３（1364）		山名時氏	
〃　５（1366）	一色範光		
応安２（1369）			海部　信泰
〃　４（1371）		同　後家	
永徳３（1383）		山　名 修理亮	
嘉慶元（1387）			
〃　２（1388）			海部　泰忠
明徳３（1392）	一色　詮範		
応永10（1403）			田所　忠俊 （安倍）
〃　13（1406）	一色　満範		
〃　16（1409）	一色　満範		
〃　27（1420）			
永享６（1434）			（某）
〃　12（1440）			

図２　南北朝・室町期の若狭守護・税所代等

註（1）守護の考証は佐藤進一『室町幕府守護制度の研究』上（東京大学出版会、1967年）に拠る（仁木義覚については松浦義則氏註11論文参照）。
（2）今富名領主・税所代は「若狭国税所今富名領主代々次第」に拠る（税所代某は留守所下文〈『太良』⑤121〉の花押より判断）。
（3）今富名代官・同又代官は割愛したが、それぞれ守護代・小守護代の兼務が多い。

ように、税所代の任免権はあくまで税所職所有者（今富名領主）たる守護の手中にあった。そこで、海部氏の地位とは別の視点から、この時期の守護権力と国衙との関係を探ってみる必要がある。

第二節　税所職兼帯期の守護と国衙

前掲図2にあるように、貞治三年からは守護ではない山名氏が今富名領主となり、守護と今富名領主が分離する。山名氏が税所今富名を領有した二八年間については次節で検討することとし、ここでは、それ以前の、守護が税所職を兼帯していた時期の守護と国衙の関わりをみていきたい。

【史料B】（「百合」は函一四〇）

（端裏書）「若狭小目代状案　河内崎井落間事」

太良保公文禅勝切落河内崎井之由事、度々雖令申候、分明不承御左右候、何様事候哉、所詮為寺家御沙汰、御勘量難儀候者、不日召給彼禅勝、可糺明候、若猶無御承引候者、可仰上裁候、此事併依御口入、于今無沙汰候之間、自正員方被申子細候之間、重令申候、是非之様分明承候者、可令存知候、恐々謹言、

八月十五日　　沙弥定勝　判

謹上　多賀法橋御房

これは、「太良保」公文禅勝が「河内崎井」を切り落としたことに関して、国衙小目代定勝が東寺側に善処を求め

たにもかかわらず無視されたため、場合によっては禅勝喚問や院（知行国主）[39]への提訴の可能性もあり得ることを示唆しながら、改めて処置を求めたものである。なお、定勝は後半で「正員方」（目代、又は国司カ）の指示があったことを述べているので、この訴訟は定勝よりももっと上位者にまで達していたことがうかがわれる。

さて、ここにいう「河内崎井」は、年欠六月日太良荘百姓等申状（「百合」オ函二三六）に「右彼之井（河内崎井）者、自往古税所今富之役ニ被立處是先例也」と見えるところから、本来今富名の田地に引くための用水であったことが知られる。すなわち、禅勝の行為の被害者は今富名の百姓だったのであり、禅勝を告訴したのも彼らに違いない。この文書の年代は確定し難いものの、少なくとも守護の税所職兼帯期のものであることはほぼ間違いない[40]。とすれば、税所領の権益が侵された時の提訴が、今富名百姓→税所→小目代→目代（→国司）という、いわば伝統的な国衙の秩序に沿って処理されようとしており、そこに守護が関わった形跡はうかがえない。つまり、税所職を守護に掌握されていながらも、国衙が税所領の紛争処理に独自の機能を発揮し得ていたことを物語るものといえよう。

【史料C[41]】

若狭国雑掌頼賢申初任検注事

右検注者、為平均役之処、山西郷地頭山西三郎次郎対捍之由帯　院宣、雑掌就訴申尋下之処、如美作（本郷）左近大夫将監貞泰・田河左衛門大夫入道禅光等去九月十八日・同廿一日請文者、任被仰下之旨、雖相触候不及散状云々（起請詞載之）、者、背度々催促不参之条、無理之所致歟、然則於彼検注者、任先例可遵行之状、下知如件、

貞和元年十一月十七日

左兵衛督（足利直義）源朝臣（花押影）

これによれば、山西郷（山門領）地頭山西三郎次郎が国司初任検注を対捍したため、国司側がこれを幕府に訴え、幕府は本郷・田河を両使に任じて地頭の召喚を図っている。ここでも、税所が当然関わっていたと思われる初任検注（銭）徴収において、税所職所有者たる守護（大高重成）が関わった様子は看取し得ず、あくまで国司（知行国主）のもとで処理されていたようである。特に、幕府が両使を使ってこの問題を処理しようとしているのが注目される。すなわち、たとえば応永三十四年（一四二七）の尾張の初任検注に際して、知行国主三宝院門跡への納入命令が、幕府（管領）→守護→守護代→小守護代と下達されているのと比べる時[42]、貞和元年（一三四五）の若狭ではまだ守護権力が初任検注徴収に介在するには至っていなかったものと想定せざるを得ないのである。

以上述べた事例は、守護による税所職兼帯にも関わらず、国衙が独自の機能をもちながら自立性を保持していたことを物語るものである。しかし、先にふれた如く、大高の次の守護山名が税所代海部秀氏の解任を断行しているように、税所に対する守護の支配は確実に強化されていったことも事実である。この点について、細川清氏・石橋和義の守護在任期の事例によって確認しておきたい。

【史料D―ⓐ】（「百合」し函二七B）

（追而書略）

御状之趣委細披露了、抑役夫工米事、先々被進暦応御教書案者、聊不審之子細候之間、早被上候、（中略）自守護方田数まて委注テ、切苻ヲ出て候ハ、是も前々沙汰たる事候て、か様に候やう□面々御不審にて候、（中略）

（延文四年）十月十五日　　禅舜（花押）

【史料D―ⓑ】（「百合」ツ函二五八）

今月十五日御状同十七日到来、条々委細拝見了、役夫工米事度々令注進了、暦応年中御教書苻案事、故預所殿執筆にて候間、彼案文にてこそ、此近年於国問答仕事にて候、何も国衙方沙汰、動国やくをかけたかり候之処、如此案共御不審候事、返々公私歎入候、ゐ中にて支証向後何を於国方之可立申候哉、次切苻事、国の大田文まかせて切出事にて候、不限当御庄之□、禅勝寺家進上仕候大田文ニ見候歟、此間於守護方数ケ度歎申候へとも、重御奉書候ハてハ不可叶之由候間、無力事候、既廿一日必々可乱入御使五六十人由候、所々沙汰以同前候、（中略）

十月十九日（延文四年）　禅勝（花押）

公文（禅舜）殿　進之候

右の両文書は、延文四年（一三五九）に若狭に内宮役夫工米が課された時、東寺公文禅舜と太良荘公文禅勝が交わした往復書簡である。(43) ここには、当時の役夫工米徴収の実態がよく示されているが、さし当たり次の点が注意をひく。すなわち、①役夫工米の配符（切苻）が守護方から出されたが、②その配符には「国の大田文」に任せて「田数まで委注テ」あり、③免除を訴える禅勝に対して守護方は、再度「御奉書」が出されなければ叶わないと突っぱね、五、六〇人の守護使を乱入させる構えを見せて納入を迫っている。要するに、この役夫工米徴収は完全に守護側の手によって進められているのである。そもそも役夫工米の催徴は、百瀬今朝雄氏が明らかにしているように、造宮使の派遣する大使によって行われ、対捍があった場合に守護使が副えられることになっていた。(44) 百瀬氏も引用した『師守記』貞治六年（一三六七）五月二十三日条に、大炊寮領若狭国田井保に対する役夫工米譴責を領家中原師茂から抗議された際の守護一色氏在京奉行小江房の言葉として、「守護使者従大使所為之間、大使退散者同可退之条勿論也」と見えている。このように、役夫工米徴収における守護方の役割はあくまで納入を実現するための暴力装置にすぎないのであって、配符を発給することなどあってはならないことであった。役夫工米も含めた段銭の催徴・免除権が朝廷から幕府に移った画期については、貞治期、康暦期などの説があるが、(45)そうした催徴・免除権のありかとは関係なく、在地における催徴現場の実態は、少なくとも若狭ではすでに延文期において、守護方が完全に主導権を握っていたのである。そして、守護方が税所の管理する「国の大田文」に基づいて「田数」を「委注」した配符まで発給していたとすれば、当時の税所は守護権力の完全な掌握下に置かれていたといえよう。

ところで、史料D—ⓑの「何も国衙方沙汰、動国役をかけたかり候」の部分が注目される。国役を賦課徴収するのは税所であるから、「国衙方沙汰」とは税所の所為に他ならないが、右にみたように、税所が守護権力に完全に組込まれていたとすれば、これは守護方の動きとみなければならない。この点を、次の守護石橋和義の代の例で確認してみたい。

【史料E—ⓐ】（「百合」ア函三一七）

（端裏書）
「太良庄国衙事守護状案」

東寺領若狭国太良庄国衙年貢以下事、仁治被庄号以来無其例之處、及譴責之由寺家歎申候、何様事哉、先被尋究先々例之程、令停止呵責可注進子細之旨、可被仰大平十郎左衛門尉候也、謹言、

（貞治元年）
六月廿一日　判（石橋和義）

敷地左衛門入道殿

【史料E—ⓑ】（「百合」は函一三二）

（前略）

一、国やくの事より候て、ようとう（用途）はしめ五貫あまり入候、又法橋御房（讃岐法橋実増）御下候て御もんたう、さい所（税所符所）ふところひろせとの、しきちとの二御たいめん候時も、三貫あまり入て候、御心ために申入候、御ひろうあるへく候、

（中略）

（貞治元年）七月二日

東寺のくもん殿　　太良庄くもん

申入候　　熊王丸（花押）

二通とも年欠ながら、関連文書[46]から貞治元年のものとみてよい。これらによれば、同年六月、国衙は太良荘に「国衙年貢」（史料E—ⓑでは「国やく」）を懸けてきた。翌年三月の太良荘領家方百姓等申状（「百合」し函三六）に「可落国衙之由在之時」とあるように国衙領化の策動であるが、このとき公文熊王丸は、おりしも若狭に下向していた所務職讃岐法橋実増[47]と共に「さい所ふところひろせとの、しきちとの」と交渉する一方、京都でもおそらく在地からの注進をうけて守護石橋に訴えた結果、史料E—ⓐが出された。その宛人敷地左衛門入道は史料E—ⓑの「しきちとの」のことと思われ、当時の税所今富名代官であった（「今富次第」）。直接国衙年貢の譴責に当たっていたのは大平十郎左衛門尉なる人物らしいが（史料E—ⓐ）、史料E—ⓑによれば、熊王丸らの交渉相手になっていたのは敷地であるから、税所今富名代官の立場にある彼が「税所符所」の統括責任者としてこの「国やく」徴収を推進していたとみてよかろう（「ひろせとの」については不明）。前の細川清氏のとき「国衙方沙汰、動国役をかけたかり候」（史料D—ⓑ）といわれたのも、実はこのような税所を掌握した守護方の活動だったのではなかろうか。いわば、税所を手中にした守護権力が「国衙沙汰」という衣を纏いつつ、新たな役賦課を目指す動きとみなすことができよう。

ところで、南北朝期の若狭守護が国衙において有していた在庁職は税所職のみであるが、国衙にはいうまでもなく税所以外の「所」があり、目代、小目代のもとに統括されていたはずである。当該期の若狭国衙全体の構成、在庁官人の実態などが明らかでないために、守護にとって税所を掌握することが国衙機構全体の掌握にとっていかなる意義をもつものであったかについては、にわかには判断できないところがあるが、たとえば、貞和三年（一三四七）、羽賀寺に対する国衙領寄進状が「書生沙弥・使頭木工助」の連署で出されたり[48]、応永二十九年の若狭一宮遷宮式で「諸在庁」が「直垂風折」で供を務めていたりするのは（「守護職次第」）、まだ在庁官人らがそれぞれの職掌をもちながら国衙機構を構成していたことをうかがわせるものではあるまいか。とすれば、たとえ税所が国衙の基幹をなすとはいえ、その掌握のみをもってただちに国衙全体の掌握とみなすことはやはり差し控えるべきであろう。そして何よりも若狭の在庁官人には、鎌倉末期、守護得宗の権威を背負った税所から多くの別名を奪取されたり、地頭職を与えられずに関東御家人から圧迫されてきた歴史があり[49]、税所と他の「所」の在庁官人との間には深刻な対立があったのである。周知のように、鎌倉期の国御家人（多くが在庁官人）の系譜を引く土着武士は、観応・応安の両度にわたり国人一揆に立ち上がっている[50]。鎌倉初期以来、細工所に付属する別名細工保の下司職を伝領していた有力在庁官人木崎氏も応安の一揆で一揆方に属した一人であるが、細工保は貞和五年当時も木崎三郎太郎の当知行する「在庁名」とされており（『教護』三八五）、彼の在庁官人としての権益は依然として確保されていたことが知られる[51]。このように税所からの押領を免れた在庁名を確保しつつ、税所を掌握する守護権力には容易に与せず、自立性を保っていた在庁官人が少なからずいたとすれば、少なくとも応安の国人一揆制圧までは、若狭国衙の政治的統一は実現していなかったとみなければならない。前節で述べた国衙における税所代海部氏の卓越した地位というのも、実は限定された中でのものであったといわざるを得ない。

以上要するに、南北朝前半期の若狭守護は、税所職をテコに税所はほぼ自己の権力のうちに掌握したものの、国衙機構全体の掌握までは実現していなかったと思われる。

第三節　山名氏の税所今富名領有と守護

建武政府倒滅以後、長く守護の兼帯とされてきた税所今富名は、貞治三年（一三六四）三月、守護（斯波義種）でない山名時氏に与えられ（図2）、ここに二八年ぶりに税所は守護の支配下から除かれることとなった。山名時氏は観応の擾乱以来直義党、ついで直冬党として長く反幕府陣営に身を置いてきたが、貞治二年九月、大内弘世に続いて幕府に帰降し、翌年三月、子息二人を上洛させた。今富名を拝領したのはこの時であるから、これは帰降の条件として、おそらく山名側が要求した結果であったと思われる。[52]こうして守護でない山名氏が税所今富名を領有するようになると、守護の分国支配にとって大きな障害となるのは必然であった。以下ではその様相をみていきたい。

まず何よりも、税所領が守護領から脱落してしまうことは、守護にとって甚大な損失であった。付論1で明らかにしたように、南北朝期の守護領の大半が税所領であったことから、その影響は計り知れない。また、税所領の中核をなす今富名には周知のごとく小浜を含んでおり、今富名領主には小浜の刀祢を通して「入船馬足料」を徴収する権限があった。[53]かかる国内随一の交通の要衝に対する支配権まで、山名氏の掌握するところとなったのである（後掲表1

表1　山名氏領有下の税所今富名関係文書（貞治3年〜明徳2年）

No.	日　付	発給人	宛　所	形式	内　　容	出　典
1	応安元. 閏6.11	右衛門尉（篠沢光永）	讃岐房教尊	直状	常満保供僧文力名名主職の補任（所令補彼職也）	神宮寺 12
2	〃 2. 8. 25	源久家（海部）左衛門尉信泰		奉書	税所今富領内天満宮への寄進畠打渡（御寄進之処也）	羽賀寺 7
3	永和2. 10. 26	沙弥		〃	竹原天神社への故大殿（山名時氏）の寄進田をめぐる京都での相論裁決を承けた打渡（御奉書如此）	〃 8
4	〃 5. 2. 5	左衛門尉（海部信泰）		〃	常満保供僧文力名名主職の宛行（所被宛行・・・・也）	神宮寺 15
5	永徳3. 10. 25	加賀守（高木理宗）		〃	税所今富内天満宮供僧職をめぐる相論裁決を承けた打渡（仍執達如件）	羽賀寺 9
6	〃 5. 2. 5	左衛門尉（海部信泰）	当社供僧	〃	No.5の遵行（去月廿五日如元被宛行上者）	〃 10
7	康安元. 12. 5	左衛門佐（斯波義将）	山名虎石	〃	臨川寺領年貢の小浜津馬足課役免除につき勘過	天龍寺 14
8	〃 12. 27	〃	僧山名左京大夫入道跡	〃	小浜津での臨川寺領年貢に対するの馬足料停止	〃 15

註（1）発給人のうち、篠沢光永（No.1）・高木理宗（No.5）は税所今富名代官、海部信泰（No.2・4・6）は税所代、斯波義将（No.7・8）は幕府管領。
（2）形式は、書止文言にはこだわらず、文中に上意を承けている旨の文言があれば、すべて奉書とした。
（3）出典は、『福井県史』資料編9（No.7・8のみ『福井県史』資料編2）の文書番号を示した。

No.7・8）。

以上述べた経済的損失もさることながら、国衙の「所」としての税所が守護の管轄から外れたことの意味も大きかった。税所はすでに鎌倉末期に国衙の進止下にあった、「国御祈祷所」に付属する別名常満保を奪取し（大田文朱注）、常満保供僧職補任権をもっていた。すでに網野氏や河音氏によって指摘されているごとく(54)、鎌倉期の常満保供僧は一二宮社務牟久氏やこれと婚姻関係をもつ在庁官人多田氏らから多く輩出され、その中には国分寺の供僧・小別当や小浜八幡宮禰宜を兼ねる者がいたように、国衙レベルの仏事興行の中核を担う供僧であった。山名氏の代の税所今富名関係文書をまとめた表1によると、常満保供僧職に付属する名の名主職の補任が二例（No.1・4）確認されるとともに、今富名内の竹原天満宮供僧職の補任（No.5・6）や、寄進地の安堵（No.2・3）なども今富名領主の所掌であったことが知られる。この他、鎌倉期にはまだ税所の管理下には入っていなかった国分寺が、遅くとも文和三年（一三五四）には税所今富名の中に含められ(55)、同寺供僧職も税所の進止下にあったし(56)、小浜八幡宮・日吉社・賀茂社の禰宜の進止権もすでに鎌倉末期に国衙から税所に移っていた（大田文朱注）。第Ⅲ部第一章第四節で詳述したように、税所代海部信泰が「国中神事奉行」（『太良』④一一六）を務めたのは、まさにかかる税所のもつ機能からすれば、至極当然のことであったといえる。かくして、この時期の守護は税所のもつ仏神事興行機能をもまた失っていたことになる。永和三年（一三七七）、守護一色範光の主催で行われた八幡宮放生会・一二宮の流鏑馬神事の実務が税所代海部信泰の掌握するところであったり、また、段銭催徴に当たり、税所が守護とは別の基準で（対象面積を異にする）留守所下文を発給したりするなど、山名氏の今富名領有期の税所は、守護一色氏から独立した権力体として機能していたのである。

註

（1）峰岸純夫「上州一揆と上杉氏守護領国体制」（『歴史学研究』二八四、一九六四年）、杉山博「守護領国制の展開」（『岩波講座日本歴史』7、一九六三年）。
（2）羽下徳彦「越後に於る守護領国の形成」（『史学雑誌』六八―八、一九五九年、のち阿部洋輔編『上杉氏の研究』吉川弘文館、一九八四年、に収録）。
（3）上村喜久子「国人層の存在形態―尾張国荒尾氏の場合―」（『史学雑誌』七四―七、一九六五年、のち同『尾張の荘園・国衙領と

熱田社』岩田書院、二〇一二年、に一部改稿の上収録）。

（4）岸田裕之「守護赤松氏の播磨国支配の発展と国衙」（『史学研究』一〇四・一〇五、一九六八年、のち同『大名領国の構成的展開』吉川弘文館、一九八三年、に収録）。

（5）黒川直則「守護領国制と荘園体制」（『日本史研究』五七、一九六一年、のち岸田裕之編『中国大名の研究』吉川弘文館、一九八四年、に収録）。

（6）これらの研究史については、田沼睦a「室町幕府と守護領国」（『講座日本史』3、東京大学出版会、一九七〇年）、b「室町幕府・守護・国人」（『岩波講座日本歴史』7、一九七六年）の整理による（abともに田沼『中世後期社会と公田体制』岩田書院、二〇〇七年、に収録）。

（7）小原嘉記「西国国衙における在庁官人制の解体―安芸国衙関係史料の再検討―」（『史林』八九―二、二〇〇六年）。

（8）石井進『日本中世国家史の研究』（岩波書店、一九七〇年）三六四～三七一頁、四一六～四二二頁。

（9）熊谷隆之「鎌倉期若狭国守護の再検討」（『日本史研究』五八六、二〇一一年）。なお、秋山哲雄氏は、『群書類従』補任部所収の「若狭国守護職次第」の原本とみられる大橋寛治氏旧蔵「若狭国守護職代々系図」の検討から、若狭守護職が義時以来北条氏嫡流に伝えられ、一門の人物に一時的に遷っても補任権は得宗の手にあったとする佐藤進一氏の説（『増訂鎌倉幕府守護制度の研究』東京大学出版会、一九七一年）を批判し、若狭守護に在職した六波羅探題北方の得宗に対する相対的自立性を指摘している（「鎌倉期の若狭国守護と『若狭国守護職代々系図』」〈『遙かなる中世』一八、二〇〇〇年、のち同『北条氏権力と都市鎌倉』吉川弘文館、二〇〇六年、に収録〉）。

（10）鎌倉期の若狭を扱った主要な研究としては、石井註8著書、前註熊谷・秋山両論文の他に、田中稔「鎌倉幕府御家人制度の一考察」（石母田正・佐藤進一編『中世の法と国家』東京大学出版会、一九六〇年、のち同『鎌倉幕府御家人制度の研究』吉川弘文館、一九九一年、に収録）、網野善彦a「中世における婚姻関係の一考察」（『地方史研究』一〇七号、一九七〇年、のち『網野善彦著作集』第一四巻、岩波書店、二〇〇九年、に収録）、b『中世荘園の様相』（塙書房、一九六六年、のち『網野善彦著作集』第一巻、岩波書店、二〇〇八年、に収録）、c『小浜市史』通史編上巻（一九九二年）第二章第一～三節、河音能平「若狭国鎮守一二宮縁起の成立」（『八代学院大学紀要』一、一九七〇年、のち同『中世封建制成立史論』東京大学出版会、一九七一年、に収録）などがある。

(11) 南北朝・室町期の若狭の守護支配を論じたものとしては、網野前註bc著書の他、黒田俊雄・井ケ田良治「若狭国太良庄」（柴田実編『庄園村落の構造』創元社、一九五五年）、井ケ田良治「庄園制の崩壊過程」（『同志社法学』四五、一九五八年）、奥富敬之「若狭国守護領国制成立過程の一考察」（『民衆史研究』二、一九六四年）、小川信『足利一門守護発展史の研究』（吉川弘文館、一九八〇年）一五二〜一五九頁、四三五〜四三六頁、松浦義則「南北朝期の若狭太良荘と守護支配」（『福井県史研究』四、一九八六年）、外岡慎一郎「一四〜一五世紀における若狭国の守護と国人」（『敦賀論叢』〈敦賀女子短期大学紀要〉五、一九九〇年、のち同『武家権力と使節遵行』同成社、二〇一五年、に収録）などがある。

(12) 石井註8著書四二一〜四三一頁。なお、付論1表3・4参照。

(13) 文応元年（一二六〇）七月十六日、日蓮が『立正安国論』を著して北条時頼に献じた際、これを仲介したのは宿屋左衛門尉光則で（東京大学史料編纂所「大日本史料総合データベース」の『史料稿本』同日条所引「日蓮註画讃」他）、光則（入道最信）は、弘長三年（一二六三）十一月、時頼が臨終を迎えた最明寺辺の警備と最期の看病に当たった七人の一人に加わっている（『吾妻鏡』同月十九日・二十日条）。屋戸矢実長はこの光則と同族とみて大過あるまい。

(14) 建久七年六月日源平両家祇候輩交名案（「百合」ホ函四―五）に木津平七則高の名がある。

(15) 拙稿「南北朝室町期の若狭守護と国衙」（『兵庫教育大学研究紀要』一二、一九九二年）では、青柳氏は「国代官」を置いているとして「国御家人とは思われない」とした（註18）。国御家人かどうかは明証がなく不明であるが、国代官を置いたのは代官工藤であり、幕府が若狭国一宮造営を六波羅探題に命じた正応元年五月十三日関東御教書（『太良』②一―一）に「税所代光範注進状如此」とあるので、青柳光範は在国の国人としなければならない。

(16) 弘安十一年正月日谷田寺院主重厳言上状案（『福井』9、谷田寺文書一号）。工藤果暁への提訴を弘安十年頃としたのは、工藤が伊賀光政の措置を追認して谷田寺の提訴を却下したため、谷田寺が改めて国衙に訴えたものが右の言上状であることによる。なお、同文書の端裏付箋に「北条武蔵守義政公ニ訴ヱシモノ」とあるが、谷田寺は弘安十一年三月に若狭留守所から敷地内の狼藉を禁じる禁制を得ているので（同文書二号）、谷田寺の提訴先は国衙とみるのが自然である。なお、『小浜市史』通史編上巻、第二章第三節三「得宗支配の進展」（網野善彦氏執筆）三〇八頁参照。
(17) 建武政権下の若狭税所「多田右衛門尉知直」（「今富次第」）と「知」字を共有する、という一点以外に根拠はないが、有力な国衙在庁の一族とみられている多田氏の可能性は低くない。多田氏については、網野註10ａ論文参照。
(18) 『福井』9、明通寺文書七号。
(19) 『鎌倉遺文』二三九一七号（以下、『鎌遺』二三九一七の如く略記）。佐藤進一『鎌倉幕府守護制度の研究』（東京大学出版会、一九七一年）によれば、本文書は住吉勇三郎氏所蔵文書とし（一五頁）、『鎌倉遺文』は若狭明通寺文書とするが、『福井県史』資料編9に未収録。
(20) 『鎌遺』二三九三二。『鎌倉遺文』は文書名を「若狭国公文所書下」とするが、「得宗公文所奉書」とすべきである。なお、これも若狭明通寺文書とするが、『福井県史』資料編9に未収録。
(21) 「守護職次第」によれば、延慶三年の守護代は工藤貞祐、守護又代は帆足入道成願で、それぞれ税所代、（税所）国代官との兼務となっている。
(22) 弘安七年正月六日若狭国守護代平某施行状（『太良』①二四八）の宛所。
(23) たとえば、正応四年（一二九一）の摂津国勝尾寺宛（『鎌遺』一七五五七・一七五五八）、延慶三年の肥前国河上社宛（『鎌遺』二三九一八・二三九八九・二三九九三）などがこれに当たる。
(24) 正応四年の長門国松岳寺宛（『鎌遺』一七五三三・一七五七二）や同年の薩摩国新田宮宛（『鎌遺』一七五六四）などがこれに当たる。なお、『鎌倉遺文』は、「異国降伏御祈」を薩摩国分寺に命じた延慶三年五月四日沙弥書下案（『鎌遺』二三九八三）の発給人を在国司道雄と推定するが、道雄は「沙弥道雄」と法名まで署名するのが通例なので（『鎌遺』二四〇五六・二四一二八・二七三〇八）、右の沙弥は、薩摩守護島津忠宗（下野入道道義）である可能性が高い（五年前に道義と署名する例もあるが、一〇年後に沙弥と署名する例あり〈『鎌遺』二二四七四・二七六五四〉）。
(25) 『福井県史』資料編2（京都府立総合資料館所蔵東寺百合文書三二号）と『若狭国太良荘史料集成』第二巻（三六―三号）が採用

する、「東寺百合文書」（リ函一九―三）の（正応五年）十一月十二日遠敷郡地頭御家人預所宛守護又代（佐束）西念施行状案は、誤写による不自然な文言が三か所あり、『鎌倉遺文』（一八〇四六号）が採る「東寺古文零聚」所収文書が正確である。なお、『福井県史』の文書名「若狭国守護代工藤西念施行状案」は誤りである。

(26) 相田二郎『蒙古襲来の研究　増補版』（吉川弘文館、一九八二年）九七～一二五頁、伊藤邦彦「鎌倉幕府『異国降伏』祈禱と一宮―守護制度との関係を中心に―」（一宮研究会編『中世一宮制の歴史的展開』下、岩田書院、二〇〇四年）など。

(27) 石井註8著書二〇一～二一四頁。

(28) 本郷氏については、大原陵路「若狭本郷氏について」（『福井県史研究』一、一九八四年）、市川裕士「若狭本郷氏の動向と室町幕府・守護」（『若越郷土研究』五二―一、二〇〇七年）参照。多伊良氏については、第Ⅱ部第三章第四節1参照。

(29) 正応元年、一宮造営に関する「禰宜光景申状」と「税所代光範注進状」に基づき、「任先例相催役所等、可修其功之由、可被下知」との関東御教書が六波羅に出され、これを受けた六波羅施行状が本郷泰朝と多伊良頼尊に送られ、さらに頼尊らが地頭・預所に宛てて書状を出している（『太良』②一一～一三）。当事者である一宮禰宜の申状だけでなく、税所代青柳光範の注進状が副えられたのは、造営料の徴収実務に税所が関わるためであったと思われる。事実、光範は翌正応二年、光景と共に太良荘に数十人の使者を放ち入れ造営用途を呵責したとして、東寺から訴えられているし（『太良』②三）、豊後国でも、文永六年（一二六九）、香春社造営用途を催徴するための切符を、税所田所職にある壱岐太郎左衛門尉道房が抑留して発給しないことを幕府が叱責したりしていることなどから（『鎌遺』一〇四〇一・一〇四〇二）、寺社造営に税所が関わるのは、基本的には造営用途の徴収においてであったとみられる。なお、網野氏は、この二年前の弘安九年に、国衙留守所が一宮と正八幡宮の造営用途を国内に賦課したものの、荘・保の抵抗にあったため（『太良』①二六一）、一宮禰宜を継いだばかりの光景が税所又代光範を通じて関東に訴えたと指摘し、光範が一宮と得宗の仲介を果たしていた点に注目している（『小浜市史』通史編上巻、第三章第三節四「得宗の専制支配」三七七頁）。

(30) 石井註8著書二八三頁。

(31) 網野註29「得宗の専制支配」三九六頁。

(32) 田中註10論文、網野註10ａ～ｃ論文・著書など。

(33)『福井』9、若狭彦神社文書二号。

(34) 網野註10ａ論文。

(35)「社務系図」で確認される池田・多田両氏間の婚姻は、①池田恒頼の孫女と多田惟氏、②池田恒頼の曾孫女（①の孫女の女）と池田惟資（惟氏の甥）の二例であるが、多田惟氏の兄資氏の嫡子政重が貞和四年（一三四八）に五十歳で没したとされるところから、政重の叔父に当たる多田惟氏の結婚は十三世紀末、同世代の惟資のそれは十四世紀前半となろう。

(36) 多田承長は前註多田惟氏の弟であるから、その女は惟資と同世代となり、その婚姻は十三世紀前半と考えられる。

(37) 池田氏と海部氏はともに多田氏との婚姻関係を結んでいたことから、間接的に姻戚関係にあったといえる（註35・36）。なお、網野氏は税所又代・税所代の池田兵衛大夫忠氏・倉見兵衛大夫忠氏・海部左衛門尉忠氏の三人が同一人である可能性を指摘しているが（註10ａ論文註55）、疑問である。氏は「今富次第」の領主北条時宗、代官伊賀光政の項の次の記事について、「なにか誤りがあるのではないか」とする（註53）。

又代兵衛大夫忠氏ひさよりの子息　弘安七年より同八年十月まで、次倉見兵衛大夫忠氏、文永八年より弘安八年まで

確かにこのままでは池田忠氏と次の倉見忠氏の在職期はつながらず、錯誤があることは間違いない。しかし、それにしても、倉見の名を挙げるのに「次」の語を入れているのは、池田と倉見は別人であるからこそであって、二人を同一人とみるのは無理があるのではなかろうか。また、海部忠氏は、応長元年（一三一一）からの今富名領主北条高時の在任中に没して嫡子秀氏が継いでおり、弘長三年（一二六三）まで今富名を領有した北条時頼のもとで税所又代にあった池田忠氏と同一人とするのはもっと無理がある。

それでは、「今富次第」の記事の矛盾はどのように理解したらよいだろうか。正すべきは池田忠氏の在職期の方と思われるが、名案はないので、一つの仮説として、これを建長七年（一二五五）から文永八年（一二七一）としてみたい。当代今富名領主北条時宗、代官伊賀光政の在職始期は弘長三年十二月で、終期弘安七年（一二八四）までの範囲で七年以上ある年号は文永しかない。しかし、文永七年を池田の又代職就任年とすると、それ以前の又代が空白となってしまう。実は池田忠氏は前の今富名領主北条時頼の代に、又代職を父尚頼から継承し、そのまま引き続き在職しているので（その時期についての記載はない）、「今富次第」は、

便宜的に次の時宗・伊賀光政の項に記載したのではなかろうか。とすれば、時頼の代、すなわち寛元四年（一二四六）から弘長三年までの間で七年まである年号を求めると、建長しかない。本文表1はこの仮説に基づいているが、もとより確証は全くない。

(38) 網野註10ａ論文。

(39) 応永四年十二月九日、後亀山上皇が院宣によって「若狭国々衙領内友次浦」を何者かに安堵していることから（『福井』２、保坂潤治氏所蔵文書四号）、室町期の若狭国務管掌者は後亀山院と推定され、南北朝期も院宮分国であった可能性があるが、確証はない。

(40) 禅勝の太良荘公文在職は元徳三年六月～暦応二年十月と延文元年七月～康安元年八月二十五日の二回である（網野註10ｂ著書一四二・一六九・一八二・一九六頁）。「今富次第」は、元弘三年八月十日～建武元年八月の「小目代」を隠曽伊豆阿闍梨・いなつの助太郎入道、建武三年六月十三日までの今富名又代官を伊賀房慶承とする。右の又代官と小目代は同一職とみなせるので、建武政権期の若狭小目代は史料Ｂの定勝ではなかったとみてよい。以上から史料Ｂの年代は、①元徳三年・元弘二年、②建武三年～暦応二年、③延文元年～康安元年、のいずれかということになるが、いずれも税所職は守護が兼務する時期であった。

(41)『福井』２、東京大学史料編纂所所蔵本郷文書一六号。

(42)『愛知』９、一二七七～一二八三（いずれも醍醐寺文書）。

(43) 太良荘・矢野荘例名の役夫工米を免除した、延文四年十一月二日後光厳天皇綸旨案（「百合」オ函三二―二）から、史料Ｄ・Ｅの年代を延文四年と考えた。

(44) 百瀬今朝雄「段銭考」（寶月圭吾先生還暦記念会編『日本社会経済史研究』中世編、吉川弘文館、一九六七年）。

(45) 康暦説は百瀬前註論文、貞治説は市原陽子「室町時代の段銭について」（『歴史学研究』四〇四・四〇五号、一九七四年）。なお、小林保夫「室町幕府における段銭制度の確立」（『日本史研究』一六七号、一九七六年）参照。

(46) 貞治元年十二月日太良荘領家方年貢算用状（「百合」は函一〇七）に、下行分として「ヲハマテ□分国衙事」の注記をもつ「讃岐法橋」（実増）への支出分（他に「国衙沙汰料足分」一貫文もある）が見え、翌貞治二年三月日太良荘領家方百姓等申状（「百合」し函三六）にも「當庄可落国衙之由在之時」とある。

(47) 実増については、網野註10b著書一九九〜二〇〇頁参照。
(48)「羽賀寺年中行事」(『福井』9、羽賀寺文書二七号)。
(49) 田中註10論文、網野註10a〜c論文・著書。
(50) 若狭の国人一揆のうち、観応の一揆については付論3第一節で、応安の一揆については第Ⅲ部第一章第三節でそれぞれ論究した。なお、網野註10b著書一七七〜一八〇・二〇三〜二〇五頁、松浦註11論文、外岡註11論文など参照。
(51) 鎌倉期の木崎氏については、田中註10論文、網野註10a論文等参照。
(52) 山名氏の幕府方帰降は、実質的には対等和睦というべきもので(佐藤進一『南北朝の動乱』中央公論社、一九六五年、三四九頁)、山名は幕府から五か国守護職を認められても自身は在国したままで、半年経ってようやく子息らを上洛させたのである。小川信氏は、山名時氏の税所今富名拝領について、当時幕政を主導していた斯波高経が、佐々木導誉ら反斯波勢力に対抗し得る与党として山名氏を利用するため、五か国の他に若狭の守護職をも要求したであろう山名氏と妥協して今富名を割譲した、との卓見を示している(註11著書四三五頁)。従うべきであろう。なお、観応の擾乱で当初父から離れて尊氏方に属した山名師氏(時義)が、かつて拝領した「若狭国斎所今積(税所今富)」の還付方を佐々木導誉に嘆願したものの無視されたため、南朝方に転じたという『太平記』(巻三二)の所伝は、山名氏の若狭税所今富名に対する執着ぶりをよく伝えている。
(53)『福井』9、塚本弘家文書一・二号。他に後掲表1№7・8も今富領主の小浜津馬足料徴収権所持を示している。
(54) 網野註10a論文、河音註10論文。
(55)『史料』六―一九、五五六頁、文和三年九月日若狭国税所今富名内給地注文(紀氏系図裏文書)。ここに見える八か所の給地の中に「国分寺」の名が見える(付論1史料B)。
(56) 貞和五年二月二十二日左衛門尉某・僧某連署奉下知状(『福井』9、神宮寺文書七号)は、出雲房経賢を国分寺供僧職(常善名)に補任したものであるが、発給者の二人は当時の今富名奉行波多津左衛門尉・なりた大進法眼で(「今富次第」)、山名時氏(もしくは代官大里次郎左衛門尉・加藤大夫房)の意を奉じて下達したものとみられる。なお、網野氏は波多津・なりたを山名氏の奉行人と推定している(『小浜市史』通史編上、第二章第四節三「観応の擾乱と国人一揆」四八一頁)。

付論3　観応～貞治期の若狭守護と国人

はじめに

鎌倉期の若狭で見られた政治構造の特質として、幕府・守護・得宗権力の土着国人（国御家人）に対する圧迫、差別が、田中稔・河音能平・網野善彦氏らによって明らかにされてきた(1)。こうした中央権力と土着国人の関係は南北朝期に入っても基本的には変わらず、国人らは観応の擾乱に伴う観応二年（一三五一）の一揆で守護勢力を放逐したが、応安二年（一三六九）～四年の一揆では守護一色軍の前に敗れ、これ以後若狭における守護支配が本格的に展開するようになると理解されている(2)。ここでは、一色氏以前の南北朝期の若狭における政治過程を、先学の研究成果に拠りつつ、特に観応～貞治期に焦点を当てて素描しておきたい。この時期は、観応の一揆、南朝方守護山名時氏の派遣した守護代追放に始まり、その後守護に就任して、若狭守護としては初めてまとまった期間の在任となった細川清氏、及び一色氏に至るまでの石橋和義、斯波義種の、合わせて三代の守護の在任期に当たる。

第一節　観応の擾乱と若狭国人一揆

足利直義の離反を聞いた尊氏は、備前福岡から帰京のため摂津瀬川宿まで戻った観応二年正月七日、山名時氏に入京の先陣を命じている(3)。すなわち、当時若狭・丹波・伯耆・隠岐四か国の守護山名時氏は、観応の擾乱後半では直義党の中心勢力として活動したが、少なくともこの時点までは尊氏党として、尊氏に従軍していたのである。しかし、正月十五日の四条河原合戦で桃井直常らの直義軍に大敗した尊氏党の多くが直義党（南朝方）に帰降し、その中に山名時氏もいた(4)。時氏はその後、丹波を経て播磨に敗走する尊氏父子を追撃する陣営に加わって、正月十九日、丹波宮田城に発向し、二月二十三日には北丹波に侵攻した敵と荏原（福知山市）で交戦している(5)。

このように、守護山名時氏が摂津、京都、丹波を転戦している間に、若狭で国人の蜂起があった。以後相次いで起こる若狭国人一揆の序幕である。

【史料A(6)】

若狭国凶徒蜂起云々、於御方可抽軍忠之状如件、

観応二年正月廿四日　（足利尊氏）（花押影）

本郷左近大夫殿

京都を没落した尊氏は、正月二十日までに播磨書写坂本（姫路市）に着陣し(7)、二月三日に直義党石塔頼房の拠る滝

野光明寺（加東市）に攻め寄せるまでそのまま坂本に逗留していたと思われるので、[8] 右の文書は同地で発したとみてよい。京畿が混乱状態にあった当時の状況を勘案すれば、若狭から播磨中央部まで情報がもたらされるには、少なくとも三、四日程度の時間を要したと思われるので、若狭の本郷氏から尊氏への通報が蜂起直後とすれば、蜂起は正月二十日前後ということになろう。となると、タイミング的にみて、その直接的契機は、正月十六日の京都における山名ら尊氏党の直義方帰降、尊氏の京都没落にあったとみてよかろう。ここにいう「凶徒」は、このあと相次ぐ一揆の参加者と基本的には共通するとみて大過あるまい。とすれば、これまで明らかにされているように、鎌倉期の国御家人の系譜に連なる、遠敷郡を中心とする土着武士が主要な構成員であったと思われる。彼らの蜂起が、守護としての山名時氏の行動に呼応したものであった可能性も否定はできないが、長年守護権力との距離を保ってきた彼らが、わずか二年半前に守護になった時氏との間にどれほど緊密な関係を築いていたか疑問なしとしない。彼らの蜂起の契機が、京都における直義党の軍事的優位の確立にあるとしても、その目的は必ずしも判然としない。その推察はここでは保留し、次の段階の一揆についてみてみよう。

尊氏は観応二年二月、摂津打出浜の合戦に敗れ、高師直も殺されて、幕政の主導権を直義に奪われた形で帰京するが、直ちに反撃に出て、同年八月一日、直義は与党斯波高経の分国越前の敦賀に走る。このとき直義に従って出京した直義党の中に山名時氏もいた。[9] そして、八月三日には本郷貞泰が義詮に注進状を捧げて、山名時氏・上野頼兼・赤松次郎左衛門尉らの若狭没落を報じている。[10] 時氏にとって若狭は分国であり、正月に直義党の旗幟を鮮明にした直後、若狭国人の一部が蜂起したことに着目すれば、時氏らの若狭没落は、同国国人の支援を期待しての行動とみるのが自然ではある。しかし、時氏にとっての本拠はあくまで山陰であり、このあと時氏は八月二十一日までに、この年分国に加わった出雲、もしくは伯耆に帰国している。[11] つまり、時氏が若狭に入ったのは、あくまで山陰に帰る際に比較的安全、かつ早く通過できる地域だったからであり、上野頼兼が同行したのも、自分の分国丹後に帰ろうとしたためであろう。[12]

本郷貞泰からの注進を受けて、義詮は八月五日に、貞泰に「国中軍勢」を催して時氏らを誅伐するよう命じているが、[13] 正月に直義党として蜂起した若狭国人らは、時氏の指揮下で本郷氏らの尊氏党と本格的な戦闘を交えた、というよりも、山陰を指して急いで落ちて行く山名勢を側面から支援した程度に過ぎないのではあるまいか。尊氏は九月七日、本郷貞泰に「近日所被差下御勢也」と伝え、要害を構えて「庶子以下同心之輩」を催してこれを警固するよう命じているが、[14] このときすでに時氏は山陰に帰っていたのであるから、同月二十九日付の感状[15]で尊氏が賞している貞泰の軍功は、山名勢が若狭を通過したあと、国内の直義党と戦ったときのものであったことになる。

山名時氏のあとの若狭守護には仁木太郎義覚が任じられたものの、自身は若狭に下らず、[16] 実質的にはかつて若狭守護を務めたことがあり、かつ兄高経に反して尊氏党に属していた斯波家兼[17]が下国して軍事指揮をしていたようであるが、[18] 十月二日に大高重成が三度（正確には四度）[19] 守護に任じられ、以前と同じ大崎八郎左衛門入道を守護代として下してきた（「守護職次第」）。しかし、同月二十一日の合戦で本郷泰光（貞泰三男）と松田惟貞が戦死するなど、[20] 尊氏党は劣勢を余儀なくされ、十一月には、ついに大崎が直義党のために放逐されてしまう（「守護職次第」）。このときの直義党の行動は、百姓の目には一揆と映っていた。[21]

松浦義則氏は、一揆の構成員として明証のある三宅入道と脇袋国治の太良荘における行動を分析して、この一揆を次のように評価している。[22] まず、観応二年十二月二十六日から太良荘百姓家に多くの使者を入れて譴責をくり返した三宅の行動（「百合」ハ函三六三）については、来納分の徴収、未納百姓の交名と請文の提出という、持続的支配を志向している点で単なる悪党行為とは区別すべきものであって、下からの地域的支配体制形成の萌芽をもっていたとはいえるものの、百姓からは乱妨行為とみられて支持を得ていないし、一揆としての強い規律や組織もうかがえないところから、国一揆に発展する可能性は初めから閉ざしていた、とする。また、一揆の構成員でありながら、混乱を鎮静するためにはこの人物を代官に任じるしかないとして太良荘百姓から東寺に推薦された脇袋国治については、自身の代官職補任を東寺に認めさせようとした際、彼が重視したのが、建武年間の太良荘地頭代脇袋彦太郎の系譜を引くという由緒と、三宅の押妨を制止する南朝の「制札綸旨」、及び南朝若狭国司宛の東寺長者文観の「御書」であって、そこには一揆の力を頼ろうとする態度が見られない。以上から、この一揆は、各構成員が個別に荘園の諸職を追求しようとしたものであり、「土民の一揆」と連帯して、守護と権力をめぐって正面から対立する「国一揆」へと発展することなく消滅していったと評価した。

確かに、同じ一揆構成員である三宅と脇袋が、百姓の要求であったとはいえ、太良荘において結果的に競合関係になったように、この一揆にどこまで組織としての実態があったか疑問であり、松浦氏の指摘はきわめて的確で慧眼というべきである。ただ、この一揆の端緒を観応二年八月の山名時氏の若狭没落としていて、同年正月の蜂起について言及しておらず、そもそもこの一揆が、当初何を目的として蜂起したのかがやや曖昧になっているように思われる。正月段階で直義党として蜂起するということは、守護山名時氏の陣営に投じるということを意味する。しかし、それは、客観的には伝統的に疎遠の関係を保ってきた守護権力に接近することになり、彼らがどこまでそのことを自覚したかどうか疑問である。むしろ、彼らの意識としては、将軍（幕府）権力に連なる本郷氏を中心とする地頭御家人らとの対決にあったのではあるまいか。本郷氏ら尊氏党に属する国人と一揆構成員との間に、歴史的に培われた意識上の溝は指摘できても、具体的な対立矛盾を挙げることはできないので、観念論を出るものではないのであるが、尊氏の京都没落の報に接した三宅や脇袋ら遠敷郡を中心とする一揆衆は、直義党もしくは南朝方を標榜することで政治的対立軸を鮮明にし、国内の尊氏党に武力闘争を挑んだ、というのが、正月の蜂起ではなかったろうか。[23]但し、その後山名らが没落してくる八月までの間、若狭における戦闘の形跡が確認できず、正月の蜂起がどこまで持続したのか、また、どれほどの規模であったかは不明な部分が多い。なお、鎌倉期の国御家人に系譜を引く土着国人の連帯が、実は鎌倉末期以降、ほころびを見せていたことについては第Ⅲ部第一章第三節でふれた。

さて、一揆は守護代大崎を追放したあと、翌正平七年（観応三年）閏二月になっても活動を止めていなかったらしく、南朝方による和睦破棄の情報を得た義詮は、同月十八日、「若狭国凶徒退治」を、「守護人」（大高重成に代わる斯波家兼）に命じたことを本郷貞泰に告げ、協力を命じている。[24]このとき実際に若狭に下ったのは家兼の子息斯波直持であったが、[25]三月十五日、南朝軍に京都を追われた義詮が近江から再び入京を果たすと、その二日後の同月十七日には、直持は本郷信泰（貞泰子息）らを率いて若狭から京都に向けて発向し、[26]本郷氏の若狭における軍功を義詮に注進しており、[27]若狭は斯波勢によって制圧されたかのように見える。しかし、義詮は同月二十八日、再び守護斯波家兼に若狭下向を命じているので、[28]まだしばらくは一揆方の抵抗が続いていたようである。五月になると、同月十五日、鎌倉にいる尊氏が本郷家泰に上洛を命じ、[29]十八日にはその家泰の軍忠状に斯波家兼が証判を据え、六月十五日、貞泰の軍忠に対する恩賞の推挙をしているので、[30]このころまでに若狭における混乱は沈静化していたと思われる。なお、同年四月二日、河崎大蔵左衛門尉・同庶子等の闕所地（若狭国河崎荘など三か所）が義詮によって山徒一揆に宛行われているので[31]、河崎氏は一揆方に属していたことが知られるが、別の一族がその後も勢力を保ち[32]、のちに述べるように守護細川清氏のときその被官となり、応安の一揆では守護一色方に与し、南北朝末期にはその重臣になっている（第Ⅱ部第三章第三節６）。

文和二年（一三五三）六月、南朝軍・直冬勢が入京し、再び義詮を近江に逐うと、山名時氏は翌七月、南朝・直冬から若狭守護に任じられ、代官の幡津次郎左衛門尉・三宅中村六郎左衛門尉は、遠敷郡稲岡に城を構えて立て籠もったが、「国人等押寄合戦たび〳〵ありて」、同月二十七日にはこれを追い落とした（「今富次第」）。この「国人等」に本郷氏が含まれていたことは間違いない。すなわち、本郷貞泰はこの年七月二十四日までに鎌倉の足利尊氏に「於于国致忠節之由」を伝え[33]、同月二十七日、つまり幡津らが稲岡城を退却したその日に、「於江州致忠」したとする注進状を、前日帰京したばかりの足利義詮に書き送っている[34]。網野氏は、稲岡から京都に向かって逃げる幡津らを近江まで追撃したと推測している[35]。

それでは、先の観応二年の一揆で、直義方として、守護代大崎と戦ってこれを追放した国御家人系の土着国人らは、ここではどちらの陣営に属したのだろうか。網野氏は、観応の一揆に参加した脇袋国治が以後史料から姿を消すことをもって、稲岡城に立て籠もったと推測している[36]。若狭の土着国人らはこれまで、観応二年正月（蜂起）、同年八月（山名時氏の山陰没落を支援）、同年十一月（守護代大崎を追放）の三度の軍事行動において、一貫して反尊氏（幕府）という立場に立ち、常に本郷氏らと戦っているので、稲岡城に籠もったかどうかは別にして、ここでも山名方に与したとみるのが自然である[37]。しかし、網野氏の推測のように、本郷氏が稲岡城を出た幡津らを近江まで追っていったとすれば、若狭での戦闘は幡津らの稲岡城退却をもって終息した、つまりは、土着国人らの軍事行動はあったとしてもきわめて限定的、あるいは消極的なものに留まっていたのではあるまいか。そのため、史料から消える脇袋のような者もいたが、一揆衆の大部分はこの一六年後に守護一色氏に立ち向かう応安の一揆まで勢力を温存し得たのである。

第二節　細川清氏の守護支配と若狭国人

南朝方守護山名時氏の代官幡津らが追放されてから翌文和三年（一三五四）五月までは、同元年に尊氏が任じた斯波家兼が守護として在任していたが[38]、家兼は同年九月、奥州管領に転じ、後任には細川清氏が補された。小川信氏は、観応の擾乱で一時直義党に走るなど去就の定まらない斯波氏を牽制するため斯波高経の分国越前と若狭を分断する、「衝撃的な措置」であったと評価している[39]。ともあれ、細川清氏はこのあと在任七年に及ぶことになり、変転きわまりなかった若狭守護が、初めて比較的まとまった期間在職することとなる（それ以前の守護一四代のうち在任期間の最長は山名時氏の三年余で平均は一年四か月足らず）。若狭における本格的な守護支配は清氏に始まるといってよかろう。この細川氏の若狭支配について詳細な検討を加えているのは、小川信[40]・松浦義則[41]・網野善彦[42]の三氏である。以下では、主としてこれら先学の成果に拠りつつ、細川氏期の守護と若狭国人の関係についてみていきたい。

1　清氏の若狭下向と越前「発向」

小川氏によれば、細川清氏はそれまで、観応三年五月〜八月から翌文和二年十月頃までの、最大一年半ほど、伊賀

（伊勢も兼務と推定）守護を務めただけで[43]、守護としての本格的活動は若狭が初めてといってよい。そのためか、彼は文和三年九月、守護に任じられるやただちに自ら若狭に下向し、神宮寺に着陣した（「守護職次第」「今富次第」）。そして時をおかずに、清氏は越前発向を宣言し、寺社に戦勝祈願を求めている[44]。この越前発向が、若狭下向の前から企図されていたのか、それとも若狭に着いてから急に決断したのかは定かでないが、いずれにせよ、家兼の若狭守護職を奪われた斯波氏に、細川氏に対する反撃の動きを感じ取ったからかもしれない。しかし、いかに猛将で聞こえた清氏[45]とて、守護就任と同時に分国に下り、分国での戦備態勢も整わなかったであろう中で、そのまま隣国まで出兵することは、あまり現実的ではないし、当時幕府引付頭人になっていた清氏[46]が、私怨にからむ合戦で長く京都を離れることも許されるものではなかったであろうから、たとえば、単なる示威行動として国境まで出陣するにとどまるなど、本格的な戦闘にまでは至らなかったのではあるまいか。

ところで、細川氏の若狭下向から二か月ほどのちに、明通寺は次のような禁制を入手している。

【史料B[47]】

（端裏書略）

禁制　明通寺

右、於当寺致御祈祷忠勤之間、所令停止甲乙人等乱妨狼藉也、於違輩之仁者、可被罪科者也、仍制札如件、

正平九年十一月八日　（花押）

小川氏は、この禁制の花押の主について斯波氏、それも斯波氏頼である可能性を指摘している[48]。これをうけて網野氏は、九月から十一月ころの若狭では、斯波軍と細川軍との戦闘状態になっており、斯波軍の若狭進出もあったのでは

ないかと指摘している[49]。この間ずっと戦闘状態にあったとは考えにくいとしても、たとえば、九月に清氏自身の越前（との国境付近）への発向が仮にあったとすれば、その報復のため、斯波軍が若狭に来襲した、というケースもあり得なくはない。斯波氏はこのあと直冬党となって、翌文和四年正月十六日、山陰から京都を目指す直冬らに呼応して、斯波氏頼が越中の桃井軍と共に入京しているが[50]、十一月の若狭進出が事実とすれば、斯波氏の幕府離反はすでにこのころ明確になったことになる。それにしても、二か月前に細川清氏に巻数を贈った明通寺が、今度は斯波氏に禁制の発行を求めなければならなかったということは、この一帯が細川氏の軍事的統制下になかったということであり、そのことは、遠敷郡の在地国人が、守護権力に組み込まれていなかったことを意味する。

2　給人の設定

さて若狭に下向した清氏が行った最初の施策は、守護領に給人を付けることと半済の実施であった。清氏は若狭に着いた九月、早速税所今富名内の八か所を選んで給人を付けた。国分寺・安行四郎丸・加尾浦田・三方今富・三方浦田・能登浦田・丹生浦田・志積浦田がそれで[51]、給人名は不明であるが、小川氏は、二、三年前、直義党として国人が蜂起したという若狭の在地情勢、山名時氏が罷免した海部秀氏の子孫、同忠泰を税所代に還付した政策などに照らし、多数の在地国人に給恩が施されたと推測している[52]。事実、後年東寺は「文和年中相州（清氏）為当国守護、国中寺社本所領悉以雖宛行于人給、於太良庄者曽以不被成其綺之条、世以無其隠者哉」と言っているが[53]、松浦氏によれば、これは誇張であって、今富名内八か所の他に守護給人として確認されるのは、同じ守護領の三方郡御賀尾（神子）浦の給人菊池武資・小林為俊の両人だけであり、寺社本所領に広く国人を給人として配したとみることはできないとした。

確かに、寺社本所領のすべてに守護給人が付けられたという東寺の主張はそのままは信じ難い。そもそも寺社本所領に給人をつけるには、荘官職を闕所にする必要があり、当然限定的とならざるをえない。したがって、給人の設定は守護領が中心となるのは当然であるが、一例ながら守護領以外の例も想定できることは後述する。守護領は、鎌倉末期から大幅に減少したとはいえ、大田文記載田数にして二七四町歩を超えていたと考えられるので（付論1表4参照）、被官に給地として宛行ったり、代官に任じたりする基盤として決して軽視はできないし（但し先の八か所以外で給地とされた明証はない）、文和四年九月、清氏が大飯郡大嶋八幡宮に天下泰平等のためとして税所今富名から「一入船馬足料毎年参貫文」を寄進しているように[54]、国内の寺社対策にも資するところが大きかった。

守護による国人の被官化の方法として、新恩給与だけでなく、本領・当知行安堵もあるが、次の文書は闕所化された所領の還付という、いわば、当知行安堵と新恩給与の両側面をもつ特殊な事例に属する可能性がある。

【史料C[55]】

若狭国堅海荘（小林彦六同庶子等跡）、同国田上保地頭職（大草十郎跡）事

任去文和三年五月廿五日御下文之旨、沙汰付左京権大夫代、可執進請取之、更不可有緩怠之状如件、

康安二年三月廿日　　御判

国富中務入道殿

吉岡九郎入道殿

これは、細川清氏のあと若狭守護となった石橋和義が使節国富長俊・吉岡禅棟[56]両人に宛てた書下で、斯波家兼（左京権大夫）が守護在職時の文和三年五月に、おそらく尊氏の御判下文で宛行われた堅海荘と田上保地頭職を、康安元

年（一三六一）九月に清氏が失脚したので、改めて石橋が家兼に打ち渡すよう命じたものである。ここで解釈が分かれるのは、堅海荘と田上保地頭職が闕所とされたのが、「御下文」が下された文和三年五月（もしくはそれ以前）なのか、それとも、同年九月に細川が守護になって以後なのかという点で、前者なら尊氏が小林・大草から両所を没収して家兼に宛行ったことになり、後者なら家兼が尊氏から得ていた両所を細川清氏が闕所にして小林・大草に与えたことになる。松浦氏は前者、(57)網野氏は後者と(58)解釈しているが、小林彦六は文和三年以前から堅海荘にいたらしいので、(59)ここは前者の可能性が高いと思われる。しからば、史料Cは次のような意味となろう。尊氏は小林・大草から没収した堅海荘と田上保地頭職を若狭守護斯波家兼に宛行ったが、そのあと守護になった細川清氏は両所領の打渡しを意図的に行わずに放置したままにしていた。そのため、清氏が失脚したあと守護になった石橋和義が改めて両所領を家兼に打ち渡す手続きを進めた。つまり清氏の行為は、尊氏による闕所処分を無視して、小林・大草両氏の当知行を黙認、つまりは事実上安堵したということになる。先に述べたように、清氏は若狭守護に就任してすぐ下向し、そのまま越前の斯波氏に兵を向けた可能性があることを前提にすれば、尊氏の下文を無視して両所領を家兼に渡さない処置をとったという想定は、それほど無理ではなかろう。

3　半済の実施

若狭の半済は細川清氏によって始められた。これについては、松浦氏が太良荘の事例を通して詳述している。太良荘地頭方の文和三年分年貢算用状（「百合」ハ函三〇）には、各種除分を引いた寺納米五六石余のちょうど半分に当たる二八石余が「しゆこ方半済分ニめされ了」とあり、年貢納入段階でその半分を徴収する方式の半済、つまり、東寺の荘園支配機構をそのまま容認した上で、年貢を東寺と折半するだけであって、それまでの兵粮米徴収となんら違いがない。この半済を網野氏は、河崎信成とその家人世木与一宗家に行われたとし、河崎は神宮寺に到着した細川清氏と結びつき、細川軍に加わったと推測しているが(60)、彼が太良荘初代半済給人となった明証はなく、算用状の記載通り「しゆこ方」、つまり細川氏（実際は守護代頓宮カ）が直接収取した可能性も否定できない(61)。

翌文和四年四月になると、太良荘領家・地頭職半済分は兵粮料所として大高五郎（前々代若狭守護大高重成の子息重久(62)）に給付されるが（「百合」ハ函二九）、同年八月には、領家職の半済分を超えて一円所務をしたとして、細川氏奉行人連署奉書（「百合」は函一〇三）によって「所詮厳密可止彼妨之旨、可令下知所代官給」と命じられている。つまり、大高は自身は在地に赴かず「所代官」に所務を委ねていたことが知られる。その少し前の七月、東寺は細川氏奉行所に世木宗家・彦五郎らが「寄事於世上動乱、致自由濫妨、不寄付雑掌於地下」として、使節に命じて雑掌を地下に沙汰し付けるよう訴えている（『教護』四一一）。その後九月になると、今度は足利尊氏の御内書（「百合」ミ函四四―二）によって、太良荘領家職への河崎信成の「濫妨」を理由に、東寺の一円支配が安堵された。この一連の流れから、右にいう大高の「所代官」の行為と世木らの「自由濫妨」は、あるいは同一の事象ではないか、換言すれば、大高の「所代官」とは河崎のことではないかとも思えてくるが、仮に別人だとしても、河崎が細川氏の半済給人ということにはならず、半済給人の地下代官にすぎない。なお、尊氏が東寺の一円支配を認めたのは領家職であって、地頭方については文和四年の年貢算用状（「百合」ハ函三一）で半済分が徴収されているが（前年と同様、各種除分を引いた寺納分を折半）、領家方は延文二年分の年貢算用状（「百合」オ函三四―三）、地頭方は同三年分の請料銭幷麦地子算用状（「百合」ハ函四一）に半済分が見えず、領家方・地頭方ともに東寺の一円支配は回復したことが確認できる。

4　河崎信成の被官化

ところで、河崎信成は半済給人ではなかったとしても、このあと、細川清氏との関係を深めていったのではないかと思われる。

【史料D】[63]

於御祈祷者、深憑入候、所願成就之仕候者、今度於御方拝領地内田地参丁、可奉当寺寄進之候、仍為所願成就、祈願状如件、

正平十二年七月十日　　日向守信成（花押）

根本神宮寺衆徒御中

網野氏はこの文書、及び「にんきの太郎入道（仁木義覚）殿」の借物五貫文についての延文二年（＝正平十二年）十二月十三日太良荘領家方百姓等連署請文（「百合」ッ函三五）をもって、次のように述べている[64]。この年清氏は、斯波高経の越前守護職を望んで尊氏から拒否され、阿波に出奔した隙をついて、かねて清氏と対立していた仁木氏が、南朝と通じつつ若狭でなんらかの動きを示していた。つまり、河崎は仁木氏と結んで行動を起こしたとの解釈であるが、そうではなくて、逆に阿波に没落した細川氏に呼応して行動を起こそうとしたのではないかと思われる。

まず、網野氏が仁木氏の動きを示すとした太良荘領家方百姓等請文にある仁木義覚に関わる五貫文とは、六年前の観応二年に一時若狭守護に就いた義覚が太良荘に兵粮銭を懸けたとき、東寺が京都で守護に納入した五貫文に関わることであって[65]、この年仁木義覚が若狭で動いたわけではない。そして、なにより、仁木氏がこのタイミングで南朝方

になる必然性は小さく、逆に、尊氏の不興を買って京都を没落した細川清氏にこそ十分な理由がある。事実、この年閏七月下旬には、清氏が南朝の綸旨を得たという情報が京都で語られている[66]。史料Dより一か月以上もあとなので、河崎が南朝方となった清氏に呼応したとする仮説には不安も伴うが、清氏が阿波に向けて出京したのは六月十五日であるから（『園太暦』同日条）、ほどなく南朝と交渉したとすれば、矛盾は生じない。

この仮説が成立するとすれば、史料Dは、南朝方に転じた細川清氏に呼応して兵を挙げ恩賞地を獲得したら、その内の田地三町を寄進すると約したもの、ということになろうが、当時の京畿や若狭の政治状況を冷静に観察すれば、そのような挙に出ることがいかに無謀なことか容易に想像がつくし、清氏の南朝帰順というのもどこまで真実味があったかも疑問のもたれるところである。にもかかわらず、河崎信成があえてかかる行動をとったのは、「国一悪党」と呼ばれた彼の血気と短慮が与かったとしても、ここに彼と守護細川権力の関係の深さを読みとることができるのではなかろうか。清氏は翌延文三年四月に尊氏が死去したこともあって幕府内での地位を回復し、同年十月には執事（管領）に就任した。それまでの間、若狭での戦闘は史料的に確認できず、結局河崎信成の南朝方宣言は、単なるパフォーマンスに終わったようである。

5　細川清氏と若狭在地国人

小川氏は細川清氏の軍勢の性格について、麾下に参じた国人の出自・性格の分析をもとに「混成部隊的」と評し、かかる軍事力の欠陥を補うため清氏は、守護領において「相当多数の国人」への給恩を施し、寺社本所領に半済を実施して強固な被官関係の育成を意図した、とした[67]。この氏の所説には異論を差し挟む余地はほとんどないが、史料的制約から、若狭における細川氏の支配機構や給人の事例はきわめて限られていて、特に、在地国人に対する清氏の態度は判然としないうらみがのこる。この点について松浦氏は、守護領における給人で唯一判明している小林為俊・菊池武資両人のうち、小林について次のように明らかにした(68)。小林氏は「若狭国惣田数帳」の上下宮領安賀郷内一町三反の朱注に「地頭小林二郎跡也」とあるように、鎌倉期の地頭に系譜を引く御家人であったが、給地御賀尾浦では単なる得分収取権者ではなく、もう一人の給人菊池及び公文と共に同浦地頭年貢を注進するなど所務にも関わっていた。さらに、同浦と小面浦とで辺津浜山の帰属を争った際には、守護の裁決を菊池と二人で現地で執行するなど、守護給人領における守護支配を実現していたとする。しかし、松浦氏も指摘しているように、ただ一例が知られるだけとはいえ、細川氏が在地国人を給人としたことは注目すべきではあるが、小林氏はいわゆる国御家人の子孫でないことも見過ごすことができない。ちなみに、小林氏は秩父氏の流れをくみ、上野国緑野郡小林を名字の地とする関東御家人である(69)。

先にみたように、河崎信成が細川氏の被官になった可能性はあるものの、細川清氏の給人になったことが史料上で確認できる在地国人は、松浦氏の指摘通り小林氏のみで、その小林氏も関東御家人の系譜を引く。小林為俊と共に御賀尾浦の給人となった菊池武資は、明証はないものの、「武」を通字とする肥後菊池氏出身の可能性が高いし、田上保地頭職を事実上安堵された大草氏にしても、将軍近習からのち奉公衆になる在京人である(70)。さらに、三方郡耳西郷半分地頭職を細川氏から給付されていたと思われる長井掃部助(71)も、鎌倉期から室町期にかけて、吏僚、奉公衆として多数の史料所見を持つ長井氏の一族で、建武政府武者所一番の長井掃部助大江貞匡(72)の子息と推測され、在地国人ではない。この他、半済給人として唯一徴証のある太良荘の大高五郎重久も、守護大高重成の子息であった（前述）。

細川氏の若狭支配機構の在職者にも、なおさら在地国人は見当たらない。守護代頓宮左衛門尉義幸[73]が備前頓宮氏の一族であること、頓宮のもとの小守護代らしき那良某[74]は、摂津で守護細川頼元の被官として活動している奈良氏の一族であることは佐藤氏、小川氏によって明らかにされている[75]。また、文和四年、三方郡辺津浜山を「守護殿御下文」を受けて小面浦刀祢松本友連に打渡している夜久十郎左衛門尉法名頼真[76]の名字の地は、丹波国天田郡夜久郷ではなかろうか。この他、文和四年八月に二通の連署奉書[77]を残している湯浅季秀・元吉秀保の両奉行は在京奉行かとも思われるので[78]、これも在地国人ではなさそうである。

結局細川氏は、在地国人を支配機構の公職に起用しなかったのはもちろん、新たな給地を宛行ったり半済給人にするのも、ほとんど非在地国人であったといえる。松浦氏はそうした現象を、鎌倉期の幕府・守護（得宗）の土着国人に対する「差別」と圧迫の歴史を踏襲する細川氏の姿勢と、特定の守護と結びついて荘園制から「離脱」することが没落に結びつくことを学んできた国人側の不信と警戒の結果だとしている。若狭守護の頻繁な交替の背景に、網野氏が指摘しているように[79]、斯波氏による越前・若狭の一体的支配に対する幕府内での抵抗の動きがあったとすれば、若狭では前守護と当守護の政治的対立関係が常時伏在していたともいえる。あまりに短い在任期間が続く守護に積極的に接近する危険性を、在地国人が感じ取るのは当然であろう。史料的制約から、在地国人の給人化の程度を正確に把握することはできないが、松浦氏の指摘のように限定的だったとみてよかろう。ただ、細川氏の側に、鎌倉期の得宗のように土着国人を差別と圧迫の対象にしようとする姿勢があったとは考えにくいのではあるまいか。小川氏がいうように、土着国人の掌握は細川氏にとって喫緊の課題であったはずであるが、国人、特に幕府直勤御家人以外の国御家人系の土着武士が守護権力への警戒心を解かなかった結果、鎌倉期的政治構造が維持されていたと理解すべきではなかろうか。

執事として専権をふるった細川清氏は、佐々木導誉らの画策もあって将軍義詮からの猜疑を招き、康安元年九月二十三日、京都を出奔し、若狭に下った[80]。これを迎えた国元の守護代頓宮義幸以下守護所の被官たちは、国内から人夫や兵粮米・木材などを徴収し、小浜・玉置に城を構えて臨戦態勢を整えたが[81]、石橋和義を主将とする幕府軍と丹波守護仁木義尹の率いる搦手からの軍勢が若狭に入り、十月二十五日の合戦で敗れた清氏は近江に逃れた。『太平記』は守護代頓宮が離反して、寄せ手を城中に引き入れたと伝える（巻三六）。頓宮は合戦準備段階において積極的に陣頭指揮に当たり[82]、「究竟ノ城」を構え、籠城しても「一年二年ノ内ニハ容易落」ちないだけの「兵粮数万石」を用意していたにもかかわらず（『太平記』）、戦わずしてかかる行動に出たのは、おそらく在地国人の協力が得られなかったからであろう。七年に及ぶ守護細川氏（守護代頓宮氏）の若狭支配は、少なくとも国人の掌握においては、さしたる成果を上げられなかったということである。

第三節　石橋和義・斯波氏の守護支配

1　石橋和義の守護支配

細川清氏失脚のあとをうけて守護に就任した石橋和義は、内乱初期に備前国大将、伯耆守護、備後守護をそれぞれ短期間務めたあと、暦応四年（一三四一）以降は幕府引付頭人に就き、その政治的地位を高めていった。その背景には、和義が足利一門で抜群の家格を誇る斯波氏の始祖家氏の曾孫に当たり、斯波氏宗家と同じ尾張姓で呼ばれていたように、斯波氏の一員とみなされていたことが少なからず与かっていたとされている[83]。斯波家兼が若狭守護として同国南軍との戦いに苦戦していた建武五年（一三三八）、和義が参戦しているのは[84]、斯波氏の一員としての行動であろうし、若狭に没落した細川清氏追討の主将を、『太平記』が和義（尾張左衛門佐入道心勝）ではなく斯波氏頼（尾張左衛門佐）とし、斯波氏分国越前の軍勢を差し向けたことにしているのは、単なる官途の一致による誤解というよりも、和義の行動を斯波氏のそれと同一視する当時の社会的認識を反映したものといえよう。

石橋和義は幕府引付頭人という要職にあるとはいえ、備後守護を離職してから二〇年間守護職に就いておらず、軍事的・政治的権力基盤の形成という面で十分な環境にあったとはいい難い。したがって、前代の細川清氏同様、和義にとって若狭国人の掌握は何にもまして喫緊の課題であったと思われる。

石橋のとった施策で注目すべきは、鎌倉期の国御家人の系譜を引く土着国人とみられる国富氏[85]を守護代と使節に抜擢したことである。すなわち、守護代には国富肥後守[86]が就き、国富中務入道長俊が税所今富名又代官吉岡九郎入道禅棟と共に遵行両使を務めている[87]。これまでの若狭守護は守護代はもとより、それ以外の公職にも在地国人を起用した形跡は確認されていないことからすれば、その態度は際だっている。ただ、裏を返せば、分国経営の衝たる守護代職を預けるだけの信頼すべき譜代被官が、当時の石橋氏のもとにいなかったことをも意味する。そして、のちにふれる半済給人を含めても、石橋氏の被官として所見のある国御家人系土着国人は、国富氏以外に見当たらず、彼らの被官化は容易に進まなかったことがうかがわれる。

そのような中、やや異色の被官として大内氏がいる。大内氏は石橋和義とその嫡子棟義が陸奥に移ってから、石橋家の執事として見える家であるが、[88] 近世の地誌類によれば、大崎氏の旧臣で小浜の「留守居」であったのが、大崎氏の勘気を受けて石橋氏の被官になったという。[89] ここにいう大崎氏は、石橋氏の前々代の若狭守護で、のち奥州探題となる斯波大崎家兼のことであろうから、家兼の勘気を受けたあと、次の守護細川清氏の在職した七年間、そのまま小浜に雌伏した末に石橋氏に仕官したということになり、不自然の感も否めない。むしろ、大内氏は家兼と共に陸奥に移ってから主従関係を解消し、そのあと陸奥に来た石橋氏と関係を取り結んだとみなす方が合理的とも思われる。しかし、石橋氏が若狭守護時代に大内氏を被官としていた確証がある。すなわち、康安二年（一三六二）、大内右衛門尉和秀が「先給主太伊良任本寄進状之旨」せて遠敷郡松永保寺野村を明通寺に寄進しているのは、[90] これまでに松永保地頭職を失った（細川清氏の失脚に伴うものであろう）多伊良氏の過去の寄進を再確認したものであって、多伊良氏の跡職を石橋氏から宛行われたものと推測され、若狭守護時代の石橋氏の被官に大内氏がいたことは認めてよい。

このように、若狭守護職を得ると守護代に土着国人国富氏を起用し、陸奥に移ってからは、若狭で被官化した大内氏を執事にしたというのは、この時期における石橋氏直臣の層の薄弱さを如実に物語っている。ちなみに、「今富次第」は、石橋和義のもとの今富名又代官吉岡九郎入道について、「これはしきち入道（代官敷地入道）の傍輩ながら中付なり」と特記し、本来被官関係にあるべき代官と又代官の間が、異例の「傍輩」関係にあることを伝えていて、これもまた、石橋直臣団の人材不足を反映しているといえよう。

細川氏を駆逐した石橋氏は、その年の内に国内に半済を実施したと思われる。太良荘は清氏が没落した直後から在地国人松田師行の代官宮川が乱入して「散々監妨狼籍」を働き、その停止を命じる十一月十七日付の足利義詮御判御教書（「百合」マ函五四）が出てもこれを無視し、結局十二月まで退かなかった（「百合」は函一〇五―一）。[91] そのあと十二月下旬になって、守護方から太良荘を「被渡」た「武田殿」がこれを「受取」り、来納として請料銭を徴収している（同文書）。この「武田殿」こそ、のち一色氏のもとで小守護代となる武田重信その人とみられる（第Ⅱ部第三章第二節1参照）。武田の太良荘への入部は十二月下旬であったが、それは宮川の「濫妨」が続いていたからであって、おそらく、もっと早くに石橋から太良荘の半済給人に指名されていたとみてよかろう。東寺は翌康安二年二月、半済停止を幕府に訴えて、同月のうちに石橋氏奉行人連署奉書の打渡状（「百合」ナ函八―八）が発給されている。その五日後には廬山寺領前河南荘でも同様に、半済分の寺家への打渡が命じられている[92]。太良荘ではその直後の三月五日、武田が退出するのと入れ替わりに、ヘカサキ右馬助重雄が太良荘半済を「賜」ったとして入部してくる（「百合」は函一〇五―一）。つまり、在京の守護石橋の在地統制が全く機能していないのか、さもなくば石橋に本気で幕命を遵守する意志がないかのいずれかであるが、おそらく前者が実態であろう。五月になるとヘカサキは、東寺の一円知行の主張を「何様子細候哉」と一蹴し、半済分の所務のためとして、東寺に関係文書の提供を要求してきた（「百合」ッ函二〇八）。そのときのヘカサキ重雄書状案の袖に、加斗荘内別納・安賀里・鳥羽・賀茂荘の名が記されているのは、おそらく、すでに半済が実施されているという在地の情報を得た東寺側が追筆したのであろう。この他、三方郡田井保でも半済にされたことが知られているので[93]、国内一円に半済が実施されたとみてよい。東寺ではこうした若狭の現状とヘカサキの強硬な姿勢を前に、土地を分割する方式の半済を決断するが（「百合」タ函一三、五月四日条）、この方式の半済が実現するのは次の斯波氏の代の貞治四年（一三六五）になってからで[94]、貞治二年の算用状では領家方・地頭方ともに、除分を引く前の定米を折半する方式で半済が行われている（『教護』四五七、「百合」ハ函六二）。

ところで、石橋氏のもとの半済給人として判明しているのは太良荘の武田重信とヘカサキ重雄のみであるが、武田については、第Ⅰ部第一章第二節1で推測したように、甲斐国蓬沢を本貫とする武田氏の一流で、在京していた氏族の可能性がある。一方のヘカサキについては確証は全くないが、滋賀県高島市今津町平ヶ崎を名字の地の一つの候補とすることができるのではなかろうか。同地から若狭街道を通って小浜までおよそ三〇キロメートル（国境までなら約一五キロメートル）ほどの距離になり、若狭の情報も得やすい位置にあるといえる（序論末尾図1参照）。ともあれ、武田氏にしてもヘカサキ氏にしても、石橋氏といかなる経緯で関係を持つに至ったかは全くわからないが、若狭の在地国人でないことは認めてよかろう。

石橋氏の守護支配でもっとも注目されているのは、貞治元年（一三六二）の丹波出陣に伴う軍事動員のあり方である。山名時氏と足利直冬が合流して京都をうかがう動きを見せたため、同年十一月十八日、足利義詮は石橋和義に対して、三河・遠江両国軍勢の丹波発向が来月二日必着になったことを伝えて協力を命じた（「百合」ゑ函三八）。和義は早速若狭に下向し、半済になっている荘園は守護方の一円管領とする方針を伝えた上で[95]、守護代が次のような廻文を発した。

【史料E】（「百合」ゑ函三九）

（端裏書）
「若州守護代廻文案貞治（元脱）十二五到来」

就丹州御発向事、重御教書如此、案文進候、来六日於当浜可有着到候、於寺社所領、庄官沙汰人等可被馳参候、若不参之儀候者、可被致改蒙御沙汰候、仍執達如件、

貞治元年十二月三日　　　　肥後守在判

遠敷郡地頭御家人 御中

宛所は地頭御家人であるが、寺社領の荘官・沙汰人までが動員の対象とされているため、太良荘にも廻文が届けられたのである。太良荘では預所代快俊が丹波に参陣したが、かねて預所職をめぐって快俊と対立していた前預所阿賀丸（故人）の妹御々女は、石橋の命令は「為一国之法間、一往催促」されただけであって、さほど「厳密沙汰」には及ばなかったにもかかわらず、快俊がこれに応じたのは「御年貢犯用之咎」を逃れるためであり、しかも「寺家進止之預所」が「武家之法」を守るのは「比興之至」と指弾している（「百合」ヱ函三九）。これに対して快俊は、寺家の「御免許」を得ているし、好んで参陣したわけではない上、国内すべての寺社本所領が四分一済にされた中で当荘が半済で済んでいるのは、自分の「軍役」によるものだと反論している（「百合」ツ函五三）。松浦氏は、この石橋の軍事動員＝「一国之法」が、本来「武家之法」の及ばない「寺家進止」の荘官をも対象に含めたところに画期的な意義を見出している。確かに、これ以前の歴代若狭守護が寺社領の荘官・沙汰人を軍事動員の対象とした例は確認されないが、たとえば、寺社一円領の百姓が陣夫や城誘夫など、広義の軍役を課せられることは、太良荘でも以前から見られた[96]。その法理の淵源は、おそらく、鎌倉幕府がモンゴル襲来に際して、地頭御家人に加えて本所一円地住人の動員を守護に指示した、著名な文永十一年（一二七四）十一月一日関東御教書案（「百合」ヨ函二九―一）にあり、南北朝内乱期の守護が「本所一円地住人」に荘官を含めるのは自然の流れであろう。

応安二年（一三六九）、播磨守護赤松氏から軍役を懸けられた矢野荘では、九月六日、「野臥」数十人と共に「両御代官」「沙汰人」が播磨国今宿と摂津国中島に発向した[97]。赤松らの出陣後にこのことを知った東寺は、急ぎ寺僧を摂津に下して交渉したようであるが[98]、結局、代官・百姓（野臥）らは十二月二十五日まで在陣させられた[99]。このことをふまえて、東寺は翌三年七月、矢野荘に対する長夫と軍役の免除を赤松氏に訴える申状を提出するが、その中で、「次軍役事、是又依為御大事、預催促之上者、争可申異義哉、但寺家代官等、不弁弓箭本末、曽以不可有戦功、只称兵粮、徒費三宝物許也」と述べている（「百合」ノ函五〇）。つまり、寺家代官の軍役回避を、太良荘の御々女が言っていた「寺家進止」たる預所に対する「武家之法」の適用という、職の秩序上の論理ではなく、代官の戦闘能力の欠如を論拠にして実現しようとしており、守護から代官に対する軍役賦課そのものは「争可申異義哉」として、受容しているのである。さらに、応安六年七月、赤松氏から矢野荘に「南方発向軍役」が懸けられた際も、東寺は「今度又厳密書下之間、難遁彼役」という判断から、赤松則祐後室奈々局の口入で軍役免除の赤松氏奉行人連署奉書を入手しているのは（「百合」ム函四九、八月七日・同月十九日条）、もはや本所側に、荘官の軍事動員を法理の上から拒否する道は残されていなかったことを物語っている。

　以上から、石橋氏が寺社領の荘官・沙汰人を軍事動員の対象としたことは、若狭ではひとつの画期といえるが、うち続く内乱の中で展開された、南北朝期守護による総動員体制の構築のなかで必然的に現れた現象であったともいえるのではなかろうか。石橋氏の代にそれが現れた背景のひとつとして、石橋氏独自の軍事的基盤が脆弱であったことを挙げることは可能であろう。

　なお、御々女が石橋氏の動員令について「不及厳密沙汰」と言っているのは、必ずしも快俊批判のための単なるレトリックではなく、快俊が「当国寺社本所領悉以四分一済、一国平均之法無其隠」と言い、事実、田井保で四分一済の実施が確認されるように[100]、むしろ、四分一済の方が現実的かつ広範に実施され、荘官の参陣は限られていたのではないかと思われる。ただ、この本所領荘官に対する軍事動員策は、次の守護斯波氏にも継承されることになる。

２　斯波氏の若狭支配

石橋和義の若狭守護在任は二年足らずで終わり、貞治二年（一三六三）八月から越前守護斯波義種の兼帯とされた。これは、前年、幕府内での地位を回復した父斯波高経と、対立関係に転じた佐々木導誉との政争の中で、導誉派の石橋が罷免されたものである。(101)建武三年（一三三六）、斯波時家（家兼）が初代若狭守護に就いて以来、石橋までの一七代のうち六代が斯波氏で占められ、いかに斯波氏が若狭守護職の確保に注力してきたかがわかるが、義種は当時十二歳であり、若狭経営の実権はいうまでもなく父高経のもとにあった。

斯波氏の若狭支配体制は、守護代に細川完草上総介（義春）(102)、小守護代に安富某、税所今富名代官に藤沢次郎・加藤三郎という布陣であった（「守護職次第」「今富次第」）。細川完草義春は細川氏庶流で、斯波氏のもとで越前や越中でも一族が守護代を務めている、この時期の重臣の一人である。(103)「守護職次第」に見る限り、小守護代が記録されるのは安富が初めてである。以前の若狭に小守護代が全く置かれなかったと断じることはできないが、斯波氏になって、若年の守護を支える在国支配体制の充実を図ろうとする意図はあったのかもしれない。安富氏は頼之系細川氏の重臣安富氏と同族の可能性も考えられるが、全く手がかりを欠く藤沢・加藤両氏も含め、在国支配機構構成員の素性はよくわからない。なお、同時代文書では、「守護職次第」にいう安富ではなく、深町法眼なる者が小守護代的活動をしていることが知られている。(104)深町氏は、越前国坪江郷に拠点を置く国人であり、(105)守護代細川氏の被官ではなく、斯波氏の被官として若狭に派遣されていたのであろう。この他、斯波氏被官としての若狭における活動が確認される国人としては、太良荘の半済給人小沼左近将監（貞治四年「太良荘地頭方評定引付」〈「百合」タ函一五〉六月十三日条）、貞治四年三月、太良荘地頭方に課した軍役を務めないとして同荘に入部させた給人「まから」（真柄）某（同、三月二十七日条）、同三年ころ、遠敷郡名田荘内各地で違乱を働いたとして提訴された「守護家人新名平次郎繁氏[106]」らの名が知られている。このうち真柄氏は、越前国今南西郡真柄荘を名字の地とする国人であることは間違いないが、小沼・新名両氏については、関係史料が管見になく、詳細は不明である。

斯波氏の若狭支配で先学が注目しているのは、石橋氏に続く軍事動員のあり方である。

【史料F】（貞治四年「太良荘地頭方評定引付」〈「百合」夕函一五〉三月七日条）

守護代書下

為発向摂州、今月十日可有上洛也、随而壱騎致用意、来八日被越于小浜者、可被同道之由候也、

貞治四年三月二日

多良保地頭方

守護方は太良荘地頭方に「壱騎」を用意して京都まで守護代細川と同道するよう求めてきたのであるが、太良荘側がこれに応じなかったため、半済給人小沼左近将監に加えて真柄某を給人として入部させた。これに対して東寺太良荘地頭方供僧らは、黒坂備中なる人物に半済年貢の三分の一を渡して斡旋を依頼し、預所快俊が一人で地頭・領家両方分の軍役を勤めたとみなすことで真柄を退けようとしている（貞治四年「太良荘地頭方評定引付」〈「百合」夕函一五〉三月二十七日条）。

松浦氏が指摘するように、ここには前代の石橋氏と同様、地頭・御家人のみならず、荘園領主の支配下にある荘官までも軍事動員の対象とする論理が見られる。松浦氏は、補任を通じてのみ成立する職の自立的秩序よりも、守護の

軍事的支配権を優先させようとするもので、得分権化が極に近づいていた荘園諸職にも、国レベルで果たすべき社会的責務を求める論理だと評価している。なお、本所領に対する軍事動員の姿勢には、石橋・斯波両氏の間で若干相違も見られる。すなわち、石橋氏のときは、荘官の参陣しない荘園には四分一済という代替措置が用意されていたし、動員令そのものも、地頭・御家人宛のを廻文の形で寺社一円領にも、いわば「ついでに」届けるという方法をとっていて、どちらかといえば消極的な姿勢が看取されるのに対して、斯波氏は「多良保地頭方」を宛所として明記し、「壱騎」という具体的負担内容まで明確にするなど、より積極的な軍勢催促を行っている。前項でふれたように、東寺側は守護からの軍役賦課に対して、寺家代官の戦闘能力の欠如を訴えたり、戦勝祈願こそ戦時における寺社の本務という論理で抵抗を試みることはあっても、荘官に対する本所の支配権の侵害というとらえ方はもはやしていない。斯波氏が本所領の荘官にどれほど軍事的貢献を期待していたかは疑問なしとしないが、貞治四年の斯波氏の軍事動員令には、明らかに石橋氏のときより一歩進んだ、より強硬な姿勢をうかがうことができる。松浦氏は、石橋・斯波両氏に見られるような軍事支配権が貫徹されたならば、かなり特異な「守護領国制」が形成されることになったと思われると述べているが、そもそも、一律にはいえないが戦闘員として適性を欠く寺僧の荘官まで含めた画一的な動員体制が、はたして守護軍の強化にどれほど資することになるのか、甚だ疑問といわざるを得ない。石橋・斯波氏がとった軍事動員策は、客観的にみて分国支配体制の中に制度として位置づけられる性格のものではなく、あくまで、緊急の臨時的措置ではなかったか。守護が戦争を遂行するに当たって荘園の人間を利用する場合、荘官を「壱騎役」として動員するよりも、百姓を陣夫・城誘夫や野伏として徴発することの方がはるかに有意義で重要なことは明白である。

斯波氏の若狭支配は、貞治五年のいわゆる貞治の政変による失脚によって、わずか三年で終わり、本格的な守護支配は、次の一色氏の登場から始まることになる。極端な短命守護が続いていた若狭で、初めて七年というまとまった期間在任した細川清氏のあと登場した石橋、斯波氏も、二、三年で若狭を去った。この間、守護と被官関係を取り結んだ在地国人はきわめて少なかったと思われる。結局、若狭の国人たちの多くは、歴代守護との距離を保つ姿勢を崩さなかったのである。

註

（1）田中稔「鎌倉幕府御家人制度の一考察」（石母田正・佐藤進一編『中世の法と国家』東京大学出版会、一九六〇年）、河音能平「若狭国鎮守一二宮縁起の成立」（『八代学院大学紀要』一、一九七〇年、のち同『中世封建制成立史論』東京大学出版会、一九七一年、に収録）、網野善彦a「若狭一二宮社務家系図―中世における婚姻関係の一考察」（『地方史研究』一〇七、一九七〇年、のち『網野善彦著作集』第一四巻、岩波書店、二〇〇九年、に収録）、b『中世荘園の様相』（塙書房、初版一九六六年、改訂版一九八八年、のち『網野善彦著作集』第一巻、岩波書店、二〇〇八年、に収録）、c『小浜市史』通史編上巻（第二章第三節「モンゴル襲来と得宗専制」）。

（2）網野a前註b著書、b『小浜市史』通史編上巻、第二章第四節「南北朝の動乱」、松浦義則「南北朝期の太良荘と守護支配」（『福井県史研究』四、一九八六年）。

（3）「観応二年日次記」（『続群書』二九下、雑部）観応二年正月七日条に「将軍瀬河ニ逗留云々、同日先陣山名伊豆之軍勢等先立言上（貴カ）云々」と見える。網野氏は、「観応二年正月、山名時氏も若狭・丹後等の兵を率い、直義に応じて京都に向かった」とするが（註2b「南北朝の動乱」四八一頁）、若狭の武士が時氏に率いられて入京した事実は確認できない。

（4）『園太暦』観応二年正月十六日条。

（5）観応二年三月日諏訪部（三刀屋）扶直軍忠状（『史料』六―一四、四六六～四六七頁、三刀屋文書）。この軍忠状の証判は山名時氏のものである。

(6)『福井』２、東京大学史料編纂所所蔵本郷文書二三号。以下、同文書については、「本郷文書二三号」の如く略記する。

(7)〈観応二年〉正月二十日足利尊氏消息（『史料』六―一四、六六六～六六七頁、「明智系図」）に「すてにはりまの国にたち越てちんをとる処なり」とある。

(8)『史料』六―一四、七〇二～七〇九頁。なお、光明寺合戦については、『社町史』第一巻、古代・中世編第三章第三節「観応の擾乱と光明寺合戦」で詳述したことがある（三六二～三七六頁）。

(9)「観応二年日次記」（註３）観応二年七月三十日条。

(10)本郷文書二八号。

(11)山名時氏が出雲の守護職を得たのは観応二年二月末から三月の間である（佐藤進一『室町幕府守護制度の研究』下、東京大学出版会、一九八八年、五二頁）。時氏は八月二十一日付で、出雲の国人諏訪部（三刀屋）信恵を味方に招き、信恵は翌二十二日、三刀屋郷石丸城に諸族を集めて挙兵している（『史料』六―一五、二二三～二二四頁）。時氏の居所は特定できないが、少なくとも出雲のほぼ中央に位置する石丸城（雲南市三刀屋町の「三刀屋じゃ山城」）から一日行程の場所に相違なく、出雲国内とみるのが自然であろう（同じ分国の伯耆の西端の可能性も否定はできない）。

(12)上野頼兼の丹後守護在職徴証は、共に上野左馬助（頼兼）宛観応二年四月一日付と同月十三日付の室町幕府引付頭人奉書（『宮津』一九一〈醍醐寺文書〉・一〇一〈長福寺文書〉）。頼兼は、観応二年九月三日に丹後で南朝勢と戦って討死している（『園太暦』同月十二日条）。

(13)本郷文書二八号。

(14)同右、三〇号。

(15)同右、三一号。

(16)仁木義覚の若狭守護在職を指摘したのは松浦氏で（註２論文）、典拠は、文和二年三月十五日西向請文案（「百合」ツ函三〇）の「去々年〈観応二〉仁木太郎入道殿若狭国守護之時」の部分である。網野氏は、仁木が太良荘に課した兵粮五貫文を東寺が京都で守護方に渡しているので（同請文案）、仁木は若狭に下っていないとしている（註2b「南北朝の動乱」四八二頁）。

(17) 観応の擾乱における斯波氏の動向については、小川信『足利一門守護発展史の研究』（吉川弘文館、一九八〇年、以下、本書については小川前掲書とのみ示す）第二編第一章第三節「観応擾乱前後の斯波氏」がもっとも詳しい。

(18) 斯波家兼は観応二年九月に明通寺に禁制を下している（『福井』9、明通寺文書三二号）。

(19) 「守護職次第」が康永元年九月から貞和四年六月まで大高重成の二度目の守護在職を伝えているが、この間在職が一時中断して康永三年春に復職したことが、佐藤進一氏によって明らかにされている（同『室町幕府守護制度の研究』上、東京大学出版会、一九六七年、二一四〜二一五頁）。

(20) 本郷文書三三号。

(21) 守護代大崎の追放後も三宅入道の譴責に悩まされた太良荘百姓が、正平七年（観応三年）二月、二度にわたって東寺に「瓜生殿」（脇袋国治）の地頭代補任を求めた申状の中に、「当国のいきの衆御契候ハてハ不可有正躰候歟」（「百合」ハ函三六三）、「当国いつきいつき《（ママ）》何しつまりかたく候間」（「百合」ハ函一九）と見える。

(22) 松浦註2論文。

(23) 外岡氏は、一揆構成員はあくまで荘園制的秩序の中に自己を明確に位置づけることを志向していたので（松浦註2論文）、荘園制的秩序を重んじた直義を支持して蜂起したとするが（「一四〜一五世紀における若狭国の守護と国人」『敦賀論叢』五、一九九〇年、のち同『武家権力と使節遵行』同成社、二〇一五年、に収録）、一揆衆がはたして尊氏と直義の政策の差をどれほど体感し正確に認識していたか、疑問なしとしない。

(24) 本郷文書三六号。

(25) このあと述べるように、本郷氏の軍忠を幕府に注進したり（本郷文書三八号）、恩賞を推挙したり（同文書四二号）、さらには明通寺に天下泰平の祈祷を命じているのは（『福井』9、明通寺文書三三号）、すべて斯波直持である。

(26) 観応三年五月十八日本郷貞泰軍忠状（本郷文書四一号）に「去三月十七日治部大輔殿（斯波直持）京都御発向之間」とある。

(27) 観応三年三月二十四日、足利義詮が「治部大輔直持」の注進した若狭における本郷貞泰の軍忠を賞する御判御教書（本郷文書三）を発しているのは、上洛した直持からの注進に拠ったのであろう。

(28) 本郷文書三九号。

(29) 同右、四〇号。

(30) 同右、四二号。

(31) 『史料』六―一六、四一二頁、足利将軍代々下知状。

(32) 文和二年（一三五三）、河崎日向守信成は神宮寺に玉置荘内の地を寄進し（『福井』9、神宮寺文書七・八号）、同四年七月には、家人世木宗家らが太良荘で「自由濫妨」を働いたとして東寺から訴えられていて（『教護』四一一）、のち太良荘百姓らは河崎のことを「国一悪党」と評している（「百合」ハ函四二）。一揆方に属した河崎氏は大蔵左衛門尉を称しているので、この日向守信成とは別流であろう。

(33) 本郷文書四七号。

(34) 同右、四八号。

(35) 網野註2b「南北朝の動乱」四八七頁。

(36) 網野註1b著書一七九頁。

(37) かつて、『福井県史』通史編2、第二章第二節四「観応の擾乱と国一揆」において、「国人（観応の一揆の際の一揆衆）らは、幕府方として稲岡城に押し寄せた」と全く逆の解釈をした。いずれとも確証はないけれども、先に本文で述べたように、観応二年正月の最初の蜂起の背景として、本郷ら幕府直勤御家人系国人との対立を想定するとすれば、ここで、本郷らと同じ陣営に属したとするのは筋が通らないので、このように訂正したい。

(38) 後掲史料Cによると、堅海荘・田上保地頭職が文和三年五月二十五日付「御下文」で左京権大夫（斯波家兼）に宛行われているので、これを家兼の若狭守護在任の徴証となし得る。なお、網野註2b「南北朝の動乱」四八八頁参照。

(39) 小川前掲書三九六〜三九七頁。

(40) 同右、一五二〜一五九頁。

(41) 松浦註2論文。
(42) 網野註2b「南北朝の動乱」五〇二～五〇五頁。
(43) 小川前掲書一五一～一五二頁（清氏の動向は九七～一二五頁に詳述）。
(44) 明通寺は文和四年八月、おそらく守護細川氏（実は守護代頓宮であろう）に兵粮米の免除を訴えた目安（『福井』9、明通寺文書三六号）の中で、「去年相州（細川清氏）御発向于越前之時、任佳例可致御祈祷之旨就被仰下、顕密修法随分抽愚忠以来、于今御吉事繁多也」と言っている。文和三年九月二十九日付で細川清氏から送られた巻数返事（同文書三四号）が、右にいう「御祈祷」に対するものであろう。明通寺の証言は、前年の出来事を当事者の細川氏（実際は在国する守護代頓宮左衛門尉であろうが）に訴えている以上、兵粮米免除を獲得するための虚言とは思えないので、細川氏の越前発向は、計画で終わったわけではなく、少なくとも「発向」はしたとみてよかろう。
(45) 戦場でいくども負傷した清氏の勇猛ぶりについては、小川氏が詳しく紹介している（前掲書一〇四～一〇五頁）。
(46) 小川氏は「御評定着座次第」（『群書』二九、雑部）から、清氏は文和三年五月二十日の幕府評定始に佐々木導誉・石橋和義の両宿老と共に評定衆として列し、同日続いて三方引付内談が行われているとして、清氏は幕府評定衆に登用され、かつ三方制引付頭人の一人を兼ねたとしているが（前掲書一〇二頁）、「御評定着座次第」当該日条の評定衆六人の中に石橋・佐々木両人は見えるものの清氏は含まれていない。但し、文和三年八月四日付引付頭人奉書（『史料』六―一九、一二五頁、離宮八幡宮文書）に署判していて、これまでに引付頭人に任じられたのは間違いない。
(47)『福井』9、明通寺文書三五号。
(48) 小川前掲書四〇三～四〇四頁註11。
(49) 網野註2b「南北朝の動乱」四八九頁。
(50)『史料』六―一九、文和四年正月十六日条（六二八～六二九頁）。
(51) 同右、六―一九、五五六頁、「紀氏系図裏文書」（付論1史料B）。網野氏は、これらは越前の斯波氏を念頭に給人を配置した海上交通の要地としている（註2b「南北朝の動乱」四八九頁）。なお、この八か所のうち本来の今富名に属するのは三方今富のみであって、南北朝期の税所今富名が、広く税所領全体を指す概念として用いられたらしいことは、付論1第二節で述べた。

(52) 小川前掲書一五六頁。

(53) 康安元年三月日東寺申状案（「百合」し函三〇）。この文書の年号が康安ではなく、応安であることは、松浦註2論文、註14参照。

(54) 『福井』9、塚本弘家文書一・二号。

(55) 『福井』8、大音正和家文書六九号

(56) 国富・吉岡の法名、及び二人の両使としての徴証は、『福井』2、天龍寺文書六・七号、廬山寺文書一一号など。なお、本来吉岡は税所又代であり、石橋氏は彼を使節としても活動させていた（第三節で後述）。

(57) 松浦註2論文、註15。

(58) 網野註2b「南北朝の動乱」四九一頁。

(59) 実質「小林氏系図」ともいうべき系図が、米良文書の中にある。『熊野那智大社文書』（史料纂集）九九八号―ホ「畠山氏系図」がそれで、著名な畠山重忠の曾祖父秩父重綱の三男高山重遠の孫重兼・重清兄弟以降小林氏を名乗り、重清を初代とすると七代目で系図は終わっているが、記載人物のほとんどは小林氏である。その末尾に、貞和二年（一三四六）十月五日の日付と「小林彦七郎平行重」（六代目兄弟の末弟）の署名があり、そのあとに「しらしお」以下八つの地名もしくは姓と、その下に「はりまの国くらのほう（『兵庫県の地名』下〈平凡社、一九九九年〉では「野口保」の誤記とする〈七六五頁〉）小林小二郎入道一そくあまた」「わかさの国かつミのしやう二一そくあまた」「ゑちこの国かねたけしゆく山ほうしのむこ小林彦五郎一そくあまた」の記載がある。写真版がなく原本の形状、記事の配置がわからないので内容の正確な解釈が難しいが、貞和二年が作成年代で、「わかさの国かつミのしやう二一そくあまた」の部分も後代の加筆でないとすれば、史料Cの小林彦六一族は文和三年より少なくとも八年前には堅海荘にいたことになる。

(60) 網野註2b「南北朝の動乱」四八九～四九〇頁。

(61) 河崎氏は河崎荘を名字の地とする在地国人で、観応の一揆のときには一揆方（直義方）に属したため尊氏から河崎荘を闕所とされたが（第Ⅱ部第三章第三節6参照）、その後、河崎信成は太良荘代官脇袋国治が没落した後、同荘を「押領」し、家人世木与一

を代官として送り込み「知行」していたのは事実である（「百合」ハ函四四など）。しかし、下向してきた預所賀茂定夏を殺害するなど、「国一悪党」（「百合」ハ函四二）と太良荘百姓に語り継がれた河崎・世木の行為は、あくまで「寄事於世上動乱」せた「自由濫妨」であり（『教護』四一一）、東寺が認めた正規の代官ではない（当時の地頭方地下代官は中務丞行盛〈「百合」ハ函二五・二六・三〇〉）。細川清氏の若狭入部時にすでに世木が太良荘にいて、細川から半済分を給付されて収取したとすれば、東寺が世木を訴えたのと同じ文和四年七月日付の算用状の記述は、「しゆこ方半済分ニめされ了」ではなく、もっと別の表現になるのではあるまいか。

(62) 大高五郎の実名が、かつての若狭守護大高重成の子息重久であることは、松浦氏が明らかにした（註2論文。典拠は『史料』六―二四、九九頁、「大高系図」）。

(63) 『福井』9、神宮寺文書一〇号。

(64) 網野註2b「南北朝の動乱」五〇三頁。

(65) 文和二年三月十五日付で太良荘領家方の綱丁西向が東寺に提出した請文（「百合」ツ函三〇）によれば、去々年（観応二年）に仁木義覚が守護のとき太良荘に兵粮銭を懸けた際、百姓らの要請で東寺が守護と交渉した結果、五貫文を京都で沙汰すれば地下での催促は止めるとの回答を得たため、衆中から利分を加えた一〇貫文を借用する形にして納入し、以後、地頭方・領家方として返済することにしたという。ところが、その後しばらくこの借用分の返済をうかがわせる史料が見当たらないまま、延文二年の領家方百姓等の請文となり、そこでは五貫文のうちの二貫五〇〇文を明後年の内に沙汰する旨を約しているのである。ちなみに、延文四年分の領家方年貢算用状（「百合」オ函三四―五）において、二石七斗八升が「仁木殿銭方被引召候」とされている。

(66) 『園太暦』延文二年閏七月二十五日条に「大炊御門大納言入道来、雑談次語曰、細川参南方、申賜綸旨之由風聞云々」とある。

(67) 小川前掲書一五六〜一五七頁。

(68) 松浦註2論文。

(69) 「畠山氏系図」（註59）において、小林氏始祖とされる重清の祖父重遠が高山三郎、父有重が栗須四郎をそれぞれ名乗っているが、高山郷、栗須郷はいずれも群馬県藤岡市に遺名があり（同市高山、上栗須・中栗須・下栗須）、同じ藤岡市で栗須の約三キロメートル南に小林の地名があるので、ここが小林氏の本貫地とみてよかろう。

(70) 大草氏については、『福井県史』通史編2、第三章第三節二「奉公衆と室町幕府料所」（大原陵路氏執筆）に的確な概説がある（五二六～五二七頁）。

(71) 失脚した細川清氏が若狭を目指して京都を出奔してから四六日後の康安元年十一月十日付で、足利義詮が長井掃部助跡の耳西郷半分地頭職を臨川寺に寄進している（『福井』2、天龍寺文書四号）。これは、清氏の失脚に伴って長井の地頭職が闕所とされた、つまりは、当該地頭職が清氏から長井に宛行われていたことを示唆しており、長井を清氏の給人と認めてよかろう。

(72) 「建武年間記」（『群書』二五、雑部）。なお、康永元年（一三四二）の天龍寺供養における足利尊氏・直義の随兵・供奉人（『史料』六―九、二三六～三二六頁）や、同三年の内談方引付衆（佐藤進一「室町幕府開創期の官制体系」石母田正・佐藤進一編『中世の法と国家』東京大学出版会、一九六〇年、四五五～四五六頁）、「花営三代記」（『群書』二六、雑部）に散見される近習、室町期の各種番帳に見える奉公衆など、幕府直勤御家人として所見のある長井氏は少なくないが、そのいずれにも掃部助の官途を持つ者は見えないので、室町幕府において公職を得られなかった人物のようである。ちなみに『尊卑分脈』や「大江氏系図」（『群書』五、系譜部、『続群書』七下、系図部）などの系図にも貞匡の名は確認できない。

(73) 細川清氏が大嶋八幡宮に税所今富内を寄進した文和四年九月二十一日付寄進状を受けて、これを同社禰宜宛に執達した同年十月九日付遵行状（註54）を発給している右衛門尉義幸が、守護代頓宮のことと思われる。「守護職次第」等が伝える官途左衛門尉と左右の違いがあるが、頓宮氏で実名の知られる者に義氏・義嗣・義末などがいて、「義」を通字としていたことが知られるので（小川前掲書、巻末索引一九頁参照）、義幸が若狭守護代頓宮氏の実名である可能性は高い。

(74) 延文元年分太良荘領家方年貢算用状（オ函三四―一）の除分の項目に「守護那良殿雑掌」が見え、佐藤進一氏は守護代と推測し（註19著書二一七～二一八頁）、網野氏は太良荘が守護と折衝する際の雑掌としたが（註2b「南北朝の動乱」五〇三頁）、小川氏の指摘通り（前掲書一五四～一五五頁）、小守護代的立場の人物とみるべきであろう。

(75) 佐藤註19著書二一七～二一八頁、小川前掲書一五四～一五五、三四一～三四二頁。

(76) 『福井』8、大音正和家文書五七号。

(77) ①文和四年八月十日付小面左衛門五郎（松本友連）宛（『福井』8、大音正和家文書五九号）、②文和四年八月二十五日付大高五郎（重久）宛（「百合」は函一〇三）。①は小面浦刀祢松本友連に辺津浜山の知行を認めるもので、端書に「湯浅殿・元吉殿御下知」とあることにより二人の姓が知られる。後者は太良荘領家職の半済を停止する内容である。

(78) 辺津浜山をめぐる小面浦刀祢松本友連と御賀尾浦刀祢大音正資の相論に関わり、松本が延文元年六月に幕府奉行所に提出した申状（『福井』8、大音正和家文書六六号）の中に、「就中去年上当国御座御時、任次第相伝道理、小面左衛門五郎友連限永代可令知行之由、去年〈文和四〉八月十日預御下知畢」とあり、ここにいう文和四年八月十日の「御下知」が前註①を指すことは明白である。この①が清氏奉行人連署奉書である以上、「去年（文和四年）当国に御座」した「上」とは清氏のことになろう。しからば、奉行人二人は、清氏と共に下国してきたと考えられるので、彼らの地位は在京奉行と呼ぶのがふさわしい。

(79) 網野註2b「南北朝の動乱」四六二頁。

(80) 細川清氏の若狭下向から若狭における敗戦、近江への逃走、南朝帰降へと続く一連の経過は、『史料』六―二三、康安元年九月二十三日条（七一〇～七二五頁）、同年十月二十七日条（同書、七四七～七五一頁）参照。なお、清氏失脚の背景については、小川前掲書一一七～一二三頁に詳しい。

(81) 細川清氏の若狭下向に伴う守護所から太良荘へのさまざまな要求やこれに対する荘側の対応については、網野氏が詳細に叙述している（註2b「南北朝の動乱」五〇四～五〇五頁）。

(82) 合戦を前にした若狭守護所と太良荘との緊迫したやりとりの様子は、たまたま現地に下向していた地頭方代官（東寺公文）禅舜が十月七日から同十二日にかけて三回にわたって東寺に書き送った書状（「百合」ヌ函三一四、は函一四六、ゑ函一七六）に生々しく述べられていて、それらについては網野氏が詳しく紹介している（前註）。そこにおいて、守護所から太良荘への初めての働きかけが「去月晦日自頓宮殿被入人候間」と述べられ、頓宮の指揮のもと各荘園への兵粮米以下の徴収が始まったことが知られる。また、「雑掌事、頓宮殿二三貫、月岡殿・大原殿各一貫以上五貫文入」れたことが奏功して給人をも入れずにすんだと言っているので、守護側の交渉責任者は、頓宮と奉行と思われる二人であったことがわかる。

(83) 遠藤巌「石橋氏」（今谷明・藤枝文忠編『室町幕府守護職家事典』上巻、新人物往来社、一九八八年）。

(84) 建武五年五月十一日付で斯波家兼・石橋和義・神保俊氏（前若狭守護佐々木導誉のときの守護代）の三人が明通寺に巻数返事を送っていて（『福井』9、明通寺文書二三～二四号）、この三人が当時の足利軍の指揮者と目される。

(85) 鎌倉初期の国御家人の交名たる、建久七年六月日若狭国源平両家祗候輩交名案（「百合」ホ函四―五）に国富志則家の名があり、名字の地は遠敷郡国富郷とみられる。なお、国富氏については、第Ⅱ部第三章第二節6参照。

(86) 石橋和義のもとの守護代について、「守護職次第」は「代官国富」とするだけで官途・実名を伝えないが、遠敷郡地頭御家人宛に丹波発向を命じる守護代廻文案（後掲史料E）の署判者は肥後守とあり、官途のみ判明する。

(87) 「守護職次第」の筆者が両使の国富長俊を守護代と誤解した可能性も否定はできず、その場合は守護代は不明としなければならないが、一応正確に伝えているとして、史料Eの発給者肥後守の姓は国富とし、したがって両使国富長俊とは別人と考えておく。国富長俊・吉岡禅棟の両使としての徴証は次の四例が確認されている。

①康安二年二月二十二日両使打渡状案（東寺領太良荘半済の停止）（「百合」ナ函八―八）

②同年同月二十七日両使打渡状（廬山寺領前河南荘半済の打渡）（『福井』2、廬山寺文書一一号）

③同年同月二十八日両使請文（義詮寄進状による耳西郷半分地頭職の臨川寺雑掌への打渡）（『福井』2、天龍寺文書六号）

④同年三月二十日両使宛石橋和義遵行状案（堅海荘・田上保地頭職の斯波家兼代への渡付）（前掲史料C）

③をうけて守護石橋心勝（和義）が幕府奉行所に提出した請文（『福井』2、天龍寺文書七号）に「仰使節国富中務入道長俊・吉岡九郎入道禅棟等」とある。なお、網野氏は国富長俊を守護代とする一方で、「守護代肥後守某」ともし（註2b「南北朝の動乱」五〇六・五〇一頁）、混乱が見られる。

(88) 石橋氏は貞治二年（一三六三）、若狭守護職を失ったあと、同六年に和義の嫡子棟義が奥州総大将として陸奥に下り、和義も応安三年（一三七〇）、これに続き、父子そろって奥羽で特殊な守護職権を行使したとされる（遠藤註83「石橋氏」）。陸奥に移ってからの石橋氏のもとで、大内氏が執事の地位にあったことは、次に掲げる、宮城県名取市新宮寺蔵「瑜伽師地論」巻四三奥書（『南北朝遺文』東北編、二〇四五号）で確認できる。

永和二・三動乱、同五年丁未此一切経三度結縁也、

後見人可給光明真言一辺、

五月廿九日　西光院権律師定範行年七十二才也、

奥州　石橋殿御執事大内伊勢守広光被登仙道、五月廿八日

ここに石橋氏の執事として見える大内広光は、これより一七年前に若狭で明通寺に寺領を寄進（実質は安堵）していた大内右衛門尉和秀（後註90文書）と官途・実名が異なり、直系でないことは間違いないが、同族であることは否定できまい。

(89) 陸奥二本松藩士大鐘義鳴が天保十二年（一八四一）に著した『相生集』巻三稿、村邑類「小浜」に次のように見える（『相生集』上、二本松市、二〇〇五年、一〇五頁）。

城主大内家ハ、大崎家の旧臣若州小浜の留守居たりしに、大崎家の勘気を受け、石橋家の臣下となり、当処へ城を築てうつる。今の名ハ則若州小浜をうつしたるなるへしと、大概記に見ゆ。奥相茶話にハ、大内ハ昔の公方の庶流の咄のものとて、召連下り給ひたる京家のものなりとあり。（句読点河村）

右にいう「大概記」は「積達大概録」を指すと思われる。『二本松市史』第六巻所収の「積達大概録」には、右の引用部分が見当たらないが、同書は七本の異本があるというので（『二本松市史』第六巻九四〇～九四一頁）、『相生集』の記事を疑う必要はなかろう。石橋氏が若狭守護時代に大内氏を被官化していたことは、次註文書により明白である。なお、室町・戦国期の石橋・大内氏については、『福島県史』第一巻第三編第二章第二節五「安達郡―二本松と塩松―」八三〇～八三三頁（小林清治氏執筆）参照。

(90)『福井』9、明通寺文書三九号。

(91) 若狭の松田氏については、松浦義則「南北朝期若狭太良荘と松田知基」（『福井大学教育学部紀要』第Ⅲ部社会科学四一、一九九一年）が詳細に明らかにしている。

(92) 註87②文書。

(93)『師守記』貞治元年十一月二十九日条に「当保（田井保）半済事、自守護方一円可管領之由相触之、可発向丹波国之料云々、此間正守護在国也」と見え、石橋は丹波発向に備えて若狭に下向し、半済の荘園を守護方が一円管領することを宣言したことが知られる。

(94) 貞治四年「太良荘地頭方評定引付」(『百合』タ函一五)六月十三日条に「太良庄下地半済分下地可分事治定了」とある。
(95) 註93に同じ。なお、太良荘で守護方の一円管領とされた形跡は確認されないし、翌年閏正月には田井保において半済に四分一済を加える処置を行ったことが知られるので(後註100)、貞治元年末の守護による一円管領は実行されなかったと思われる。
(96) 康安元年九月、失脚した細川清氏が若狭に没落してきたとき、太良荘では兵粮米を拠出させられた上、その玉置城への運搬や、「所々之城槨こしらへ」のための人夫、一丈一尺の入木一〇〇本を伐り出すための人夫毎日七人などが懸けられている(『百合』ゑ函一七六)。
(97) 応安二年分矢野荘学衆方年貢等算用状(『教護』五〇九―二)の国下用の項に、次のように見える。

　一石八斗二升四合　　今宿幷中嶋野伏　九月六日ヨリ十二月廿五日マテ(姫)粮米

　四石六斗八升七合五勺　代三貫七百五十文　自九月六日至十二月廿五日、両御代官中嶋以下□粮、但沙汰人分除之定、

右の記事で、野伏(百姓)の他、両代官(給主代快秀・祐尊)・沙汰人の参陣が確認できる。また、矢野荘からの注進を受けて東寺学衆方が十月三日に在地に下した五か条の書下に、「野臥数十人召具云々」とあり、野伏の規模が知られる(応安二年「東寺学衆方引付」(『百合』ム函四六)十月三日条)。なお、その五か条には「馬・□(物カ)具不可立用公平事」ともあったが、結局三貫五〇〇文の「物具」代を東寺と百姓が折半して支出しており(前掲応安二年分矢野荘学衆方年貢等算用状)、武具を用意しての参陣であったことが知られる。矢野荘における守護赤松氏の軍役など守護役については、伊藤俊一『室町期荘園制の研究』(塙書房、二〇一〇年)第Ⅰ部第一章「南北朝～室町時代の地域社会と荘園制」など参照。
(98) 応安二年「東寺学衆方引付」(『百合』ム函四六)によれば、九月十七日に「衆中一人」を摂津の赤松陣に下すことを決め、十月一日に当初予定していた禅舜法眼に代わって慶勝が摂津に向けて発つと、東寺では同月三日、一臈清我書状と酒肴を送るとともに、雑掌料足二貫文、使節訪料五〇〇文、慶勝と下部二人の粮物五〇〇文の計三貫文を供僧と学衆で調達することにした(九月十七日・十月三日条)。これらから、摂津中島に下向した慶勝が在陣中の赤松氏と、おそらく矢野荘から参陣している代官・百姓らの負担軽減を交渉したことが推測される。
(99) 註97参照。

(100)『師守記』貞治二年閏正月六日条に「当保四分一、又付給主云々、丹州発向之間如此致沙汰、属静謐者、如元可為半済之由有沙汰云々」とあって、半済に四分一を加えた四分三を給主に付け、静謐になったら半済に戻すとしている。

(101)石橋氏から斯波氏へ若狭守護職が遷った事情については、小川前掲書四三一～四三四頁に詳しい。

(102)本姓細川は、貞治五年東寺供僧評定条々事書（『太良』④二四）の中の「細河上総介先守護代」、実名は同四年「太良荘地頭方評定引付」（「百合」夕函一五）六月十三日条所引、八月十八日付前上総介義春書状にそれぞれ拠る。

(103)斯波氏被官としての細川（宍草・鹿草）氏については、①出羽守、②兵庫助、③上総介、④安芸太郎の四人が知られ、①④が越中、③が若狭の各守護代であった（拙稿「南北朝期における守護権力構造―斯波氏の被官構成―」『若越郷土研究』二三―二～四、一九七八年、のち木下聡編『管領斯波氏』戎光祥出版、二〇一五年、に収録）。小川氏は、②を細川頼春のもとの越前在京守護代とする佐藤進一氏の所説（註19著書二二五～二二六頁）を批判して、斯波氏のもとの越前守護代とするが（前掲書七一～七二頁）、関係史料の年代たる貞和五年～観応元年の越前守護は尊氏党でなければならず（貞和五年に直義党の上杉重能・畠山直宗を越前で討ったのは在国守護代八木光勝）、直義党斯波氏ではないのであって、細川兵庫助は内乱当初は斯波氏の有力部将であったのが（『太平記』巻二〇・二一）、観応の擾乱までに細川頼春の被官に転じたとみるべきではなかろうか（前掲拙稿）。

(104)貞治四年六月、太良保地頭方三分一兵粮米として、半済給人小沼左近将監が一〇石を超えて徴収するのを停止すべしとの守護代細川前上総介義春の命を深町房法眼が小沼に下達し、同年八月、義春自身が小沼に直接下した「書下」には「先日深町法眼奉書遣候之処」とあるので（貞治四年「太良荘地頭方評定引付」〈「百合」夕函一五〉六月十三日条）、深町は守護代細川から直接受命する小守護代とみなせる。

(105)深町氏については、鎌倉末から戦国期にかけての所見史料にもとづき、大原陸路氏が要領よくまとめている（『福井県史』通史編2、第三章第三節三「越前の土豪」五三一～五三三頁）。

(106)『福井』2、宮内庁書陵部所蔵土御門文書五号、『大徳寺文書』一三三五・三七八号など。

終章　一色氏の権力構造

第一節　若狭守護就任以前の一色氏

一色氏は、他の足利一門守護に比して、被官編成の上で不利な条件を背負わされていた。鎮西管領としての二〇年にも及ぶ九州在陣である。そこで、まず、これまでふれてこなかった、一色氏にとっての、内乱開始から若狭守護就任までの三〇年間が、被官編成に与えた影響について確認しておくこととする（以下、本章の記述では、論拠が以前に述べたことと重複する場合は註記を省略することがある）。

一色氏は始祖とされる公深の代に、名字の地、三河国幡豆郡吉良荘一色を離れて下総国（のち武蔵国）田宮荘幸手に移り、元徳二年（一三三〇）二月十七日、同地で没したと伝える。(1)そのあとを嗣いだ子息範氏は、建武政権で武蔵の守護兼国司になった足利尊氏のもとでその代官を務め、(2)範氏の弟頼行が鎌倉で関東廂番に列するなど、(3)南北朝内乱直前の一色氏は、尊氏の厚い信頼を得ながら関東で活動していた。その後範氏・頼行兄弟は尊氏の建武政権離反、九州への西走にも従い、建武三年（一三三六）四月、尊氏が九州から東上する際、範氏兄弟は博多に留められ、九州経略を委ねられた。これも一色氏に対する尊氏の信頼の強さを示すものに他ならないが、以後、二〇年以上もの間、一色範氏・直氏父子を中心とする一色氏一族は九州に在陣して南朝勢力・直冬党と戦ったものの、結局成果を挙げ得な

いまま帰京してきたのは、観応の擾乱も終息した延文年間のことである。(4)

鎮西管領としての一色範氏・直氏父子の活動を詳細に解明した川添昭二氏の所説(5)は多岐にわたるが、当面注目すべきは次の論点である。

①軍事指揮権を権能の中核とする鎮西管領としての一色氏権力をもっとも身近で支えたのは、当初は今川・佐竹・小俣などの足利一門で、佐竹・小俣は「侍所」と称され、うち小俣は肥前で検断沙汰まで実行したが、観応の擾乱以後、管領府の機構的体制は解体した。

②そのあとは、貞和二年（一三四六）に新たに鎮西管領に補任されて派遣された子息直氏を前面に立てつつも、引き続き範氏が中心となって一門子弟（範光・範親・師光・少輔四郎某ら）を国大将として派遣する体制に切り替えた。

③鎮西管領の実質的直轄分国であった肥前の国人は「分散弱小」で中央勢力に対する求心性が強く、管領の統治権は浸透しやすかった。

①の小俣氏は順調にいけば一色氏の重臣になっていったのであろうが、観応の擾乱で直冬方に転じてその途は頓挫し、(6)②にあるように、一色氏が権力基盤の範囲を一門に限定して九州経営に当たろうとしたのは、在地国人の権力編成が困難であったことと表裏の関係にある。一色直氏が守護を兼担した国の守護代で名前を推定できるのが、観応元年（一三五〇）の肥前の一色兵部少輔師光(7)と、文和四年（一三五五）の筑前の一色民部少輔氏冬(8)ぐらいであるというのも、当時の一色氏の権力構造を忠実に物語るものといえよう。ただ、守護職を兼帯し、一色範氏発給文書がもっとも濃密に伝存する肥前(9)では、他国に比べれば在地国人の被官化がわずかながら進展を見せたことが想定されている。

川添氏が紹介したように、一色氏「家人」としての史料所見を持つ小久曽四郎三郎が肥前国養父郡に所領を有することも偶然ではなかろうし、応永二十一年（一四一四）に丹後守護代の代官（在京又守護代）として所見のある多久入道道昌の名字の地が、肥前国多久荘と推定されるのはその反映であろう。この他、川添氏は一色範氏の代官として、①智性、②田井間三郎、③加藤左衛門入道昌運、④御賀本五郎左衛門尉の四人を挙げている。このうち①は範氏が京都に派遣した使者、②が暦応元年（延元三年、一三三八）、肥後国宇土郡郡浦で範氏の代官として宮方と戦って討死した人物、③は南九州で活動していた一色軍の部将、④は京都と九州の間を往来して一色氏と幕府等との連絡に当たった者（第Ⅱ部第三章第二節8）であったとみられる。いずれも範氏との緊密な関係が想定されるが、室町期の尾張国智多郡で小郡代になっている④御賀本氏を除けば、室町期に一色氏被官としての徴証を持つ者はいない。[10][11][12][13]

結局、第Ⅰ・Ⅱ部で検出した南北朝後期～室町期の一色氏直臣の中で九州出身と認定できる者は、管見の範囲では多久氏のみで、出身地が不明ながら九州時代の被官であることが確実な御賀本氏を加えても、この時期の一色氏被官と室町期のそれとは総体的に連続性に乏しいといわざるを得ない。というより、そもそも鎮西管領期の一色氏による在地国人の被官化は、守護職を兼務し被官の証跡もわずかながらある肥前を除けば、それほど進展しなかったといえる。その要因としては、まず、一色範氏が鎮西管領の窮状を幕府に訴えた著名な目安状にあるように、鎮西管領の権限と守護のそれとの曖昧な境界、及び経済基盤の脆弱性が挙げられる。また、川添氏も指摘しているように、鎮西管領の活動はあくまで将軍の分身としてのそれであり、九州の国人にとって一色氏は、幕府に軍忠を注進し恩賞を推挙してくれる仲介者とみる意識が強く、一色氏との間に人格的関係を築こうとする志向はあまりなかったのではあるまいか。一色氏が守護職を持たない国では、なおさらであろう。かくして、鎮西管領としての二〇年は、一色氏の権力[14][15]

基盤形成にとってほとんど意義をもたない無駄な時間であったばかりか、この間に他の有力足利一門が着々と政治的、経済的実力を蓄えていったことを考えると、一色氏が守護大名として成長していく上で大きなハンディをもたらしたともいえる。

一色氏一族が帰京してきた時期については不明な点が多いが、範氏が延文元年（一三五六）六月以前（おそらく前年のうち）に、直氏・範光兄弟は同三年七月〜四年十二月の間に（おそらく延文三年までに）それぞれ最終的に京都に戻った（註4参照）。その後、貞治五年（一三六六）に若狭守護職を得たのは一色範光であった。つまり、一族の帰京からこれまでの数年の間に一色氏で家督交替があり、鎮西管領を務めた長子直氏ではなく、弟の範光が当主になったことが知られる。その事情はもとより知り得ないが、一つの可能性として、父範氏の老齢と兄直氏の関東移住が考えられる。範氏の没年に関する確証はないが、貞治五年には高齢ながら存生していた可能性がある[16]。また、帰京後の直氏の動静については、延文四年十二月に義詮率いる幕府軍の一員として摂津に出陣したこと（註4）以外にわからないが、『尊卑分脈』が直氏の孫とする宮内大輔直兼は、鎌倉公方足利持氏の重臣であり、永享の乱の際、持氏の出家を聞き、上杉憲直と共に金沢称名寺で自害している[17]。この鎌倉府に仕えた関東一色氏が直氏に始まることはほぼ間違いないので[18]、直氏の代に関東に移住（帰還）した可能性が高く、そう考える方が範光の継嗣も理解しやすい。当時の一色氏にとって、はたして嫡男が京都を離れて移住しなければならないほど、関東の所領が重要だったのか疑問も残り、そこに兄弟間の確執があった可能性も否定できないが、ともあれ、弟の範光の方が京都に残って実質的に一色氏当主の地位に就いたことで、ただでさえ他の守護に比して貧弱だったことが予想される一色氏の直臣団がさらに細分され、関東時代以来の譜代被官がいたとしても、その多くは直氏に従って関東に下ったであろうから、範光は厳しい条件のもとで新守護として出発しなければならなかったと思われる。

第二節　一色氏の被官構成

1　南北朝期の被官編成

一色範光が九州に下向したのは、父範氏らに遅れること一〇余年の貞和三～四年（一三四七～八）頃で、それまでに将軍近習小笠原氏の子女を娶り、貞和三年には長子（のちの詮範）を儲けていた。この妻こそ、初代若狭守護代小笠原長房の姉妹に当たる人物と推測される。範光が帰京してきた延文三年前後の長房はすでに将軍近習の立場は離れていたと思われるが、直臣団が質量ともに決して十分ではなかったと推測される当時の範光にとって、義兄弟長房の存在はきわめて大きかったに相違なく、彼が筆頭被官になったのは至極当然であったといえる。範光と小笠原氏の婚姻は、一色氏の当主範氏が鎮西管領として南北朝期初頭から九州に在陣して京都にはいなかったことから、小笠原氏（長房の父）側の主導で実現したのかもしれない。

小笠原長房のもとの若狭小守護代武田重信は、以前の若狭守護石橋和義のもとで、太良荘の半済給人として同荘に入部したことがある人物であり、鎌倉期から在京していて室町期に奉公衆になる武田氏の一流が京都で石橋氏との関係をもった可能性がある。石橋和義は貞治二年（一三六三）、斯波氏と対立して若狭守護職を含むすべての公職を失うので、武田重信はそれを機に石橋氏との関係を解消したと思われる。その後京都に戻って、すでに九州から帰京していた一色氏の被官になったのであろう。その間わずか三年しかないこと、及び、のちの小笠原長房と武田重信との間に公職上の関係を超えた私的主従関係が認められることを勘案すると、長房と重信の関係が初めに成立したのち、重信は長房を介して一色氏被官になったのかもしれない。

守護代小笠原長房らと共に若狭に下向して国内を巡検して回った守護使一方の遠山入道は、のち奉公衆となる遠山氏の一族の可能性があり、小笠原や武田と同じく在京武士で、京都で一色氏との関係を取り結んだとみなしてよかろう（もう一方の伊藤入道も同様カ）。この他、貞治五年十二月十八日付で京都で守護借物請取状を連署で発給している渡辺直秀（もう一方の署名部分判読不能）は若狭の土着武士倉見氏の一族で、元弘三年（一三三三）に太良荘に乱入した渡野辺弁房本人かその子とみられていて、しかも、請取状発給の翌年に太良荘預所、三年後には同荘半済給人として現れる人物であり、在京奉行にはもっともふさわしくない素性の持ち主であるが、貞治五年十二月に京都で守護借物請取状を発給したことと整合的に解釈しようとすれば、若狭で悪党化した渡部氏がある時期上京していて（もしくは若狭と京都の間を日常的に往来していて）、九州から帰京してきた一色氏との関係を生じたとみるほかない。その時期は、範光の若狭守護就任（十月）以後の可能性もあり得る。なぜなら、それ以前から渡辺が関係を生じていた一色氏が偶然渡辺の本国の守護になった、というより、範光の若狭守護就任の情報を耳にした渡辺が、これを故地復帰の好機ととらえ、積極的に一色氏にアプローチした、とみる方が自然であるからである。翌年、闕所となった太良荘預所職に任じられて「下向」しているところに彼の本性がよく現れており、在京奉行に留まるべき武士ではなかったのである。また、在地の実情に通じているとはいえ、かかる人物に守護借物請取状を発給させているところに、守護就任直後における一色氏の在京支配機構の未熟さをうかがうことができる。権門との交渉窓口の機能を果たす実質的な奉行組織に小江房のような僧体と思われる者を取り込んでいるのも、そのためであろう。

かくして、一色範光が若狭守護に就任した当初の主要被官は、九州下向以前から婚姻関係を結んでいた小笠原氏を除くと、以前から若狭との関係を持っていた武田氏や若狭の土着国人渡辺氏も含めて、京都において短期間の間に関係を取り結んだ武士であり、渡辺氏を除けば、本来若狭に本拠を持たない、在京人が多くを占めたと思われる。

若狭の土着国人らは、鎌倉期以来、守護権力とは距離を置き、容易にはその被官にならなかったことが知られている。一色氏の守護就任直後に関所として田井保公文職を宛行われた市河（九郎）入道も、渡辺直秀のあと太良荘半済給主となった上野左馬助（『太良』④六〇―一）も、ともに若狭国人ではない人物であり[19]、少なくとも守護就任当初の一色氏は、在地国人の掌握よりも京都で関係を結んだ被官への恩給付与を優先させたように見受けられる。しかし、若狭国人がすべて鎌倉期以来の守護（幕府）権力に対する抵抗姿勢を堅持していたわけではなく、鎌倉期の国御家人の末裔の中にも、幕府遵行使として活動していた青氏のように幕府（将軍）権力への帰属を選択したり、先にふれた渡辺直秀のように一色氏の被官になる者もいた。さらには、大外記中原氏と婚姻関係を結んで京都との間を頻繁に往来していた和田荘預所和田氏のような、中央志向の強い武士もいて、もはや国御家人系土着武士たちの向く方向は一様ではなくなってきていたのも事実である。若狭の土着武士たちは、一色氏の守護就任以前の観応二年（一三五一）、守護代と戦ってこれを放逐する一揆を起こしたが、守護一色氏のもとでも、応安三年（一三七〇）末から翌年五月にかけて、遠敷郡・三方郡の土着武士を中心とする一揆が守護軍と激突した（応安の一揆）。このときの守護軍には鎌倉期以来の地頭たる本郷氏・三方氏や、右述の青・和田氏らに加えて、太良荘百姓から「国一悪党」と糾弾された河崎氏や、一揆の中核をなした木崎・和久里氏と鎌倉末期まで強固な族縁関係にあった多田氏が属していた。幕府との関係がある本郷・三方両氏は別にして、和田・河崎・多田らは一色氏被官としての参陣だった可能性があり、これまでに在地国人の被官化が一定の進展を見せていたことがうかがえる。土着国人らの最後の抵抗を圧伏したこの応安の一揆を機に、一色氏の若狭経営が本格化することになる。

範光期に被官化した若狭の武士で最も重要な人物の一人が津田浄玖である。彼は嘉慶元年（一三八七）に小守護代武田重信との連署で段銭配符を発給するなど、特殊な在国奉行といえるが、税所が山名氏の支配下にあって国衙機構が完全には一色氏の掌握するところとなっていなかった時期において、その限界を補う役割を担った、在庁出身の武士と推測される。

一色範光は、若狭守護就任から一〇余年して三河守護を兼帯することになるが、守護代には嫡子詮範を充て、長房の弟とおぼしき小笠原長身を小守護代として下向させた。長身はそのまま在国し、その死後は嫡男幸長が嗣いでいる。範光は長身をなぜ長房のように守護代とせず敢えて小守護代としたのか（換言すれば詮範をなぜ守護代としたのか）、その理由は判然としないが、長身は若狭の長房と同様、実質的三河守護代とみなして差し支えなかろう。範光期に限らず、三河の守護支配機構や在地武士と一色氏との関係をうかがわせる史料には恵まれず、実態は明らかでないが、周知のように、三河は奉公衆の最も濃密に分布する地域であり、守護が在地武士を被官に編成していく事態がスムースに進んだとは思えない。ただ、南北朝末・室町期の一色氏被官に、三河に所領のある奉公衆の丸山・毛利両氏と同姓の者がおり、奉公衆の一族で一色氏被官になる例があった可能性も否定はできない。

明徳三年（一三九二）八月の相国寺供養における各守護家の随兵は、南北朝期を通じて守護が編成し得た被官構成を示すものとして注目されてきた。ただ、後述することであるが、このときの随兵のすべてが各守護の純粋な被官なのかどうかは必ずしも自明のことではなく、被官になっていない分国内の国人や被官の一族などが随兵として選定、要請されて参加している例もあったと思われる。そうした点を勘案しつつ、このときの一色満範・範貞兄弟の随兵をまとめた表1によって、南北朝末期における一色氏の主要被官構成の特徴を読み取ってみたい。なお、当時の一色氏はすでに詮範の代になっているが、範光の死から四年しか経っておらず、実質的には範光期の被官編成の成果を反映しているといえる。但し、詮範の子息満範がわずか七か月前の明徳三年正月に丹後守護職を得ているので、その要素を含んでいる可能性にも留意しておく必要がある。

まず、姓別にみると、小笠原氏が三騎、氏家氏が二騎で、あとは各氏一騎ずつという構成となっており、小笠原氏の優勢ぶりが顕著に現れている。三河三郎満房は当時の若狭守護代長房の三男であろうし、修理亮幸長は長房の弟と思われる三河小守護代長身の長子である。残る左近将監光長は、確証はないが、若狭・佐渡の在京守護代の役務を担っていた備中守（長方カ）の子息かもしれない。このような一色氏の随兵構成は、二一氏から二二騎が出ている細川氏のタイプよりも、斎藤氏五騎・遊佐氏四騎・神保氏三騎など特定の家が複数騎を出して一九氏で三〇騎という畠山氏のタイプにやや近い。二騎が

表1　相国寺供養時の一色氏の随兵

随兵	役	姓	称	名
一色右馬頭満範の随兵	掻副	小笠原	三河三郎	満房
		小笠原	左近将監	光長
	笠役	淵辺	長門守	兼季
		尾藤	三郎左衛門尉	種光
		氏家	近江守	範守
	敷皮役	佐野	中務丞	秀勝
一色兵部少輔範貞の随兵	掻副	小笠原	修理亮	幸長
	敷皮役	石川	八郎左衛門尉	長貞
	笠役	延永	修理亮	光信
		岩田	次郎左衛門尉	範久
		氏家	三郎	詮守
		河崎	肥前守	光信

註：「相国寺供養記」（『群書』二四、釈家部）による。

見える氏家氏の出自は不明であるが、範守の方が応永十三年（一四〇六）の小笠原氏失脚のあと三河守護代になる。他に延永氏も応永末年に丹後守護代になり、石川氏は長貞自身が若狭今富名代官や在京奉行に、その直系の子か孫の佐渡入道道悟が伊勢守護代（在国）にそれぞれなる。つまり、表1には、当時の丹後守護代遠藤氏と室町期の若狭守護代三方氏を除く室町期の一色氏分国の守護代家がほぼそろって登場しており、一色氏の権力中枢の基礎はほぼ南北朝期のうちに構築されたことが知られる。

ところで、表1の一二人全員が、一色詮範や満範・範貞と主従関係を結んでいたとは断定できない。まず、淵辺兼季は、一色氏兼（直氏の子息）の偏諱を受けた関東一色氏の被官の可能性が高く、京都での晴の儀式に、関東一色氏被官を代表して随兵の一員に加えられたのであろう。偏諱からみれば、一色範光・詮範・満範からの「光」「範」を名乗るのは、小笠原光長・延永光信・河崎光信・氏家範守・岩田範久の五人にすぎない（氏家詮守を変則ながら詮範の偏諱としても六人）。これら以外の者すべてが一色氏被官でないとまではいえないとしても、一律に一色氏との強い主従関係を想定することの危険性には留意する必要がある。特に、小笠原満房の「満」を足利義満からの偏諱と解すれば、一色氏股肱の臣というべき小笠原長房の、三男とはいえ、嫡流の子息が将軍と直属関係を有していたことになる。長房が将軍近習の経歴を持つことに由来する、小笠原氏と将軍権力との距離の近さを示すものではあるまいか。

表1の随兵の出自については不明な部分が多く、小笠原氏以外の諸氏で出身地がほぼ特定できるのが石川・河崎の両氏、候補の限られるのが佐野氏ぐらいである。石川氏は丹後国石川荘を名字の地とする国人で、在京を基本とする将軍直属御家人だった可能性が高い。丹後が一色氏分国になったのがこの供奉のわずか半年余り前であることを考えると、この時点ではまだ一色氏被官になっていたわけではなく、丹後出身で在京していた石川氏が一色氏の目に止ま

り、随兵の一員に選定されたにすぎない（もしくは石川氏の方から一色氏に接近した）という可能性も否定はできないが、このわずか七年後には、長貞は小笠原長春に代わり若狭今富名代官という重職に就いていることを考えると、供養時にはすでに被官化していたとみることも十分可能である。一方の河崎氏は、かつて「国一悪党」と太良荘百姓から非難された河崎信成の子孫で、若狭国遠敷郡河崎荘の武士でありながら、同郡の土着武士を中心とする応安の一揆では守護方に属して一揆勢と戦っており、以前から一色氏の被官になっていた可能性が高い。表1の肥前守光信は明徳の乱での活躍も伝えられており、すでに一色氏の軍事力を支える重臣の地位にあったことがうかがえる。佐野氏には、若狭国三方郡耳西郷佐野を本貫とする家と丹後国熊野郡佐野郷を名字の地とする家の両方があって、両氏とも戦国期まで史料所見があるので（但し戦国期の若狭佐野氏は別家の可能性あり）、表1の秀勝がいずれの佐野氏かは判断がつかないが、いずれにせよ、分国内の国人であることは動かない。この他、岩田氏については、武蔵七党に系譜を引く在京御家人岩田氏の一族とすれば、そして一色氏被官になっていたとすれば、その被官化は京都においてであったとみるほかない。淵辺兼季は先にふれたように、相模国淵野辺郷を名字の地とする東国武士で、関東一色氏の被官と思われる。

右にみた相国寺供養時の一色氏随兵を含めて、第Ⅰ・Ⅱ部で検出してきた一色氏被官のうち、南北朝期に史料所見があるすべての氏族について、分国内武士か分国外武士かの分類を試みたのが表2である（論拠は第Ⅱ部各章参照）。本貫地・出自の確定がきわめて困難な条件下での分類にはもとより大きな限界があるが、おおよその傾向を看取することは許されよう。分国内武士を、本貫地が分国内にある者（◎）だけでなく、本貫地は分国外ながら一色氏守護就任以前に分国内に所領を有していた者（○）まで分国内武士に含めると、分国外武士（●）と拮抗しているように見

表2　南北朝期（明徳三年以前）に所見のある一色氏被官

姓	分類	本貫地（所領）	公職等　南北朝期	公職等　室町期	備考
御賀本	●	?	九州・京都間の使者	尾張知多郡小郡代	
小笠原	●	阿波?	若狭守護代・三河小守護代 在京守護代（若狭・佐渡）	若狭守護代・三河小守護代 在京守護代（若狭）	一色氏の外戚、元将軍近習
氏家	(●)	?		三河守護代・侍所所司代	
延永	(●)	?		丹後守護代・侍所所司代	
石川	◎	丹後		在京奉行・伊勢守護代	丹後国に石川荘
遠藤	(○)	（丹後?）	丹後守護代	丹後守護代	渡辺党遠藤氏で丹後に所領?
武田	○	（若狭）	若狭小守護代	若狭小守護代	奉公衆に武田氏
渡辺	◎	若狭	在京奉行（一時）		若狭国御家人倉見氏の末裔
長田	(◎)	若狭?	在京奉行	在京奉行	若狭国恒枝保内に字「長田」
佐野	◎	丹後か若狭		守護使者（在京）	若狭佐野氏・丹後佐野氏あり
伊藤	(●)	?	若狭で守護使	山城小守護代・侍所小所司代	
壱岐	(●)	?	若狭で守護使	在京奉行	奉公衆に壱岐氏
市河	(●)	信濃?	若狭で守護使		若狭田井保公文職を拝領
津田	◎	若狭	若狭在国奉行	若狭在国奉行	若狭国今富名内に津田　若狭在庁官人?

大河原	(●)	?	(明徳の乱で活躍)	在京奉行	幕府的始の射手に大河原氏
河崎	◎	若狭		在京奉行	若狭国に河崎荘　国一悪党
伊賀	○	(若狭)	(一色範光の追善のため田地寄進)	在京奉行・守護使者（在京）	六波羅評定衆伊賀光政・兼光と同族
遠山	(●)	美濃?	若狭で守護使		奉公衆に遠山氏
多伊良	○	(若狭)	山城で守護使・侍所両使		鎌倉・南北朝前期若狭国松永保地頭
野瀬	(●)	?	侍所両使		
丸山	(◎)	三河?	山城で守護使		奉公衆に丸山氏　三河に所領
淵辺	●	相模			関東一色氏一色氏兼の被官
尾藤	(●)	?			
岩田	(●)	武蔵?		(丹後に所領あり)	鎌倉後期に在京御家人岩田氏

註（1）白抜きは相国寺供養時の一色氏随兵。
（2）分類の◎は分国内に本貫地を持つ家、○は本貫地は分国外ながら一色氏守護就任以前に分国内に所領を有していた家、●は本貫地が分国外にあり、一色氏の守護就任以前に分国との関係を有していなかった家を示す。（　）は所領所在国。

えるが、丸山氏（◎）が奉公衆の一族の可能性があるのを始め、武田氏（○）は単に以前の守護石橋氏から若狭に給分を得ていただけで本来は在京武士だったと思われるし、伊賀氏（○）も鎌倉期から若狭に所領があったとはいえ、本来六波羅評定衆に出自を持つ在京御家人であった。また、若狭・丹後の在地武士とみられる◎の長田・石川氏にしても、在京性の強い家であった可能性が高い。さらに、佐野氏を丹後佐野氏とすると、短期間での被官化が可能だったのは（被官になっていなかった可能性もあるが）、彼が在京していた故との想定ができる（若狭佐野氏なら在地性が比較的強い)。結局在京性の薄弱な〝純粋〟な在地武士といえるのは、渡辺・河崎・津田氏ぐらいであろう[20]。要するに、南北朝期において一色氏が被官に編成したのは、分国(若狭・三河・丹後)外に本拠を持つ在京武士が中核を占め、分国内国人から被官になった者でも在京性の強い者が多かったのではなかろうか。

貞治五年以降の南北朝期における一色氏の軍事活動として、詮範の代には、康応元年(一三八九)の土岐康行討伐戦で美濃に出兵したり、子息満範と共に山名氏清を討ち取った明徳の乱があるが、範光の代には、応安の一揆に際して子息詮範が父に代わって若狭に下向したことがあるにすぎず、範光自身が分国に下向したり、分国内武士を率いて合戦に参加した事例は記録上ない。他の守護に比べて、守護にふさわしい直臣団の形成が遅れていたと思われる一色氏であっただけに、特に初期段階の範光期の被官編成においては、在京武士が中心になるのは自然の成り行きであったといえよう。

2　室町期の被官構成

一色氏は南北朝末期から室町初期にかけて、尾張国智多郡、丹後国、尾張国海東郡を相次いで拝領した結果、応永元年(一三九四)段階の分国・分郡は若狭・三河両国と合わせて三か国二郡となった。その後、永享初年ころに海東郡を失い、同十二年には一色義貫が将軍義教によって誅殺され若狭・三河を失うが、甥教親に丹後と尾張智多郡が安堵された上、伊勢半国が新たに給された。また、義貫誅殺から三年ほどして、遺児千徳丸(のちの義直)による一色氏旧宗家の再興が認められて三河国渥美郡の知行権を得たと推測される。かくして、応仁の乱直前の一色氏分国・分郡は、丹後国・伊勢半国・尾張智多郡・三河渥美郡となっていた。また、この間、詮範・義範(義貫)・教親が計四回、侍所頭人（義貫・教親は山城守護も兼帯）を務めている。

かかる室町期の一色氏のもとで被官としての徴証がある氏族について、その出自・性格を俯瞰するため、被官の在職した職位毎に整理したのが表3である。職位はAが守護代級の重臣、Bが在京奉行や幕府との間の使者などを務めた在京被官、Cは小守護代以下在国機構の構成員、Dは永享十二年五月十六日の一色教親勢による京都一色義貫邸接収に伴う戦闘で戦死した者のうち公職在任の証跡を得られない家、の四つに分類している。なお、Dは偶然伝えられた、かつ限定的な情報であり、これをたとえば、A～Cと合算して数的処理をするのは適切でないので、参考程度に留める。

表3を通覧してまず気づくことは、南北朝期には見えなかった家（白抜き）が多数登場していることである（A～Cの六五パーセント、Dは全員）。もちろん史料の残存状況に規定される面が大きいことは間違いないが、室町期になって被官化が進展したことも否定し難く、事実を一定程度反映しているとみてよかろう。職位別にみると、特にCの在国支配機構に多く、Bの使節級被官がこれに次ぐが、Bのうちの在京奉行に限れば、No.15小倉氏とNo.16武部氏が義貫謀殺後に登場する程度である（No.11高井氏は所見史料が一点のみ）。特に義貫の代までは、南北朝期以来の重臣（No.1小笠原・No.4氏家・No.5延永・No.8石川・No.9伊賀・No.10壱岐・No.12長田・No.13河崎らの諸氏）がその地位を維持していたといえる。

A～Cの新出氏族二八氏のうち、明らかに一色氏分国内に本貫地を持つ家（◎）は、三方・堅海・小倉・松田・成吉・長法寺・国富・大矢知・伊崎・勢門・兼田・中村の一二氏を数える（小倉・中村氏は推定。根拠が特に薄弱な野々山氏と肥前が本拠と思われる多久氏は除く）。国別では若狭七氏、丹後三氏、伊勢一氏（丹後と尾張智多郡の双方に可能性

表3　室町期（応永元年～文明十六年）に所見のある一色氏被官

職位	No.	姓	分類	本貫地（所領）	公職等	詮範	満範	義貫	教親	義直	義春	備考
A	1	小笠原	●	阿波？	若狭守護代・三河小守護代	○	○					一色氏外戚、将軍近習
	2	遠藤	（○）	（丹後？）	丹後守護代	○	○			○		渡辺党遠藤氏で丹後に所領？
	3	三方	◎	若狭	若狭守護代・侍所所司代		○	○		○		鎌倉期若狭守護若狭氏の子孫
	4	氏家	（●）	？	三河守護代・侍所所司代	○	○	○		○	○	
	5	延永	（●）	？	丹後守護代・侍所所司代	○		○		○	○	
	6	羽太	（●）	？	丹後守護代・侍所所司代			○	○	○		
B	7	堅海	◎	若狭	丹後守護代（一時）				○			若狭国に堅海荘
	8	石川	◎	丹後	在京奉行・伊勢守護代（在国）	○	○	○	○	○	○	丹後国に石川荘
	9	伊賀	○	（若狭）	在京奉行・丹後守護又代（在京）	○	○	○	○	○	○	六波羅評定衆伊賀兼光と同族
	10	壱岐	（●）	？	在京奉行		○	○				奉公衆に壱岐氏
	11	高井	？	？	在京奉行			○				
	12	長田	（◎）	若狭	在京奉行			○				若狭国恒枝保内に字「長田」
	13	河崎	◎	若狭	在京奉行			○				若狭国河崎荘 南北朝期国一悪党
	14	大河原	（●）	？	在京奉行				○			幕府的始の射手に大河原氏
	15	小倉	（◎）	丹後か智多	在京奉行、守護供奉				○	○	○	丹後と尾張智多郡に小倉の地名
	16	武部	？	？	在京奉行					○	○	

（詮範～義春は「所見時期（一色氏の代）」）

	17	藤田	(●)	?	守護使節（若狭へ）、守護供奉	○				○	○	六波羅奉行人に藤田氏
	18	阿曽沼	(●)	下野？	守護使節（若狭へ）	○						
	19	大屋	(●)	?	侍所両使・在京奉行			○				六波羅奉行人・奉公衆に大屋氏
	20	佐野	◎	丹後	守護使者（在京）					○	○	
	21	松田	◎	丹後	守護使者（在京）					○	○	幕府奉行人松田氏と同族
	22	成吉	◎	丹後	守護使者（在京）					○	○	丹後国に成吉保
	23	多久	◎	肥前	丹後小守護代（在京）			○				肥前国に多久荘
	24	伊藤	(●)	?	山城小守護代・侍所小所司代			○		○	○	
	25	机岡	(●)	?	山城小守護代			○				
	26	友岡	?	?	山城で守護使			○				
C	27	武田	○	（若狭）	若狭小守護代・今富名又代官	○	○					奉公衆に武田氏
C	28	長法寺	◎	若狭	若狭小守護代・今富名又代官		○	○				若狭国山西郷に長法寺あり
C	29	松山	(●)	?	若狭小守護代			○				
C	30	横溝	?	?	丹後小守護代		○					
C	31	栢植	(●)	伊賀？	丹後小守護代・山城小守護代			○				鎌倉後期の在京御家人に栢植氏
C	32	野々山	(◎)	三河？	丹後小守護代			○				戦国期の三河国に野々山氏
C	33	国富	◎	丹後	丹後小守護代					○		丹後国に国富保　惣田数帳所持
C	34	井谷	?	?	丹後小守護代					○		
C	35	御賀本	(●)	?	尾張智多郡小郡代			○				鎮西管領時代からの被官

職位	No.	姓	分類	本貫地（所領）	公職等	所見時期（一色氏の代）詮範	満範	義貫	教親	義直	義春	備考
C	36	倉江	（●）	？	尾張智多郡小郡代			○				
	37	大矢知	◎	伊勢	伊勢小守護代・郡代					○	○	伊勢国に大矢智御厨
	38	片山	（●）	武蔵？	若狭今富名又代官			○				武蔵国に片山郷
	39	伊崎	◎	若狭	若狭今富名又代官			○				若狭国加斗荘公文
	40	津田	◎	若狭	若狭在国奉行	○						若狭国今富名内に津田　若狭在庁官人？
	41	勢馬	◎	若狭	若狭在国奉行			○				若狭国国富荘熊野に勢馬谷
	42	兼田	◎	若狭	若狭在国奉行			○				若狭国玉置荘に兼田
	43	中村	（◎）	若狭？	若狭在国奉行			○				
D	44	青	◎	若狭	（義貫邸留守隊として討死）			○		○		若狭国青郷　国御家人末裔
	45	志村	？	？	〃			○				
	46	下笠	？	？	〃			○			○	
	47	村上	（●）	？	〃（教親被官にも）			○	○			奉公衆に村上氏
	48	毛利	（●）	？	〃			○				奉公衆に毛利氏　三河に所領
	49	真継	？	？	〃			○				
	50	馬田	（●）	？	〃			○				奉公衆に馬田氏
	51	影山	（●）	？	〃			○				奉公衆に影山氏

52	生田	?	?	〃			○				
53	野々村	?	?	〃			○				
54	大西	(●)	?	〃			○				奉公衆に大西氏
55	長瀬	?	?	〃			○				
56	木村	?	?	〃			○				
57	三上	○	(丹後)	(教親被官として討死)				○	○	○	奉公衆に三上氏　丹後に所領
58	河野	?	?	〃				○			
59	小早川	(●)	安芸?	〃				○			奉公衆に小早川氏
60	堀池	?	?	〃				○			

註
（1）白抜きは一色氏被官としての所見が室町期になって初めて得られる家。
（2）№7堅海氏は丹波守護代ではあるが、次の羽太氏につなぐまで一時的に起用されたものと思われ、他の守護代家と同列には扱えないので、職位はAではなくBに分類した。
（3）所見時期の義貫の欄には、持信の被官として見える羽太氏も含めた。また、義直と義春の欄には、単に「丹後国惣田数帳」（長禄三年）、「丹後国御檀家帳」（天文七年）に見えるだけで、義直や義春との主従関係が確定できない氏族にも便宜○を付した。
（4）◎○●については、表2註（2）参照。

のある小倉氏は除く）となっていて、三河出身と確定できる者がいない。これは、必ずしも史料の残存に関わる現象とばかりはいえず、奉公衆が濃密に分布する地域であることが反映している部分も少なからずあると思われる。

さて、№3三方氏は若狭国三方郡三方郷を名字の地とする鎌倉期以来の地頭御家人であるため◎としているが、南北朝期末まで惣領は在京し、庶家が在国している将軍直属御家人であった。また、№21松田氏も本拠は丹後にありながら、周知のように幕府奉行人を輩出している氏族であり、この両氏については、分国内国人を被官化して支配機構に登用した事例とすることは必ずしも適切ではない。また、No.44青氏も鎌倉期の国御家人の系譜を引く国人ながら、南北朝期には遵行使を務める幕府直勤御家人であり、これまた在地国人の被官化というよりも、若狭出身で在京性の強い武士を京都で被官化したとするのがより正確である。No.15小倉氏とNo.22成吉氏も分国内に本拠を持っていたとしても、その職務からして在京を常態としていたのであり、彼らを在地国人と規定するのは違和感がある。これに対して、明らかに在地性の濃厚な分国内武士の登用もみられた。No.28長法寺・No.33国富・No.37大矢知・No.39伊崎・No.41勢馬・No.42兼田の各氏（おそらくNo.43中村氏も）である。彼らの職種はいずれも出身国の小守護代、在国奉行、若狭今富名又代官などであり、一色氏はすでに満範の代から、かかる在国支配機構に現地の在国武士を起用し始めていたことを確認することができる。永享十二年（一四四〇）に一色義貫が誅殺されたあと、翌嘉吉元年九月に若狭と三河で一色氏牢人一揆が蜂起して守護代を追放し、若狭では同年十一月にかけて国全域を舞台に、幕府から派遣された吉川・朽木氏らとの間で戦闘が見られた[21]。これは、若狭における一色氏の権力編成が在地武士レベルまで相当程度進展していたことを物語るものに他ならない。

その一方で、表3のAで唯一◎を付した三方氏は先にふれたように若狭の在地国人とはみなせないし、一時丹後の守護代として見えるNo.7堅海氏はいずれも若狭出身であり、さらに伊勢でも守護代に起用されて在地に下向したのは、それまで在京奉行として活動していた丹後出身のNo.8石川氏であったように、守護代職だけは、当該国の在地国人に委ねることはしなかったといえる。なお、付言すれば、若狭の小守護代長法寺氏、伊勢の小守護代大矢知氏の起用は、それぞれの国の守護代三方範忠、石川道悟が実質的に進めた人事である可能性が高く[22]（今富名又代官や在国奉行もその可能性あり）、在地武士の権力編成において守護代の果たす役割の大きさには留意する必要がある。

さて、室町期になってからの新出氏族のうち、（●）とした九氏は、確証はないものの一色氏分国に本拠はないと推定した。これらの中には、No.17藤田、No.19大屋、No.31柘植氏らのように、鎌倉期の在京御家人と同姓の者がおり、Dに属するNo.47村上、No.48毛利、No.50馬田、No.51影山、No.54大西、No.57三上、No.59小早川の各氏は奉公衆に同姓者がいる（表2の丸山氏も奉公衆に同姓者あり）。いうまでもなく、同姓というだけで同族と断じることは無理であり、右の諸氏がすべて奉公衆など幕府直勤御家人の一族とみなせるわけではない。しかし、たとえば、奉公衆の丸山・毛利両氏は三河に所領があるし、三上氏は長禄三年（一四五九）時点の丹後に奉公衆の三上江州を含む四人の所領があるので（「丹後国惣田数帳」）、残りの三人の中に一色氏被官がいるとみられる。これらから、分国内に所領を持つ奉公衆の一族が一色氏の被官となるケースを想定することも、それほど無理なことではなかろう。奉公衆など幕府直勤御家人に出自を持つ氏族は基本的に在京していたであろうから、室町期になって一色氏の被官に組み込まれた者の中にも、在京武士に出自を有する者が少なくなかったことは否定できまい。

以上要するに、室町期に入ると一色氏による被官編成は一層進展し、分国内の在地国人を当該国の在国支配機構に登用するまでになり、その意味で今谷説の「国人不採用説」は一色氏には該当しないといえる。ただ、守護代だけは当該国の在地国人を起用することはなかった。また、在地国人の登用にはこの守護代が主導的な役割を発揮していたと考えられるので、単純にこれを守護による被官編成とみなすのは正確ではなく、守護代の活動を正当に評価することも重要である。南北朝期の初期一色氏直臣団の中心を占めたと思われる在京武士は、室町期に入っても被官化の対象とされ、在京する分国出身武士や幕府直勤御家人の一族などが新たに被官に組み込まれていった結果、彼らの比重

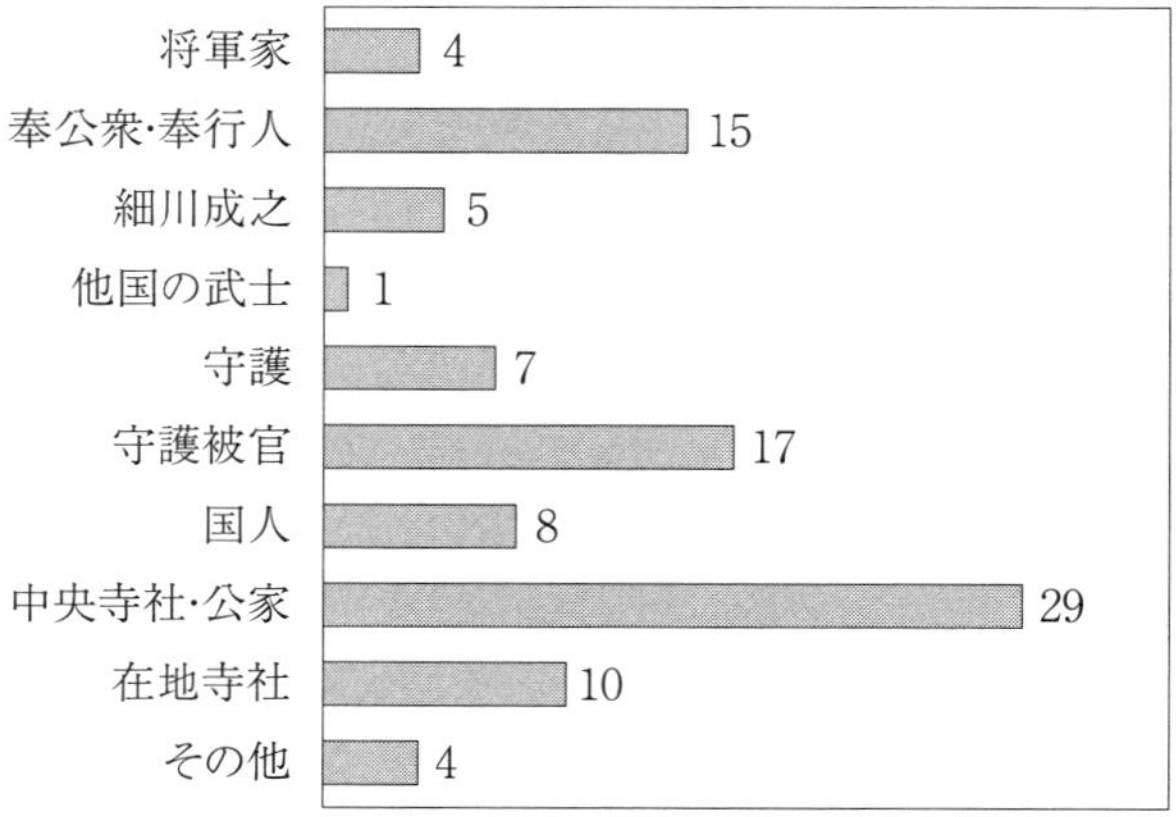

図1　長禄3年（1459）丹後全体の領主別所領比率（%）
（「無現地」は計算から除外）

は決して無視できないレベルに達していたといえよう。

最後に、長禄三年（一四五九）の「丹後国惣田数帳」によって、一色氏の権力編成の成果を一国規模の所領ベースで確認しておきたい。この史料はすでに外岡慎一郎・伊藤俊一両氏による詳細な分析がなされていて、外岡氏によれば国全体の九パーセントが守護被官領であったとし、伊藤氏は八・四パーセントとする[23]。しかし、この数字は守護被官を狭く取りすぎた結果であり、本書の検討結果にもとづいて改めて算出すれば、図1のように、一七パーセントに及ぶ[24]。しかも、これは一色氏被官の徴証をもつ氏族に限った上での結果であって、一応国人に分類している者の中にも一色氏被官が含まれている可能性は否定できないし、寺社領で守護被官が請負代官になっているケースも想定できるので、守護被官の現実の支配地はもっと高い比率になる可能性もある。将軍家や守護関係者を除く武家の中で上位二五氏すべてとそれ以下の氏族のうちの一色氏被官の所領面積を示した表4によると、当時の丹後守護代延永氏を始め、在京奉行の伊賀・小倉・武部氏、京都で一色氏の使者などを務めていた成吉・佐野・松田氏などがいずれも上位二五位に入っている（但し松田氏は五人のうち被官は一人カ）。伊藤氏は国外領主と国内領主に分け、武家では将軍家・奉公衆・幕府奉行人・他国武家を国外領主とし、守護家とその被官、及び国人を国

表４　「丹後国惣田数帳」における武家上位25氏及びその他一色氏被官の所領田積

No.	姓	人	田　積	所	被官	備　　　考	在京
			町 反 歩				
1	細　川	1	234. 2. 356	3	×	阿波・三河守護	○
2	延　永	1	201. 2. 310	8	○	丹後守護代	○
3	結　城	1	180. 7. 308	1	×	奉公衆	○
4	三　上	4	145. 1. 318	6	△	奉公衆・守護被官	○
5	成　吉	2	103. 9. 142	22	△	一色義直の使者	○
6	大　和	1	87. 3. 205	2	×	奉公衆	○
7	飯　尾	3	81. 0. 250	5	×	幕府奉行人	○
8	佐　野	1	70. 5. 146	3	○	一色義直の使者	○
9	伊　賀	2	59. 4. 19	5	○	在京奉行	○
10	小　倉	2	56. 3. 253	4	○	在京奉行	○
11	氏　家	2	48. 5. 230	5	○	もと三河守護代	○
12	吉　原	1	47. 7. 219	2	○	一色氏一族で被官	○
13	岩　田	1	39. 4. 294	2	○	南北朝期以来の被官カ	?
14	伊　勢	2	38. 6. 320	2	×	奉公衆	○
15	松　田	5	37. 9.　2	10	△	幕府奉行人・守護被官	○
16	山　名	1	34. 9. 108	1	?		?
17	楠　田	3	34. 5. 351	4	?		?
18	竹　藤	1	33. 7. 298	5	×	奉公衆	○
19	小野寺	1	31. 6. 102	1	×	関東の京都扶持衆	下野
20	駒　沢	1	28. 6. 346	2	?		?
21	井　上	2	28. 3. 316	4	?		?
22	下　山	1	28. 1.　90	2	?		?
23	武　部	1	27. 9. 351	6	○	在京奉行	○
24	齋　藤	2	24. 3.　91	5	×	幕府奉行人・奉公衆	○
25	山　田	1	22. 4. 221	6	?	鎌倉期在丹後国人	?
26	藤　田	1	19. 7. 124	1	○	(表３No.17)	○
29	羽　太	2	17. 2. 277	2	○	(表３No.６)	○
34	石　川	1	13. 9. 252	2	○	(表３No.８)	○
39	遠　藤	1	10. 5. 297	1	○	(表３No.２)	?
51	国　富	1	7. 3. 119	1	○	(表３No.33)	?
52	青	2	7. 0.　36	2	○	(表３No.44)	○
54	伊　藤	1	6. 2. 226	2	○	(表３No.24)	○
61	三　方	1	3. 4. 107	1	○	(表３No.３)	○

註（1）No.は武家72氏中の順位。
　（2）被官の欄の△は、一部に一色氏被官を含むことを示す。
　（3）一色氏被官成吉三郎左衛門尉は52町５反270歩、松田三郎左衛門は16町８反286歩。

内領主として、それぞれの国全体における比率を国外二七・三パーセント、国内三〇・八パーセントとしているが、氏自身も指摘しているように、守護や被官の多くが在京していることからすれば、こうした分け方は適切ではなく、少なくとも京都での活動が確認できる一色氏被官は、守護も含めて在京領主とみなすべきであろう。その基準に照らすと、武家では国外四八・〇パーセント、国内八・一パーセント、寺社・公家まで入れれば、国外七五・九パーセント、国内一八・一パーセント（残りは「無現地」「不知行」・不明分等）となり、丹後国も、山田徹氏のいう「室町領主社会」の構成員による支配地が圧倒的に多かったことが確認できるのである。

第三節　一色氏の権力構造の展開

一色氏の権力構造の展開を検討する際にまず設定すべき画期としては、一色義貫が誅殺される㋐永享十二年（一四四〇）と、義貫の跡職を継いだ甥教親が嗣子のないまま没したため、ふたたび家督が宗家に戻って義貫の遺児千徳丸（後の義直）が家督を相続した㋑宝徳三年（一四五一）がまず措定されるが、これに、若狭守護代小笠原長春が突然失脚した㋒応永十三年（一四〇六）も加えるべきである。これを一色氏当主の代に当てはめると、㋒以前は範光・詮範期となるが、次の満範は継嗣から二年半後の応永十六年正月に没してしまう上、父詮範の存生中に父とは別に明徳三年（一三九二）から丹後守護に在職していたので、便宜範光・詮範に満範を加えて一つの区分とし、以下、義範（義貫）期、教親期、義直期という四期を設定して、各期の権力構造の特質を、これまでの検討結果をふまえつつ略述す

含めることとしたい（義直のあと義春が継ぐが、文明十六年に十九歳で没し、義直が当主に復帰するので義春期は便宜義直期に含める）。

1　範光・詮範・満範期

一色範光が兄直氏と共に一〇年に及ぶ九州在陣から帰京したとき、範光にとって義兄弟に当たる小笠原長房はもっとも信頼に足る人物だったに違いない。範光が初めて若狭守護職を得たとき、この長房を守護代として下向させたのは至極当然の措置であった。長房は基本的に若狭に在国しながら、在国奉行の編成から武田重信の小守護代への抜擢、在庁官人と推定される津田浄玖の特殊な在国奉行への登用、闕所地の処理（田井保公文職の例）、一二宮流鏑馬神事の実質的執行などを、在京する守護に代わって、ある程度主体性をもって行っていたと考えられ、彼が若狭経営に果たした役割はきわめて大きなものがあった。長房は、没する応永四年（一三九七）には、若狭守護代・今富名代官職のほか、三河守護代、尾張智多・海東両郡の郡代も兼帯し、さらには、弟と思われる長身が三河の小守護代として下向していて、丹後を除くすべての一色氏分国・分郡支配組織の枢要な地位を独占していたといえる（図2）。さらに、長房が在京するようになるまでの時期は、一族で、将軍近習に出自を持つ小笠原備中守が在京守護代の地位にあって、在京機構においても小笠原氏が首位の座にあった（同）。かくして範光・詮範・満範期の一色氏家中にあって、小笠原氏が最高の地位にあったことは否定し難いといえる。

在京機構には守護代のほかに在京奉行もいたが、範光・詮範・満範期を通して、在京奉行人奉書の実例は管見の限り応永四年の一例（『太良』④二二七）しかなく、しかもそれは「守護」を宛所とする幕府奉行人奉書を受けて在京す

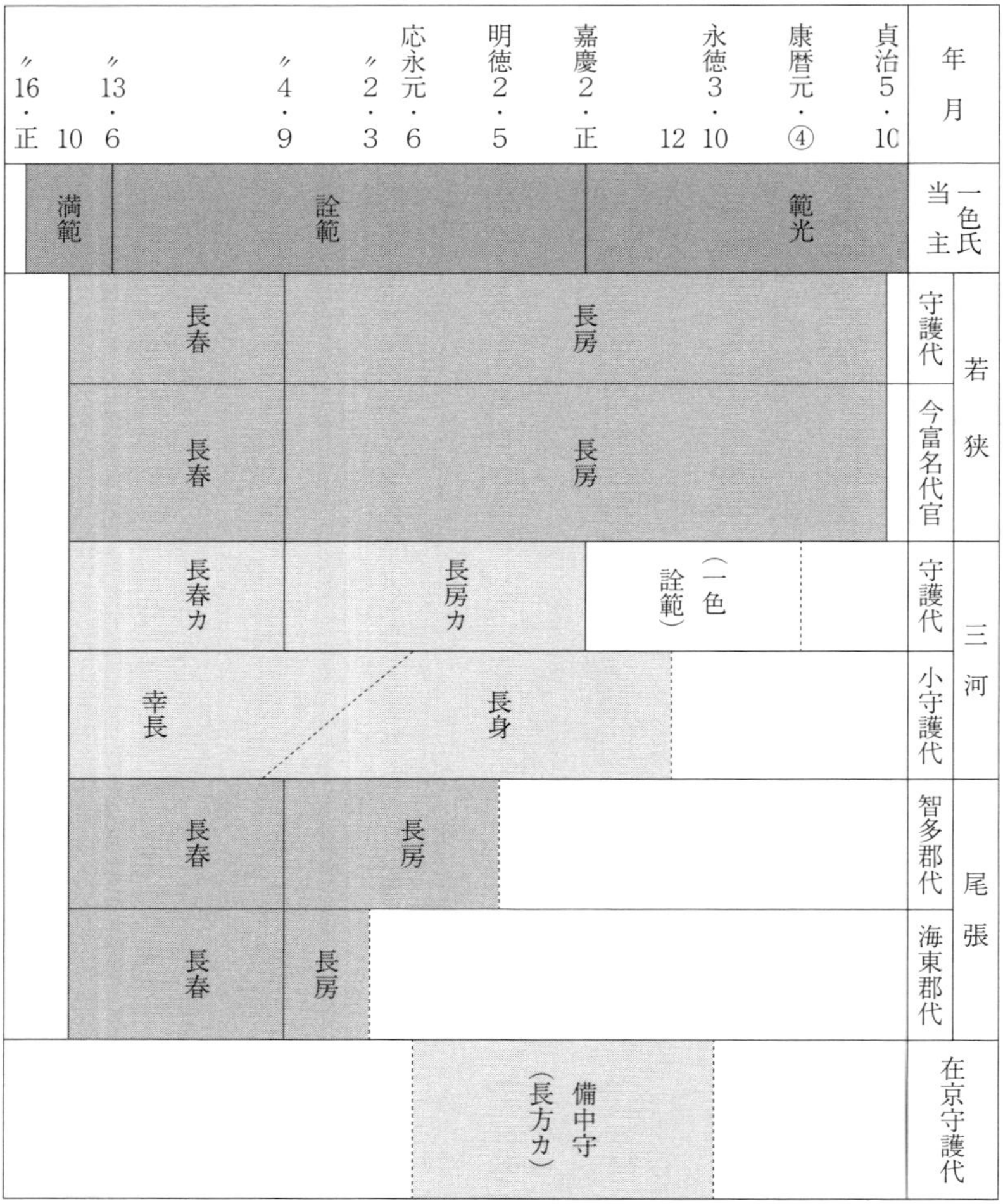
年月
貞治5・10
康暦元・④
永徳3・10
12
嘉慶2・正
明徳2・5
応永元・6
〃2・3
〃4・9
〃13・6
10
〃16・正
一色氏当主
範光
詮範
満範
若狭
守護代
長房
長春
今富名代官
長房
長春
三河
守護代
（一色詮範）
長房カ
長春カ
小守護代
長身
幸長
尾張
智多郡代
長房
長春
海東郡代
長房
長春
在京守護代
備中守（長方カ）

図２　小笠原氏一族の公職

る若狭守護代小笠原長房に宛てたもので、特殊な事例といえる。一般には一色氏宛幕府御教書を受けて、一色氏が守護代宛守護遵行状を発給するのが通例である（第Ⅰ部第三章註11参照）。つまり、この時期に在京奉行は存在したものの、それほど政治的地位が高かったわけではなく、小笠原氏の在国期も在京守護代小笠原備中守が守護を補佐し、南北朝末期～室町初期に小笠原氏の在京が常態化すると、同氏が在京守護権力機構の中枢を占めるようになっていったと思われる。

ところで、一色氏の権力構造の展開をみる上で見逃せないのは、明徳の乱の恩賞として、丹後守護職が当主の一色詮範ではなく嫡男の満範に与えられたことである。その事情は、山名軍との戦闘が始まる直前に、詮範が自邸に将軍本陣を誘致しておいて、そこで義満から税所今富名給付の約束を取り付け、そのあとの戦闘では子息満範が父と協力して山名氏清の首級を取る大功を挙げたことで、満範に丹後守護職が与えられた、というものであったと思われる（第Ⅲ部第一章第四節2）。この推測が当たっているかどうかは別にして、父子がそれぞれ別々の分国を持つことになったため、一色氏の中に二つの権力体が生じることになった。つまり、詮範のもとの直臣団とは別に、満範のもとに仕える、いわば「丹後派」ともいうべき被官群が生まれる条件が整ったことになるのである。このことが、小笠原氏の失脚につながったのではあるまいか。

応永十三年（一四〇六）十月、一色家中最高の権勢を誇っていた小笠原長春が子息と共に京都一色邸に拘禁され、ついで丹後石川城に幽閉された。弟安芸守ら一族・若党は二年後に三河で挙兵したが討死し、その翌年、長春父子は石川城で切腹した。この小笠原氏失脚一件は、一色氏被官間の権力闘争の所産とみてよい。長春拘禁の四か月前に一色詮範が没し、満範が跡を嗣いでいるので、この一色氏の家督交替が契機となったことは容易に想像できる。そして、長春父子の幽閉先が丹後石川城であったことは、この事件の仕掛け人が石川氏であったことを示唆している。石川長貞は応永六年、小笠原長春に代わって若狭今富名代官職に任じられていて、小笠原氏との対立関係はすでにこの頃から生じていたことが想定される。長貞は一色満範が丹後守護職を得てから一年も経たないうちに、相国寺供養時の随兵に抜擢されたほど満範との関係は古くかつ強いものがあり、詮範期の応永十一年には「守護殿御内石河と中奉行」と呼ばれる在京奉行として確認される（『太良』④二七五）。彼の地位上昇はもっぱら満範の後援によるものであろうし、満範を守護と仰ぐ丹後出身の被官らの中には、石川氏に同調する者が多かったことが想像される。こうした「丹波派」被官を中心に、詮範の筆頭被官として権勢を誇る小笠原氏に反感を抱く勢力が形成され、それらを糾合した石川長貞が、詮範の死、満範の継嗣を機に、一気に小笠原氏を排斥した、というのがこの政変の実相だったと思われる。

小笠原氏追放を主導したと思われる石川長貞であったが、小笠原氏に代わって満範のもとで筆頭被官の座に就くことにはならなかったようである。たとえば、若狭今富名代官職は引き続き所持しているものの、小笠原長春の跡職のうち若狭守護代は、被官化してまだ年月の浅い三方範忠が任じられたし、三河守護代も氏家範守がなっている。尾張国智多・海東両郡の郡代は関係史料を欠くが、智多郡では郡代が置かれなかった可能性があるし、海東郡は、義貫期に属するが、三方氏の郡代在職が確認される。要するに、長貞は小笠原氏の跡職をひとつも獲得していないのである。あえていえば、小笠原氏に集中していた権力を分散し、集団で主家を支えていく体制が構築されたとみられる。しかし、満範が継嗣後わずか二年半の応永十六年正月、四十二歳で没すると、家中を二分する内紛が起きることになる。

2　義範（義貫）期

満範の跡職は、十歳の遺児五郎（のちの義範、義貫）が嗣いだ。ところが五郎には兄次郎（のちの持範）がいたため、確執が生じた。この幼い兄弟対立は被官間の相克に他ならないが、そもそも弟の五郎が家督を相続することには政治的背景があったに違いなく、おそらく、小笠原氏追放のあとも家中には対立が伏在していて、それが、程なく幼い遺児の継嗣問題が持ち上がったことで一気に顕在化し、一旦五郎を戴く派が押し切って家督を決め、幕府の承認を取り付けたあと、[25]反対派が次郎を奉じてこれに異義を唱えたのであろう。両派の対立は長期化し、結局和睦がなったのは二年半後の応永十八年六月のことであった（「守護職次第」）。この対立については、両派の構成や具体的な行動など関係史料が一切なく不明であるが、『系図纂要』所収「一色氏系図」の持範の記事に、「応永十八年六ノ十三与弟義範和睦、為丹後守護」とあるのが示唆的である。持範が丹後守護になった事実はないが、次郎を推戴しようとしたのが、丹後出身の被官だったことを暗示しているのではあるまいか。その中心には、小笠原氏追放に主導的役割を担ったとみられる石川氏がいたことは容易に想像できよう。つまり、満範の死後起こった内紛は、継嗣争いに敗れたため巻き返しを図った石川氏ら「丹後派」と反「丹後派」とのせめぎ合いだったと思われる。この対立は、かつての小笠原氏追放のような結末ではなく、和睦という形で収拾されたため、家中の決定的な亀裂は避けられ、若干十二歳の幼主を重臣たちが集団で支える体制ができた。和睦から四か月後の応永十八年十月十一日、若狭太良荘への一二宮造営段銭の催促停止を命じる幕府御教書が「一色五郎」宛に下されると、同月二十六日付の壱岐寿久・伊賀太郎左衛門尉・石川正寿（長貞）の三人の連署奉書でこれを若狭守護代三方常忻（範忠）に下達している（『太良』④三四二・三四三）。五郎はまだ判始もしていないための措置であり（「守護職次第」「今富次第」によれば判始は翌年六月）、この在京奉行人連署奉書は事実上守護遵行状の機能を果たすことになり、在京奉行の政治的地位は以前にもまして高まったといえる。そして、その筆頭に石川長貞が就いているということは（連署奉書における長貞の署判の位置は最奥）、先の内紛で次郎派だったと思われる石川氏は、政治的地位の決定的低下は免れ、宿老としての影響力は依然として確保していたことが知られる。和睦による混乱終息の所産であろう。しかし、少なくとも翌応永十九年には、三方範忠が石川氏をしのぐ発言力を持つ重臣の位置に昇っていたと思われる。そのことは、同年十月、丹後を含む五か国に東寺修造棟別銭が賦課された際、範忠が丹後守護代でもないのに（守護代は伊賀入道了喜）、守護家を代表して東寺と折衝していることなどから知られる（第Ⅲ部第二章史料A）。また、応永二十一年二月、石川長祐が父長貞から世襲した若狭今富名代官職が三方範忠に替えられたのは、三方氏が石川氏の権勢を凌ぐことになった象徴的な人事である。さらに、同二十五年十一月までに、丹後守護代まで範忠が兼帯している。丹後守護代はこのあとしばらくして延永益信に替わるが、一色満範が応永二十三年以前に侍所頭人になったときの所司代、同二十五年十月に山城守護になったときの守護代はいずれも範忠が務めている。このように三方範忠は、義範がまだ十代半ばの時期に当たる応永二十年前後には、家中筆頭被官の地位に昇ったとみてよい（図3）。そして、それは二年半に及ぶ一色次郎・五郎兄弟の対立という形をとった、石川・三方両氏の主導権争いの結果を意味するとみられる。

ところで、応永二十五年七月二十八日付で丹後国志楽荘朝来村の半済停止を命じた幕府御教書が「一色左京大夫（義範）」宛に出されたのを受けて、これを守護代「三方山城入道（常忻＝範忠）」宛に下達したのは、かつてのような在京奉行人連署奉書ではなく、義範自身の遵行状（但し奉書文言を含まない書下形式）である。[26]つまり、五郎（義範）の継嗣直後の一時期、幼主に代わって遵行系統の一画を担った在京奉行人連署奉書は役目を終え、守護宛幕府御教書

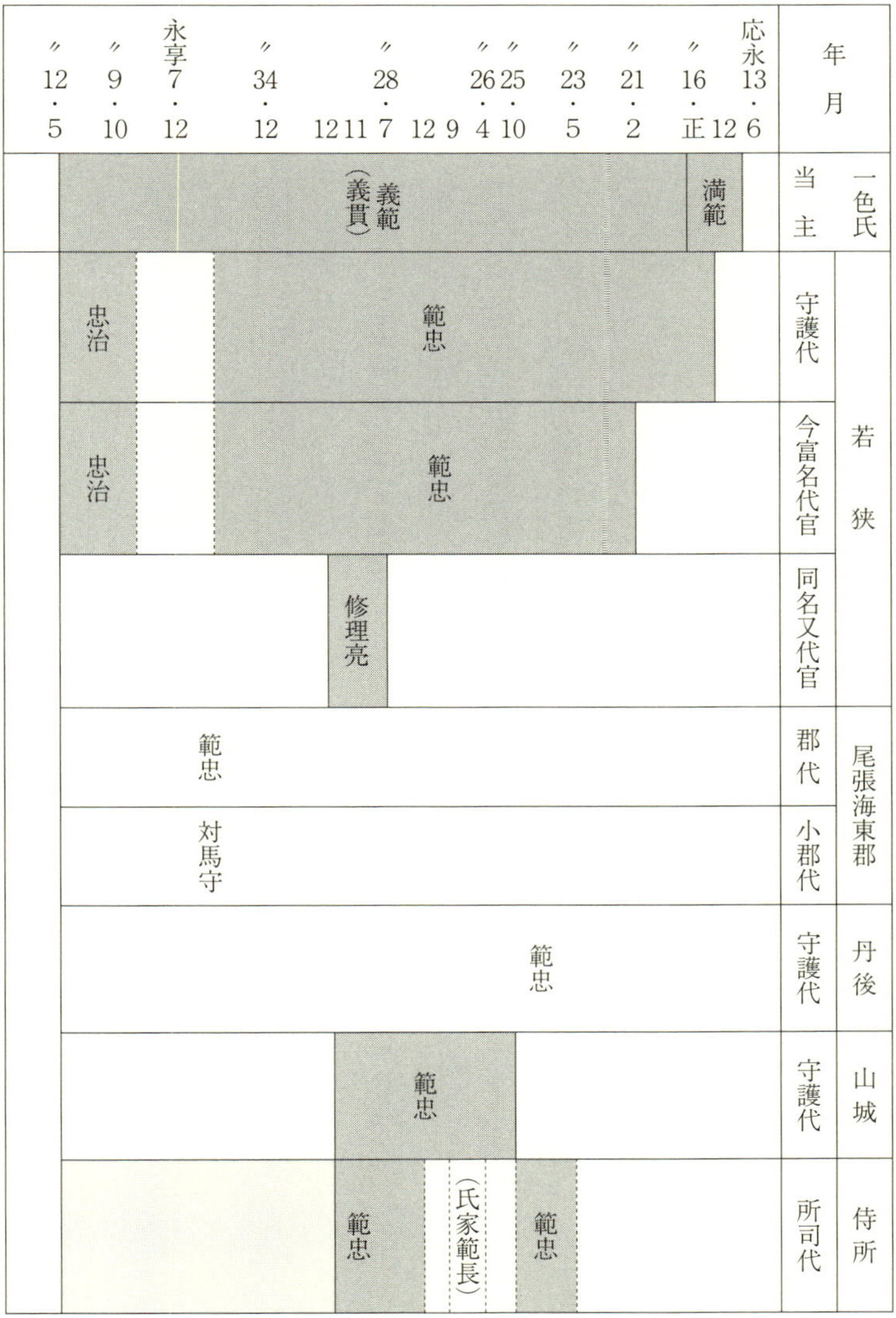
年月
応永13・6
12
〃16・正
〃21・2
〃23・5
〃25・10
〃26・4
9
12
〃28・7
11
12
〃34・12
永享7・12
〃9・10
〃12・5
一色氏
当主
満範
義範（義貫）
若狭
守護代
範忠
忠治
今富名代官
範忠
忠治
同名又代官
修理亮
尾張海東郡
郡代
範忠
小郡代
対馬守
丹後
守護代
範忠
山城
守護代
範忠
侍所
所司代
範忠
（氏家範長）
範忠

図３　三方氏一族の公職

→守護代宛守護遵行状という従前の上意下達の形に復することになり、結果、在京奉行人の政治的地位の相対的低下を招いたといえる。応永二十七年十月、若狭太良荘に対する一宮段銭の国催促を停止すべく命じた在京奉行人連署奉書を、東寺が「三方方免のをりかみ」と呼んでいるところに（『太良』⑤一六・一七）、三方氏と在京奉行の関係が如実に表現されている。

永享期に入ると、一色家中筆頭の地位は三方氏から延永氏に移る。それは永享四年（一四三二）、一色義貫が二度目の侍所頭人に就任した際の所司代に延永益幸が起用されたことでわかる。ちなみに、永享四〜六年の期間に将軍義教と一色義貫との間で使者を務めたのは、確認される四回のすべてが延永であった(27)。

延永氏は相国寺供養時の随兵に見える南北朝期以来の宿老で、応永十五年、在京奉行壱岐寿久と共に三河国衙職請負代官になっているが、顕職につくのは応永二十九年に確認される丹後守護代が最初である。その後応永末年から永享初年ころ、三方氏に代わって筆頭被官の地位に就いたと思われるが、その背景については確かなことはわからない。ただ、延永氏と将軍権力の距離がかなり近かったことがなんらかの作用を及ぼしたのではないかと推測される。延永益幸はまだ所司代に就任する以前の永享四年五月に、幕府料所山城国草内郷飯岡の所務職を将軍義教から預け置かれたり、時期は不明ながら、義教の口入で摂関家領山城国祝園荘代官職を入手していた可能性もある。彼は正長元年（一四二八）当時、義教の寵臣一色持信（義貫の弟）と特別緊密な関係をもっていたことが確認できるので（以上第Ⅱ部第三章第一節3）、持信を通じて義教への接近を図り、実現したのかもしれない。ちなみに三方氏も、南北朝末期までは幕府直属御家人であったが、三方範忠は所司代時代の応永二十五年十月、「緩怠」を働いた「山城国民共」を退治した賞としてその闕所を拝領しており、将軍権力との直接的関係の存在を想定することができる。また、範忠の次の守護代が嫡子ではなく、弟とみられる忠治になったのも、将軍義政の介入によるとみる余地もある（第Ⅰ部第一章第一節4参照）。一色義貫の筆頭被官が三方氏から延永氏に移ったのは、成人して自立を志向する義貫が、少年期以来家中に君臨する三方氏を牽制するため、三方氏同様幕府中枢にコネクションのある延永氏を抜擢した、という側面もあったのではあるまいか。義貫が人一倍気骨ある人物であったことは、永享二年の義教右大将拝賀式における一騎打事件（第Ⅲ部第二章第一節）で十分証明できる。かくして、一色義貫の成人後は、筆頭被官延永氏が丹後、三方氏が若狭、氏家氏が三河の各守護代を世襲するもっとも枢要な重臣として主家を支え、この他、存在感は低下したものの、石川氏をはじめ長田・河崎・伊賀らが奉行や分国への使節を務める吏僚被官として在京機構を構成していたとみられる。

一方、在国支配機構の動きや守護代の関わりについては、史料的制約から若狭である程度うかがえるだけである。若狭守護代の在京はすでに応永初年、小笠原長春の代に常態化していたが、次の三方範忠は守護代になると、おそらく自らの判断で小守護代に在地国人の長法寺氏を起用し（註22）、小笠原氏があまり実行しなかった自身の下国を、当初はほぼ連年行うとともに、長法寺も上洛させて若狭支配の早期基盤固めに奔走した。また、守護代就任直後の応永十四年に守護段銭、有徳銭を賦課したのは範忠の独断ではないとしても、満範の死後、範忠が支援したと思われる一色五郎（義範）が継嗣した応永十六年にも有徳銭を懸け、守護代宿所をそれまで守護所のあった西津荘の北隣、開発保に移転するなど、内紛による家中の動揺の中で、若狭経営を一刻も早く軌道に乗せるべく積極的に動いていた。そして、応永二十一年になると、石川氏が世襲していた今富名代官職を奪取して、若狭支配でもっとも枢要の地、小浜を事実上掌握するとともに、国衙の基幹たる税所を掌握することに成功した。さらに、この年、近親の三方若狭守といっしょに下国して自分の代官として国内に披露し、同二十七年からは在国させている。その翌年、小浜問丸の訴訟によって長法寺氏が今富名又代官職を解任され、三方修理亮に替わっているが、これは、三方若狭守の在国によって、若狭における守護の権威の体現者が、小守護代長法寺氏から三方氏に移行しつつあったことの反映といえる。在地の小領主で在国奉行に起用された勢間・兼田両氏は小守護代長法寺氏との関係を深めていった可能性があり、在国支配機構の首座に立つ小守護代は確実にその権威を増していたのである。かかる事態は、京都の守護権力にとって、必ずしも好ましいことではなく、三方範忠が自身の近親を、いわば在国守護代として下国させたのは、あくまでも在国支配機構を中央の完全なコントロール下においておくための施策だったと思われる。この施策は一定の効果を上げ、応永末年ころには、在国奉行両人は三方若狭守のもとに掌握されるようになったと推測される。しかし、在地国人長法寺氏の小守護代としての権威は決定的転落にはいたらず、根強い影響力を保持していて、三方若狭守との間で緊張関係が続いたと思われる。そのため、三方範忠は長法寺氏の更迭を決断し、正長元年（一四二八）の徳政一揆に伴う「地下のさくらん」（『太良』⑤七六）を契機に、京都から新しい小守護代として松山常栄を下した。

それ以後は、長法寺時代に頻繁に見られた守護代三方氏の下向、小守護代の上洛はほとんどなくなり、三方若狭守の在国も確認できなくなる。これは、松山は在地国人の長法寺氏と違い、京都から派遣した吏僚であり、三方氏の分身であって、京都からの遠隔制御が十分可能と認識していたからであろう。しかし、下国した松山は、やがて在国奉行中村・包枝（兼田）氏との関係を深めるとともに、小守護代の地位にありながら、永享九年には、国富荘について将軍義教御判御教書→守護一色義貫遵行状→守護代三方忠治遵行状と下達されてきた半済停止の幕命を、「雖被御判下、□申ましく候」と放言して公然と無視し、人質、家内検封などの暴力を使って年貢・段銭を強奪するという、実力支配を断行している。この松山の行為は、一見悪党的要素を含み、室町幕府・守護支配の秩序に対する正面からの挑戦ともいえるが、彼はあくまで小守護代という守護支配機構における公職にあって、その権力の源泉は守護、ひいては幕府にあるという矛盾を体現している。応仁の乱のあと、守護、守護代が京都を離れ分国に下向していって戦国大名へと成長する事例は広く知られているが、松山の場合は、まだ守護・守護代が在京する段階で、在国支配機構の首座に君臨する小守護代が、幕府・守護権力を背景にしつつも、やがて在地支配を深化させ、地域権力として自立性を高めていこうとする志向性、もしくは萌芽をうかがわせるものといえないだろうか。守護代三方氏が近親者を代官として下向させて小守護代長法寺氏を牽制したり、長法寺氏を解任して在地性を持たない松山に替えたのは、こうした、在地に絶えず蠢動する自立志向を封じ込めて、在京守護権力の忠実な機構として機能させるための方策に他ならない。守護代はまだ「在京領主」の立場を堅持する歴史的段階にあったのである。

なお、丹後の小守護代の変遷にも、右述の如き傾向が読み取れそうである。守護代が伊賀入道了喜であったと思われる応永二十一年（一四一四）の小守護代が机岡弾正入道、守護代が延永益信のときの永享三年（一四三一）が野々山勘解由左衛門尉と、いずれも単独であったのが、次の延永益幸のときの同八年では柘植出雲入道・野々山美作入道の二人制となり、延永直信のときの寛正三年（一四六二）でも井谷八郎左衛門尉・国富修理亮の二人制が継承されている（第I部第二章第四節図3）。これらの小守護代のうち、机岡氏は、一色義範（義貫）が侍所頭人兼帯の山城守護に在任中、侍所小所司代と推測される人物に机岡大炊助入道禅賢（「百合」ヒ函六七―三・四）、守護使と思われる者に「つきおか（机岡）福俊」（「百合」を函九八―一）がおり（第I部第三章第二節2・3）、在京を常態とする氏族であった。また、野々山氏と柘植氏ももともと在京武士に出自を求められそうなので、結局丹後の小守護代で名前の判明している者は、丹後国国富保を名字の地にもつ国富氏を除いていずれも在地国人ではない可能性が高い（応永三年の横溝次郎左衛門尉の出自は不明）。つまり、丹後の歴代小守護代は、在京被官の中から選抜されて派遣され、かつ若狭の武田氏のような世襲が見られず[28]、しかも、延永益幸の代から二人制が採用された。これは、若狭において看取されたのと同じ、在国機構をできる限り中央に忠実な吏僚組織の枠に留めておこうとする、在京守護権力の意図の反映ではなかろうか。

3　教親期

永享十二年（一四四〇）五月、一色義貫が大和の陣中で謀殺されたあと、家督は甥の教親に認められた。教親の父持信は将軍義教の信頼厚い寵臣だったとはいえ、あくまで近習、守護の弟にすぎず、幕閣を構成する足利一門守護家にふさわしい家臣団を有していたとは思えない。その上、若狭・三河両分国を失ったのであるから、継嗣当初の教親の被官は絶対数が不足していたはずである。しかも、義貫謀殺に伴い、京都で教親の被官が一色義貫邸を接収しようとして、義貫被官との間で双方に多数の死者を出す激闘となった経緯があるため、義貫に仕えていた一色氏宗家の被官が教親の被官に移行することはほとんど期待できなかったと思われる。事実、嘉吉二年（一四四二）十一月、延永直信ら義貫の遺臣が、おそらく義貫の遺児千徳丸（のちの義直）を奉じての主家再興を愁訴して認められなかったため、北野社に閉籠したり、教親宿所に押し寄せる構えを見せたことがあり[29]、義貫筆頭被官延永氏らは牢人となって主家再興を運動していたことが知られる。一色氏宗家の再興は、翌年七月将軍義勝が夭折したあと実現したと推測されるが（第Ⅰ部序章第二節3）、文安元年（一四四四）閏六月、氏家某ら二、三人が三河守護細川持常のために討たれているのは、[30]かつての三河守護代氏家氏もまた宗家被官の立場を堅持していたことがうかがえる。[31]このように、宗家被官の中枢部分を継承できなかった教親にとって、人材資源は決して恵まれていたとはいえず、父持信からの譜代被官を中心とせざるをえなかった。

教親は、父持信を十六歳で亡くしているところから、父のもとにいた被官に支えられながら成長した面があり、それだけ被官の発言力が大きかったことが予想される。持信の代の筆頭被官は羽太豊前入道で、教親の代になってもその地位を保持していた。豊前入道は義貫邸接収時の戦闘で戦死するが、教親が文安四年に侍所頭人兼山城守護になるや、豊前入道の嫡子とおぼしき羽太豊前守信家を所司代・山城守護代に起用している（おそらく丹後守護代にも）。このほか、伊賀長近・大河原氏行・石川河内入道らが、継嗣前から奉行として教親を支えていたが、この三氏はいずれも室町初期から一色宗家の被官として所見のある家であり、他の守護家でも見られたように、[32]重臣一族が守護の宗家と庶家に分属していたのであろう。このほか、父持信から継承したとおぼしき被官で、のち勢威を持つ家として小倉氏がいるが、[33]義貫の代以前の所見は全くないので、持信の代に被官化した新興氏族とみられる。

ところで、義貫邸接収時の戦闘における教親側の戦死者八人は羽太豊前入道の他、石川河内入道・大河原主計亮（奉行人の氏行かどうかは不明）・三上弥五郎・河野三郎左衛門尉・小早川兵庫助・堀池三郎・村上小次郎であるが、このうち三上は丹後に一〇〇町を越える大規模の所領を持つ奉公衆三上近江入道の一族と思われ、村上・小早川両人も奉公衆に同姓者がいるなど、奉公衆の一族が目に付く。これは、あるいは父持信が義教の寵臣だったことから、奉公衆一族との関係が生じたのかもしれない。なお、村上氏は義貫側の戦死者にもいて、奉行人クラスの重臣と同様、一族が一色氏宗家・庶家の双方に被官として分属していたことが知られる。

教親継嗣後の支配機構は、基本的に羽太氏を始めとする持信以来の譜代被官で構成されたが、義貫の被官を起用した例も一部ある。新たに獲得した伊勢半国の在国守護代石川佐渡入道道悟である。その官途から、かつて若狭今富名代官職にあり、一色義貫の幼少時には在京奉行を務めた石川佐渡守長貞の直系とみて間違いない。教親は継嗣直後こそ石川安繁（戦死した河内入道の子息カ）を伊勢在京守護代に任じたが、新天地の経営には経験豊富な宗家の重臣を下国させて陣頭指揮に当たらせることが必要だったのである。

4　義直期

宝徳三年（一四五一）十一月、一色教親が嗣子のないまま没したが、すでに延永氏らの尽力で、義貫の遺児千徳丸による旧宗家が再興されていたので、一色氏の家督は大きな混乱もなく千徳丸に移されたと思われる。ただ、千徳丸はまだ元服前の少年であり、しばらくは重臣らのサポートを必要としていたことは想像に難くない。しかも義貫誅殺の際、大和の陣中、及び京都で多くの義貫被官が戦死していて、千徳丸を支える義貫遺臣の数は相当減少していたはずである。その中心にいたのは、義貫誅殺のとき京都で降伏した延永直信で、主家再興運動を主導した直信が、再興後も以前と同様筆頭被官の地位に復帰したとみてよい。そのことは、長禄三年（一四五九）当時の丹後で、守護代延永直信の所領が、一色氏被官の中では群を抜く二〇〇町歩（第二位は成吉氏の約一〇四町歩）を超える規模であったことで十分納得できる（本章第二節前掲表4）。

ただ、かつての義貫時代の三方氏のように、延永氏が家中で圧倒的な権勢を誇るような状況ではなく、教親の重臣がそのまま千徳丸の被官にスライドして、在京吏僚被官として一色氏の政治活動を実質的に支える、という構造に変

表5　一色氏（義直・義春期）の使者・申次・供奉衆等

No.	年月日	使者・申次等	用務	出典
1	享徳3・7・27	小倉	中原康富が関白鷹司房平の使者として義直を訪ねた際の申次	康富記
2	寛正4・4・21	小倉	幕府政所における武田氏被官と一色氏被官の相論における一色氏側の使者	賦銘引付
3	〃6・正・10	武部	年頭参賀の一色氏からの使者	親元日記
4	2・6	伊賀三（二カ）左	足利義政の花見・連歌会を義直に通知した際の申次（又は使者）	親元日記
5	2・28	羽太修理	義政の花見・連歌会の期日決定を義直に通知した際の申次（又は使者）	親元日記
6	3・4	伊賀・藤田・小倉	義政の花見・連歌会の際の義直を騎馬で供奉	親元日記
7	4・26	佐野	義政から義直へ虫気見舞いの使者派遣の際の申次	親元日記
8	7・6	小倉	義直宛の管領施行状の届け先	親元日記
9	7・12	小倉	伊勢守護代石川道悟宛一色義直遵行状を蜷川親元に届けた使者	親元日記
10	8・6	佐野	義政の子の後五夜に対する義直からの賀使	親元日記
11	8・9	佐野	義直から伊勢氏への進物を届けた使者	親元日記
12	11・10	松田三郎左衛門	足利義視の元服用臨時大口用脚注文を親元に届けた義直の使者	親元日記
13	11・23	延永・石川佐渡守 伊賀次郎右（左カ）衛門	足利義政の男子（義尚）誕生に際しての義直からの賀使	伊勢家書
14	（文正元）11・24	成吉三郎左衛門尉	義直から石清水八幡宮への使者	宮津一五一
15	文明9・4・26	小蔵筑後守	幕府からの美物進呈要請に一色氏からの進上なきにより、親元の照会先	親元日記
16	〃13・4・25	小倉弾正	翌日の義政参内に関わり、一色氏からの美物進上の使者	親元日記
17	〃17・6・18	小倉	蜷川親元から義直への幕府政所節供料催促の際の申次	蜷川一八〇

註：出典の欄のNo.13は『後鑑』所載。No.14は『宮津市史』史料編第一巻中世別掲史料、No.17は大日本古文書家わけ『蜷川家文書』のそれぞれの文書番号。

表6『親元日記』に見る主要守護の使者（寛正六年正月～十二月）

守護	使者
細川勝元	寺町三郎左衛門（8）秋庭三郎（7）上野遠江入道（2）秋庭修理亮（1）内藤弾正（1）
細川成之	飯尾彦六左衛門（5）飯尾善次郎（1）
畠山政長	神保四郎左衛門（8）遊佐新右衛門（3）
斯波義廉	甲斐左京亮（2）甲斐中務（1）
山名持豊	八木三郎左衛門（2）佐々木三郎左衛門（2）近江三郎左衛門（2）高山右京進（1）タキ三（1）垣屋孫右衛門（1）
京極持清	中西（2）下河原惣八（2）隠岐又五郎（1）多賀四郎左衛門（1）
土岐成頼	大島（3）遠藤主計允（2）高藤修理進（1）高藤蔵人（1）伊藤（1）豊前（1）

註：（）内の数字は所出回数。

化していったと思われる。表5は、一色義直・義春の代において、使者や申次などの立場で幕府と一色氏の間の連絡役・窓口の役割を担った被官をまとめたもので、表6は他の守護家の例を寛正六年（一四六五）に限って摘出したものである。表6によれば、各守護家の在京奉行人や守護代の一族が多くを占めているが、奉行人・守護代本人ではなく、同族にすぎない。たとえば細川京兆家勝元の寺町は香西主計允と共に段銭奉行を務めることがあった人物だし、[34]細川讃州家成之の飯尾彦六左衛門（常房）の父真覚は当時単署の奉書を発給する現役の在京奉行であり、常房はまだその地位には就いていなかったと思われる。[35]また、畠山政長と斯波義廉の使者各二人はいずれも守護代家の一族にすぎず、在京奉行でもない。[36]さらに、京極氏の下河原・隠岐・多賀氏も在京奉行に同姓者はいるが本人ではない。[37]つまり、寛正六年に見られる守護家使者の地位は、主要被官の部類には入れられても、細川氏の内衆や畠山氏の評定衆に匹敵するほどの重臣とはいえない。これに対して一色氏の場合は、表5に見える一色氏被官一〇人のうち、少なくとも№4の「伊賀三左」は伊賀二郎左衛門家有の可能性が高く、№15の「小蔵筑後守」は小倉筑後守範徳に間違いないので、他の伊賀・小倉・武部も在京奉行本人の伊賀家有（もしくは長近）、小倉範徳（もしくは同範綱）、武部直兼と推測できる。このうち伊賀氏は家有こそ被官化の時期はわからないが、長近の方は教親のときから在京奉行を務めていたし、小倉氏ももともと教親（おそらくその父持信の代から）の被官であった。さらには武部氏も義直の代になって初めて見える被官である。このように、義直期の在京奉行は新興の氏族が優位を占めていたといえる。延永氏が丹後守護代として筆頭被官の地位にあったことは間違いないとしても、在京奉行三氏を始めとする表5の諸氏が、一色氏の実質的な政治活動を支えていたといえよう。特に表5№2での小倉氏の活動は単なる使者というより、幕府法廷で一色氏側の主張を代弁する、きわめて重要な任務を帯びて派遣されたケースで、その吏僚としての能力が大いに期待されていたことをうかがうことができる。ちなみに、武田氏側の使者逸見は在京奉行逸見繁経（「百合」に函二一〇、ハ函三三四など）とみられる。また伊賀氏（家有）も、寛正二年（一四六一）、丹後国志楽荘一宮祝職造営田をめぐる紛争を独自に審議し、その裁決が在地で「京都御成敗」として法的根拠となったことがあり、在京奉行ではなく当事者との個人的関係からの活動だった可能性もあるとはいえ、その存在感の高さは十分うかがえる。(38)ちなみに、表5№13は、将軍義政に男子が誕生した際の賀使であるが、このときは通常の使者とは異なり、多くの大名では守護代が務めていて、一色氏から丹後守護代延永直信と伊勢守護代石川佐渡入道道悟（佐渡守は誤記であろう）が出ているのはそのためであるが、在京奉行人の伊賀次郎右衛門（次郎左衛門尉家有であろう）まで加わっているのは、伊賀氏の地位の高さを示している。以上のように、義直期の一色氏権力は、延永氏を筆頭としながらも、伊賀・小倉氏を始めとする在京奉行やその他表5に見える各氏が集団で支える構造であったといえよう。

ところで、高橋修氏は一色義直と将軍義政との親密な関係が寛正元年（一四六〇）ころから顕著になることを指摘した上で、その背景には、将軍親政を志向する義政が義直をその協力者にしようとする意図があったとし、三河渥美郡や若狭小浜の支配権を義直に与えたのも、義直の守護としての実力を拡大させるとともに細川氏や武田氏を牽制せんとしたものと理解した[39]。渥美郡の獲得時期はもっと前の嘉吉三年（一四四三）～文安元年（一四四四）頃ではないかと思われるが（第Ⅰ部序章第二節3）、義政と義直が親密な関係にあったことは事実であり、義直の弟義遠・政氏と従兄弟政熙（義貫の兄持範の子）が近習・奉公衆に登用されていることとも合わせて、義政と一色氏一族の政治的関係はきわめて良好だったといえる。しかし、応仁の乱に際して一色氏は西軍に参じた。これは、いうまでもなく一色義貫を討って若狭、三河をそれぞれ得ていた武田氏、細川氏に対抗するためであり、特に三河の奪還に義直とその被官らは執念を燃やしていた。文明二年（一四七〇）四月、義遠・政氏兄弟が尾張智多郡に下っている（第Ⅰ部序章註97参照）のはそのための具体的な行動であった。ここで注目されるのは、義政近習であった義遠・政氏が、その立場を捨てて兄に帰属している点である。ただ、これが一色氏の将軍権力からの離脱を意味するものではなく、文明六年四月の山名政豊と細川政元の和睦を受けて、翌五月、義直は義政に宥免を請い、許されると、子息義春を義政に出仕させ、ついで丹後守護職に還補された。これに力を得てか、同八年、三河に本格的に侵攻して守護代東条近江守（武田常信）を自害せしめ、翌九年には奉公衆で従兄弟の一色政熙の斡旋で常信の後嗣東条修理亮追討の御判まで獲得するが、三河守護細川成之の強い反発にあい、結局文明十年二月、義直は今後三河に関わらない旨の罰文を書かされた。

同じころ、一族の一色七郎が郡代として支配していた渥美郡も、戸田宗光の侵攻の前に敗れ、ここに三河奪還という一色氏の宿願は完全にその途が絶たれた（以上第Ⅰ部序章第二節3参照）。

一方北伊勢では、文明九年、一時北畠政郷に代わって一色義春が守護職を与えられながら実効支配に至らなかったものの、同十一年に改めて補任されると、翌十二年から、教親の代から引き続き在国守護代として伊勢経営に当たっていて応仁の乱で戦死した石川佐渡入道道悟に代わって、子息とおぼしき同修理亮直清が下向し、前代以来の小守護代大矢知氏らを指揮して困難な在地支配に臨んだ。しかし、文明十六年に一色義春が没して以降、伊勢における石川氏の足跡は途絶え、ここに、一色氏の分国は丹後のみとなった。

応仁・文明の乱の終息後、守護大名らが次々と分国に下っていく中で、一色義直は京都に残って将軍への奉公に励んできた。しかし、文明十八年、一、二年前に得ていた若狭小浜の代官職を改易されて武田氏に還付されたのに怒った義直は丹後に下り[40]、ここに一色氏は戦国大名としての一歩を踏み出すはずであった。しかし、その後、明応二年（一四九三）正月に伊賀次郎左衛門の謀反[41]、同七年に国衆の反乱による一色義秀（義春の弟）の自害[42]などが相次ぎ、文亀三年（一五〇三）からは守護代延永春信と石川直経の抗争が始まり、これに若狭武田氏や細川氏の丹後侵攻も絡んで、丹後は長い「錯乱」状態に突入する。

以後の政情を、『宮津市史』通史編[43]の叙述に従って整理すれば、次の如くである。永正三年（一五〇六）に武田・細川勢が侵攻してくると、延永・石川両氏は対立を棚上げして共に戦い、翌年、細川政元暗殺もあってこれを退けた。しかし、永正九年、一色義秀の後嗣義有（義秀との関係不詳）が子のないまま病没すると、延永が三河から一色九郎（系譜不詳）を迎えて家督を継がそうとしたのに対して、石川は一色五郎（系譜不詳、のちの義清）を推戴して再び両者の戦いが始まった。結局永正十四年の戦いで、武田・朝倉・幕府（細川氏）と結んだ石川の軍事的優位が確定し、同十六年二月までに幕府も一色義清の丹後守護職を公認した。しかし、一色九郎も延永氏も没落することなく、戦国期の丹後は、国衆らが一色氏を名目的守護として認めつつ、政治的バランスを保って「平和」を現出していた。天文七年（一五三八）の「丹後国檀家帳」を読み解いた伊藤俊一氏[44]によれば、「くにのおとな衆」の合議によって、かつて石川直経が推戴した一色義清と若狭武田氏から迎えた妻との間にできた子息を守護として立て、与謝郡府中の守護所に置いて延永氏が守護代としてこれを支えたが、もはや丹後全域に対する支配権は一色氏にも延永氏にもなかった。すなわち、同じ与謝郡の加悦城には石川氏がいて、近くの石川に一色義清を庇護しつつ与謝郡西半と中郡を支配し（郡内の五箇城に石川氏嫡男石川小太郎がいる）、宮津を中心とする与謝郡東半は宮津城の小倉氏が押さえていた。また、竹野郡久美浜の伊賀氏は、かつて延永氏が三河から迎えた一色九郎を熊野郡成願寺においてこれを保護しながら、竹野・熊野両郡を支配していた（残る加佐郡は事実上武田氏の支配下にあった）。この石川・小倉・伊賀の三氏は「国の御奉行」と呼ばれていて、一見統治機構を形成していたようにも見えるが、戦国期の丹後は、一色氏を名目的守護として据えながら、実質は、おそらく守護代延永氏以下、他の国人も含めて相互に対等関係にある有力国人[45]によるゆるやかな連合体、といった方がより実態に近く、丹後一国を領国とする大名権力はついに形成されないまま、織豊政権の前にのみ込まれてしまうのである。

一色氏が戦国大名に成長できなかった原因はさまざまあろうが、さし当たり、①義直のあと後嗣に恵まれず、家督継承が順調に進まなかったこと、②隣国若狭の武田氏、及び丹波を分国とし武田氏と親しい細川氏からいくども侵攻を許し、それが国人の動揺と分裂を招いたこと、③伊賀・小倉氏を中心とする在京吏僚系重臣の台頭と石川氏の勢力増大が守護代延永氏の地位の相対的低下につながり、家中のヒエラルキーに動揺が生じたこと、などが想定されよう。なお、③に関連して、丹後が「錯乱」に陥った原点は延永春信と石川直経の抗争であったが、この背景については、直経が伊勢守護代石川直清の直系とみられることから[46]、伊勢から丹後に帰還した直清もしくはその後嗣とみられる直経による石川荘回復運動（要求）が延永氏との対立を深めていった、といったことがひとつの可能性として想定されるが[47]、関係史料を欠き、検証はできない。

総括と課題

本書は、室町幕府の有力守護大名でありながら、必ずしも個別研究が十分ではなかった一色氏を取り上げて、その権力構造を解明しようとしたものである。特に、一色氏権力を支えた有力被官の出自・性格を明らかにしようとしたが、多くは薄弱な論拠しか示せず、紙数ばかり費やしながら明瞭な解答を提示することがあまりできなかった。ただ、若狭守護代を務めた小笠原・三方両氏に代表されるように、幕府直属の在京御家人やその一族、あるいは分国内国人にしても在京性の強い武士が、南北朝中末期から室町初期にかけて被官化し、そのまま室町期の一色氏重臣を構成するようになっていったらしく、一色氏の被官には、在京性の濃厚な氏族がかなりの比重を占めていたことは指摘できそうである。南北朝中期まで九州経営に当たらされ、長く畿内近国での活動から遠ざけられていた一色氏にとって、被官獲得の舞台として京都の持つ重みはひときわ高かったといえよう。

ただ、一色氏は今谷明氏のいう「極端な国人不採用原則」をとって在地国人の登用を避けていたわけではない。若狭国税所の支配権を持たない南北朝期に、在庁官人と目される津田浄玖を被官化して在国奉行に起用したり、三方範忠は守護代に就任するや、在地国人長法寺納を小守護代に任じ、在国奉行に遠敷郡の在地土豪勢馬・兼田両氏を宛てるなどしている。

かかる人事を主導したのが、守護代小笠原氏であり三方氏であったらしいことは注目すべきで、一色氏権力における守護代の存在の大きさも改めて確認できた。若狭に在国していた小笠原長房は、半済の実施、諸役徴収体制の整備、上下宮流鏑馬神事の興行などを、かなりの裁量権をもって実施し、分国経営を軌道に乗せた。室町期になると守護は在京が常態化し、守護の政治活動を支えるとともに、在国支配機構のコントロールにも腐心した。若狭では三方範忠が自身の近親を「在国守護代」として若狭に下したり、小守護代長法寺氏が在国奉行を取り込んで権勢を強めつつあるとみるや、これを解任して京都から松山氏を後任に送り込んでいたし、丹後では、小守護代に在京武士を充て、しかも守護代延永益幸の代には二人体制に改めるなど、いずれも在国機構を絶えず中央に忠実な吏僚機関に留めておこうとする努力が見られた。こうした動きは、在地側の「自立」の兆候の裏返しでもあるが、大きな潮流には至っておらず、室町幕府―守護体制はまだ優位を保っていたといえる。三方・延永両氏とも将軍権力との直接的関係が想定できるのは（小笠原長房三男満房も義満からの偏諱カ）、室町幕府有力守護の重臣と将軍権力の距離の近さを証する一例といえよう。

一色氏家中においては、小笠原、三方、延永の守護代家が順次筆頭被官として主導権を握っていた。特に小笠原、三方両氏の時期は他氏の追随を許さないほどであったが、延永氏のときは、三方氏も依然として若狭守護代として軍事力を掌握して存在感を保持していたから、三方氏時代のような他を圧倒する状況ではなかったと推測される。石川・伊賀・壱岐氏などの在京奉行もいたが、延永・三方両氏を超える権能はもっておらず、奉行人連署奉書も多用されることはなかった。ところが、教親期、義直期になると、伊賀・石川氏ら譜代被官の氏族に、教親の父持信の代に被官化した可能性のある小倉・武部氏といった新興氏族を加えた在京奉行による連署奉書が比較的多く見られるようになる。この背景には、義貫謀殺後の一色氏家督の変遷（宗家の断絶→庶家教親の継嗣→幼い義貫遺児千徳による宗家の再興→千徳の元服前の継嗣）が関わっている可能性はあるが、在京吏僚被官の政治的地位が上昇した結果、戦国期丹後の政治地図――石川・小倉・伊賀の三氏が中心となり他の国衆も含めて緩やかに連携しつつ、延永氏の抱える一色氏を名目的守護として戴いて「平和」を保っている――の一端がこの時期に準備されたものと思われる。

本書は、一色氏の権力構造を主題としてきたが、たとえば守護役徴収や半済、守護（代官）請といった荘園・国衙領支配の実態、交通・流通に対する支配の様相、といった、分国支配の実態については、ほとんど等閑に付してきた。また、守護代以下被官にばかり目を向けてきて、守護一色氏自身の主体性については十分な注意を払ってきたとはい難い。かかる点の解明は今後の課題としたい。

註

（1）『寛政重修諸家譜』所収「一色氏系図」公深の項。公深の開基になる宝持寺（埼玉県幸手市）に葬られたという。

（2）武蔵国熊谷郷内恒正名等を雑訴決断所牒に任せて熊谷直経への沙汰付を宮内少輔太郎入道（一色範氏）に命じた、建武元年七月十四日足利尊氏施行状（『熊谷家文書』四九号）。

（3）「建武年間記」（『群書』二五、雑部）によれば、関東廂番の四番に「右馬権助頼行」の名が見える。

（4）一色氏一族の帰京の経緯は単純ではない。文和四年（一三五五）十月、懐良親王の博多進出で一色範氏らは長門に逃れ、そのまま上洛したが、翌延文元年四月にはおそらく範氏を京都に残して長子直氏が再び西下し、それまで上京せず長門に留まっていた次男範光や氏冬らと共に南朝軍と戦うも、利あらず長門に後退する、という状況であった。そして、延文二年七月当時、直氏は長門にいると京都では認識されていたが（以上の典拠は『南北朝遺文』中国四国編二八〇五、同九州編三八二五・三八六八・三八七一・三九〇六・三九〇七・三九二〇・三九三〇・三九七八、『史料』六―二〇、五六〇頁、「延文元年日記」など）、それ以降の直氏・範光兄弟らの動向は追跡できず、上洛の正確な期日に関する記録は全くない。延文三年十二月の義詮の将軍宣下に伴う参内の供奉に直氏・範光兄弟が列したとする「宝篋院殿将軍宣下記」（『群書』二二、武家部）が小川信氏の指摘のように偽書だとすれば（同『足利一門守護発展史の研究』吉川弘文館、一九八〇年、一八四頁）、これを在京の確証とはなし得ず、結局、翌四年十二月、義詮の摂津出陣に一色直氏が参加したことを伝える『太平記』（巻三四）の記事が上洛時期の下限となる。なお、上村喜久子「一色氏」（今谷明・藤枝文忠編『室町幕府守護職家事典』上、新人物往来社、一九八八年）参照。

（5）川添昭二「鎮西管領一色範氏・直氏」（『森貞次郎博士古希記念古文化論集』下巻、一九八二年）。以下、川添氏の所説はすべて同論文による。なお、同論文は「『鎮西管領』考」（『日本歴史』二〇五・二〇六、一九六五年）を増訂したもの。

（6）川添氏は、足利直冬の九州下向後、小俣道剰の子といわれる小俣氏連が直冬のもとで、道剰と同様「侍所」としての機能を果たしていることから、小俣氏の幕府（一色氏）背反を指摘している。

（7）川添氏は、観応元年六月八日、松浦巧・高直の軍忠を賞し、その幕府への注進を約した師光書状や、同年七月二日、龍造寺家政への恩賞を幕府奉行所に推挙した師光挙状、師光の注進に基づき綾部兵庫助の軍忠を賞した同年八月七日尊氏感状（『南北朝遺文』九州編〈以下『南遺』と略記〉二七七四・二七七五・二七九七・二八一五）などから、一色師光を当時の肥前守護代と推定している。

（8）文和四年三月十四日民部少輔遵行状（『南遺』三七八〇）。佐藤進一『室町幕府守護制度の研究』下（東京大学出版会、一九八八年）二三〇頁、山口隼正『南北朝期九州守護の研究』（文献出版、一九八九年）二五～二六・四四頁参照。なお、山口氏は、右の遵行状に「探題舎弟一色民部少輔」との付箋があることを紹介しながらも、「この氏冬は、源姓で、一色氏一族かもしれないが、なお詳かにはできない」としている。

（9）川添氏によれば、残存する一色範氏発給文書二八九通のうち、半数を超える一五五通が肥前（二位の肥後は五三通）で占められるという。

（10）足利直冬が貞治六年三月三日付で深堀政綱に宛行った恩賞地肥前国養父郡内一五町は「一色入道家人小久曽四郎三郎跡」であった（『南遺』二七一二）。

（11）一色範氏が幕府に目安状（後註14）を提出した際、高師直にその善処方を依頼した書状（『南遺』一四七五）の中に「其間子細代官智性可申入候」とある。

（12）正平三年九月日恵良惟澄軍忠状（『南遺』二五三六）に、「次押寄郡浦、討取一色少輔入道（信猷＝範氏）代田井間三郎畢」とあり、この直前に、延元三年（暦応元年）十月肥後益城郡甲佐城に押し寄せた少弐頼尚との合戦についての記述がある。

（13）おそらく幕府から、畠山直顕と島津貞久が幕府方、直冬方のいずれの態度なのかを尋ねられたのに対して答えた、文和二年正月二十八日沙弥昌運請文写（『南遺』三五一一）の朱端書に「一色殿代官加藤左衛門入道請文」と見える。ちなみに、翌日付で「大友刑部大輔代官等請文」の朱端書をもつ沙弥聖源・沙弥観恵連署請文（『南遺』三五一二）もあり、ともに「薩藩旧記」に収められているところから、「一色殿代官」「大友刑部大輔代官」などは、案文を得た島津家側からの呼称であることが知られる。加藤昌運は南九州で実際に活動していて畠山・島津の動静に通暁していたために、「一色殿代官」として請文を捧げたのであって、文字どおり、一色範氏の権限を代行する立場にあったわけではあるまい。

（14）暦応三年二月日一色道猷（範氏）目安状（『南遺』一四八一）。

（15）たとえば、豊後の詫摩宗顕は、文和四年十月の一色氏一族の九州脱出に際し、一族宗秀と共に一色範氏に従って上洛までしている。これは一見、範氏に対する強固な臣従意識があったように思われるけれども、その軍忠を範氏から足利義詮に上申してもらって義詮の感状を獲得するとともに、延文四年には範氏からかつて宛行われた所領の安堵を将軍義詮から受けているところから（『南遺』三五三七・三八六八・三八七一・四一三三）、京都まで範氏に随従していったのは、範氏への忠義心というよりも、むしろ、将軍からの恩賞獲得を確実なものにするためにとった行動という側面が強かったのではあるまいか。

（16）『寛政重修諸家譜』は、一色範氏の没年月日を正平二十四年（応安二年・一三六九）二月十八日とする。範氏の没年を伝える同時代史料はなく、検証は難しいが、春屋妙葩が範氏の七年忌に寄せた法語「一色古峯道猷禅定門七周忌辰請」（「知覚普明国師語録」『大正新修大蔵経』八〇）には「住世七十有余年」とあること、範氏の子息範光の生年が正中二年（一三二五）であること（『尊卑分脈』）とは矛盾しないので（仮に範光出生時に三十歳とすると応安二年には七十四歳となる）、範光の若狭守護就任の貞治五年（一三六六）当時、範氏が七十歳前後で存生していた可能性は低くない。

(17)「永享記」（『続群書』二〇上、合戦部）。

(18)『尊卑分脈』『系図纂要』『寛政重修諸家譜』などに収める諸種一色氏系図を始め、関東一色氏のうち幸手一色氏関係の諸系図（『幸手一色氏―系図から伝承まで―』幸手市史調査報告書第9集、二〇〇〇年、に四本収載されている）などは、一致して永享の乱で自害した一色直兼を直氏の孫に配していて、関東一色氏が直氏に始まることは否定できまい。

(19) 市河氏については、第Ⅱ部第三章第四節3参照。上野左馬助は、足利一門で石見、ついで丹後の守護となり、観応二年（一三五一）九月に丹後で討死した上野左馬助頼兼の子息左馬助詮兼（『尊卑分脈』）のことと思われる。頼兼については、佐藤註8著書一九～二〇、六〇～六三頁参照。

(20) 多伊良氏は一旦若狭の所領を失ったあと被官化したと推定されるので（第Ⅱ部第三章第四節1参照）、渡辺氏らと同一視はできない。

(21) 第Ⅰ部序章註73・74参照。

(22) 長法寺氏の本拠三方郡山西郷（第Ⅱ部第三章第二節2）と、三方氏の名字の地三方郷とは隣接していて、両氏が以前から関係があった可能性は十分ある。また、伊勢国大屋知御厨の在地国人大屋知氏は、一色氏とは直接対面もしないまま、守護代として下向してきた石川道悟によって小守護代に起用されたとみなすのが自然である。なお、第Ⅱ部第三章第二節9参照。

(23) 外岡慎一郎「『丹後国惣田数帳』の世界」（『宮津市史』通史編上巻、二〇〇二年、第八章第二節）、伊藤俊一「室町幕府と荘園制―在京武家政権の基礎構造―」（『年報中世史研究』二八、二〇〇三年、のち同『室町期荘園制の研究』塙書房、二〇一〇年、に改題の上収録）。

(24) 詳細な内訳を示している伊藤氏は、たとえば一色氏被官の明証がある石川・岩田・遠藤・小倉・国富・佐野・武部・成吉・吉原らの諸氏を守護被官とは別の「国人」に分類しているため（前註著書一八九〜一九〇頁の表では武部が二重にカウントされている）、守護被官の比率がきわめて低くなっている。図1では右の諸氏の所領をすべて守護被官領にカウントした。また、伊藤氏が奉公衆に分類している三上氏四人のうち、奉公衆の明証のある三上江州（文安・永享両番帳で五番衆）のみ奉公衆とし、番帳の三上氏（永享番帳では近江入道・三郎・美濃入道・掃部助の四人）と官途・通称が一致しない因州・小五郎・孫次郎の三人のうち少なくとも一人は一色氏被官とみられるが、便宜上三人とも守護被官とした。また、伊藤氏がすべて幕府奉行人としている松田氏五人のうち、一色義直の使者としての徴証がある三郎左衛門のみ守護被官に入れている。

(25) 長福寺領丹後国河上荘のことで、幕府が発している応永十六年十月四日管領施行状（問状）は、「一色五郎」宛となっていて（『宮津』一一二〈長福寺文書〉）、満範の死没から九か月後には五郎の継嗣が決定し、かつ幕府の承認も得ていたことが知られる。

(26) 三宝院文書（東京大学史料編纂所架蔵影写本）。

(27) 『満済准后日記』永享四年正月二十五日・同年五月八日・五年閏七月二十四日・同六年四月二十日の各条。

(28) 在職徴証が五年を隔てる二人の野々山氏も官途が異なる上、あとに登場する美作入道が入道名でなので、先に見える勘解由左衛門尉より年長とみるのが自然であり、父から子への交替とはみなし難く（逆も同様）、二人は別流の一族ではなかろうか。

(29) 『康富記』嘉吉二年十一月二十八日条。「愁訴」の目的を一色宗家の再興と推測したのは今谷明氏で（「室町・戦国期の丹後守護と土豪」『金屋比丘尼城遺跡発掘調査報告書』一九八〇年、のち同『守護領国支配機構の研究』法政大学出版局、一九八六年、に収録）、高橋修氏も賛意を示している（「応仁の乱前の一色氏に就いて」『小川信先生古希記念論集　日本中世政治社会の研究』続群書類従完成会、一九九一年）。なお、延永直信は、義貫誅殺の際京都にいたが、降伏して命を落とさなかった（『師郷記』永享十二年五月十六日条）。

(30) 『康富記』文安元年閏六月十日条。

(31) 永享十二年の一色義貫謀殺時に、関東に向かうため駿河まで進んでいた三河守護代氏家範長は、駿河守護今川範忠に攻められ自害しているので（『師郷記』同年五月二十二日条）、細川氏に討たれたのはその後嗣であろう。

(32) たとえば斯波氏では、宗家の斯波義淳の被官として二宮越中入道の名が知られるが（『満済准后日記』正長二年八月二十四日条以下多数）、二宮氏の嫡流は、義種—満種—持種と続く斯波氏庶流の筆頭被官で信濃守を世襲官途とする二宮氏である（拙稿「南北朝期における守護権力構造—斯波氏の被官構成—」（『若越郷土研究』二三—二～四、一九七八年、のち木下聡編著『管領斯波氏』戎光祥出版、二〇一五年、に収録）。また、細川氏でも京兆家と庶家の被官に同姓者が少なくないことは広く知られている（小川信『足利一門守護発展史の研究』吉川弘文館、一九八〇年、末柄豊「細川氏の同族連合体制の解体と畿内領国化」〈石井進編『中世の法と政治』吉川弘文館、一九九二年〉など参照）。

(33) 小倉氏の初見が『建内記』嘉吉元年（一四四一）閏九月十七日条で、教親の申次のような立場にいたことが確認され、継嗣直後にすでにかかる重要な地位にいたことから、一色氏被官化の時期は少なくとも父持信の代までは遡ると思われる。

(34) 摂津国多田荘における多田院領の即位要脚段銭の催促停止を命じた寛正六年八月二十九日細川京兆家奉行人奉書（『兵庫県史』史料編中世一、多田神社文書三一〇号）の宛所に寺町三郎左衛門尉・香西主計允とある（『兵庫県史』は「香西」を「西面」と誤読している）。

(35) 飯尾常房については、末柄註32論文参照。

(36) 畠山政長の奉行人としては斎藤基守と某直秋が指摘されている（小谷利明『畿内戦国期守護と地域社会』清文堂、二〇〇三年、第一部第三章「守護近習と奉行人」六五頁）。斯波氏は在京奉行の組織はなく、守護代の甲斐・織田両氏に朝倉氏を加えた三氏の勢威が他の被官を圧倒していた。

(37) 下河原氏・多賀氏は康正二年八月十七日付京極氏奉行人奉書（今谷明『守護領国支配機構の研究』三二頁註104所載山科家古文書）の連署者三人に下河原周防守・多賀新左衛門尉の名が見え（残る「奥入道沙弥」も「隠岐入道」の可能性あり）、下河原周防守は応仁二年まで奉行としての徴証がある（『出雲尼子史料集』二二号）。隠岐（京極）氏については、寛正二年六月二日付の京極持清奉行人連署奉書案（『醍醐寺文書』一一四九号）の発給者のうち「隠州」の注記を持つ沙弥が、文正元年に洛中の棟別銭徴収に関わっていた佐々木隠岐入道（「百合」い函三〇）に当たるとみられるが、三人とも官途からみて表6の京極氏の使者とは別人である。

(38) 『宮津』二二三～二二六（いずれも阿良須神社文書）。第Ⅰ部第三章第一節2参照。

(39) 高橋註29論文。
(40)『長興宿禰記』文明十八年八月二十七日条。
(41)『北野社家日記』明応二年正月四日条、『蔭凉軒日録』同日条。
(42)「東寺光明講過去帳」(『宮津』五六一)に「明応七年五月廿九日、於丹波国普甲山為国衆被責、被腹切了」とある(丹波は丹後の誤記)。
(43)『宮津市史』通史編上巻、第九章第二節「争乱の丹後」(伊藤俊一氏執筆)。
(44) 伊藤俊一「戦国時代の丹後と『御檀家帳』」(『宮津市史』通史編上巻、第九章第二節二)。
(45)「丹後国御檀家帳」で「大なる城主也」の注記がある者は次の八人である。

与謝郡　いみの木(弓木)　稲富殿
　石川　伊賀栗軒(くに丶てはしりまいの人)
中郡　三重の里　成吉孫治郎殿
　　榎並殿
　吉原の里　吉原殿(御一家也)
竹野郡　楽音寺　井上宗右衛門殿(国のおとな衆)
　おさか(雄坂)寺　中の坊(国のゆみやとり也)
熊野郡　ゆうけ(油池)　佐野殿

伊藤氏は、右の伊賀栗軒が、有力者の間を取りもって国内の平和が保たれたと推測している(前註「戦国時代の丹後と『御檀家帳』」六九八頁)。「国の御奉行」「国のおとな衆」「国の弓矢取」など、「国の」という表現があるのは、国内の領主層が独立を保ちながらも、ゆるやかに連携して一国単位の地域社会を形成していたことをうかがわせる。
(46) 石川直経の官途が勘解由左衛門尉で、石川直清は修理進であるが、かつての在京奉行で若狭今富名代官の石川長貞の子息長祐は勘解由左衛門尉であった(「今富次第」)。そして、直清の前代伊勢守護代で直清の父と推測される石川道悟は佐渡入道であったから、道悟─直清は石川氏嫡流に属するとみて大過なかろう。なお、直経は年代的にみて直清の子息であろう。

(47)　石川直清がもし伊勢から丹後に帰還したとすれば、本貫地石川荘ではなく、とりあえずは一族のいる中郡に身を寄せたと思われる。長禄三年の「丹後国惣田数帳」によれば、石川氏の所領は、庶流に属するとみられる石川中務（河内入道、安繁の系統カ）が中郡の二か所に合計約一四町歩を有していたにすぎず、石川荘は一三五町六反余のうち六二町四反余が守護領で、残りは国分寺以下一〇か寺の免田や鍛冶給・清目給など在庁の給田が設定されていて、石川氏の所職はすでに失われていた。いつのころか、なんらかの事情で闕所とされて実質的な守護領に組み込まれたのではないかと推測されるが、守護領は実質的に守護代延永氏の強い影響下におかれていたのではないかと思われる。帰還した石川直清にしてみれば、伊勢経営に失敗して本国にもどってきたとはいえ、南北朝期以来の一色氏宗家譜代被官であり、在京奉行や在国守護代まで務めてきた家にふさわしい所領を求めるのは無理からぬことである。その場合、長く石川氏の手を離れていた名字の地石川荘に目が向くのは自然なことであり、直清、もしくはその子と思われる直経が、石川荘の回復を強く求めて、延永氏との対立を深めたのではあるまいか。永正三年から始まる武田氏の丹後侵攻時には、石川直経が石川荘の隣の加悦荘にある加悦城を居城としていたことは確実なので（『多聞院日記』永正四年五月二十八日条）、これまでに、石川直経は石川・加悦両荘に権益を確保していたとみられるが、それまでの経緯については知る術がない。

あとがき

本書は室町幕府の有力大名のひとつ、一色氏に関する基礎研究である。これまでの既発表論文が基礎にはなっているが、それらは若狭守護代小笠原氏、三方氏関係のものが中心になっていたため、一色氏自体の動向や、若狭以外の分国に関わるものについては、すべて新稿を加えることになった。既発表論文は、大幅に修正したり、分割、再構成した部分も少なくないので、本書の構成との関係を以下に示しておく。

本書に使用した既発表論文

A 将軍近習小笠原蔵人と若狭守護代小笠原長房 『若越郷土研究』三四―一 一九八九年
B 南北朝室町初期の若狭守護代小笠原氏について 『兵庫教育大学研究紀要』九 一九八九年
C 南北朝期の若狭国人三方氏について 『若越郷土研究』三四―六 一九八九年
D 室町期の若狭守護代三方氏の動向 『兵庫教育大学研究紀要』一〇 一九九〇年
E 室町期の若狭守護代三方氏の政治的地位 『若越郷土研究』三五―二 一九九〇年
F 室町期の若狭守護領
―鎌倉末期得宗領からの継承をめぐって― 『若越郷土研究』三六―六 一九九一年
G 南北朝室町期の若狭守護と国衙 『兵庫教育大学研究紀要』一二 一九九二年
H 若狭守護一色氏の在国支配機構
―小守護代と在国奉行を中心に― 『兵庫教育大学研究紀要』一三 一九九三年

序論　【新稿】
第Ⅰ部　一色氏の分国支配機構
序章　一色氏の分国・分部における守護・「郡主」在職期間　【新稿】
補論　三河国渥美郡地頭職と一色氏分郡　【新稿】
第一章　若狭の支配機構　【新稿】
第二章　若狭以外の分国支配機構　【新稿】
第三章　在京支配機構　【新稿】
第Ⅱ部　一色氏主要被官の出自・性格
第一章　小笠原長房の出自　【A】
第二章　南北朝期の三方氏　【C】
第三章　その他の主要被官の出自・性格　【新稿】
第Ⅲ部　一色氏の若狭支配と守護代
第一章　南北朝・室町初期の一色氏の若狭支配と守護代小笠原氏
第一節　守護代小笠原長房による支配体制の構築　【B・H】
第二節　小守護代武田長盛と在国奉行津田浄玖　【H】
第三節　応安の国人一揆　【新稿】
第四節　国衙機構の掌握　【B・G】

第五節　小笠原氏の在京化と失脚　【B】
第二章　室町期の一色氏の若狭支配と守護代三方氏
第一節　三方氏の権勢確立　【E】
第二節　三方氏の動向と小守護代・在国奉行　【D・H】
付論1　南北朝・室町期の若狭守護領　【F】
付論2　南北朝前期の若狭守護と国衙　【G】（一節1・2は新稿）
付論3　観応～貞治期の若狭守護と国人　【新稿】
終　章　一色氏の権力構造　【新稿】

私の生地は福井平野と丹生山地の接点に当たる、福井県丹生郡清水町甑谷《こしきだに》（現福井市甑谷町）というところである。小学生のときだったと思うが、この甑という珍しい字に興味を持ち調べてみると、古墳時代の米蒸し器であることがわかり、「わが村には古墳時代から人が住んでいて甑を作っていたのか」という勝手な解釈をして、以来考古学や歴史に惹かれていった。父の書棚に並んでいた郷土史や文化財関係の書籍もそれに拍車をかけたと思われる。

福井県の高校日本史教員を将来の職業と決め、広島大学文学部史学科に進んだが、学部三年ころから高校教員か大学院進学か迷い始め、大学構内がバリケード封鎖される中で、指導教官松岡久人先生のお勧めもあって大学院進学を決断し、結局、学部から博士課程までの九年間を広島大学で過ごすことになった。当時の広島大学には、教養部に後藤陽一、渡辺則文両先生、文学部には福尾猛市郎、河合正治、松岡久人、坂本賞三の各先生がおられた。いずれも学説史にその名が印される先生ばかりで、今さらながら贅沢な環境で学ぶことができた幸運に感謝している。大学院でも演習を担当しておられた後藤先生は、聞きかじりの理論を史料に貼り継いだ発表に対しては厳しく注意され、眼前の史料と真剣に向き合い、その語るところをきちんと読みとるようにと指導されていた。福尾先生の演習は『令集解』の講読で、古代史料はこんなにも精緻な読みが求められるのかと思い知らされた。河合先生の『看聞日記』講読では、「私と皆さんは対等の立場です。勝負しましょう」とおっしゃって、史料の前では教授も学生もない同じ研究者である、という、学問に対する真摯な姿勢を示されていた。『小右記』演習での坂本先生は、足早に国史研究室に入って来られ、発表準備をしている学生を捕まえて「おい○○君、××は調べたか？」と声をかけられ、常に完全な演習になるよう心がけておられたお姿が思い出される。学部から七年間ご指導を受けた松岡先生の演習は、一字一句を決しておろそかにしない、厳格きわまりない史料の読み方を求められた。これら諸先生の教えに共通しているのは、史料の徹底的な読み込みを大切にという点で、あまりに自明のことであるが、私がこれまで自然にそうした態度を心がけてこられたのも、広島大学で学んだことが少なからず与っている気がする。

いくら史料を凝視しても、問題意識が貧弱であれば、論文に結びつけられない。その鍛錬の場は、松岡先生の研究室で毎週開かれる「中世史読書会」であった。先生のもとで学部三年生から博士課程までの学生にＯＢも加えて、一本ないし二本の論文をめぐって侃々諤々の討論をするというもので、初めは先輩方の話がほとんど理解できない状態であったが、そこから少しずつ論文の読み方、学界の状況を学んでいく、きわめて大切な時間であった。先輩諸氏はもとより、後輩の面々からも多くのことを学び、刺激をいただいた。博士課程退学後就職した広島文教女子大学の九年間を含めた一六年間の「中世史読書会」での経験が、私の研究のバックボーンとなっていることは確かである。

一九八四年からは兵庫教育大学に奉職したが、そこでは初めてゼミ生をもつこととなり、卒業論文、修士論文の指導に当たった。大学院修士課程は、最近こそ学部卒業後すぐ進学する「ストレートマスター」が大半を占めているが、赴任当時は小・中・高校の現職教員がほとんどであった。そうした院生の研究に対する姿勢は、私の修士時代とは比ぶべくもないほど貪欲で、いつもゼミでは私の方がパワーをもらっていた。さらに、個人ゼミの形態をとっていたため、二人でじっくり史料と向き合い、共に格闘する時間を持てたことは、私自身にとってまたとないトレーニングにもなった。ちょうど一〇〇人になるゼミ生に感謝したい。

私の修士論文「中世後期大乗院領における支配と在地動向」は、越前国河口・坪江荘を素材に、守護代甲斐氏とそれに続く朝倉氏の大名権力形成過程を素描しようとした習作であるが、この論文作成を通じて特に守護代に興味を覚えた。博士課程では戦国大名朝倉氏の土地政策を研究のテーマとし、最初の論文も「戦国大名朝倉氏の領国支配と名体制」（『史学研究』一二三、一九七四年、のち勝俣鎮夫編『中部大名の研究』戦国大名論集4、吉川弘文館、一九八三年、に収録）であったが、守護代を含む守護の権力構造に対する興味は押さえがたく、一九七八年に「南北朝期における守護権力構造—斯波氏の被官構成—」（『若越郷土研究』二三—二～四、のち木下聡編著『管領斯波氏』戎光祥出版、二〇一五年、に収録）を発表した。これを目にされた小川信氏から、『足利一門守護発展史の研究』（吉川弘文館、一九八〇年）をお送りいただき、今谷明氏からは『室町幕府解体過程の研究』（岩波書店、一九八五年）、ついで『守護領国支配機構の研究』（法政大学出版局、一九八六年）を賜った。まだ数本の論文しか書いていない駆け出しの若輩者が、学界の先頭を走っておられる泰斗からそのご著書の恵与に与ったときの驚きと感激はいまだに忘れがたい。以来、両氏のご研究に導かれながら、斯波氏、ついで一色氏という、郷里福井県に関係する守護を対象として、支配機構の復原や被官の性格について検討してきた。支配機構の復原研究自体は、今谷氏の言を借りれば「退屈な考証」で「研究ないし論文といった代物ではなく、ノートの寄せ集めのごときもの」（『守護領国支配機構の研究』の「あとがき」）ではあろうが、守護権力を支えた被官の検出、ひいては権力構造の解明には不可欠の基礎的作業であることもまた事実である。

当初、戎光祥出版代表取締役伊藤光祥氏からは、斯波氏に関する論文集の出版をお勧めいただいたが、専論がきわめて限られている一色氏の方でまとめたいとのわがままを申し出て、お許しいただいた。しかし、一色氏関係の拙論は、関連する分を含めても冒頭に掲出した八本があるだけで、一書を構成するには、質量共に遠く及ばない状況であった。そこで、一色氏の全分国・分郡にまで対象を広げて被官全体を俯瞰したうえでその特質を考えるという作業が必要となり、結果、紙数が大幅に増えた上、新稿部分が全体の六割以上にも及び、しかも、その多くが「退屈な考証」で占められるという、およそ論文集の体をなさない構成となってしまった。これはひとえに、私の構想力、構成力のなさと他の守護大名研究に関する勉強不足に起因するところである。したがって、本書はあくまで、室町幕府の主要守護大名でもっとも研究の遅れている（と思われる）一色氏の被官に関する基礎データ（それも多くが不確かなもの）を提供したにすぎず、室町期守護権力構造研究にどれほど寄与できるか、全く自信がもてない。

このように、大きな問題と限界を抱えながらも、どうにかこのような形にまとめることができたのは、多くの方々の支えがあったからである。松岡久人先生を始めとする広島大学時代の諸先生はいうに及ばず、大学の先輩では特に、折にふれ温かい励ましをいただいている岸田裕之氏と、私と同じ越前・若狭を研究対象とされながら、常に私のはるか先を進んでおられる松浦義則氏のお二人から賜った学恩は特に大きかった。改めてお礼申し上げたい。

本書の刊行にあたっては、前著『中世の播磨と清水寺』に引き続き、戎光祥出版丸山裕之氏からさまざまな面でお世話になった。記して深謝申し上げたい。最後に、私事にわたるが、農家の長男でありながら研究者の道に進むことを許してくれた父と母、それに、十一歳の私を残しておそらく無念のまま旅立ったであろう生母を加えた三人の、彼岸にいる親に本書の刊行を伝えたい。そして、退職後も自分のことばかりに熱中して迷惑をかけている私をよく支えてくれた妻純子に、詫びと感謝の念を伝えることをお許しいただきたい。

二〇一六年三月

河村昭一

人名索引（50音順）

〇〇殿、〇〇方はすべて〇〇氏とした。

（あ）

（い）

（う）

（え）

（お）

（か）

（き）

（く）

（し）

（す）

（せ）

（そ）

（た）

（と）

（な）

（に）

（ね）

（の）

（は）

（ひ）

（ふ）

（へ）

（ほ）

（ま）

（み）

（や）

（ゆ）

（よ）

（ら）

（り）

（ろ）

（わ）

【著者略歴】

河村昭一（かわむら・しょういち）

1948年、福井県に生まれる。
広島大学文学部卒業、広島大学大学院文学研究科博士課程単位取得満期退学。
元兵庫教育大学教授。

主な著書に、『安芸武田氏』（戎光祥出版、2010年）、『中世の播磨と清水寺』（戎光祥出版、2013年）、『広島県史』中世（共著、1984年）、『福井県史』通史編２（共著、1994年）、『社町史』本文編１（編著、2007年）がある。

装丁：川本　要

戎光祥研究叢書　第8巻
南北朝《なんぼくちょう》・室町期《むろまちき》一色氏《いっしきし》の権力構造《けんりょくこうぞう》
二〇一六年六月一〇日　初版初刷発行
著　者　河村昭一
発行者　伊藤光祥
発行所　戎光祥出版株式会社
東京都千代田区麹町一―七
相互半蔵門ビル八階
電　話　〇三―五二七五―三三六一㈹
ＦＡＸ　〇三―五二七五―三三六五
編集・制作　株式会社イズシエ・コーポレーション
印刷・製本　モリモト印刷株式会社

http://www.ebisukosyo.co.jp
info@ebisukosyo.co.jp

ISBN978-4-86403-203-2